──The Road Rising──
高根をめざして
一年間のあゆみ

Copyright©2005

トニー・R・ウッズ　著

上野ヨセフ　訳

Marton Publishing
Suite 249/51 Locked Bag 1
Robina Town Centre QLD 4230
AUSTRALIA

無断転載を禁じます。著者の許可なしには、当出版物の一部たりともいかなる形でも使用しないでください。ただし雑誌記事、書評などでの短い引用・抜粋は例外とします。最新情報、許可申請、その他詳しい情報については、Marton Publishing あて電子メール（martonpub@optusnet.com.au）でお問い合わせください。

新改訳聖書©いのちのことば社許諾番号3-022号

ISBN 0-9749841-5-9

著者より

この場をお借りし、以下の方々にお礼を申し上げます。

まず、ハードスケジュールの中、日夜翻訳作業に当たってくださった上野氏へ。この本を、英語版同様のインパクトを持つ作品として世に送り出すには、ただページ上の単語を日本語に翻訳するだけでなく、原文に含まれる概念や感情的な面までも伝えることのできる翻訳者が必要でした。上野氏がこのことにおいて、私の期待をはるかに上回る仕事をしてくれたことは、既に彼の文章を読まれた日本人の方々の感想からも明らかです。いろいろな意味で、この本は私の作品というよりも、彼の作品です。私は事あるごとに、彼の驚くべき才能に感謝することでしょう。

それから上野氏の奥様へ。日本語版の文章校正を快く引き受けてくださり、ありがとうございました。

最後に、妻のマーシャ、息子のネイサン、娘のニッキーへ。長い過程における家族一人一人の忍耐と理解なくしては、決して、この本の完成を見ることはなかったでしょう。

愛を込めて

トニー・R・ウッズ

推薦のことば

　人生はよく旅に例えられる。最も読まれている神からのラブレター、バイブルには「地上では私たちは旅人である」と書かれている。私自身、日本列島三千七百キロメートルを百五十日かけて沖縄から北海道へと、連なる仲間とともに長さ三メートルの十字架を背負って歩いたことがある。旅をしているといろいろな出会いがあり、予期しない事も起きる。天候によって気持ちが左右され、都会の忙しい生活とは違うリズムの中で、人間として見失っていた大切な事に気付かされることもある。

　今回、私の知人であるゴスペルの同胞、トニー・ウッズが自然を愛する旅人としての体験を踏まえた本を出版されたことをうれしく思う。聖書の中に「静まって私が神であることを知れ」という言葉があるが、私たちはしばしば忙しい日常生活の営みの中で、自分自身を見失ってしまう。文字通り、"忙しい"とは"心を亡くす"と書くように、それは、言い換えれば、私たちを愛してやまない天地万物を創造された神を見失うことをも意味する。この本を通して、忙しく生きてしまう私たちが静まるひとときを持ち続け、われわれの内面、いわゆる心の内側に、大切な安らぎと潤い、希望と勇気とを得られるようにと願う。この本はきっと、あなたの日々の道しるべとなるに違いない。

　　　　　　　　　　　　　　　　　　　　　　　　伝道師　アーサー・ホーランド

プロローグ
——旅立ちの前日——

「来なさい。暗闇を抜け出して光へと入りなさい。私のところに来て、真実の人生について学びなさい」

　私はこの言葉を自分に向けられた"招き"として受け止め、覚悟を決めたのです。いつしか私は、日々自分に降りかかってくるさまざまな出来事について思い悩み、身動きが取れなくなっていました。残された道はただ一つ、神様に無条件降伏することでした。しかしいったん決心してしまうと、無条件の愛というものを実感し、またそれまで決して感じることのできなかった平安が訪れたのでした。

　それは自分でも決して完全には説明できない感覚と分かっていましたから、一番近しい人たちにさえ理解してもらえなかったのも、さほど不思議なことではありませんでした。友人や知人、家族までもが私の変化に当惑していました。私はそのことについて毎日、祈り続けましたが、皆に理解されたいという気持ちよりも、その"招き主"についてもっとよく知りたいという思いの方が圧倒的に勝っていたのは事実です。私は「来なさい」という声を聞き、それに従いました。ほかのことはどうでもよくなっていました。しかし「来なさい」という言葉の続きは、私にとって新たな未知の世界の存在を意味するものでした。

　その声は言われました。

「行きなさい。そして私があなたのために用意した道を進みなさい。そしてその道についてできるだけ多くのことを学びなさい。なぜならその旅の過程であなたは私を見いだすことになるからである」

　奇妙といえば奇妙かもしれない「来なさい」「行きなさい」「学びなさい」という言葉はしかし、決して理解しづらいものではなく、またそれに従うのも難しくありません。私は行って、自分に示されることすべてを学び取らなければならないと感じています。明日から私は、みことばとともに旅をし、毎日の体験を記していきます。どこまで続くのか分からない道を進むのです。普通であれば一年の道のりになると言われましたが、どの時点で旅が終わりになってもおかしくありません。見えないことについて心配するのではなく、ただ示されることを見据え、その過程で創造主が意図された本来の自分に近づいていきたい。そう思うと今から旅立ちが楽しみです。

すべて、疲れた人、重荷を負っている人は、わたしのところに来なさい。わたしがあなたがたを休ませてあげます。
マタイの福音書11章28〜29節

あなたがたがわたしを選んだのではありません。わたしがあなたがたを選び、あなたがたを任命したのです。それは、あなたがたが行って実を結び、そのあなたがたの実が残るためであり、また、あなたがたがわたしの名によって父に求めるものは何でも、父があなたがたにお与えになるためです。あなたがたが互いに愛し合うこと、これが、わたしのあなたがたに与える戒めです。
ヨハネの福音書15章16〜17節

祈り：天のお父様、あなたのお招きに感謝いたします。こんなにも長い間あなたから離れていたことを申し訳なく思っています。あなたが「行きなさい」と言ってくださったからには、私は喜んで行きます。あなたが私とともにいてくださるよう祈るばかりです。どうか私があなたから遠く離れてしまったり、あなたのみこころからそれてしまうことがありませんように。そしてどうか日々、私の見るべきものを示してくださり、その知識を基にあなたがお求めになっている本来の私自身に近づくことができますように。御子イエス・キリストの尊き御名によってお祈りいたします。アーメン。

考えてみましょう：もし信頼する人がついてきてくれるなら、あなたも未知の世界へと旅立つことができると思いますか？　あなたにとって信頼できる人とは誰ですか？

1月1日
——過去を忘れて——

　いよいよ旅が始まりました。防水布のにおいが心地良く感じられ、歩くたびに下ろしたての革がきしみ、バックパックの中で荷物が動く音がします。肩越しに後ろを振り返ってみると、道の出発点を示す標識が一歩ごとに小さくなっていき、自分が前へ進んでいることが分かります。ここであらためてバックパックのストラップを引き、体にぴったり合うように調節。そして深呼吸。

　新年早々に旅に出たのはもちろん初めてのことです。どれくらいの時間を要するのでしょう。地図によれば十二カ月。しかし心の中では、次の曲がり角に差し掛かった所が目的の場所かもしれないと思い続けています。何が待ち受けているか分からないということも楽しみの一つといえるでしょう。新しい年はすべてを新鮮に感じさせ、それとともに新たな確信をもたらしてくれます。

　初めからやり直すことができるという意味で、新年は"ゆるし"と似ているのではないでしょうか。過ぎ去った一年を振り返ると、多くの胸躍る出来事があった反面、忘れることができたら、と思うこともたくさんありました。自分で選び取った物事において犯した間違い。回り道。自分の性格．．．。神様の恵みなしには、決して一年を終えることはできなかったことは明らかです。しかしどうにか新年を迎えることができました。すべては過去の出来事となり、ゆるされ忘れ去られた今、自分の周りには新しいにおいと音があふれています。バックパックのストラップに体を前へ前へと押し付けながら進む私に、もう後ろを振り返る必要はないのです。

ただ、この一事に励んでいます。すなわち、うしろのものを忘れ、ひたむきに前のものに向かって進み、キリスト・イエスにおいて上に召してくださる神の栄冠を得るために、目標を目ざして一心に走っているのです。

ピリピ人への手紙3章13～14節

祈り：天のお父様、今日新しい年を迎え、過去を後にして前進することができるよう助けてください。私の歩みに力を、そして私の魂に勇気を与えてください。あなたが選んでくださった道にとどまらせ、私を誤った方向に導こうとする者からお守りください。

1月2日
――ためになる苦痛――

　なぜいつもこうなのでしょう。どれだけ準備万端と思っていても、いざ旅を始めると、こんな所に筋肉があることさえ知らなかった、と思うような部分までもが筋肉痛になってしまうのです。まだ二日目の朝だというのに、寝床から起き上がるのは思いのほか大変なことでした。「がんばれよ」と声を掛けてくれた人たちも、称賛のまなざしで見送ってくれた人たちも今日はいません。鳥たちでさえ自分らのことに忙しく、バックパックを持ち上げて出発しようとする私の方をちらりと見るだけ。荷物は一夜にして一キログラムほど重みを増したように感じられます。
　はっきりいって、昨日感じた興奮はもう冷めてしまいました。一つには、昨日まで知らなかった道について少しは分かるようになったということがあったのかもしれません。結局のところ、この道は山あり谷ありで、今朝の自分は多少のつらさを覚えています。とはいえ、それは"ためになる"苦痛なのです。筋肉も痛みを訴えていますが、少し伸ばしてみるとまた元の力が戻ってきそうな感じがします。疲労の回復は早いようですし、今のところ道も平坦です。
　主よ、しばらくの間は苦しくても、それによってくじけたりしません。

私は自分のからだを打ちたたいて従わせます。それは、私がほかの人に宣べ伝えておきながら、自分自身が失格者になるようなことのないためです。

コリント人への手紙第一 9 章 27 節

祈り：主よ、今朝感じた痛みは自分の弱さを思い出させてくれるものでした。昨日は自信に満ちあふれていたのに、今日はこの挑戦をなし遂げるには自分の体力では無理なのではないかと少しばかり疑ってしまったことを告白します。でもそれも悪いことではないと思っています。無力であることを悟るのは早ければ早いほど良いのですから。天のお父様、今日、私の苦痛が和らぎ、力が戻ってくる中で、あなたこそが私を癒し、力を与えてくださる方であることを覚えさせてください。

考えてみましょう：以前はできなくて、今はできるようになったことについて考えてみてください。最初はどんな感じでしたか？

1月3日
──待ち望むこと──

　今朝は早くに目が覚めました。多分、静か過ぎたせいでしょう。夜行性の動物たちが寝床に就き始める一方で、他の生き物たちが騒がしく活動を始めるにはまだ早い時間帯でした。空気はさわやかで風一つなく、静けさだけがまるで耳鳴りのように響いていました。寝袋から頭を起こすと、行く先と自分との間にそびえる山の形がかすかに見えました。空は暗く、そして山影はさらにもっと暗く、微妙なコントラストを成していました。

　あの巨大な山の頂に立ったらどんな感じだろう、と横になったまま考えてみます。そろそろ山の背後の空が明るんでくるころです。星が一つずつ消えていき、そして実際に薄明かりが山の輪郭をかたどり始めました。太陽が昇ってきます。私は思わず、こうしている間にも反対側の斜面を温めつつある日の光を浴びながら、自分が今あの山の向こう側に居たのなら良かったのに、などと考えていました。

　今居る場所以外の所に行きたい、と思うのはなぜなのでしょうか。私の場合この旅をしている理由はとても単純です。かなたには私を待ち受ける何かがあり、そこへ行きたいと思うからです。このキャンプ場は一泊するのにはいい場所かもしれませんが、地平線にあの山がそびえ立つ限り、ここに落ち着くつもりはありません。

　いったん向こう側へたどり着けば、この時この場所のことを懐かしく思うことでしょう。神様は私をこのように造られたのだと思います。けれども、どこへ旅する旅人として造られたのでしょうか。そうです、涙の粒が跡形もなく乾き、どんな恐れや疑いにもきっぱりと別れを告げることのできる場所へと進む旅人としてです。私はこの旅で、独りぼっちではないということに気が付きました。それは、すべてが素晴らしかったエデンの園を懐かしむ気持ちが、この山道で出会う人たち一人一人の目の中に見て取れるからでした。

地上では旅人であり寄留者であることを告白していたのです。彼らはこのように言うことによって、自分の故郷を求めていることを示しています。もし、出て来た故郷のことを思っていたのであれば、帰る機会はあったでしょう。しかし、事実、彼らは、さらにすぐれた故郷、すなわち天の故郷にあこがれていたのです。それゆえ、神は彼らの神と呼ばれることを恥となさいませんでした。事実、神は彼らのために都を用意しておられました。

ヘブル人への手紙11章13〜16節

祈り：主よ、この世の美しさを思いつつ、あなたをほめたたえます。けれどもこの地上は私たちの本来の居場所ではありません。私の魂が切望する地にたどり着くまで私の心を守り、導いてください。あなたの腕に抱かれるまで、それを熱望する気持ちが弱まることがありませんように。

考えてみましょう：あなたはどこへ行きたいですか？　そこへ行くために今日どんなことをしていますか？

1月4日
――今が大事――

　昨日の朝は、太陽が山の後ろから昇ってくるのを見つめながら、自分の居るのが、ここではなくあそこであればいいのに、と強く思っていました。そう願いつつ期待しながら歩き続けるのは普通のことだと思います。しかし意外にも、キャンプ地を離れるとすぐに道は下り坂になって谷間に入り、山は視界から消え、そのような願いも徐々に消えていきました。私は山をもう一度見ようと地平線の方に目を向けたりはせず、一日中、次第に暗くなっていく一方の足元ばかり見ていました。

　谷底には何が待ち受けているのでしょう。再び上り坂になるまで、どのくらいかかるのでしょう。昨日の朝、私は切実な願いをもって寝袋から起き上がりました。しかし今はどうかというと、目の前の目標だけで精いっぱいなのです。山まではまだ遠く、今日には今日進むべき道があります。そびえ立つ山頂まで登る苦労を考えるのは後回しにするとして、今は川を渡り、崩れた坂道を通り、暗い道を足元に気を付けながら進まなくてはなりません。

　「必要最優先事項」という言葉があります。未来は大切ですが、今日には今日なすべきことがあり、それをないがしろにはできません。もし未来のためだけに生きるなら、今日大切なことを見過ごしてしまうでしょう。今日、私は何か良いことに出会えるかもしれないし、危険にさらされるかもしれません。けれども私は目下の課題――つまりきちんと歩いていること――から注意をそらすことはできないのです。しかし"記憶"は大いなる恵みです。私たちは記憶をたどることによって過去を振り返ることができます。しかも過去の出来事だけではありません。今日私は、昨日思い描いていた未来をも思い出すことができるのです。昨日はそびえ立つ山が見えていたのに、今日はそれが見えません。しかし記憶によると、山はまだそこにあって私を待ち受けています。

　だからこそ私は、今日の足取りに気を配り続けると同時に、あの時見たものを心に留めながら、またそれを見ようとして進んでいくのです。

信仰は望んでいる事がらを保証し、目に見えないものを確信させるものです。昔の人々はこの信仰によって称賛されました。
ヘブル人への手紙11章1～2節

祈り：主よ、あなたは、私が一日をどのように過ごしているか、そして明日の計画を立てることさえいかに難しいかをご存知です。時々、あなたは私の将来を垣間見させてくださいます。その記憶を私の心の奥深く焼き付けてください。あなたがしてくださったことも、これからしてくださることも、決して忘れませんように。今日も明日も、いつもずっと、あなたのために生きられるよう助けてください。

考えてみましょう：今日しなければならないことが、明日やるべきことへの準備の妨げになっていると感じることがありますか？　そのことに対してどのようなことができるでしょうか？

1月5日
──失われた山道──

　今日の午後、土砂が崩れている所に来ました。道は雪の下に埋もれ、砕けた泥板岩で覆われた滑らかな山腹がそこにあるだけでした。そこを横切ることは、この旅を始めてから一番大変なことでした。一歩前へ進むたびに足が下へ滑ってしまうので、その分を取り戻しながら、苦労をして斜面を登らなければなりませんでした。

　ようやく土砂が崩れた部分の向こう側の茂みに着くと、道の形跡がありません。今居る地点よりも上にあるのか下にあるのかも分かりません。もしかすると、低木を縫って森の中へと続いているのでしょうか。日が陰ってきたのでだんだん焦ってきました。もし道を見つけられなかったら、もし道に迷ったら、一体どうすればいいのでしょう。私は森に走って入りましたが、すぐに切り傷や打ち身を負い、疲れて立ち止まりました。まだ旅を始めたばかりなのに、もう旅の終わりに来たのでしょうか。

　どこで道が途絶えたのか見てみようと、今来た道を振り返ってみました。すると、向こう側の茂みの端で道がなくなっています。ところがどうでしょう。そこから泥板岩を横切り、私が立っている場所よりもわずかに高い所を通ってかすかに道の形跡が森の中へと続いているではありませんか。さっきは見えなかったことが、今振り返って見るとはっきりと分かりました。道はそこにあったのに、そこを通り過ぎるまで見えなかったのです。

　二日前には、遠くの目標だけを見て期待に駆られました。昨日は、自分の足元を見るのに忙し過ぎて先のことを考えられず、目の前の難題に取り組むことに気を取られていました。今日のことを考えると、前進するためには時々振り返ることが必要なのかもしれません。硬い岩の上を登山靴で歩くのは容易ではありませんでしたが、この角度からだと道の跡がはっきりと分かります。先に通った人たちが何らかの形で道しるべを残してくれることは珍しいことではないのですが、彼らの足跡を振り返ってみて初めてそれに気が付くものなのです。

こういうわけで、このように多くの証人たちが、雲のように私たちを取り巻いているのですから、私たちも、いっさいの重荷とまつわりつく罪とを捨てて、私たちの前に置かれている競走を忍耐をもって走り続けようではありませんか。

ヘブル人への手紙12章1節

祈り：天の父なる神様、私よりも前に通った人たちに感謝します。彼らの経験から学び、そして残された足跡を顧みることができるよう助けてください。私が残す足跡も、誰かの道案内に役立ちますように。

考えてみましょう：これまでに道に迷ったことがありますか？　その時どのように感じ、またどうしましたか？

1月6日
——罪の傷あと——

　今日も谷底に向かって進みました。谷の内側の斜面が急になってきて、地平線が頭上に来たように感じました。それまでずっと聞こえていた鳥の鳴き声が、今ははるか上の方から聞こえるようになりました。一方では、水の流れる音が近づいてきたような気もします。先の方を見ると、道は山肌の亀裂を横切るように続いていました。地盤が裂けた所は、大昔の地層がむき出しになっていました。私は、ある裂け目のそばで休憩することにしました。岩の地層を触りながら、それがどのようにしてできたのか想像してみました。
　軟らかい粘土質の厚い層をほじくると、滑らかで丸い物が見えたような気がしました。手に取ってジーンズでふいてみると、親指大の貝殻でした。それから寝転んで山並みを眺めながら、この道や谷、全地が、この小さな貝が生息するのに十分な水で覆われているところを思い描いてみました。信じられないと思う人もいるでしょう。しかし、これは私には、神様が「もうたくさんだ」と言ってすべてを水で覆い尽くされた証拠だと信じられるのです。
　どんなにひどい罪が原因で、創造主が自らの創造物を破壊するに至ったのでしょうか。聖書には、「神の子ら」と「人の娘たち」の間でひどいことがあったと書かれています。しかしそれは、私の疑問に答えてくれるというよりむしろ、私を心の底からぞっとさせるのです。それは神様に対しての恐怖ではありません。私自身もそのような"神の怒り"をもたらしかねないという恐怖なのです。私のそのような性質については神様もご存知です。それゆえ、私の寿命にも制限を設けられたのでしょう。しかし、人は生きている時間が短くなると、それだけ罪深くならずに済むといえるのでしょうか。私が生きている間だけでも人間はどれほど罪を重ねてきたのだろうか、と考えることがあります。神様が再び「もうたくさんだ」と言われて"終わり"を命じられるのは、どれくらい先のことなのでしょうか。

主は、地上に人の悪が増大し、その心に計ることがみな、いつも悪いことだけに傾くのをご覧になった。それで主は、地上に人を造ったことを悔やみ、心を痛められた。

創世記6章5～6節

祈り：天のお父様、人間の罪を見ると私は悲しくなります。自分が罪人の一人であることを自覚するときには、なおさらです。あなたがかつてこの世を破壊されたのも、もっともなことだと思います。けれども主よ、あなたが示された哀れみを思いつつ、あなたをほめたたえます。その哀れみのゆえに、この祈りをあなたにささげることができるのです。そして、あなたにゆるしを請うことができるのも、ひとえにイエス様のおかげです。

考えてみましょう：過去を清算して、もう一度やり直したいと思ったことがありますか？

1月7日
──額に汗して──

今日もずっと下り坂でした。谷間を下へ下へと進むうちに、太陽は山の陰になったのか、それとも生い茂る木の葉の陰になったのか、ともかく姿を消しました。至る所で道は茂みに入って見えなくなり、体をかがめて腕で草むらをかき分けなければなりませんでした。

水を飲もうと休むまで気が付きませんでしたが、腕と首の後ろに刺すような痛みがありました。茂みの中にとげのある植物があったのでしょう。服が二カ所ほど破れ、ほかの部分にも血の跡が付いていました。イラクサのとげのせいで、あらわになった部分の肌がひりひりしていることに、この時初めて気が付きました。

腕と首に水をかけながら、「アダムが初めてこれを経験した時どんなふうに思ったのだろう」と考えました。このようなものは彼がエデンの園に居たころにはなかったと思われます。ですからきっと、彼は幾度かの痛みを伴う経験をもってこれを発見するに至ったに違いありません。昨日は貝殻を見つけ、地球の大きさからすればちっぽけな一隻の船に乗った人々を除くすべての生き物に死をもたらした神の怒りについて考えました。そして今日は、罪の結果は死だけではないことに気が付きました。ノアの洪水の前でも、アダムとその子孫たちは、とげやイラクサ、毒虫と戦いながら、エデンの園の外で生活するすべを学ばなければなりませんでした。

今日の私たちもこの災いを免れないのです。「神が存在するなら、なぜ痛みや苦しみがこの世に存在するのか」という質問をこれまで何度も耳にしました。手短に答えるとすれば、「それ以外の考え方は不可能だ」というほかはありません。罪のゆえに、すべての創造物は死ぬ定めにあります。すべての生き物の命には限りがあり、誰も死を免れることはできません。しかし神が存在し、神は哀れみの方なので、死にも猶予を与えられました。そうです。私たちは皆、死んでいきます。けれども、なぜ死ななければならないのか、その時が来るまで考えてみようではありませんか。とげが刺さったりするよりも、もっと悪いことがあるかもしれません。けれども神様は、尽きることのないゆるしの愛と、私の罪深さの両方を示すために、できる限りすべてのことをなさるでしょう。

土地は、あなたのゆえにのろわれてしまった。あなたは、一生、苦しんで食を得なければならない。土地は、あなたのために、いばらとあざみを生えさせ、あなたは、野の草を食べなければならない。

創世記3章17〜18節

祈り：主よ、私たちの苦しみが無駄になりませんように。切り傷も打ち身もそのすべてが、罪によって壊れた世界に住んでいることを思い出させてくれますように。そのような自覚に基づいて、あなたのゆるしを求めていくことができますように。

考えてみましょう：痛みを伴う経験から何か学んだことがありますか？

1月8日
―― 支配 ――

　今日、クマに遭遇しました。ツキノワグマだったと思います。クマは木の実のなる一帯に頭を突っ込んでいたのですが、私がその存在に気が付いた時には既にわずか一メートルくらいの至近距離にいました。私が物音を立てたのでしょう。クマは突然頭を上げ、私を見て後ろ足で立ち上がりました。

　心臓がのどから飛び出しそうになった私でしたが、驚いたのは向こうも同じだったようです。ハリウッド映画に登場するクマとは違い、このクマは私を八つ裂きにしようと牙をむいたりつめを出したりして向かっては来ませんでした。その代わり、さっと辺りを見回して逃げ道を確認するや、丘に向かって走っていきました。その姿が見えなくなってからも、できるだけ遠くへ逃げようとして茂みの中を駆け抜けていく音が一分ほども聞こえていました。

　木の実を無駄にするのはもったいなかったので幾つか集め、気を取り直そうとしゃがみました。私は一体どういう状況にあったのでしょう。ひょっとすると食物連鎖の一部になるところだったのでしょうか。それにしてもなぜ、私のように毛もなく鋭いつめもないのろまな存在が、あんな生き物を全力疾走させることができたのでしょう。恐らくあのクマは、これまでに狩猟者と行き会ったことがあり、私が銃を持っているかもしれないと思ったのでしょう。考えてみれば、たいていの動物は人間を避けたがります。

　しかしそれにもきっかけがありました。ノアの箱舟から出てきた動物たちはすぐに、すべてが洪水前とは変わってしまったことに気が付きます。動物はこうして人間を怖がるようになり、私たちから遠ざかるようになったのです。神様が「生きて動いているものはみな、あなたがたの食物である。緑の草と同じように、すべてのものをあなたがたに与えた」と言われるのを聞き、ノアと家族は事の重大さを理解したに違いありません。

　それによって私が肉を食べることを正当化できるかどうかは別としても、その由来を知るのは面白いことです。かつて人間は、食べきれないほどの野菜や果物に囲まれて生活していました。しかし"大洪水"以降、人類は苦労を強いられています。肉が食べられないままだと、残りの一生をサラダバーで過ごすようなものです。そこで神様は、人々を哀れんでこう言われたのです。「かつて緑の草を与えたように、すべてのものをあなたがたに与える」

野の獣、空の鳥、――地の上を動くすべてのもの――それに海の魚、これらすべてはあなたがたを恐れておののこう。わたしはこれらをあなたがたにゆだねている。

創世記9章2節

祈り：主よ、あなたが与えてくださるすべてのものに対して当たり前と思わずに感謝することができますように。地球の環境やすべての生き物を大切にできるよう助けてください。そうすることで、あなたから頂いたものの一部をお返しいたします。感謝いたします。

考えてみましょう：キリスト教は自然環境学と矛盾しないと思いますか？

1月9日
——反抗——

　昨日クマに出会ったばかりだったので、まさかこんなにも早くほかの動物に遭遇し、しかもつきまとわれるとは思ってもみませんでした。ところが本当にそういうことが起きたのです。道はほぼ完全に草木で覆われ、私は一歩進むにも悪戦苦闘していました。前へ進むことだけで精いっぱいでしたが、そうしている間にも、何かが近くに居るような奇妙な感覚が次第に膨らんでいったのです。何度も立ち止まって自分の前や後ろを見たり聞き耳を立てたりしましたが、特に変わった様子はありませんでした。

　それでも妙な感覚がなくならなかったので、思い込みにすぎないことを確かめるために今来た道を引き返してみることにしました。結局百メートルくらい戻りました。既に自分が踏み固めた道を歩くのは簡単でした。立ち止まって足元を見てみると、少し前に気を付けながら歩いたぬかるみに靴の跡が残っています。その時ぞっとするものが目に入りました。私の足跡の上に別の足跡が付いていたのです。つめの跡がなかったので猫科の動物であることは確かでした。それは私の靴と同じくらいの大きさでした。見ているうちに、そのくぼみに水が少しずつ流れ込んでいきます。その動物はどこで何をしているのでしょうか。私を餌にするつもりなのでしょうか。

　私は辺りを見回し、石でも棒でも何か武器になる物を探しました。こん棒くらいの大きさの枝を探していると、ある物が目に留まりました。一瞬、自分が見ている物が何なのか分からず、周囲の葉と何となく違うと思っただけでしたが、よく見るとそれは二つの目で、こちらを見つめていました。やけになった私は自分を大きく見せようとしました。ほかにどうしたらいいのか何も思いつかなかったのです。私は飛び跳ねて腕を振り、チンパンジーのような声を出しながら茂みに近づきました。するとその動物は突然大きく目を見開いたかと思うと、森の中へ走って逃げていきました。

　今夜は今までより大きなたき火を燃やし、いつもより火の近くに座って祈りました。
「主よ、今日私を守ってくださりありがとうございます」
　創世記9章の聖句にもかかわらず、私を「恐れておののく」ことをまったくしなかった動物がいたこと、しかもその動物に後をつけられたことは、私を動揺させました。それから、もし人間が神様に逆らうことができるなら、動物にもそれができるのだろうか、と考えました。創世記の同じ章で、神様は「どんな獣でも人の命を奪うならば死をもってそれを罰する」と言っておられます。それはつまり、どんなしつけの悪い犬も、ずる賢い蛇も、人間さえ襲う大型の猫科動物も皆、自分のしたことに対して責任を取らなければならないということなのでしょうか。その点について深入りしたくはありませんが、神様の御座の前で皆が義とされるという約束に慰められる思いがします。主よ、どうかしばらくの間、薪が不足しませんように。

わたしはあなたがたのいのちのためには、あなたがたの血の価を要求する。わたしはどんな獣にでも、それを要求する。また人にも、兄弟である者にも、人のいのちを要求する。

創世記9章5節

祈り：天のお父様、すべてを清算してくださるという約束に感謝いたします。世の中には正しくないことが多くあります。あなたが再び来られて御国を建て直すまで、もちろんそれは正しくありません。どうかその日を早めてください。あなたの御国をすぐにでも来らせてください。

考えてみましょう：動物が苦しむとそれによってあなたは影響されますか？　旧約聖書のいけにえをささげる習慣は、実際にそれを行っていた人々にどのような影響を与えていたと思いますか？

1月10日
――谷の美しさ――

　昨日と一昨日の出来事のせいで、私はこの旅を続けるべきかどうか迷いました。出発してから十日しかたっていないのに、引っかき傷や刺し傷を負った上、危うく獣の餌食になりそうになりました。狭き道を歩くとは、こういうことなのでしょうか。

　それでも、神様が祈りを聞いてくださったので、今日は谷間まで来ることができました。この谷はとても深く、日光が森の地面まで届きません。低木が姿を消した一方で、大きな木々がそびえています。空に向かって六十メートル以上は伸びているでしょう。木の周囲を測ろうとしましたが、十分な長さの物がありませんでした。ここ三日間聞こえていた水の音は小川だったことが分かりました。その流れは岩の間を縫って水しぶきを上げ、そこにはマスがたくさん泳いでいます。まだ遅い時間ではありませんでしたが、そこで一泊することにしました。とても美しい場所だったので、通り過ぎるのがもったいなかったからです。

　私は再び、災難の中にあっても神様の哀れみを感じることができました。確かにとげもあり獣もいます。しかしエデンの園の面影は残っています。老人が若かりしころの面影を持ち続けるように、その気になりさえすれば、今でも驚きや威厳、今はなき過ぎし時代の記憶のかけらなどを、この世の至る所に見いだすことができます。今夜私を取り囲む木々は古代からのものに違いありません。恐らくは、ノアの洪水の水が退いて間もなく芽を出したものでしょう。世界一を誇る超高層ビルでさえ、光合成、水文学（すいもんがく）、土木建築学といった点で木にはかないません。けれども、そのようなことにまったく驚きを感じず、当たり前と思ってしまうことが何と多いことでしょう。

　アダムが罪を犯した時からこの世は破滅の一途をたどり、それは創造主ご自身が終止符を打つ時まで止まることはありません。それでもなお世界は、このような素晴らしい自然を残してくださった天のお父様の権威や栄光、そして愛をあかしする役目を果たしているのです。このことに感謝いたします。

天は神の栄光を語り告げ、大空は御手のわざを告げ知らせる。昼は昼へ、話を伝え、夜は夜へ、知識を示す。話もなく、ことばもなく、その声も聞かれない。

詩篇19篇1～3節

祈り：主よ、みわざのあかしを私に見させてください。この谷で、あなたの創造物の美しさを見させてください。あなたの御力と威厳を決して見失いませんように。

考えてみましょう：最近どのような自然の驚異を目の当たりにしましたか？　そこに神様の御手を見ることができましたか？

1月11日
――川を渡る――

　山道が川で寸断されたので川を渡りました。川幅は狭く、足場になる岩もたくさんあったので難なく渡れました。これから先、もっと大きな川に出くわし、もっと大変なことに挑戦するでしょうから、この川渡りはその手始めとしてちょうど手ごろでした。「人は同じ川を二度渡ることはできない。二度目には流れも人も変わっているのだから」という古い格言について考えてみました。この川に沿って歩き始めて二日たちます。川は同じに見えますが、水は絶えず流れています。人生で試みに遭うと、以前に同じ経験をしたことがある、と思うことがよくあります。けれども毎回何かが違います。私自身も先週の自分と同じではありません。これまでに心が沸き立ったり、期待したり、退屈したり、疲れたり、痛い思いをしたり、忘れられないような恐ろしい経験をしました。それらを通して、私は先週とは違う自分に変えられました。

　恐らくこれもこの旅の真価なのでしょう。私たちは皆、御国の子らへと成長する過程にあります。その成長の一環として毎日の日課をこなしていきます。私は流産で赤ちゃんを亡くしたことがあります。その子の場合は一瞬にして成熟に達したのだと思います。しかしほとんどの人は、神様が造られた通りの人となるために一歩一歩成長する過程が与えられ、それによって成長していきます。ずっと下流でまたこの川に行き当たることがあるかもしれません。けれども同じように横切ることがないのは分かっています。流れは変わり、私は別の自分になっていることでしょう。

私の兄弟たち。さまざまな試練に会うときは、それをこの上もない喜びと思いなさい。信仰がためされると忍耐が生じるということを、あなたがたは知っているからです。その忍耐を完全に働かせなさい。そうすれば、あなたがたは、何一つ欠けたところのない、成長を遂げた、完全な者となります。

ヤコブの手紙1章2～4節

祈り：主よ、私は試練を求めたりはしません。試練を喜んで探し求めるほど私の信仰は強くありません。けれども、いつか試練に遭うのは分かっています。試練の時に力と勇気を下さい。そしてその過程において、あなたが望まれる私自身にもっと近づくことができますように。今日川を渡るのを助けてくださり感謝です。次の試練のために私を備えさせてください。

考えてみましょう：天国に赤ちゃんがいると思いますか？　いるとすればどんな姿形をしていると思いますか？

1月12日
――落とし物――

　今日、眼鏡を拾いました。道を横切るように鳥が飛んできて眼鏡が落ちていた付近の枝に止まらなかったら、気が付かなかったかもしれません。その鳥をもっとよく見ようと立ち止まると、さえずり始めたので、私はその美しさに聞き入っていました。するとその真下に、こずえを通って差し込む日の光が反射してきらきら光る物があります。鳥の歌声も魅力的だったのですが、それよりも地面に落ちている物が気になりました

　こうして見つけた眼鏡は、レンズの厚さからして持ち主にとって大切な物のようでした。とっさに、「どうしてこんな場所にこんな物があるのだろう」と考えましたが、実はそのような疑問の背後にも、ある種の前提があったことは明らかです。つまり、私が今手に持っている眼鏡はこの世に一つしかなく、ある人のために特別に作られたものです。もちろん"自然の気紛れ"などではありません。度の入った眼鏡が、自然に生み出されることなどあり得ません。しかもこの眼鏡には、デザインへのこだわりや知性、美的センスが感じられ、機能性も備わっています。私が不思議に思ったのは、この眼鏡を誰がどのように作ったのかということではなく、この眼鏡がどのようにして"ここに"存在するに至ったかということでした。次に、この眼鏡と木の上の鳥との違いを考えました。鳥は他の生き物にはまねできない、素晴らしいさえずりを聞かせてくれます。

　残念なのは、これらの鳥でさえ偶然に偶然が重なってできたにすぎないと見なす人たちがいることです。それなのに彼らは、明らかに人間が作った物に関しては偶然の産物とは考えません。動物について学びながらその創造主の存在を認めようとしないとき、人間は盲目になっているとしかいいようがありません。私は眼鏡をポケットの中に、そして鳥のさえずりを記憶の中にしまいました。いつか両方とも重宝することがあるかもしれません。

　それは、彼らが神の真理を偽りと取り代え、造り主の代わりに造られた物を拝み、これに仕えたからです。造り主こそ、とこしえにほめたたえられる方です。アーメン。

ローマ人への手紙1章25節

祈り：主よ、私が盲目で、あなたの御手のわざを見過ごしていることをおゆるしください。あなたの存在を認め、あなたに栄光をもたらすために、あなたは私にさまざまなものを見せてくださいます。それなのに私は、創造物によって語られるあかしに目や耳を閉ざしてしまうことがよくあります。どうか私が悟ることができるよう助けてください。

考えてみましょう：「還元不可能な複雑性 *」について考えてみましょう。それはこの世の創造に関するあなたの考え方にとって、どのような意味を持つと思いますか？

* 地上の動植物の複雑さを説明するには、ダーウィンの自然淘汰（とうた）説では不十分であるという考え方。

1月13日
――星空を眺めて――

　今日、道は川を離れて上り坂になり、夕方には広々とした草原に出ました。まだ下の方から川の音が聞こえますが、こずえを吹き抜ける風の音でほとんどかき消されています。ここ数日、木々で覆われた暗い道を歩いていたので、このような音を忘れかけていました。私はそれを聞いて少し安心しました。たとえ生い茂った木々で空が見えないときでも、谷底よりも高い所では森がいつも通りの営みを続けていたのが分かったからです。私は何か変わったことを期待するかのように、しょっちゅう頭上を見上げていました。そして夕暮れになり、頭上に満天の星空を見たのでした。一つずつかすかな光を放ちながら星の数は増えていき、ある時点でもうこれ以上空にすき間がなくなったと思うぐらいになりました。それでも空がますます暗くなって目が慣れてくると、さらに小さな星も加わり、ほかのもっと近くにある星に劣らない美しさをたたえていました。

　私は、神様がその一つ一つを名前で知っていることを思い出しました。すべての星は、宇宙の誕生よりも前に定められた軌道を回っています。天文学者たちは生命の存在を求めて天に目を凝らしていますが、私がおかしいと思うのは、彼らは「不自然に見えるものならどんなものでも」注意して探すことを調査基準の一つとして挙げていることです。ということは、自然に見えるものには生命が宿っていないとでも考えているのでしょうか。神様の造られたものには、すべて素晴らしい"デザイン"が成されているではありませんか。星は神様の栄光を表しているではありませんか。私も、そのような開く耳を持たない者にならないよう祈るばかりです。

主は星の数を数え、そのすべてに名をつける。われらの主は偉大であり、力に富み、その英知は測りがたい。

詩篇147篇4～5節

祈り：私は今こうして星を見ながら、あなたの永遠の栄光をあらためて実感しています。空を見上げていると、このようなわざをなし得るのはあなた以外に誰もいないことは明らかです。そればかりか、あなたは私をもお造りになった方であるということに驚嘆せざるを得ません。あなたの聖なる御名を賛美します。

考えてみましょう：星の名前を幾つ知っていますか？　神様は星にどんな名前をお付けになったと思いますか？

1月14日
──痛みの中に恵みを見いだす──

　今朝、何か変だと思って目が覚めました。よく考えもせずに辺りを見ようと片ひじで体を支えて起き上がろうとして、そのままひっくり返ってしまいました。腕に激痛が走ったのです。そでをまくり上げると、皮膚の一部が斑点状に白くなり周りが赤くなった部分がありました。なるほど、この間、枝をかき分けて進んだ時にできた傷にばい菌が入ったのでしょう。体がそれに抵抗して非常態勢を取っているのです。
　バックパックの中を引っかき回し、ようやく消毒液が見つかったので、顔をしかめながら斑点の出ている所にたっぷり塗りました。引っかき傷を負った時にきちんと手当てをすれば良かった、と自分を責めました。先週のうちに傷口を洗ってガーゼでも当てていれば、メガホンの必要もなく、今ごろはただの思い出になっていたことでしょう。"メガホン"というのは私の創作ではなく誰かの引用です．．．。思い出しました。Ｃ・Ｓ・ルイスの言葉です。
「痛みとは、開く耳を持たない者に対して神が用いるメガホンである」
　結局のところ彼の言葉は正しかったのです。もし今朝腕が痛まなかったら、そでをまくり上げて傷を見ようともせずに、また一日過ごしたに違いありません。そして結果的にもっと傷を悪化させていたことでしょう。
　人生において経験する痛みもこれと似ています。ハチに刺されたり、やけどをしたり、悲しみに打ちひしがれたり、失恋から立ち直れなかったりと、痛みは尽きることがありません。けれどもほとんどの人は、痛みを覚えるようになって初めて、「何とかしなくては」とまじめに考え始めます。実際私は痛みなど好きではありません。私の頭の骨にひびが入った時、祖父が言いました。
「痛みがなくなったらどんなにいい気分になるか考えてごらん」

彼らの目の涙をすっかりぬぐい取ってくださる。もはや死もなく、悲しみ、叫び、苦しみもない。なぜなら、以前のものが、もはや過ぎ去ったからである。
　　　　　　　　　　　　　　　　　　　　　　　　　　　ヨハネの黙示録21章4節

祈り：痛みを忘れられる時が待ち遠しいです。主よ、どうかそれまでの間、痛みを通してしか理解できない真実を教えてください。私を哀れんで痛みを癒してください。そしてこの痛みをも、あなたの栄光のために用いてください。アーメン

考えてみましょう：痛みを伴う経験から何かを学んだことがありますか？

1月15日
——無駄な痛み——

"彼"の姿が見えるだいぶ前から、その声は聞こえていました。最初は風がこずえを吹き抜ける音かと思っていました。けれどもその音に近づくにつれて、それはうめき声だと分かりました。私は一瞬、あのクーガーがまた現れたのかと思いました。しかし、叫び声のほかにも何か言葉を発しているのに気が付き、私はそれを理解しようとしました。そして小高い場所まで来ると、そこに誰かがうつぶせに横たわっているのが見えました。時々顔を上げ、痛みをこらえながら毒づいているのが聞こえます。近づいてみると、服は破れ、靴は片方しか履いておらず、足はひどく出血していました。顔や手は切り傷だらけです。

さらに近づいて、「あのう、こんにちは。助けてあげましょうか」と声を掛けました。彼は一瞬黙り、私の方を見ました。けれども、私のことが見えたのか見えなかったのか、ともかくすぐに地面に突っ伏して叫びました。

「駄目だ、駄目だ。駄目なんだ、分かるだろう？　駄目だ、もう駄目なんだ」

私は彼の肩に手を置いて慰めようとしました。

「さあ、もう大丈夫です。救急箱もありますから」

そう声を掛けると、彼は幾分落ち着いたようでした。そして体を起こして座りました。けれども、まだ頭を抱えて小さな声でうめいています。

「駄目だ、私は行かなくてはならない。道に迷ったんだ。道がどこにあるか教えてくれたら、私は行く」

「ばかなことを言ってはいけません。けがをしているではありませんか。傷の手当てをしなくては。何があったんですか？」

「私はあそこに居たんだ」

彼は恨みがましく言いました。

「そこにたどり着いたんだ。あとは次の目印を残せばいいだけだった。ところが眼鏡をなくしてしまった。それからというもの、物にぶち当たってばかりだ。早く行かなければ！」

私はシャツのポケットに手を入れ、道で拾った眼鏡を取り出しました。

「これはあなたの眼鏡ですか？」

彼は私の方を見て片手でそれをつかみ取り、不器用に手を動かしながらそれを開いてやっとのことで耳に掛けました。

「これだ！　これだ！」

彼はそう叫んだかと思うと、立ち上がって立ち去ろうとしました。

「待ってください」

私は叫びました。

「あなたはけがをしています。手当が必要...」

そう言っている間に彼は行ってしまいました。つまずきながら足を引きずって山道へ戻り、それから丘を下っていきました。けがが痛むのか、ずっと叫び声を上げていました。何が彼を狂気へ駆り立てたのでしょう。私には理解できないことかもしれません。しかし、ゴールにたどり着くことしか考えず旅の過程を大事にしない人をほかにも何人か知っています。神様の目から見れば、人の成長の過程はその結果と同じくらい大事なのです。神様はアダムとイブを造られた時のように、私たちを初めから大人として創造することもできたはずです。しかし神様はあえて、徐々に成長させてくださることを選んだのです。これからも私は、自分の成長の過程を見守りたいと思います。

そこに大路があり、その道は聖なる道と呼ばれる。汚れた者はそこを通れない。これは、贖われた者たちのもの。旅人も愚か者も、これに迷い込むことはない。

イザヤ書35章8節

祈り：主よ、あなたが与えてくださった旅の過程をきちんと経験できるよう助けてください。私が見るものすべてに驚嘆し、聖霊の導きによって歩むことができますように。

考えてみましょう：あなたの知り合いの中に、目的地に着くことに躍起になり、そこにたどり着くまでの過程をないがしろにしてしまった人はいませんか？

1月16日
――一休み――

夕べはほとんど眠れませんでした。恐らく昨日、旅を単なる目的地にたどり着くためのものと考えている気の毒な人に出会ったせいでしょう。私が野宿した場所よりもずっと下の方の暗がりから、何度となく、あの人の叫び声が聞こえてくるような気がしました。彼はどうなってしまうのでしょう。あんな状態で最後まで旅を続けられるのでしょうか。彼を助けるすべはなかったのでしょうか。結局、疲労のせいでほんの少し眠ることはできましたが、夢を見た覚えもなく、体もまったく休まりませんでした。

当然ながら今朝の目覚めは悪く、木々のすき間から差し込むまぶしい太陽の光がなかったらもっと寝ていたかもしれません。私は「しまった、寝過ごした」と思うや否や、寝袋から飛び起きて登山靴を履きました。朝食は抜きですぐに出発です。これ以上時間を無駄にすることはできません。バックパックに寝袋を放り込んで身支度する私は、まるで飛行機の乗り継ぎ便に遅れまいとする旅行者のような慌てぶりでした。その時、はっとあることに気が付きました。私も昨日の旅人のように振る舞っていたのです。私はその日その日に自分で立てた目標を、あたかも"神々"のように重要視し、何としてでもそれを達成しなければ気が済まなかったのです。

そもそも急ぐ理由などあるのでしょうか。私は出発前に言われたことをはっきりと覚えています。
「旅の期間はきっかり一年間。ただし"早いお迎え"が天から遣わされる場合はこの限りではない」

これは神様が決めた、あるいはこれから決めることであって、私が口を挟むことではありません。神様は私がバックパックを背負って旅を続けること以外、何も求めておられないのです。日々導かれているのですから、どんな場合でも何とかなるでしょう。私は登山靴のひもを結ぶ手を止めました。仮にもっと速いペースで先へ進んだとしたらどうなるのでしょう。あるいはもっとゆっくり進んだとしたら？　神様によると、いずれにしても早く着き過ぎることもなければ、遅れることもないとのことです。これは一体どういう意味なのでしょう。もっとよく考えてみる必要がありそうです。

私は腰を下ろして、夕べ野宿した辺りを見回しました。これも旅の一部だというのでしょうか。先へ進む前に、ここで何かを見いだしたり何かを理解したりする必要があるのでしょうか。私は相変わらず座り込んだままです。朝が通り過ぎていきました。昼になったので昼食を引っ張り出しました。それから、荷物にもたれて考えました。

(何か見逃していることはないのだろうか。こうしている間にも何かをし忘れてはいないだろうか)

同じ場所にじっとしていたら夜になりました。朝と比べて少しも賢くなったような気がしません。多少困惑しながらも、再び寝袋を取り出して横になりました。風が心地良く、鳥たちが夜通しのコンサートに備えて発声練習をしています。睡魔に襲われながらもう一度祈りました。
「主よ、どうしてですか？　なぜ私は一日中ここに座り、何もしないでいたのでしょう？」
そして深い眠りに落ちそうになりながら、神様の声を聞きました。
「今日私のことを考えてくれたのは良かった。ぐっすり眠りなさい」

「やめよ。わたしこそ神であることを知れ。わたしは国々の間であがめられ、地の上であがめられる。」万軍の主はわれらとともにおられる。ヤコブの神はわれらのとりでである。セラ

詩篇46篇10〜11節

祈り：主よ、今日という休息の時間を与えてくださってありがとうございます。長い距離を進むことはできませんでしたが、あなたとともに過ごした時間はとても有意義でした。歩いているときも、どうかあなたから目をそらすことのないよう導いてください。

考えてみましょう：あなたが最後に休暇を取ったのはいつのことですか？

1月17日
——身軽になって——

　ぐっすり眠って目覚めた朝は何て気分がいいのでしょう。今朝はカササギに気付かれるよりも先に起きだして寝袋を畳み、たき火で沸かしたお湯でコーヒーを飲みました。朝食を終えて皿を洗い、鼻歌交じりで荷造りを始めました。バックパックの中があまりにも雑然としていて驚きました。一度整理しておく必要がありそうです。旅に出てから初めて荷物を全部出してみました。こんな物まで十六日間も背負っていたなんて、と思う物もたくさんありました。どうして金づちなんて持ってきたのでしょう。鉄製のフライパンまであるのですから自分でも驚いてしまいます。

　一つずつ取り出した物は、慎重に考えた上でバックパックに戻す物とここに置いていく物とに分けました。この約二週間の経験から、大切な物とそうでない物ははっきりしています。"必需品"と思っていた物は、実はそれほど必要のない物ばかりでした。それはつい最近までの生活の象徴、つまりこの旅に出るまでしがみついていた生活の象徴だったのです。

　そして今日が完全にそれを手放す時です。"不用品"に分類したものの、まだまだ使えそうな物がかなりあったので、一つにまとめてたき火の近くの岩に置き、ほかの旅人が必要ならばどれでも持っていって構いません、という内容のメモを残しました。ある人にとってはそれこそ必需品かもしれないと思ったからです。バックパックは軽くなりました。あとは登山靴に油を塗ったり、シャツの破れを繕ったり、それに引っかき傷の手当ても必要です。ようやく荷物を持ち上げ、これまでになく軽い足取りで道を下り始めたころには、もう昼近くになっていました。

　夕方には、期待していた以上の距離を進んだ自分に気付きました。どうやらレースに勝つための秘けつは、スピードだけではないようです。とはいっても、誰も競争しているわけではないのですが．．．．

　朝にあなたの恵みを聞かせてください。わたしはあなたに信頼していますから。わたしに行くべき道を知らせてください。わたしのたましいはあなたを仰いでいますから。

詩篇143篇8節

祈り：天のお父様、こうして旅をしているのもあなたのためだということを思い出させてください、ありがとうございます。あなたこそが私の目的であり、道そのものや日々自分が立てる目標は手段にすぎません。前へ進んでいるときも、進めないでいるときも、喜びを感じられることは恵みです。感謝いたします。

考えてみましょう：明日あなたが持ち物をすべて失ったとしたら、どうなると思いますか？　あなたの生活はどのように変化するでしょうか？

1月18日
——立ち上る煙——

　今日は暖かい一日でした。気圧が下がり、遠くの空には雲が出てきましたが、すぐに雨になることはないでしょう。時々聞こえてくる雷の音もまだ遠くにあります。夕方近くになって高台に差し掛かった時、遠くの方の道から少し左へそれた所から黒い煙が立ち上っているのが見えました。山火事です。雲の動きからして風は右から左へ吹いています。この状況だと火は左へ広がるので、このまま進んでも大丈夫かもしれません。しかしこれまでの経験からいっても、いつ何時状況が急変してもおかしくないのは確かです。もし風向きが変わって火の手に追われたら最後、走って逃げることは不可能です。

　のどを締め付けられるような感じが、私の恐怖心を物語っています。私は、体を低くして攻撃態勢に入ったクーガーを目の前にしたときなどに感じる、それこそ瞬時に人を攻め落とすすぐいの恐怖というものを知っています。その場合には、体内でアドレナリンが大量に分泌され、戦うにせよ逃げるにせよ、即座に体が反応するのです。けれども、今自分が感じている恐怖はそれとは違い、むしろガスの圧力計の針が徐々に上がっていくのと似ています。まだ危険に直面していないけれども、すぐにそれと向き合うことになるという恐怖感です。

「主よ、どうしたらいいのでしょう？」

　私はそう祈りながらも、自分の問いに対する答えはある程度予想がつくと思っていました。たぶん「必死に逃げなさい」というのが、この時私が一番聞きたかった答えではないかと思います。もしそれが「バケツに水をくみなさい」だとか「向かい火を放ちなさい」あるいは「穴を掘りなさい」という答えだったとしても、やはり喜んで聞き入れたことでしょう。神様に与えられた答えだと確信できればなおさらです。しかし、私の予想はことごとく外れました。神様は「待っていなさい」と言われたのです。

　しかし主よ、何かするべきではないのですか？　．．．分かりました。待つというのも行動のうちなのですね。

　ああ、私に、生ける者の地で主のいつくしみを見ることが信じられなかったなら。——待ち望め。主を。雄々しくあれ。心を強くせよ。待ち望め。主を。

詩篇27篇13〜14節

祈り：主よ、何もしないでいることが私にとって一番難しいのはあなたもご存知です。荷物を整理したり繕い物をしたりするのは簡単でした。特に危険が差し迫ったこのようなときには、どうにかしなくてはと思ってしまいます。しかし今回、待つことも行動の一つであること、そしてあなたからの指示を待つことの大切さをあらためて知ることができました。待っている間にも私を強くしてください。

考えてみましょう：あなたは今、何を恐れていますか？

1月19日
――待つという行為――

　今日も何もしないで待ちました。煙はだいぶ近づいてきて、小高い木々のてっぺんからは燃え上がる炎が見え始めました。火の手は一向に収まる気配がなく、その熱気はここまで伝わってきます。幸いなことに風向きは昨日と変わらず、火の勢いを道の左側へと押しやってくれています。それでも反対側、つまり私の居る方向にも徐々に燃え広がってきました。
　私は一日中ひざまずいて祈りました。
「主よ、あとどれくらい待たなければならないのですか？　あなたが『待て』と言われたと思ったのは勘違いだったのでしょうか？　本当に何もしなくていいのですか？」
　それに対して神様は何もお答えになりません。まるで、「もうおまえに指示を与えただろう。同じことを尋ねる必要はない」と言われているかのようでした。
　恐怖心によって私の信仰は揺らぎ始めていました。急げば今からでも、炎が行く手に押し寄せる前に突っ切ることができるかもしれません。いや、私はただ待っているべきなのでしょう。私は寝袋の中で横になって空を見上げています。今夜は見事な満月です。しかし舞い上がった煙のせいでそれは血のような赤色をしています。
　息を殺してじっとしていると、火の燃える音が聞こえます。木々が次々と炎にのみ込まれては"薪"になって火の手に加勢していきます。空高く舞い上がった灰が降ってきて、朝方には寝袋をうっすらと覆っていました。
「主よ、恐ろしいです。どうすればいいのですか」
「ただ私を信じて待ちなさい」

私たちのたましいは主を待ち望む。主は、われらの助け、われらの盾。まことに私たちの心は主を喜ぶ。私たちは、聖なる御名に信頼している。主よ。あなたの恵みが私たちの上にありますように。私たちがあなたを待ち望んだときに。

　　　　　　　　　　　　　　　　　　　　　　　　　　　詩篇33篇20〜22節

祈り：主よ、私に待つことを教えてください。何かすべきではないかと思う一方で、あなたの指示に従って何もせず待っているべきだと自分を納得させたいのですが、私にとってこれほど難しいことはありません。主よ、あなたを信頼します。今よりもっとあなたを信頼する者となれるよう私を助けてください。

考えてみましょう：あなたにとって待つことは簡単ですか、それとも難しいですか？

1月20日
――行動の時――

"号令"を聞いたのは夜明け前のことでした。たぶん近くの木か何かがはぜた音だと思うのですが、私にははっきりと「動け！」という言葉に聞こえたのです。夜の間に風向きが急変し、火の手は一度私の方へ迫ってきてはすぐ目の前で方向を変え、道の反対側へ移動しました。私はしばらくの間、自分の感情さえ把握できず、自分の死というものをぼうぜんと見つめていました。天から"早いお迎え"が遣わされることもあり得るとのことですから、もしかするとこれがそうなのでしょうか。そして「やっぱり逃げるべきだったんだ」という臨終の言葉を口にするのでしょうか。

ところが恐怖に震える暇もなく、風が私の後ろから吹いていて、火の手を遠ざけているのに気が付きました。夜半に風向きが急変したことにより、火の手は前方の土地を焼き尽くしてからいったん後退し、道を越えて右側へと移っていったのです。私は急いで荷物をまとめ、丘を離れて焼け焦げた谷へ向かいました。防火帯に着くころには所々で丸太がくすぶっているだけで、火はほとんど消えていました。

近くで雷が鳴ったかと思うと大粒の雨が降り始め、残り火がシューシューと音を立てていました。嵐は三日前に自ら起こした火事を、今ようやく消そうとしています。夜が明けて、山火事後の惨状を目の当たりにしました。四方見渡す限り、かつての大木が炭と化し、残った根元の部分も真っ黒になって煙を上げています。

前方を見ると道の途中に丸太と思われる物が横たわっていました。しかし近づいてみると、それは丸太ではないことが分かりました。ほんの数時間前まで生きて歩き回っていたのでしょう。唯一焼け残った眼鏡の分厚いレンズと特徴のあるフレームで、彼だと分かりました。気の毒な人です。目的地にたどり着くことしか考えなかったために、すべてを失ってしまったのですから。

突然、体中の力が抜けて倒れそうになりました。自分もそうなる可能性があったことはあまりに明白でした。私も前へ進み続けたかったし、走って逃げたかったのです。私も危うく、恐怖心に負けて最悪の事態を招いてしまうところだったのです。

利口な者はわざわいを見て、これを避け、わきまえのない者は進んで行って、罰を受ける。

箴言22章3節

祈り：主よ、あなたは私の避け所です。何が"安全"で何が"正しい"かという私自身の考えは当てになりません。日々あなたに頼ることを教えてくださってありがとうございます。

考えてみましょう：自分の命を預けられるほど信頼できる人はいますか？

1月21日
――突然の嵐――

　昨日からの雨が激しくなり、本格的な嵐になりました。灰に覆われた地面はぬかるみと化し、最初は靴から、そしてすぐに体中が真っ黒に汚れてしまいました。
　私は足を滑らせて転ぶことを何度も繰り返し、次第に体力が衰えていきました。どこか雨宿りできる場所を必死に探しましたが、山火事後の大地は見渡す限り、焼け残った木の幹ばかりです。あれこれ考えてみましたが、何もいい方法は思いつきませんでした。もちろん私には嵐を静めることもできませんし、その中を歩き続けること以外何もできないのです。
　(急ぐ必要はない。体力を無駄使いせずに歩き続けられるペースをつかむんだ。そうだ、何かほかの事を考えよう)
　何日も前にまでさかのぼって思考を巡らせ、天気の良かった日や満天の星空、山火事の経験やそこから学んだ神様を信頼して待つことの大切さに至るまで、さまざまなことを考えていました。雷の音でわれに返り、自分がかなり長い間歩いてきたことに気が付きました。既に何時間もたったのではないかと思います。私はその後も、相変わらずの悪天候にもかかわらず、自分だけの天候パターンを持つ心の中で、また旅を続けるのでした。

城門をあけて、誠実を守る正しい民をはいらせよ。志の堅固な者を、あなたは全き平安のうちに守られます。その人があなたに信頼しているからです。いつまでも主に信頼せよ。ヤハ、主は、とこしえの岩だから。
イザヤ書26章2～4節

祈り：主よ、この世で生きている限り必ず嵐に見舞われることも、いつも逃げ込める場所があるとは限らないことも事実です。外界からの侵入を一切許さない、あなただけのための場所が私の心の中にもあるはずです。どうかそこに至る道を示してください。

考えてみましょう：不愉快な状況に置かれ、何か別なことを考えて気を紛らしたことがありますか？　それによって気分は良くなりましたか？

1月22日
――突然の激流――

　野宿する場所もなく、荷物もびしょぬれのまま夜通し歩きました。そんな中私にとって慰めだったのは、周囲の状況とはまったく無関係の思いと祈りでした。決して楽しい夜だったというわけではありません。何せ嵐は収まっていないのですし、いくら悪天候を無視しようとしても、体温低下の危険性がなくなるわけではないのですから。しかし悲惨な境遇を感じさせないほどの慰めがあったのは事実なのです。それはまるで神様から、「人生とはこういうものである。それは人の外側から侵入してくるものではなく、人の心の中に私がもたらすものだ」と諭されているようでした。こうして、真っ黒なぬかるみの大地にも夜明けが訪れました。胃の中は空っぽでしたが、心は満たされていました。「その時、雲を押しのけて現れた太陽とともにドラマチックな音楽が流れ、眼前には花々の咲き乱れる風景が広がっていたのであります」とでも言いたいところなのですが．．．

　現実はそう甘くはありませんでした。その先の道は丘の斜面になっていた上、真下にある小川が一夜にして激流と化していたのです。一歩ずつ慎重に歩いていたのですが、いきなり足元の土が崩れ、道の一部もろとも私は川に転落してしまいました。それまで嵐をものともせず着々と進んでいたのに、その一瞬を境に激流との死闘が始まったのです。

　必死の努力の末、水中で石のように重くなったバックパックを背中から外すことができました。水面上に半分出ている岩にぶつかり、ありったけの力を振り絞ってそれにしがみつきました。やっとの思いで水から上がり、川岸をはって登ると精根を使い果たして倒れ込んでしまいました。

たとい主があなたがたに、乏しいパンとわずかな水とを賜わっても、あなたの教師はもう隠れることなく、あなたの目はあなたの教師を見続けよう。あなたが右に行くにも左に行くにも、あなたの耳はうしろから「これが道だ。これに歩め。」と言うことばを聞く。

イザヤ書30章20〜21節

祈り：天の父なる神様、現実の日々は映画の中とは違い、どのような問題もたちまちのうちに解決されるとは限りませんし、笑ってばかりもいられません。しかし真の生活とは、この世から何を得るかにかかわらず、あなたとともに歩む生活でなければならないことをいつも思い出させてください。今日も私の心に平安をお与えください。

考えてみましょう：あなたにとって平安の源となっているものは何ですか？　財産ですか？　それともほかに手放すことのできないものが何かありますか？

1月23日
――飢え――

　どれくらいの間、泥の中にうつぶせに倒れていたのでしょうか。心の中では、荒れ狂う激流から生還したことに安どのため息をつく一方で、絶望感が押し寄せてきました。ついこの間"絶対必需品"としてえり分けたばかりの品々をバックパックごと失ったショックは大きく、服にも体にも水と泥が染み込んでいて震えが止まりません。そして何よりも、おなかがすいていました。自分が最後に何か食べたのがいつだったか思い出せません。昨日だったと思うのですが...おとといだったかもしれません。

　それは普段食事前に感じる空腹感などとは比較にならないものでした。自分の体が「すぐに何か食べないと死ぬぞ！」と叫んでいるのが分かりました。顔を上げて辺りを見回しましたが、やはり近い将来に食べ物を入手できる可能性はゼロでした。再び地面に顔を着けて計画を練ろうとするのですが、何も思いつきません。とにかく空腹だということしか考えられないのです。

　たぶん今なら、エサウが一杯の煮物のために長子の権利を放棄したこともゆるせてしまうでしょう。もし譲渡できる長子の権利を持っていたなら、迷わず誓約書にサインしてしまうでしょう。

　イエス様は一体どうやって四十日間も何も食べずにいられたのでしょうか。もともとイエス様の意志の強さには私など足元にも及びません。サタンがイエス様の誘惑に最初に使ったのは食べ物でした。空腹はイエス様にとってさえ最もつらい試練だったに違いありません。そうでなければどうしてサタンは最初から食べ物で誘惑しようとするでしょうか。"祝福"と"のろい"の両極端――。食べ物が豊富なのは何とも素晴らしいことですが、この世には食糧難と飽食という両極端が存在するという事実は悲劇としかいいようがありません。

　結局今日は一日中、考えごとをしたり祈ったりして、何かを待ち望みながらそこに寝て過ごしました。

イスラエル人は彼らに言った。「エジプトの地で、肉なべのそばにすわり、パンを満ち足りるまで食べていたときに、わたしたちは主の手にかかって死んでいたらよかったのに。事実、あなたがたは、わたしたちをこの荒野に連れ出して、この全集団を飢え死にさせようとしているのです。」

出エジプト記16章3節

祈り：天のお父様、私たちの生活は食べ物を中心に回っているといっても過言ではありません。食べ物がないと不平を言い、あなたへの信仰を捨ててしまうことさえあり得ます。一方、食べ物が豊富にあり過ぎると飽食と罪に服従してしまいます。主よ、私の体の一部が不平を訴えていても、今日の空腹に感謝します。私の弱さをおゆるしください、そしてその弱さをあなたの栄光のために用いてください。

考えてみましょう：あなたの日常生活において、食事はどれくらい大きな位置を占めていますか？　しばらくの間なら何も食べなくても平気ですか？

1月24日
――聖なる断食――

　いつの間にか熟睡していたようです。足元からは相変わらず川の流れる音が聞こえていましたが、その時の私にとっては、やかましいというよりはむしろ、子守唄のように響いていました。事実、午後になってようやく目が覚めた時には、その音はかなり小さくなっていました。川のはんらんは収まり、もはやそこには激流もなく、私がおぼれそうになったことなどうそのようにおとなしい沢が山あいを流れているだけでした。雲の切れ間の青空からは太陽が照りつけ、上半身を起こして座ってみると服から湯気が出ていました。水分が蒸発していくにつれて、私の体もだいぶ乾いてきました。

　空腹による腹痛は続いていましたが、太陽が出ていることがうれしくて立ち上がりました。道は簡単に分かりました。途中に木などの障害物もなく、川沿いを何キロメートルも先まで曲がりくねって続いているのが見えます。歩くこと以外本当に何もすることがありませんでした。背負う荷物もなく胃袋の中も空っぽのまま、方向を確かめてから歩き始めました。最初は足元がふらついて転びそうになりましたが、次第に自分のペースをつかんでいきました。歩きながら、ここ数日間の出来事を思い起こしてみました。恐れ、パニック、失意、希望など、内面的な経験についても考えました。

　断食をするとき、人はどのようなことを考えるのでしょうか。もちろん食べ物のことを考えるでしょう。けれどもある時点に達すると、空腹の重大さが薄れ、主にほかのことを考えるようになります。

　（なぜ自分はこの旅を始めたのだろうか？　そしてその結末は？）

　これらのことについては、今まで考えたことがなかったわけではありません。それでもなぜか、こうしているときのほうが余計な思考に邪魔されずに冷静に考えられるような気がするのです。

　今回は自分の意志で断食しているわけではありません。しかし断食せざるを得ない状況に変わりはないのですから、それをうまく利用してみようかと思います。今日はいい一日になりそうです。

断食するときには、偽善者たちのようにやつれた顔つきをしてはいけません。彼らは、断食していることが人に見えるようにと、その顔をやつすのです。まことに、あなたがたに告げます。彼らはすでに自分の報いを受け取っているのです。

マタイの福音書6章16節

祈り：主よ、私のように食べるのが好きな人にとっては、断食と苦難を同一視しないではいられません。けれども今こそ肉体的な欲求を乗り越え、あなたの御顔を仰ぐことができますよう助けてください。

考えてみましょう：断食についてどう思いますか？

1月25日
――回復――

　今日はまるで夢のような一日でした。正確にいえば、これまでに見たことのあるどんな夢よりも素晴らしい一日でした。辺りは山火事で真っ黒に焼き尽くされていましたが、私の一日は色彩に富んでいました。胃袋は相変わらず空腹を訴えていましたが、心は主の臨在で満たされていました。今日はそれで満足でした。私は歩き続けました。歩いている間もずっと神様が私のそばにいてくださるのが分かりました。

　アダムが夕方の涼しい時間帯に主とともにエデンの園を歩いた時もこんなふうに感じたのだろうか、と思いました。地上にはもはや楽園はありません。けれども私は、自分がこの時、世界で最も美しい場所に居ると感じていました。自分がしたいと望んでいること、知識や理解が不足していると感じることなど、自分にとって大切なことを主にお話ししました。それにも増して大切なことは、私も主の言われることに耳を傾けたことです。主は私の知らなかったことを教えてくださいました。そして私は、「自分はこんなこともしてきたんだ。こんなことも理解していたんだ」ということを自覚するようになり、自分を取り囲む状況や空腹よりもはるかに大切な事柄について学ぶことができました。

　このままずっと歩き続けられそうな気がしていたので、太陽が山の向こうへ沈んでいくのに気が付いた時は残念でたまりませんでした。けれども"私たち"つまり主と私の歩みも、今日のところはこれで十分なのかもしれません。私はようやく腰を下ろし、川が山火事の後始末をしながらこの土地を元通りにしていく様子を眺めました。灰や、木の枝や葉の残がいが流されていった後の透き通った"命の水"は、この土地の復興を助けることでしょう。

　その時です。見ると、川岸のそばに倒れている木に私のバックパックが引っ掛かっているではありませんか。恐らく一日中そこにあったのでしょう。それは日光によって乾かされ、初めて背負った時とほとんど変わらない状態でした。早速枝から取り外し、道まで運んで中を開けてみました。そこには私の"絶対必需品"が入っています。乾燥肉とジャガイモの入った小さな包みもあります。あとは、ほっぺたが落ちるほどおいしい食事を作るための火と水が必要です。火と水のせいで死にそうになったこの私が、今はそれを必要としていることに気が付いて笑いが込み上げてきました。火はバックパックに入っていた防水マッチでおこし、水は川からくんできました。

　その晩私は心から食事を楽しみました。それから満天の星空の下、乾いた寝袋の中で眠るというぜいたくまで味わったのでした。

　また彼らは、あなたがたのために祈るとき、あなたがたに与えられた絶大な神の恵みのゆえに、あなたがたを慕うようになるのです。ことばに表わせないほどの賜物のゆえに、神に感謝します。
コリント人への手紙第二9章14〜15節

祈り：私たちは絶望と喜びの間をいとも簡単に行き来してしまいます。今夜私は満たされ、申し分のない状態です。また明日にでも困ったことが起こるかもしれませんが、どうか喜びに事欠くことがありませんように。主よ、あなたは私の備え主、私の力、私のすべてです。

考えてみましょう：パウロは、「私はいかなる状況にあっても満足することができる」と言いました。あなたについてもこれと同じことがいえるでしょうか？

1月26日
―郷愁―

　たった数週間のうちにいろんなことがあり過ぎて、この旅に出たのがもう何年も前のことのように感じられます。感情をかき乱されることもありましたが、今日の気分は決して悪くはありません。私は生きています。おなかもいっぱいですし、前に進んでもいます。ただ、誰か話し相手がいればもっといいのかもしれません。山道で人に出会うことがこんなにも少ないとは思いませんでした。山火事で悲惨な最期を遂げたあの男を除いては、まだ誰とも言葉を交わしていません。私は家族とのたわいない会話の数々を思い出していました。
「今日はどんなことしたんだい？」
「調子はどう？」
「聞いて、聞いて！」
　家庭内での会話がこんなにも大切なものだったとは知りませんでした。ささいな出来事でさえ、それを誰かに話せるのなら大事なことになり得るのです。それに今の私にとって家族はかけがえのない存在です。正直なところ、単に自分の話を聞いてもらいたくて、このままUターンして家族の元へ帰りたい、という気持ちもありました。
　しかし、今はそれができないのが分かっています。この旅に出る決心をした時から"家庭"という言葉の意味が変わったのです。私は家族を捨てたわけではありません。彼らに会えないのはとても寂しいです。けれども私は今、より良い家庭、より良い家族とのより良い関係のためにがんばっているのです。私は、家族全員がこの旅に出る決心をしてほしいと心から願っています。そうなれば、私たちは共通の目標に向かって一致団結することでしょう。私たちを導いてくださるお方は、私たちが自分たちを愛するよりももっと深く私たちを愛してくださるお方、私が以前知らなかった新しい家庭を約束してくださるお方です。
　しかしこれからも事実として変わらないのは、人は誰でも自分で決断しなくてはならないということです。いくら私が彼らの代わりに決断してあげたくても、それはできないのです。"見込み"があるからといって、慣れ親しんだものを置き去りにしてまで未知の世界に足を踏み入れるのは、確かに危険なことかもしれません。私は喜んでそのような危険を冒す覚悟でいますが、それによって今の私の寂しさが消えてなくなるわけではないのも事実です。

イエスは彼らに言われた。「まことに、あなたがたに告げます。神の国のために、家、妻、兄弟、両親、子どもを捨てた者で、だれひとりとして、この世にあってその幾倍かを受けない者はなく、後の世で永遠のいのちを受けない者はありません。」

ルカの福音書18章29～30節

祈り：主よ、私は今、家族に会えなくて寂しく思っています。あなたをもっと知りたいという思いを、彼らと分かち合うことができません。どうか彼らを見守ってあげてください。彼らの救いのためとはいえども、彼らの選択の自由を取り上げられることがないのは分かっています。私にできるのは、彼らが何らかの方法で救い主であるあなたのことを学ぶことができますように、と祈ることだけです。私たちを、あなたへの愛とお互いへの愛とで結ばれた本当の家族にしてください。

考えてみましょう：あなたは家族と仲がいいですか？　あなたと家族との関係は、あなたと神様との関係にどのような影響を与えていますか？

1月27日
——仲間——

　ここ二、三日続いた興奮が冷めてくると、家族のことばかり考えるようなり、何を見ても憂うつでした。新しい景色や花々に出会うたびに、この喜びを誰とも分かち合えない寂しさを痛感するのです。「わあ、これ見て！」と誰かに言えたら、最高にうれしいでしょうに。
　以前、遊園地で見かけた男のことを思い出します。週末に子どもたちを連れていった時のことです。私は正直、せっかくの土曜日が"象のダンボと綿あめ"で終わってしまうことに、やるせない気持ちでいました。その時、ポップコーンを片手に歩いている男を見かけました。とっさに、「こんな場所に独りでいるなんて、あの男は一体何をしているんだろう」と思いました。そして少し意地悪なことも考えました。
（ひょっとして何か良からぬことをたくらんでいるのでは？）
　そのうちに、男がぶらぶら歩き回る様子から、ただ天気のいい日に外でのんびり過ごしたいと思っている孤独な人なのだと分かってきました。それでも、その男が独りでいることを自由でうらやましいとは思わず、むしろ遊園地に居ながら誰とも楽しく過ごせないことをかわいそうに思いました。
　私の今の気持ちは、あの男のあの時の気持ちと似ているのではないかと思ってしまうのです。孤独——。そして、自分がかわいそうだと思う気持ち——。
（なぜ私はこれを一人でしなければならないのだろう。せめて誰かと二人だったら良かったのに）
　"悲劇のヒーロー"をきどっていると、カシの巨木が地面に大きな影を落としている所に差し掛かりました。何と、木の幹にもたれ掛かって老人が座っているではありませんか。恐らくほかの日だったら、軽くあいさつを交わすだけで先を急いだことでしょう。でも今日は違います。
　はやる気持ちを抑えながら、「こんにちは」と声を掛けました。
「どちらまで行かれるのですか？」
「おまえさんと同じ方向じゃよ。ちょっと座って休んでいかんか？」
　彼はにこにこしながらそう言いました。

正しい者の心は、どう答えるかを思い巡らす。悪者の口は悪を吐き出す。
箴言15章28節

祈り：主よ、私は孤独な人たちのことが気になります。どうか彼らにご自身を現してくださり、本当は独りぼっちではないのだと教えてあげてください。彼らに人生の喜びや重荷を分かち合える家族や友達をお与えください。彼らを祝福してください。

考えてみましょう：誰か孤独な人を知っていますか？　どうやってその人を助けることができるでしょうか？

1月28日
――会話――

　私は無造作にバックパックを下ろして老人の近くの地面に座りました。
「どちらから来られたのですか？」
　話をしたい一心で私は尋ねました。老人は、私が歩いてきた方を見ながら笑みを浮かべて言いました。
「おまえさんよりもずっと遠い所からじゃよ。ここまで来たのはわしも初めてじゃがな」
　私の当惑した様子を見て取り、老人は言いました。
「この道は誰でも一度しか通らないのが普通じゃ。それでも過去から多くを学ぶことができるからのう」
「例えばどんなことですか？」
　私は興奮して尋ねました。
「学ぶべきことは多いと思うのですが、どうやって見つけたらいいのか分からないのです」
　それを聞いた老人は笑い声を上げ、心のこもった優しい声で言いました。
「それなら、ランデブーはおまえさんにぴったりの場所じゃ。ためになることがうんとある」
「ランデブーって何ですか？」
　老人は穴のあくほどじっと私を見つめて言いました。
「この道を遠くまで行くのに欠かせないものじゃよ。途中にはいろんな危険が潜んでおる。その様子だと、おまえさんも一度や二度は危ない目に遭ったんじゃろう？」
　私は突然、自分がひどい格好をしていることを思い出し、もじもじして視線をそらしてしまいました。
「泥や血にまみれることを恥じる必要はない。それは誰でも経験することじゃ。だからこそお互いが必要なんじゃ。ランデブーがあるのもそのためじゃ。旅人が集まってきては情報を交換したり、身支度を整えたり、旧友との再会を果たしたり．．．．。きっとおまえさんも気に入るじゃろう」
「素晴らしい場所のようですね。そこまでどうやって行くのですか？」
「このまま進んでいけば必ずそこに着く。着いたらみんなに、チャーリーがもうすぐ来ると伝えておくれ」
　てっきり老人も一緒に来るのだと思い、立ち上がった自分に気が付きました。老人は私の心を読んだかのように、「いやいや、そうじゃない」と笑いながら言いました。
「お互いマイペースで行くことにしよう。道から外れなければいずれまた会えるじゃろう」
　林の中へ入る前にもう一度振り返ってみました。ゆっくりと歩く老人の姿が目に入りました。今になって気が付いたのですが、少し足を引きずっているようです。ほんの少しの言葉を交わしただけなのに、あの老人がまるで父か祖父か兄弟のように思えてなりません。もしかしたら、これらすべてに当てはまる存在なのかもしれないし、そのどれとも違うのかもしれません。

　イエスがまだ群衆に話しておられるときに、イエスの母と兄弟たちが、イエスに何か話そうとして、外に立っていた。すると、だれかが言った。「ご覧なさい。あなたのおかあさんと兄弟たちが、あなたに話そうとして外に立っています。」しかし、イエスはそう言っている人に答えて言われた。「わたしの母とはだれですか。また、わたしの兄弟たちとはだれですか。」それから、イエスは手を弟子たちのほうに差し伸べて言われた。「見なさい。わたしの母、わたしの兄弟たちです。天におられるわたしの父のみこころを行なう者はだれでも、わたしの兄弟姉妹、また母なのです。」

マタイの福音書 12 章 46～50 節

祈り：私の生みの親、そして共通の信仰で結ばれた兄弟姉妹の存在に感謝いたします。どんなときも彼らを祝福してください。彼らが得ようとしているものを得られるよう、私も手助けできますように。

考えてみましょう：あなたには兄弟や姉妹がいますか？　兄弟姉妹はどのような点で友人と異なると思いますか？

1月29日
――悪霊の気配――

　チャーリーが私に追いついて一緒に夜を過ごせるかもしれないと思い、昨晩は早くに落ち着いて野宿の準備をしました。ランデブーには彼のような人たちがたくさんいるのでしょうか。それにしてもランデブーとは一体何なのでしょう。今日は何か特別なことがあるという予感がして、太陽がこずえを照らし始めるよりも早くに出かけました。果たして、特別なことはありましたが、それは想像していたものとはまったく違っていました。

　遠くの方から人影がこちらへ近づいてくるのが見えました。この道を反対方向へ歩く人がいるとは考えもしなかったので不思議に思いました。とにかく"人"には間違いありません。昨日チャーリーと会ったばかりでしたが、また誰かと話ができるのはうれしいことです。ところが男が近づいてくるにつれて、何だか様子がおかしいことに気が付きました。男はバックパックも持たず、まるで重い物を運んでいるかのように前かがみになって歩いていました。歩きながらまったく顔を上げず、下を向いたまま。私が近づいていることにも気付いていないのではないかと思ったほどです。突然、背後の森の奥からクーガーの甲高い鳴き声が聞こえました。この前と同じクーガーかもしれないと思い、私は飛び上がって後ろを見ました。それから向き直って男との距離を確かめました。かなり近くまで来ていました。男は立ち止まり、何かに耳を傾けるように顔を上げました。その顔を見て寒けが走りました。不気味な笑みを浮かべていたからです。それは山道で誰かと出会い頭に見せるようなたぐいの笑顔ではありませんでした。「おまえが知らないこともおれは知っている」とでも言いたそうな顔でした。声が届きそうだったので話しかけてみました。
「今のクーガーの声、聞こえましたか？」
　男は何も言わず、そこに立ったままにやにやしています。きまりが悪かったのでもう一度開いてみました。
「どちらの方まで行かれるのですか？」
　ばかな質問をしてしまいました。男の表情からもそれは明白でした。男は答える気がないようだったので、私は再び歩きだしました。男はじっと道に立ったまま動かず、私を見据えて相変わらずにやにや笑っています。私は小さな声で「じゃあまた」と言ってから、またばかなことを言ってしまったと思いました。男と私は反対方向に歩いていたからです。私は道をはみ出すようにして男を避けて通り、バックパックのストラップを締め直しました。その時、男が小声で「じゃあまた」と言ったように思いました。
　男は私のまねをしてそう言ったのでしょうか。礼儀でそう言ったのでしょうか。声を掛けようと振り返ると、男の姿はどこにもありませんでした。見晴らしのいい道なのにそこには誰もいません。男が隠れられるような場所もどこにもありません。突然、大量のアドレナリンが体内を駆け巡るのを感じました。何歩か進んでは振り返りながら急いで山道を下りました。今夜は雲で星が見えないので、いつもより暗い気がします。男はなぜ「じゃあまた」と言ったのでしょうか。もう絶対に会いたくありません。

　身を慎み、目をさましていなさい。あなたがたの敵である悪魔が、ほえたけるししのように、食い尽くすべきものを捜し求めながら、歩き回っています。堅く信仰に立って、この悪魔に立ち向かいなさい。ご承知のように、世にあるあなたがたの兄弟である人々は同じ苦しみを通って来たのです。

ペテロの手紙第一5章8～9節

祈り：主よ、あなたは共にいてくださることを約束してくださっただけで、危険のない旅を約束してくださったわけではありません。今こそあなたのご臨在が必要です。私を取り囲んで守ってください、そしてあなたの強い御手の中に私を迎え入れてください。どうか私に勇気を与えてください。

考えてみましょう：あなたが心の底から恐ろしいと思ったのは、一番最近ではいつどんなときでしたか？

1月30日
――朝日――

　今朝は寝袋を通して日が照っているのを感じ、ほっとしました。昨夜は、物音がするような気がしたり、恐ろしい想像ばかりしてしまい、ほとんど眠ることができませんでした。あの"邪悪の化身"としか思えない男が近づいてきたらどうしよう。冷静を装う方がいいのか、それとも暗闇の中走って逃げようか。またあのクーガーが忍び寄ってきたらどうしよう。そんなことを考えながら、体を起こしてしばらくの間、たき火の向こうに広がる暗闇を見つめたりしていたのですが、極度の疲労にはかなわず横になりました。上着で頭を覆ったのですが、そんな物でも少しは身を守れると思いたかったのです。ようやく眠ることができても、不気味な人影と悪意のこもった笑い顔の夢しか見ませんでした。

　いつもより遅く目が覚めた私は、体を起こしてテントの周りを見回しました。昨夜と何も変わったところはありません。夜通し不気味に思えた近くの木々も、今は単に、薪にするのにいい木だ、とか、バックパックを引っ掛けておく物、くらいにしか思えませんでした。朝食の準備に取りかかると、何とか口笛を吹いて気を紛らそうとしている自分とは裏腹に、手が震えてどうしようもありませんでした。昨日出会ったのが誰、いや、何であっても、もはやそれは不気味な思い出にすぎません。いつか話の種になるでしょう。そう考えると、誰かと話したいという強い願望がわいてきました。太陽は私の恐怖心を追い払ってくれるだけですが、友人はそれ以上です。太陽の光は、一体そこに何が有って何が無いのかを知るのに役立ちます。今日も太陽のぬくもりを感じながら、その光によって物事を見たり学んだりできることをありがたく思うでしょう。一方、友人はこの日記と同様、恐怖や希望を言い表す機会を与えてくれます。しかも友人は返答してくれます。これは日記にはできないことです。この恐怖を共に感じてほしい。希望について語りたい。私を力づけてほしい。

　チャーリー、あなたは今どこに居るのですか？

あなたの友、あなたの父の友を捨てるな。あなたが災難に会うとき、兄弟の家に行くな。近くにいる隣人は、遠くにいる兄弟にまさる。

箴言27章10節

祈り：友情というものを与えてくださりありがとうございます。私たちは経験について語り合うことで力を得ることができます。今日私に友をお与えください。友情を通して、自分だけでは知ることのできない多くのことを学ぶことができますように。

考えてみましょう：あなたには友達がいますか？　その人に助けてもらったことがありますか？　その人を助けてあげたことがありますか？

1月31日
――三つよりの糸――

　今日も晴天の中、平凡な一日が過ぎていきました。特にすることもないので友人のことを考えていました。長年来の友人たちを頭の中でリストアップして分類してみました。まずは体育会系の友人たちです。彼らは学業はあまり芳しくありませんでしたが、けんかの際には頼りになります。そういえば彼らが周りにいるだけで、必ずけんかが起きていたような気もします。
　次に思想家タイプの友人たちがいます。彼らは"囲めるもの"ならたき火でもコーヒーテーブルでも何でもよく、その周りに座って討論するのが何よりも好きな人たちです。「おれの意見はこうさ」と言いい、特定の話題について何時間も意見を述べます。少なくとも彼らにとっては楽しいのでしょう。ほかにもおちゃらけ者、心配性の人、お調子者など友人のタイプはさまざまです。
　私は友人と呼べる人たちが多い方なのではないかと思います。もし彼らと一緒にこの旅をしていたらどうでしょうか。この間の夜などは、体育会系の友人を頼りにしていたかもしれません。しかし彼らでさえ、あの"邪悪の化身"には対抗できなかったのではないかと思ってしまいます。おちゃらけ者の友人は、あの出来事をまじめに受け止めなかったことでしょう。思想家タイプの友人は、朝まであれこれと分析したかもしれません。お調子者の友人は私を見捨てたかも知れません。
　考えれば考えるほど、これまでの友人たちはこの旅ではあまり役に立ちそうにないことが分かりました。なぜかというと、今や私にとって人生最大の喜びとなった神様との関係を分かち合える友人は一人もいないからです。
　そう思うと、今日読んだ「三つよりの糸は簡単には切れない」という言葉が一層深い意味を持ってきます。今までは「一人よりも二人がいい」と言って友人を励ましてきたのです。しかし今回、二つの要素に真の強さを与える三つ目の要素があることを知ったのです。
　この間、チャーリーとすぐに友達になれたのは、彼と私が既に三つ目のより糸を共有していたからです。故郷の友人たちはそれなりに素晴らしいのですが、最後の三つ目のより糸がきちんと織り込まれていないので、それほど耐久性がないのです。今日はそれからずっと友人たちのことを考え、彼らが神様を知るようになりますように、と祈りながら過ごしました。

もしひとりなら、打ち負かされても、ふたりなら立ち向かえる。三つ撚りの糸は簡単には切れない。

伝道者の書4章12節

祈り：今日私の友人を助けてください。彼らと知り合えたからこそ今の自分があるようなものですから、彼らに感謝しています。しかし、彼らの人生には何か欠けているものがあります。彼らがそれを見つけるまでは決して、主が望んでおられる、より親密な友情を築くことはできません。

考えてみましょう：しっかりと長続きする友情の三つ目のより糸とは何だと思いますか？

2月1日
——もう一つのより糸——

　今朝も歩きながら友情について考えているうちに、あることに気付いてがくぜんとしました。自分にとって一番の親友であると信じてきた、ある人のことを忘れていたからです——。愛情深い妻——。彼女はどんな友人よりも私のことをよく知っています。私の一番いいところを知っているのも、そして思い出すのも恥ずかしい最悪の私を見たことがあるのも彼女です。いくら友人や上司の前でいい格好をしていても、帰宅して玄関のドアを後ろ手に閉めると、自信のない自分に戻ります。妻は私の話を聞いてくれ、どんな私でも愛してくれます。

　なのになぜ私は彼女を残し、すべてを犠牲にしてこの旅に出たのでしょうか。私はもちろん彼女を誘いましたし、彼女も理解しようとしてくれたのですが、やはりすべてを投げ打ってまで一緒に来ることはできませんでした。彼女を責めることはできません。私をこの旅へと駆り立てた強い衝動を感じたことがない人には、実にばかげたことのように感じられることでしょう。妻は結局、いつ"招き"を受けてもいいように心の準備をしながら、それまでは家で留守番をしていると約束してくれました。もちろん彼女に会いたくてたまらないのですが、私はずっと"三つよりの糸"について考えていました。妻と私が、それぞれに持ち寄ったより糸を一緒に紡いでいる間は、私たちの強さは二つの合計にしかなりません。三つ目のより糸が加わって初めて、二つのより糸は美しく、切れづらくなります。妻や子どもたちのことを考えると胸が痛みます。彼らの理解を得るために何かもっとできることはなかったのでしょうか。父親として、夫として、もっとしてあげられることはなかったのでしょうか。あれもすればよかった、これもすればよかったと考えるうちに、胸が苦しくなります。一方で、神様は私を愛するのと同じくらい彼らを愛してくださっています。神様は決して彼らのことを忘れたり、見捨てたりしないのですが、彼らを強制的にこの旅に連れ出すようなこともされません。それでも今こうしてくじけずにいられるのは、いつかきっと彼らも私の見いだした真実を知るようになる日が来ると信じているからです。主よ、どうかそれまでの間、私に力を与えてください。

　ふたりは、「主イエスを信じなさい。そうすれば、あなたもあなたの家族も救われます。」と言った。そして、彼とその家の者全部に主のことばを語った。看守は、その夜、時を移さず、ふたりを引き取り、その打ち傷を洗った。そして、そのあとですぐ、彼とその家の者全部がバプテスマを受けた。

使徒の働き 16 章 31～33 節

祈り：あなたの尊き愛を家族と分かち合う機会があったにもかかわらず、努力を怠ったことをおゆるしください。私の罪のゆえに彼らがとがめられることがありませんように。天の父なる神様、彼らに語りかけてください。あなたがどれほど彼らを愛しておられるか、彼らが理解できるよう助けてください。彼らをお救いください。私たちの家庭を、あなたが主人として治める場所にしてください。

考えてみましょう：あなたは信仰について家族と話すことができますか？　その理由についても考えてみましょう。

2月2日
──廃虚を見つける──

　峰の頂上まで続く、長くなだらかな上り坂に入りました。道はつづら折りになっていて少なくとも十回以上は折り返し、そのたびに谷底からの高度を増していきます。峰の頂上には、層があらわになっている巨大な岩石が見え、古代の王が領地を一望できる場所に建てた城郭を連想させました。歩みは遅々としていましたが、着実に前進しています。恐らく日が沈む前には頂上に着けそうです。今日はあの岩に囲まれて一夜を過ごすのもいいかもしれません。

　午後のまだ早い時間でしたが、道の真ん中に大きな石が横たわっている所で休むことにしました。石の形や大きさがテーブルにちょうど良く、ゆっくりコーヒーを飲むのにぴったりだったので、早速バックパックから二、三の道具を取り出してその上に並べました。ひざを立てて寄り掛かり、熱いコーヒーを片手に石を観察しました。まるで人間が作った物のように形が整っています。よく見てみると、石の表面に"のみ"か何かで削った跡があるのが分かりました。やはり人間が手を加えた物のようです。恐らく壁の材料として切り出された石に違いありません。私は立ち上がり、頭上にそびえ立つ岩石にあらためて目をやりました。少なくともその一部は、自然にできた物ではないことが分かりました。尖塔部と岩のすき間には加工された石がはめ込まれ、そこにそびえる"控え壁"は敵の侵入を防ぐのに十分な役割を果たすように見えました。だとすれば、なぜこのテーブルのような石はここに転がっているのでしょう。

　好奇心に駆られた私は急いで荷物をまとめ、頂上がもっとよく見える角度を探しながら歩きました。道が折り返すたびに、積み上げられた個々の石が大きくはっきり見えてきました。それは"とりで"、正確には"廃虚と化したとりで"でした。一体いつ誰が建てた物なのでしょうか。日が暮れる前に頂上に着かなければ、と必死になりながら、「皮肉なものだ」と思いました。これまで何週間もの間、最も偉大な自然の芸術作品の中やその近くを通ってきたのに、それについてはあまり考えもしませんでした。ところが、自然の中で人間が作った物を見つけると、その起源を知りたくてたまらないのです。山そのものを見てもそれほど感動しなかったのはなぜなのでしょうか。遠目に見た滝はどうでしょうか。人が作った物に魅力を感じる一方で、それを取り囲むもっともっと素晴らしい神様の創造物を無視してしまうのは、私が人間だからなのでしょうか。どうかそれほどまでに盲目になりませんように。

彼らは、主のなさることもその御手のわざをも悟らないので、主は、彼らを打ちこわし、建て直さない。

詩篇28篇5節

祈り：万物の創造主なる天のお父様、天からの声を聞く耳と、あなたの御手のわざを仰ぎ見る目とをお与えください。あなたがお造りになったこの世界の素晴らしさをあらためて見させてください。そして、まだ私に見えていないものを想像させてください。その素晴らしいみわざを思いつつ、あなたをほめたたえます。

考えてみましょう：あなたが最も素晴らしいと思う自然の景色はどこで見たものですか？

2月3日
――戦場――

　高度が上がるにつれて足元に転がる石の数も増え、破壊の跡がはっきりと見て取れました。一部の石はまるで火で焼かれたかのように真っ黒でしたし、ほかにも、上から何か物を落とされたか、あるいは何らかのきっかけで落ちてきた時に粉々になったと思われるものがありました。壁は当時のまま残っている部分も多いのですが、何よりも、大きながれきの山が過去の栄光を物語っています。峰の頂上に着くと、とりでは山の左右にまたがるようにしてそびえ、そこから全方角が一望できたことが分かりました。
　とりでの内部に入っていけそうな個所を探しました。周辺を回ってようやく、とりで全体を見下ろすように今も立っている、見張り塔の所に来ました。最上部に残った木製の骨組みの様子からして、当初は屋根で覆われていて、後にそれが焼け落ちたことが分かります。見張り塔の片側には、以前は巨大な門だったと思われる部分を支えにしがみつくようにして壁が残っています。私は、散乱した黒焦げの木片や金属片の間を縫って進み、とりでの敷地内に入りました。
　中にはこれといったものはありませんでした。地面はそのほとんどが雑草で覆われ、唯一の例外は、積み上げられた石が人の手を借りずに再建を試みているかのようにうずたかくなっている部分でした。中庭の中心辺りでぐるりと一回りし、目をつぶって想像してみました。
　（要塞（ようさい）に守られて安全だと思っていたのに、その壁が倒れ、門が焼け落ちてい く．．．。それを見ているのはどんな気持ちだろう）
　私は急に、かつてここに住んでいた人たちが気の毒になりました。どんな人たちだったのでしょう。どんないきさつで戦いに負け、死んでいったのでしょう。侵略者は何者だったのでしょう。彼らが正義の勇士たちだったとしたら、反抗的な敵に対しても正当な扱いをしたのでしょうか。それとも悪の限りを尽くすような悪い人たちだったのでしょうか。
　戦争というものはそれほど単純なものなのでしょうか。私はその敷地の真ん中で、ここで戦って死んでいった人たちのことを考え、知恵を求めて祈りながら眠りに就きました。

　主よ、私をよこしまな人から助け出し、暴虐の者から、私を守ってください。彼らは心の中で悪をたくらみ、日ごとに戦いを仕掛けています。蛇のように、その舌を鋭くし、そのくちびるの下には、まむしの毒があります。

詩篇140篇1～3節

祈り：天の父なる神様、危険にさらされている人々のために祈ります。どうか彼ら一人一人を哀れんでください。彼らの動機が正しいのであれば、あなたの力と守りで彼らを取り囲み、勝利をお与えください。御国が来てすべての敵が永遠に葬り去られるまで、世界人類が平和でありますように。

考えてみましょう：今世界のどこで戦争が起きていますか？　あなたはその戦争についてどのように祈ることができるでしょうか？

2月4日
──過去をひもとく──

　今日は朝から荷物をまとめ、この"破壊と死"の場所を後にして先へ進むことにしました。バックパックのストラップを締めて肩に背負ったその時、一筋の稲妻が光り、空がぱっと明るくなりました。その瞬間、地を揺るがすような雷鳴とともに、私は後ろ向きに跳ね飛ばされて大の字に倒れました。上を見ると、見張り塔の木製の屋根が粉々になって花火のように飛び散るところでした。また頭の上で稲妻が光ったかと思うと、ドカンという音が聞こえました。大きな音の直前に甲高いシューという音がしたので、かなり近い雷だと分かりました。すぐにでも雨宿りできる場所を見つけなければなりません。逃げ場所を探して辺りを見回していると、がれきを積み上げたような場所が目に留まったので、中に体を押し込むのに十分な空間があることを願い、全速力でそこまで走っていきました。

　はいつくばりながら必死に体を押し込んだのですが、外にはみ出した脚に"ひょう"が当たっています。バックパックが引っ掛かって思うように奥へ進めないので、そのストラップを外そうと体を上下に揺すっていると何か音がしました。近くにまた雷が落ちたのかと思いました。けれども音は鳴りやまず、それが自分の体の下から聞こえてきていることに気が付きました。木か何かの裂ける音です。突然それが聞こえなくなった瞬間、「落ちる」と思いました。気が付くと私は地下約二メートルの石の床に尻もちをついていました。

　すぐそばには男のがい骨がありました。腕と脚を縮めて胎児のような格好をしています。幾筋かの光が、私の横たわっている空間に差し込んでいて、地下室らしい部屋の様子が分かってきました。上を見ると、腐った木の床に私が落ちた時にできた穴が開いていました。この部屋は侵入者や火の攻撃を免れたようですが、最終的にはここに閉じこもったまま死んでいった気の毒な人の墓場と化したのでしょう。私は辺りを見回しました。部屋は縦横三メートルほどの広さで、端には階段がありますが、がれきに覆い尽くされています。反対側の壁には木のたるが並んでいます。かつては食物やワインを貯蔵していたのでしょう。この男がしばらく生きながらえるには十分な量だったのかもしれません。ほかにもう一つのたるが右側の壁に接して置いてあり、その真上には一筋の光が差し込む小さな穴が開いていました。たるの上には本とペンがありましたが、ペンはインクが乾いてからかなり年月がたっているようでした。

　本をそっと開いてみると、それは日記帳でした。私のものとよく似ていて、日ごとや週ごとに内容を書き込めるようになっています。嵐は収まる気配もない上、ここは雨風をしのぐのにぴったりの安全な場所のようです。私は壁にもたれて座りました。この日記を書いた人も、きっとこんなふうに座っていたのでしょう。それから、肩越しに光が差し込むように姿勢を整え、日記を読み始めました。

人は長年生きて、ずっと楽しむがよい。だが、やみの日も数多くあることを忘れてはならない。すべて起こることはみな、むなしい。
伝道者の書11章8節

祈り：主よ、人生が短いことは分かっています。先人から学ぶということを私に教えてください。私の経験も後に来る人たちのために役立ちますように。

考えてみましょう：あなたは日記をつけていますか？　自分の子どもや孫にそれを読んでほしいと思いますか？

2月5日
——過去の証人——

　それを読み始めてすぐに、この日記の書き手は私と同じような旅人だったことが分かりました。彼も私と同じ地点から旅を始めたようでした。彼が書き記した内容の多くは、私自身の経験と似たところがありました。けれども、この男は時々道からそれていたらしく、何も記されていない日が多くなったかと思うと、ついには空白のページばかりになりました。日記をつけること自体をあきらめてしまったらしい、などと考えながらページをめくっていると、ある日を境に記録が再開されています。

　そこからは毎日の出来事が詳細に記されていました。一日に何度も書き足したと思われる部分もありました。明らかに、私が今読んでいるのは書くこと以外に何もすることがない男の言葉でした。この時既に、廃墟となった要塞（ようさい）の下のこの地下室に閉じこもっていたのでしょう。私は、この男がこの地下室で死を迎えるに至った経緯が知りたくなり、手掛かりを求めて日記を読み進めました。あるページで彼はこう書いています。

　「二人の仲間に出会った日のことを忘れられようか。その時既に運命と境遇が、われわれをこの孤独な山に連れてこようとしていたのだろう。だが、誰もわれわれを責めることはできまい。われわれには共通点があった。"やつ"とその一味に対するどうしようもない恐怖——。われわれが一つのきずなで結ばれるのに時間はかからなかった。われわれは、三人なら生き残れるかもしれないと判断し、協定を結んだ。即座に結成された同盟の下、それぞれが互いの身を守る約束をした。夜は二人が眠っている間、残りの一人が見張りに立ち、昼は目と武器を四方に向け、必要とあらば背中合わせに立って戦う準備ができていた。それしか身を守る方法はないと思っていた。それから、われわれはこの見晴らしのいい場所にたどり着き、『ついに安全な場所を見つけた。ここなら"やつ"も手を出せまい』と口々に言った。われわれは一大事業に着手し、間もなく他の者も仲間に加わった。道に迷い、恐怖に打ちひしがれた者たちは喜んでわれわれの指揮下に入り、労働に励んだ。自分たちの身を守るにはそうするしかないと思っていた。中には、愚かにも途中で仕事を投げ出し、恐怖に身を任せて元の道を進み、あるいは逆戻りしていった者もいた。彼らと再び会うことはなかった。その後、通りかかった者は皆、一緒にゴールを目指そうではないか、とわれわれを説得しようとした。われわれも、もともとそうするのが目的だった。だが、この高い壁をあえて越えようとは思わなかった。その陰に身を潜めているのが"救い"への道だと思っていた。その時われわれは自分たちの愚かさに気が付いていなかったのだ」

人々が「平和だ。安全だ。」と言っているそのようなときに、突如として滅びが彼らに襲いかかります。ちょうど妊婦に産みの苦しみが臨むようなもので、それをのがれることは決してできません。

テサロニケ人への手紙第一 5章3節

祈り：主よ、私は身の安全と救いを求めてあなただけを仰ぎ見ています。ほかの誰もが私を失望させるのは分かっています。この世の敵から身を守るとりでを自分で建てることはできません。あなたの強力な武器で私を取り囲んでください。彼らとともに、あなたが備えてくださった場所へと進ませてください。

考えてみましょう：危険に満ちた世界で、あなたはどのようにして自分の身を守りますか？

2月6日
——恐怖を共にする者たち——

　この気の毒な男の日記を読んでいると、彼には実に愚かな一面があったことが分かります。というのも、彼は自分の安全が、ほかの恐れおののく男たちとともに築いた同盟関係によってのみ保証されると考えていた節があるからです。しかし私は、この男のことをあざ笑いつつも、背筋に寒けが走るのを感じました。それはまるで、この間、私を窮地に陥れた川のはんらんで水位がどんどん上がっていくのを目の当たりにした時のような感覚でした。この日記の中に出てくる"やつ"に関する記述はとても他人事とは思えないのです。彼もやはり、えたいの知れない恐怖に駆られてこの峰の頂上に来たのでしょうか。このとりでが建てられたのははるか昔のことです。外部から中庭に潜入した敵たちもその生涯を終えてから、長い年月がたっているはずです。
　でももし、その敵の正体が人間でなかったら．．．。人間のはかなさとは無縁の存在だったとしたら．．．。寒けがして歯がガチガチ音を立て始めたので、襟を立て直しました。外の嵐は収まったようです。けれども辺りの静けさが、かえって私の恐怖心を膨らませていくのでした。夜になろうとしていましたが、この場所を離れようとは思いませんでした。そして日記の続きを読みました。
「壁造りの作業は、まるで何かにとりつかれた者の仕業としか思えないほどの勢いではかどった。幸いにも、石工術に詳しく、作業を指揮できる者が何人かいた。ほどなく、岩だらけの峰の頂上に立派なとりでが完成した。皆は労働の成果に歓喜し、緊張も緩み、労苦を共にした仲間との友情を確かめ合った。夜には共に歌い、若いころの思い出を語り合った。笑い声は、かつての恐怖心と同じくらいの速さで皆の間に広がっていった。われわれの中に愛国心にも似た高慢さが芽生えるのにさほど時間はかからなかった。仲間としてふさわしくないと思われる者たちを破門することもいとわなかった。血と汗の結晶であるこの塔を共有する仲間はそれなりの人物でなければならないと思っていたのである。間もなく自分たちの旗を作り、それが見張り塔の上に翻るのを見た時、これまでの人生の中で最も誇らしく感じたといっても過言ではない。われわれはどんなことがあっても生き延びる——。そう自分に言い聞かせた。われわれに耐えられない試練はない」

　王はこう言っていた。「この大バビロンは、私の権力によって、王の家とするために、また、私の威光を輝かすために、私が建てたものではないか。」このことばがまだ王の口にあるうちに、天から声があった。「ネブカデネザル王。あなたに告げる。国はあなたから取り去られた。
ダニエル書4章30〜31節

祈り：主よ、私が自分自身の愚かさを忘れることがありませんように。主よ、あなたこそが私の手に力を与えてくださるお方であり、あなたなしでは何もできないということを今日あらためて思い出させてください。思い上がった心が私の思いや言葉を支配することがありませんように。むしろへりくだった心であなたのみこころにかなう者となることができますように。

考えてみましょう：出来のいい仕事を誇りに思う気持ちと高慢さとでは、どのような点で異なると思いますか？

2月7日
――うぬぼれの頂点――

　一日中私は地下室に座り、暗闇と空腹だけにみとられて人生の終点にたどり着いた旅人の日記を読んでいました。外に出ることには言いようのない不安を感じる反面、私の中ではこの場所を離れたいという気持ちも大きくなってきていました。そしてその思いは、日記が途絶える二日前の内容を読んだ時、切実なものとなりました。
　「壁は完成し、門には鍵が掛けられた。その中でわれわれは互いの偉業をたたえ合い、皆に賞が授けられた。われわれの仲間に入りたいと言ってくる者はもう誰もいなかった。危険を冒してまでわれわれの領地に入ってきたいと思う者などいるわけがない。われわれは全能だ。われわれもそれを自負していた。われわれを圧倒する勢力も、われわれに歯向かうよそ者もいない。なぜなら、ここはこの世で最も素晴らしい場所だからだ。今までわれわれは本当に何も分かっていなかった。愚かにもどこかほかにもっといい旅の終点があると考えていたのだから。われわれのとりで、いや、われわれの王国以外にそんなものは存在しないというのに。実際、この場所がどんな旅人にとっても訪れる価値のある場所だと知らしめようという話になった。この究極のゴールを目の前にして、これ以上苦しみを味わいたいという愚か者がいるだろうか。『来れ！　来てわれわれに忠誠を誓え。とりでの門にささげ物を持ってきて、われわれの前でこうべを垂れよ。われわれはおまえらのカエサルだ！』　声高らかに歌ったまさにその夜、邪悪な者の忍び寄る足音が聞こえた」

　しかし神は彼に言われた。『愚か者。おまえのたましいは、今夜おまえから取り去られる。そうしたら、おまえが用意した物は、いったいだれのものになるのか。』自分のためにたくわえても、神の前に富まない者はこのとおりです。」

ルカの福音書12章20～21節

祈り：主よ、私は救いをもたらすことのできないものを信頼してきたことを告白します。私が真の喜びを見いだせる唯一の希望、そして唯一の見込みはあなたという存在にあることを悟らせてください。私に愚かな自尊心を抱かせるものがあればそれを取り去ってくださり、私を百パーセントあなたのものとしてください。

考えてみましょう：裕福であると同時に、本当に幸せだった人を誰か知っていますか？　裕福でも惨めな最期を遂げた多くの人たちのことを聞いたことがありますか？

2月8日
――破壊――

　もはや疑いの余地はありません。ここは最初から安全な場所ではなかったのです。一刻も早くここを離れるべきです。けれども、日記を読み終わらないことにはどこにも行く気がしません。私の手は震えていました。傍らのがい骨が遠い昔に死んだ人のような気がせず、今これから彼の死に立ち会おうとしているかのような感覚に襲われたからです。それにしても、彼の言葉には年月の経過を感じさせない現実味があります。私はあたかも昨日の出来事を報じる新聞をめくるように、唇をかみしめながら先を読みました。

　「それは谷底から聞こえてくる甲高い叫び声で始まった。最初は、旅人がどこかに転落して手足がバラバラになった時の悲鳴か何かだと思った。しかし叫び声が長く続いたので、それは"転落した者"ではなく、"破壊する者"が発しているものだと分かった。門には施錠した上にかんぬきが掛けられた。皆、武器を取り、それぞれの持ち場に就いた。まさに今日この時のために準備を重ねてきたようなものだ。われわれの真の勇気が試される時が来た。われわれに盾突くとはいい度胸である。売られたけんかは買わねばなるまい。われわれは壁の内側で冗談を交わしながら、耳をつんざくごう音が近づいてきていることにはあえて触れず、誰も自信などないのにあるふりをしていた。壁は持ちこたえるに違いない。われわれの苦労が無駄であったはずがない。そしてきっと．．．．終わりの時はあっという間にやって来た。敵の姿を見るどころか、警鐘を鳴らす前に壁は倒壊し、われわれの誇りだった大きな門も地獄の火によって一瞬にして焼け落ちた。私の虚栄心は炎を目の前にして吹き飛んだ。武器を放り投げて、どこでもいいから"やつ"から逃れられる場所を求めて走り回った。とりでが崩れ落ちたまさにその時、この地下室にたどり着いた。残酷にも何週間かの間は私を生かしておくであろう食料庫のたるの陰に縮こまり、後悔の念にさいなまれながら、死にゆく者たちのうめき声を聞いていた。それは夜通し続き、次の朝にはやつらの勝利を祝ううたげの音しか聞こえなかった。さて、こちらも祝杯を挙げるとするか。われは落ちぶれても一国一城のあるじ。おあつらえ向きの食べ物とワインに囲まれ、豪勢に余生を楽しもうではないか」

　なぜなら、彼らは知識を憎み、主を恐れることを選ばず、わたしの忠告を好まず、わたしの叱責を、ことごとく侮ったからである。それで、彼らは自分の行ないの実を食らい、自分のたくらみに飽きるであろう。わきまえのない者の背信は自分を殺し、愚かな者の安心は自分を滅ぼす。しかし、わたしに聞き従う者は、安全に住まい、わざわいを恐れることもなく、安らかである。

箴言1章29～33節

祈り：全能の神様、あなたは地上と天国にあるすべての国を治められるお方です。どうか私を哀れんでください。真の勝利はあなたに従う者たちだけに与えられるものです。この世の敵があなたの民を陥れようとするとき、その一切のたくらみを打ち負かしてください。そして私が生きている間に御国を再建してください。

考えてみましょう：権力を象徴する記念碑が破壊された例を挙げてみましょう。その出来事から何を学ぶことができるでしょうか？

2月9日
──前進あるのみ──

　今朝私は門の跡地に立ち、ここに陣取っていた人々を悲惨な死に追いやった敵の襲撃を想像してみました。──ただ一人の男が生き残り、ようやく自分の愚かさを思い知った──。彼の日記は今私のバックパックの中にあります。小雨が降ってきて遠くの空から雷の音が聞こえましたが、雨宿りできる場所を探そうとは思いもしませんでした。この"恐怖"と"反逆"と"死"の場所から離れたい一心だったのです。
「ここで何が起きたのか分かったじゃろ？」
　後ろから声を掛けられぎょっとしましたが、振り返らずとも誰の声か分かり、途端に喜びが込み上げてきました。
「チャーリー！　あなたでしたか！　そうなんですよ、事実を追うのにずいぶん時間がかかってしまって。でもそのかいがありました。おかげでまたこうしてあなたに会えたんですから！」
　チャーリーはにっこりして、私の肩に節くれ立った手を乗せました。私に寄り掛かろうとしていたのか、励ましてくれようとしていたのか。恐らくその両方だったのでしょう。
「こういう場所は以前にも見たことがあるのですか？」
「そりゃもう何度もな」
　彼は悲しそうに頭を振りながら答えました。
「いつもそうなんじゃ。誰かが恐れおののき、前へ進むよりもどこかに身を隠していた方が安全だと考えよる。するとどうなるか．．．。わしに教わるまでもないじゃろ」
「チャーリー．．．」
　どう言ったらいいのか迷いながらも思いきって聞いてみました。
「チャーリー．．．実はこの数日間、疑問に思っていることがあって．．．。私はここに一人で座って、もう具合が悪くなるまで、ある男の苦しみや死をまるで自分のことのように味わいました。でも．．．その．．．この廃虚があなたのおっしゃっていた"ランデブー"ではないのでしょう？」
　チャーリーのクスクス笑いが私の耳に心地良く響きました。
「まさか、ランデブーはこんな所じゃあない。年寄りに付き合うのが嫌でなければ、一緒に行こうじゃないか。なあに、昼時までには着くさ。おまえさんのこともみんなに紹介しないとな」

　しかし、わたしは、わたしの群れの残りの者を、わたしが追い散らしたすべての国から集め、もとの牧場に帰らせる。彼らは多くの子を生んでふえよう。

エレミヤ書23章3節

祈り：私に兄弟を与えてくださりありがとうございます。彼は私が気落ちしているときにも励ましの言葉を掛けてくれます。私も年老いた時に彼のような人になれますように。あなたが愛し、見守っていてくださるという確信の中で私を成長させてください。

考えてみましょう：あなたに自信を与えてくれる人はいますか？　その人のどんなところが自信につながるのですか？

2月10日
————ランデブー————

　今日は歩くということに関しては長い一日でした。チャーリーは何一つ不平を言いませんでしたが、両足を交互に前に出すたびに痛みを感じているのが分かりました。私は四六時中、チャーリーに話しかけ、彼の話に耳を傾けていました。チャーリーの苦痛を紛らせてあげたかったことも事実でしたが、それよりも何よりも彼の話から学ぶものがたくさんあったからです。二人で並んで歩く間、チャーリーは若かりしころ旅に出る決心をした時のことや、長年の間に通ってきたさまざまな道についてのほか、旅の途中で出会った人たちのことや、彼らからどんなことを学んだかについても話してくれました。長い旅の途中で負った傷を見せながら、彼自身が直面し、克服した困難、そしてその過程で学んだ事柄について語るチャーリーはどことなく誇らしげでした。私は頭上高く照りつける太陽を見て、今朝チャーリーが言っていたことを思い出しました。
「チャーリー、この道を通るのは初めてなのに、どうして昼時にはランデブーに着くという確信があるのですか？」
　彼はしばらく黙ったまま歩き続けたので、私の言葉が聞こえなかったのかと思いました。そして立ち止まり、私をまじまじと見て、「それはたぶん、わしが年寄りで知恵があるからじゃろう」と言いました。私が「なるほど」と思って、また歩き始めようとすると、彼は手でそれを遮りました。
「じゃが、おまえさんの場合は、時には道から目を離して天を見上げることも必要じゃな」
　彼が何か霊的な話をしだすのかと思った私は、少し間を置いてから空を見上げました。すると前方の林の中、百メートルも離れていない所から煙が立ち上っていました。私は、とっさに山火事の記憶がよみがえり、うろたえてしまいました。しかしよく見ると、煙はそれほど太いものではなく、たき火か何かのようでした。チャーリーは早朝からそれに気付いていて、ランデブーまでもうすぐだと分かっていたのです。私は足元ばかり見ながら彼の話に集中するあまり、一度も顔を上げていなかったのでした。私はチャーリーのバックパックをするりと彼の肩から外して片手に取り、おどけて言いました。
「さあ、"おじいちゃん"！　少し急ぎましょう」

若い男の光栄は彼らの力。年寄りの飾りはそのしらが。

箴言20章29節

祈り：私の元へ年配の方々を遣わしてくださりありがとうございます。あなたが彼らに教えてくださったことを彼らから学ぶことができるよう導いてください。彼らの傷あとから学ぶべきことを悟ることができますように。彼らが弱いときには手を差し伸べ、彼らの人生から真の強さを学ぶことができますように。

考えてみましょう：あなたには友達になれそうなお年寄りの知り合いがいますか？

2月11日
――新しい家族――

　昨日このキャンプ地に着いた時、まず、あの廃虚とはすべてが正反対だという印象を受けました。あのとりでがあえて近づこうとする者を常に威嚇していたのに対し、ここには近寄り難い雰囲気はみじんもありません。見張りが立っていないばかりか、防壁もなく、入り口で持ち物検査をされることもありません。たき火に近づくにつれて、やはりここは快適で安全な場所だと確信しました。辺りにはシチューのおいしそうなにおいが漂っていて、よだれが出そうになります。チャーリーは既に誰か知り合いの人に会った後のようで、私をたき火の方に連れていってくれました。
「まあ、チャーリーじゃないの！」
　火の上につるされた大鍋と地面の間に差し込んだ木の棒の調節に余念がない女性たちの中から、一人の年配の女性が大きな声を上げました。
「おおリジー、また会えたのう」
　チャーリーはそう言うとウインクして見せ、しわだらけの彼女のほおに軽くキスしました。
「おいしそうなにおいじゃ。さすがリジーだのう」
「まあチャーリーったら、お世辞が上手なんだから！　切り株をこっちに持ってきてお座りになって。ところで、あなたがお友達になったこの方はどなたなの？」
　私は自己紹介しました。彼女が二つの器にシチューを盛り付け始めると、私はためらいがちに、「おいしそうですね。お金を払いますので少し分けてもらえませんか」と聞いてみました。
　リジーは、まるで私がジョークの続きを言うのを待つかのようにほほ笑んでから、声に出して笑いました。
「チャーリーは正真正銘の新入りさんを連れてきたのね！　ここでは誰も食事のためにお金なんて払わないのよ。もちろん、この鍋に何か持っている食材を足してもらうのは歓迎よ。もしそうしてくれたら、次におなかをすかせてやって来る旅人にもたっぷり食べてもらえるわ」
　幸いにもバックパックに乾燥野菜が少し残っていたので、それを鍋に放り込んでから、何日かぶりに温かい食事の前に座りました。
「あそこで体も洗うといいわよ」
　リジーがキャンプ地の隅にある大きなテントを指して言いました。
「洗濯したての服もあるのよ。必要な服はどれでも持っていっていいの。その代わり、古着があったら置いていってね」
　温かい食事ばかりか、きれいな服まで．．．。チャーリーは私の表情から戸惑っているのが分かったのでしょう。私のひざを軽くたたいて言いました。
「ここはおまえさんにとって慣れないことばかりかもしれん。見回してみるといい。ここの人たちは誰もがおまえさんと何らかの共通点を持っているはずじゃよ。彼らもおまえさんと同じように使命を感じ、すべてを投げ打ってこの旅に出たんじゃ。わしらは皆家族じゃ。リジーはわしの妹。といっても、彼女に出会ったのは最近のことじゃがのう。おまえさんとわしも、知り合ってからそんなにたっとらん。じゃが、おまえさんを弟と呼べるのはうれしいことじゃ。おまえさんもわしを兄と呼んでくれたら．．．」
「よろこんでそうさせてもらいますよ、チャーリー兄さん」
　私はそう言ってにっこりしました。
「本当かい？」
　チャーリーはリジーをちらりと見ながら言いました。
「それが本当なら、もっといろいろ見せてやらんとな。おまえさんもランデブーの素晴らしさを知りたいじゃろう」

　約束された方は真実な方ですから、私たちは動揺しないで、しっかりと希望を告白しようではありませんか。また、互いに勧め合って、愛と善行を促すように注意し合おうではありませんか。ある人々のように、いっしょに集まることをやめたりしないで、かえって励まし合い、かの日が近づいているのを見て、ますますそうしようではありませんか。
ヘブル人への手紙10章23～25節

祈り：イエス様、あなたの教会に感謝します。喜び、苦しみ、希望のすべてを分かち合える仲間を与えてくださりありがとうございます。日々互いに励まし合い、皆であなたの体として一つになれますように。

考えてみましょう：教会はどのような点で同好会と違うと思いますか？

2月12日
──医療テント──

　髪からせっけんのにおいを漂わせ、洗濯したてのシャツの肌触りを楽しみながら、身も心もさっぱりしてテントを出ました。チャーリーは私を見て低く長い音で口笛を吹きました。
「すっかり汚れを洗い落としたようじゃな。さてと、ランデブーを案内するとするか」
　二人でキャンプ内を歩いて回ると、至る所で人々がグループごとに活動していました。ゲームに興じている人たちや、真剣に話し込んでいる人たちもいました。あるグループは、草の上にひざまずいてはげしく泣いている若い女性の周りで真剣に祈っていました。
「旅を始めたばかりなんじゃ」
　チャーリーは言いました。
「彼女のだんなは一緒に来なかった。だから皆であぁして二人のために祈っておる」
　私はわが家とそこに残してきた自分の家族を思い出し、胸が痛みました。チャーリーはそれを察したのか、私の肩をぎゅっと抱き寄せてくれました。
「心配は要らんよ。おまえさんの家族のことも祈ってもらえるさ。じゃが、まずここに寄らねばならん」
　彼はキャンプの中心辺りにある白いテントを指しました。入り口の上には「医療テント」と書かれてあり、松葉づえをついた人や、包帯を巻いた人、せきやくしゃみをしている人が出入りしています。
「わしはいつもまずここに立ち寄ることにしておる。わしももう年だしな」
　私の腕の傷も良くなってきてはいましたが、まだ痛みがありました。それに、旅を始めた当初から足にまめができて苦しんでもいました。そんなことを考えていると、あちこち痛くなりだしました。中に入ってすぐの所に、鉛筆を"かんざし"のようにして白いものの交じったカーリーヘアを頭のてっぺんで無造作にまとめた女性がいました。
「あらチャーリー、来てたのね。こんにちは！」
　彼女のあいさつを聞いていると、まるで母親のそばにいるような温かみが感じられました。
「旅の調子はどうですか？」
「上々じゃ」
　チャーリーは看護婦さんの質問に答えました。
「じゃが、医者に相談したいことが幾つかあってな」
　彼女はにっこりほほ笑んでから、チャーリーをカーテンで仕切られた診察室に連れていき、こちらに戻ってきました。
「お会いするのは初めてですね？　"私たち"に何ができるかしら？」
　なぜ看護婦という職業の人たちは、普通の人が「私」や「あなた」と言うところで「私たち」と言ったりするのでしょう。彼女は私がやっとしたのを見たのでしょう。そしてこう言いました。
「その様子だと、手が空いている先生にざっと一通り診てもらえばいいですね？」
「私もそう思います。体の二、三カ所が痛いだけで、大したことはありませんから」
　その後、私はチャーリーと医療テントの外で会いました。私の腕には真っさらな包帯が巻かれ、チャーリーの手には薬の瓶が握られていました。私たちは中に寝るスペースのあるテントを見つけ、床に就きました。温かい食事を食べさせてもらい、きれいな服を手に入れ、包帯を替えてもらい、素晴らしい仲間に囲まれています。ランデブーがこんなにもいい所だとは知りませんでした。

　あなたがたのうちに苦しんでいる人がいますか。その人は祈りなさい。喜んでいる人がいますか。その人は賛美しなさい。あなたがたのうちに病気の人がいますか。その人は教会の長老たちを招き、主の御名によって、オリーブ油を塗って祈ってもらいなさい。信仰による祈りは、病む人を回復させます。主はその人を立たせてくださいます。また、もしその人が罪を犯していたなら、その罪は赦されます。

ヤコブの手紙5章13～15節

祈り：主よ、私は正直なところ、痛みや苦しみに耐えられないと思ってしまうことがあります。けれども、あなたの民を通してあなたの癒しを体験できることは、何と素晴らしい祝福でしょう！　私たちにこのような恵みを与えてくださりありがとうございます。どうか私にも、あなたの癒しの力を必要としている人たちにそれを届ける務めをさせてください。

考えてみましょう：あなたが病気だった時に助けてくれた人のことを思い出してみましょう。

2月13日
——トレーニングの開始——

　私は夢の中で、常に日が照っていて優しいそよ風が吹いている、どこか雲の上の高い所にいました。体が無重力空間に浮かび、あんなふうに一切の苦痛から解放されたのは、少なくとも記憶している限りでは初めてでした。行きたいと思う所まで自由に飛んでいけることが分かり、面白半分に何度か旋回してみました。大きく波打った雲が自分のすぐ下にあったので、そこへ飛び込みました。心地良いふかふかの感触と、ほのかに香る．．．ん．．．コーヒー？　私の体を包み込んでいた雲は、夢よりももっと離れ難い"枕"に変わっていきます。とうとうコーヒーの香りに我慢できなくって片目をこじ開けると、チャーリーが傍らに座り、じっと待っているのが見えました。
「これが効いたようじゃのう」
　チャーリーは湯気の立ったカップを差し出しながら言いました。
「さあ、起きて仕事じゃ。仕事が待っておる」
「仕事って、何のことですか？」
「この道について学ぶのじゃ、それが仕事じゃよ」
　彼は熱心に言いました。
「年を取れば努力しなくてもわしのように賢くなれる、なんて思っておったのじゃあるまいな？」
　熱いシャワーを浴び、朝食をたっぷり取ってから、チャーリーと二人で"トレーニング場"と呼ばれる場所へ向かいました。そこに着くと既に活動が始まっていて、グループごとに荷物の詰め方や仕分け方、ロープの結び方、火のおこし方、地図の読み方など、さまざまな講習が行われていました。それがとても面白そうに見えたので、早く私も参加したいと思いました。チャーリーは辺りを見回して言いました。
「では昼休みにここで会うとしよう」
「．．．」
　彼は私のふに落ちない表情を見て取り、にやりとして言いました。
「わしは上級者クラスに行く。おまえさんにはまだ早過ぎるじゃろう。おまえさんは、向こうの木の下に集まっているグループじゃな」
　私はチャーリーと別れ、"基礎クラス"の方へ歩いていきました。受講者の年齢層の広さには驚きました。「人は年を重ねるだけでは賢くならない」というチャーリーの言葉はたぶん本当なのでしょう。基礎クラスのグループリーダーは、アンディーという中年の男の人でした。
　彼は私に手短に歓迎の言葉を掛けてから、靴ひもを手渡しました。
「君の今日の仕事は、靴ひもをきちんと結べるようになることだ」
　私は、彼が冗談を言っているのかと思いました。靴ひもの結び方だなんて子どもでもあるまいし。それに、この旅を始めてからは毎日登山靴のひもを結んできた．．．私が文句を言いだすと、アンディーはこう言いました。
「何事も基本が一番大事なんだ。何だってしっかりした土台がなければ成り立たない。ばかにするかもしれないが、靴ひもにも正しい結び方と間違った結び方がある。これは経験を基に言っているんだ。間違ったやり方で結ぶと、ひどい転び方をしたり、足にまめができたり、もっと悲惨なことにもなりかねない」
　私はそれを聞き、縮み上がるような気持ちでした。そして彼の講義に集中しました。靴にひもを通しては結ぶの繰り返しで、夕方には指が痛くなりました。早朝からずっとかがんだままの姿勢だったので、腰も痛くなりました。それでも私は明日が待ち遠しくてたまりません。なぜなら明日私は、ランデブーで一番上手にひもを結んだ靴を履いているでしょうから。

あなたは熟練した者、すなわち、真理のみことばをまっすぐに説き明かす、恥じることのない働き人として、自分を神にささげるよう、努め励みなさい。

テモテへの手紙第二 2章15節

祈り：天の父なる神様、私は今日、自分があなたの子どもであること、そしてまだまだ学ぶべきことがある未熟者だということを、あらためて実感しました。私の成長を見守っていてくださるゆえに、あなたをほめたたえます。今日学ぶべきことを私に教えてください。自分の力を過信して先走ることがないようお導きください。あなたのみこころにかなう者に私を変えてください。

考えてみましょう：子どもに何かを教えたことがありますか？　どんな教え方をしましたか？

2月14日
——乳離れ——

　完ぺきに結んだ靴ひもを"見せびらかす"ために、今朝は登山靴をぴかぴかに磨きました。ほかの"初心者"たちはそれを見て感心していましたが、彼らもかなり上手に靴ひもを結んでいたことは認めざるを得ません。残りの授業も内容が濃く、夕方には、軍のキャンプで基礎訓練を受けたような気分でした。私は自信をみなぎらせ、旅を再開する準備が整ったと感じていましたし、夕食を食べに行く途中でアンディーにもそう言いました。
「次はどんなことをするのですか？」
「今すぐに知りたいかい？」
　彼はにこっと笑って私の肩を軽くたたくと、「その意気だ！」と言いました。
「またいつかランデブーに来るといい。君にはこのクラスの講師を引き継いでもらえるものと期待しているよ。でもここを去る前に、もう少しほかのグループの様子を見ておいた方がいい」
「アンディー、私は誰よりも上手に靴のひもを結べます。それに、体をぬらさずに激流を渡ったり、嵐の中でも火をおこしたりできます。ほかに知らなくてはならないことがあるのですか？」
「"邪悪の化身"に会ったことがあるかい？」
　アンディーは静かな口調で聞いてきました。私は立ち止まって彼の顔をのぞき込み見ました。
「あなたも会ったことがあるのですか？」
　怖くて答えを聞きたくもなかったのですが、とにかく聞いてみたのです。
「あるよ。"やつ"の味方をする悪いやつらにも会った」
　私はもう夕食のことなど頭にありませんでした。
（アンディーは何を知っているのだろう）
　今すぐそれを知りたいと思いました。私は感情を抑えきれなくなり、"やつ"との出会い、そしてその時の恐怖についてアンディーに話し、「あいつとまたどこかで会うのでしょうか？　あの廃虚は一体何だったのですか？」などと質問攻めにしました。
　彼は私の肩に手を置いて言いました。
「そんなに焦らなくてもいい。明日、ジョナサンという男に会いなさい。彼なら君の質問に答えてくれるはずさ。それに、ほかのこともいろいろ教えてくれるだろう」
　アンディーが前を向き、私たちは食事用テントに向かって再び歩きだしました。そして彼はにっこりしてこう言いました。
「くれぐれも、靴ひもの結び方は忘れるなよ」

いいですか。わたしが、あなたがたを遣わすのは、狼の中に羊を送り出すようなものです。ですから、蛇のようにさとく、鳩のようにすなおでありなさい。
マタイの福音書10章16節

祈り：主よ、ここの外にはオオカミがいます。私はそのことを考えるだけで怖くなります。けれども、あなたは私の弱さをご存知ですし、私がどこへ行こうとも、一緒にいてくださると約束してくださいました。どうか私に、あなたの子どもとしてこの世で生きていくことがどういうことなのか教えてください。

考えてみましょう：あなたが子ども心に思っていたほど、この世は純粋な場所でも安全な場所でもないと気が付いたのはいつごろのことでしたか？

2月15日
――戦いに備えて――

　今朝は誰にも起こされずに目が覚めました。まだ寝袋の中にいたチャーリーにコーヒーカップを突きつけてから、ジョナサンを探しに出かけました。"邪悪の化身"について教えてくれるという、アンディーが言っていたあの人です。トレーニング場で何人かに聞いて回り、ようやく彼の居場所が分かりました。彼の授業はキャンプ場を見渡す丘の上で行われていました。私が到着して空いている席を見つけた時、ジョナサンはちょうどこんなことを話していました。
　「できるだけ高い場所にいるようにすること。敵は自分よりも低い所にいる者に目を付ける。例えば、谷間、くぼ地など、敵に優勢だと感じさせてしまう所はどこでもだ。やつの強みは人を欺く力にある。君たちに『負けた』と思わせることに成功した時点で、やつの勝利は決まったようなものだ」
　私はジョナサンが話している間、ずっと彼の方を見ていました。彼は授業を進めるのにノートを使っていませんでしたが、使う必要もないのは明らかでした。目には力がこもっていて、顔には傷あとがあったので、彼の話す内容は経験に基づいていると分かったのです。私はずっと聞きたかったことを、次々と質問したいと思っていました。ところが、彼の前に座っていると言葉が出てきません。彼は私の思いを察したようにこちらを見ました。彼の鋭い眼光が、私の心の中に秘められた思いを見抜いたかのようでした。
　「君はやつに会ったことがあるね？」
　私がうなずくと、彼は続けて言いました。
　「その時どんなふうに感じた？」
　私は「怖かったです」と小声で言ってからこう続けました。
　「動揺しました。やつが私の知らない何かを知っていて、その事実によって傷つけられるのではないかと思って」
　ジョナサンは「フッ」と笑いましたが、嫌みではありませんでした。
　「それではやつの思うつぼだ。やつは君に触れなかったね？」
　そう言われて、はっとしました。
　「私には触れませんでした、でも．．．」
　「君がそれを拒む限り、やつは君に触れることはできないんだ」
　それからジョナサンは、自分の周りに座っている生徒たちの方を向いて言いました。
　「このことをよく覚えておいてほしい。"邪悪の化身"は卑劣なやつだ。しかし、われわれに触れることはできない。やつは短い鎖につながれているようなものだ」
　ジョナサンはそう言いながら、自分のほおに残る生々しい傷あとを二本の指で触りました。
　「だからといって、けがをしないというわけではない。やつは"その道"のエキスパートだから、悪知恵のレベルも相当なものだ。やつは自分の行動範囲の狭さを知っていて、われわれがすきを見せれば、限界ぎりぎりまで近づいてくる」
　昼休みになり、私はジョナサンと並んで歩きながら丘を下りました。失礼だと思われようと、彼のほおの傷について尋ねずにはいられませんでした。
　「自業自得だよ」
　彼は静かに言いました。
　「やつを捕まえられると思って思い上がっていた。気が付くと突然、やつが目の前にいた。やつを払いのけようとして剣を引き抜いた時に、自分の顔を切ってしまった。以来、このことをいっときも忘れたことはない。これもやつの仕業さ」

　そのとき私は、天で大きな声が、こう言うのを聞いた。「今や、私たちの神の救いと力と国と、また、神のキリストの権威が現われた。私たちの兄弟たちの告発者、日夜彼らを私たちの神の御前で訴えている者が投げ落とされたからである。

黙示録12章10節

祈り：主よ、私のぶざまな姿を見て喜ぶ者たちに非難されても、それに耐えられるよう助けてください。ぬれぎぬを着せられたときには、無実の罪を晴らしてください。私に落ち度があるときは、その罪がゆるされますように。

考えてみましょう：身に覚えのないことで非難されたことがありますか？　一番最近の例を挙げてください。その時あなたはどんなふうに感じましたか？

2月16日
──聖さん式──

　今日はキャンプ場全体に、期待に満ちた雰囲気が漂っていました。ここを発って旅を再開する時が来たのです。至る所から荷造りの音が聞こえてきます。男たちが協力して医療テントをたぐり下ろす一方で、「私たち」を連発していた看護婦さん（結局、彼女の名前は分からずじまいでした）が医薬品を整理しながら箱の中に片付けていました。アンディーは「教えられるうちに教えておこう」とばかりに、旅の初心者たちにバックパックのストラップを調節するコツを教えていました。キャンプ場を見下ろす丘の上では、ジョナサンが真剣に祈っていました。
　私は寝袋を丸めながら、チャーリーに言いました。
「今日も何か新しいことを体験できるんでしょうかね」
　チャーリーはベッドに横になり、黙ったままテントの天井をじっと見ていました。
「どうだかのう」
　彼はそう言って起き上がり、私が手渡したコーヒーを一口すすってこちらに体を向けました。
「おまえさんはまだ、聖さん式に出たことがないんじゃろう？」
「えーと、"聖さん式"って何ですか？」
「二、三分後にたき火の所で待っていなさい。そうすれば分かるじゃろう」
　焼きたてのパンの香りが立ち込める中、私は火の周りに座っている旅人たちの輪に加わりました。アンディーは私を見てにっこり笑い、隣に座るよう合図しました。一見、食事の準備をしているようでしたが、今までに味わったことのない独特の雰囲気が漂っていました。それは喜びと、そして例えようのない悲しみとが入り混じったような雰囲気でした。ジョナサンが火のそばに進み出て、座っている皆の顔を見回しました。パンを一切れ手に持った彼の目には、涙が浮かんでいたような気がします。そして彼はこう言いました。
「イエスは裏切りの夜にパンを裂いて言われた。『これはあなたがたのための私の体です。私を覚えてこれを行ないなさい』」
　ジョナサンがパンを二つに裂いた時、私はうめき声を上げそうになりました。順に回ってきたパンを各自が一切れ手に取り、感謝の祈りをささげてから黙ってそれを食べました。少したってから、ジョナサンは杯を掲げました。
「また、イエスは杯を取り、弟子たちに言われた。『この杯は私の血による新しい契約です。これを飲むたびに、私を覚えてこれを行ないなさい』」
　杯は沈黙のうちに回されました。一人一人はそれぞれ違う思いを抱いているのでしょうが、今まで以上にお互いの距離が縮まったように感じました。ジョナサンが再び立って話し始めました。
「今日、われわれはこの場所を発ち、旅は続いていく。ここにいる全員が、再びこうして集まることはないかもしれない。しかしわれわれは皆、今朝ここで心に覚えたお方の元で再会することだろう。その方こそ、この旅を可能にしてくださるわれわれの救い主、イエス・キリストである」
　私は自分の家族となった人々を見回して、一人一人のために感謝の祈りをささげました。ほとんどの人が同じように祈りをささげており、目が合うとほほ笑み合っていました。向こう側にチャーリーを見つけ、励ましの言葉を掛けようとしたのですが、彼は目をつぶって祈っていました。彼の唇は震え、一筋の涙がほおを伝っていました。

　私は主から受けたことを、あなたがたに伝えたのです。すなわち、主イエスは、渡される夜、パンを取り、感謝をささげて後、それを裂き、こう言われました。「これはあなたがたのための、わたしのからだです。わたしを覚えて、これを行ないなさい。」
　　　　　　　　　　　　　　　コリント人への手紙第一11章23～24節

祈り：主よ、あなたの御子が私たちのためにしてくださったことを決して忘れることがないようお助けください。兄弟姉妹たちとの多くの交わりの機会をお与えください。そしてその時のことを思い起こすことができますように。イエス様が私のためにご自身の命を捨てられた時の痛みと、その事実への喜びを感じ取ることができますよう助けてください。

考えてみましょう：あなたにとって聖さん式はどのような意味を持っていますか？

2月17日
——旅の続き——

　ランデブーは解散となり、徐々にキャンプから人々が去っていきました。日の出前に出発する気合いの入った人たちもいましたが、まだ荷造りをしながら最後の別れを惜しんでいる人たちもいました。子どもたちは皆、プレゼントや手紙を交換し合い、抱き合っては泣いていました。私は自分の荷物を取りに戻り、チャーリーを手伝いに行きました。すると彼は丸太に座っていて、持ち物がまだ辺りに散らばったままでした。
「チャーリー、荷造りはどうしたんですか？　暗くなる前にこの谷を出るつもりなら、急いだ方がいいですよ」
　チャーリーはほかの人たちの様子を見回してほほ笑みました。
「いや、おまえさんは先に行くといい。わしはおまえさんの足手まといになりたくないんじゃ」
「何を言ってるんですか！」
　私は少し強い口調で言いました。
「問題なのは距離ではなく方向だと言ったのはあなたでしょう。あなたのペースでゆっくり進みましょう。そうすれば、速く歩いていたら見落としがちなことにも気が付くかもしれないし」
　チャーリーは、言いたいことを整理しているかのように、しばらく黙って座っていました。ようやく、彼は足元を見つめながら静かに言いました。
「おまえさんは"天からのお迎え"について聞いたことがあるか？」
　聞いたことはありました。でも、だから何だというのでしょう。
「いや、だからその、ありますよ。聞いたことはあります。でもそれは、もしもあなたが死んでしまったら、ということでしょう。それってどういう意味ですか？」
「どういう意味でもない。ただ言ってみただけじゃ。おまえさんは先に行きなさい。旅の終点で会えるさ」
　私はバックパックを地面に落とし、そのままがっくりとひざをついてしまいました。
「ああ神様、そんなの嫌です。どうしてチャーリーを．．．どうしてですか？」
　私は手を伸ばして彼の血色の悪い手を取りました。
「あなたを置いては行けません。私もここに残って．．．だから、その．．．最後まで．．．」
　私は声を詰まらせてむせび泣きました。
　チャーリーは私の手をぎゅっと握って言いました。
「おまえは立ち止まっちゃあならん。主はもっともっといろんなことをおまえに見せたがっておられる。わしのことは心配せんでいい。リジーがしばらく残っていてくれるそうじゃ。わしら二人のことなら大丈夫じゃよ」
　私は肩で息をしながら長い間うずくまっていました。そしてようやく立ち上がって言いました。
「チャーリー、今の気持ちをどう言い表せばいいのか分かりません」
「分かっておる。わしもおまえが大好きじゃよ。ほんの短い間じゃったが、おまえと一緒に過ごせたことを神様に感謝しておる。おまえが成長していく様子が見られてうれしかった。ここで学んだことを忘れるな。そしてほかの人にも教えてやるんじゃ」
　私はバックパックを背負うと、キャンプを離れて歩きだしました。途中でリジーに会い、静かに別れを告げました。彼女は私のほおにキスをし、「気を付けてね」と言ってくれました。キャンプ地は間もなく林に隠れて見えなくなりました。目の前には上り坂が続いていました。

老人たちには、自制し、謹厳で、慎み深くし、信仰と愛と忍耐とにおいて健全であるように。
テトスへの手紙2章2節

祈り：父なる神様、どうか私に、年上の人たちを尊敬する心をお与えください。彼らの経験から学ぶ一方で、彼らに必要なものを与えられる者にしてください。私が年を取っても、若者のため、そしてあなたの御国の栄光のために用いてください。

考えてみましょう：年配の人からどのようなことを学んできましたか？　また、年下の人にどのようなことを教えてきましたか？

2月18日
——リンゴの木——

　今朝、谷間を抜けると、所々に小川が流れているほかは何もない野原の続く丘陵地帯に出ました。道は快適でしたし、ランデブーや、そこで出会い、親しくなった人たちのことを考える時間もたっぷりありました。特に気になっていたのはチャーリーのことです。彼は元気にしているでしょうか。もしかすると、彼は私を追い越し、にこにこしながらどこかで私を待っているのかもしれません。

　夕方には、道は曲がりくねり始め、古い果樹園に入りました。果物の香りが食欲をそそり、枝の間を飛び交うミツバチの羽音を聞いていると気持ちが落ち着きました。ふと気が付くとそこに大きなリンゴの木がありました。その枝は重みで地面に触れんばかりで、曲がりくねった幹は節くれ立っていました。

（チャーリーみたいだな）

　そんなことを考えながら、私は寂しい笑みを浮かべ、今夜はここに泊まろうと思いました。

　夕食に焼きリンゴを食べた後、リンゴの木の枝をくべたき火から音もなく上がる青や緑色の炎を眺めながら、この果樹園のことを考えました。木はどれも相当古いようです。どれくらい前からここに立っているのでしょう。誰が植えたのでしょうか。ここで何年もの間働いていたに違いない男女の労働者たち——。木々が成長し、あまり手入れを必要としなくなるまで、彼らが丁寧に枝切りをし、収穫していたことは想像がつきました。けれども彼らは、いつか遠い将来に私がこの木の下で眠ったり、その実を食べたりするなど想像できたのでしょうか。もし想像できたのなら、どんなふうに感じていたのでしょう。彼らはそんなにも遠い未来のことは自分たちには関係ない、とは思わなかったのでしょうか。

　果樹園やブドウ園を管理する人たちは、特別なたまものを授かっていると思います。彼らは生きている間に、決して自分たちの仕事の完成を見ることはありません。にもかかわらず、彼らは辛抱強く枝切りや種まきを続けます。彼らのおかげで、私のような旅人が立ち寄り、しばらくの間その美しさに見とれるということも可能なのです。私は夜寝る前に、その古いリンゴの木から垂れ下がった枝が、重みで折れてしまわないようつっかえ棒をしました。明日はリンゴの種を集めて、ここ似たような場所を探すとしましょう。もしかするといつの日か、私がまいた種から育った木の下に、疲れた旅人が野宿するかもしれません。

私が植えて、アポロが水を注ぎました。しかし、成長させたのは神です。
コリント人への手紙第一3章6節

祈り：主よ、決してその実を見ることがないと分かっていて、なおも働き続けるのは難しいことです。けれどもあなたは折に触れて、私も大切な働きをしているのだと思い出させてくださいます。もしもあなたの目を通して物事を見ることができたなら、私のしていることも、あなたのみわざの一部であるということが理解できるでしょう。どうか私の目を開いてください。

考えてみましょう：あなたが生まれるずっと前に作られた物に、喜びを見いだしたことがありますか？

2月19日
――屋根付きの橋――

　今日も道の両側には果樹園が続いていました。ここにはもう誰も住んでいないようでしたが、至る所に人の手が加えられた跡がありました。丘を下って小川に近づいていくと、ある不思議な光景が目に留まりました。川の上に屋根付きの橋が架かっていたのです。屋根には、中に雨が入り込んで腐らないように、切り口をきれいに整えたスギ材の屋根板がきっちりと張られていました。人が歩いて通る部分は、恐らくかなり遠くから切り倒して運んできたと思われる、巨大な二本の丸太で支えられています。これほど大きな木は、この辺りではどこにも見当たりません。橋の両側面は、X字型に補強材が張られた三列構造の柵になっていました。このような複雑な構造の柵を作るには多くの木材が必要ですが、これだとどんな小さな子どもでも誤って川に落ちることはありません。柵の両端は、地中深く埋め込まれた、決してぐらつきそうにない頑丈な木の柱に固定されています。柱の上は銅版で覆われ、水が入り込まないようになっており、表面には複雑な連続模様が彫られています。

　私は、その頑丈さと美しさに目を見張りながら橋を渡り、それだけでは物足りず、引き返してもう一度渡りました。そして橋の真ん中で立ち止まり、川を見下ろそうと柵にもたれて、おやっ、と思いました。この比較的小さな川の上に、なぜこれほど手の込んだ橋が必要だったのでしょうか。これは本当に素晴らしい橋ですが、その下の流れは穏やかで、橋がなくても難なく渡れそうでした。岩から岩へと飛び跳ねながら、あるいは水の中を歩いて渡ることもできそうです。たとえ水かさが増したときでも、丸太を引っ張ってきて簡単に端から端まで渡すことができるに違いありません。この橋を完成させるには何カ月もかかり、費用も相当なものだったことでしょう。

　私は銅板の表面の模様を手でなぞりながら、この橋を作った人の気持ちが分かるような気がしました。恐らく実用主義に終始したくなかったのです。柱を腐らせないためには銅板を張るだけで十分だったはずなのに、それに美しい模様まで施したのです。この橋はその人にとって、ただ川を渡る道具だけではなかったのだと思います。むしろこれは、美しくしかも長持ちする物を作りたいという気持ちが具体化したものなのです。ある意味で、神様もそのような方だといえるのではないでしょうか。この世にはあらゆる被造物があり、きちんと機能しています。しかも、そのどれもが美しい姿形をしています。名のある工芸家のように、神様は創造されたものを眺められ、「これで良し」と言われました。天地創造の六日目、神様はご自身をかたどり、すべて美しいものへの愛が注ぎ込まれた"誇りと栄光"の傑作をお造りになりました。一方、この小川では、ある時ある人がこの橋に自分の心と魂を注ぎました。そしてこれを眺め、「これで良し」と言ったに違いありません。

そのようにして神はお造りになったすべてのものをご覧になった。見よ。それは非常によかった。こうして夕があり、朝があった。第六日。

創世記1章31節

祈り：あなたがお造りになった世界の美しさを「美しい」と認める能力を私にお与えくださったことに感謝いたします。私たちをあなたご自身に似せて造ってくださりありがとうございます。それゆえに、私は美しいものを探し求めます。どうか私の手によってなされるものを祝福してください。私のすることがあなたの心に喜びをもたらしますように。そしてあなたとともに協力し合って完成させたものを眺め、あなたと声を合わせて「これで良し」と言えますように。

考えてみましょう：あなたはどのようなものの美しさに感動しますか？　あなたがその美しさを認めることができるのはどうしてだと思いますか？

2月20日
──人知れぬ働き──

　今日は、果樹園を眺めながら、こんなにも美しい場所をお造りになった創造主のみわざは何と素晴らしいのだろうと驚嘆していると、突然石につまずいて転んでしまいました。それほど大きな石には見えなかったのですが、地中深く埋まっていたらしく、何気なく歩いていた私のつま先がぶつかってもびくともしなかったのです。顔から転んだのですが、プライドが傷ついた以外は大きなけがはしませんでした。気を取り直してバックパックの中身を調べながら、自分がつまずいた石に目をやりました。なるほどこれは歩く人の邪魔になります。この石のせいで転んだのは私だけではないでしょう。誰かがどけておいてくれてもよかったのに...。いや、誰がそんなことをしてくれるというのでしょう。この辺りにはもう誰も住んでいません。この石につまずく可能性があるのは、私のような旅人だけです。私はここを通ることはもう二度とないでしょう。ほかの人にしても、一度通ったらもう通ることはないでしょう。

　私はこの丘陵地で見てきたリンゴの木々や橋のことを思い出しました。どちらもずっと昔に作られた物なのに、私を楽しませてくれました。私には自分が何をすべきなのか分かっていました。あの石を道からどけるのです。私は石の所に戻って、それを思いきりけりました。けれども足に激痛が走っただけでした。これは思ったよりも大変な仕事になりそうだと思いましたが、そんなことは気にしていられません。始めてしまったものは最後までやるしかないのです。私はバックパックを下ろして袖をまくり上げ、石の周りを手で掘り始めました。旅を始めたばかりのころ道の途中に置いてきたシャベルがあったら良かったのに、と苦笑いしました。石を掘り出す作業に何時間もかけ、ようやく石の大きさが分かってきました。誰も石をどけなかったのは無理もありません。巨大な石だったからです。ようやくそれがぐらぐら動くようになり、道の真ん中から脇へと押しやるころには、辺りは暗くなり始めていました。しかし、石のあった部分には、もっと危険なものが出来上がっていました。通りかかった人のひざから下がもぎ取られてしまうほどの大きな穴です。結局、近くの小川からかき集めた小石や土で穴を埋め、表面をならしました。ようやく目的を果たし、仕事の成果を見ようと後ろに下がりました。上出来です。そこには何もありません。以前は危険な石が横たわっていたのに、今は何の変哲もない道になっています。

　石をどけるために丸一日費やしてしまったことを後悔する気持ちがなかったわけではありません。何か記念碑のような物でもあればいいのですが。「ここにあったでこぼこを取り除いたのは私です」と札でも立てましょうか。いいえ、そういう問題ではありません。自分の仕事の成果を誰かに認められたいという気持ちがあったのは確かです。けれども、今日は一ついい事をしたという満足感が、それに勝っていたというのも本当です。私は石がなくなった場所を見て言うことができました。

「これで良し」

六日間、働いて、あなたのすべての仕事をしなければならない。
　　　　　　　　　　　　　　　　　　　　　　　　　　　出エジプト記20章9節

祈り：神様、私にやるべき仕事を与えてくださりありがとうございます。自分の仕事を振り返り、達成感を味わえることに感謝いたします。どうかこの私をあなたの栄光のために用い続けてください。なすべきことを私に示し、私の腕に力を与えてください。

考えてみましょう：誰も見ていない所で一生懸命何かに取り組んだことがありますか？

2月21日
――再び山を見て――

　今朝は寝袋から起き上がると、干して保存食にするためのリンゴを幾つか取ることにしました。私は古いリンゴの木の下で寝ていたのですが、一番良さそうな実のなっている部分を探してから、子どもに戻ったような気持ちで枝の間を縫ってその木に登りました。そのうちに十分過ぎるほどのリンゴを取ることができたのですが、木のてっぺんまであと枝が二、三本の所まで来ていたのでさらに登り続けました。素晴らしい眺めでした。一方には私の通ってきた道が果樹園を縫って屋根付きの橋まで続いているのが見え、反対側は少し下り坂になっているのが分かります。この様子だとこのずっと先には湖か何かがあるのかもしれません。

　そしてその向こう側には、この旅を始めて三日目の朝に見た山がそびえ立っていました。かなり日がたっていたので、その存在すら忘れかけていたのですが、今またそれを目の前にし、あの時の感情がよみがえってきました。そして、早くあの山の頂上まで行きたくて仕方がない、と思っていたことを思い出したのですが、自分の心境があのころとは少し違っているのに気が付きました。山に何か変化が生じたということではなく、恐らく私の考え方が変わったのでしょう。旅の初めのころ、私はあの山の向こうのどこかにある終点にたどり着きたい一心でした。しかし今は、これまでに出会った人々や通り過ぎてきた場所の思い出のせいで、同じ山が少し違って見えるのです。

　その頂上は雲で覆われ、何だか少し神秘的というか、恐ろしい場所のようにさえ感じられました。そして、あの山を越えて行きたくない、この先の道があの山を迂回（うかい）していればいいのに、などと考えてしまいました。私は木から下りて干しリンゴ作りに取りかかりながらも、ずっと終点までの道のりについて不安に思っていました。一体何が待ち受けているのでしょうか。私はそれに直面する準備ができているのでしょうか。

　彼らはエリシャに言った。「しもべたちのところに五十人の力のある者がいます。どうか彼らをあなたのご主人を捜しに行かせてください。主の霊が彼を運んで、どこかの山か谷に彼を投げられたのかもしれません。」するとエリシャは、「人をやってはいけません。」と言った。

列王記第二2章16節

祈り：私たちの人生が山あり谷ありだということは十分過ぎるほど分かっています。明日の旅路のために、今日、私たちを備えさせてください。どうか私たちが、あなたの力とあなたの勇気をもって一つ一つの難題と向き合っていくことができますように。

考えてみましょう：神様はあなたをどのような山に導かれましたか？

2月22日
──リンゴを見よ──

　この先も果樹園がまだまだ続いているとは思えなかったので、昨日私は今後に備えて干しリンゴを作っておこうと心に決めていました。日の当たる場所に干し台を置き、ポケットナイフでリンゴを薄切りにしました。

　作業の間、私は"エデンの園"の物語のせいでこの美しい果物が甘んじてきた悪評について考えていました。多くの人々は、イブの心を捕らえて結果的にアダムばかりでなく全世界に罪をもたらしたのはリンゴだったと考えているのではないでしょうか。ランデブーで学んだことなのですが、"リンゴ"と"悪"はラテン語では発音が同じなのです。ですから聖書が最初に翻訳された当時、人々はリンゴと聞くと悪を連想するようになったらしいのです。

　それにしても、この悪はどこから始まったのでしょうか。この被造物の美しさが悪いのではないことは確かだ、と干し台に乗せてあったリンゴを一切れつまみ食いしながら思いました。実際のところ、悪がこの世にもたらされたきっかけは、アダムとイブが神様の命令に背いたことが原因でした。神様が「食べてはならない」と命じられたにもかかわらず、彼らはそれを食べました。単純なことです。神様はエデンの園にベンチを置き、「そこに座ってはならない」と命じることもできたのだと思います。いずれにしても、それは人間が"従順さ"あるいは"従順さの欠如"を行動で示す手段にすぎなかったのです。

　その後はご存知の通りです。そして、その日エデンの園で人類が失ったものを探し求めて、私は今こうして旅をしているのです。ひょっとすると、イブが"食べるにおいしく見るに美しい"と発見してしまった物は、本当にリンゴだったのかもしれません。しかし何よりも、エデンの園はアダムとイブにとって、自分たちの人生を見つめ、自由についてよく考え、そして道を選択する場所だったのです。

　今日、この美しい果物は神様が下さった恵みの一つにすぎませんし、私はそれを喜んで食べるつもりです。しかし、私にもやはり決断の場というものがあり、そこで自分の人生を見つめ、自由についてよく考え、そして選択しなければならないのです。自分が常に賢明な選択ができるよう願うばかりです。

　そこで女が見ると、その木は、まことに食べるのに良く、目に慕わしく、賢くするというその木はいかにも好ましかった。それで女はその実を取って食べ、いっしょにいた夫にも与えたので、夫も食べた。このようにして、ふたりの目は開かれ、それで彼らは自分たちが裸であることを知った。そこで、彼らは、いちじくの葉をつづり合わせて、自分たちの腰のおおいを作った。

創世記3章6～7節

祈り：天の神様、私は今日、あなたが私に与えてくださった自由と尊厳に感謝いたします。しかしそれは、恐ろしい贈り物でもあります。なぜならそれにより、私は自分の意志で選択することができ、そしてこれまでにおいてあなたに背くことを選んでしまったからです。どうか私をおゆるしください。そして今日から正しい選択をし続けられるよう助けてください。

考えてみましょう：神様はなぜ人間が罪を犯せるように創造されたのだと思いますか？　このことから、神様の愛について何か分かることがありますか？

2月23日
――リンゴの茎――

　干し台で乾燥させるリンゴがもっと必要になり、同じ木にもう一度登ったのですが、今回はいい実を探すのに苦労しました。最初は、抱えきれないほどたくさんの熟れたリンゴがあったので、ただ木から取って台に乗せるだけで良かったのです。しかし今となっては、すぐ手の届く所にある実は熟れたものばかりではありませんでした。大きくてみずみずしい実は、手に持って少し引っぱるだけで簡単に枝から離れました。しかし、ほかの実は茎が枝にがっちりとしがみついていて容易にもぎ取れず、苦労して手に入れたところで硬いし酸味が強いしで食べられませんでした。

　私は実を一つずつ軽く引っ張ってみながら、何と驚くべき仕組みだろう、と思いました。私よりも木の方が、どの実が食べごろか知っていて、そうでない実は取られないように抵抗しています。おいしいリンゴが食べたければ、木の判断に従った方が良さそうです。

　イエス様は、木の実の例え話を使って弟子たちの働きについて多くのことを語られました。私たちは実を結び、そして結ばせるべき存在です。しかし、実を栄養分の源につないでおく茎がなければ、それは不可能です。実が熟すと、いよいよ収穫の時がやって来ます。けれどもその時が来るまでは、実はしっかりと木に結ばれています。

　私もこのリンゴのようになれるのでしょうか。私にとって人生の茎や栄養分の源は何なのでしょうか。私にも収穫の準備が整い、茎が折れる時が来るのでしょうか。私は、キリストを信じる者同士として最初に"真の友"そして"兄弟"となったチャーリーのことを思い出していました。彼は、私を含めた多くの人々にたくさんのものを与えてきました。しかし最後に見た時、彼は故郷にでも帰ろうとしているかのようでした。年老いた彼の目には、もはや苦痛ではなく、希望の光が浮かんでいました。まるで、旅の終点にあるものが既に見えているかのようでした。収穫の準備が整っている人がいるとすれば、それはチャーリーでしょう。彼はこの世に何を残そうとしているのでしょう。彼と過ごした時間はほんのわずかでしたが、それでも彼は人生や愛、そして真の喜びについて教えてくれました。また、私がアンディーやジョナサンと出会えたのも、チャーリーのおかげでした。彼らの授業を受けたからこそ、私は難題や刺激に満ちた、自分にとってまったく新しい世界の存在を知ったのです。そしてその新しい世界で霊的にも成長したいと願っています。私はチャーリーが後世に残した実の一部なのでしょうか。そうであればいいと心から思います。

わたしはぶどうの木で、あなたがたは枝です。人がわたしにとどまり、わたしもその人の中にとどまっているなら、そういう人は多くの実を結びます。わたしを離れては、あなたがたは何もすることができないからです

ヨハネの福音書15章5節

祈り：天のお父様、私には御国のために実をならせる務めがあります。私は成長して成熟し、あなたが創造された本来の人間になるべきなのだと分かっています。主よ、そのためにはどうすればいいのか示してください。偉大な"園芸家"になる方法を教えてください。

考えてみましょう："成熟した"クリスチャンとはどのような人だと思いますか？

2月24日
――リンゴの皮――

　きちんとした干しリンゴを作るには、まず皮をむかなければなりません。今日はポケットナイフでリンゴの皮をむく作業に一日の大半を費やしました。集めたリンゴには、皮に自然との格闘の跡が残っているものがありました。虫があちこちに穴を開けていたり、かびが生えそうになっているものもありました。さまざまな"あざ"や引っかき傷は、これらのリンゴが私の味覚を楽しませるまでの間に、多くの困難に打ち勝ってきたことを物語っていました。

　考えてみると、ほとんどすべての生き物には"皮"があります。実際、"面の皮が厚い"などと、人の性格を言い表すことも多くあります。一方で、肌の色の違いが差別を生むこともあります。また、肌を隠したり露出したりすることは、ファッション性にも品位にもかかわってきます。

　イエス様は地上におられる間に、ハンセン氏病のような皮膚病にあえて目を向けられ、そうした病を癒すことで当時の表面的な人間関係を打破されたことも少なくありませんでした。リンゴの皮むきをしながら自分の腕の皮膚を見てみると、それは私の歴史を雄弁に物語っていました。なめし革のような手触りや最近になって角質化した部分は、直射日光の下で一生懸命働いた日々のあかしであり、旅を始めたばかりのころ、とげのある低木によってできた傷あとは、過去の苦痛と癒しの証明です。腕のもっと上の方には、天然痘予防接種のあとがあります。それは医学の世界で培われた知識を物語るものであり、私の意に反してでも予防接種を受けさせた母の愛のあかしでもあります。

　さて、これらのリンゴにはもう皮は必要ありません。収穫の時が来たからです。けれども今私がむき取っている表面の薄い層には、その忍耐力や有効性の物語が刻み込まれているのです。神様はこれらの物語を決して忘れないでしょう。そして私の肌の歴史をも覚えていてくださいます。

私は知っている。私を贖う方は生きておられ、後の日に、ちりの上に立たれることを。私の皮が、このようにはぎとられて後、私は、私の肉から神を見る。

ヨブ記19章25～26節

祈り：父なる神様、あなたの被造物を保護してくださり感謝いたします。傷あとによって過去の苦労を思い出させてくださりありがとうございます。私の肌の特徴と、私の経歴を物語るその雄弁さとに感謝いたします。

考えてみましょう：あなたの肌を見て、それがどのような歴史を物語っているか考えてみましょう。神様はあなたの経験や苦労、傷あとをどのように用いておられますか？

2月25日
——腐ったリンゴ——

　リンゴの木は大体収穫が終わりました。大きく赤いみずみずしい実の一部は、その場で食べたり、料理に使ったり、果汁を絞ったり。残りは干しリンゴにしてしまっておきました。枝に足を掛けて再び木に登ってみると、残ったリンゴは小さくて堅く、取ってもどうしようもないものがほとんどでした。大きな実があっても、黒くなっていたりつぶれていたりして鳥の餌にしかなりそうもありません。

　大きなリンゴが一カ所に二つなっていたのでそのうちの一つに手を伸ばしたのですが、つかんですぐに駄目になっているのが分かりました。害虫か嵐か、何らかの原因で傷がついた上に病気にかかり、完全に中まで柔らかくなってしまっています。隣の実にも触ってみると、それもひどい状態でした。病気にかかったリンゴの横にぶら下がっていたために、一緒に被害を被ったのです。

　私が遊び友達を選び始めたころに、祖母が例え話をしてくれました。「たった一つの腐ったリンゴがたる全体を駄目にする」と彼女は言いました。それは、友人は慎重に選ぶようにという意味でした。ある日、学校で友人の一人が石を投げて窓ガラスを割り、私までが悪者扱いされ、初めてそのことを真剣に考えました。彼はもちろんのこと、私を含む全員が校長室に呼び出され、公共物を大切にするようにと説教をされました。私は無実を主張しようとしましたが、校長先生は厳しい口調で言いました。

　「君は石を投げなかったかもしれません。けれども、石投げをしていた者と一緒に居たのは事実ですから、君もとがめられなければなりません」

　私はなかなかそのことを受け入れられませんでしたが、何年もたってから、校長先生は思慮深い人だったのだと分かりました。人の集まりは、そのグループ独特の性質を帯びていることがよくあります。同じような服装をしたがり、時間がたつにつれて、同じ価値観を持ち始めます。それは、とりでの廃虚で死んでいった男の残した日記からも明らかでした。最初は恐怖心から、後にはプライドによって人々が集まったと記されていました。彼らは、価値がないと思われる人々を追い出すことで、彼らの集団としての姿勢を示しました。ランデブーでは、それとは反対の現象を見ました。そこでは、人々は愛で結ばれていて、それは一人一人の行動に表れていました。私はその"悪い"リンゴを二つ取り、地面に投げ捨てました。せめて肥料として役に立つことでしょう。

　幸いなことよ。悪者のはかりごとに歩まず、罪人の道に立たず、あざける者の座に着かなかった、その人。まことに、その人は主のおしえを喜びとし、昼も夜もそのおしえを口ずさむ。その人は、水路のそばに植わった木のようだ。時が来ると実がなり、その葉は枯れない。その人は、何をしても栄える。

詩篇1篇1～3節

祈り：主よ、私が友人を選ぶときに導いてください。彼らに対して責任を負わなければならないときでも、彼らにとって祝福となる存在でいられますように。友人の信仰が攻撃されるときには、友情が力の源になりますように。

考えてみましょう：あなたの友人のことを考えてみましょう。彼らはあなたに良い行いをするよう勧めますか？　それとも誤った道へ導こうとしますか？

2月26日
――果樹園との別れ――

　一カ所にしばらくとどまって英気を養うことができたので、今日は朝から干しリンゴを詰め込んだバックパックを背負い、旅を再開しました。あの見事な出来栄えの橋や柵からどんどん離れて先に進むにつれ、この美しい果樹園のかつての管理者たちが残した痕跡も少なくなっていきました。彼らは一体どんな人々だったのでしょう。そしてどこへ行ってしまったのでしょう．．．。もはや知るすべはないのかもしれません。しかし私は、これからもずっと彼らに感謝し続けることでしょう。果樹園の終わりに近い辺りでは、木々はまばらになり、あまり手入れが行き届いていませんでした。中にはつる植物に乗っ取られ、一つも実をつけていない木もあります。あちこちで枝が折れ、朽ちています。そしてとうとうリンゴ並木は消え、手付かずで吹きさらしの平地になりました。
　道を振り返ってみて、この美しい豊かな地を離れようとしていることを少し残念に思いました。こんな道がずっと続いていたらどんなにいいでしょう。すべての旅人が分担して少しずつ改善を加えていけば、最初から最後まで今よりもずっと楽な旅になるでしょうに。恐らく旅人のほとんどは、私同様、道そのものではなくゴールに目を向けているのでしょう。確かにここは今まで通ってきた所としては十分素晴らしいのですが、私はそれよりももっと素晴らしい何かを探し求めて旅をしているのです。とはいえ、私よりも先に通った人の働きが私の旅を快適にしてくれたのなら、私も後から来る人のために何かしようと思うのが当然です。私はリンゴ並木の最後の木のそばで土に穴を掘り、果樹園に入って最初の日に集めておいた種の一部をそこにまきました。小川から水をくんできて、その周りにそっとかけておきました。それから、地面に小枝の切れ端を刺しておきました。これで、次にここを通りかかった人にもここに何かが植えられていると分かり、そのうちに芽が出ても、しばらくの間はこの棒が支柱の役目を果たしてくれるでしょう。
　いつの日か目的地に着き、そこでほかの旅人たちとこのリンゴの木について語ることになるかもしれません。そして、この木がどれほど役に立ったか聞かされるかもしれません。いずれにせよ、私は種をまいただけでも祝福されたと感じています。私はズボンで手をぬぐってバックパックを背負い、未来に向かって歩きだしました。

その人は、水路のそばに植わった木のようだ。時が来ると実がなり、その葉は枯れない。その人は、何をしても栄える。

詩篇1篇3節

祈り：主よ、結果を見ることのできない物事のために働くのは容易ではありません。すべての事柄があなたの御前で明らかにされる未来まで見通すことのできる目をお与えください。信仰の目を通して、私が今日することの結果を見させてください。どうか私に力と知恵と勇気を与えてください。

考えてみましょう：何か良いことをしても、その結果を決して見られないと分かっている場合、どのようにして自分をやる気にさせられるでしょうか？

2月27日
——後ろ髪を引かれる思い——

　今日の道はずっと上り坂でした。辺りにはまだ緑がたくさんありますが、人の住んでいる気配はありません。上り坂のため、ずっと先の方まで見渡すことは難しく、遠くの山々でさえも地平線の下に隠れています。一方、背後の景観は一歩進むごとに美しさを増していき、高度が高くなればなるほど果樹園の全容が見えてきました。今は屋根付き橋のてっぺんがやっと見えている状態ですが、このまま上り坂が続けば明日には橋全体が見えるでしょう。小川そのものは木に隠れて見えなくなりましたが、土手近くの色の濃くなっている部分でその進路が把握できました。

　夜になって寝床をつくり、コーヒーカップを手で揺り動かしながら、自分が初めて後ろを向いて座っているのに気が付いてショックを受けました。そうです、私はこの時、明日進む方向にではなく、これまで歩いてきた方を向いて座っていたのです。これには訳がありました。行く手には、一歩ごとにだんだん荒れ果てていく道がたんたんと続いているだけです。その一方で、背後には美しく豊かな果樹園と平安の地がありました。

　正直なところ、あの美しい果樹園に引き返してどこかに定住できたらいいのに、と思う気持ちがあったのです。私の家族も一緒に住んでくれるかもしれませんし、みんなであのような素晴らしい環境を維持できるかもしれません。通りかかった旅人を励ましたり、彼らの旅の手助けができるかもしれません。場合によっては、私たちと一緒に住み着く人もいるかもしれません．．．いや駄目です、こんなことを考えるのは間違っています。神様は、そこに新たな故郷を築きなさい、とは言われませんでした。そうではなくて、そこを通り抜けて神様が既に準備してくださっている真の故郷を見つけなさい、とおっしゃったのです。ここは確かに美しくて平安に満ちた場所のように感じられるのですが、私はそんなものとは比較にならないほど素晴らしい何かを手に入れるのだ、と言われているように思うのです。

　ですから、私は寝袋に入ると、明日の朝起きたら何が最初に目に入るかを考え、意識的に前を向いているようにしました。主よ、過去ではなく現在の夢を、そして、約束の地の夢を見させてください。

あなたがたは心を騒がしてはなりません。神を信じ、またわたしを信じなさい。わたしの父の家には、住まいがたくさんあります。もしなかったら、あなたがたに言っておいたでしょう。あなたがたのために、わたしは場所を備えに行くのです。わたしが行って、あなたがたに場所を備えたら、また来て、あなたがたをわたしのもとに迎えます。わたしのいる所に、あなたがたをもおらせるためです。

ヨハネの福音書14章1～3節

祈り：主よ、「世々限りなくあなたとともにいられる場所がある」という、あなたが私との間で交わしてくださった約束について思い出させてください。今日の誘惑に惑わされませんように。そして私の目があなたと御国だけに向けられますように。

考えてみましょう：あなたは先のことを考える時間と、過去のことを考える時間とではどちらが多いですか？

2月28日
——馬——

　その音は今朝、私が寝ていた地面を伝わって耳に入ってきました。最初私は、夢の中でその低いとどろきを聞いていました。目を覚ますと、ひづめが石に打ち付けられる甲高い音に交じって時々荒々しい鼻息といななきが聞こえました。寝袋から頭を起こしてみると、馬の群れが目に入りました。私の寝床のそばを三十頭以上もの馬が走っていたのです。真っ黒な雄馬や白い雌馬、アパルーサ（北米産の乗馬種）、ペイントホース（まだら模様が特徴）に交じって、一頭の小柄なシェットランド種が遅れずについていこうと一生懸命走っていました。その光景とごう音は私を一瞬にして立ち上がらせ、野生の"馬力"は私を至近距離から圧倒しました。

　馬はたてがみとしっぽを旗のように風になびかせながら走り、その脚の筋肉を見ていると、昔エルサレムの人々はネブカデネザルの軍隊を見てこれと同じような恐怖を感じたのではないか、と考えさせられました。このような"圧倒的な力"を目の前にして恐れを抱く人のことを果たして私は非難できるでしょうか。自分自身の無力さに絶望せずにいられるでしょうか。紀元前六世紀のエルサレムの住民たちは、馬に戦車を引かせてやって来たバビロンの軍勢を見てすっかり希望を失いました。今日、「衝撃と畏怖（いふ）」と銘打った軍事作戦や、スペースシャトルの打ち上げといったテレビを見ている者としてはどうも実感のわかないものまで、こうした"力を誇示する"機会には事欠きません。

　しかし神様は今朝、そのような力の誇示でさえ神様の御力の前では取るに足らないものなのだと教えてくださいました。この宇宙には、人間が作り出した力であれ自然の力であれ、すべての力の源である創造主ご自身に匹敵するものなどないのです。今朝この平和な谷に背を向け、そして未知の世界を目の前にしていた私は、そのことを実感する必要がありました。私がまだ、苦労してでも前へ進むことではなく、引き返すことや安全な場所へ逃げることを少しでも考えていたのだとすれば、そんな思いはなくなりました。私は立ち上がって神様の創造の力を目の当たりにし、魂を根底から揺さぶられたからです。詩篇を書いたとされるダビデ王は、当時の"権力の頂点"に立ちながらも、「私の力は神から来る」と歌いました。今日私は彼とともに、それと同じことを叫びたい気持ちです。

　ある者はいくさ車を誇り、ある者は馬を誇る。しかし、私たちは私たちの神、主の御名を誇ろう。彼らは、ひざをつき、そして倒れた。しかし、私たちは、立ち上がり、まっすぐに立った。
詩篇20篇7～8節

祈り：主よ、私は権力に敬服しがちです。そしてその事実は、私を権力者に対して無防備にしてしまいます。私が強大な力の前に立つとき、最も偉大なのはあなたの力であることを思い出させてください。

考えてみましょう：夜空を眺めるとき自分が強い存在だと感じますか、それとも無力な存在だと感じますか？　それはなぜだと思いますか？

2月29日
──星の軌道──

　今朝、時計を見て日付が間違っていることに気が付きました。「三月一日」となっていましたが、今年はうるう年なので今日は二月二十九日です。四年に一度だけこの日があるのは面白いことだと思います。今日が誕生日の子どもはかわいそうです。四回の誕生日のうちの三回は、「おまえの本当の誕生日は今日ではない」と言われなければならないのですから。一方で、自分の年齢を"合法的に"四分の一に縮めて喜んでいるご婦人も何人か知っています。

　とにもかくにも、なぜこの日があるのでしょう。簡単にいえば、地球の公転速度に合わせて、カレンダーを定期的に調節する必要があるからです。カレンダー上の一年三百六十五日の終わる瞬間と公転周期との間には六時間のずれが生じてしまいます。いくら時計を調節しても駄目なのです。このため四年に一度、一日を追加して周期を保つ必要があるのです。

　地球のような巨大な物が、百万分の一秒で計られるほど精密に動いているという事実には驚かされます。それだけではありません。宇宙船は太陽系の遠くにまで飛ばされ、正確な場所に、しかも正確な時刻にそこに到着します。そのようなことが可能なのは、すべての天体の位置関係に、寸分の狂いもないからです。人類は惑星などの星々の動きの正確さに何千年もの間ただただ驚嘆してきましたが、本当に驚くべきことを見落としています。なぜ、すべては"ただそうだからそうなのだ"などと言えるのでしょうか。星によって時計を合わせられるのに、どうしてそれを可能にした創造主である神様の存在を認めようとしないのでしょうか。

　聖書には、「天は神の栄光を語り告げ．．．」（詩篇19篇1節）とあり、また「けれども多くの人はそれに耳を閉ざす」とも書かれています。今日は一日中、時計を見るたびに、人間が作った物はどんな物でも神様が創造されたものの制約下にあるということを思い知らされました。もしかすると、うるう年のような機会をもっと増やすといいのかもしれません。

　『この民のところに行って、告げよ。あなたがたは確かに聞きはするが、決して悟らない。確かに見てはいるが、決してわからない。この民の心は鈍くなり、その耳は遠く、その目はつぶっているからである。それは、彼らがその目で見、その耳で聞き、その心で悟って、立ち返り、わたしにいやされることのないためである。』

信徒の働き28章26～27節

祈り：父なる神様、太陽も月も星々もすべてあなたの命令で動いていることを気付かせてくれた、今日という特別な日に感謝いたします。私たちはそれを見ては驚き、また必要なときには、自分たちの理解をあなたに合わせることで精いっぱいです。

考えてみましょう：天体の動きによって正確に機能する仕組みとして、ほかにどのような例が挙げられますか？

3月1日
――峡谷――

　上り坂は今日も続き、辺りの地形は青々とした草地から高山植物が所々に生える岩場へと変わっていきました。地平線が目の前に広がり始め、はるかかなたには低い山並みが見えてきました。上り地形のため、道の数百メートル先までしか見えませんでしたが、ここを登りきった時そこに現れるのは砂漠だろうか、それとも湖だろうか、そんなことを考えながら歩いていました。

　しかし実際には、そのどちらでもありませんでした。前方に小高い地形が見えてきて、道はそこで途切れていました。道は低木に囲まれてその先が見えなくなっていたというわけではなく、低木やその根元の地面もろともなくなっていたのです。気が付くと私は断がい絶壁の頂に立っていて、端から端まで三十キロメートルはありそうな巨大な峡谷を見渡していました。谷底は丈の低いメスキートの木で覆われているらしく、それは中心にいくほど密集していました。その辺りに川が流れているのかもしれません。地平線には反対側の絶壁が用心棒のようにそびえているのが見え、その向こう側の山々はかすみがかっていました。

　込み上げてくるパニックと戦いながら、道の続きがないものかと左右を見回しました。はかない望みを抱きつつ、以前に旅人が通った痕跡を求めて峡谷の縁を両方向に歩いてみました。これで終わりなはずがありません。理由を見いださなければ気が済みません。恐らく道の分岐点を見落としてしまったのだろうと考え、荷物を置いて一キロメートル半以上の距離を急いで逆戻りし、草地の両側に視線を走らせて何らかの痕跡を探しましたが、何も見つかりませんでした。

　峡谷に戻り、私はようやく腰を下ろしました。どうしたらいいのか皆目見当が付きませんでした。日が暮れてきて、暗闇での探索は無駄なだけでなく危険でもあると分かっていた私は、そこで一泊することにしました。たき火をおこしてそこから断がいをじっと眺めていると、眼下の峡谷は想像の及ばないほど暗い場所のように感じられました。下から吹いてくる風に乗って物音が聞こえていましたが、それを発しているのが人間なのか動物なのかも分かりません。自分が、谷底から断がいを見上げる代わりに、ここに座って谷底を見下ろしているという事実に、ある意味少しほっとしていました。まだ迷ってしまったのではない、と自分に言い聞かせながら、私は道の上に寝袋を広げました。この道をたどれば土地勘のある場所に戻ることができます。何はともあれいつでも後戻りできるのです。しかし眠りに引き込まれそうになりながらも、私の頭の中には後戻りという選択肢はありませんでした。道が有ろうと無かろうと私は峡谷の縁に沿って突き進むつもりでした。右か左か。一体どちらの方向なのでしょうか。

この方こそまさしく神。世々限りなくわれらの神であられる。神は私たちをとこしえに導かれる。
詩篇48篇14節

祈り：父なる神様、あなたはいつも私たちの導き手であることをみことばで示してくださいます。この約束は行き先を見失ってしまった私たちにとって、いかに尊いことでしょう。私たちが道を進むときも、道がないときも、あなたを信頼する者となりますように。どうか私を導いてください。

考えてみましょう：どちらに向かって進んだらいいのか迷った経験はありますか？　一番最近の例を挙げてください。その時どうしましたか？

3月2日
――がけっぷち――

　早朝はタカの鳴き声で目が覚めました。その甲高い口笛のような音は真上にあったかと思うと、次の瞬間にははるか遠く離れた所から聞こえてくるのです。鳥にとっては、空中散歩には絶好の朝だったことでしょう。谷底に日の光が降り注ぎ始めて間もない時刻でしたが、気温が上がってくるとともに大規模な上昇気流が生じていたことは、遠くで土ぼこりが巻き上げられて空中に立ち上っていたことからも明らかでした。例のタカが突然、視界の下の方から現れてサッと舞い上がり、左右に素早く方向転換した後、金切り声を上げながら翼を傾けて下降していきました。鳴き声が峡谷の縁よりも低くなると同時に聞こえなくなったので、タカの声が間近に聞こえたかと思う次の瞬間にはずっと遠くの方から聞こえたその理由が分かりました。好奇心に駆られてがけっぷちに近づいてみたくなり、谷底を見下ろそうと両手両ひざをついて恐る恐る前へ進んでみました。真下を見たのはこの時が初めてでしたが、その光景を目の当たりにして私の胃は二、三度ひっくり返りました。絶壁面はほぼ垂直で、約三百メートル下の谷底近くでは幾分えぐれてさえいました。しかし私の胃をかき回したのはその標高差よりむしろ、砂岩に掘られた一列の穴でした。これらの穴の役割が何であるのかは明らかでした。これこそ私が見失っていた道。それは真下へと続いていたのです。

　私はがけの縁からはうように後ずさりし、ぐるりとあおむけになって胸いっぱいに吸い込んだままどれくらいの間止めていたとも知れない息を吐き出しました。「主よ、私にはできません」と、神様にというよりは自分に向かって言いました。私は高い所があまり好きではありません。実は大の苦手なのです。命綱もなく重いバックパックを背負ってその断がいを下りる自分を想像するだけで、何かほかの方法はないものかと考えずにはいられませんでした。どこかに向かって幾らか歩けば、安全にがけを下りられる所までたどり着くのでしょうか。再び道を見つけることはできるのでしょうか。ここでじっと待っていれば、いつかはロープを持った誰か、少なくとも何かましな方法を知っている誰かがやって来るかもしれません。それに、ここまで歩いてきた道を引き返せば、あの果樹園の美しい風景があるのです．．．．

　いろいろな選択肢について思案投げ首し、避けられない選択肢に立ち向かわずに済むならばどんなことでもしたい、と考えているうちに日が暮れてしまいました。しかし体を横たえて空に星がきらめきだすのを眺めているうちに、たった今自分が独り言ちたことが実感をもって迫ってきました。そうなのです、それはどうしても"避けられない"のです。私はそもそも、自ら意識的に下した決定に従ってこの旅に出たのです。私は初日から、道がどこへ続いていようとも突き進むつもりだ、と口にしていました。「言うはやすし、行うは難し」とはよく言ったものです。しかし、絶壁面伝いに下りることが恐ろしいのと同じくらいに、一度決心したことをあきらめるのは不可能なことのように思われました。私は明日がどんな日になるのか恐れつつも、ついに決心がついたことに平安を覚えながら目を閉じたのでした。

　神を愛するとは、神の命令を守ることです。その命令は重荷とはなりません。なぜなら、神によって生まれた者はみな、世に勝つからです。私たちの信仰、これこそ、世に打ち勝った勝利です。

ヨハネの手紙第一5章3～4節

祈り：主よ、私はよく"従順さ"について語りますが、困難に直面したときに最後までやり抜くことが容易な場合ばかりとは限りません。父なる神様、私が自分の置かれた状況ばかりに目を向けずに、あなたから目を離さずにいられるよう助けてください。

考えてみましょう：あなたにとって、従順でいることが特に難しかった時期について考えてみましょう。

3月3日
——最初の一歩——

　今朝目が覚めると、このまま寝袋から出たくない、と心の底から思いました。何が待ち受けているのか分かっていましたし、何よりもそれに直面したくないと感じていたのです。昨夜、寝床に就いた時の平安は、何らかの行いがなし遂げられたということに対してではなく、ついにそれを行う決心に至ったということに対してのものにすぎません。私は"従順"でありたいがために、砂岩に掘られた小さな穴だけが頼りの危険な"道"を下らざるを得ない状況に置かれていました。昨日はほとんど丸一日かけて何かほかの選択肢はないものかと必死に探したのですが、何も考えつきませんでした。ゆっくりと荷物をまとめながら、朝食は谷底に着くまで食べないことに決めました。何か食べることで力がついたとしても、胃の中が重くなればそれも帳消しになってしまう——。真剣にそんなことまで考えたのです。

　次に私は、ストラップ類など締め上げられる物すべてを締め上げてからバックパックを持ち上げました。そして、がけの縁まで注意深く歩いていき、一瞬ためらいつつもバックパックを放り投げました。バックパックは視界から消えるまでの間、長い時間かかって落ちていきました。地面に落ちる時の音はついに聞こえませんでした。もはや引くに引けぬ状態にありました。持ち物はすべてあのバックパックの中にあり、それなしには先へ進むことも後戻りすることも容易ではありません。そして今やそれががけの下にあるのですから、私の進行方向はおのずと決まっていました。何かもっと楽な方法はないものかと、絶望的とは知りながら辺りをもう一度見回し、ついに深呼吸してから四つんばいになってゆっくりと後ろ向きに谷へ両脚を突き出しました。ある絶望的な発見をしたのはその時でした。ひざは前に曲がらないものなのです。右脚は真っすぐ伸びていて、がけからもっと離れて体を下ろさない限り、どうしても最初の穴に足が引っ掛かりません。汗が額からしたたり落ち、両手は震えていました。両手と左足の三点だけで体を支えた状態で、右足を移動させる必要がありました。滑り落ちないように両ひじを使いながら、絶壁面の下へ下へと左足をずらしていきます。もうこの時点では、私と死との間を隔てるものは、ぶるぶる震える腕と、硬い地盤にめり込んだ十本の指のほか何もありません。私は力尽きそうになりながらも、動くのをやめてしまったらしがみついていられなくなると思い、必死に祈りながら体をさらに下へずらしました。右足が岩の壁に当たったのはいいのですが、足場となる穴はどこにあるものか——。恐る恐るその足を上へ、下へ、そして左右に動かしました。しかし、すべすべの岩の表面以外何もありません。自分の身を守ることに必死になりながら、もうこれ以上つかまっていられないと思うくらいにまでさらに体を下ろしました。そして一回、二回と、壁をけってみました。すると、それまで絶壁につま先が当たっていたのに、突然、向こうずねが岩にぶつかり、それと同時にずきんという痛みが走りました。ついに足が最初の穴に入ったのです！　私は穴にゆっくりと体重をかけると、震える指先からつま先まで、体中で安ど感を味わいました。

　そこから下までの道のりは、恐ろしいものだったとはいえ、不可能なものではありませんでした。谷底まであと半分ほどの地点に差し掛かかったと思うころには、上に戻ることを考えるよりも、このまま下へ進む方が容易にさえ感じました。それから二、三歩ほど進んでから、意を決してちらりと下を見てみると、わずか九メートルほど下に谷底がありました。そこから下までの道のりはほとんど気分そう快でさえあり、谷底に着いた時には消耗しきってはいましたが、喜びと安どの入り混じった感情に駆られて笑い声を上げてしまいました。なぜこんなことが、あんなにも困難に思えたのでしょう。最初の一歩を踏み出すことの大切さを、この時ほど実感したことはありませんでした。最初の苦労が済んでしまえば、物事は容易になる一方なのです。

人の歩みは主によって確かにされる。主はその人の道を喜ばれる。その人は倒れてもまっさかさまに倒されはしない。主がその手をささえておられるからだ。

詩篇37篇23〜24節

祈り：主よ、あなたは私がいかにつまずきやすいかご存知です。私は今日、このような信仰の"最初の一歩"を踏み出した後も私を導いてくださる御手の助けが必要です。私を抱きかかえ、導き、そして救い出してください。天の神様、今日私とともに歩んでくださりありがとうございます。あなたの御名をほめたたえます！

考えてみましょう：誰しもそれを経験することなしには真理を理解することができない"信仰の歩み"について、例を一つ挙げてみましょう。

3月4日
──峡谷を行く──

　昨日、無事にがけを下りることができ、ほっとしたのもつかの間、今日は谷底の過酷な環境に苦しめられています。風もない上に、暑さが"重く"体にのし掛かってくるのです。この峡谷を埋め尽くすメスキートの裸木は、美しい野原やリンゴ並木で過ごした日々とは雲泥の差でした。ちょろちょろと歩き回るトカゲやしつこく飛び交うハエ以外は、生き物の姿はありません。木々で視界も音も遮られている状態で、不用品を詰め込んだ換気の悪い倉庫の中を歩いているかのようです。砂地の上に残る道の跡ははっきりしたものではなく、何度か道に迷い、見覚えのある場所まで戻ることを余儀なくされました。前を見ても後ろを振り返っても、既に峡谷は低木に囲まれてまったく見えなくなっていました。その先に川があったのかどうかは分かりませんが、あったとしてもその音は聞こえませんでした。

　私は一日中歩き続けました。しかし夕方になっても自分がどれくらい進んだのか見当も付きませんでした。夜が更けると暑さも和らぎましたが、それと同時に、何か知っておかなければならないことがあるのにまだ気が付いていない時のような不安を感じました。たき火に近寄って服の襟を立てながら、その何かを見ることさえできれば、その時自分が置かれた状況を把握できるのではないかと思いました。どこか目的地点でもいい、通り過ぎた覚えのある場所でもいい、自分が前進しているのか、どこに向かっているのか、手がかりになるものなら何でもいい．．．。

　私は靴を脱ぎながら、ランデブーでの靴ひも結びの授業を思い出していました。アンディーは、「どんな物事でも一番肝心なのは土台となる部分であり、すべてはその上に築かれる」と教えてくれました。私は今、彼の言葉をそのまま引用したい気持ちなのです。今日の私を取り巻く状況からは、自分が少しでも前進できたのかどうかさえ分かりませんでした。しかしそれでも、ひもが完ぺきに結ばれ、今日一日だけで傷だらけになった靴は、「素晴らしい一日だった。何キロメートルも歩いたよ。万事オーケー」と大きな声ではっきりと叫んでいるようでした。

　私は今日の頑張りを物語る疲労感を味わいながら寝床に就きました。何が待ち構えていようとも、私は明日も前進し続けるでしょう。私の足元の"土台"が、自分が今どこに居てこれからどこへ行くのか教えてくれます。今はそれで十分です。

主はいと高き方で、高い所に住み、シオンを公正と正義で満たされる。あなたの時代は堅く立つ。知恵と知識とが、救いの富である。主を恐れることが、その財宝である。

イザヤ書33章5～6節

祈り：主よ、今日私が"境遇の犠牲者"となることがありませんように。あなたが私のために備えてくださった土台とあなたご自身とから、私が目を離すことのないよう助けてください。あなたの御名のために、私の歩みを滞らせないでください。

考えてみましょう：人の一生の土台というものは、どのような物事で成り立っていますか？

3月5日
――クーガー再び――

　今日は早朝から出発しました。まだ涼しいうちにできるだけ距離を稼いでおいて、どこか暑さをしのげる場所で気温が下がるのを待とうつもりでした。道は、どこに続いているのかはっきりと分かる状態でしたが、私の表情はこわばっていました。一見、着々と前進しているかのように思えるのですが、距離を測る基点となる物がないので、いつまでたっても堂々巡りしているのではないかと心配だったのです。午前も半ばごろになり、私はメスキートの木陰で休憩しました。目を閉じて、辺りから聞こえてくる音に耳を澄ましました。虫たちの羽音が絶えず聞こえていて、時々そのうちの一匹が私の耳元を通り過ぎながら自己主張していきます。道を挟んで向かい側の木の上では、トカゲが止まっては進む動きを繰り返していました。

　その時、遠くから鳥の鳴き声が聞こえてきました。その音からしてカラスの群れのようでした。こんな時間にカラスが活動しているなんて変だな、と思いました。この辺りで出くわした数少ない野生動物のほとんどは、私がそうしようとしていたように、早朝か夕方に集中的に活動し、日盛りを休息の時間としていたからです。そんなことを考えているうちに、その鳴き声が突然大きくなったかと思うと、けたたましい羽音が聞こえました。それと同時に何か別の音が聞こえ、私はとっさに立ち上がりました。ほえる声とも叫び声ともつかない、すぐにクーガーのものと分かる声でした。それはすぐに鳥たちの立てる騒音にかき消されていきました。羽音はさらに大きくなり、幾羽かのカラスが真上を飛んでいくのが見えました。瞬く間に辺りは静かになり、虫の音すらやんだかのように思われました。私はたった今その劇的な出来事が繰り広げられた場所に目がくぎ付けになったまま、そこに立っていました。

　（どうするべきだろうか。走ろうか。でもどこへ。戦うべきだろうか。でも何を武器にして。私の存在には気付かれなかっただろうか。気付かれなかったに違いない）

　実際、私が恐れていたこの生き物とはどんな動物で、どこにいたのでしょうか。それは私が旅を始めて間もないころに遭遇したあの動物と同じものかもしれません。きっと私とかかわるつもりのないただの肉食動物にすぎないのだ――そう考えることにしたものの、心の底では何となくそうではないような気がしていました。この時、私の頭の中では、正体不明の恐怖以外の何かが、大きなはっきりとした声で、こう警告していました。

　（この生き物はただのクーガーではない。それは私のことを知っている。私のことをもて遊んでいて、いつか私に襲いかかろうとしている）

　このまま放っておこうか、逃げようか、いろいろ考えましたが、結局そのような考えは捨て、私は自分の身を守ることを考え始めました。そうだ、火だ。辺りを見回すと、小さなたき火をおこすのに十分な木が見つかったので、早速作業に取りかかりました。メスキートの林に火を放って、火の手に追いつかれないうちに逃げることも思いついたのですが、この間の山火事の記憶は、少なくとも今のところ、この計画を思いとどまらせるに十分恐ろしいものでした。薪を集めている間に、太さが私の腕ほどもあり、ほぼ真っすぐな木の枝を見つけました。幾らか格闘した後、何とかそれを折ることに成功し、私は簡単なやりを作り始めました。

　空を見ると、既に暗くなってきていました。ある雑誌に載っていた、有刺フェンスに囲まれたアフリカの村落の写真を思い出しながら、たき火の周りにたくさんの下生えを円状に積み重ねていきました。こんなことをしても、何者かが侵入してくればそれを締め出すことはできないかもしれませんが、少なくとも私の注意を促すのに十分大きな音は立てるでしょう。

　今や私はたき火のそばに寝そべり、当座しのぎの"柵"の向こうで何か物音はしないかと、やりを片手に耳を澄ましていました。恐ろしいと思う気持ちはありましたが、不思議にも心は平安でした。先ごろ私が感じ取った警告は、私が独りぼっちではないということを教えてくれました。警告を受けることができるのですから、守ってもらうこともできるはずです。

聞け、わが民よ。わたしは、あなたをたしなめよう。イスラエルよ。よくわたしの言うことを聞け。
詩篇81篇8節

祈り：主よ、あなたが私に教えてくださることすべてに聞く耳を持たせてください。特に今日、私が死の陰の谷を歩むときにも、あなたの声を聞き、あなたから私への警告について知ることができますように。御名のために私を安全な道に導いてお守りください。

考えてみましょう：危険な目に遭うとき、人は何によって勇敢な行動に出ることができるでしょうか?

3月6日
――攻撃――

　"やつ"がやって来たのは夜明け前でした。私は一晩中、火が消えないように気を付けながら物音に耳を澄ましたりして、あまり眠れずにいました。空から少しずつ星が消え始めて加速度的に夜明けが近づく時間帯になり、ようやく緊張が和らいできました。それからすぐに眠りに落ち、果樹園やブドウ園の夢を見ていました。私が熟した実を落とそうとリンゴの木を揺する場面で立てた音は、実は、昨夜のうちに"垣根"として積み上げておいた下生えを踏みつける音だったらしいのです。脳の一部はその音が外界からのものだと知っていて、私に緊急警報を送りました。
「起きろ！　起きろ！」
　寝ぼけ眼の焦点が合うや否や、たき火の向こうからこちらを凝視する二つの黄色い目を見て仰天しました。クーガーは既に下生えの柵の内側にいて、私に飛びかかろうと体勢を整えていたのです。
　そばに置いていた手製のやりを手探りで見つけ出し、やつが襲いかかるぎりぎりの瞬間にそれを振り上げました。やりはやつの体の真正面には当たりませんでしたが、脇腹に食い込む感触が手に伝わりました。やつの足に肩を直撃され、私は苦痛の悲鳴とともに地面にたたきつけられました。突然、恐怖と安どと朝の寒さとが私を襲い、両手の震えが止まりませんでした。やつに傷を負わせたのは確かでしたが、致命的なものではありませんでした。どう考えても、やつは私を殺そうと以前にも増して躍起になるはずです。
　私は一刻も早くその場を離れるべきだと考え、急いで荷物をまとめ、やりを手に道を歩き始めました。恐らくこの先には、自分の身を守るのにもっといい場所があるでしょう。私はきびきびと歩きながら、バックパックに入れて持ち歩いていた日記の作者の言葉を思い起こしていました。とりでを築くことを支持し、旅を放棄することを正当化するために、彼は自分たちについてこう書いています。
「われわれは共通のつながりによってすぐさま結束した。そのつながりとは、"やつ"自身とやつに従う連中に対する恐怖であった」
　ここでの「やつ」とは一体誰を指しているのでしょうか。私を殺すというまったく理不尽で不自然な欲求を持つ、あのクーガーと何か関係があるのでしょうか。今の私にはそれはまったく分かりません。しかしこれだけは確かです。私はもう、恐怖心から不従順や破滅に走ってしまう人々のことをあまり責められなくなってしまいました。生き延びるためなら友の二、三人をも利用しかねない状態でしたし、もしも頑丈なとりでを見つけたなら、そこにしばらくとどまりたいと心の底から願っていたと思います。
　恐怖とは強大な力です。そして今日の私は恐怖を感じています。恐怖の力が今日、何か良いものに向けられ、身の破滅に向けられることのないよう祈るばかりです。

　私の心は、うちにもだえ、死の恐怖が、私を襲っています。恐れとおののきが私に臨み、戦慄が私を包みました。そこで私は言いました。「ああ、私に鳩のように翼があったなら。そうしたら、飛び去って、休むものを。ああ、私は遠くの方へのがれ去り、荒野の中に宿りたい。セラ　あらしとはやてを避けて、私ののがれ場に急ぎたい。」

詩篇55篇4～8節

祈り：主よ、私には恐れる必要がないのは分かっています。それなのに私は恐れていることを告白します。私をおゆるしくださり、そしてこの恐れを御国の栄光のために用いてくださるようお祈りします。御手の働きを見るにつけ、私のおののきが踊りに変わりますように。私の勇気をよみがえらせ、みわざをなし遂げるために私を用いてください。

考えてみましょう：あなたは何を恐れていますか？　それはどうしてですか？

3月7日
──川──

　立ち止まっては耳を澄まし、また少し歩くことの繰り返しで昼間の時間は過ぎていき、私は暗くなる前にどこか安全な場所を見つけなければと必死でした。歩きながら、何らかの計画を練ろうとしていました。最初にクーガーに出くわした時、私はやつを惑わして不意打ちすることで追い払うことができました。しかしどういうわけか、やつが戻ってくることは間違いなく、しかも今度は予想外の攻撃を仕掛けてくるだろうという確信がありました。
（ならばどうやってやつを追い払えばいいのだろうか）
　そんなことを考えていると、やつのほえる声が聞こえました。それは百メートルくらい離れた所から聞こえたような気がするのですが、私のすぐ後ろからだったかもしれません。私は飛び上がって一目散に走りだしました。肺が破裂しそうになってきたので、速度を落とし、顔面から倒れてしまわないようにしがみつく木か何かを探しました。体を支えようと無意識に手を伸ばした時、くしくも何か人間の作った物がそこにありました。それは雨風にさらされて灰色に変色した柱で、高さ約三メートル、てっぺんにはさび付いた滑車が付いており、そこから二メートルも離れていない所に川の土手がありました。川は幅六十メートルはあるかと思われ、歩いて渡るには深過ぎ、流れも速いため、泳いで渡れる見込みもなさそうでした。向こう岸には私が寄り掛かっていた物とよく似た柱が立っていました。違いといえば、その滑車にはロープが通されていたことです。そのロープはこちらの岸に向かって伸び、急流に捕らえられて川の真ん中辺りから手招きするように揺れ動いていました。向こう岸の土手からその向こうへと曲がりくねった道が続いているのが見えたので、ここを渡るのが順路なのだと分かりました。
（こんな時はどうしたらいいのだろう）
　次の瞬間、その答えがおのずと示されました。後ろを振り向くと、クーガーが私に向かって突進してきていたのです。クーガーは私が後ろを向いている間に飛びかかろうとしていたのでしょう。もはやよけるつもりはないようでした。ものの数秒しか考える時間はなく、まったくの衝動によって私の体は次の行動へと動いていました。わずか二歩の助走で、川に飛び込んだのです。すぐに私のもがきは激痛に変わりました。急流に浮かんでいた丸太に背中から激突したのです。本能的に私の両手は丸太から突き出た枝に伸び、気が付いた時にはそれにつかまっていました。丸太は何かに引っ掛かっているようです。もっとしっかりつかめる部分を探そうと丸太の周りを動き回るうちに、丸太は向こう岸の滑車からぶらさがっていたあのロープに引っ掛かっているのだと分かりました。見込みは薄いと分かっていても、それに懸けるしかありませんでした。ばた足をしながらロープをたぐり寄せ、耐えがたいほどゆっくりと向こう岸へと進みました。ようやく足が川底に届き、手だけを使ったクロールのようにして岸まで進むころには、既に辺りは暗くなっていました。
　これまでの人生でこれほど疲れたことはありませんでした。頭の中ではいまだに、クーガーのことや逃げることについて何か大声で叫んでいましたが、体はどうしようもないほど疲れていたのです。私はバックパックを下ろしもせずに、土手の泥地に突っ伏し、そのまま半分意識を失ってしまいました。いつしか眠りに落ちました。この世は平和な場所のように感じられました。

あなたがたは、罪人たちのこのような反抗を忍ばれた方のことを考えなさい。それは、あなたがたの心が元気を失い、疲れ果ててしまわないためです。
　　　　　　　　　　　　　　　　　　　　　　　　ヘブル人への手紙12章3節

祈り：ああ神様、私が疲れ果てているときにも、あなたは決して疲れを知らないお方であることは何という喜びでしょう。私の足が疲れてそれ以上前に進めなくなっても、あなたが私を高みに引き上げてくださいます。私が力尽きているとき、どうか私の力になってください。

考えてみましょう：疲労は分別のある思考にどのような影響を及ぼすと思いますか？

3月8日
――邪悪の化身――

　辺りに響く川の音は、朝までずっと、私のかき乱された心をなだめてくれました。川面に日が差し始めるころ、私は恐る恐る起き上がってみました。どうにか目を見開いて辺りを見回し、すぐに向こう岸にあのクーガーを見つけました。クーガーは終始私の方を凝視しながら、川の土手を登ったり下りたりしていました。クーガーが方向を変えて右から左へ歩いた時、私が横腹に負わせた傷がはっきりと見えました。それは醜い傷あとを残してはいましたが、思った通り、致命的なものではありませんでした。クーガーの執拗（しつよう）な態度は衰えることなく、動物園のおりの中で猛獣がまるで突然逃げ道（この場合は川を越えこちらへと続く道ですが）が現れるのを狙うかのように行ったり来たりしていました。
　（果たしてクーガーはいつかこちらにやって来るのだろうか）
　そんなことを考えながらクーガーを見ていると、それは突然歩くのをやめ、私の方を向いて座りました。この思いがけない行動の意味について考える間もなく、私は背後に誰かの気配を感じました。左へゆっくりと顔を向けると、川の土手のすぐ向こうの草地に男が立っていました。その表情にはまったくの無関心とむき出しの憎悪が共存していました。その男こそ"邪悪の化身"でした。
　「あいつはこっちにやって来るぜ」
　彼は私の肩越しに川の向こう岸を見ながら言いました。どうしたらいいのか分からないまま、しかしこのままここにいてはいけないと感じ、私は素早く立ち上がりました。その答えを知りたいというよりは、どうにかその場をしのぎたい一心で私は尋ねました。
　「あなたは誰ですか？　あのクーガーが何をするのか、どうしてあなたに分かるのですか？」
　"邪悪の化身"は、にやりと作り笑いしてから言いました。
　「ああ、あいつとおれは昔からの友達でね。あんたが生まれる前から、おれたちは一緒に旅してきたのさ」
　男の視線が突然向こう岸の土手を離れ、私の目を真っすぐに見据えました。
　「そしてあんたが死んだ後も、おれたちはずっとここにいるのさ」
　私は本能的に後ずさりし、川に足を踏み入れたことにも気が付いていませんでした。恐怖に襲われ、パニックのあまり飛び上がって走りだしそうでした。助けを求める祈りが私の口をつき、次第に思考がはっきりしてきました。私はランデブーで学んだことを思い出しました。
　（"邪悪の化身"は危険だが、つながれている鎖は短い！）
　ついに私は言いました。
　「おまえには何の権限もない。おまえは私に触れることはできない」
　一瞬、男は冷静さを失い、その邪悪な笑みは凍りつきました。そして再び口を開きました。
　「話は聞いているんだろ、え？　おまえの言う通りなんだろうよ。今はまだ、おれはおまえに触れられやしねえ。でも"やつ"ならできる」
　"邪悪の化身"はあごをしゃくって上流の方を指しました。三メートルも離れていない土手に目をやると、ある男の立っている姿が見えました。
　（いつか忘れられるかもしれないと思っていたのに．．．）
　それは黒焦げになった男の焼死体でした。その目は文字通り"うつろ"でしたが、私をにらみつけているように見えました。その顔は笑っているようにも見えたのですが、歯を覆う部分の肉がなかったのでそう見えたのだと分かりました。身元を知る手がかりなどないに等しいにもかかわらず、私ははっきりそれが誰なのか分かっていました。それは、旅の途中で出会い、そして山火事で死んだあの男でした。

私はたとえに耳を傾け、立琴に合わせて私のなぞを解き明かそう。どうして私は、わざわいの日に、恐れなければならないのか。私を取り囲んで中傷する者の悪意を。

詩篇49篇4～5節

祈り：主よ、私は、あなたが望まれない限り敵は私を傷つけることができないと心の中では分かっているのに、こんなにもたびたびその欺きの餌食となってしまいます。私に真実を知るすべと邪悪な存在に立ち向かうすべを教えてください。悪意のあるうそや偽りが私を陥れようとするときも、あなたの力を示してください。

考えてみましょう：あなた自身やあなたの知り合いが、何らかの欺きによって傷つけられたことがありますか？

3月9日
―― 脱出 ――

　人は恐怖に陥ると、理性的に考えられなくなるものです。焼け焦げてはいても生きているように見える、目の前に現れた死体が何者であれ、それほど怖がる必要があったとは思えません。かつて私は、醜い外見でぎこちない動きの化け物がうめき声を上げながら足を引きずって歩くだけで、その地域一帯が恐怖に包まれる古いホラー映画を笑い飛ばしていたものです。

　しかしこの状況では理性的に物事を考えることなどできませんでした。向こう岸にはクーガー、こちらには"邪悪の化身"．．．。そして、言語を絶する恐怖の死体が足を引きずって迫ってきた今、残された道はただ一つ、川しかありませんでした。昨日この濁った水の中でおぼれそうになったというのに、今日それは私にとって唯一の逃げ道であるように思われました。激流に飛び込むや否や、私の体は流されました。前と同じように私はロープの絡みついた丸太に打ち付けられましたが、今度は背中のバックパックが短く突き出た枝に引っ掛かり、しっかりと私の体を支えてくれました。そのため、私は丸太にがっちりとつかまって岸辺の様子を見ることができました。

　その光景を見て私はあぜんとしてしまいました。化け物がロープをつかんで引っぱっていて、私は丸太とともに岸へと逆戻りしていたのです。私は丸太を離そうとしましたが、バックパックが引っ掛かっていたのでそれも不可能でした。残された手段はただ一つです。ジーンズのポケットを探ってポケットナイフを見つけ、刃を取り出して必死にロープを切断しようとしましたが、その間にも私は化け物の方へどんどん引き寄せられていきます。腕を伸ばせば化け物に届くくらいの距離になってようやくロープが切れ、私は流され始めました。最初はゆっくりと、そして丸太が流れに引き戻されるとともに次第に速度を増していきました。

　それからというもの、あの悪夢を振り返る余裕などありませんでした。水から頭を出していることで精いっぱいだったからです。岸辺の景色がものすごい速さで移り変わっていきます。こんな状況でもなければそのスピードだけで恐ろしく感じていたことでしょう。しかし今はそれがありがたいことに感じられました。あの化け物たちからどんどん遠ざかることができるのですから．．．。私はようやく丸太のバランスのいい位置を見つけ、少し安心しました。川は真っすぐに流れていて、少なくともしばらくの間は左右どちら側の岸にも上がるつもりはありませんでした。しかし、両脚が冷たい水のせいで感覚を失いかけていた上、バックパックがバランスを失っていつ水中に引きずり込まれてもおかしくない状態の中、私は考え直さざるを得ませんでした。

　(私は正しいことをしたのだろうか。あそこで唯一、実際に私に危害を加えたのはクーガーだけで、しかもそれは向こう岸にいた。"邪悪の化身"は私に触れることさえできない、という知識はあったし、やつの行動によってもそれは本当であるらしかった。あの恐ろしい幻は悪夢の産物にすぎない。しかし実際、彼は私にどんな危害を加えることができたのだろう。彼が普通の人間だったなら、戦いを挑んで勝つこともできただろう。焼け崩れて醜くなった人の姿があれほどまでに恐ろしく感じられたのはどうしてなのだろう)

　私は丸太にしがみついたまま、さらに遠くへと流されていきました。そしてそれは、道からも離れていくことを意味していました。

　恐れのある日に、私は、あなたに信頼します。神にあって、私はみことばを、ほめたたえます。私は神に信頼し、何も恐れません。肉なる者が、私に何をなしえましょう。
詩篇56篇3～4節

祈り：父なる神様、私の恐れは理性的な思考を妨げ、あなたの存在を忘れさせてしまいます。今こそ私に、あなたが万物の創造主であることを思い出させてください。あなたは私を怖がらせるものをもお造りになった方です。あなたはそれらに対して絶対的な力を持つとともに、私に絶対的な愛を注いでくださいます。その約束をもって私をお守りください。

考えてみましょう：ホラー映画で一番怖かった場面として記憶にあるものを挙げてください。もしそのような場面に遭遇したとしたら、あなたならどうするでしょうか？

3月10日
——ボート——

　川を下り始めてどれくらいの時間がたったのでしょうか。少なくとも二、三時間は、やつらから遠ざかることができるのはありがたいことでした。しかし、極度の疲れと寒さに襲われる中、結局のところ私は正しい選択をしたのかどうか疑問に思い始めました。
　(あの時は逃げることしか考えていなかった。しかし、一体私は何から逃げていたのだろう。そしてどこへ行こうとしているのだろう。いつかまた道を見つけることはできるのだろうか。"邪悪の化身"とクーガーがこの峡谷で簡単に私を見つけられるのだとすれば、やつらから身を守るのに本当に安全な場所などあるのだろうか)
　まったく異なる二種類の恐怖が互いに衝突し始めていました。これから向かう場所に対する恐怖と、私が逃げてきた場所に対する恐怖です。疲れは極限に達し、岸までばた足で泳いでいって、凍えるほど冷たい水から上がりたくてどうしようもありませんでしたが、私のおびえた心は、丸太にしがみついたまま、さらにもっと下流まで下りたがっていました。これら欲求の衝突が私を無力にし、流れに身を任せるほか何もできなくしていました。祈ることのほかに何もできませんでした。川に暗闇が降りてくると、私の祈りや水流の変化のせいもあってか、渦になった部分に差し掛かりました。そこは水がゆっくりと渦巻き状に流れていて、前へ進む速度も落ちたため、丸太をつかむ力を少し緩めることができました。辺りは暗過ぎて何も見えない状態で、私はこの時初めて、ゆっくりと川を下っていることに感謝しました。私がしがみついていた丸太は押し流されていましたが、どちらの方向へ流されているのか判断できませんでした。木の枝がほおに当たり、過去のこの川のはんらんが残した堆積(たいせき)物の中を進んでいることが分かりました。
　丸太が何かどっしりした物に衝突すると同時に、突然動きが止まりました。その物体は暗がりで見ただけでもかなりの大きさと分かりましたが、不思議だったのは、その衝突音から判断すると金属でできているらしかったことです。私は手を上に伸ばして、その物体のすべすべした表面に触れてみました。一方へ、それからもう一方へと手探りで歩いてみてようやく分かったのは、木に押し付けられる形でひっくり返ったボートが目の前にあるということでした。長い間感じたことのなかった新たな希望を胸に、私はボートに絡みついた物を取り除き、船底を下にしてきちんと水に浮いた状態になるまで堆積(たいせき)物と格闘しました。それはアルミニウムでできた手こぎボートで、長さ約三メートル。しっかりつかめる部分を探してあちこち触っているうちに、ロープが舟首にくくりつけられているのを発見し、それがどこからきたものかすぐに分かりました。これは道の途中にあった川を渡るあの設備の一部だったのです。ある時、川のはんらんでロープが切れ、ここまで流されてようやく止まったのでしょう。
　やっとの思いで、感覚を失った肩から何とかバックパックを下ろしてボートの中に置きました。それから、ずっと道連れにしてきた丸太を足場にしてボートに乗り込みました。引っ掛かった堆積(たいせき)物のせいでいまだに身動きがとれませんでしたが、今のところ大した問題ではありませんでした。私は体を温めて明るくなるのを待ってから、自分の置かれた状況について考えてみることにしました。体中びしょぬれのまま、不安定な手こぎボートの骨組みの上に横になっていたのですから、これまでの人生で最高の眠りだったとはいえません。それでも丸太にしがみついていることを考えれば、こんなボートでも五つ星ホテルのようでした。

それゆえ、聖徒は、みな、あなたに祈ります。あなたにお会いできる間に。まことに、大水の濁流も、彼の所に届きません。あなたは私の隠れ場。あなたは苦しみから私を守り、救いの歓声で、私を取り囲まれます。セラ

詩篇32篇6〜7節

祈り:主よ、私を救い出すためにあなたが道の途中に置いてくださったものに感謝します。自分の歩みをコントロールできないときでさえ、あなたは手を差し伸べて、私の力強き右手となってくださいます。今日、あなたの奇跡を見ることができるよう、そしてあなたが私を見捨てたことがなく、これからも見捨てることはないと知ることができますよう助けてください。あなたの御名をほめたたえます。

考えてみましょう:これまでの人生においてどのような驚くべき出来事が起こり、それがどのような困難の克服に役立ちましたか? それは神様の御手のみわざでしたか?

3月11日
――未知の世界へ――

　アルミニウム製のウォーターベッドほど冷たい寝床はありません。川を囲むようにして茂る木々の間から太陽がゆっくりと顔を出した時、昨夜発見したボートの底に震えながら横たわる私にとって、こんなにも夜明けがありがたいと思ったことはありませんでした。辺りを見回すと、ボートは小さな渦の中に浮いていて、主流は川の真ん中近くを流れていました。岸は私の左側、ほんの二、三メートルの所にありました。そこは密集した下生えを背景に、大きな岩が並んだ砂地でした。

　昨日の恐怖体験から生じていたはずの不安は、すべて寒さと疲労によってかき消されていました。ボートを岸に上げられるくらいの浅瀬にたどり着くまで、両手で水をかいて進みました。バックパックの中身はびしょぬれでしたが、防水容器の中にマッチがあるのを思い出し、それで火をたきました。

　服も乾き、温かい食べ物を食べ、ようやく自分が置かれている状況について思考を巡らすことができました。川の流れの速さや土手にうっそうと茂る下生えのことを考えると、上流に戻るのは問題外でした。背後に生い茂る木々や低木を縫って進むのも現実的ではありません。残された選択肢は、道へ戻る手がかりが見つかることを祈りつつ、川を下っていくことでしょう。

　持ち物をできるだけ乾かしてから、バックパックに詰め直し、ボートの底に結びました。かじ取りに役立つだろうと考え、流木の中から真っすぐなものを選んで拾いました。片方の端を鋭く削れば必要なときには武器としても使えるでしょう。岸を離れて川へとこぎ出した時には、太陽はほぼ真上に来ていました。

　自分が道からどんどん離れていくのが分かり、ある部分では深く悲しんでいました。何としてでも道に戻りたかったのです。しかし一方では、少なくともどこかへ向かっている限りは、天からの助けを受けつつ、この予期せぬ回り道からも何か良いものを見いだせるだろうと思いました。何か良いもの、あるいは何か悪いものがないだろうかと岸辺に目を光らせつつ、一日中ボートのかじを取って川を下りながら、正しいことをするために必要な知恵が与えられるよう祈っていました

あなたの雷の声は、いくさ車のように鳴り、いなずまは世界を照らし、地は震え、揺れ動きました。あなたの道は海の中にあり、あなたの小道は大水の中にありました。それで、あなたの足跡を見た者はありません。

詩篇77篇18～19節

祈り：主よ、私はあなたのお望みになるようにしたいと思っているのですが、自分を取り巻く状況によってあなたから遠ざかってしまったように感じます。あなたが私のために備えてくださった道に戻れるよう助けてください。はっきりとした道がないときには、どこへ行くべきか示してください。あなたのそばに戻れるよう私を導いてください。

考えてみましょう：この物語の主人公の川を下るという決断は正しいと思いますか？　それはどうしてですか？

3月12日
──急流──

　渦流を後にして川の主流に入ると、幾らか自分の思い通りに進めるようになり、ほっとしました。実際、私は最終的なゴールへと続く道からさらに遠ざかっているのでしたが、旅は楽しく平穏なものとなりつつありました。木々が川のほとんどの部分を覆い、そばを通りながら木の実を摘み取れる所もありました。鳥が川べりのあちらこちらで歌い、時々、ボートに驚いてカエルが水に飛び込む姿も見られました。河岸線沿いの部分には植物がそれほど密集していない所もあったので、もっと注意して見れば抜け道を見つけることができたかもしれません。しかし、それはこののどかな風景と素晴らしい交通手段との別れを意味していたので、あえて注意して見ないようにしていました。午後の太陽が背中に温かく感じられました。虫や川の音が子守唄にもなって、私はすぐにうとうとし始めました。もっと注意を払っていれば、周りの音の変化に気付いていたかもしれません。初めは微妙にボートの進む速度が速くなっただけでしたが、風がバックパックのストラップに当たってヒューヒューと音を立て始めるや否や、私の頭の周りを飛び回っていた虫もついて来られなくなりました。
　異常に気付く最初のきっかけは、水中に隠れた岩にボートの底がこすれた時のズシンという大きな金属的な音でした。私は上半身を起こしてすぐに、川岸の景色の変化に気が付きました。木の代わりに岩壁が川の両側から迫ってきていて、川幅が狭まるにつれてボートはどんどん速度を増していきました。私は手製の"さお"をつかんで岩をよけ始めました。岩にぶつかるとアルミニウムの舟底に穴が開いてしまう恐れがあったからです。しかしそれもすぐにあきらめ、必死にボートにつかまっていることに集中しました。ある時は急流の真ん中をまっしぐらに下り、ある時は後ろや横へと振り回され、恐ろしい急降下や渦流を通過するたびに、ひっくり返るか粉々になるか、場合によってはその両方を心配せずにはいられませんでした。急降下のたびに、私はボートの両端を力いっぱい握り、安全テストが実施される前のジェットコースターに無理やり乗らされた乗客のように叫び声を上げることしかできませんでした。水が岩に当たる音が頭の中に響き、この次は私の体が岩にたたきつけられる音に違いない、と覚悟した時のことです。今までの甲高い水音とは違う、何かもっと低くてとてつもなく不気味な音が聞こえてきました。私はえも言われぬ恐怖を感じ、近くの岩か何か、これ以上前へ進まないようにするためならどんな物でもいいからつかもうとあがきました。
　しかしボートは止まらず、私はそのすぐ先の急カーブに待ち受けていたものを避けることはできませんでした。泡立つ波が跡形もなく消え、真正面に狭い峡谷しか見えません。川の水がどうして見えなくなったのか疑問に思う余裕もなく、次の瞬間、私は滝つぼに吸い込まれていきました。聞こえてくる音といえば自分の叫び声だけでした。

人の目にはまっすぐに見える道がある。その道の終わりは死の道である。
箴言16章25節

祈り：主よ、私は人生をコントロールしようとすればするほど、めまぐるしく変化する環境に自分の理解力がついていかない時があるのを知っています。そのような時のために私を備えさせてください。もしも私自身の選択によって自分でも望まない場所に行き着いてしまいそうなときは、その選択を避けられるよう知恵を授けてください。

考えてみましょう：これまでの人生で、状況が急展開してしまい、それに対して対処が追いつかなかったことがありますか？　その時どんなふうに感じましたか？

3月13日
──大渦巻き──

　どれくらいの高さから落ちたのか、自分でも分かりません。突然の危機の際には、時間の流れがゆっくりと感じられるものです。ボートが滝を落ちていく間、私は超俗的な陶酔感に心を奪われていました。ボートの底にしっかりと固定されていたバックパックは、ゆっくりと結び目がほどけると、私の視線の高さにまで持ち上がり、宙を舞いました。手製のさおが、あたかも野生動物の写真家のレンズにとらえられた場面のように水霧の中を真っすぐに落ちていく光景は、不思議なくらいに美しかったのです。ボートにしがみついていることがもはや重要なことでなくなったように感じられ、両手は次に何をすべきか分からずに、顔の前に浮いていました。

　しかし、水にたたきつけられると同時に、世界がひっくり返り、頭上に出ていた虹は暗闇にのみ込まれ、滝の静けさは今や頭の中から発しているかのような低いごう音に取って代わられていました。すぐに、息ができないと気付いて驚きましたが、水面がどこにあるのか皆目見当も付きませんでした。私は光から闇、静けさからごう音へと目まぐるしく変化する、空気から遮断された世界にいました。私は激しくもがき、もう駄目だとあきらめ、そして気が付くと頭が水の上に出ていたので、はっと息を吸い込みました。そのまま浮かんでいようと必死に体を動かしたのですが、次の瞬間、真っ暗な水中に引き戻されました。再びもがいていると、突然空気が肺に入ってきて、すぐにまた息ができなくなりました。

　二度目以降は数えていられなくなり、息ができるときに息をし、できないときには体の力を抜きました。滝つぼの大渦流は私の命に対して絶対的な支配力を見せつけていました。いつしか私は渦から押し流され、百メートルほど下流の砂州に打ち上げられたようでした。耳元の蚊のブンブンいう音に反応して体を動かすまで、そこに横たわっていました。起き上がろうとしたのですが、原因不明の痛みに苦しめられてまた横になり、暗闇に包まれるままにしました。立つことも話すこともできず、ただ祈りを口にしました。
　「生きていることに感謝します。次は何が起こるのでしょうか」

神は私の心を弱くし、全能者は私をおびえさせた。私はやみによって消されず、彼が、暗黒を私の前からなくされたからだ。
　　　　　　　　　　　　　　　　　　　　　　　　　　　　　　　ヨブ記23章16〜17節

祈り：主よ、世界が私に向かって崩れ落ちてくるとき、私は雄弁な祈りをささげることはできません。そんなときには、私を救い出してくださり、高い岩の上に私を置いてくださるものと、あなたを信じるほかはありません。あなたのご臨在で私を取り囲み、私が大渦流の中を行くときも、御国の栄光のために私を導いてください。

考えてみましょう：今までに神様にささげた最も簡単な祈りは、どのようなものでしたか？

3月14日
――事態の収拾――

　滝は私自身と荷物とに大きな被害を与えました。体の何カ所かにはあざや切り傷ができていましたが、骨折はしていないようでした。ただし、服は引き裂かれていました。川の両岸の土手を近くから遠くまで見回すと、バックパックと、その中身のすべてとはいきませんでしたが、携帯品の一部はどうにか見つけることができました。また、岩に乗り上げるような格好で見つかったボートを水から引きずり上げると、アルミニウム製の胴体に幾つも穴が開いているのを発見しました。

　上流に目をやると、高くそびえる二つの岩壁があり、滝はそれらに挟まれた硬い岩肌の裂け目から噴き出しているようでした。昨日、川を利用して道に戻るという考えを抱いていたとしても、もはやそのような考えはきっぱりとあきらめざるを得ない状況でした。逆の方向を見ると、流れはかなり落ち着いていることが分かりました。川幅は広がり、どこかは分かりませんがもっと遠くの低い所へ向かって穏やかな流れをたたえていました。木々は姿を消し、この辺りから砂漠が始まっているようでした。

　この先に何があるのか分かりませんでしたが、今日は調べてみるような状況ではありませんでした。水辺で一泊することにし、復元や修理が可能と思われるものについては、早速作業に取りかかりました。食料品を広げて状態を調べ、衣服を繕い、切り傷をきれいにして布を当ててから包帯を巻きました。一番大変だったのはボートの修繕です。布切れとろうそくのろうを利用して何とか継ぎ当てを作ったのですが、どうしてもそれをしっかりと張り付けることができませんでした。しかしすぐに、水が漏れるままにして、コーヒーカップで水をかき出すことに労力を費やすのが最善策だと分かりました。

　今日中に、旅を再開する準備がすべて整ったようでした。
　(しかし、私はどこへ行くというのだろう。果たして道に戻ることができるのだろうか。こんな時地図さえあれば．．．。これまで進んできた場所から見て自分がどこにいるのかさえ分かればいいのだが)

　私は道そのものが自分にとっての地図だと聞かされていました。道が見えている限りは何の心配も要らないのだ、と。けれども、道からはるか遠くに来てしまった今は、ただただ心の底から恐怖を感じていました。しかしどういうわけか、"邪悪の化身"やその仲間たちのことをあえて心配しようとは思いませんでした。私がゴールにほど遠い所をさまよっている限り、やつらにとって私は脅威とならず、私にとってもやつらは脅威ではない、と感じていたのです。情けないものだ、と内心思いました。二日前ならやつらの出没場所から逃れるためなら喜んでこの荒れ地を選んでいたでしょうに．．．。今こうして地面に横たわって星がきらめきだすのを眺めながら、いざとなれば素手でもやつらをまとめて相手にしよう、と考える自分でした。
　(どうか、私が行くべき場所に連れ戻してください)

私の心が衰え果てるとき、私は地の果てから、あなたに呼ばわります。どうか、私の及びがたいほど高い岩の上に、私を導いてください。

詩篇61篇2節

祈り：ああ神様、あなたは私に歩むべき道を与えてくださいます。でも私は自尊心と無知のあまり、その道からはぐれてしまいました。どうか私の進行方向を正し、平安と希望に満ちた場所、御国に至る場所へと導いてください。

考えてみましょう：あなたなら、自分が行くべきと分かっている場所であえて敵と向き合うのと、どこかほかの場所で一人になるのとでは、どちらを選びますか？

3月15日
――川の終点――

　今朝は、まだ辺りが暗く西の空に星が残っているうちに出発しました。川にはこの先、大きな障害となる物はないように思われました。相変わらずどこへ行くのか見当すら付かない状態ではありましたが、先へ進みたくて仕方がありませんでした。けれども、順調なスタートとはいかなかったのです。ボートが水漏れしていたため、バックパックがまたぬれてしまうことに気が付いた私は、岸へ上がり、木の枝を集めてそれを舟底に格子状に敷いてその上に荷物を置きました。これで、本格的な"水難"までの時間を多少は遅らせることができます。コーヒーカップは、水をかき出す道具としてはひどく能率が悪く、作業の手を休めることはできませんでした。

　川幅は次第に広くなっていきましたが、一キロメートル半ほど進むごとに川の深さは目に見えて浅くなっていきました。ボートを水の深い所へ誘導するため、さおを使うことが何度もありました。場所によっては川の主流がない所もあり、そんな時はボートを降りて、つま先がようやく隠れるくらいの浅瀬を引いて進まなければなりませんでした。この辺りは巨大な三角州のようでした。それらしくない所といえば、そこがなおも砂漠だったことくらいでした。所々に雑草が生えている以外、植物は見当たりません。それまで続いていた峡谷の側面が消え、全方角に平野が広がっていました。水平線までの視界を遮っていたのは、立ち上る熱波だけでした。

　ある時、休憩しながら、水を飲もうとコーヒーカップでボート近くの水をすくいました。しかし、それを口にするや否や放り投げてしまいました。水が塩辛かったのです。このような現象を二つの場所で見たことがありました。それはアメリカ・ユタ州のグレートソルトレーク（大塩湖）と、イスラエルの死海でした。私が下ってきた川は、もともと海だった場所へと流れていたのです。そこには流出口もなく、海水は塩だけを残して徐々に蒸発する一方のようでした。ボートを岸へ引き上げると、私は自分の足跡を上流へとたどりながら、塩味がしなくなる所まで水の味を確かめて歩きました。次に飲み水を調達できるのはずっと先になるかもしれないと考え、容器という容器に水を入れました。

　存分に水を飲み、手を額にかざして水平線を見てみると、やはり湖の幅が広がっているのが分かりました。はるか遠くの方では波立っているのも見え、すぐにボートに乗って進めそうなくらいに深くなっていそうでした。しかし、私の注意を引き、そして希望を抱かせたのは、湖面よりもさらに向こうに見えた物でした。そこには、私が以前に見たことのある山がそびえていました。以前、最初にそれを見た時には興奮のあまり、道をそのまま進むことで受けられたはずの神様の祝福から離れてしまいました。次にそれを見た時には不穏な恐怖を覚え、どうしてなのか分からないまま、その山に何か邪悪なものがあると漠然と気が付いていました。今はしかし、その山に対して何日かぶりの大きな喜びを感じています。それに向かって歩いていけばどこかに道があるはずです。目印となる物がある今、私はそれを目指して進めばいいのです。早速、ボートに飲み水を積み込んでの再出発となりました。時には川の中を歩いてボートを引っぱりながら、ようやくそれが浮く所までたどり着きました。そこはまだひざまでほどの深さしかありませんでしたが、泥にさおを突き立ててボートを押し進めることができました。

　夜になって山が見えなくなったので、横になって休むことにしました。空には星が出始めています。
（人跡未踏の砂漠と死の海を隔てた遠い場所にある目標とはいえ、再びそれを目指すことができるのは何と素晴らしいことだろう）
　そんなことを考えながら眠りに吸い込まれていきました。

水の面に円を描いて、光とやみとの境とされた。
ヨブ記 26 章 10 節

祈り：主よ、目標を見失ったときにも正しい道から外れることのないようお導きください。神様からのご褒美が目の前にあるとき、先へ進む力を授けてください。自分の目的を忘れてしまったときには、どうか思い出させてください。

考えてみましょう：今あなたの人生の原動力となっている目標は何ですか？　その目標にたどり着いたときはどうしようと思いますか？

3月16日
――深い水――

　今朝は水の音で目が覚めました。風が強くなり、ボートが波間でゆっくりと揺れていました。ボートが沈む寸前でなかったら、もっと速いテンポで揺れていたことでしょう。昨夜の時点では、眠るつもりなどありませんでした。長時間眠るなどもってのほかだと考えていました。一時しのぎの継ぎ当てが最悪の水漏れを食い止めてはいたものの、目を覚ますまでに数時間もたっていて、その間に大量の水が染み込んでいたのです。ボートの縁は湖面とほとんど同じ高さになり、バックパックが脚の上に浮かんでいました。突然動こうものなら、ボートもろとも一瞬のうちに湖の底に沈んでしまいそうでした。コーヒーカップが頭の近くに浮かんでいたので、それをつかんで恐る恐る水をかき出し始めました。

　思いきって上半身を起こしても大丈夫と思えるまでに、一時間近くもかかりました。見回すと、あの山が相変わらず目の前の水平線上にありましたが、前の晩と比べてちっとも近くなったような気がしませんでした。それから後ろの方を見てみると、その意外な光景に衝撃を受けました。そこには三角州も、遠くの峡谷も、何一つなかったのです。夜の間に、岸からさらに遠くへと流されていたのでしょう。「何てこった」と思いながら注意深く立ち上がり、今日もまた手製のさおを操らなければ、と覚悟を決めました。さおを両手でつかんで横へ下ろすと、それはもう湖の底に届かなくなっていました。大きくても深さはひざくらいまでの湖にすぎないと思っていたものは、実はとてつもなく巨大な湖だったのです。

　バックパックからロープを取り出して片方の端に金属製のフライパンをくくりつけ、すると水中に下ろしながら、湖の深さを測りました。三メートル．．六メートル．．七メートル半。湖としては特に深い方ではありませんが、約二メートルのさおしか持ち合わせていない私にとって、それはマリアナ海溝にも等しい深さでした。さおの樹皮をはがして水面に投げ、それが流される速度と自分の速度を比べてみました。ボートは動いているにしても、非常にゆっくり動いているにすぎないことが分かりました。

　（どうやって進んだらいいのだろう）

　両手を使ってこいでみましたが、すぐに疲れてあきらめました。フライパンの方が少しはましと分かったものの、大した差ではありませんでした。私は一日中、努力に努力を重ねてこぎ続けました。こいでいなかったのは、休憩しているか水をかき出しているかの短い時間だけでした。

　夜が近づいてきても山は今朝と比べて近づいたとは思われませんでしたが、一方で私の疲労はひどくなっていきました。休もうかと思うのですが、長い時間眠ってしまって起きてみると、ボートが沈んで体の下から消えてしまっているかもしれない、と考えると怖くてたまりません。もしもこの時私に余力があれば、こんな状況に自分を追い込んでしまったことを嘆いていたに違いありません。

　（それにしてもどこで道を誤ってしまったのだろう。来た道を戻るとすれば、見逃してしまった分かれ道を見つけるまでに、どれくらいさかのぼらなければならないのだろう）

　その夜は結局、考えては水をかき出し、それが済むと祈るということの繰り返しでした。そのうちのどれが自分にとって一番の助けになるのかさえ分からずにいました。

私は荒野のペリカンのようになり、廃墟のふくろうのようになっています。私はやせ衰えて、屋根の上のひとりぼっちの鳥のようになりました。

詩篇102篇6～7節

祈り：主よ、自分の思い悩みに苦しめられる長い夜には、私に語りかけてください。わが道を行くことの愚かさを示し、そしてあなたが意図してくださった場所に戻る道を照らし出してください。立ち止まってしまうときも私を導いてください。

考えてみましょう：難しい決断を迫られたときには、「それについて考える」「それについて祈る」「解決に向けて努力する」のどれが一番重要だと思いますか？

3月17日
——朝の翼に——

　夢の中で、「ヘイ・ユー！　ヘイ・ユー！（おい、おまえ！　おい、おまえ！）」と鳴きながら、鳥が私の周りを飛び回っていました。それを追い払おうと手を振り上げた瞬間に水面をたたいたらしく、私はその音で目が覚めました。またしてもボートは縁すれすれまで水でいっぱいになっていました。私はできるだけ動かないようにしながらコーヒーカップを探し出し、水をかき出し始めました。"鳥の声"はその時も聞こえていました。そしてすぐにそれが、ボートに風が当たるヒューヒューという音だと気が付きました。ボートの上で動き回れるようになると、自分の位置を確かめてみました。それでもやはり、前夜と比べて山が近くなったようには思われませんでした。風はかなり強かったのですが、追い風でした。帆がありさえすればいいのに、と思いました。私は帆の代わりに自分の体を使えないかと考え、ボートの上で立ってみました。そしてさおが目に入った時、それに何かを結びつけてマストにならないだろうかとも考えました。バックパックの中を引っかき回して探すうちに、予備のシャツと上着とズボンが見つかりました。さおを物干しざおに見立てて注意深く服をつるしてから、ボートのへさき近くに立ました。最初はすべてが風に吹かれて無意味にはためくだけでした。しかし、ロープを使って各部分同士をしっかりと結びつけることによって、一時しのぎの帆が形になり始めました。私はまた、樹皮を少しちぎって水に投げ、それが後ろに流れていくのを観察しました。非常にゆっくりではありますが、ボートが前に進んでいることが分かりました。このことで希望がわいてきた私は日が暮れるまで、残りの部分を縛り付けたり、風向きに合わせて注意深く向きを変えたりと、帆を調節して過ごしました。堂々巡りをして多くの時間を費やした後、フライパンがかじ取りに役立つことが分かりました。これを使えば、ボートのへさきを山に向けておけるのです。
　太陽が水平線に近づくに従って、少しは前進したのかどうか知りたくなりました。かねてから気に留めていた山の側面の特徴的な形が、わずかに高くなったように見えました。以前よりも山に近づいた確かな印です。これに励まされ、私は所持品をすべて適当な位置に縛り付け、いま一度水をかき出した後、仮眠を取るため横になりました。
　（死の水域の真ん中で、前へ進む手段もなく行き詰まっていたかと思えば、自分では一切コントロールできないものに解決の答えがあったとは、何と興味深いことだろう。風は思いのままに吹くものだ。それを見ることも、それに対して命令することもできない。私にできるのは、風の後押しを受けて、その力でいつか再び堅い地面にたどり着けることを願うことだけだ）
　私は心の中で祈りをささげ、目には見えなくても私の髪をなびかせて眠っている間でさえ推進力となってくれる、風という、神様からの祝福に感謝しました。

風はその思いのままに吹き、あなたはその音を聞くが、それがどこから来てどこへ行くかを知らない。御霊によって生まれる者もみな、そのとおりです。
ヨハネの福音書3章8節

祈り：天のお父様、あなたが私にお与えくださる素晴らしい祝福は時として、目では見ることのできないものであることを知っています。風や季節の移り変わり、そして生きていくのに欠かせない一切の自然の神秘に感謝します。あなたの目を通して物事を見ること、そして私の命を導いてくださるあなたの御手に今日も感謝することを教えてください。

考えてみましょう：見ることは信じることの必要条件だと思いますか？　あなたにとって、見えなくとも真実であると受け入れられるのは、どのようなことですか？

3月18日
──私がどうなってもいいのですか──

　マストが二つに裂け、アルミニウム製のボートの腹が何かにたたきつけられる音で突然目が覚めました。立ち上がれる状況にいたなら、きっと飛び上がっていたに違いありません。ボートの揺れはすこぶる激しく、放り出されないようにつかまっているのが精いっぱいでした。昨日はあれほど喜んでいた追い風が、今日は本格的な嵐と化していました。視界は一メートルほどにまで狭まり、水のカーテンに取り囲まれても、それが湖面から吹き上げているのか、空から降ってきているのかも分からないほどでした。ボートに波が激しく打ち付け、少なくとも六メートル、いやそれ以上の高さまで持ち上げられたかと思うと、次には水中にめり込む寸前にまで突き落とされるのです。波のてっぺんを通るたびに風で転覆しそうになり、左右に体重を移動させながらバランスを取ろうと必死でした。バックパックが二度も流されそうになりましたが、片方の手で何とかそれをつかむことができました。ボートにつかまっていたもう片方の手を離せば死んでいたかもしれません。
　私の気持ちは、混乱と恐怖、そして怒りが入り混じったものでした。どうしてこんなことになってしまったのでしょう。つい昨日は、神様が恵みの風を下さったことに感謝していましたし、その柔らかな力によって岸までたどり着くことを心待ちにしてもいました。しかし今は、風のせいで命が危険にさらされています。恐怖心を何とか抑えることはできても、心の中で憤慨する気持ちを抑えるのは難しいことでした。私は十二弟子の一人のような気持ちでした。そうです、イエス様が嵐の中、荒波にもまれる舟の後ろの方で寝ておられるのを見て、「私たちが死んでもいいのですか」と叫んだ弟子のことです。私はすさまじい波に襲われるたびに、自分が置かれた状況の現実感が逆に薄れていくのでした。人がおぼれ死ぬとき、体が水の中に沈んでいく時の気持ちもこんな感じなのかもしれない、と考えてしまいました。来るべきものが来た、と思いました。
　（"早いお迎え"が来て旅の途中で連れ去られ、そして真っすぐそこへ行くのだ。いや待て、「そこ」とは一体どこなのだ。この先には何が待ち構えているのだ。それは私の信じる平和の地と永遠の命だろうか。それとも何かまったく違うものだろうか）
　突然私は確信を失い、そして嵐に巻き込まれたイエス様の弟子たちのように、激しい恐怖に襲われました。
「主よ！」
　私は叫びました。
「どこにおられるのですか！」
　その次に起こったことをどう表現したらいいのでしょう。いいえ、きちんと説明するのはきっと不可能だと思います。視界が一メートル以下にまで狭まっていたにもかかわらず、私の目は遠くの何かに引き寄せられたのです。もっと正確にいえば、それは"何か"ではなく"誰か"でした。それは男の人の姿で、私の方を向いて静かに立っていました。私はとっさに、"邪悪の化身"に違いないと思いました。やつがえたいの知れない力を持っていても不思議はなかったからです。しかしすぐに、そんな考えは吹き飛んでしまいました。気が付いてみると、心が平安に満ちていたのです。波は相変わらず荒れ狂っていましたし、風もたけり狂っていました。にもかかわらず私の目は、ほんの二、三メートル離れた場所に立つ、その人の姿にくぎ付けになっていました。すると、ボートのへさきに波がものすごい勢いでぶつかり、そちらの方に気を取られました。そして突然また恐怖に駆られ、必死にボートの縁をつかみました。しかし、その人の姿に再び目をやると、平安な気持ちに戻り、ほかのことはどうでもよくなるのでした。

　すると、激しい突風が起こり、舟は波をかぶって水でいっぱいになった。ところがイエスだけは、とものほうで、枕をして眠っておられた。弟子たちはイエスを起こして言った。「先生。私たちがおぼれて死にそうでも、何とも思われないのですか。」
マルコの福音書4章37～38節

祈り：主よ、私はしばしば、恐怖に心を支配されてしまうことを告白します。自分がどうなってしまうのかと恐ろしいがために、分別も思いやりもなくしてしまうことがあります。あなたから目をそらしてしまうこと、そして自分をこんなにも苦しめてしまうことをおゆるしください。主よ、あなたのお姿を垣間見させてください。そして私の中の荒れ狂う海を静めてください。

考えてみましょう：恐怖と怒りの違いは何だと思いますか？

3月19日
——来なさい——

　荒れ狂う嵐の中、落ち着き払って立っている人の姿を見たことは、恐ろしくもあり、またなぜか安心させられる出来事でもありました。嵐はいまだ衰えていませんでしたが、その人の姿を見ているうちに、この嵐は彼に対して何らの力も持たないのだと確信したのでした。とはいえ、私に対しての力はまだ断定できません。私は彼から目をそらすたびに恐怖に襲われ、ほとんど絶体絶命の中、生き延びようと戦っていました。次の瞬間、私の目は彼にくぎ付けになり、その姿に比べると、自分を取り囲む波すらもちっぽけなもののように感じられました。心の奥底では、まだ自分が嵐の真っただ中にいることが分かっていました。どこを見ても悪天候に変わりはありません。しかし、視線を移すたびに、私に大きな変化が見られました。彼を見ている限り、ほかのことはどうでもいいと感じているのです。だからこそ、心の奥底から「来なさい」という声が聞こえた時も意外には感じませんでした。その言葉こそ、私が聞きたかったものだったのです。

　今さっきならば、死が差し迫ることによって精神に異常をきたし、唯一安全な場所であるボートを離れて激浪の中に飛び込みたいという衝動に駆られたのだ、と言い訳していたかもしれません。それどころか、目の前にあるような幻を見たと主張することこそ、狂気のさただと思ったに違いありません。幻．．．狂気．．．とんでもない勘違い．．．。けれどもどれも納得のいく説明にはなりませんでしたし、そのうちのどれを当てはめたいとも思いませんでした。ただ私に分かっていたのは、"私が呼び寄せられ、私も行くつもりだった"ということです。私はついに、数十センチ離れた所に立つ人の姿から決して目をそらさずに、片方ずつ足をボートの外へ出し、両足を水に漬けてボートの縁に座りました。そしてボートからさっと離れ、水の中へ飛び降りました。果たして、私の体は沈んでしまうのでしょうか。おぼれてしまうのでしょうか．．．。しかし、彼の方に向かっている限り、そんなことはどうでもよかったのです。私はその瞬間、畏敬（いけい）の念に包まれ、無我夢中でいました。そしてようやく、自分が立っていることに気が付いたのです。私は聖書物語に出てくる弟子のように、水の上を歩いていたのでしょうか。ボートを振り返ってみると、それはやや片側に傾いて浅瀬に横たわっていました。四方から波音が聞こえる中、自分の足元を見下ろしました。波は時々、ひざまで打ち付けるものもありました。嵐の中、目を凝らしてみると、かろうじて湖岸線がどこにあるのか分かりました。それは自分から見て左右に伸びていました。あの人影が立っていた所を振り返って見ると、そこには誰もいませんでした。さらに何歩か歩いた後、岸辺に立ちました。必死になって辺りを見回しましたが、見えるのは収まりつつある嵐だけでした。

　私は地面にひざをついて叫び声を上げたのですが、喜びの叫びなのか絶望の声なのか自分でも分かりませんでした。私は危機一髪のところを陸まで導かれたのです。しかし、私をここまで連れてきてくださったお方は、もう見えなくなっていました。私はすすり泣きながら、神様が自分を助けてくれたことに感謝しました。それからまたすすり泣き、また幻が見られるよう懇願しました。私は砂にうつぶせになって嘆願と賛美を繰り返していましたが、そのうちに二日間の疲れがどっと押し寄せてきて眠ってしまいました。そばに立って私を見下ろしながら励ましの言葉を掛けてくれる男の人の夢を見ていました。

しかし、イエスはすぐに彼らに話しかけ、「しっかりしなさい。わたしだ。恐れることはない。」と言われた。すると、ペテロが答えて言った。「主よ。もし、あなたでしたら、私に、水の上を歩いてここまで来い、とお命じになってください。」イエスは「来なさい。」と言われた。そこで、ペテロは舟から出て、水の上を歩いてイエスのほうに行った。
マタイの福音書14章27〜29節

祈り：主よ、あなたの御顔を拝したくてたまりません。それでもあなたは哀れみつつ、「いや、まだその時ではない」とおっしゃいます。あなたは私の近くにおられます。私には分かります。あなたのご臨在が感じられ、あなたのみわざが見えるのです。愛するお父様、あなたに直接お会いできる日が早く来ますように。

考えてみましょう：神様はなぜ、私たちが今そのお姿を見られるよう祈っても拒まれるのだと思いますか？

3月20日
——目に見えぬ友——

　目が覚めるころには、嵐は過ぎ去っていました。両足は水に漬かっていましたが、波は穏やかで、くるぶしに当たるたびに静かな音を立てていました。ボートは岸からほど近い所に横たわり、中に残されたバックパックのてっぺんだけが見えていました。手製の帆の残骸が岸辺のあちらこちらに散らばっています。私は上半身を起こし、どうやってここまで来られたのか思い出そうとしました。すると昨夜の記憶が怒とうのごとくよみがえってきました。私は立ち上がり、彼の姿がまた見られるかもしれないと思い、はかない望みを胸に辺りを見回しました。あれは現実の出来事だったのでしょうか。それとも、ある種の幻覚を見ていたのでしょうか。いま一度、私は事実を振り返ってみました。嵐と恐怖。そして"何か"を見た私は、ボートから降りるよう駆り立てられました。その結果、既に浅瀬にたどり着いていたことが分かったのでした。結局のところ、私は実際に水の上を歩いたわけではないのです。空腹やのどの渇きに加え、真の恐怖心が同時に襲ってきたのですから、幻を見たのもそのせいだったのでしょう。

　それにしても、彼は実に本物らしく思えました。今それが夢だったということにしても、これまでに見たものとはまったく違っていました。彼は私のそばに立ち、励まし、守り、愛してくれました。目が覚めてしまった今はもう何も見えませんし、何も聞こえません。しかしだからといって、私があの時に見たり聞いたりしたことが現実でなかったといえるのでしょうか。考えてみれば、聖書の登場人物の中でも、神様と直接出会った人はほとんどいません。むしろ彼らをある行動に駆り立てたのは、夢や預言者や"燃えるしば"などでした。神様と顔と顔を合わせる出会いを体験した数少ない人物の例を見ても、彼らは恐ろしくなって立ち去ってしまうか、さもなくば地にひれ伏しています。

　恐らく、私が神様を見ることがないのもまた恵みなのでしょう。C・S・ルイスはかつて、もしクリスチャンが本当に神様を見たならば、すぐに天国に行きたくて自殺していることだろう、と言いました。それに、目に見えるものでさえも欺きであり得るという事実は、この旅の道中で痛いほど思い知らされています。神様が直接姿を現されないのは、そうすれば人間がますます本物の神様かどうか疑うことになるからではないでしょうか。結局のところ、私が体験できる最善の、そして最も現実的な事柄は、心を通じて示されるものなのです。

この民の心は鈍くなり、その耳は遠く、目はつぶっているからである。それは、彼らがその目で見、その耳で聞き、その心で悟って立ち返り、わたしにいやされることのないためである。

マタイの福音書13章15節

祈り：主よ、私はあなたと直接お会いしたいとはいえ、あなたは私にとって受け入れることのできる物事だけを現してくださることを知っています。私があなたの御前に立つことができる時まで、私の心の中で奇跡を行ってください。そして心の中であなたにお会いし、あなたの私への愛の力を知ることができるよう助けてください。

考えてみましょう：何かを目で直接見ることができれば、それを信じることができますか？　それでも疑いますか？

3月21日
――崇拝の場――

　私はすぐにこの場所を立ち去ることができませんでした。所持品を拾い集め、荷物をまとめている間も、この岸辺で起きた出来事を思い出していました。私はまさにこの場所で、彼を見たのです。彼は私に会いに来てくださった。私はそう確信していました。私は何時間もそこに座り、どんな小さなことでも記憶しておこうと周囲を見回しました。神様から啓示を受ける場所として、あえてここを選びたいとは私ならば思いません。不毛かつ人跡未踏の砂漠に囲まれた、生物のすめない塩水湖．．．。しかし考えてみれば、聖書の登場人物が神様の不思議なみわざを体験したのも、このような場所が多いことに気が付きます。砂漠、荒野、海。それはどれも別段の美しさや荘厳さをたたえた場所ではありませんでした。しかも、神様がお選びになった人々は、特に傑出した人物だったとはいえません。もちろん、それらの人物や場所を記念していく中で、人々は多少の脚色を試みてきたといってもいいでしょう。壮麗な聖堂や聖画は確かに魅力的かもしれません。しかし、大切なのは場所や人物ではなく、それらの場所や人物さえもお造りになった創造主である、ということに変わりはないのです。

　それでも、私はこの場所に居ることに対して特別な感動を覚えずにはいられませんでした。いつかここに戻ってきて、この気持ちをまた味わえたらいいのですが．．．。私はボートを水から引きずり出し、へさきが天を指すように真っすぐに立て、倒れないよう周りに岩を積み上げました。それから、手製の帆の壊れたマストで粗末な十字架を作り、尖塔状の"記念碑"のてっぺんにしっかりとそれを縛り付けました。大きめの岩の一つには、ナイフで「来なさい」と彫りました。私はこの言葉を嵐の中ではっきりと聞き、あの時の私には"死をも恐れぬ行為"に臨んだのです。太陽が水平線に向かって傾きかけるころ、記念碑とその背後の湖の両方が見える、見晴らしのいい場所を見つけました。私はその場にひざまずき、神様の慈悲を求めて声を出して泣きながら礼拝しました。私を嵐から救ってくださったことを神様に感謝し、そして再びご自身を現してくださるよう懇願しました。それからうつぶせに寝そべり、過ぎていく時間に身を委ねました。どれくらいの間そこに横たわっていたのでしょう。私が頭を上げた時には辺りは暗くなっていました。"記念碑"の向こうの水平線に浮かぶ星々は、太陽にも及ばないほど美しい背景を作り出していました。私は再びひざまずいて祈っているうちに、眠ってしまいました。

　この場所で過ごす二日目の夜に見た夢は、神様でも神様が私に語りかけてくださった言葉でもなく、聖堂や記念碑やブロンズの飾り板や銅像の夢でした。神様が話しかけてくださっていたとしても、私には聞こえていませんでした。

　すると、ペテロが口出ししてイエスに言った。「先生。私たちがここにいることは、すばらしいことです。もし、およろしければ、私が、ここに三つの幕屋を造ります。あなたのために一つ、モーセのために一つ、エリヤのために一つ。」彼がまだ話している間に、見よ、光り輝く雲がその人々を包み、そして、雲の中から、「これは、わたしの愛する子、わたしはこれを喜ぶ。彼の言うことを聞きなさい。」という声がした。

マタイの福音書17章4～5節

祈り：天のお父様、あなたのなさったことばかり考え、あなたのご実在をないがしろにしてしまう、この私をおゆるしください。場所にばかり注意を向け、あなたのみわざを忘れてしまう私をおゆるしください。あがめるに値するのはあなただけであって、あなたが創造され、お使いになったものではないことを今日、私に思い出させてください。あらためて私の心に触れてください。そして私がそれを聞き、そして感じることのできるよう助けてください。

考えてみましょう：これまでに訪れたことのある有名な旧跡について考えてください。過去に重大な出来事が起こったその場所に立った時、どのように感じましたか？

3月22日
――後ろ髪を引かれる思い――

　岸辺の"記念碑"を残していくことほどつらいことは、かつてなかったといえるでしょう。荷物を詰め、太陽がもう水平線の上高く昇っているというのに、私は立ったままこの場所を見つめていました。ここは、私が心を込めてボートと石の碑を建て、記念とした場所だからです。私はその周りを歩きながら、それまで気付かなかった角度の絶妙さに見とれたり、石の積み方にさらに調節が必要だ、などと考えていました。逆さまになったボートを観察しては、激流を下り、塩水湖の浅瀬をさおで進み、荒波にもみくちゃにされて過ごした時間に思いを巡らせました。そして、遠くから私に「来なさい」と命じた人影に向かって、ボートの縁をまたぎ、嵐の中へ進んでいった自分のことを思い出していました。この畏敬（いけい）と神秘に満ちた場所をどうして去ることができるでしょう。主がご自身を現してくださった場所に、どうして背を向けることができるでしょう。もしかすると私は、神様の偉大なみわざが現される、ある種の聖地に来ていたのかもしれません。もう少しここで待っていれば、神様がまた来てくださるのではないでしょうか。そして．．．．

　しかしよくよく考えてみると、やはりここにとどまるべきではありません。あの美しいリンゴ園に長居できなかったように、ここでだらだらと過ごすわけにはいかないのです。私をここにとどまらせている理由が、湖でも、その岸辺でも、見たり触ったりできるどんな物でもなく、私を創造され、愛してくださるお方のご臨在を体験したということだと分かっています。それがここで起きたという事実は、私にとってこの場所が重要であると見なすに十分な理由かもしれません。それでも私には、あの体験に匹敵するものとしてこの場所を位置づけることは許されないのです。私の旅もいつかは神様に導かれて終わる時が来ます。それに比べれば、神様が過去にご自身を現してくださった場所もすべて取るに足らないものになるでしょう。私の心が満たされ、魂が神様のご臨在を確信させてくれる電撃のような力を感じた時と場所を思い出すのは悪いことではありません。しかし結局のところ、重要なのは場所ではなく、神様のご臨在なのです。

　そんなことを考えながら、私は過去に背を向けてまた旅を再開しました。進む方向ははっきりしています。なおも水平線にそびえ立つあの山に向かうのです。私は時々立ち止まっては、湖とその岸辺に建てた記念碑の方を振り返りました。戻りたい気持ちがあったことは認めます。しかし物理的な距離が増しても、神様との隔絶感が増すことはありませんでした。神様がなおも私とともにおられたのです。

強くあれ。雄々しくあれ。彼らを恐れてはならない。おののいてはならない。あなたの神、主ご自身が、あなたとともに進まれるからだ。主はあなたを見放さず、あなたを見捨てない。

申命記31章6節

祈り：神様、あなたが強力で明白な方法によってみわざを示してくださった時と場所とに感謝します。そのような時のことを忘れることがありませんように。また、そのような場所がいつも私の心の中で、あなたへの愛と献身をよみがえらせてくれますように。でももし、そのような場所を聖地にしてしまったら、それがあなたの代わりになってしまいます。そのようなことのないよう、私を誘惑からお守りください。創造主ではなく創造物を崇拝するという罪を、決して犯すことがありませんように。

考えてみましょう：これまでの人生の特別な時期の思い出として、何か大事にしている物がありますか？　それを見るとどんな気持ちになりますか？

3月23日
――直線――

　私はいまだ道を見つけられずにいましたが、どこを通って進めばいいのかははっきりしていました。この旅を始めたころに見えていたあの山、私と最終目的地との間に横たわるあの山が、砂漠に目印のようにそびえ立っていたからです。ここ何週間かあの山を目指して進んできましたが、その姿はちっとも大きくなりません。まだかなり遠いのでしょう。しかしどんなに距離が離れていても、山に潜む、私を呼ぶ力とその呼び声が弱まることはありませんでした。

　目前には人跡未踏の砂漠が広がるばかりでした。太陽が空高く昇る時間帯になっても、湖の近くにはごつごつした塩の平原が続いていました。砂漠の奥地へと進むに従って、塩に砂が混じりだし、そしてついに砂だけになるころには、サボテンや砂漠性の雑草がちらほら見られるようになっていました。この砂漠横断をできるだけ早く能率的に済ませようと、目の前の山の特定の部分を目標地点として、それに向かって着々と歩いていきました。時々、真っすぐに歩いているかどうか確かめるため、立ち止まって後ろを振り返り、必要に応じて多少の軌道修正をしました。昼下がりになるころ、右にややそれた所で地面から突き出た岩を見つけ、高い場所から見渡せば何か見えるかもしれないと思い、それに向かって歩きました。岩に登り、その上で一服しようと腰を下ろしながら、私は自分が残した足跡を見てがくぜんとしました。それは最初のうちしばらくは真っすぐでしたが、その後は右へ左へとジグザグ模様を描いていたのです。これでは途中、軽く三十分以上は無駄にしてしまったことになります。

　ここから見ると、何が問題だったのかが分かります。後ろを振り向くたびに、進行方向が曲がっていたのです。私は首を振り、自分のしたことを嘆きました。結局、これは"ロケット科学"のような高度なことでも何でもありません。直線に歩いていくためには、前に目印が見えている方がいいことは誰にでも分かることです。しかし後ろを振り返ると、そのたびに視線がずれてしまうのです。なお一層悪いことには、私は自分が真っすぐに進んでいるかどうか確かめるためだけでなく、湖や記念碑、そしてそこにいるかもしれない"誰か"をもう一度この目で見ようと振り返っていたのです。あの場所にとどまることはできないと分かっていながら、後ろを振り返って見たいという誘惑に負けていたのです。

　しかし、それもここまでです。この見晴らしのいい岩の上に立ち、私は山に向かって新たな"想像線"を引き、自分とそこまでとの中間地点よりも近くにある物を幾つか目印として選んでおきました。岩や植物に限らず、目に付きやすい物できちんと前へ進むのに役に立つ物なら何でもいいのでした。あの場所を後にした今、これから行こうとする場所に何としてでもたどり着かなくては、と思いました。

彼らは正しい道を捨ててさまよっています。不義の報酬を愛したベオルの子バラムの道に従ったのです。

ペテロの手紙第二2章15節

祈り：主よ、私の後ろには、私が覚えておきたい事や忘れてしまいたい事など、たくさんの物事があります。どうか前だけを見ていられるよう助けてください。あなたが私のために備えてくださったゴールを示し、前に進む力をお与えください。

考えてみましょう：あなたの現在の前進を妨げる過去の出来事が何かありますか？

3月24日
──渇き──

頭痛、火膨れ、飢えなど、生きていく過程で生じる多くの感覚は、しばらくの間なら我慢できます。しかし、なかなか忘れられず、そしてすぐにその欲求が満たされない場合には極度の不快感をもたらす感覚もあります。そうした感覚の一つに渇きが挙げられます。今朝の時点で、バックパックの中の飲み水はあと一回分を残すのみとなり、それではとうてい足りませんでした。後戻りしたいという願望も、あそこで私を待ち受けているのは塩水湖だけであるという事実によってかき消されました。前を見ると、山を覆う森のほかに、雪と思われる白い斑点が目に入りました。もはや前進だけが自分に残された選択肢であって、一刻も早くこの砂漠を抜けるのが先決です。

真っすぐに進むための目印に目を据えたまま、考え事で頭をいっぱいにしようと、過去の冒険を思い出したり、この先起こる出来事を想像したりしてみましたが、何の役にも立ちませんでした。クラシック音楽放送の途中でけたたましく割り込んでくる非常事態放送のように、頭の中では絶えず叫び声が聞こえていました。

「おまえはのどが渇いているんだ。何か．．．飲まないと．．．さあ早く！」

それは優しく懇願するような口調になったかと思うと、再びボリュームを上げるのでした。

「死んじまうぞ、このマヌケ！　何とかしろ！」

ついに私は自分の脳をなだめるように、子どものころよく聴いた古いカントリー・アンド・ウエスタンの曲を歌いだしました。

「一日中、不毛の荒れ地と顔を突き合わせた。冷たい水を味わうことなく．．．」

それが功を奏したのかどうかは定かではありませんが、日没が近づいても私は歩き続け、歌も後半へと差し掛かりました。

「夜は涼し。おいらは愚か者。星の一つ一つに水があふれてる。冷たい水があふれてる．．．」

ようやく疲労が渇きを上回り、私は日中の酷暑でまだ温かい砂の上に倒れ込みました。今の思いを言葉にしようと試みましたが、この時感じることができたのは渇きだけでした。たぶん明日には、私は怒っているか、当惑しているか、または死んでいるかのいずれかでしょう。今はただただ、何か飲みたいという気持ちだけでした。

鹿が谷川の流れを慕いあえぐように、神よ、私のたましいはあなたを慕いあえぎます。私のたましいは、神を、生ける神を求めて渇いています。いつ、私は行って、神の御前に出ましょうか。私の涙は、昼も夜も、私の食べ物でした。人が一日中「おまえの神はどこにいるのか。」と私に言う間。

詩篇42篇1～3節

祈り：時として、ほかの事がどうでもよくなってしまうような状況に置かれることがあります。例えば、のどの渇きなどです。天のお父様、どうかあなたを慕い求める私の気持ちが、肉体の渇きと同じくらい強く、激しいものとなりますように。

考えてみましょう：のどが渇いて仕方なかった経験がありますか？

3月25日
——子どもの声——

「タッチ！　おまえがオニだ！」
「そんな！　僕、もうオニやったよ」
「ティミー！　虫なんか放して早く来いよ」
「でもこれかっこいいんだよ。飼っちゃ駄目？」
　私は、自分の父親と魚釣りをしながらジャングルの滝から渓流へと移動するという超現実的な夢を見ていました。そしていきなり場面は変わり、子どもたちに囲まれて公園に立っていました。彼らは私の横を通り過ぎていくのですが、私の存在には気が付いていない様子でした。眠りが浅くなってきて、夢が"天然色"になるとともにより鮮明になり、ほおにそよ風を感じました。しかし、子どもたちはまだそこにいました。子どもの一人はティミーに違いないと思うのですが、その子は私の隣に立ち、バッタをつまんでいました。
「ちょっと！　待ってよ！」
　少年は叫びました。その声に私は完全に目が覚めました。いえ、少なくとも覚めたように思いました。
「ティミー」
　私の乾いた唇からしわがれ声が漏れました。
「どこへ行くんだい？」
　少年は立ち止まり、振り返って私を見ました。その顔にはかすかな笑みが浮かんでいました。
「虫を捕まえたんだ。名前はエルマーなの」
「どこへ行くんだい？」
　私は同じ質問を繰り返しました。いまだ体に力が入らず立てませんでした。
「君はどこから来たんだい」
　しかし、ティミーの注意は、西の方へ歩いていく子どもたちの集団へと向けられました。
「僕、行かなくちゃ」
　少年はそう言うと、走りだしながら「待ってよ！」と叫びました。
私は懸命に立とうとしましたが、世界はつかまっていられないほど速く回っていました。私は弱々しい声を上げながら後ろに倒れました。
「私を置いていかないでくれ」

それから、イエスは、ひとりの子どもを連れて来て、彼らの真中に立たせ、腕に抱き寄せて、彼らに言われた。「だれでも、このような幼子たちのひとりを、わたしの名のゆえに受け入れるならば、わたしを受け入れるのです。また、だれでも、わたしを受け入れるならば、わたしを受け入れるのではなく、わたしを遣わされた方を受け入れるのです。」
マルコの福音書9章36〜37節

祈り：天のお父様、子どものような信仰について、そしてどれほど私がそれを必要としているか、今日、私に思い出させてください。今日、私の恐れを取り除き、行くべき場所を示してください。

考えてみましょう：子どもの信仰は、大人の信仰とどのような点で違うと思いますか？

3月26日
──子どもに導かれ──

　意識もはっきりせず、眠りからも完全に覚めやらぬ状態で、私は倒れた場所に横たわっていました。渇きはいまだに理性的な思考のすべてを制していましたが、それはすぐに非理性的な思考に取って代わられていきました。バッタが顔の横に跳んできました。私はそれに目の焦点を合わせようとしながら、それがティミーが捕まえたバッタと同じ種類のものなのかどうか考えていました。
　（ティミーは？　そしてほかの子どもたちは？　みんな夢だったのだろうか）
　ひざを抱えるようにし、辺りを見回せるぐらいまで、どうにか体を起こすことができました。恐れていた通り、やはり砂漠はそこにありました。そこまでは夢ではなかったのです。子どもたちのいた形跡は何もなく、知りたかったことは何も聞けずじまいでした。しかし、あの山に再び目をやった時、それに向かって真っすぐに続く道が見えたような気がしました。
　（変だな。昨日は道などなかったのに）
　よく注意して見ると、その"道"は誰かの足跡だということが分かりました。非常に小さな足跡でした。
　この驚くべき発見は、私に立ち上がる力を与えました。早朝の日の光にはっきりと浮かび上がる道しるべのような足跡に向かって、私はよろよろと近づいていきました。子どもたちがどうやってこんな場所にたどり着けたのか、そしていとも簡単そうにどこへ向かっているのか推測してみました。しかしどんな説明を試みても、それは私の理解をはるかに超えていました。私にできることは、目の前に続く足跡に沿って一歩ずつ前に進むことだけでした。
　脱水症状にある私の体に、新しい力がみなぎるのが分かりました。錯乱状態にあったとはいえ、私には子どもたちがここを通ったという事実、そしてきっと彼らはまだこの近くにいるに違いないということが分かりました。彼らにできたのなら、私にだってできるに違いありません。

狼は子羊とともに宿り、ひょうは子やぎとともに伏し、子牛、若獅子、肥えた家畜が共にいて、小さい子どもがこれを追っていく。

イザヤ書11章6節

祈り：天のお父様、例えそれが子どもを通して導かれるときでも、私があまりにも高慢であるために、あなたのその完ぺきな導きに気が付かないということがありませんように。私の心を謙虚にして、あなたの尊い子どもたちを通し、どのようにあなたを信頼すべきか教えてください。

考えてみましょう：あなたは子どもから何を学びましたか？

3月27日
──水──

　私はよろめきながらも一歩ずつ何キロメートルも歩き続けました。時折、目をつぶってはぼんやり夢でも見るような感じで前に進み、目を開けてみると、子どもたちの足跡から離れてしまっているという状態でしたが、次第にいい方法が分かってきました。目を閉じて五歩進み、それから目を開けて足跡に戻り、そしてまた目を閉じるのです。こうすることで、背後から昇るしゃく熱の太陽から少しは気をそらすことができました。居心地のいいベッドに寝そべっている自分を想像してみたりもしました。それから、自分をB級映画の登場人物に見立ててこんなことも考えました。
　（会話はあんまりないな。アクションも少なめだ。このビデオは返品してお金を返してもらわなくては。あの店は品質を保証しているからな。気に入らなければ返せばいい。そうだな、これは好きじゃないな。近ごろはやりの"リアリティーＴＶ"に似過ぎている）
　「当チャンネルで、ある男が砂漠を歩いて横断する映像をご覧ください。彼が渇きで死ぬまで密着取材します！　それだけではありません。途中には彼の妄想も登場します。架空の水道ポンプを目指して架空の子どもたちを追いかける場面をお楽しみに！」
　しかしそれは現実の出来事でした。セメント板に固定された真っ赤な旧式の鉄製ポンプがすぐ目の前に現れたのです。私が信じられないというふうに目を凝らしている間にも、コンクリートのぬれた部分が乾いていきます。ほんの少し前まで、ポンプの周りに水が跳ねていた証拠です。
　子どもたちはどこにも見当たりませんでしたが、もしそこにいたとしても気が付かなかったに違いありません。私は、体全体がポンプに引き付けられ、よろけながら前へ倒れ込むような格好でひざをつき、ポンプの取っ手をつかみました。そして、がむしゃらにそれを上下に動かしました。しかし、導管を伝わって蛇口から出てくるのは冷たい空気だけでした。その時やっと、私がひざを乗せていたコンクリートの上に何か文字が書かれているのに気が付きました。
　「使用前にお読みください」

　悩んでいる者や貧しい者が水を求めても水はなく、その舌は渇きで干からびるが、わたし、主は、彼らに答え、イスラエルの神は、彼らを見捨てない。

イザヤ書41章17節

祈り：主よ、良いものはすべてどこから来るのか覚えていられるよう助けてください。飲んだり、食事をしたりするたび、そして友人と話すたび、また朝日に歓喜するたび、あなたとあなたの愛がそれらのすべてを可能にしていることを思い出させてください。心からあなたを賛美します。

考えてみましょう：さまざまな良い物事を思い浮かべてください。そして、すべての源である究極的な存在にまでさかのぼってみてください。神様から出ていないものが何かありますか？

3月28日
──約束を信じて──

　その"ただし書き"は、それほど前に塗られたとは思えないポンプ本体と同じ赤いペンキで書かれていました。片側まではっていき、目をこすってそれを読んでみました。
　「このポンプから水を出すには呼び水が必要です。必要な分だけの水が扉の中にあります。使った後には水を入れておいてください」
　文の内容をすぐには理解できず、「水が扉の中にあります」という部分だけに目が留まりました。見るとポンプの反対側に、赤く塗装された木の板がセメント部分にはめ込まれています。ちょうど指が入るくらいの穴が開いていたのでそれを持ち上げると、中から魔法瓶が現れました。両手でそれを持って取り出し、震える指でどうにかふたをひねりました。
　確かにその中には水が入っていました。私の命を救うのに十分な量です。そしてその魔法瓶を口に運ぼうとした時、ただし書きの残りの部分を理解しました。この水は飲むためではなく、呼び水としてここに置かれているということです。この水を井戸に注げば、中にある革製のパッキンが密着し、ポンプを押すことによって水を吸い上げることができる仕組みになっていたのです。（しかし、もしもそれが機能しなかったら。自分を救うであろう唯一の物質を注ぎ込んで、何も得られなかったとしたら）
　私は周りを見回しました。どこを見ても見渡す限りの砂漠が広がっています。この水なしでは横断など不可能でした。どのみち砂漠を渡るには、この魔法瓶一本分の水では生き延びるのに十分ではないでしょう。いちかばちかの賭けでした。もしこの水をポンプに注いでも駄目なら、間違いなく死ぬでしょう。でももしこの魔法瓶の中身を飲んで旅を続けても、遅かれ早かれ死ぬでしょう。
　なかなか決心がつきませんでしたが、決断は自分に委ねられていました。

私は、きょう、あなたがたに対して天と地とを、証人に立てる。私は、いのちと死、祝福とのろいを、あなたの前に置く。あなたはいのちを選びなさい。あなたもあなたの子孫も生き、あなたの神、主を愛し、御声に聞き従い、主にすがるためだ。確かに主はあなたのいのちであり、あなたは主が、あなたの先祖、アブラハム、イサク、ヤコブに与えると誓われた地で、長く生きて住む。

申命記30章19～20節

祈り：ああ、神様、私にとってどちらを選ぶことが良いことなのか十分お分かりになりつつも、私に生と死を選ばせてくださるとは、あなたの愛は何と偉大なのでしょう。あなたが私を愛してくださり、そして何よりも、あなたを愛することをゆるしてくださっているので、私は日々、決断に臨むことができるのです。どうか私に知恵を与えてください。

考えてみましょう：強制を伴う愛は本当の愛といえるでしょうか？

3月29日
――行動に表れる信仰――

　壊れ物を扱うように魔法瓶を両手で持ち、とりつかれた男のようにポンプに近づきました。コンクリートに開けられた穴を通して下へ伸びる金属棒の横に、もう一つ直径約五センチくらいの穴がありました。間違いを起こさぬよう、ただし書きを書いた謎の人物はご丁寧にも、赤いペンキでその穴を指す矢印とともに"呼び水"と書いてくれていました。

　もしここでためらったら、「駄目だ！　駄目だ！　飲め！　飲むんだ！」と叫ぶもう一人の自分の言いなりになると分かっていました。私は心の中の声は無視し、体の外から加えられる力によって魔法瓶を傾け、その中身が穴に吸い込まれていくのを恐怖に震えながら見守りました。水が落ちていく音は、最終列車が駅のホームから出ていく音のように思えました。どこかの街の危険な地区に置き去りにされたような気分でした。

　世界が止まってしまったかのようでしたが、体の動きは休むことなく、ポンプの取っ手をつかみ、狂人のようにそれを押し続けました。初めは、またあの下から上がってくる冷たい空気の音がするだけでしたが、すぐに別の音が聞こえてきました。取っ手を押すたびに音程を上げていく心地良い響きです。そして音がもうこれ以上高くならないと思われたその時、蛇口から水が勢いよく噴き出しました。

　ポンプを押す手を休めると、水の勢いが弱まりつつもしばらくは出続けていました。取っ手に手を戻す前に、水をすくって口へと流し込みました。次に手を休めた時には、念のため魔法瓶に水を入れてから、冷たい流水の下で頭をぬらしました。

　そしてまた素早く取っ手を数回押し、バックパックを開けて水を入れられるような容器をすべて取り出し、水を入れてはすっかり飲み干し、また水を入れました。ようやく満足した私は、すべての容器に水を入れて密閉しました。そして注意深く魔法瓶を元の場所に戻しておきました。もう昼をすぎていたので、ここに一泊してそれまで知り得なかった飲み水のぜいたくさを満喫することにしました。ぬれた服を頭に引っ掛けて、ポンプに寄り掛かりました。神様が備えてくださったものに感謝し、自分が以前、神様に対して怒っていた理由に思いを巡らせるのでした。

　主はこう仰せられる。「恵みの時に、わたしはあなたに答え、救いの日にあなたを助けた。わたしはあなたを見守り、あなたを民の契約とし、国を興し、荒れ果てたゆずりの地を継がせよう。わたしは捕われ人には『出よ。』と言い、やみの中にいる者には『姿を現わせ。』と言う。彼らは道すがら羊を飼い、裸の丘の至る所が、彼らの牧場となる。彼らは飢えず、渇かず、熱も太陽も彼らを打たない。彼らをあわれむ者が彼らを導き、水のわく所に連れて行くからだ。
イザヤ書49章8〜10節

祈り：愛する天のお父様、渇きの時にも私を導いてください。あなたとあなたの素晴らしさを思い出せるよう安らぎと休養の地へ連れていってください。あなたは決して私を見捨てることがありませんから、私もあなたから離れることがありませんように。困難に直面するときも私を強めてください。

考えてみましょう：人生における渇きの時について考えてみましょう。物事が思い通りにいかなかった時、あなたはどうしましたか？

3月30日
——星のきらめき——

　今日は日中の暑い時間帯をすぎるまで眠っていました。時折目覚めてはポンプの取っ手を押し、水の上がってくる音を確認してから安心してまた眠ることを繰り返しました。夕暮れになると、少し動き回れるくらいに体調も回復し、きちんとした食事さえ用意することができました。もちろん主食は水でしたが．．．。

　休養し元気になった私は、旅を続けることにしました。山は星空の下、今でも見えていて、涼しい砂漠の空気は、今出発すればそれだけ早く距離を稼げることを意味していました。月は出ていませんでしたが、星の光がこの奇跡的なオアシスを照らしています。それはまるで、この場所の内側から発しているかのような輝きでした。

　「あなたの指のわざである天を見、あなたが整えられた月や星を見ますのに、人とは、何者なのでしょう。あなたがこれを心に留められるとは。人の子とは、何者なのでしょう。あなたがこれを顧みられるとは」と書いた詩篇の作者は、きっと私が今経験しているのと同じ畏敬（いけい）の念や威光を感じていたに違いないと思うのです。

　この何日かで私がいかに弱い人間なのか、嫌というほど思い知らされました。私たちは、かくも簡単に確信から絶望へと落ちてしまうものなのです。それとは対照的に、私をこのような救いの場に連れてこられる神様の備えとは、何と素晴らしいのでしょう。急に私は、あの子どもたちのことを思い出しました。彼らはどこに行ったのでしょう。彼らはどうやってこの場所にたどり着いたのでしょう。彼らは、この場所に私を導くために遣わされた、幻の一つにすぎなかったのでしょうか。モーセは"燃えるしば"を、イスラエルの子らは火と煙の柱を見ました。私にとっては、神様が話しかけてくださる最良の方法が、手にバッタを持った少年であったのかもしれません。

　少なくとも、私は自分の目を見開き、耳をそばだて続けるべきであること、そして神様は驚くべきことを得意とされるので驚かないようにすることを学んだと思います。

　あなたは、人を、神よりいくらか劣るものとし、これに栄光と誉れの冠をかぶらせました。あなたの御手の多くのわざを人に治めさせ、万物を彼の足の下に置かれました。

詩篇8章5～6節

祈り：主よ、あなたが今日、不思議なわざを私に見せてくださったように、私にふさわしい場所を教えてください。あなたが創造してくださった本来の自分でいられますように。

考えてみましょう：クリスチャンは環境保護の取り組みついて、どのような姿勢を取るべきだと思いますか？

3月31日
――備えられた低木――

　日の出が近づいてくると、そろそろ休息が必要だと体の調子で分かりました。私は前方の暗い山影を頼りに、夜通し歩いていたのでした。立ち止まると砂漠の空気が顔に冷たく感じましたが、すぐに太陽が昇ってそんなこともすっかり忘れさせてくれることでしょう。さてこれから寝床にできそうな場所を探さなければなりません。

　この砂漠にいると、"不毛"という言葉についてあらためて考えさせられます。初日の岩群と二日目の水ポンプを除いては、常に同じような地形が続いていました。塩の平原が砂漠の砂に取って代わられてもなお、所々に生えるアザミだけが、次の世代には少しでもましな一生を送ってもらいたいと願いつつ、種をつけるにやっとの期間をどうにか生き延びていました。

　後方の空が黒から灰色に変わり、濃いオレンジ色の輝きが夜明けを予告し始めると、私は、本当に何かほかのものがないのだろうかと水平線を見渡しました。最初は砂以外何も見えませんでした。しかしその後、あらかじめ進むつもりでいた方角に、かすかに何かの形が見えてきたような気がしました。初めはそれが人間くらいの大きさに見えたので、期待が波のように押し寄せてくると同時に、忘れかけていた恐怖も感じました。しかし注意して見ると、それは低木だと分かりました。川を後にして以来、初めて見る低木でした。低木の生えている場所までたどり着くのに一時間近くかかりました。そのころには既に太陽が水平線の上に顔を出し、昨夜の涼しさもうそのように気温が上がっていました。それが何という種類の低木なのかは分かりませんでしたが、その枝のおかげで今日一日、日陰で過ごすことができそうでした。枯れ枝を何本か取って火をおこし、その弱い火力でコーヒーを入れ、残り少なくなってきた干しリンゴを食べました。

　何日かぶりにカフェインを摂取し、今はもう遠い地となってしまったリンゴ園のにおいと味を楽しみながら、まさに至福のひとときを味わいました。私は今日の"家"として、低木を与えてくださったことを神様に感謝しました。その時私は、ヨナという聖書の登場人物にも同じような植物が与えられたことを思い出していました。ようやく眠りに就いてからは、ヨナの夢を見ながら、彼もこんなに快適に過ごしていたのだろうかと考えていました。

ヨナは町から出て、町の東のほうにすわり、そこに自分で仮小屋を作り、町の中で何が起こるかを見きわめようと、その陰の下にすわっていた。神である主は一本のとうごまを備え、それをヨナの上をおおうように生えさせ、彼の頭の上の陰として、ヨナの不きげんを直そうとされた。ヨナはこのとうごまを非常に喜んだ。

ヨナ書4章5～6節

祈り：父なる神様、今日あなたが備えてくださった仮の住まいに感謝します。日よけとなる物をお与えくださり、厳しい自然環境から守ってくださるのはあなたであることを思い出させてください。あなたが常に守っていてくださるのが当たり前だと思うことがありませんように。

考えてみましょう：今日、神様に何を感謝できますか？

4月1日
──使命──

　低木の陰に横たわり、ヨナが学んだ教訓について考えていると、自分の置かれた状況との間にも幾つかの共通点があると思ってしまいます。ヨナは神様からニネベに行くよう命じられ、私の場合は道が示されて終点までそれを進むよう命じられました。しかし、ヨナはニネベではなくタルシシに行くことを選び、大魚にのみ込まれてしまいます。一方、私は道よりも川を選び、そしてその結果、流されるままに死の海の真ん中にまで自分を追いやってしまいました。ヨナは救われ、私も救われました。しかし、神様がニネベの人々を哀れまれたことにヨナが不満を漏らしたように、あの日私を安全な状態へと導いてくれた風が、翌日には嵐となりそのせいで死にそうになったことについて、私もヨナと同じように苦々しい思いを抱いていました。ヨナ物語の終わりの方で、彼は神様が備えられた低木の下で涼んでいます。その後、低木を食べる虫が"遣わされ"、再び照りつける太陽に苦しめられます。この物語の中では、大魚も含めて三つの物が遣わされ、神様の目的がなし遂げられるようその一つ一つに具体的な役割が与えられています。この旅では、何がどんな目的で私の元に遣わされるのでしょう。ヨナから少しでも学ぶところがあるとすれば、それは怪魚であれ腹をすかせた虫であれ、どんな物でも私の人生において重要な役割を果たし得るということではないでしょうか。ヨナの場合、度重なる試練が必要でしたし、私の知る限り、彼はその真意を理解できなかったようです。

　この低木は今日、私にとってまさに命を救う存在であり、その木陰に座っていろいろ考えを巡らすことも可能にしてくれました。まだ虫は付いていないようなので、神様とともに新しい発見をするための正しい道に立っているという意味なのではないかと思います。

太陽が上ったとき、神は焼けつくような東風を備えられた。太陽がヨナの頭に照りつけたので、彼は衰え果て、自分の死を願って言った。「私は生きているより死んだほうがましだ。」すると、神はヨナに仰せられた。「このとうごまのために、あなたは当然のことのように怒るのか。」ヨナは言った。「私が死ぬほど怒るのは当然のことです。」主は仰せられた。「あなたは、自分で骨折らず、育てもせず、一夜で生え、一夜で滅びたこのとうごまを惜しんでいる。まして、わたしは、この大きな町ニネベを惜しまないでいられようか。そこには、右も左もわきまえない十二万以上の人間と、数多くの家畜とがいるではないか。」

ヨナ書4章8～11節

祈り：主よ、私は自分の置かれた境遇に感謝できない時があることを告白します。どうか、私がそのような状況にも圧倒されることなく、腹を立てたり、悔い改める気持ちを忘れてしまったりすることのないようにしてください。すべてを受け入れ、喜ぶことができるよう、知恵と感謝の気持ちをお与えください。

考えてみましょう：何かのことで取り乱している時、責任のない誰かに対し、ただ近しい人というだけで当たり散らしてしまったことがありますか？

4月2日
──砂漠の終わり──

　星空の下をもう一晩歩き通した私は、足元の地面に変化を感じていました。砂が幾らか減り、以前ほど平らではなくなってきたようです。白みがかってきた空からの光で、砂漠の旅も終わりに差し掛かったことが分かりました。低木の数が増え、所々に草も現れ始めました。遠くに見えていた山すその丘陵地帯では紫がかった色彩が失われ、近づいてきた傾斜面に生える一本一本の木を見分けることができました。濃い緑色をした柳の木が一列になって生えているのが見え、さらに近づくにつれてそれは川岸に沿って生えていることが分かりました。

　川は左から右へと緩やかに流れる小川で、歩いて楽に渡ることができました。草の茂った小山が向こう側の川岸よりも高い位置に見えたので、そこで一泊することにしました。体や持ち物すべてがひどく汚れていましたし、ここは洗い物をするのにもってこいの場所に思われました。

　私はすぐに、その川が飲み水や洗濯場として使えるだけでなく、斑点のある美しいカワマスもすんでいることを発見しました。持ち物をひっくり返して探すと、釣り針と糸が出てきました。柳の木の枝は、ルアーフィッシング用のさおとして立派に代用できました。日が暮れる前に、ほど良い大きさのカワマスが二匹釣れたので、早速、炭火で焼きました。

　丘の上の見晴らしのいい場所からは、これまで歩いてきた砂漠が見え、これまでずっと後ろを振り返らずに進んできたことに気が付きました。ここまで来れば振り返っても大丈夫だろうと感じていました。湖、記念碑、ポンプ．．．。もちろん何もかもが見えなくなっていました。しかし、砂漠そのものは目の前に横たわり、その広大さが多くを物語っていました。

　後戻りしたい気持ちはあるでしょうか。いいえ、進んでそうしたいとは思いません。しかし、あのような体験、教訓、さらには苦難までもが旅の一部だったという事実は、これからもずっと大切に胸にしまわれていくことでしょう。この先何があるか分かりませんが、これまでの経験を頼りに未来を正視する覚悟ができていますし、喜んでそうしたいと思います。

主とその御力を尋ね求めよ。絶えず御顔を慕い求めよ。主が行なわれた奇しいみわざを思い起こせ。その奇蹟と御口のさばきとを。主のしもべイスラエルのすえよ。主に選ばれた者、ヤコブの子らよ。

歴代誌第一 16 章 11～13 節

祈り：父なる神様、思い出をありがとうございます！　いい思い出もあれば、そうでないものもあります。しかしそれらは皆、あなたの愛や思いやりについて考えさせてくれます。どうかこれまでの恵みに対し、あなたを賛美することを忘れることがありませんように。

考えてみましょう：今日、神様はあなたに何をしてくださいましたか？

4月3日
――上へ――

　早朝から身を切るような冷たい渓流で水浴びした後、荷物をまとめてから初めてどの方角へ進もうか真剣に考えました。ふもとの丘陵に近づくに従ってその陰になり見えなくなってはいましたが、私の目指すあの山はなおも真正面にそびえていました。しかし、山に向かって真っすぐ進むことは不可能と思われ、川伝いに上流か下流かのどちらかへ進むしかなさそうです。川が山に向かって流れている可能性は低いと考えると、選ぶべき方向はおのずと決まってきます。ふもとの丘陵に真っすぐ入れる道が右側に見つかるまで、取りあえず左方向の上流へと進むことにしました。大きな丸石や倒れた木、地面の溝をまたぎながら道なき道を進むのですから、その歩みは遅々たるものでしたが、すぐ近くに川があることにはある種の心地良さを感じていました。いまだに脱水症状から回復の途中だったのかもしれませんし、流れの速い浅瀬でカワマスが跳ねているのが見えたからそう感じたのかもしれません。ともかくしばらくの間、川は私の友となり、騒々しい水音もむしろ楽しむことができました。

　頭上の太陽の位置で方角を計算してみて、川が少し右側に曲がったのに気が付きました。どちらかといえばまた山に近づく方向に歩いていることが分かり、うれしくなりました。ところが、次の湾曲部を抜けた時、心は沈みました。そこは、とんでもない高さの滝つぼになっていたからです。その絶壁は九十メートル以上もの高さがあり、細かい水霧には頂上から一番下までをつなぐように虹が浮かんでいました。

　大きな丸石の上に座って、目の前にある峡谷の絶壁面を注意深く観察しました。今回は、岩壁に刻まれた穴など見つかりそうにありません。ここは登山路の一部ではないのですから。断がいは左右どちら側の壁面も絶望的に見えました。とはいえ、後戻りすることなど問題外です。残された道は、滝そのものをよじ登るしかないようでした。

あなたは私のともしびをともされ、主、私の神は、私のやみを照らされます。あなたによって私は軍勢に襲いかかり、私の神によって私は城壁を飛び越えます。

詩篇18篇28〜29節

祈り：前途が閉ざされたように思えるときでも、あなたは私の導き手であり、私の力となってくださいます。天のお父様、目の前に立ちはだかる障害を避けて通る道があるのでしたら、どこへ行けばいいのか教えてください。もしその障害に立ち向かうのが私の道なのでしたら、力をお与えくださるようお祈りします。

考えてみましょう：今日、あなたの行く手にはどんな障害が立ちはだかっていますか？

4月4日
——流れに逆らって——

　昨日は日が暮れるまで座ったまま滝を見つめ、火をおこしてそのはぜる音に耳を傾けていました。夜明けとともにまず滝の頂上が照らし出され、谷間に日が差し込んでくると、ルートを見極め、どんな小さな出っ張りや溝も見落とすまいと頭にたたき込みました。滝の左側から登り始めて、真ん中辺りの地点から右側へ渡り、雨期にはものすごい奔流となるに違いない縦溝を通って頂上にたどり着くという段取りです。以前、峡谷を下りた時とは違い、バックパックを背負ったまま登らなくてはなりません。そのことを念頭に置きながら、もう一度よく中身を調べ、必要最低限の物以外は置いていくことにしました。

　ついに意を決して腰を上げた時には、午前も半ばをすぎていました。バックパックのストラップをきつく締め上げ、岩登りの開始です。できる限り、滝そのものから離れて進むようにしました。ぬれた岩というのはどんな場合でも危険なものですが、滝の水が落ちてくる場所のそばでは、あたかも配水口の近くにいるような吸引力が生じ、非常に危険な状態になります。一方では、水と一緒にどんな物が落ちてくるか分からないという心配もありました。がけの下にあるあの大きな丸石はすべて、水の圧力に抵抗しきれなくなって落ちてきたものですが、以前、英国人探検家のデビッド・リビングストンの書いた手記を読んだことがありましたが、中でも彼がビクトリア・フォールズと名付けた、アフリカ大陸南部の滝についての記述は印象的です。彼の連れの一人は滝つぼを見て、水浴びに最高の場所だと考えたらしいのですが、落ちてきた岩の直撃を受け、即死したというのです。

　考えてみれば、流れに逆らって立つこの行為こそ、この旅の実態をよく表しています。力に対して力で抗し、流れとは反対方向に突き進む．．．．けれどもそれは、危険に満ちた冒険旅行でもあります。川の流れというのは、特に真下に落ちていく場合に情け容赦を知らないものです。それにかかっては、大きな丸石でさえ、滝の底へと追いやられるまでじわりじわりと侵食されていきます。

（もうそろそろ限界だ。そのうちに力尽きてしまうか、さもなくば岩が頭目がけて落ちてくるだろう）

　水の中を抜けて滝の反対側へ渡っていく間、私はそんなことを考えていました。しかしこれも永久に続くわけではないのだ、とも自分に言い聞かせる私でした。毎日、山に登らなければならないわけではないのです。大河のはんらんも穏やかなせせらぎに変わる時が来ます。リンゴ園の後には塩水湖がありました。一つ一つの経験を通して、新たな人生の側面が試され、そして強められていくのです。のどを潤そうと思い、足を止め、ものすごい勢いで落ちていく水柱に手を伸ばしてその水を飲み、一休みしました。そしてまた滝登りを続けました。

私は、貧しさの中にいる道も知っており、豊かさの中にいる道も知っています。また、飽くことにも飢えることにも、富むことにも乏しいことにも、あらゆる境遇に対処する秘訣を心得ています。私は、私を強くしてくださる方によって、どんなことでもできるのです。

ピリピ人への手紙4章12〜13節

祈り：主よ、今日私が直面している困難な状況とともに、それを克服するための力をお与えくださり感謝いたします。たとえ洪水の中からも、英気の源を見いだすことができますように。

考えてみましょう：人生において直面する問題を力の源とするにはどうすればいいと思いますか？

4月5日
――縦溝――

　滝を横断し終えた私は、さらに右の方へと苦労しながら進んでいきました。この先には、今ここからは見えないものの、登り始める前に覚えておいた出っ張りがあるはずです。ほとんどの出っ張りは、下から見た時の印象よりも随分しっかりしたものだと分かり、安心しました。
　（人生で出くわす困難なんてそんなものかもしれない。遠くから見ると厄介そうだが、それに近づいてわが身のことになってしまえば何とかなるものだ）
　思わず顔がほころぶのを自覚しながら、そんなことを考えていました。ともかく私は、ようやくぬれていない縦溝の中へと進めることをありがたく感じていました。
　溝の両側面の岩は、激動の過去を物語っていました。でこぼこした部分が急流によって削り取られて滑らかになっている一方で、渦巻き流に捕らわれた岩のかけらが強堅な花こう岩を削り取って巨大な鉢状のくぼみを作り、自らも砕け散っていく――。私が体をねじ込んだ溝は、小さなひびが川によって広げられてできたものでした。容赦なく急流に打たれ続けたその小さなひびは、今や峡谷を形成する過程にありました。それ相当の時間と水量があったならば、峡谷の外側の部分はいつの日か崩れ落ち、はるか下にある大きな丸石に仲間入りすることでしょう。
　けれども現時点では、その見込みはなさそうでした。川は常に一番低い通り道を求め、岩の別の部分を流れていました。その結果ここにあるのは、私にとって都合のいいことに、かつてと比べて幾分低くなった滝でした。
「滝の下でただ待っていればもっと登りやすくなったのに」
　私は冗談めかして独り言ちました。この巨大な滝も、いつかは小川のせせらぎに変わることでしょう。
　これと同じようなことが、人生のあらゆる問題についてもいえるのではないかと思います。問題は抵抗を生じさせ、そしていつの間にか、抵抗と問題の両方が消えてなくなっていきます。滝の下に転がる大きな丸石は、水の力が物を動かすことのあかしです。しかし、見逃してしまいがちなのは、水の落下距離が縮まったという事実でしょう。その距離が短ければ短いほど、水の力が弱くなることは単純な物理学でも説明できることです。従ってある意味で、あの丸石たちは敗北者ではなく、むしろ勝利の勇士といえます。それらは巨大な滝を一歩ずつ、小川に近づけてきたのですから。
「抵抗しても無駄だ」と言う人がいます。しかしそれは違います。抵抗こそ最も大事なことです。そして私は、ありったけの力を振り絞り、川があきらめるまで抵抗し続けるつもりです。

しかし、主は、私とともに立ち、私に力を与えてくださいました。それは、私を通してみことばが余すところなく宣べ伝えられ、すべての国の人々がみことばを聞くようになるためでした。私はししの口から助け出されました。主は私を、すべての悪のわざから助け出し、天の御国に救い入れてくださいます。主に、御栄えがとこしえにありますように。アーメン。
テモテへの手紙第二4章17～18節

祈り：私は人生において常に、抵抗することさえあきらめてしまうような困難に遭います。けれども天のお父様、私の抵抗は無意味ではなく、それには力が秘められていることを思い出させてください。今日私を強くしてください。私をあなたから遠ざけてしまう物事に、抵抗し続けることができますようお祈りします。

考えてみましょう：自分一人で悪に抵抗するのと、集団で抵抗するのとではどちらが簡単だと思いますか？

4月6日
――頂上へ――

　溝の内側はすべすべしていて継ぎ目もほとんどなく、つかむ場所を探すのに苦労しました。一メートル近く登っては、切り立った岩に行く手をはばまれることも何度かありました。やがて、溝の幅が狭くなり、両端に手が届くようになりました。そこからは背中を一方の壁に、両足をもう片方の壁に押し付けて登ることができます。
　しかしこれも、バックパックを背負ったままでは不可能です。頂上までは九メートルほどで、持っているロープも同じくらいの長さでした。結局、取り出したロープの一方の端をバックパックに縛り付け、もう一方の端を頂上目がけて投げ上げました。しかし、十分な高さまで放り上げるのは難しく、成功しても垂れ下がったロープの重みで引っぱり戻されてしまう状態でした。そこで、こぶし大の石をロープにしっかりと結びました。そして、ぎこちない新米兵士のようにそれを振り回して谷の頂上に向かって投げると、幾度かの挑戦の後、それは落ちずにとどまりました。あとは頂上に着いてから、ロープに縛り付けたバックパックを引っぱり上げればいいのです。これで身軽になりました。
　一方の壁に背中を、もう片方の壁に両足を押し付けて、ゆっくり着実に登っていきました。二回ほど脚が引きつり始め、ひざが折れ曲がって落ちてしまいそうになりましたが、何とか持ちこたえました。頂上近くになり、最終的にどうやって体を押し上げようか考えました。脚を伸ばしながら谷の縁にしがみついて登れる場所まで行かなければならないのですが、ある地点まで行くと脚で体を支えることができず、体の大部分が谷の絶壁に垂れ下がった状態になってしまいそうでした。何か両手でつかむ物がなければ、絶対に頂上に立つことはできません。
　結局、ぎりぎりまで心配しないようにしていたのですが、実際にそこに着いてみると本当に考えあぐねてしまいました。かろうじてつま先が壁に押し付けられた状態で、そこから先は溝の幅が広くなり、足が届かなくなってしまうのです。背中の方や頭の上を手探りし、何かつかめる物を探しました。頂上はすぐ手の届く所にあるというのに、ぬれた草と堅い岩以外、何も見つけられませんでした。
　その時突然、何者かが私の手を握ったのです。
「そっちの手も出せ」
　誰かの声が叫びます。疑問に思っている余裕などありません。左手を伸ばすが早いか、声の主に引っ張り上げられました。私は溝から頂上へと持ち上げられ、そして手を離され、ぼうぜんと空を見つめていました。その時、視界に現れたのは満面の笑みを浮かべたアンディーでした。
「裏口から入ってくるやつらがいるとは聞いていたが、中でも君は一等賞ものだな」

時宜にかなって語られることばは、銀の彫り物にはめられた金のりんごのようだ。
箴言25章11節

祈り：父なる神様、私のために友を遣わしてくださったことに感謝いたします。また今日、誰かの友となる機会を与えてくださってありがとうございます。そして何よりも、あなたがいつも私の友でいてくださることに感謝いたします。

考えてみましょう：あなたには、苦境に立たされたときにも信頼できる友がいますか？　あなたに助けを求めてきそうな人がいますか？

4月7日
──友との再会──

　私をのぞき込むアンディーの笑顔が見られた時ほど、うれしかったことはありません。アンディーはランデブーで基礎クラスを教える講師で、彼と私は知り合うや否や、お互いが好きになったのでした。私はとっさに立ち上がって叫びました。
「アンディー！　どうやってここに来たんですか？」
「君と同じだと思うよ」
　彼は言いました。その顔は、再会の瞬間からずっと笑ったままでした。
「道はあっちにある。すぐ近くだ。でもおれたちに聞かせたい苦労話もあることだろう」
「もちろんですよ」
　私は言いました。
「それにしても、私がちょうど助けを必要としている時にあなたがここに居合わせるなんて」
「正直言っておれも最初は驚いた。おれは川岸に沿って歩いていたのさ。がけの縁に水が消えていくのを見ながらな。そしたら、おかしな物が見えたんだ。普通、物ってのは滝を下っていくものだろう。だとすれば、何であの物体は上に戻ってこようとしているんだって」
　そう言いながら、私がロープの先に結び、まだそこに付いている石を拾い上げました。
「こいつが叫び声を上げていたよ。『こっちに来てくれ！　こっちに来てくれ！』ってな」
　二人でバックパックを引っぱり上げながら、私は言いました。
「アンディー、いろんなことを教えてくれたあなたにお礼を言いたかったんです。確かにあの時はばからしいと思ってましたけど、ブーツのひもがきちんと結ばれていなかったら自分は今ここにいなかったでしょうし、今こんなことを言えるのもそのおかげなんです」
　アンディーは、私のひもが完ぺきに結ばれた靴を見下ろしました。その顔には一層大きな笑みが浮かんでいます。アンディーは谷の下から現れたバックパックを見ながら、「それは良かった」と言いました。そして、私がロープを巻く傍らでこう続けました。
「実は、頼みたいことがあるんだ。新参者のグループを教えてくれないだろうか。彼らは学ぶことがいっぱいあるし、君には教えられることも多いと思う」
　私はバックパックのストラップを締め上げながら、うなずきました。
「いいですよ、喜んで。あなたも手伝ってくれるのでしょう？」
「いや、それが駄目なんだ」
　出会ってから初めて彼の顔から笑みが消えました。
「おれはジョナサンの代わりに戦闘クラスを教えることになった」
　アンディーは、私の当惑した表情を見て取り、私が質問するよりも先にこう続けました。
「二週間ほど前、戦いでジョナサンを亡くしたよ。早いお迎えさ」
　私は驚きのあまり言葉を失いました。ジョナサン。あのまじめな面持ちの、顔に傷あとのある若者。彼は"邪悪の化身"について多くを教えてくれました。もっともっと教わりたいことがあったのに．．．。私はどうしても詳しく知りたくて、ついに聞いてみました。
「"戦い"というのは何のことですか？　私はてっきり．．．」
「この旅が単なる"ハイキング"だと思ってた．．．って？　君は今やっと知るところなのさ。われわれみんなが、苦労の体験をもって学ぼうとしていることが何であるのかをね。ここには、われわれのしていることが気に入らない勢力がいる。われわれがゴールに近づけば近づくほど、彼らは躍起になって攻撃してくるのさ」

　悪魔の策略に対して立ち向かうことができるために、神のすべての武具を身に着けなさい。私たちの格闘は血肉に対するものではなく、主権、力、この暗やみの世界の支配者たち、また、天にいるもろもろの悪霊に対するものです。

エペソ人への手紙6章11～12節

祈り：主よ、私は時々、自分が戦場にいることを忘れてしまいます。敵がすきを見て私を滅ぼそうとしていることを、そして私が生きていられるのも、あなたの強力な武器のおかげであることを、私は知っています。それでもあなたは、私に戦うようお命じになります。あなたの御国のために勇敢さをもって勝利を勝ち取るために、私を戦いに備えさせてください。

考えてみましょう：戦うことを考えると、あなたは勇み立ちますか、それとも恐ろしくなりますか？

4月8日
――懐かしき家族――

　アンディーと私は、それぞれ自分の世界に閉じこもったまま、川岸に沿って歩いていました。私は、ジョナサンがもういないということがいまだに信じられず、"戦い"という言葉の意味もまだ完全に理解できないでいました。
「アンディー」
　私は自分の感情をどうやって表現したらいいのか分からないまま、静かに口を開きました。
「私はずっと自分一人でやってきました。この目で見たことや学んだ教訓は、忘れられるものではありません。でも寂しかったというのも本当です。語り合える友達がほしい、と毎晩のように思っていました。あなたと再会できて本当にうれしいです」
「そういうことなら」
　アンディーが片手を私の肩に乗せて言いました。
「君はここで、バスタブで何匹ものウシガエルと遊んでいる男の子より幸せになれるさ。ランデブーへようこそ！」
　その言葉に顔を上げた私は、その時初めてアンディーの後ろへ目をやり、はるか向こうに広がる草地を見ました。そこには見慣れた白いテントが立ち、調理用のたき火がたかれ、子どもたちが走り回っていました。皆は小グループごとにあちらこちらで活動し、互いのために静かに祈ったり、歌ったり、熱のこもった議論をしたりしていました。
「今までこれに気が付かなかったなんて、まったくどうかしていました！」
　すぐさま状況をのみ込もうと必死になりながら、私は言いました。
「どれほど多くの人間がすぐそばを通りながら、これに気付きもしないか、知ったらきっと驚くよ」
　アンディーは頭を振りながら言いました。
「だけど、あの食事用テントから流れてくるにおいに気が付かないんだったら、本当にどうかしているのかもしれないな。さあ行こう、君にはまともな食事が必要みたいだ」
　それまで考えてもいなかったのですが、食事と聞いて非常に空腹だったことを思い出しました。「お食べください」という張り紙のされたテントの近くのたき火に向かって歩いているうちに、生つばが出てきました。グツグツ煮えるシチューの鍋をかき混ぜる懐かしい顔を見た時には、口から心臓が飛び出すかと思いました。私はまともに会話できる自信はありませんでしたが、何とかこう言うことができました。
「やあ、リジー。おいしそうなにおいですね」

私と全教会との家主であるガイオも、あなたがたによろしくと言っています。市の収入役であるエラストと兄弟クワルトもよろしくと言っています。
ローマ人への手紙16章23～24節

祈り：愛するイエス様、あなたの教会に心から感謝します。私を教会の体の一部としてくださり、そして互いのために愛を分かち合う喜びを与えてくださりありがとうございます。信仰の友たちのために、私を最大限に用いてください。そして彼らの力と励ましが、信仰にあって私を前進させてくれますように。

考えてみましょう：教会の人たちがなぜ、お互いを「兄弟」「姉妹」と呼び合うのか考えてみましょう。

4月9日
――リジー――

　彼女ははっとして顔を上げ、声の主を探して辺りを見回すうちに、私の視線に出くわしました。
「おやまあ！」
　彼女は木のへらを鍋に戻すと、駆け足でやって来て私を抱き締めました。白髪の前髪が目にかぶさっていましたが、彼女が涙ぐんでいるのが分かりました。それが煙のせいなのか、それとも感激しているせいなのかは分かりません。
「ここで会えるだろうと思っていたわ」
　私の両手を握り締めて彼女は言いました。
「でもほんとは少し心配してたのよ。あなたは私より先に出発したでしょう。だからあなたの方が、ここで先に待っているんだろうって思ってたから」
「道から外れてしまったもので」
　私は恥ずかしさのあまり、うつむきながら言いました。
「大変でしたよ。アンディーがあの時、現れていなかったら、いまだにここにたどり着けずに苦戦していたかもしれません」
　私は別の話題に切り替えたかったのですが、どう切り出すべきか分からずにいました。ようやく言えたのは、「チャーリーは？」という一言でした。
　リジーは私の手を離して前髪をかき上げたので、その瞳からたき火の煙とは関係のない涙があふれているのが分かりました。
「チャーリーならもう大丈夫よ」
　リジーは心配させまいと、ほほ笑みながら言いました。私はまた口を開いてしゃべりだしたものの、とっさに「もう大丈夫」という意味を理解したのでした。私は彼女の体に片腕を回し、二人でたき火に背を向けて歩きだしました。
「あの人はこの旅のことを話していたわ。どんなにいい旅だったか、そしてどれほど最後までやり遂げることを楽しみにしていたか。あなたのこともよく話していたわよ。あなたは自分が成功するかどうかは、あの人の存在によるところが大きいと考えていたようね！」
「いろいろな面でチャーリーは正しかったです」
　私は言いました。
「チャーリーは限られた時間で、本当にたくさんのことを教えてくれました。まるで一分たりとも無駄にするべきでないと知っていたかのようです」
　リジーはエプロンのポケットに手を伸ばし、丁寧に折り畳んだ紙切れを取り出しました。
「あの人があなたにあてて書いた手紙よ」
　彼女はそう言いながら、私にそれを手渡しました。
「あなたに再会したときにこれを渡すようにって。一人の時に読んでくれって言ってたわ」
　私はリジーに礼を言い、彼女を抱き締め、そして近くにあった木の下まで歩いていきました。そこに腰を下ろして手紙を開きました。食事のことはもうすっかり忘れ、チャーリーの隣に座って彼の話を聞いているような気持ちになっていました。

若い男の光栄は彼らの力。年寄りの飾りはそのしらが。

箴言20章29節

祈り：父なる神様、私たちに人生の良き先輩を与えてくださることに対し、あなたを賛美いたします。彼らがあなたから学んだ教訓を、私も彼らから学ぶことができますように。彼らが私にとって喜びであるように、私も彼らにとって励みとなれますように。

考えてみましょう：あなたにはお年寄りの知り合いがいますか？　もしいるならば、あなたは彼らの友となると同時に、彼らの経験から学ぶことができますか？

4月10日
——手紙——

友へ

　リジーが君と再会を果たし、この手紙を渡してくれることを願ってやまない。かわいそうに、このごろの彼女の調子といったら、私とさほど変わりないような状態だ。もし君が彼女に会ってこの手紙を受け取ることができたら、私の代わりに彼女を少し助けてあげてくれるかい。そして彼女の作るあのおいしいシチューのレシピを、若い女の子たちに教えるよう念を押しておいてほしい。

　私たちが別々の道に進んだ時、はっきり言って私の状態は決してベストなものではなかった。肉体的にはもちろん、情緒的にも霊的にもだ。若い連中は、われわれのような老いぼれは皆、何でも経験済みであるかのように、知恵にあふれていると思っているようだが、どうしてそんなふうに思われるのか分からない。確かに考えてみれば、普通の人たちよりは多くの場所に行ったことがあるし、その過程で幾らかの手がかりは得てきた。だが、私が今見つめている物事に直面するとなると、私はいまだに森に置き去りにされた赤ん坊のように何も分かってはいない。今までこんなに年を取ったことはないし、死んだ経験もない、つまりこれは私にとってもまったく未知の出来事なのだ。

　だが友よ、私はあることを発見した。そしてこれによって君の旅が少しは楽になることを期待して、ここに書き留めておきたいと思う。先に書いたように、私は今までこのような目に遭ったことがなかったのだから、今私が必要としているものをかつて必要としたことはなかった。だが聞いてほしい。それが必要となった今、私はそれを手にした。それはわれわれが、"すべての理解を超える平安"と呼んできたものだ。私はそれについて説明することもできないし、説明を試みようとも思わない。だが、それは本物なのだと言う私の言葉を信じてほしい。今こうして自分のことを見て、自分が老いぼれだという事実と、死にかかっているという事実を自覚していても、私は年を取ることや死んでいくことを恐れてはいない。むしろ、まさにその事実によって平安を感じている。神様は、必要なものを、それが必要になる以前にではなく、それが必要な時に与えてくださる。それが私たちの元にやって来る前にではなく、やって来た時にそれを受け取る．．．信仰というのは、そういうものなのかもしれない。

　それはともかく、友よ、あるアイルランド人の古い言葉を君に残そうと思う。私はこの言葉から祝福を受けたし、きっと君も同じように祝福されることと思う。

　　その道があなたに出会うよう高くなり
　　風がいつもあなたの背中を押し
　　太陽があなたの顔に温かく輝かんことを
　　そして雨はあなたの野辺に柔らかに降り
　　また会う日まで
　　神様がいつもあなたとともにおられるように

信仰は望んでいる事がらを保証し、目に見えないものを確信させるものです。昔の人々はこの信仰によって称賛されました。信仰によって、私たちは、この世界が神のことばで造られたことを悟り、したがって、見えるものが目に見えるものからできたのではないことを悟るのです。
　　　　　　　　　　　　　　　　　　　　　　　　ヘブル人への手紙11章1〜3節

祈り：主よ、ほかの人の信仰を私が強くすることができるよう、私の信仰を強くしてください。私の人生、そして私の死が、あなたの愛のあかしとなりますように。

考えてみましょう：あなたはどんなことを心配していますか？

4月11日
——救いの手——

　私は読み終えたチャーリーの手紙を折り畳み、なくさないようにきちんと服のポケットに入れました。リジーはたき火の所に戻っていて、アンディーと話しながらシチューの火加減を心配しているようでした。二人に向かって歩いていくと、リジーは年老いた体の許す限り真っすぐに立ち上がりました。彼女も私も、抱き合いたい衝動を感じていたことは明らかです。
「あの"おじいさん"がいないと寂しくなるわね」
　涙をこらえながら彼女が言いました。
「リジーがレシピを独り占めしないよう念を押しておけって、チャーリーが手紙に書いていましたよ」
　私は、火の上でグツグツ煮えている鍋をあごで指して言いました。
「おや、じゃあ、あの人はあんまり分かっていなかったのね」
　リジーは木製のスプーンを手に取り、シチューを少しすくって火で照らしながら言いました。
「これといって秘密なんかないってことを、あの人は知っておくべきだったわね。旅人がそれぞれ鍋に足していってくれる材料のすべてがシチューをおいしくしてくれるの。そのものだけで食べてもそれほどおいしくない物もたくさん入っているのよ。でも、旅の途中で手に入れたほかの材料を幾つかこれに加えると、すごいごちそうができるってわけ」
「なるほど、そういうことなら」
　私は腰をかがめてバックパックを開けながら言いました。
「あなたにあげたい物があります。峡谷のすぐ前にあったリンゴ園を通りましたか？」
「おいおい、思い出させないでくれよ」
　アンディーが言いました。
「あの場所ほど離れたくないと思った所はほかになかったよ！　それにあのリンゴといったら！　忘れられるものか！」
「楽しく過ごした時間を忘れないよう念のためにこれを．．．」
　私はアンディーの表情を楽しみながら、もったいをつけて干しリンゴの袋を取り出しました。
「リジー、これはシチューに役立ちますか？」
「もちろんよ！」
　リジーはスプーンを置いて、両手でその袋を受け取りながら言いました。
「まさに私が待ちに待っていた味よ。さあ、体を洗いに行ってらっしゃい。戻ってくるころにはごちそうができてますよ」
　温水シャワーの場所はすぐに見つかり、服の交換所もありました。湖で嵐に遭ってからというもの、荷物の中身はほとんどがぼろぼろになってしまったので残していける物はあまりありませんでしたが、既に十分な品が並んでいました。
　家族の元へ帰るというのはいいものです。

なぜなら、私たちはみな、ユダヤ人もギリシヤ人も、奴隷も自由人も、一つのからだとなるように、一つの御霊によってバプテスマを受け、そしてすべての者が一つの御霊を飲む者とされたからです。

コリント人への手紙第一12章13節

祈り：主よ、今日、私の家族をあなたに向かって掲げます。彼らは、あなたへの愛を分かち合う、国境も時間も越えた兄弟姉妹の集まりです。私たちを家族として一緒にいさせてください。そうすれば、決して誰も寂しい思いをせず、困っている時に助けてくれる人がいないということもなくなるでしょう。あなたの教会をたたえて、あなたを賛美いたします。

考えてみましょう：クリスチャンがほかのどのような関係とも違う、特別な感情をお互いに対して抱いているのはなぜだと思いますか？

4月12日
——子どもたち——

　アンディーやリジーと一緒にたき火の周りでくつろぐころには、夜になろうとしていました。リジーの言葉通り、シチューはとてもおいしく、リンゴも、誰かが峡谷から持ち帰ったスパイスの一種も、近くの川で捕れたカワマスもそれぞれが全体の味を引き立てていました。

　彼らが私の通ることのできなかった道について話してくれた後、私は川を下った時のことや、塩水湖やしゃく熱の砂漠を横断した時のことを話しました。私が、突然目の前に現れた子どもたちや水ポンプに導いてくれた小さな足跡について語りだすと、アンディーとリジーは何を思い出してか、沈黙したまま顔を見合わせました。

「子どもたち？」

　アンディーが静かに言い、リジーがうなずきました。

「間違いないわ」

　リジーは言いました。

「私にも一度経験があるの。ずっと昔のことだけど、決して忘れることはできないわ」

「どういうことですか？」

　私は尋ねました。

「彼らは何者で、どこから来たんですか？」

　リジーは棒切れで炭火をかき回しながら、静かな口調で話し始めました。

「この世には、早いお迎えが来ることになっている、特別な子どもたちがいるでしょう？　しかも、それだけじゃないわ。そんな子どもたちの多くはまだ小さ過ぎて、旅に出られるような年ではないの。この辺りは子どもを見かけるなんて思いもよらない場所だけど、たくさんの人が彼らに出会っているわ。そしてどの場合にも、子どもたちはあなたのような旅人が道に戻る手助けをしているのよ」

「早いお迎えというと．．．」

　私はすべてを理解しようと必死になりながら、言いました。

「あの子どもたちは死の間際にいたということですか？」

　ティミーとあのバッタのことを思うと、言葉がのどに詰まりました。

「そういうことだ」

　リジーが話を続けるのかどうかうかがいながら、アンディーがそう言いました。リジーが口を開かなかったので、彼は説明し始めました。

「君はランデブーの子どもたちにはもう会っただろう。彼らはわれわれと一緒に旅をして、彼らがわれわれから学ぶのと同じくらい多くのことを、われわれも彼らから学ばされるよ。でもあの特別な子どもたちには時々しか会えないし、会う人も少ない。しかも、君が置かれていたような状況だけに限られている。君が彼らに会ったということはつまり、もし彼らが現れていなかったら、君はたぶん今夜われわれとここに座ってはいないだろうということだ。君は祝福されたんだ」

　しかしこの時私が感じたのは、あのような子どもたちに対する深い悲しみでした。彼らはなぜ死ななくてはならなかったのか。彼らを助けるために何かできることはなかったのか。ティミーの顔が記憶の中によみがえってきました。あの大きな茶色の瞳。そして「もう行かなくちゃ」という、私に残した最後の言葉．．．。しかしどういうわけか、その言葉は慰めでもありました。

　まことに、あなたがたに告げます。子どものように神の国を受け入れる者でなければ、決してそこに、はいることはできません。

マルコの福音書10章15節

祈り：父なる神様、あなたが毎日私を愛し、私のことを心配してくださるように、あなたの愛の慈しみが苦しんでいるすべての子どもたちに与えられますように。彼らを抱き寄せて食べる物や着る物を与え、そして大人になるまでの間、安全で幸せな家庭をお与えください。あるいは、あなたのみこころなのでしたら、彼らをあなたのみもとへ呼んであげてください。そうすれば、彼らは本当の喜びと平安を知るでしょう。

考えてみましょう：苦心の末、子どもの助けを借りてようやく理解できたことがありますか？

4月13日
――新参者――

次の朝、もう一度熱いシャワーを浴び、ひげをそった後、アンディーと一緒に訓練場へ向かいました。そこに着くとアンディーは、今日一日受け持つクラスの生徒たちに講師の私を紹介しました。男性三人と女性二人。年齢はまちまちでしたが、皆それぞれ旅への強い意欲を感じさせ、私に熱のこもったあいさつをしました。そのうちの二人がグループの代弁役を務めていましたが、見たところ彼らは夫婦のようでした。その若い男は言いました。

「これは本当に素晴らしいことです。私たちは、この場に居合わせることができてうれしいですし、あなたに会えて光栄です。ですが、実践的に学べないでしょうか。つまり、私たちと一緒に旅をしていただいて、道々いろいろ教えていただきたい。すぐにでも旅に出たいのです」

私は彼の意気込みを笑顔で歓迎しながらも、奥さんが彼の手を握り、その話す一言一言に聞き入っているのを見て、うらやましさに胸がちくっと痛みました。

「いったん道に出てしまえば、実地トレーニングに事欠かないことは、私が保証します」

私は言いました。

「今から予想できない状況に遭遇するでしょうから、いかに素早くそれに対応するかを学ぶ必要があります。でもまずは基礎を固めましょう。そうすれば、新たに経験する物事はすべてその頑丈な基礎の上に積み上げられていくでしょう。今日は靴ひもの正しい結び方を学びます」

私はあぜんとされるのを予想していたので、五人の理解に苦しむ顔を見ても驚きませんでした。むしろ予想外だったのは、次の瞬間に聞こえてきた音でした。厚紙を破った時のような音。その音がした方へ視線を下ろすと、向かって左側の男性が防水加工と滑り止め処理の施されたマイクロファイバー製登山靴のマジックテープを締め直していました。一列に並んだ足を一人一人見ていくと、五人とも同じような靴を履いていました。

「オーケー」

少し間を置いて私は言いました。

「今日は、私の方が君たちから二、三教わることがあるらしいね」

そこで皆がどっと笑い、私はこう続けました。

「でも君たちに質問したい。何回かぬかるみを通ったら、マジックテープはどうなるだろう」

「くっつかなくなるわ」

一人の女性が答えました。

「それに、すき間にも草がたまっていくのよね」

「もう一つ質問がある」

私は言いました。

「一度私は、バックパックの修理に靴ひもを使わなくてはならなかった。もし君たちがマジックテープしか持っていなかったら、どうやってその修理をすればいいだろうか」

私は五人の苦々しい表情を見て、急いで付け加えました。

「私は別にマジックテープは役に立たないから、戻って靴ひもを用意してこい、と言っているわけではないんだ。私たちが身に着けている物がどんな物であれ、それをどういうふうに管理するのか、そしてどんな使い道があるか考えてみようじゃないか」

その言葉によって生き生きした話し合いが始まり、その日の大半は最新の装備を最大限に活用する方法の発見に費やされました。夕方までには、私は新しいことを幾つか学び、グループの面々は昔ながらのやり方を学んで、皆それぞれ旅の支度がさらに整ったと感じていました。

永遠の契約の血による羊の大牧者、私たちの主イエスを死者の中から導き出された平和の神が、イエス・キリストにより、御前でみこころにかなうことを私たちのうちに行ない、あなたがたがみこころを行なうことができるために、すべての良いことについて、あなたがたを完全な者としてくださいますように。どうか、キリストに栄光が世々限りなくありますように。アーメン。

ヘブル人への手紙13章20〜21節

祈り：父なる神様、今日、自分の周りを見回すと、私に与えられた使命を果たすのに必要なものすべてが備えられていることが分かります。あなたの御国の栄光のために、あなたが下さった大切なたまものをどのように使えばいいのか教えてください。この次に何が起ころうとも、必要なものを備えてください。

考えてみましょう：あなたには今日、どのような"道具"が与えられていますか？　そして神様のために働くには、それらをどのように用いるべきだと思いますか？

4月14日
——戦闘訓練——

　アンディーが今日、戦闘訓練グループに加わってくれないかと頼んできました。私があの川で経験したことを考えてのことです。
「君に恥をかかせるつもりはないのだが．．．」
　キャンプを見渡す丘の上で輪になって座っている時、アンディーは言いました。
「君がそこで何を経験したのか、みんなも聞いておいた方がいいのじゃないかな」
　私はクーガーや"邪悪の化身"のことを語り、そして私を川へと逃げ込ませ、結果として道から離れる原因となった怪物にまで話は及びました。
「"邪悪の化身"は、私に危害を加えることはできないことを認めました」
　私はこんなふうに語りました。
「しかし、それからあの焼けただれた物体が姿を現しました。そして"邪悪の化身"は、その物体からは逃れられない、と私を脅したのです」
「その化け物に捕まっていたら、何をされていたと思う？」
　アンディーが質問しました。
「分かりません」
　私は答えました。
「私もずっとそれを考えてきました。彼は死んでいるのに違いないのに、まるで生きているかのように振る舞っていました」
「じゃあその状況での本当の脅威は、牙でも、つめでも、バズーカ砲でもなかったわけだね」
　そう言いながらアンディーが歯を見せて笑いました。
「君を打ちひしいだのは、そのえたいの知れないものへの恐怖だった。そうじゃないのかい？」
「まったくその通りです」
　私は言いました。
「やつにどんなことをされていただろうと思うと想像ばかりが膨らんでしまって。でもちょっと待ってください」
　私はほかのことが気になっていたのです。
「クーガーに関していえば、やつにどんなことをされていたかもしれない、などと想像する必要はありません。やつが飛びかかってきた時の肩の傷にはまだ痛みが残っています」
「それで、君が走って逃げた時、クーガーはどこにいたんだい？」
　アンディーが優しい口調で聞き出そうとします。私は深いため息をついて言いました。
「川の向こう岸で、私が先のとがった棒切れで食らわせた傷をかばっているようでした。しかし"邪悪の化身"は、クーガーは何としてでも仕返しに来るだろうと言ったんです！」
「それで、"邪悪の化身"は本当のことを言ったためしがあるのかい？」
　アンディーが笑いを浮かべました。
「しかしまあ、この辺りでやめておこう。誰も君が逃げたことを非難してはいないさ。誰でもきっと同じことをしたに違いない。だが今後、同じ目に遭ったときのために、勝利を収めるのに必要なことを話そうではないか。それはまさに正真正銘の真実、そしてただの棒切れよりも鋭い武器となるものだ！」

　主よ。あなたの道を私に教えてください。私はあなたの真理のうちを歩みます。私の心を一つにしてください。御名を恐れるように。わが神、主よ。私は心を尽くしてあなたに感謝し、とこしえまでも、あなたの御名をあがめましょう。それは、あなたの恵みが私に対して大きく、あなたが私のたましいを、よみの深みから救い出してくださったからです。

詩篇86篇11〜13節

祈り：主よ、今日私を欺く者からお守りください。すべてのうそが暴かれるよう、私があなたの真実に歩むことができますように。私の耳に入ってくるすべてのことを、あなたの変わることのないご性質の基準と比較することを教えてください。

考えてみましょう：誰かにうそをつかれたのは、一番最近ではいつでしたか？　その結果どうなりましたか？

4月15日
——正真正銘の真実——

今日は、アンディーの戦闘訓練の授業で、一日がかりで真理についてのテストを受けさせるため、基礎グループの生徒たちを丘の上に連れていきました。
「最も理想的な土台は．．．」
　私は彼らに念を押します。
「欺きによっても揺るがされないものだ」
　アンディーは教えることがうれしくてたまらない様子です。
「さて、手順を説明しよう」
　みんなそろったところで彼は指示を与えました。
「これから、真実の"読んで泣け"リスト項目を君たちに教える。今度、"邪悪の化身"に会ったときにはこれを取り出すこと。やつはあらゆる術策を用いて君たちをだまそうとするだろう。そんなときはこのリストを見せて、『読んで泣け』と言うんだ！　よく聞いていてほしい」

1.　　私は神様に愛されている
2.　　私はイエスの血によってゆるされている
3.　　神様の聖霊が私の中に宿っている
4.　　サタンは私に対して権限を持たない
5.　　私がサタンを拒絶するとき、やつは走って逃げださざるを得ない
6.　　神様の権限によって、私はどんなことでもできる
7.　　私は神様の御国の市民である

　アンディーの言うことをみんな夢中で書き取りました。彼はこう言って締めくくりました。
「挙げようと思えばまだまだ挙げられるが、今はこれぐらいで十分だろう。神様のみことばを基に、各自で項目を追加するといい」
「ジョナサンの場合はどうだったのでしょう？」
　ころ合いを見計らって、私は聞きました。
「彼はこのような真実を知っていたのに、戦いで亡くなりました。私は何か見落としているのでしょうか」
　アンディーは私の座っている所まで歩いてきて、私の肩に手を乗せました。そして言いました。
「『からだを殺しても、たましいを殺せない人たちなどを恐れてはなりません。そんなものより、たましいもからだも、ともにゲヘナで滅ぼすことのできる方を恐れなさい』　イエス様のこの言葉について、これまでずいぶん考えてきたよ。ここから分かるのは、われわれは地上においてすべての戦いに勝つとは限らないということだ。そのうちに、われわれもクーガーか、草むらに隠れた蛇か、でなければ千鳥足の兵士にやられるかもしれない」
　その発言に続いて緊張した笑い声がどよめき、私は落ち着きをなくしてしまいました。
「しかしこの事実を忘れないことだ．．．」
　彼は続けました。
「人間の実体は、われわれ自身が宿るその体ではない。真実はというと、人間は決して死ぬことのない永遠の魂なのだ。唯一、議論の余地があるのは、われわれが人間をお造りになったお方とともに生きるか、でなければ地獄と呼ばれる場所でそのお方から永遠に離れて生きるか、どちらを選ぶかという問題だ。君たちはもう既にその決断を下しているのだから、それについてわれわれはこれ以上心配する必要はない。だがぜひとも考えてもらいたいのは、この後にわれわれが学ぼうとしている事柄なのだ。この部分でこそ、"最も先の鋭い棒切れ"を手に入れられるんだ」

　そこでイエスは、その信じたユダヤ人たちに言われた。「もしあなたがたが、わたしのことばにとどまるなら、あなたがたはほんとうにわたしの弟子です。そして、あなたがたは真理を知り、真理はあなたがたを自由にします。」

ヨハネの福音書8章31～32節

祈り：父なる神様、あなたの真実を忘れることのないよう、私の心に書き留めてください。

考えてみましょう：真実よりも強いものが何かほかにあると思いますか？

4月16日
——強力な武器——

　アンディーが戦闘について話しだすと、私が受け持っている基礎クラスの生徒の一人が発言しました。
「われわれは戦うべきでないと教えられてきたと思うのですが．．．」
　彼は言いました。
「つまり、敵さえも愛することが大切なのだと思っていました」
「君はきちんと予習をしてきたようだね」
　アンディーがにこりとしながら言いました。
「君の言う通り、愛の信条こそがわれわれの本質を表すものだ。われわれは昔から、憎まれている人々でさえも愛し、互いに愛し合うことで知られてきた。しかし、邪悪な存在に直面するとき、どのように愛するべきなのか、その決断が容易でないこともある。邪悪な存在が隣人を攻撃しようとするとき、それを阻止できるのにただ見ていることが愛といえるだろうか。敵の言いなりになって結果的にその悪の力を増大させ、ほかの場所でもっと悪いことをさせることが、敵を愛することといえるだろうか。神様はこのような決断をしなくても幸せに生きていける完ぺきな世界をわれわれに下さった。しかしわれわれは罪によってその世界を壊してしまった。神様はひとり子をお遣わしになり、われわれの罪の代償を払ってくださった。そして神様はもうすぐ、すべてを本来の状態に戻してくださる。しかしその時まで、この世では常に悪が善に対して攻撃を仕掛けてくるだろう。悪が勢力を伸ばすのをただ黙って見ているだけでは、神様に栄光をもたらすことはできない。逃げるときには逃げ、抵抗するときには抵抗し、ほかに手段がないときには戦うべきなのだ。いいかい、みんな。戦う時には．．．」
　アンディーは足元に置かれていた剣を手に取って言いました。
「卑屈になるのではなく、御国に属する者らしく堂々と戦おう」
　そこで基礎クラスのもう一人の生徒が発言しました。
「アンディー先生、おっしゃることはよく分かります。私も武器を手にする覚悟ができています。でもどうして剣なのですか？　それって少し、古めかしいのではありませんか？　今なら何かもっとましな物がたくさんあるでしょうに」
　それに皆が声をそろえて賛同し、アンディーはざわめきの中、大きな声でこう言いました。
「この剣は真実の象徴にすぎない」
　彼は、皆に見えるように剣を高く掲げて話を続けました。
「敵の攻撃の手段はただの石ころかもしれないし、粒子ビーム兵器かもしれない。それに立ち向かうために必要となる具体的な武器は、状況によって異なる。しかし、その背後にある信条はただ一つ。つまり自分には戦う覚悟があるかどうかということだ。それぞれに必要な技術や能力は神様が与えてくださる。だが、その技術や能力を用いる覚悟は、今ここで決めておかなければならないんだ」

　そこで、わたしの友であるあなたがたに言います。からだを殺しても、あとはそれ以上何もできない人間たちを恐れてはいけません。恐れなければならない方を、あなたがたに教えてあげましょう。殺したあとで、ゲヘナに投げ込む権威を持っておられる方を恐れなさい。そうです。あなたがたに言います。この方を恐れなさい。

ルカの福音書12章4〜5節

祈り：父なる神様、あなたは私に敵を愛することと、御国のために戦うべきであることを教えてくださいました。この真実に従って生きていくすべを教えてください。あなたが命じられる時には敵を攻撃することをもいとわない人としてください。どんなときにも私の愛が揺らぐことがありませんように。

考えてみましょう：悪に対して戦う覚悟ができていますか？

4月17日
――戦いの心構え――

　アンディーが言っていた通り、技術を身に付けることとその技術を実際に使う覚悟を決めることはまったく違うものでした。今朝は剣術の受け身や攻撃の基礎を一通り学びました。午後からは、ペアを組んで午前中に習得した技を実践的に練習しました。
　私とペアを組んだのはラルフという、アンディーのクラスの私と同年代の男でした。ラルフと私は上達も早く、学んだばかりの一連の動きを次々やってのけるのでした。誤って指を切り落としたり、あるいはもっとひどいけがをしたりしないように、次の動きに入る前に大きな声で叫びながらの練習です。
「構え！　右払い！　左払い！　前突き！　振り下ろし！　構え！」
　ラルフと私は木の近くに座って休憩し、お互いの家族のことやこの旅を始めるに至った経緯について語り合いました。
「だから困ってしまうんだ」
　ラルフは親指で剣の刃を試すように触れながら言いました。
「おれたちは結局のところ兄弟同士だろう？　だから二人とも遠慮し合っているよな。君にけがをさせたくないから、常に少し手加減しながら動いてる」
「ああ、おれもそうさ」
「それはここにいるみんなに備わった安全装置みたいなものさ。本質的に、われわれは皆、愛によって結ばれている。その事実をなげうって"殺意"を抱こうとするのは難しい。でも練習でそれができないなら、本気でできるかどうか確かめられないってことでもある」
　ラルフはしばらく黙っていましたが、ついに私の方を向いてこう言いました。
「おれが思うに、肉体と霊とを分けて考えることが秘けつじゃないだろうか。君もおれも肉体のことを気にしているけど、問題なのはわれわれの中に宿る霊――。われわれを結びつけている霊なんだ。われわれは神様の霊に武器を向けることはできないし、そうするべきでないと分かっている。君もおれも"邪悪の化身"に出会ったことがある。やつの中に神様の霊のようなものが宿っていると感じたかい？」
「いや、そんなものはまったく感じられなかったよ」
　私は身震いしながら言いました。
「ドアを開けっ放しにした冷蔵庫のそばに立っているようだった」
「まったくその通りさ」
　ラルフは言いました。
「そして、これからわれわれが出会う敵もすべて同じなんじゃないかと思う。もし神様の霊の宿った存在ならすぐに分かるだろうし、宿っていないと分かったらすぐさま行動に移したらどうだろう」
「その時にはおれも仲間に入れてくれよな」
　私は立ち上がりながら言いました。
「それじゃあ、もう少し剣の練習でもしようか」

救いのかぶとをかぶり、また御霊の与える剣である、神のことばを受け取りなさい。すべての祈りと願いを用いて、どんなときにも御霊によって祈りなさい。そのためには絶えず目をさましていて、すべての聖徒のために、忍耐の限りを尽くし、また祈りなさい。
エペソ人への手紙6章17～18節

祈り：今日、私が戦場の勇士であることを思い出させてくださりありがとうございます。あなたの意志に背いて戦いから逃げ出してしまうことがありませんように。私には戦いの技や心構えが必要です。あなたの御名に栄光をもたらすためにも私に必要なものを備えてください。

考えてみましょう：信じる者一人一人の中に神様の霊が宿っていることを知っていましたか？その事実は、神様を信じない人たちとの間にどのような違いをもたらすと思いますか？

4月18日
——リジーは語る——

　チャーリーに手紙の中でリジーを手伝うよう言われ、私はこれまでずっとその機会をうかがっていました。ある日の午後私は、彼女が大きな煮込み鍋を洗い場へ運ぼうとしているのを見かけました。私はすぐに彼女に走り寄り、鍋を取り上げて言いました。
「まさかシチューが全部なくなってしまったなんて言わないでしょうね」
「あら、少し残っていたから、温め直して食べるのに取っておいたわよ。もうすぐキャンプも引き揚げないといけないし、今のうちにこれを洗ってしまおうと思ったの」
　ランデブーがもうすぐ終わりだとあらためて聞かされ、一瞬たじろいでしまいましたが、それでも出発の準備を手伝いたいと彼女に言うと、私が大鍋を、リジーがスプーンを洗うことになりました。
「リジー．．．」
　私は洗い場で彼女と並んで手を動かしながら言いました。
「この間あなたは子どもたちに会ったと言っていましたね。その後何が起きたのですか？」
　彼女はしばらく手を休め、どう答えたらいいのか考えているようでしたが、ついに大きなため息をついてから口を開きました。
「私は若かったわ．．．ええ、そうよ」
　彼女は私の方をちらりと見ながら言いました。
「私は常に"いい子"でいたから、両親を心配させたことなどなかったの。私がこの旅に出る決心をした時、誰も驚かなかったわ。志はとっても高かったのだけど、ある時何を間違ったのか道から外れてしまい、もうどうやって戻ったらいいのか分からなくなったの。そしてある青年と出会った。私と同じように道に迷っていた。お互いにひかれていった。たぶん共通の惨めさからだと思うのだけどね。そして．．．赤ちゃんができた。けれどもあのころでさえ、いろんな"処理方法"があったのよ。ある日、私は妊娠していて、次の日にはもう妊娠していなかった。それでこの話もおしまい。そう思っていたわ。四年が過ぎ、青年と私は別々の道を歩み始めた。悲しいことに、二人とも神様の道を行かなかったの。ある日の午後、私は沼地に足を取られてもがいていた。もう何日もそんな状態が続いてそこで死んでしまうかと思ったわ。気が付くとヌマスギの木の周りに三人の女の子が水の中に座っていた。水をかけ合って遊んでいたわ。それから子どもたちは木の葉で作った舟を浮かべ、手で水をかいてそれを動かし始めた。私が木に近づいていくと、その中の一人が顔を上げて『ママ』って叫んだの」

乳飲み子はコブラの穴の上で戯れ、乳離れした子はまむしの子に手を伸べる。わたしの聖なる山のどこにおいても、これらは害を加えず、そこなわない。主を知ることが、海をおおう水のように、地を満たすからである。

イザヤ書11章8～9節

祈り：父なる神様、あなたの子どもたちを見守っていてくださりありがとうございます。どうか今日、私自身もあなたの子どもであることを思い出させてください。私に害を与えることのできないものを恐れることがありませんように。

考えてみましょう：あなたに害を与えるかもしれないものに対し、どのような態度で臨むべきだと思いますか？

4月19日
――リジーは語る――

「その子にママと呼ばれて、初めは驚いて何も言えなかったわ。『何をばかなことを』って言いかけた時、その子の目を見たの。あり得ないことだとは思ったけれど、間違いなく私の子どもだった。私は思わず、『あなた．．．あなたなのね』ってささやくような声で言ったわ。そしたらその子は自分の周りに浮かんでいる小舟を見ながら、『そうよ』って言った。『でもどうして．．．』 私は口を開いたものの、それをどう言ったらいいのか分からなかった。『どうしてそんなことが？』 涙をこらえようとしたのだけれど、無駄な努力だったわ。そして長い間自分を苦しめてきたことを大きな声で告白したの。『私はあなたを殺したのよ。殺人者なのよ』 その愛らしい少女はまるで土曜の夜に母親のバスタブの中で遊んでいるかのように、水をバシャバシャと跳ね上げながら小舟で遊んでいた。そして突然、遊びをやめ、私の方を真っすぐに見つめながら言ったの。『いいのよ』って。 ゆるされたという思いがどっと押し寄せ、私はひざまずいて泣き続けた。涙も声も出なくなるまで何度も何度もこう叫んでいたわ。『ごめんなさい。ごめんなさい。ごめんなさい』 顔を上げてみると、三人の女の子たちは遊びをやめていて私をじっと見つめているの。何かとても大切な出来事を目の当たりにしているかのようだった。その時、初めてほかの女の子の一人が口を開いたの。ほかの子たちよりも一つか二つ年上らしいその子は自分の真後ろを指して言ったのよ。『私たちはあなたに、あっちに向かって行くといいって伝えることになってるの』 子どもが指した方を見ると、特に何も変わったことはなかった。実は、その子にそう言われなければ逆の方向へ進もうと思ってた。けれども言われるままに水の中を歩いていったの。するとつる植物のすき間からそれが見えた。水面よりも少し上の高さに板張りの道があったのよ。その上に立ってみると、道は途切れることなくどこまでも続いているようだった。後になって、それは沼地の外にまで、そして私が何年も前に見失った元の道にまで続いていることが分かったの。ともかく私はうれしくなって歓声を上げたわ。そして、あのかわいそうな子どもたちをどうにか安全な場所に連れていってあげようと思って振り向いたのだけど、もうそこには居なかった。一生懸命探したけれど、その後二度と会うことはなかった。何年もたってから、ほかの旅人から似たような話を聞いたけれども、どの話もなるほどと思うような内容だったわ。私の話はこれでおしまい」
 リジーは最後のスプーンをふいて片付けながら言いました。
「ここの人たちは皆、何らかの形で過去と向き合い、そしてゆるされてきた。だけど私ほど祝福された人はいないと思っているわ。だって、あの子の口から直接聞くことができたのですものね。『ママ、いいのよ』って」

 しかし、もし神が光の中におられるように、私たちも光の中を歩んでいるなら、私たちは互いに交わりを保ち、御子イエスの血はすべての罪から私たちをきよめます。もし、罪はないと言うなら、私たちは自分を欺いており、真理は私たちのうちにありません。もし、私たちが自分の罪を言い表わすなら、神は真実で正しい方ですから、その罪を赦し、すべての悪から私たちをきよめてくださいます。

ヨハネの手紙第一1章7～9節

祈り：主よ、私がゆるされ、そしてほかの人々をゆるすことができる今、ゆるしの奇跡を知ることができますように。もしも私の中に少しでも罪が残っているなら、それを見させてください。そしてそれをあなたのゆるしの恵みに委ねる方法を教えてください。

考えてみましょう：あなたには誰かゆるせない人がいますか？ 決してゆるされないと思うようなことを何かしてしまったことがありますか？

4月20日
――攻撃――

　テントを畳んだり荷造りをしたりと、今朝は人々が忙しく活動する音が辺りに響いていました。ランデブーは解散し、人々が続々とキャンプ地を後にして西へ向かって旅立っていきます。
　私自身も出発の準備を始めていましたが、この美しい場所を急いで離れたいとは思っていませんでした。近くの川で捕れるマスの味は格別で、せめてあと一匹だけでも手に入れて朝食にしようと考えていたのです。柳の小枝と釣り針を持参し、魚の潜んでいそうな場所を選んで川岸から釣り糸を垂れようかと思ったのですが、結局、幅の広い浅い小川の真ん中まで歩いていくことにしました。
　川の中に釣り針を下ろしたその時、キャンプ地から見て反対側となる向こう岸の方から突然、叫び声ともうなり声ともつかないような音が響き渡りました。驚いてそちらの方を見ると、川のほとりに男が立っていました。いや、少なくともそれは人間の男のように見えました。"男"は動物の革を身にまとい、胸あてをして頭にかぶとをかぶっていました。男はすぐに、川の中を歩いてこちらに近づきながら、その手に握られた大きな剣を振り上げたのです。
　私は素早く男との距離を見て取り、走っても逃げられないと判断しました。実際、男が迫ってくるまでに、釣りざおを振り上げるのがやっとでした。釣りざおは剣をまともに受け、真っ二つに切断されましたが、その間に体を後ろに引くための時間を稼ぐことができました。アンディーに手ほどきを受けた訓練の記憶がいまだ鮮明に残っていたこともあり、反射的に右手に握っていたさおの先で男ののど元を突きました。すると男は突然凍りついたように動かなくなり、剣を落として自分ののどに手を当てようとしました。
　迷っている暇はありません。私は剣を拾い上げ、それを両手で握り、男の胸あてのすぐ下を真正面から突き刺しました。ほんの一瞬でしたが、男はどうしたらいいか分からないという様子で、のどと腹部のどちらに手を当てるべきか迷っているといったふうでした。そして次の瞬間、男はすべてをあきらめたように川にうつぶせに倒れて息絶えました。
　私は剣を握ったまま後ずさりし、気が付くと川岸にまでたどり着いていました。そこには騒ぎを聞きつけたランデブーの仲間たちが数人、集まっていました。その時突然、向こう岸がざわめき立ち、私が今さっき殺した男に似た無数の人影が川を渡ってこちらへやって来たのです。

悪者どもは剣を抜き、弓を張った。悩む者、貧しい者を打ち倒し、行ないの正しい者を切り殺すために。彼らの剣はおのれの心臓を貫き、彼らの弓は折られよう。

詩篇37篇14～15節

祈り：今日、私の敵はあなたの敵でもあるということをあらためて教えてくださりありがとうございます。あなたはそのような敵を恐れてはおられません。ですから私にも彼らを怖がる必要はないのだとおっしゃってください。悪に立ち向かう私に勇気を与え、そしてあなたご自身だけに勝利をもたらしてください。

考えてみましょう：神様の敵はどうして人間を狙って攻撃を仕掛けてくるのだと思いますか？

4月21日
──神様のとりで──

近づいてくる悪魔のような兵士の軍団を見て、私の後ろで誰かが悲鳴を上げました。交渉だとか戦争倫理だとか、そんなものの入り込む余地はなさそうです。結局のところ、われわれに迫ってきた存在は人間ではなかったのです。情けなどという高度な感情も持ち合わせていないようでした。その時、男も女も子どもさえも皆、死がすぐそこまでやって来ていると感じていました。敵との接触まであと一分もないような状態でしたが、こちら側では既に戦列が組まれ、武器になりそうな物ならどんな物でも手に取って戦う準備が整っていました。見回してみると、剣を持っているのはアンディーと私だけでした。ラルフは金づちを、そしてリジーは両手に鉄のフライパンを握っています。

"怪物"たちは、川の真ん中辺りにまで来るや否や、剣を振りかざしてわれわれの立っている場所までさらに勢いをつけて突進。ところが突然その場に立ち止まりました。もっと正確にいえば、"目に見えないけれどもそこにあることに間違いない何か"に行く手を阻まれたようでした。

あたかもガラスの壁が川の中央に建てられたかのように、どの怪物も皆それにぶち当たっているのです。最前列よりも後ろを走っていた怪物たちは、その障害物に気付かず、そのまま突進しようとして一層大変な状態になっていました。彼らはやみくもにその壁を剣や石、かぶとでたたきつけていましたが、どうしてもそれを破ることはできませんでした。ついには目に見えない壁を越えようとしたり、その周りを回ってこちらに来ようとしたり──。滝の縁に近づき過ぎて流されていく怪物もいました。

後ろの方から誰かが大声で話し始めたのでわれわれは皆、そちらの方に顔を向けました。
「兄弟姉妹の皆さん。これは神様の守りのみわざに違いありません。恐らく私たちに今できることは、ひざまずいて神様に感謝をささげることではないかと思います」

早速その通りにしました。時々川の方に視線を戻して敵軍の悪戦苦闘の様子を見ながら、皆でひざまずいて祈ったのです。それを見た悪魔の軍勢は怒りをあらわにし、目に見えない障壁を通り抜けようとますます躍起になりました。その間もわれわれは祈り、歌い、そして目の前で起きている奇跡に驚嘆していました。

するとイエスは、彼に答えて言われた。「バルヨナ・シモン。あなたは幸いです。このことをあなたに明らかに示したのは人間ではなく、天にいますわたしの父です。ではわたしもあなたに言います。あなたはペテロです。わたしはこの岩の上にわたしの教会を建てます。ハデスの門もそれには打ち勝てません。

マタイの福音書16章17〜18節

祈り：ああ主よ、あなたの教会の存在ゆえ、あなたを賛美いたします。私を教会の集まりに招いてくださったゆえ、あなたを賛美いたします。決して揺らぐことのない岩の上に教会を建ててくださったゆえ、あなたを賛美いたします。

考えてみましょう：教会は二千年にわたる内部および外部からの迫害、攻撃、無知による差別などにどのように対処してきましたか？

4月22日
――反撃――

　しばらくすると敵の怒りも収まり、力を加えていればいつかはそれが倒れるとでも思っているのか、見えない障壁をひたすら全身で押し続けていました。われわれは祈りと歌の合間に、この奇跡について語り合いました。年長の旅人は、これと同じようなことを見たことがあると話していましたが、ほとんどの者にとっては初めての体験でした。
　日ごろから現実主義のリジーが言いました。
「確かに素晴らしい奇跡だわ。でも私たちずっとここに居るべきなのかしら。敵はこっちに来られないけれども、私たちが向こうに行くことはできるのかしら。もしできたとすると、敵はどうするのかしらね。ただあそこに突っ立って私たちが通り過ぎるままにしておかないでしょうね」
「鋭い指摘だ、リジー」
　アンディーが立ち上がりながら言いました。
「ちょっと実験してみようじゃないか」
　手に剣を握ったアンディーは敵陣に向かって川に入っていき、怪物たちはその様子をじっと見つめています。アンディーは巨大かつ恐ろしい外見の怪物とにらみ合いながら、お得意の笑顔をつくってみせました。当の怪物は怒り狂い、わめき声を上げながら自分の剣で障壁をたたきつけました。アンディーは何も言わず、自分の剣を振りかざして真正面からそれを突き出しました。
　怪物の怒りが突然やんだかと思うと、その顔に驚きの表情が浮かび、後ろ向きに倒れました。アンディーがこちらを向いて叫びました。
「リジー、これが答えだ。残りのやつらも追い払ってしまおう！」
　川岸から叫び声が上がり、われわれは一団となって突進しました。金づちやフライパン、棒切れ、そして二本の剣を振りかざし、待ち構える敵軍に向かって川の中を進んでいったのです。本能的に怪物たちは皆、一歩後ろに引き下がったので、劇的なまでに効果的に、われわれの即席軍隊は障壁が存在しないかのようにそれをくぐり抜け、やつらに向かって武器を振り回し始めたのでした。
　怪物たちの一部は転倒し、残りの連中は持っていた武器を投げ捨てて森の中に一目散に逃げていきました。
　われわれは夜まで待ってやつらが戻ってこないことを確かめてから、たき火の周りに座り、温め直したリジーのシチューに舌鼓を打ちました。

見よ。炭火を吹きおこし武器を作り出す職人を創造したのはわたしである。それをこわしてしまう破壊者を創造したのもわたしである。あなたを攻めるために作られる武器は、どれも役に立たなくなる。また、さばきの時、あなたを責めたてるどんな舌でも、あなたはそれを罪に定める。これが、主のしもべたちの受け継ぐ分、わたしから受ける彼らの義である。――主の御告げ。――」

イザヤ書54章16〜17節

祈り：ああ神様、あなた以外に創造主は存在しないことを知るにつけ、私は筆舌に尽くし難い慰めを感じます。あなたは私たちの敵を名乗る者たちを含め、この世に存在するすべてのものをお造りになったお方です。あなたはどんな敵に対しても絶対的な権威を持たれ、彼らのたくらみもあなたの最終的な命令に左右されるのです。

考えてみましょう：あなたは自分の敵でさえも神様が造られたのだという事実を踏まえ、彼らにどのような感情を抱いていますか？

4月23日
――あらためて再出発――

　今朝は再出発に向け、日の出前からあらためて支度する中、私たちは複雑な感情を抱いていました。みんなで一緒に旅をする方が安全だと考える人もいましたし、敵が再び攻撃を仕掛けてくるかもしれないので二、三日はここにとどまっていた方がいいと主張する人もいました。けれども、あの"奇跡の防壁"がまだあの場所にあるのかどうか知るすべがないという事実をアンディーが指摘し、皆ははっとしました。怪物たちがあの壁を破ることができなかった一方で、私たちはそこに何も見たり感じたりできなかったのです。
「私の考えはこうだ」
　アンディーはたき火の周りで話し合いをしていた私たちに言いました。
「神様はどんなことをしてでもやつらからわれわれを守ってくださろうとしている。だから、ここに居るのも山道に居るのも安全だという点で変わりはないと思う」
　私はとっさにジョナサンのことを考えましたが、彼が無防備なまま死んでいった事実について議論しようとは思わず、ここにとどまるべきでないというアンディーの意見に賛成しました。昨日の奇跡が理解を超えるものであっても、それは私を立ち上がらせ旅を続けさせるに十分な体験だったのです。
　私がキャンプ地を出て行こうとしていた時、リジーはまだ食器を片付けていました。私は彼女を抱き締めて言いました。
「次のランデブーであなたのシチューを食べられるのを楽しみにしていますよ」
「ええ、でも先のことは分からないわ」
　リジーは自分の肩をもみほぐしながら言いました。
「もうそろそろ"引退"しようかなって思うかもしれないしね」
　彼女はそれからウインクして言いました。
「それじゃあ気を付けて」
　私はアンディーを探して辺りを見回しましたが、彼はまだ暗いうちに剣を持って出ていったと、ラルフに聞かされました。
「アンディーは先へ進むべきだと強く主張していたから、自分が先頭に立つべきだと考えていたようだ」
　ラルフは言いました。
「ラルフ、君はどうなんだい？　急いでここを立ち去ろうとは思っていないみたいだけど」
　彼が荷物をまとめていないことに気付き、私は尋ねました。彼は木にもたれて座り、剣を磨いていました。
「アンディーと相談した結果、おれはここにしばらく残って最後尾につくことにしたのさ。後ろから狙われないとも限らないだろう？」
　私もその任務につき合わせてほしいと言ったのですが、ラルフは首を振りました。
「いや、それよりも君は自分の旅のことを心配した方がいい。おれたちは大丈夫だ」
　彼が立ち上がって手を差し出したので、握手をしてから抱き合い、そして背中をたたき合いました。私は彼に言いました。
「君がここに居てくれると思うだけで安心していられるよ。ありがとう」
　何週間かぶりに道を踏み締め、いい気分でした。

私は知恵の道をあなたに教え、正しい道筋にあなたを導いた。あなたが歩むとき、その歩みは妨げられず、走るときにも、つまずくことはない。

箴言4章11～12節

祈り：一団となって敵に立ち向かう兄弟姉妹に感謝します。私たちが正当な戦いに臨むとき、どうかあなたに近づき、さらにはお互いに近づくことができますように。

考えてみましょう：年老いた兵士たちの仲間意識は何に基づいていると思いますか？

4月24日
——偽預言者——

　谷を抜けるまでの上り坂は大変でしたが、体に元気がみなぎってくるようでもありました。長い間道から離れ、方向を見失っていた私にとって、再びゴールに向かっていると確信しながら進むのは素晴らしいことでした。何人かの旅人を追い越し、彼らとあいさつを交わしたりはしましたが、頭の中ではただひたすら前進することばかり考えていました。
　そのうちに森の音が聞こえるようになりました。鳥たちが、交響楽団が調弦する時のような音を立てながら競い合うように鳴いています。後ろの方で聞こえていた滝の音は次第に小さくなり、ついにこずえを吹き抜ける風の音にかき消されていきました。
　しかし、風に乗って聞こえてきた音はそれだけではありませんでした。立ち止まって耳を傾けると、それは私が歩いている場所よりも高い所、この先の道のある地点から聞こえてくるようでした。
　登っていくにつれ、その音は誰かの声であることが分かりました。さらに近づくと、それは怒りと、執拗（しつよう）さと、懇願とが入り交じった声色に聞こえました。
　高度を増していくと、木々はまばらになり、道が尾根の上に見えなくなる所まで見渡すことができました。すると、道の脇の大きな岩の上に男が立っていて、それを見上げるように十数人もの旅人が立ち止まって彼の話に耳を傾けていたのです。
　数分後、彼の言葉が聞き取れる距離にまで近づき、私はぞっとしました。男の演説の内容に聞き覚えがあったからです。
「われわれは団結せずしてどうして自分たちの身を守れるというのか」
　彼は叫びました。
「やつらの姿を見ただろう？　自分一人でやつらに再び出会いたいと思うのか？　よく聞いてほしい！　やつらを阻止することは可能だ。それは昨日証明された。ここに要塞（ようさい）を築くのだ。そうすればやつらの魔の手を逃れることができる」
　私は一瞬自分の耳を疑いました。この男は本気で、石でできた壁の内側で自分たちの身を守ろうと言っているのでしょうか。ほかにも私のように背筋の凍るような思いをしている人がいないか見回してみましたが、彼らはどちらかというと不安そうな顔をしていました。また、男の話に賛成してうなずいている人がいるかと思えば、既にとりでの寸法を見積もるかのように辺りを歩き回っている人もいました。
「仲間になってほしいのだ！」
　男はまた大声で叫びました。
「皆で無敵の王国を建てよう。皆で子どもたちの将来を築き上げよう。ここが旅の終点となるのだ！」

やがておまえの敵が、おまえに対して塁を築き、回りを取り巻き、四方から攻め寄せ、そしておまえとその中の子どもたちを地にたたきつけ、おまえの中で、一つの石もほかの石の上に積まれたままでは残されない日が、やって来る。それはおまえが、神の訪れの時を知らなかったからだ。
　　　　　　　　　　　　　　　　　　　　　　　　　　ルカの福音書19章43〜44節

折り：私はよく、邪悪な存在を避け、安全な場所を求めて逃げてしまいたくなることがあります。ほかの多くの人々と同様、私は自分の力で身を守ろうとしてしまいます。父なる神様、あなたへの信仰が足りないことをおゆるしください。どうか私をこの不安な時から導き出してくださり、あなたから救いを得ることができますように。

考えてみましょう：あなたは自分の人生の周囲にどのような防壁を築いていますか？

4月25日
――反論――

　このまま歩き続けてこの人たちが自滅するままにしておこうか、それともどうにかしようと試みようか、決断しなければなりませんでした。しかし私に何ができるのでしょう。集まった人々は既にこの男の愚かな計画を支持し始めています。私が何を言っても、くだらない反抗としてしか見てもらえないでしょう。
　その時ある考えを思いつきました。早速バックパックを下ろし、荷物をかき分けて持ち歩いていた日記を取り出しました。そして、岩に上って男の傍らに立ち、日記を掲げて叫びました。
「ロック・クレーグの勇士、サマクラの記録について聞いてくれ！」
　男は私が味方なのか敵なのか分からず、黙っていました。聴衆はためになる話なら聞きたくてたまらないという様子だったので、私は日記を開いて読み始めました。
「二人の仲間に出会った日のことを忘れられようか。われわれには共通点があった。"やつ"とその一味に対する、ぬぐい去ることのできない恐怖――。それから、われわれはこの見晴らしのいい場所にたどり着き、『ついに安全な場所を見つけた。ここなら"やつ"も手を出せまい』と口々に言った」
　それからしばらくの間、日記の内容をかいつまんで皆に読んで聞かせました。廃虚となったとりででがい骨と化したあの男の物語です。話が巨大な壁や鉄の門のところに来ると、聴衆は真剣に聞き入っていました。それから、とりでに立てこもっていた軍勢についてや、彼らが目に見える限りすべてのものを支配するようになったことについて話しました。聴衆はこのような話を聞き、とりでを建てる決心がしたかったのです。そして私は日記の最後のページを開きました。
「それは谷底から聞こえてくる甲高い叫び声で始まった．．．門は施錠した上にかんぬきが掛けられた．．．壁は持ちこたえるに違いない．．．終わりの時はあっという間にやって来た。敵の姿を見るどころか、警鐘を鳴らす前に壁は倒壊し、われわれの誇りだった大きな門も地獄の火によって一瞬にして焼け落ちた」
　聴衆は沈黙していました。泣いている人もいました。私は日記を閉じ、それを皆が見えるように掲げました。
「この男は"邪悪の化身"の侵攻を防ぐために自分たちで何かを築き上げられると考えた。昨日の出来事は、そのような考えの愚かさを思い知らせてくれる。唯一の希望は、あの時われわれを守ってくださったお方だけだ。そのお方は、ここはわれわれが"故郷"とするべき場所ではないとおっしゃっている。われわれの真の故郷はこれらの岩を越えたもっと遠い所にある。ここにとどまって勝ち目のない戦いに臨むか、このまま歩き続けて既に獲得された勝利を自分のものとするかは、あなたがたの自由だ」
　そう言うと私は岩から飛び降り、バックパックを拾い上げて歩き始めました。私の後をついて来た人がいたのかどうかは分かりません。

　信仰によって、アブラハムは、相続財産として受け取るべき地に出て行けとの召しを受けたとき、これに従い、どこに行くのかを知らないで、出て行きました。信仰によって、彼は約束された地に他国人のようにして住み、同じ約束をともに相続するイサクやヤコブとともに天幕生活をしました。彼は、堅い基礎の上に建てられた都を待ち望んでいたからです。その都を設計し建設されたのは神です。

ヘブル人への手紙11章8～10節

　祈り：「この世は私の故郷ではない。私はただここを通り過ぎるだけ。私の宝はあの青空の向こうのどこかに積まれている」　主よ、どうか今日、この素晴らしい真実について思い出させてくださり、御国への道からそれることのないよう導いてください。

　考えてみましょう：あなたにとっての故郷はどこにありますか？

4月26日
――尾根――

　私はてっきり、道が尾根のふもとまで続き、また谷へ入るのだと思っていました。しかし実際には道は左へ急カーブを描き、さらに上へと続いていました。高度を増すにつれ、ついに森林限界線を越え、顔に涼しい風を感じるようになり、少しずつ天候が変化してきたように思いました。
　進行方向に向かって右側に見える遠くの森林は、暗くうっそうとした緑のじゅうたんのように見え、何となく不吉な感じがしました。左側を見ると、山の斜面が断がいのようになっていて二、三キロメートル先で岩場と化していました。尾根の幅が狭くなってくると、ここで足を滑らせて転落したらどうなるだろうかとつい想像してしまいます。どちら側に転落するか選べるとしたら、左右どちらを選ぶでしょう。この時ぞっとするような光景が頭に浮かびました。私は左側の急斜面を転げ落ちて岩にぶつかります。もうその時点で死んでいるはずですが、それでも体はさらに下へ落ちていきます。谷を真っ逆さまに落ち、さらに多くの岩に激突してから、ようやく雪解け水によってできた湿地帯のじめじめした場所で止まるのです．．．。そんな死に方は嫌です。では右側に落ちたらどうでしょう。
　最初の数百メートルは急斜面ですが草がたくさん生えています。もしかするとすり傷ぐらいで済むかもしれません。でもちょっと待ってください。転げ落ちるスピードが速くなり、林に突っ込みそうです。木をよけることは無理でしょう。仮によけられたとしても、その陰には何が待ち構えているのでしょうか。
　ああ、私は一体、何を考えているのでしょう。どうしてこんなに恐ろしいことを考えてしまうのでしょうか。転落しようと自ら計画していたわけではありません。しかし、転落する可能性は十分にあり、私は心の中であらゆる状況を想定しながら、ある種の満足感を感じていました。
　これもやはり不安のせいなのでしょうか。私は心配事があるときどうするでしょう。起こり得るすべての事柄について考え、その中でも一番好ましくないものを選び、心の中で現実よりも詳しい状況をそれに付け加えていきます。
　父はいつかこう言っていました。
　「心配事のほとんどは現実とならない。だから心配するな」
　私はそれを聞き、ありとあらゆることについて心配しておくことで、それが現実となるのを避けることができる、と思った記憶があります。
　右にも左にもぞっとするような危険をはらんだこの尾根に立っている今、最悪の事態を想像することが何の役に立つのか分かりません。どう考えても、一番安全である道という場所から気持ちをそらしているだけでしょう。
　そろそろ真っすぐ前を向いて歩かなければなりません。

あなたがたのうちのだれが、心配したからといって、自分のいのちを少しでも延ばすことができますか。こんな小さなことさえできないで、なぜほかのことまで心配するのですか。
ルカの福音書12章25～26節

祈り：私が心配してしまうときもどうかおゆるしください。心配は何の役にも立たないばかりか、あなたへの信仰の足りなさの表れであることは、みことばによっても明らかです。どうか自分の恐れに立ち向かい、あなたのご臨在と、そしてすべての悩みに打ち勝つ究極の勝利を確信できますよう助けてください。

考えてみましょう：悩むことは何かの役に立つと思いますか？

4月27日
——近道——

　昼をすぎ、夕方近くになっても、相変わらず上り坂が続いていました。ある地点からはもうすぐ峰に達するように見えても、そこに着いてみると二つの峰の間の低い部分にすぎないことが分かりました。目の前には見渡す限り上り坂が続いています。
　次第に今夜の寝床となる場所を見つける必要性に迫られだし、落ちることを心配し過ぎないよう真っすぐ前を向いて歩くことに専念しようとしても、どうしてそのことが頭から離れません。時間とともに空気は冷たさを増していき、近くに薪を調達できそうな場所もないため、私は寒い夜を覚悟しました。
　次の峰のたるみ部の一番高くなった部分に達すると、尾根が湾曲しているのが見えました。それは上方向に一キロメートル近く続いてから、右へ曲がりくねり、わずかながら下へ向かって高度が下がっていました。私が立っている場所からは、道から盆地のはるかかなたまでを見渡すことができます。すると、岩の露出した部分に、二つの大きな岩に挟まれるようにして山小屋が建っていました。それは岩でできていて、この角度からも扉と窓が一つずつあるのが見て取れました、しかも中には暖炉があるのでしょう、煙突も付いていました。薪の蓄えもあるとしたら、夕暮れまでには暖かい部屋でくつろぐこともできそうです。
　その時ある考えがよぎりました。ここから山小屋までの道は全部が見えていましたが、そこまで行くには、いったんかなり長い間上り坂を歩いてから、今私が立っているくらいの高さまで再び下りてこなければならないようでした。しかし近道をすればわずか百メートル。丘を下り、向こう側の斜面を登れば、すぐにでもそこに着きそうな感じです。
　暖炉の燃え盛る炎や屋根付きの部屋を夢見ながら、私は道を離れ、丘の斜面を下り始めました。迷子になるなど考えられません。ゴールはすぐ目の前なのですから。下りは楽でした。丘の斜面は砂利を敷き詰めたようになっていたので、最初は立ったまま、それからしゃがんだ姿勢でゆっくりと滑り下りていきました。
（これはいい！）
　一気に斜面の中間辺りまで行けました。しかし下に着いて、反対側の斜面を登り始めると、それが途方もない見当違いだったことに気が付きました。

悟りの道から迷い出る者は、死者の霊たちの集会の中で休む。

箴言21章16節

祈り：これまで何度となく、「これで楽ができる」と言いながら自分の決断を正当化してきたことに、自分でも驚いてしまいます。主よ、どうか私に知恵を授けてください。それにより、あなたから与えられた仕事を容易にすることばかり考えるのではなく、あなたの御名に栄光をもたらすことを目的とさせてください。

考えてみましょう：二つの地点の最短距離は常に真っすぐだといえるでしょうか？

4月28日
――一歩前進――

　ゴールは目の前、丘をほんの五十歩ほど登った所にありました。しかしそれは"普通"に歩いての五十歩でした。崩れやすい泥板岩のため、一歩進むたびにその歩幅と同じくらい滑り落ちてしまうのでした。足場を作ろうとするのですが、すぐ上の岩が崩れてきては、足で掘った穴をすぐさま埋めてしまいます。旅を始めて間もないころ、これと同じような場所で泥板岩地帯を横切らなければならなかったことがありました。水平に渡るだけで良かったあの時でさえ苦労したのに、今回は真っすぐ上に登っているのです。今立っている場所からは上へ進むことしかできません。唯一の例外は真下に下がることでした。
　私はいつになったら懲りるのでしょう。いつになったら道を離れることをあきらめるのでしょう。前回、道を離れた時、私には恐怖という動機があり、結果的に道にとどまっていれば経験せずに済んだ、さらなる恐怖と苦しみを味わいました。今回に関していえば、楽をしようとした自分の愚かさです。
（とんでもない"近道"だ）
　さらに一歩踏み出したものの、やはり元の場所に滑り落ちながら、そう思っていました。やっとのことで、けったり登ったりの繰り返しが功を奏し、幾分安定のいい岩の層にたどり着きました。一時間ほどたつと、幾らか前進したのが分かりました。登り坂はこの先も苦労の連続でしょう。けれども暗くなってくるにつれ、仕方ないのでこのまま一夜を過ごすことにしました。ゴールはすぐ近くにあるというのに、ここで寒さに震えながら惨めな夜を過ごすことになってしまったのです。
　夜がすぎ、それでも私は苦戦していました。太陽が背後の地平線から顔を出し始めると、ようやく山小屋近くにまで来たことが分かりました。疲れた体にむち打って最後の力を振り絞りながら体を持ち上げて道の上に立ちました。バックパックを引きずりながら小屋のドアを開けると、夢見ていた物がすべてそこにありました。暖炉、きちんと積み上げられた薪、部屋の隅にはベッド、その反対側の隅には一つのテーブルと二つのいすまでありました。
　私は迷わずベッドに駆け寄り、そこで深い眠りに就きました。目覚めるともう午後になっていました。それからコーヒーときちんとした食事を用意してテーブルに座り、日記をつけました。
　特に"近道"については詳しく書いておかなければなりません。

主は、いつくしみ深く、正しくあられる。それゆえ、罪人に道を教えられる。主は貧しい者を公義に導き、貧しい者にご自身の道を教えられる。
　　　　　　　　　　　　　　　　　　　　　　　　　　　詩篇25篇8〜9節

祈り：父なる神様、私は行きたい場所がどこなのか分かっています。けれどもそこへどうやって行けばいいのか分からないときがあります。今日私に、あなたが備えてくださった道を歩き続けるすべを教えてください。

考えてみましょう：物事を決める際の知識として、これまでに得た知識の大部分はどこで習得しましたか？

4月29日
——訪問客——

　昨夜の疲労からようやく回復したと感じられたのは、既に夕方近くのことでした。山小屋の窓から外を見ると、道は尾根のさらに上の方へと続き、そして見えなくなっていました。今夜はここに一泊し、明日の朝早くに出発した方が良さそうです。外から物音が聞こえた時、私は暖炉の赤々と燃える炎に足を向けて座り、体を温めていました。次第に近づいてくる足音に続き、ガサッという地面に薪を下ろす音。かんぬきが動いてドアが開いたかと思うと、戸口に男が立っていました。一見したところ、彼はかなりの年寄りで、白髪とひげを蓄えていました。しかし、目元のしわは力強さを、それにどういうわけか知恵や温かみさえも感じさせていました。
　小屋の中に入ってきた彼は手袋を脱ぎ、節くれ立った手を差し出しました。
「驚かすつもりはなかったんじゃ」
　彼はにこにこしながら言いました。
「わしの名前はジェイコブ。ジェイクと呼んでくれ」
　彼と握手しながら彼の手の力強さに驚きました。彼は私が気後れしていることを察知し、こう続けました。
「おまえさんは皆から"相棒"だとか"友"だとか呼ばれておるな。いいことじゃ」
「私のことをご存知なのですか」
　私は驚いて言いました。
「ランデブーにいらっしゃったのですね。すみません、お会いした覚えがなくて．．．私は、その．．．」
「いや、わしはそこにはおらんかったよ、相棒」
　そう言った時の彼の笑顔が、私の不安をすっかり消し去りました。
「わしもおまえさんと同じ権威の下におる者じゃ。じゃが、おまえさんのような旅人とは少し違ってな」
「権威」という言葉に深い尊敬の念がこもっていたので、それが誰のことなのかすぐに分かりました。
「わしは"世話人"のような仕事をしておる」
　彼は続けました。
「道を整えたり、必要な場所に薪を用意したり。わしにはぴったりの仕事じゃよ」
　開けっぱなしになっていたドアの戸口には、彼が集めてきた薪の束が置いてありました。気持ちが落ち着いてきた私は、彼にいすに座るよう勧め、薪を小屋の中に運びました。それをそうっと暖炉のそばに積み重ねながら、彼に心からお礼を言いました。
「この小屋はとても居心地が良かったです」
　私は言葉を慎みながら言いました。
「こんなにも高度のある場所で夜を過ごすのは大変ですから」
「そうじゃろうな」
　彼はいたずらっぽく笑いながら言いました。
「どれだけ多くの旅人が近道をしようとして悲惨な目に遭っていることか」
　私は彼の顔を見つめ、そして暖炉の火を見つめて言いました。
「それじゃあ、知っていたんですか」
　彼は黙ってうなずき、また笑みを浮かべました。
「後悔しても仕方ないことじゃ。教科書が教えてくれない大切な教訓を学んだと思えばいい」
　私はこの時、目の前の人物もまた、多くの知恵や知識を教えてくれる人なのだと確信しました。私は薪をくべ、もう一つのいすに座って彼の話に聞き入りました。夜になっても、小屋の中は時間が止まったかのようでした。

いのちに至る叱責を聞く耳のある者は、知恵のある者の間に宿る。

箴言15章31節

祈り：主よ、どうか賢者を私の元にお遣わしになり、彼らから学ぶことができるようにしてください。私に聞く耳と素直な心をお与えくださり、教えに従って歩むことができるよう私の足を備えさせてください。

考えてみましょう：あなたの犯した間違いについて誰かに指摘されたとき、どんな気持ちになりますか？

4月30日
──知恵──

　老人と私は夜まで語り合いました。食べ物のことなど考えもしませんでしたし、それは暖炉の前で私と向き合って座っていた彼も同じだったようです。何せ、彼に聞きたいことがたくさんありましたし、ためになる話ばかりだったからです。
「道を外れたのはこれが初めてではなかったんです」
　私は静かに言いました。
「昨日の私はただ愚かなだけでした。けれどもこの間は．．．恐ろしさのあまり取り乱してしまって」
「川を渡った時のことじゃな」
　老人はうなずきながら、安心させるように私の手を軽くたたきました。
「ほとんど誰もがおまえさんと同じようにしただろうさ。前にも言った通り、忘れ難い教訓として考えればいいんじゃよ」
「でも、私自身、あの経験から何を学んだというのでしょう」
　私は立ち上がって部屋を歩き回りながら言いました。
「やつはまだどこかに潜んでいます。私はそれが怖いのです。どう考えても私はまた同じことをしてしまうに違いない。私は本当に弱虫なんです」
「ランデブーで遭遇した怪物に、それについてどう思うか聞いてみるといい」
　老人はそう言って含み笑いしました。
「やつはどんな報告をしなければならないと思う？」
　老人は悪の支配者の声をまねて言いました。
「何だと？　釣りざおで殺されただと？　しかも折れた釣りざおで殺されたというのか」
　私たちは二人とも笑い、私は再びいすに座りました。
「あれは一体何なのですか、ジェイク？」
　私は尋ねました。
「どうしてやつらはわれわれをこんなにも憎んでいるのですか？」
「権威あるお方がわれわれを愛しておられるのが、やつらには我慢できないのじゃよ」
　彼は言いました。
「おまえさんのような者たちがいなければ、やつらはこの場所にだって群を成してやって来て、この場所をお造りになったお方への腹いせに、何もかも破壊していることじゃろう。じゃが、やつらは今それができない状態にある。それはおまえさんがここに居て、そして使命を果たそうとしているからじゃ。やつらはおまえさんが失敗するのを見たがっている。そうすれば創造主のところへ行って言うことができるじゃろう。『ほら見たことか。あんなやつらの面倒を見ても無駄なのさ』ってな。じゃがおまえさんは今、やつらの脅しや欺きにも負けずにここに居る。友よ、おまえさんは、神様がおまえさんをお造りになった時からすべてをご計画されていたという生きたあかしなのじゃよ」
　それを聞いた私は、少し背筋を伸ばして座り直しました。

あなたの指のわざである天を見、あなたが整えられた月や星を見ますのに、人とは、何者なのでしょう。あなたがこれを心に留められるとは。人の子とは、何者なのでしょう。あなたがこれを顧みられるとは。あなたは、人を、神よりいくらか劣るものとし、これに栄光と誉れの冠をかぶらせました。

詩篇8篇3〜5節

祈り：天のお父様、あなたはどれだけ私を愛してくださっていることでしょう。あなたは私をお造りになり、そして創造物を私に託されました。あなたが私を守ってくださり、御国へ入らせてくださると約束してくださいます。あなたをほめたたえます。あなたのきよき御名をほめたたえます。

考えてみましょう：あなたは自分自身が天の使いよりもわずかに低い地位にまで到達しているということについて、これまでに考えたことがありますか？　このことはあなたにとってどのような意味を持っていますか？

5月1日
——行く手にあるもの——

「山の頂上まであとどのくらいですか?」
　私は大きくなっていく暖炉の火を見つめながら尋ねました。
「そこには何があるのですか?」
「おまえさんの二つの質問には一つの答えで十分——。それは、『わしには分からない』じゃ」
　老人は私の目を真っすぐ見据えたまま言いました。
「この道は頂上には続いておらん。明日、山のすそ野に差し掛かるじゃろう。そうしたら反対の方向に下りていくんじゃ。こことは反対側に頂上に続く道がある。しかしその道は誰もが行く道ではない。頂上に何があるかはわしが思うに、誰が何の目的で行くかによって違ってくる。もしおまえさんがその道を行くのなら、今からわしが言う事を覚えておくんじゃ。山の頂上にもここにもおまえさんを傷つけるものはない。あったとしても大したものではない」
　もし彼が最後の一言を付け加えなければ、私はその答えに満足していたかもしれません。
「ということは、私はまだ傷つくってことですか?　この間のランデブーでは、悪魔の集団がこちらにやって来られないでもがいているのを見ました。私が思うに、ここからは私は何らかの守りの盾の下にあるってことでしょう。今あなたはある日にはその盾に守られるだろう、と言ったのに、次の日にはその守りがないかもしれないなんて、一体これはどんなゲームなんですか」
　ジェイクは前にかがみ込み、片手を私の肩に置きました。すると私のすべての恐れや爆発寸前の怒りは突然消えてしまっていました。彼は私に優しく語りかけました。そしてその言葉は真っすぐに私の魂に届いたのです。
「これはゲームではないんじゃ。覚えておくがいい。神様がこの世を造られた時、この世は良いものだった。今も悪くない。しかし悪魔がこの世にやって来た。そしてそのためにおまえさんは危険にさらされている。悪魔はおまえさんを傷つけようとしている。わしはうそをつかん。やつはうまくやるかもしれん。じゃが、おまえさんにも分かっていてほしい。悪魔のできることはほんの少しじゃ。やつの力はやつを造られたお方によって限られたものとされている。そしてそのお方はおまえさんやわしを造られたお方じゃ。おまえさんは神様に属する者なのじゃよ。わしと同じようにな。そして地上においても天国においてもこの事実を変えることはできん。この旅も終わりに近づくころ、今わしが言っている事が分かる時が来る。しかしそれまでは、ただ神様を信頼し続けることじゃ。そうすれば心配ない。さあ、今は何よりもぐっすり眠ることが必要じゃ。ゆっくりおやすみ」
　ジェイクの言葉は私にとって慰め以上のものでした。それはあたかも、私自身よりも私のことを知っている人の言葉のようでした。私はその思いにもっと浸っていたかったのですが、睡魔が温かい毛布のように私を包み込んでしまい、どうやってベッドに行ったのかも覚えていないのです。しかし、その夜の夢は甘美で、夜は心地良く私を包み、すべてがうまくいっていることを確信していました。

いつも主にあって喜びなさい。もう一度言います。喜びなさい。あなたがたの寛容な心を、すべての人に知らせなさい。主は近いのです。何も思い煩わないで、あらゆるばあいに、感謝をもってささげる祈りと願いによって、あなたがたの願い事を神に知っていただきなさい。そうすれば、人のすべての考えにまさる神の平安が、あなたがたの心と思いをキリスト・イエスにあって守ってくれます。

ピリピ人への手紙4章4～7節

折り:天のお父様、まだ見ぬものに私はしばしば恐れを抱きます。あなたの世界が永遠の救いを約束してくれているのに、私は不安な気持ちで未来と向き合っています。そこには毎日の物理的な守りもありません。しかし、私はあなたがもたらしてくださる平安の約束ゆえに、今あなたを賛美いたします。この世が不確実なときも私とともにいてくださることに感謝いたします。

考えてみましょう:あなたの日常生活において、神様の守りはどのような意味があると思いますか?

5月2日
──別れ──

　太陽が東の地平線を徐々に黄色く染めていき、低く垂れ込めた雲を通して日の光が小屋の中にも差し込んでいました。私は起き上がり、出かける準備をしました。ぐずぐずしている暇はありません。朝食を口にほうばりながら、荷物をまとめ、ドアに向かって歩きだしました。その時ジェイクが身じろぎもせず、部屋の反対側からこちらを見ているのに気が付きました。彼の目の中に何か特別なものを見たような気がしました。あれは何だったのでしょう？　好奇心？　それとも期待でしょうか？
「ジェイク」
　私は言いました。
「あなたがしてくれたことに対して、お礼の言いようもありません。本当に必要な時にあなたは来てくれました。あなたと話している時は、その、何ていうか、前から知っている友達といるような気分でした」
「チャーリーのことだな」
　ジェイクは私の気持ちを見透かすように言いました。
「彼は本当に特別さ。やつは道中、相当な苦労を強いられたが、それに真っ向から臨んだ」
　体に電気が走り抜けるように、感情の波が突然、私を襲いました。
「あなたはチャーリーのことをそんなふうに話していますが、彼は、その、私は．．．」
　心の中の思いと戦っている間、ジェイクは何も言わず私を見つめていました。目の前にいるこの老人が特別な人だということは、私にも分かっていました。でもどんなふうに特別なのでしょう。老人は私が今までに通ってきた道、体験したすべてのこと、私が一人でいる時のことさえも、まるでずっと見てきたかのように話しました。そして今、チャーリーのことをまるで今も生きている親友のように話しています。しかしチャーリーはもうこの世にはいません。体中の力が抜け、私はがっくりとひざをつきました。私よりも先にジェイクが沈黙を破りました。
「立つのじゃ」
　力の抜けた両足を元の人生に戻すような威厳のある言い方で彼は言いました。
「わしはおまえがどこへ行こうとしているか知っておる。そしてその道は間違っていると言わなければならない。おまえはわしのことを特別な存在だと思っているようじゃ。なぜならわしはおまえのことを少し知っていたし、おまえの死んでしまった友達が見えているかのように話したりするからのう。言っておくが、天国のドアに手を掛けているのはおまえなんじゃ。神様はアダムの子孫を通して驚くべきことをなされておる。それがどんなふうに達成されるのか、誰も正確には知らん。しかし、おまえのような者がその中心となることは、誰もが知っていることじゃ。わしはただの世話人で、それ以上のものではない。どんなことがあっても、わしのような者が称賛されるべきだと思ってはならんぞ。わしはおまえと握手を交わし、そして神様の後押しを受けておまえが残りの旅を続けてくれたらこんなにうれしいことはない」
　彼はそう言って手を差し出しました。彼の手は温かく、私は今まで経験したことのない喜びに包まれました。
「ありがとう」
　そう言って私はドアに向かって歩いていきました。

この救いについては、あなたがたに対する恵みについて預言した預言者たちも、熱心に尋ね、細かく調べました。彼らは、自分たちのうちにおられるキリストの御霊が、キリストの苦難とそれに続く栄光を前もってあかしされたとき、だれを、また、どのような時をさして言われたのかを調べたのです。彼らは、それらのことが、自分たちのためではなく、あなたがたのための奉仕であるとの啓示を受けました。そして今や、それらのことは、天から送られた聖霊によってあなたがたに福音を語った人々を通して、あなたがたに告げ知らされたのです。それは御使いたちもはっきり見たいと願っていることなのです。
ペテロの手紙第一1章10〜12節

祈り：天のお父様、あなたの命令に従う聖なる天使を遣わしてくださったことに対し、あなたを賛美します。あなたが私を見守ってくださるように、彼らのことも見守ってください。そして、あなたと私たちとの間にあるすべての神秘的なものが取り除かれる日が早く来ますように。

考えてみましょう：あなたは天使を信じますか？　天使についてどのようなことが言えると思いますか？

123

5月3日
――ワシの翼に乗って――

　今朝、私が小屋で感じたこの気持ちを表現するのにぴったりの言葉はなかなか見つかりません。肩越しに後ろを振り返り、ジェイクの姿を探したのですが、遠のいていく景色の中にその姿を見つけることはついにありませんでした。けれども、ジェイクと握手した時のぬくもりは、いつまでも私の体の中に残っていました。それは、小さな星が私の中で体の隅々にまでエネルギーを放っているような感じでした。この旅が始まる前に感じていた疑問は、一歩進むごとになくなっていきます。私には分かっていました。それが正しい選択だったということが。私は一人ではないということが。そして、何とかこの旅も最後までやり遂げられそうだということが。

　悪魔がいつの日かやって来て、私を傷つけることがあるかもしれませんが、私が喜びをもって送る生活には何の影響もありません。今なら悪魔の集団と戦うこともできそうな気がしました。
（束になってかかってこい。気にしないさ）

　私にとって大切なのは、自分が神の子だということだけでした。この事実は何があっても、私がどこへ行こうとも変わりません。

　この日は日中ずっと、山の尾根を登り続けました。尾根の道は時折、上り坂になっている所がありましたが、ジェイクが前の晩に言っていた、今日この山の頂上にたどり着くのは無理だろう、という言葉を思い出しました。なるほど、上り坂に差し掛かるたびに、それはしばらくすると小高くなった部分の頂点に達し、そこからは下りになったり、斜面に沿って平行に走ったりしているのです。そして夕方近くには、私は下り坂を歩いていました。眼下に見えていた木々が目の前に迫ってきます。冷たい風は温かくなり、尾根はついに平らになり、雪解け水によって青々とした高原植物の大地がその先に続いていました。

　林に着くと、誰かがそこでキャンプをした跡がありました。石がたき火の周りに丸く並べてあり、丸太がいすとして使われていた形跡がありました。誰かがキャンプをして大丈夫だったのなら、私も大丈夫でしょう。私はここで初めて、今朝からずっと背中に背負っていた荷物を下ろしました。体の中にまだかなりのエネルギーが残っているのを感じ、自分でも驚いていました。あと何時間かは歩けそうでしたが、常識に従うと、もうやめた方がいいと分かっていました。夕食の後、丸太にもたれて座り、長い間山の頂上を見ていました。満月が山の斜面を照らしていましたが、頂上は雲に隠れていました。時折遠くで雷のとどろきが聞こえました。いつの日か山の頂上に登ることができるのでしょうか？　そしてこの時、なぜ私はあそこまで登るのだろうか、という思いに駆られました。
（それについては、また別の日に考えることにしよう。今夜はジェイクとの心温まる出会いと、あの時私が確信した事について考えていたい）

　火が消えないように炭をかき回しながら、久しぶりに歌を歌いました。

私は切なる思いで主を待ち望んだ。主は、私のほうに身を傾け、私の叫びをお聞きになり、私を滅びの穴から、泥沼から、引き上げてくださった。そして私の足を岩の上に置き、私の歩みを確かにされた。主は、私の口に、新しい歌、われらの神への賛美を授けられた。多くの者は見、そして恐れ、主に信頼しよう。

詩篇40篇1～3節

祈り：主よ、私はあなたに向かって、あなたが被造物のためにしてくださったありとあらゆる素晴らしいみわざのために歌います。この世のすべてのものがあなたに向かって歌いますように。天の音楽と共演できますように。神様、あなたを賛美します。

考えてみましょう：最近歌いたい気分になったのはいつのことでしたか？　その時歌いましたか？

5月4日
──豊かさの森──

　十分な睡眠とたっぷりの朝食で、今日の山登りの準備は整いました。昨日の気持ちの高ぶりは、もはや燃え上がるような感情というよりは穏やかな安心感となり、なおも心の中にとどまっていました。どんどん前へ進みたくて仕方がなかったのですが、目下の必要性を無視することはできませんでした。出発してから一時間もたたないうちに、ブルーベリーの茂みを通りかかったのです。昨日だったら、片手に収まるだけの量を摘んでそのまま歩き続けていたことでしょう。けれども今日の私は、行く手に十分な食べ物があるとは限らないため、蓄えを補充しておくチャンスと考えたのでした。
　摘みながらたくさん食べたにもかかわらず、まだまだ袋に入りきらないほどのベリーがありました。祖母がよく作ってくれたブルーベリーシロップを思い出し、自分でも作ってみることにしました。早速火をおこし、やかんを置いてブルーベリーを入れました。すぐに煮詰まったので、さらにベリーを加え、二、三分おきにかき回しました。時間をかけ、濃縮ブルーベリーの液状ペーストになるまで火を通しました。その香りは素晴らしく、砂糖を加えなくてもかなりの甘味がありました。祖母は砂糖のほかにも材料を加えていたと思うのですが、私は今日の仕事の成果に満足していました。
　気が付くと既に夕方になっていたので、寝る準備をしました。バックパックの中から小麦粉を取り出し、生地を作って棒切れに巻き付け、たき火にかざして大きなビスケットに焼き上げ、ブルーベリーシロップをたっぷり付けて食べました。旅人にとってさほど健康的な食事とはいえないかもしれませんが、少なくとも今日の仕事が報われたと感じ、満足でした。
　この美しい林には良い物がたくさんありました。ベリーを摘んで調理したり、火をおこしてそれが消えないように見守ったりと、手間はかかりましたが、ともかくここにいるとアダムとイブの気持ちが分かるような気がするのでした。
　神様は彼らに言いました。
「園に行って私の命じる通りにしなさい」
　私は心の奥底で、この場所が自分の過去の一部であるかのような不思議な郷愁に駆られていました。私の先祖が放棄した遺産──。あたかもチョウが本能によって一度も見たことのない故郷に移動するように、私の魂は神様がかつて「申し分ない」と言われた場所を慕い求めていました。

神である主は、人を取り、エデンの園に置き、そこを耕させ、またそこを守らせた。
創世記2章15節

祈り：天のお父様、仕事に感謝いたします。やるべき仕事と、それをやり遂げた時の達成感とをお与えくださり感謝いたします。あなたが"ふるさと"へ呼んでくださるまで、働き続ける力をお与えください。そしていつか自分の働きの成果を見ることができますように。

考えてみましょう：労働とはどのような行為だと思いますか？　"必要悪""罰"それとも"喜びの源"でしょうか？　また、これらの違いは何だと思いますか？

5月5日
——巨人の森——

　今日の道は、広い谷間のがけっぷちに沿って続いていました。下り坂というよりは、向かって左側の山の輪郭をかたどるように続いているようでしたが、ほぼなだらかな道のりでした。歩いている位置は森林限界線よりも下だったため快適で、所々に野原やポプラや松の林があり、時々小川を渡って進むこともありました。

　捕まえたばかりのマスとブルーベリーで昼食を済ませ、松林の中を歩き続けました。松に代わって次第にセコイアの巨木が増えてきました。これら森の"巨人"は地球上で最も古い生物の一つで、ノアの時代には既にあったといいます。地中深く入り込んだ根や、ひどい山火事以外ならどのような災害からも守ってくれる分厚い樹皮を持つセコイアは、生存競争について多くの教訓を示しています。それはそうと、セコイアの木の大きさには驚かされます。今日この静かな森を歩いていて、私は大人に囲まれた子どものように感じていました。風が頭上高くでザワザワとこずえを揺らし、そのすき間から太陽が温かい光の筋となって差し込んでいました。私はとりわけ大きな木のそばで一休みし、辺りの景色を眺めました。

　古代の生物は概して、現代の生き物よりも大きいことにこの時気が付きました。自然博物館でも、翼幅一メートル以上もあるコウモリの化石や、体長が人間の二倍もあるカンガルーのほか、ゴジラと対決できそうなワニなどを見たことがあります。気のせいでしょうか。それとも本当にすべてが小さくなってきているのでしょうか。ヨーロッパ人種の祖先がわれわれよりも十センチメートルほど小さかったとする歴史の本はともかく、彼らのそのまた祖先はわれわれよりも大きかったという研究結果があります。

　アダムののろいがDNAから社会の道徳基盤まで、何もかも破壊し続けてきたことを考えれば、それは当然のことなのかもしれません。結局のところ、多くの点において"古き良き時代"は今よりも良かったのです。科学の世界では、この真理を『熱力学第二法則』に含まれる数式に単純化しています。それによると、この世は衰え、壊れていく一方であるとされています。

　私がこの旅に出る必要があったのもそのためなのです。いくらきれいにペンキを塗っても、修繕しても、つっかえ棒をしても、この世が破壊に向かっているという事実は変えられないのです。この世の上に立つお方が世界を新しくしてくださると約束してくださったことを除いては、絶望的な状況といえるでしょう。そのお方は、私もその新しい世界に入ることができると約束してくださいました。そして何よりも、私はそのお方のことをもっともっと知りたいと思っています。

　これらの木を見ていると、この世のかつての様子と、いつの日かこの世が新しくされた時の様子について考えさせられます。

　このように、これらのものはみな、くずれ落ちるものだとすれば、あなたがたは、どれほど聖い生き方をする敬虔な人でなければならないことでしょう。そのようにして、神の日の来るのを待ち望み、その日の来るのを早めなければなりません。その日が来れば、そのために、天は燃えてくずれ、天の万象は焼け溶けてしまいます。しかし、私たちは、神の約束に従って、正義の住む新しい天と新しい地を待ち望んでいます。

ペテロの手紙第二 3章11〜13節

祈り：自分の周りの世界を見るにつけ、それが破壊に向かっているという事実や、あなたがそれを修復してくださるという約束についてあらためて考えさせられます。神様、あなたが「申し分ない」と言われた世界を垣間見させてくださりありがとうございます。

考えてみましょう：世界はだんだん良くなってきていると思いますか？　それとも悪くなってきていると思いますか？　例を挙げて考えてみてください。

5月6日
――歴史の記録――

　夜が近づいてきたので、今夜の寝床となる場所を探し始めました。水辺でキャンプをしたかったので、川のせせらぎが聞こえてくるまで歩き続けました。すぐに道は、山の左側からちょうどいい大きさの川が流れてきている所に差し掛かりました。どうやってその川を渡ろうかと悩むまでもなく、とてつもなく大きなセコイヤの木が目に留まりました。その木は川の向こう岸に届く形で横たわっていて、自然にできた橋として申し分ありませんでした。

　川を横切るのはたやすく、その丸太は幅も強さも十分でした。この偉大な自然を観察するために、丸太の半分辺りで立ち止まりました。丸太は少なくとも六十メートルはあり、木の皮の状態からして、倒れてからも生命を維持していたようでした。川の向こう側に渡されている木の端には、根のもつれた部分があり、それは地面に下りるのにちょうどいい階段のようになっていました。その木の根っこの部分に、木が倒れた理由を示す証拠を見つけました。それと同時に今晩の寝床に理想的な空間を見つけました。迷路のように張り巡らされた根の内側は、その一部が腐って弱くなり、その結果、寝室と同じぐらいの広さの空洞ができているのでした。根に踏ん張る力がなくなっていき、川岸の浸食のせいもあって、ついには引力に負けて倒れてしまったのでしょう。

　根っこの中を掃除し、木の枝や石を取り除き、今晩の寝床になる場所をじっくり眺めるために腰を下ろしました。根が侵されていく過程は、そこではっきりと見ることができました。それは根の片側の端から始まり、恐らく皮の弱くなっている部分へと広がり、ゆっくりとしかし確実に根全体を破壊していったのでしょう。

　私はこの一連の出来事に思いをはせました。木が倒れる前には、その根が腐っていたことは外から見えなかったはずです。私が根っこの部分に入らなければ、それを見ることもできなかったでしょう。それにしても、根が腐り始めたころ、そのことについて知ることはできたのでしょうか。専門家ならば、「根腐りが木を枯れさせてしまう」と断言できたのでしょうか？　もし木自身が考えることができたなら、破壊が進んでいることを自ら察知することができたのでしょうか？

　どれだけの人が今日、自分たちを支えてくれる根の部分を持っているでしょうか？　何かが起こってから、「もちろん、そうなると分かっていたさ」と言うのは簡単です。しかし、その人は本当に分かっていたのでしょうか？　もし、そうなると分かっていたとすれば、それに対して何かすることができたのでしょうか？　それとも、根腐りはあまりに深刻で、初めから倒れる運命だったのでしょうか？

　私は、自分の心の奥底を見てくださる方がおられることに感謝します。その方は見るだけでなく、手で触れ、癒し、新しくしてくださるのです。その確信があるからこそ、私は明日に立ち向かっていくことができるのです。

しかし主はサムエルに仰せられた。「彼の容貌や、背の高さを見てはならない。わたしは彼を退けている。人が見るようには見ないからだ。人はうわべを見るが、主は心を見る。」
　　　　　　　　　　　　　　　　　　　　　　　　　　　サムエル記第一 16 章 7 節

祈り：主よ、あなたが私の心の最も深い部分を見てくださっていることは、喜びである同時に、悲しみでもあります。私の心の良い部分を見て、それをあなたの栄光のために用いてください。私の心の恥ずべきところはどうか取り除き、そしておゆるしください。

考えてみましょう：あなたの人生について、あなた自身と同じくらいよく分かってくれているのは誰だと思いますか？　あなたはその人とどのような関係にありますか？

5月7日
——まだ死んではいない——

　今朝、"木の家"を離れる前に少し手入れをしようと思い、古くなって枯れている木の根をきれいに取り除き、根っこのもう一方の側に作った"かまど"に薪を並べておきました。次にここを通りかかった旅人にも、私と同じようにこの家を利用してもらえるといいのですが。最後の仕上げに、近くに咲いている花を取ってきて短く切り、壁に見立てた根の部分に挿しました。

　その根は死んでいるのだし、乾いていてもろいのだと思っていましたが、そうではありませんでした。根のほかの部分もよく観察してみると、まだ生きている部分がかなりありました。この木はそれ全体を支えるための生きた根が十分なかったため、倒れてしまったのです。それでも、木は完全に死んでいるとはいえない状態でした。もつれた根にその外側からよじ登ってみて、私は探していた物を見つけました。土の中にまだ埋まっている部分から、緑色の小枝が矢のように真っすぐ太陽に向かって伸びていたのです。このセコイヤの木は、まだ生の戦いをあきらめてはいませんでした。私は、横たわっている木の長さや、それまでの長い年月について考えながら、同じ根から誕生した緑色の小枝に目をやりました。死んでしまった木の部分と、新しい小枝との対比はこっけいでさえありました。少したってから、その根をぐいと引っ張ってみようと思いました。しかし、根を引っ張ろうとした瞬間、私の心に命の記録ともいえるこの木に対する哀れみの気持ちがわいてきました。

　私は、物事はいつも目に見えている通りではないのだ、と自分に言い聞かせました。挫折と死のイメージにぴったりの例を挙げるとすれば、この木を一番に思い浮かべるでしょう。しかし、この木は本当はまだ生きているのです。残された根は、木が倒れてからも生産活動を続けています。地面から取り入れられた栄養分は、木の隅々にまで送られて緑の枝や葉に変えられます。そして、枝や葉は空気中の二酸化炭素を取り込み、酸素を出します。もしも五百年後くらいにこの場所に戻ってくることができたならば、朽ち果てた自らの体から出る栄養分を取り込んでもっと強くたくましくなったセコイヤの木を見ることができるに違いありません。

　それに比べ、今朝気を付けて丁寧に摘んだ花は、かなり元気がなくなってしまっていました。どうしてそうなったのかその花には分からずとも、私には分かっています。今朝それを摘んだ時、根から切り離してしまったのです。今夜ほかの旅人が来て、その花の美しさを楽しむことができれば、花にとって幸せなことです。なぜなら、明日の朝にはそれはしおれてしまい、きれいに咲き誇っていた時の面影はなくなっているはずだからです。

　私はそこに自分自身の姿を見ました。この旅をしようと決心する前、自分には根がなく、ただふわふわと漂っていただけでした。でも今は自分をしっかりとつなぎ留めてくれる錨（いかり）と約束の命の水を見つけたのです。ジェイクが教えてくれたように、悪魔に魂を奪われるようなことがあっても、悪魔は私を殺すことはできません。なぜなら、私の根は深く創造主のところまで届いているからです。

　主に信頼し、主を頼みとする者に祝福があるように。その人は、水のほとりに植わった木のように、流れのほとりに根を伸ばし、暑さが来ても暑さを知らず、葉は茂って、日照りの年にも心配なく、いつまでも実をみのらせる。

エレミヤ書17章7～8節

祈り：私の人生はあなたに根ざしていると確信が持てることに感謝いたします。あなたは私を絶えず見守っていてくださいます。そして、私の壊れやすい体がしおれ、死んでしまっても、あなたの命が私の中に流れています。主よ、あなたを賛美いたします。

考えてみましょう：神様につなぎ留めてくれる根とは、人間にとってどんなものだと思いますか？

5月8日
――ポプラの森――

　自分でこしらえたセコイヤの家を後にし、私はまた旅を続けました。巨大な絡みつくような木々を抜けてようやく暗い森にも別れを告げ、ポプラの木立に出ました。ポプラの木は成長の早い軟らかい木で、白い樹皮はシラカバの木のように簡単にはがれ、手先の器用な人の手にかかると、それを材料にいともたやすくさまざまな工芸品が作られます。ポプラの木立はセコイヤの森よりも太陽の光が差し込むので、地面には草や低木や若木が育っていました。火事や洪水で森が破壊された後、ポプラの木は素早く地面に根を下ろして成長するので、森の"緊急発動チーム"と呼ばれています。ポプラは成木になるまで、土中の養分を草などの他の植物と共有することでも知られています。

　ポプラの森を歩いていて、至る所に松の木が残っていることに気が付きました。不思議なことに、この辺りの松の木はすべて真っすぐに伸びていました。初めは山火事の時に一部の松が焼け残ったのだろうと思いました。しかし、何か違うような感じがしました。松の木はどれも、三メートルほどの高さだったのです。それはまるで生け垣にするために、巨大なはさみで刈り込んだようでした。しかし、この"刈り込み"のために松の木は枯れてしまっていました。それはまるで、ポプラに成長する機会を譲っているかのように見えました。

　どうしてこのような現象が起こったのでしょう。私はそこに立ったままじっくり考えながら、山のはるか上の方まで見渡しました。その斜面は松の木々で覆い尽くされています。唯一の例外は、ずっと上の方から私の立っている辺りまで延々と続く、幅およそ六十メートルの帯状部分です。謎は解けました。この辺りは、なだれの通り道となった場所の一番下の部分なのです。過去のある時点では、この辺りまで雪が積もっていたのでしょう。松の木が刈り込まれた高さは、なだれが起きた時の雪の深さを意味していたのです。

　山の斜面を突進し、深さ三メートルの雪の上に突き出た松の木々だろうが何であろうが、行く手にあるものすべてを破壊し尽くしたなだれのスピードと威力を想像してみました。もちろんもともとこの場所に生息していた松には何のとがもありません。松の木々には選択の余地はなく、森もそれらの死を悲しんではいません。また、ポプラの"緊急発動チーム"を遣わしてくださった神様の"摂理"のおかげで、命は絶えることがありません。そしてわれわれ人間だけが、このような仕組みに目を見張ることができるのです。けれども私自身、もしあのセコイヤの家に泊ることがなければ、この現象を説明することができなかったでしょう。いろいろな状況を考えると、また新たな破壊が起こり得ることは明らかです。雪が積もり、引力がなだれを引き起こし、すべてのものが過去の歴史の中に埋没してしまうかもしれません。私たちの人生にも、これと似たようなことがあるのではないでしょうか。周りを見渡して、「先へ進んだ方が良さそうだ」と思うことがあるでしょう。悲劇は、多くの人が前へ進まずに、危険が差し迫っているにもかかわらず一カ所にとどまっていることから起きるのです。それは神様の恵みの一部であると同時に、私たちが人間であるがゆえの災いなのです。ここにとどまろうと思うなら、そうできる。しかし、その結果も一緒に引き受けなければならないのです。それこそが真実の愛、つまり自由なのです。

　今、あなたがたは主を恐れ、誠実と真実をもって主に仕えなさい。あなたがたの先祖たちが川の向こう、およびエジプトで仕えた神々を除き去り、主に仕えなさい。もしも主に仕えることがあなたがたの気に入らないなら、川の向こうにいたあなたがたの先祖たちが仕えた神々でも、今あなたがたが住んでいる地のエモリ人の神々でも、あなたがたが仕えようと思うものを、どれでも、きょう選ぶがよい。私と私の家とは、主に仕える。」

ヨシュア記24章14～15節

祈り：主よ、私が愛し愛される自由を与えてくださったことを心の底から感謝いたします。願わくは良いものと、そうでないものとを見分ける知恵を私に授けてください。

考えてみましょう：誰かに何かを強制することは、真実の愛といえるでしょうか？

5月9日
──茂みの中のシカ──

ポプラの木々の間を通ってさらに奥へと進むにつれ、一時は壊滅的な被害をもたらしたであろうなだれからの驚くべき回復力に目を見張りました。成長の早いポプラの木々は既に、森の動物たちの新しいすみかとなっていました。ハツカネズミが木から木へと走り回り、それを狙うキツネやタカがいるのでしょう。注意して見ると、動物が隠れたり寝床として使うのにぴったりの穴が開いている所が何カ所かありました。すると、木の根元の穴の一つに子ジカが横たわっていました。

子ジカは身じろぎもせず、その左耳がぴくりと動かなかったら、私はその存在にまったく気が付かなかったことでしょう。恐らくハエが止まってくすぐったかったのか、でなければ母親の立てる音が聞こえないかと四方に耳を澄ましていたのでしょう。よく見てみようと少し近づいたのですが、子ジカはまったく動きません。その毛皮は茶色と金色のまだら模様で、茂みの中にじっと座っていてほとんど目立たない状態でした。さらに近づいてみると、子ジカの耳の動きは止まり、もっとよく見ようと横に動いた私を目で追いました。

私は菜食主義者ではありませんし、シカ肉のシチューを出されれば断ることはまずありません。聖書は動物の虐待にはっきりと反対していますが、神様の命令により、アダムの末裔（まつえい）が神様の創造物を管理し、責任を持ってそれを利用し続けられない理由はどこにもありません。子ジカにもっと近づいてそれを捕まえ、軟らかいステーキにして食べてしまうのは簡単なことでした。けれどもどういうわけか、自分でもそうしないだろうと分かっていました。

神様は自らの知恵により、創造された生き物の一つ一つに身を守る手段をお与えになりました。あるものは足が速く、あるものは敵の攻撃に反撃することができ、またあるものは巧みに身を隠します。それに加え、動物の赤ちゃんを殺すことをタブー視するのは本能かもしれません。シカの赤ちゃんを見て「かわいい！」と言わせるものとは一体何なのでしょう。このことに関し、大体すべての動物の赤ちゃんには、自分の身を守るための特別な恵みが与えられているということができます。犬に育てられた子猫がいるかと思えば、ライオンに世話をしてもらっているアヒルの赤ちゃんを見たこともあります。もちろん例外はありますが、この法則を理解するには物事を深く掘り下げて考えてみる必要があります。進化論でも説明不可能ですし、その実態を記述することしか科学にはできないのです。私の場合、このことに対して創造主に感謝することしかできません。

「お母さんをそこで待っているといいよ」
私は優しくそう言い、さらに道を進んでいきました。

狼と子羊は共に草をはみ、獅子は牛のように、わらを食べ、蛇は、ちりをその食べ物とし、わたしの聖なる山のどこにおいても、そこなわれることなく、滅ぼされることもない。」と主は仰せられる。

イザヤ書65章25節

祈り：愛する主よ、私は動物の赤ちゃんを見るにつけ、あなたの愛と哀れみをあらためて感じずにはいられません。無力な生き物たちを守り、私たちの心の中にそれらをいたわる本能をお与えくださったことは不思議なことです。どうか私もあなたの子どもであることを覚えていてください。

考えてみましょう：動物の赤ちゃんが"かわいい"のはどうしてだと思いますか？

5月10日
――はちみつ――

午後の時間がゆっくりに感じられる中、一休みして何か食べようと立ち止まりました。
（今ごろ大きなシカ肉のステーキが食べられたら良かっただろうに）
　私は笑みを漏らしながら、心の中のある部分ではいとも簡単にごちそうが食べられるチャンスを逃したことを後悔していましたが、それでも自分のしたことは正しかったのだと確信していました。すぐに私は、少しの小麦粉と少しの水、そのほか二、三の材料とで作ったパン生地を棒切れに巻き、赤々と燃える熾火（おきび）の上にかざしていました。午後の太陽が魅力的に感じられたので、私は棒切れを石で支え、寝そべって暖かい日の光を浴びました。
　目を閉じてそこに横になっていると、森の音を聞きながら半分眠ったような状態に陥りました。何匹かの小動物が少し離れた所で草をかじっています。遠くではキツツキがコツコツと短い音符を奏で、ポプラはこずえの方で四六時中おしゃべりしていました。それらの音に交じって聞こえていた低いブーンという音は音程を変えず、息継ぎをすることも拒んでいるようでした。私はしばらくそれに聞き入り、無視し、そしてまた注意を向けました。すぐそばの向かって左側、だいぶ前に枯れて腐り始めた大きな松の立っている所の近くに何かあるようです。松の木を注意して見ると、頭の高さほどの所に穴が開いていて、そこからあの低い音が聞こえてきているようです。木の周りに群がるハチや、四方に向かって飛んでいくハチ――。一匹が私のそばを通り過ぎ、それがミツバチだと分かりました。
　私は取り立てて勇敢な男ではありませんし、特に人を刺す虫となると、プロに任せたいと思う方です。けれどもここに一人で座り、傍らではパンが焼ける香ばしいにおいが立ち込める中、私は自分でも意外なほどの勇気を持っていたようです。いつか『ナショナル・ジオグラフィック』誌の特集で見たことがあったので、不可能ではないと知っていたこともありました。バックパックからありったけの服を取り出し、吹雪にでも遭ったかのような格好をし、薄手のシャツを網のようにして帽子と一緒に頭にかぶりました。軍手をはめ、若木の切れ端を火から取り出し、もくもくと上がる煙が用意できました。完ぺきです。
　ハチたちは私が近づくと危険を感じたようでしたが、それでもほとんどのハチは煙で近寄ってこられませんでした。早速、木に近づき、手を突っ込んではちみつのしたたる大きなハチの巣を取り出しました。鍋にそれを入れ、一目散に逃げましたが、二、三匹の怒ったハチに追われ、二匹に刺されました。痛かったのですが、うまくいったという気持ちがそれを忘れさせてくれました。たき火の所に戻り、早速"戦利品"を確認しました。五百ミリリットル近くのはちみつがハチの巣の中に詰まっていました。これなら思う存分食べてもまだ余りそうです。ハチの巣をきれいにし、「この昆虫だって神様に与えられたものなのだ」と考えながら、食前のごちそうを楽しみました。

わが子よ。蜜を食べよ。それはおいしい。蜂の巣の蜜はあなたの口に甘い。知恵もあなたのたましいにとっては、そうだと知れ。それを見つけると、良い終わりがあり、あなたの望みは断たれることがない。

箴言24章13〜14節

祈り：天のお父様、あなたがお造りになったすべては良いものであり、それをふんだんに与えてくださることに感謝いたします。つる草のとげや虫に刺されても、それによってあなたが下さったものに手が届かなくなってしまいませんように。私たちは苦しみののろいの下で生活していますが、命の約束の下にも居られるのです。今日私はその約束によって歓喜します。

考えてみましょう：痛みを伴う代償によって何かを手に入れたことがありますか？　それを手に入れた時どんな気持ちになりましたか？

5月11日
――再会――

　夕方になると、はちみつを集めたり加工したりで散らかった場所を片付け始めました。軍手はべとべとでお湯で洗う必要がありました。持っていたすべての台所用品がいずれかの時点で使われ、はちみつがべっとりと付着していました。パンにたっぷりと付けて食べ、コーヒーにも入れ、そしてはちみつとナッツとブルーベリーのデザートを作りました。しかしそれでもたくさんのはちみつが残り、どうしたらいいのか分からず困ってしまいました。はちみつを密閉して持ち歩ける容器などありませんでしたし、おなかがいっぱいでもう一口も食べられそうにありませんでした。ここに置いていくのはもったいないような気がしますが．．．。

　暗闇の中、遠くから物音が聞こえました。夜はさまざまな音で満ちていましたが、この音は特に私の注意を引きました。小枝がポキッと折れ、森の一部であるとは思えない何かがガサガサという音を立てました。私は立ち上がってたき火から離れ、周りの様子がよく見えるように、そして自分の姿が見えないようにして、さらに聞き耳を立てました。その音が何であれ、私が歩いてきた道の方から聞こえてきます。しかもそれはだんだんこちらへ近づいてきます。

　チャリンという音が聞こえ、それが通常、森やそこにすむ動物の立てる音ではないことがはっきりしました。それが何であれ、動物ではないことは確かでした。残された可能性は二つ。人間か、または人間のようなもの――。そんなことを考えていると、鳥肌が立ちました。

（隠れるべきだろうか。叫び声を上げるべきだろうか）

　まだ火のついているたき火の方を見ると、それが誰であれ、何であれ、もう私の存在に気が付いているに違いないと分かりました。なぜならそれは近づいてくる自分の音を隠そうとはしていなかったからです。ということはつまり、静かにしていたいとは思っていないか、または静かにする必要がないと分かっているということでしょう。いずれにしても良い知らせか、またはその反対か、まだ分かりません。そんなことを考えながら、私は辺りを見回して武器になりそうな物を探しました。しかし暗闇の中から声が聞こえるや否や、武器探しは終わりました。

「おやおや、こんな所で野宿ですか？」

「顔を見せろ！」

　私はほんの少し安心しながら、叫びました。

「何者だ？」

「後衛さ」

　暗闇から現れたラルフが言いました。顔には大きな笑みを浮かべています。

「君じゃないかと思ってたよ」

兄弟愛をもって心から互いに愛し合い、尊敬をもって互いに人を自分よりまさっていると思いなさい。勤勉で怠らず、霊に燃え、主に仕えなさい。
　　　　　　　　　　　　　　　　　　　　　　　　　ローマ人への手紙12章10〜11節

祈り：父なる神様、今日一緒に居られない友の存在ゆえにあなたに感謝します。彼らの旅を祝福してください。そしていつかあなたの時において私たちを一堂に集めてください。

考えてみましょう：めったに会うことがないのに、親しい関係が続いている友達がいますか？

5月12日
——使命——

　ラルフに再会し、前回のランデブーで別れを告げて以降の旅について聞くことができたのは素晴らしいことでした。彼は、われわれが遭遇した悪魔の軍が後ろから襲ってくる可能性を考え、後衛につく者として選ばれたのでした。やつらが戻ってこなかったのは、明らかにやつらに対する備えが功を奏したからであって、また旅人がみんなで一緒にいる間は神様の守りの力が働いてやつらが近寄ってこられなかったからでした。道を一人で歩いていて少し不安だったことを白状すると、ラルフもそれに同意しました。
「そうさな、ほかの信者たちと協力し合って憎らしい敵軍と対抗しないとな。でもここで一人でいると、勇敢でいられない時もあるよな。会えてうれしいよ、相棒。いろんな意味でな」
「おれも同じさ」
　私は笑顔で言いました。
「実はごちそうがあるんだけど」
　はちみつの半分ほど入った鍋を掲げると、彼はにおいをかいですぐにバックパックを放り投げました。
「どこで手に入れた？」
　彼は大声でそう言いました。
「すぐそこでさ」
　私は言いました。
「何カ所か刺されたけど、それだけの価値はあった。こうして誰かに自慢もできるしな！」
　ラルフは手際よくビスケットを作り、私も夕食を終えた後でしたが、それを食べずにはいられませんでした。それから、はちみつを入れたコーヒーを片手に二人で座り、時々、熾火（おきび）をかき回しながら静かな夜を過ごしました。
「君を非難しようっていうんじゃないが」
　私は半分ふざけた口調で言いました。
「君は一番最後までキャンプに残っていることになっていたよな。おれが出発するころにはまだ何人か残ってたけど、誰にも追い抜かれていないよ。どこかで順番が入れ替わったのかい？」
「何人かは尾根の頂上に残ってとりでを築くことにしたらしい」
　ラルフは頭を振りながら悲しそうに言いました。
「手遅れにならないうちに正気を取り戻してくれるといいんだが」
　そう言ってから笑みを浮かべて私の方を見ました。
「尾根で会った連中の中には荷物をまとめて旅を再開しようとしていたやつらもいたよ。君が彼らに話してくれたおかげさ。よくやったな。勇気づけられたよ。実はおれが旅人を追い越して日夜歩き続けたのも君に追いつくためだったのさ」
「何だって？」
　私は信じられないというふうに言いました。
「どういうことだい？」
「おれもジェイクに会ったんだ」
　彼は思わせぶりに言いました。
「君に仕事を持ってきたよ」

起き上がって、自分の足で立ちなさい。わたしがあなたに現われたのは、あなたが見たこと、また、これから後わたしがあなたに現われて示そうとすることについて、あなたを奉仕者、また証人に任命するためである。わたしは、この民と異邦人との中からあなたを救い出し、彼らのところに遣わす。それは彼らの目を開いて、暗やみから光に、サタンの支配から神に立ち返らせ、わたしを信じる信仰によって、彼らに罪の赦しを得させ、聖なるものとされた人々の中にあって御国を受け継がせるためである。
使徒の働き 26章16～18節

祈り：天のお父様、私たちは使命を与えられた人々にあこがれのまなざしを向けます。私たちもあなたの命令に従ってあなたに与えられた仕事に就きたいのです。イザヤのように私たちも叫びます。「ここにいます。私を遣わしてください！」

考えてみましょう：神様のために喜んでできることはどんなことですか？　喜んでできないことはどんなことですか？

5月13日
――真実を見抜く心――

「仕事だって？」
　私は言いました。
「おれに何ができるっていうんだい？　ジェイクの役割は？　彼は何者なんだい？」
「まあ、落ち着けよ！」
　ラルフは笑いながら私の肩に手を置いて言いました。
「物事には順序ってものがある。事の発端はこうだ。君が泊まった小屋でジェイクと会った。そうだ、おれは彼が何者だか分かっている。彼はおれの身の回りで起きた、誰も知らないはずの出来事について知ってたよ。だけど彼はそれについて批判的なことは言わなかった。その代わり、すべては過去のことで、ゆるされ、忘れ去られた、って言ってたな。おれはそれを聞いて、彼がどっちの見方をしているのか分かったよ。"邪悪の化身"なら、そんな内容を武器に、おれを攻撃していたに違いないからな」
　私はラルフに同意してうなずきました。
「ともかく、その仕事についてもっと聞かせてくれよ」
「ジェイクが言うには、道はこの先をもう少し行った所で二つに分かれているそうだ。君がそこへ着く前に追いつかないと、と思って必死だったよ。彼は、正しい道は見た目に明らかで、右に続いていると言ってた。左への道は草木で行く手がふさがれていて、正気の者なら誰もそっちへは行かないそうだ。彼はおれにその道を行くように言ったんだ」
「おいおい」
　私は座ったまま背筋を伸ばして言いました。
「おれはまだ、道から外れて回り道した分を取り戻そうとしている最中だからな。おれだったら、正しい道以外に進もうなんてまず思わないだろうな」
「おれだって同じさ」
　ラルフは言いました。
「ジェイクにもそう言ったよ。そしたら彼は、これは"救助任務"みたいなものだって言うのさ。どうやらだいぶ前に、ある旅人たちがそっちの方に行ってしまい、今では自分たちが旅の途中だってことも忘れているらしいんだ。彼らは町を建て、そこにとどまることにしたのさ。彼らに本来の目的を思い出させて、できれば道に戻るように仕向けるのがおれの仕事だ」
「へえ！」
　私は、ラルフが見ているものが見えているかのように、たき火を見つめながら言いました。
「こんなこと考えてもみなかった。自分たちが決心したことについて説いて、ほかの人たちにも同じ決心をさせようだなんて、おれたちは一体何者なんだろうな」
「これがただの反抗だったら、もっと話は単純だっただろう」
　ラルフは言いました。
「しかし実際にはもっと厄介なんだ。敵は、"反抗者"たちがもう自分の手下になり、彼らが住む土地も自分の土地だと考えている。おれの仕事は、彼らの一部でもいいから戻ってくるように、真実についてあらためて教えることなんだ」
「で．．．おれは何をすればいいんだ？」
　私は、その後すぐに何を聞かされるか分かっていながら、そう尋ねました。
「誰かに一緒に来てもらう必要があるんだ」
　彼は言いました。
「危険がつきまとう仕事だ。必要なときにはおれと一緒に戦ってくれる相棒が必要だ。ジェイクは君に頼んでみるよう言ったよ。だけどこれはおれがやるべき仕事なんだってことも念を押すように言われた。君がやりたくなければ、やらなくて構わない。おれはただ友達として頼んでいるだけさ。一晩考えてみて明日の朝返事をくれるかい？」

友はどんなときにも愛するものだ。兄弟は苦しみを分け合うために生まれる。
　　　　　　　　　　　　　　　　　　　　　　　　　　　　　　　箴言17章17節

祈り：主よ、私の友人たちは逆境を通じて真実の価値を教えてくれます。良い時ばかりでなく困難をも共有する友を与えてくださりありがとうございます。どうか、彼らが私にとって良い友達であるのと同じくらい、私も彼らにとって良い友でいられますように。

考えてみましょう：何かに困っている人と、すべてに恵まれている人とでは、どちらの友達になる方が簡単でしょうか？

5月 14 日
―― 夢 ――

　私はラルフに、彼の誘いについて一晩考えてみると約束しました。それは彼とともに"救助任務"に出かけるというもので、私がもう一度道から離れることを意味していました。この決断は容易には下せるものではありません。私はラルフのことを兄弟のように愛していましたし、彼の使命が本物だということも疑ってはいませんでした。その反面、彼の使命が必ずしも私の使命ではないかもしれないということも事実でした。その上、ジェイクは、私にはこの仕事を断る自由も与えられていると言っていたらしいのです。

　ラルフは既にぐっすり眠っていました。私に追いつこうと歩き続け、疲れていたのでしょう。けれども、彼がこんなにも安心して眠っていられるのには別の理由がありました。それは彼は今、一人ではなく私と一緒だということです。何か物音がしたときなど、どちらか片方が気が付いていなくても、もう一人の方がそれを聞きつけるかもしれません。一人ならば打ち負かされるような状況でも、二人なら勝利を収められるかもしれません。私は眠りに包み込まれながら、知恵を求めて祈りました。そして夢が与えられました。

　小さな子ども。二歳にもならない男の子が道を歩いています。ある時は四つんばいになって、ある時はよちよち歩きしながら、重い鉄の扉に向かって一心に進んでいくようでした。私は夢の中で、その扉の向こうにはありとあらゆる恐ろしいものが待ち受けていることを知っていました。毒蛇、鋭い刃物、火など、私たちが小さな子どもが近づかないようにするようなものばかりです。しかし扉が開き、その男の子が中へ入って行こうとしているのがすぐに分かりました。私は男の子を止めようと身を乗り出すのですが、どういうわけか彼に直接近づくことができません。私は叫んだのですが、男の子には聞こえないようです。唯一できることといえば扉を閉めることでした。私は男の子の先に走っていき、扉を押しましたがびくともしません。もっと力を込めて押しましたが、扉は重さ一トンもありそうでした。男の子がだんだん近づいてきます。私は扉を押す力をさらに強めました。しかしどうしてもそれを動かすことはできず、男の子を止めることもできません。

　私は恐怖といら立ちのあまり、叫び声を上げました。どうして男の子は私の言うことを聞いてくれないのでしょう。どうして私は男の子を止めることができないのでしょう。どうして私は扉を閉じることができないのでしょう。私がもっと強かったら。誰かが手伝ってくれたなら．．．。男の子は扉の所まで来て、いったんそこで立ち止まってから中へ入っていきました。私はその光景にぞっとする思いを抱きながらも、食い入るように見ていました。その時奥の方から男の子の叫び声が聞こえ、私も同時に叫んでいました。私は泣きました。目を覚ました時もまだ泣いていました。ラルフは心配そうな顔で私を見下ろすように立っていました。

「大丈夫か？」

　彼は尋ねました。私はしばらく起き上がれず、それが夢だったと知ってほっとする反面、夢が暗示する内容に心から不安を覚えました。

「ラルフ」

　ついに私は尋ねました。

「そこには子どもたちもいるのか？」

「もう何年にもなるからな。そりゃあ子どももいるだろうな。でも、どうしてそんなこと聞くんだい？」

「どうするべきか答えが与えられたからさ。さあ出かけようぜ」

　また、だれでも、このような子どものひとりを、わたしの名のゆえに受け入れる者は、わたしを受け入れるのです。しかし、わたしを信じるこの小さい者たちのひとりにでもつまずきを与えるような者は、大きい石臼を首にかけられて、湖の深みでおぼれ死んだほうがましです。

マタイの福音書18章5～6節

祈り：主よ、私はあなたのかけがえのない子どもたちを愛していますので、彼らをすべての害から守ってあげたいのです。どうか彼らを正しい道に導くすべを教えてください。私のすることや、私ができなかったことのために、彼らを道に迷わせることがありませんように。

考えてみましょう：子どもはどうして無力なのだと思いますか？

5月15日
──侵略への備え──

　ラルフと私は歩きながら、これから取りかかる仕事について話し、自分たちが果たし得る役割に胸躍らせ、そしてさまざまな選択肢とともに計画を練りました。
「おれたちは伝えることを伝えるだけでいいのさ」
　ラルフは言いました。
「彼らを無理に引っぱってくることはできない。彼らが戻ってきてくれるなら、それは彼らの意志じゃないと駄目なんだ。おれたちがそうだったようにな」
「でも君は、彼らはだまされている、って言ったよな」
　私は確かめるように言いました。
「彼らが、欺きのせいでおれたちの言うことを聞かなかったとしたら？　おれたちの言っていることがきちんと理解されたかどうか確かめずに、彼らを見捨てるわけにはいかないよな」
「だろうな」
　ラルフは言いました。
「その場合、欺きを暴露しなければいけないな。つまり、敵と対決することになるだろう」
「でもどうやって？」
　私はだんだん絶望的な気持ちになりながら尋ねました。
「悪の国全体におれたちだけで立ち向かうことにはならないよな」
「相棒、その答えはおれにも分からない」
　ラルフは言いました。
「おれたちは目と心を開いたまま、その中に入っていくしかないってことだろうな。準備は万端にしておかないと。そういえば．．．」
　彼は立ち止まって肩からバックパックを下ろしながら言いました。
「君に渡す物があったんだ」
　彼はバックパックの上部のふたを開け、中の端の方に手を入れて剣を取り出しました。私は一目で、それがあの川の真ん中で怪物から取り上げた物だと分かりました。
「これは君の物だ。これを持ち歩いていてくれたら安心だ。おれにはアンディーからもらったのがある」
　彼は自分の剣を取り出して私の剣と比べました。両方大体同じくらいの大きさで、刃は日の光に照らされて輝いていました。彼が自分の剣をベルトに固定し、私も同様にしました。
「これを使わなくて済むといいんだけど」
　私は声を震わせながら言いました。
「でももし使うことになったら、君に背中を守っていてもらいたい」
　私たちはバックパックを再び背負い、道を進んでいきました。もう今までとは足取りは違っていました。それまで私たちは個人的な目標に向かって進んでいました。つまりこの旅を終えることが目的でした。しかし今の私たちには任務を遂行するという目的がありました。そして私たちの命はお互い相手の成功と失敗に懸かっていました。私は確かに不安を感じてはいましたが、それまで味わったことのない目的意識と仲間意識を感じ、それは不安に勝っていました。私は、重要かつ真実であり、すべてを懸ける価値のある事柄にかかわっていることに喜びを感じていました。ラルフにほほ笑みかけた私は、彼も同じ気持ちでいると分かっていました。二人とも、任務に取りかかるのが待ちきれませんでした。

　イエスは近づいて来て、彼らにこう言われた。「わたしには天においても、地においても、いっさいの権威が与えられています。それゆえ、あなたがたは行って、あらゆる国の人々を弟子としなさい。そして、父、子、聖霊の御名によってバプテスマを授け、また、わたしがあなたがたに命じておいたすべてのことを守るように、彼らを教えなさい。見よ。わたしは、世の終わりまで、いつも、あなたがたとともにいます。」
マタイの福音書28章18〜20節

　祈り：あなたがご自分でされる方がずっとよくおできになることを私に託されるとは、何と不思議なことでしょう。あなたに用いられ、あなたの任務にかかわるのは、何という喜びでしょう。いつも、そしていつまでも、あなたが私とともにおられるという約束は、何と素晴らしいのでしょう。

　考えてみましょう：神様はこれまでにあなたに対し、御国のために何かするよう言われたことがありますか？　あなたは何と答えましたか？

5月16日
——障害を越えて——

　ラルフも私も、昨晩は興奮していてほとんど眠れませんでした。そのせいで、時間がたつにつれて疲れを感じ始めました。小川のほとりにたどり着くと、まだ午後になったばかりだというのにそこで寝る準備をしたいと感じ、岩の上に腰を下ろして足を乗せました。
「道が分かれている所まであとどれくらいだと思う?」
　午後の太陽に向かって目を閉じながら私は尋ねました。
「もうすぐだと思う。ジェイクは、急がないと君がそこを通り過ぎてしまうと言ってたから」
　ラルフは言いました。
「彼は、そこは草木が茂っていてふさがっている、って言ってたな。もう通り過ぎていたりしなけりゃいいんだが」
「ずっと気を付けて見ていたさ」
　私は言いました。
「まだそこに来てないんじゃないかと思うよ」
「そうだな、君の言う通りだ」
　彼は座ったまま背筋を伸ばしながら言いました。
「ともかくその道は、部分的には見えているだろうからな」
　彼は立ち上がり、川岸に一歩踏み出しました。
「道が分かれる場所はほぼ決まっているさ。尾根のてっぺんだとか、川を渡る地点だとか」
　私が上半身を起こしてみると、彼は川岸沿いの茂みに向かってまた一歩進んでいく所でした。彼は茂みをかき分け、その中に入って見えなくなりました。私は叫びました。
「ラルフ? どこへ行くんだ?」
　彼は振り向いて茂みの中から頭を突き出しながら言いました。
「まったく別の世界にさ。これだ! さあ行こう!」
　彼の後を追っていくと、茂みの向こうに、川岸伝いに上流へと続く道がかすかに見えました。ラルフと一緒にさらに約五百メートルほど歩いていくと、道は突然、左側へ切り返し、山側に進路を変えていました。川から離れたその辺りでは茂みはまばらになり、道はもっとはっきり見えていました。道が平らな場所に来ると、板と針金でできたバリケードがありました。板にはこう書かれた大きな看板がくぎで打ち付けられていました。
「立ち入り禁止。侵入者は罰す」
「侵入者っておれたちのことかな」
　ラルフは、わざと分からないふりをして言いました。彼の質問に答える代わりに、私はその看板をつかんで板からはがし、茂みの中へ放り投げました。私は言いました。
「いや違う。これは、書かれていることなら何でも信じてしまう人のためにあるんだ」
　私たちはバリケードをよじ登ってその向こう側に立ってみて、そこが何らこれまでの道と変わりないことに少し驚きました。ラルフも同じ事を考えていたらしく、こう言いました。
「よく分からないけど、何となく邪悪な光景を想像してたんだけどな」
「たぶん、ここには邪悪な者がすんでいるのかもしれない」
　私は言いました。
「けれども彼らがこの場所を作ったわけではない。ここで夜を明かして、明日の朝一番で内陸に進んでのはどうだい?」
　ラルフが私の提案に賛成したので、早速キャンプの用意をしました。ラルフも私も寝不足で疲れていましたし、ここにたどり着けるかどうか分からずに不安だったことから精神的なストレスがたまっていました。軽く夕食を食べた後は、二人ともぐっすり眠りました。

　たとい、死の陰の谷を歩くことがあっても、私はわざわいを恐れません。あなたが私とともにおられますから。あなたのむちとあなたの杖、それが私の慰めです。私の敵の前で、あなたは私のために食事をととのえ、私の頭に油をそそいでくださいます。私の杯は、あふれています。
詩篇23篇4～5節

祈り:今夜私は敵の陣地で寝ています。敵はこの世の所有者であると主張し、私もその権威の下にあるのだとだまそうとするでしょう。主よ、どうか私に敵のたくらみに立ち向かうための力を与えてください。

考えてみましょう:サタンはこの世に何を要求する権利があるでしょうか? あなたならサタンにどう答えますか?

5月17日
―――対決―――

　ラルフも私もぐっすり眠っていて、彼らが近づいてくる音が聞こえていませんでした。最初に私が聞いたのは、私の一番近くに立っている者の笑い声でした。ぎょっとして寝袋をはねのけ、思わず立ち上がってしまいました。ラルフも私とまったく同じようにし、並んで立つ私たちの目の前には三人の兵士がいました。
　彼らは人間のようでもあり、同時にどこかそうではないようでもありました。ランデブーで私たちに襲いかかろうとした悪魔の軍勢とは同じでないにせよ、彼らもやはり似たような外見と態度だったのです。真ん中にいた兵士が責任者のようで、彼が口を開きました。
「"坊や"たちはフェンスを越えて間違った所に来てしまったようだね」
　彼は見下すような口調で言いました。
「ほかにもまだ誰か一緒なのか、それともおれたちが来るのを聞きつけて逃げていったのか？」
「誰もいないさ」
　ラルフはそのリーダー格の兵士の目を真っすぐに見つめて言いました。
「おれたち二人だけで来た」
　ラルフがそう言うや否や、ほかの兵士の一人が声を上げて笑い、そして訳知り顔でリーダーに目くばせしました。
「おれたちのことどうしようっていうんだ？　身柄を拘束するのか？」
　私がそう言うや否や、二人の兵士は大声で笑い、それをリーダーが手を横に伸ばして制止しました。
「おまえらのような坊やたちにつきあっている暇はない」
　リーダーは後ろに一歩下がって言いました。
「殺せ！」
　兵士たちは剣を抜き、ラルフと私に一人ずつかかってきました。とっさにラルフも私も飛び上がって後ずさりし、昨晩、寝袋の横に置いておいた剣を拾い上げました。兵士たちは、私たちが武器を持っているのを見てたじろぎました。リーダーは私の剣をじっと見つめてこう言いました。
「どうしてそれを持っているんだ？　どこで手に入れた？」
「おれをこの剣で殺そうとしたやつからさ」
　私は言いました。
「やつにはもう必要なくなったからな」
　それを聞いた二人の兵士たちは、怒りに震えた怒鳴り声を上げ、二人同時にかかってきました。彼らの剣術は典型的なオーバーハンドで、アンディーが教えてくれた通り、悪魔の軍隊が知っている唯一の攻撃法のようでした。ラルフも私も、教えられた通りに反応し、彼らの攻撃をかわし、そして彼らの腹を真正面から突き刺しました。両方の剣が威力を発揮し、物の数秒で兵士たちは二人とも地面に倒れて死んでいました。
　リーダーは驚きのあまりしばらく動けず、私たちが近づいていくと向こう側へと二、三歩走り、そして立ち止まって肩越しに、「これで終わりだと思うなよ！」と吐き捨てるように言ってから、森の中へ走って姿を消しました。
　ラルフも私もそこに立ったまま震えが止まらず、しばらくの間、兵士たちの死体を見つめ、それから顔を上げてもっとほかに敵がいないかどうか辺りを見回しました。そしてついにラルフが口を開きました。
「あいつがほかの兵士たちを招集する前に、ここを片付けて移動した方がいいな」

　終わりに言います。主にあって、その大能の力によって強められなさい。悪魔の策略に対して立ち向かうことができるために、神のすべての武具を身に着けなさい。

エペソ人への手紙6章10～11節

祈り：主よ、私は平和主義者でいたいのですが、あなたのみことばは私に戦士になるよう命じています。私が戦わなければならないときには、あなたの御国に栄光をもたらすことができますよう、そのためのすべと勇気をお与えください。

考えてみましょう：聖書が戦いに備えるよう教えていることについて、あなたはどのように感じますか？

5月18日
――井戸のある場所――

　ラルフの提案通り、私たちは急いで荷物をまとめ、森へ向かいましたが、二、三分すると立ち止まり、次の行動について話し合いました。
「このまま進もう」
　私は提案しました。
「集落に着くまで、道を避けて進もう。警戒される前に誰かと話ができるかもしれない」
　私たちは上り坂を進み、兵舎のような建物が立っている場所を避けて通り、右側の谷へと続く使い古された道を歩きました。追っ手が来る様子もなく時間が過ぎていき、私たちは少し緊張がほぐれてきました。私は言いました。
「兵士たちは境界線に集中配置されているのかもしれないな。侵入者を捕まえるのだろう」
　ラルフは「逃げ出すやつもいるのかもな」と言いました。それから一時間ほど歩き続けると、すぐ目の前の林の上に煙が上っているのが見えました。入植地のようでした。向かって右側には小川が流れていて、その先のある所には水車がゆっくりと回っていました。水車小屋には粉ひき器か何かがあるようでした。その周りには何人かの人たちが集まり、穀物の袋を中へ運んだりする者がいたり、仕事をせずにただおしゃべりしている人たちもいました。彼らは不審そうにこちらを見ていました。ある者は後ずさりし、ある者は私たちの心を読もうとするかのようにじっとこちらを見つめていました。ラルフも私もゆっくりと水を飲み、次に何をしたらいいのか分からずにいると、八歳か九歳くらいの女の子が近づいてきました。
「あなたたち誰？」
　女の子は、大人にはまねすらできないほど無邪気に尋ねました。ラルフが口を開きました。
「僕はラルフ」
　彼は言いました。
「この人は僕の友達さ。君の名前は？」
「ニッキーよ」
　女の子はすぐに答えました。
「本当はマーシャ・ニコルっていうんだけど、言いづらいでしょ。それにニッキーっていう方が気に入っているの。あなたたちここで何をしているの？」
「僕らは良い知らせを伝えに来たんだ」
　ラルフは言いました。
「実をいうと、みんなと話がしたい。お母さんやお父さんはいるかい？」
　ニッキーが答える前に、年上の女の子がニッキーの腕をつかんで私たちから遠ざけました。
「知らない人と話しちゃいけないことになってるでしょ」
　年上の女の子は言いました。
「さあ行きましょう、ニッキー」
　女の子たちが向こうへ歩き始めると、私は大声で言いました。
「お父さん、お母さんに僕らのことを話しておいてくれ。大切な話があるんだ」
　その時背後から女の人の声で静かにこう言うのが聞こえました。
「私がニッキーの母親よ」
　彼女は言いました。
「あなたたちここに居てはいけないわ」

　もし世があなたがたを憎むなら、世はあなたがたよりもわたしを先に憎んだことを知っておきなさい。もしあなたがたがこの世のものであったなら、世は自分のものを愛したでしょう。しかし、あなたがたは世のものではなく、かえってわたしが世からあなたがたを選び出したのです。それで世はあなたがたを憎むのです。

ヨハネの福音書15章18〜19節

祈り：親愛なるイエス様、あなたは、この世の人々があなたを憎んでいるために彼らは私を憎むのだとおっしゃいました。そう分かっていても、私にはそれがつらく感じられるのです。私は人々に受け入れられたいと思っていますが、あなたが彼らに伝えるよう命じた内容は彼らにとって受け入れるのが容易ではありません。どうか私に勇気をお与えください。そしてこの世の人々の批判に耐えられるよう助けてください。

考えてみましょう：あなたは自分の言ったことをあざ笑われたことがありますか？　その時どんな気持ちでしたか？

5月19日
――希望――

　私は声が聞こえてきた方に顔を向け、そこに立っているのが"協力者"であることを期待していましたが、その女性の表情からは憎しみしか見て取ることができませんでした。
「あなたたち、どういうつもりか知らないけど、さっさとここを立ち去った方がいいわよ。子どもたちにおかしな考えを吹き込む、あなたたちのような人間には居てほしくないの」
「私たちのような？」
　私は意表をつく言葉を聞かされ、そう言いました。
「私たちがどういう人間かどうして分かるんですか？　私は友人とここに来て、ここにあるものすべてをお造りになった方について、そしてその方の意志に従って進む旅路についてお話ししたかっただけです。あなたたちは、ここにあるものがこの世のすべてだと考え込まされている。でもそれは．．．」
「あなたたちは何も分かっちゃいない！」
　彼女は吐き捨てるように言いました。
「もう一度だけ言うけど、ここから出て行きなさい。あなたたち二人ともよ。じゃないと責任者を呼ぶわよ」
　私は反論しようと口を開きましたが、ラルフが私の肩に手を置いて無言の合図をしました。辺りを見回すと、ほかの人々が女の人の背後に集まってきていて、彼女の言ったことに同調しているようなそぶりを見せていました。この純朴な町の住民は、今にも怒りの群集と化して襲いかかってきそうなのでした。ラルフの方を見ると、彼は「行こう」と言ったので、道に戻って歩き始めました。
　角を曲がり、粉ひき小屋が見えなくなってようやく、私たちは少し呼吸が楽になりました。最初に口を開いたのはラルフでした。
「大変なのは分かっていたけど、心のどこかでは警備兵ほどではないと思ってたよ。女性や子どもに剣を向けるなんてとてもできないよな」
「そうだな」
　私は言いました。
「これは思ったよりも大変な仕事かもしれない」
　その時、背後からバタバタという足音が聞こえ、ラルフも私も本能的に剣に手を伸ばして同時に振り向きました。そして私はそれが少年――恐らくティーンエージャーでしょう――と分かり、少しほっとしました。少年は走ってきて、息を切らせながらこう言いました。
「ついてきて！」
　そして道沿いの茂みの中に入っていきました。相談する暇もなく、私たちは少年の後に続いてやぶの中を走り、丸太や小川を跳び越え、ようやく森の奥地で立ち止まりました。
　少年は辺りを見回してささやき声で言いました。
「父さんがあなたたちと話したいそうです。でも誰にも姿を見られないようにしてください。暗くなるまでここで待っていてください。僕が戻ってきて家まで連れていきます」
「どう思う？」
　私は言いました。
「わなかもしれないな」
「そうだな」
　ラルフは言いました。
「でもほかにすることもないし、待っているとするか」

わたしが来たのは地に平和をもたらすためだと思ってはなりません。わたしは、平和をもたらすために来たのではなく、剣をもたらすために来たのです。なぜなら、わたしは人をその父に、娘をその母に、嫁をそのしゅうとめに逆らわせるために来たからです。さらに、家族の者がその人の敵となります。
マタイの福音書10章34～36節

祈り：主よ、あなたへの信仰を持っているがために家庭内で危険にさらされている人々のことを覚え、彼らのために祈ります。彼らをあなたの霊で包んでください。彼らを守り、そしてあなたのご意志により、彼らの家族全員があなたを知ることになりますように。

考えてみましょう：あなたの家族は全員同じ信仰を持っていますか？　今までにどのような問題がありましたか？

5月20日
――密会――

　待っている間、悪魔の兵士たちや怒りに震えながらくま手を振り回す村人たちが登場する筋書きをいろいろと想像してしまい、時間がたてばたつほど私たちの緊張は高まっていきました。今ではもう辺りは真っ暗になり、顔の前に上げた自分の手さえ見えず、走って逃げたくても逃げられない状態でした。どこか遠くの方から小枝が折れる音が聞こえ、ラルフも私も本能的に剣に手を伸ばしました。その音は次第に近づいてきて、やみました。森は静まり返り、私の心臓の音だけが聞こえていました。その時かすかな口笛の音に続いて声が聞こえました。
「そこに居ますか？」
「ここに居るよ」
　ラルフが小声で言うと、少年が近くに寄ってきました。
「ついてきてください。でも話し声は立てないでください」
　私たちは黒い影しか見えない"案内人"の後ろを歩き始めましたが、道の方へ戻るのだろうという私たちの予想に反し、彼は森のもっと奥深くへと歩いていきます。ラルフも私も三十分かそれ以上、つまずきながら進み、そして突然、少年にぶつかって立ち止まりました。遠くの方には、窓から漏れる光が見えました。
「ここからは特に静かにしていてください」
　少年はかろうじて聞き取れる小さな声で言いました。私たちは森を抜け、木のない場所を歩いて民家に近づいていきました。建物の一つは電灯がついていなかったので留守なのだと思い、安全だろうと思っていました。しかし意外なことに、少年はその家に私たちを連れていき、裏口の小さなドアから中へ通してくれたのでした。ドアが閉められると、マッチを擦る音がして、そばにあったテーブルの上のろうそくがともされました。そのかすかな明かりに照らされ、ここまで連れてきてくれた少年と、緊張した面持ちでテーブルの近くに立ち、そして壁のそばに戻っていく男の人、それから二人の女の子に両腕を回している女の人が見えました。男の人はほとんど普通の声の調子で言いました。
「私の名前はウィリアム。これは息子のネイサン」
　それから首をわずかに振って女の人の方を指し、こう言いました。
「それから妻と娘たちだ。こんなことをすることで、私がどんなに大きな危険を冒しているか分かってもらえるかな。君たちは既に二人の男を殺したそうじゃないか」
「兵士たちのことですね」
　私はうなずきました。
「彼らが私たちを殺そうとしたのです」
　彼はうなずいてから、長い間沈黙していました。ネイサンは台所に行き、丸いすに座りました。奥さんと娘たちはじっと黙っていました。ウィリアムは口を開きました。
「君たちのような人々の話を聞いたことがある。彼らはわれわれのまったく知らない場所からやって来たそうだ。そしてわれわれに、すべてをお造りになった創造主について話し、彼らと一緒に旅をするよう求めたらしい」
「よろしかったら、私が仕えるお方についてどんな質問にでも答えますし、そのお方について教えて差し上げます。かつてここにやって来た人たちはどうだったんですか？」
　ラルフは部屋に居る全員に話しかけるように言いました。
「誰か一人でも彼らと一緒にここを離れた人はいたんですか？」
「いや彼ら自身ここから離れなかった」
　ウィリアムは静かに言いました。
「彼ら全員、ここで死んだから」

　ああ、エルサレム、エルサレム。預言者たちを殺し、自分に遣わされた人たちを石で打つ者。わたしは、めんどりがひなを翼の下に集めるように、あなたの子らを幾たび集めようとしたことか。それなのに、あなたがたはそれを好まなかった。見なさい。あなたがたの家は荒れ果てたままに残される。

マタイの福音書23章37～38節

祈り：主よ、あなたは、御国のために血を流した人々のことをお忘れにはならないでしょう。彼らのことを思い出してくださり、迫害も恐れも死も存在しない日が来るのを早めてください。

考えてみましょう："殉教者"とはどのような人たちのことですか？　今でも殉教者は存在しますか？

5月21日
――種はまかれた――

　ラルフも私も、恐らくは数分間だったと思うのですが、その間ずっと何も言えずに座っていました。私たちは、ウィリアムの言ったことを誤解したのだと思いましたが、彼の表情を見てこの話の深刻さを悟ったのでした。
「先にも言った通り．．．」
　ラルフがついに口を開きました。
「よろしかったら、すべてをお造りになったお方についてどんな質問にもお答えします。そのお方こそ、ご自身に立ち返るよう皆さんにお勧めするため私たちをお遣わしになったお方なのです」
「父さんの言っていることが分からないんですか？」
　ネイサンが立ち上がって私たちが座っている部屋に入ってきました。
「あなたたちのような人々が前にもここにやって来て、彼らは全員死んだのです！　僕らはあなたたちを助けようとしているんだ。この森なら僕は目をつぶってでも歩ける。今から出発すれば、夜明けまでにこの地域から連れ出してあげられる。その後のことは自分たちで何とかしてください。あなたたちがここに居ると僕らも危険なんです。お願いですから出て行ってください」
　ラルフは私の方を見てうなずきました。私たちは立ち上がりました。
「私たちは自分たちの身の危険を承知の上で、ここに来ることにしました。けれどもあなたたちを危険にさらしたいとは思いません。既にいろいろお世話になってしまいました。ネイサン、どっちの方向に進めばいいか教えてくれたら、今すぐに出発するよ。君は家族とここに居るといい」
　私たちが裏口から出ようとすると、安どのため息が部屋中に響きました。しかしテーブルから離れる直前に、同じ部屋の向こう側にいた女の子のうちの小さい子の方が言いました。
「パパ、この人たちが行っちゃう前にお話をしてもらっちゃ駄目？」
　その声には聞き覚えがありました。ろうそくの薄明かりの中、壁際で母親にしっかりとしがみついて立っている女の子の姿がありました。それは粉ひき小屋のそばで私たちに近づいてきた子どもでした。年上の方の女の子は、妹に私たちとかかわらないようにとたしなめたあの子でした。私はほほ笑んで口を開いたのですが、母親の声が私と女の子たちとの会話を遮りました。
「この人たちには時間がないのよ、ニッキー。今すぐ行かなくちゃならないの」
　その内容といい、声の調子といい、彼女の言葉には聞き覚えがありました。それは粉ひき小屋で私たちに立ち去るよう忠告したあの女の人でした。

そこで私は、主にあって言明し、おごそかに勧めます。もはや、異邦人がむなしい心で歩んでいるように歩んではなりません。彼らは、その知性において暗くなり、彼らのうちにある無知と、かたくなな心とのゆえに、神のいのちから遠く離れています。
エペソ人への手紙4章17〜18節

祈り：主よ、あなたがお呼びにならない限り、誰もあなたのみもとに行くことはありません。ですからどうか彼らを呼んでください。彼らの、罪によってかたくなになった心を解きほぐしてください。彼らをあなたの愛に満ちたご臨在にあずからせ、それを受け入れる喜びを感じられるようにしてください。

考えてみましょう：自分の言っていることが間違っているという証拠があるにもかかわらず、人の言うことに耳を貸さない人を誰か知っていますか？　彼らはどうしてそのような態度を取るのだと思いますか？

5月22日
――幼子の口から――

　女の人の声には不安と怒りの両方が感じられました。明らかに不安が怒りを、そして怒りが不安を生み出しているというふうでした。私たちがしばらくの間その場にじっとしていたので、彼女は続けました。
「あなたたちが無謀なことをして殺されるのは、あなたたちの勝手よ。でもわが家にまでそれを持ち込んできて子どもたちを巻き込むのだったら、私にも考えがある。あなたたちにわが家をめちゃくちゃにされるのを黙って見ているわけにはいかない。今日の午後にも言ったはずよ。本当にもう一度だけ言うわ。今すぐ私たちの目の前から消えうせないと、捕まって殺されることになるわ。分かった？」
　ラルフがこれまでに聞いたこともないような穏やかな口調で話し始めました。
「はい、分かりました」
　彼は静かに言いました。
「あなたは家族を愛している。それは素晴らしいことだ。かつて私にも家族がいた。昔の話です。息子二人と娘一人、そして私に尽くしてくれる美しい妻。われわれはみんなで考え、私たちをお造りになったお方に従うことにした。そしてそのお方のみもとへ行くための旅に出た。けれども邪悪な者が来て、われわれに必要なものを与えてくれるという。それによって身の安全が保証されるらしかった。私はやつを信じた。家族のために正しいことをしていると確信しながら、言われる通りにした。しかし結局、私は邪悪な者にだまされていた。嵐の中、安全な場所だと思っていたのは、実は断がいに沿って続く細い道だった。妻や子どもたちは断がいへと次々に落ちていった。私は皆を引っ張り上げて助けようとした。でももう手遅れだった。邪悪な者は一方で、ある村の住民全員をだまし、彼らの住む場所が世界で最も安全な場所だと信じ込ませた。しかしそれは間違っている。彼らもまた、断がいに立たされているようなものだ。誰かが忠告しない限り、老若男女一人残らず死ぬことになる。奥さん、あなたの愛情と気遣いは称賛に値します。あなたにそれと同じくらいの賢明さが与えられるよう祈ります。子どもたちのために、そしてこの村のために」
　ラルフが話している間、私は口をぽかんと開けて立っていました。彼の家族の話を聞くのはこの時が初めてだったので、彼に心から同情しました。母親の方を見ると、彼女も聞き入っていました。彼女は無表情のままでしたが、その目からは一粒の涙があふれ、ほおを伝って流れました。ニッキーは母親の顔を見上げ、何か言いたそうなそぶりでしたが、何も言わず母親にしがみつきました。ついに母親は床にひざをつき、二人の女の子を抱き寄せてこう叫びました。
「いとおしい子どもたち、どうしたらいいの？　どうしたいいの？」
　ウィリアムはさっと奥さんに駆け寄り、彼女に腕を回して慰めました。ネイサンは台所の戸口に立ったまま、私を見てほほ笑みました。ついにウィリアムが口を開けました。
「私たちは何年もの間、うそをつかれていることに気付いていた。けれども怖くて何もできなかった。口をつぐんでいれば無事に過ごせると思っていた」
　彼は奥さんの目を見つめながらこう続けました。
「今夜限りで沈黙を破る。何が起ころうとも声を大にして真実を語ろう」
　彼はラルフと私を見て言いました。
「けれども何が真実なのか分からない。教えてくれるかい？」

あなたがたは、なぜわたしの話していることがわからないのでしょう。それは、あなたがたがわたしのことばに耳を傾けることができないからです。

ヨハネの福音書8章43節

祈り：天のお父様、偽りと欺きに満ちた世界にあっても、あなたの真理を見させてください。敵が仕掛けたわなにかかることなく、真っすぐ立ってあなたの道が真理の道であると確信しながら歩むことができますように。

考えてみましょう："正しいこと"と"真実"の違いは何だと思いますか？

5月23日
――聞く耳を持つ者――

　私たちはその夜、長い間、食卓に座り、熱心に聞き入る家族を前にし、彼らにとってまったく新しい世界について語りました。最初に、私は子ども向けの分かりやすくて楽しい聖書物語をニッキーに話して聞かせました。驚いたことに、私が話し終わるまで、家族全員が真剣に聞き入り、彼らの表情にはニッキーと同じくらい心からの喜びが表れていました。夜も遅くなってきて、ニッキーがうとうとし始めたので、もう一人の女の子が彼女を二階のベッドに連れていきました。

　続いてラルフが話し始め、分かりやすくしかも力強い口調で神様のみことばの真理について説きました。彼はエデンの園について、それから「非常に良い」とされた世界について話しました。さらに、愛が本物であるためには自由が必要であることや、「あの木から取って食べてはならない」という、自由のあかしとしての単純な手段について説明しました。彼らはアダムとイブの不従順さに憤り、そして自分自身も同じ罪を背負っていることに気が付いて恥じ入っていました。彼らは神様の愛に歓喜し、人々が神のひとり子をどのように扱ったかを知り、震え上がっていました。しかし、キリストのよみがえりと再臨の約束について聞き、彼らは抱き合って大喜びし、あらためてこれが常々知りたがっていた真実だと確信したようでした。東の空が灰色に明るんでくるころ、ウィリアムが言いました。

　「われわれはここを離れて、長い間忘れ去られていた道に戻るよ。だがこの町の全員が、私が今学んだことを知るようになるまでは、ここを出ることはできない」

　私たちを見つめながらウィリアムは言いました。

　「あなたがたには先に出発してもらう。だがまた会えると信じて安心していてほしい。あなたがたはもう役目を果たした。どうか神様とともに進んでくれ」

　私は立ち上がり、彼の勇気に対して礼を言おうとしましたが、ラルフは動こうとしません。皆がラルフの様子に気付くと、彼は口を開きました。

　「私は一度家族を失った。もう同じ間違いはしたくない。あなたの承諾と神様の恵みが受けられるなら、私はあなたがたとここに残りたい。あなたが目的を果たすのを手伝い、必要ならばあなたを守ります。それからみんなで一緒にここを出よう」

　私は反論しようとして口を開きましたが、ラルフの目を一目見て今は口論する時ではないと悟りました。外は次第に明るくなってきました。もう出発しなければならない時間です。その時、ニッキーが階段の上から眠たそうな声で叫びました。

　「ママ、ディードルはどこ？」

　母親はニッキーの方を見上げ、そして夫の方を見ましたが、彼は分からないというふうに首を振りました。

　「あの子はニッキーをベッドまで連れていったきり、下りてきた覚えがないわね」

　ネイサンははっとあることに気が付いた様子でした。

　「ディードルはずっとここに居なかったんだ。警察に通報しに行ったに違いない！」

　「そんなことあり得ない！」

　ウィリアムが言いました。

　「あの子がそんなこと．．．」

　しかし彼はとっさに身を潜め、全員を見渡して声を立てないよう身振りで指示しました。そして窓に近づいていき、カーテンをほんの少しだけ開けると、家の前の道に兵士たちの小隊が集まっているのを見たのでした。兵士たちは到着したばかりで、道の片側に列になって立ち、上官から指示を受けていました。それはまさしく、境界線を越えた所で私たちと対決したあの士官でした。

　「主よ。彼らはあなたの預言者たちを殺し、あなたの祭壇をこわし、私だけが残されました。彼らはいま私のいのちを取ろうとしています。」

ローマ人への手紙11章3節

祈り：主よ、あなたへの熱意のあまりあなたの教会に苦難をもたらした人々をおゆるしください。彼らによって苦しめられる人々を守り、彼らをあなたの真理へと導いてください。あなたの御名と御国の栄光のために、この願いを聞き入れてください。

考えてみましょう：“狂信的な信者”についてどう思いますか？

5月24日
――逃亡――

　ウィリアムは素早い動きで玄関近くの押し入れから一巻きのロープを取り出しました。
「無駄口をたたいている暇はない」
彼は言いました。
「兵隊たちが踏み込んでくる前に裏口から出なければ。私が、やつらから逃れられる場所まで君たちを連れていく」
　ラルフが何かを言いかけましたが、ウィリアムが指を立てて口を閉じるように指示し、裏口の方に歩いていきました。私たちはウィリアムの後に続き、森に向かって一目散に走りました。森の中の、敵から姿が見えづらい場所にまで来ると、ウィリアムは右へ進路を変え、獣道や干上がった川床に沿って素早く移動しました。ネイサンは目をつぶっても森を歩けると言っていましたが、この父親に教わったのだとすれば、あながち大げさでもなかったのかもしれません。
　それから十分ほどたち、空き地に差し掛かったかと思うと、突然、三十メートルほど垂直に切り立った断がいの所で森が終わっていました。ウィリアムは近くの木にロープをくくりつけ、顔を上げずに早口で言いました。
「君たちがこの谷の下に着いたら、私がロープを下へ投げる。やつらはいつ追いかけてくるかもしれない。川に差し掛かるまで下り坂を進み、右へ曲がる。そこから六時間ほどで君たちが以前通ってきた道にぶつかる。私は長年その道の存在を知っていたのだが、あえてそれを無視してきた。もうそんな間違いは繰り返すまい」
　彼はついに立ち上がり、私を見てほほ笑みました。
「神様が共に居てくださるように祈っている。ではまた会おう」
　その時、空き地の隅の方で、私たちの姿を見つけた兵士の叫び声がしました。兵士は今度は失敗しまいと、慎重に剣を抜いてこちらへ向かってきました。私たちが二人の兵士を殺した話を聞かされていたに違いありません。ラルフが自分の剣を抜いて兵士に向かっていきました。
「ここはおれに任せろ、相棒。先に行け。後で追いつくから」
　ラルフに反論する暇もなく、私はロープをつかみ、さっとがけを下り始めました。一瞬、バックパックを背負っていないことに気が付き、動転しましたが、もうこの時点ではどうしようもありませんでした。私が早く下りれば下りるほど、ラルフもそれだけ早く下りてこられます。その間の時間の長さといったら、永遠にも感じられるほどでしたが、ようやく足が谷底に届き、私は叫びました。
「下に着いたぞ！　二人とも早く来い！」
　上の方からは金属と金属がぶつかり合う音や、大勢の人の声が聞こえてきました。男たちの叫び声に交って、時々悲鳴も聞こえてきます。私がいてもたってもいられずロープをよじ登ろうとすると、ラルフががけの上から顔を出しました。ラルフは顔に笑みを浮かべて剣を振り上げ、ロープを切断しました。ロープの先端がスローモーションのように落ちてきて、私の足元にきれいにぐるぐる巻きになって着地しました。私は驚いて身動きすらできませんでした。上では戦いの音が続いていましたが、私には何も見えません。次第に音は小さくなっていきましたが、果たしてそれが音を立てる人の数が減ってきたからなのか、戦いの舞台が遠ざかったからなのか、分かりませんでした。
　けれどもこれだけは確かでした。私はもはや一人になり、持ち物といえばこの剣だけ。私は涙をこらえながら下り坂を進み、上から響いてくる音から遠ざかっていきました。

エリヤは答えた。「私は万軍の神、主に、熱心に仕えました。しかし、イスラエルの人々はあなたの契約を捨て、あなたの祭壇をこわし、あなたの預言者たちを剣で殺しました。ただ私だけが残りましたが、彼らは私のいのちを取ろうとねらっています。」

列王記第一19章10節

祈り：天のお父様、私は誰からも見放され、あなたからも見捨てられてしまったように感じてしまうことがあります。そんなことは事実ではないと分かっていながらも、そのような感情を否定できないのです。どうか信仰の足りなさをおゆるしくださり、それを乗り越えるすべを教えてください。

考えてみましょう：完全に見捨てられたと感じたことがありますか？　どんなことがあったのですか？

5月25日
────道に戻る────

谷底からの道はウィリアムの説明通りでした。下り坂を進んで少したつと、彼の言っていたように、小川がありました。そこで右側へ進路を変え、時々剣を"なた"のように使ってつる草をたたき切りながらうっそうと茂る下生えをかき分けて進みました。何度となく立ち止まっては耳を澄ましましたが、追っ手が来る気配はありませんでした。

ラルフの追いかけてくる音が聞こえなかったのは残念でたまりませんでした。彼はなぜわざわざロープを切断し、がけから下りてこられないようにしたのでしょう。彼は命じられたことを既になし遂げていました。つまり、創造主のメッセージを伝え、少なくとも一家族が町中にそれを知らしめようと必死になっていました。けれども、私が逃げてくる途中で聞いた叫び声や戦いの音からすると、あの一家全員、場合によってはラルフさえ死んでしまっていたとしても不思議ではありません。

正午を少しすぎたころ、丘の上の向かって右側の方にかすかに道らしきものが見えました。そして川岸を歩き続けるうちに、本当に道らしい道に戻ることができたのでした。その時、以前にここを通ったことがあることに気が付きました。これはラルフと私が通った脇道の一部だったのです。．．．．あれがわずか二日前のことだったとは信じられませんでした。

川岸に沿ってさらに下流へと進んでいくと、脇道が本道にぶつかる交差点にたどり着きました。私は腰を下ろして一休みし、次にどうするべきか考えました。ラルフと私が通った道を逆戻りして彼を助けに行くべきでしょうか。いいえ、そうするべきではありません。彼がまだ生きていたとすれば、間違いなく救助を拒むでしょう。もう死んでしまっていたならば、戻るのも無意味なことです。また、仮にもし町の住民のために後戻りしたとしても、どうすることもできないでしょう。ラルフもジェイクも、これはラルフに与えられた使命だと断言していました。私はただ、友人として手伝うために同行したにすぎません。そうです、私はすべてを神様の御手に委ね、このまま先へ進まなければならないのです。もし神様が私を呼び戻すなら喜んで行きます。けれどもこの旅で分かり始めたことの一つは、正しいことを間違った動機ですることは、間違ったことを正しい動機でするのと同じくらい悪いことだということです。

私は歩き出そうと立ち上がりましたが、突然の目まいに襲われてその場に座り込んでしまい、その時ようやく二日近くも何も食べていないことに気が付きました。バックパックを失った今、食べ物はすべて自分で見つけなければなりません。辺りを見回してみましたが、木の実もミツバチの巣も見当たりません。小川には魚がいるようでしたが、一体どうやって捕まえたらいいのでしょう。考えた末、剣で切って集めた小枝を両手に抱えられるだけ川の浅瀬に持っていき、水流がかなり細くなっている場所にそれをV字型に突き立て、その先が上流を向くようにしました。なかなかうまくいきませんでしたが、何とか即席のわなをこしらえることに成功しました。こうしておけば、わなに入り込んだ獲物をやりか何かで突き刺すか素手で捕まえることができるでしょう。

川の近くの草の上に横になり、心の中でもう一度、ラルフやウィリアムたちのために祈っているうちに、私はうとうとと眠りに落ちてしまいました。

主は私の羊飼い。私は、乏しいことがありません。主は私を緑の牧場に伏させ、いこいの水のほとりに伴われます。主は私のたましいを生き返らせ、御名のために、私を義の道に導かれます。

詩篇23篇1～3節

祈り：主よ、どんなときに戦うべきなのか、どんなときに休むべきなのか教えてください。最善の道だけでなく、あなたが私のためを思ってくださるそのご意志にかなう道をも示してください。何にも増して、あなたに従順でいられますように。

考えてみましょう：その時には最善とは思えなかったけれども、誰かの助言に従ってそれを実行し、後になってから最も賢明な選択だったと分かったことがありますか？

5月26日
──喜びの朝──

　空腹と疲労が重なって体力を消耗していた私は、少し昼寝をするだけのつもりが、一晩中眠ってしまいました。顔に太陽のぬくもりを感じて目覚めた時、近くでハエが飛び交う音がし、遠くから子どもたちの笑い声が聞こえました。
（えっ？　こんな所に子どもが？）
　私は体を起こして耳を澄ましました。川の近くの林の中から声がします。大人の声も子どもの声も聞こえます。人の声がこちらに近づいてくる一方で、私はどぎまぎしながらどうしていいか分からず、立ち上がりました。
　しかしすぐに事態は急展開しました。脇道沿いの茂みがかき分けられ、ウィリアムとラルフの顔が目の前に現れたのです。二人は並んで歩きながら何やら楽しそうに話していたようでした。彼らは私を見て最初は驚いたように身動きできずにいましたが、すぐに大きな笑みを浮かべて私を抱き締めました。
「相棒！」
　ラルフが叫びました。
「会えるだろうと思ってはいたけど、こんなに早く会えるとは思わなかった。ここで一休みして朝食にしようと思っていたところさ。さあゆっくり座って君の冒険について聞かせてくれよ」
「おれの冒険だって？」
　私はやっとの思いで声を振り絞って言いました。
「おれはてっきり．．．」
　私はウィリアムの方を見ました。
「君たち全員が死んでしまったと思っていたよ！」
「大げさだな」
　町人たちが道にあふれ、たき火をおこす用意を始める中、ラルフは私を道から離れた川沿いの場所に連れていきながら言いました。子どもたちは既に川の方へ歩きだし、私が仕掛けたわなを見てはしゃいでいます。
「がけの下に君を放っておいてすまなかった」
　ラルフは続けました。
「説明している暇もなかったし、ウィリアムとおれは自分のことで精いっぱいだったんだ」
「だけど戦いの最中に聞こえてきた音からすると．．．」
　私は口を開きました。
「敵の数の方が多かったんじゃないか？」
「最初はそうだった」
　ラルフは言いました。
「ウィリアムとおれは背中合わせに立って戦った。おれには剣があったが、ウィリアムは棒切れしか持ってなかった。おれたちはそれぞれ、兵士を一人ずつ倒していった。そのうちに、ほかの兵士たちがやつらの背後の存在に気持ちを奪われているのに気が付いた。あとで分かったんだが、町中の人々が戦いの知らせを聞きつけて、おれたちを助けに来てくれていたらしい」
「みんないいやつらさ」
　ウィリアムは人だかりを指して言いました。
「いつだってそうだった。ただ今までどうしたらいいか分からず、不安に震えていただけさ。君たち二人が来てからというもの、目隠しが外されてすべてを理解できるようになった」
「パパ！」
　声がした方を見ると、ニッキーが大きなサケを抱えて水から上がってくるところでした。
「パパ、こんなの見つけたの。食べられるかしら？」

　するとただちに、サウロの目からうろこのような物が落ちて、目が見えるようになった。彼は立ち上がって、バプテスマを受け、食事をして元気づいた。

使徒の働き9章18～19節

祈り：主よ、真実が見えていない人々のために祈ります。この世の敵は彼らから光を隠し、彼らは暗闇の中でもがいています。彼らの目を見えるようにし、喜びを取り戻させてください。

考えてみましょう：目をつぶって歩いてみましょう。次に耳が聞こえないように指でふさいでみましょう。不便さがさらにひどくなった様子について説明してみましょう。

5月27日
──交わり──

　ランデブーを除いては、こんなに楽しい時間はほかのどこでも過ごしたことがありません。ラルフとウィリアムが町人全員に私を紹介した後、みんなで旅の準備に取りかかりました。女性たちは、食器を並べたり火に薪をくべたりしながらおしゃべりしていました。ウィリアムの奥さんの方を見ると、不安から解放されてまるで別人のように見えました。彼女は私を見てほほ笑み、「ゆるしてください」とでも言いたそうな表情を浮かべていました。私がうなずいてほほ笑み返すと、彼女はほかの女性たちの所へ戻っていきました。ニッキーが私の仕掛けたわなで捕ったサケは早速朝食のメニューに加えられ、しばらくするとさらに多くの魚が鍋に入れられました。
　ウィリアムと私は川で遊ぶ子どもたちを見ていましたが、ふと後ろに誰かが立っているような気配を感じました。振り向くと、それはニッキーの姉のディードルでした。ディードルはうつむいていましたが、ずっと泣いていたらしいことが分かりました。ウィリアムはディードルの肩を抱き寄せました。
「この子は妻とよく似ている」
　彼はほほ笑みを浮かべながら言いました。
「家族のことを思うばかりに、自分の命の危険さえ顧みないんだから。昨夜なんかは君の命まで犠牲にしかねなかったんだものな」
「ごめんなさい」
　ディードルはすすり泣きました。
「私はただ、よく分かっていなかったの。ニッキーや家族全員を守りたくて。家に戻ってくるとお母さんが、あなたが伝えてくれたことを話してくれた。お母さんの話を聞いていると、なぜか不思議な温かさに包まれて．．．よく分からないのだけどそれは何だか．．．」
「幸せな気持ちになったのかい？」
　私はディードルの言いたかったことを口にしたらしく、彼女は強くうなずきました。
「真実を知るとそう感じることが多いんだよ。恐れや不信感が取り除かれて、本当に美しいものが全部見えるようになる。これで君も僕らの家族の仲間入りだ、ディードル」
　ディードルは父親のそばを離れ、私に抱きつきました。その目から流れた喜びの涙が私のシャツをぬらしました。私が顔を上げると、ディードルの後ろにネイサンが立っていました。
「いい妹を持ったな、ネイサン」
　私は言いました。
「きちんと面倒を見てあげないとな」
　ネイサンは何も言わずにディードルの肩に腕を掛け、私と握手をしてから川岸に沿って彼女と一緒に歩いていきました。私は、二人が川辺で並んで座って語り合っているのを見て、彼らにもいろいろ話すことがあるのだろうと思いました。
「それからもう一つ！」
　整理され皆に配られる物資が山のように並べられた場所から、ラルフが走ってきて言いました。
「聖書には互いの重荷を負うように書かれているけどな．．．これは自分で運んだ方がいいぜ」
　ラルフはそう言うと、私のバックパックを目の前に置きました。

だれでも、りっぱでもない自分を何かりっぱでもあるかのように思うなら、自分を欺いているのです。おのおの自分の行ないをよく調べてみなさい。そうすれば、誇れると思ったことも、ただ自分だけの誇りで、ほかの人に対して誇れることではないでしょう。人にはおのおの、負うべき自分自身の重荷があるのです。

ガラテヤ人への手紙6章3〜5節

祈り：信仰を同じくする兄弟姉妹を与えてくださりありがとうございます。彼らに仕えることのできる機会が与えられ、また彼らが私のためになしてくれる働きに感謝します。どうか私たちのきずなを強めてください、力を合わせてより一層あなたに仕えることができますように。

考えてみましょう：クリスチャンの兄弟姉妹同士の関係は、どのような点で理想的な家族関係と共通していると思いますか？

5月28日
──行進に備えて──

　朝食後ラルフと相談した結果、皆で旅に出発する前に、町人たちに初歩的な訓練を受けてもらうことになりました。私は皆を一カ所に呼び集めて言いました。
「みんな、少しの間私に注目してくれるなら、これから靴ひもの結び方を教えます」
　笑い声が沸き起こりましたが、私が冗談を言っているのではないと分かると、数人のヒソヒソ話が聞こえました。
「基礎がしっかりしていれば．．．」
　私は続けました。
「どんな苦しみを伴う重荷でもA地点からB地点へ、素早く簡単に動かすことができる。その一方で、世界一の装備を誇る軍隊でも自分の靴ひもにつまずいていては話にならない」
　そういうわけで皆で座り、靴ひもを結んではやり直し、互いの上達を確かめ合いました。正午をすぎるころには、みんなが基礎の大切さを学んだ様子を見て満足でした。彼らは敵に基礎を崩され、長年の間、真実を知ることなく疑念や苦痛にさいなまれてきたのです。そのことは彼らも自覚していて、靴の準備を通して、旅立ちに向けての心の準備も整えられたようでした。
　ラルフとウィリアムが近づいてきた時、私はニッキーが靴ひもを結ぶのを手伝っていました。
「相棒！」
　ラルフは言いました。
「君には本当に感謝している。君が自発的にこれをやってくれたことに、心を動かされたよ」
「君がおれの立場だったら同じようにやっていたさ。おれが君に勝っているわけじゃない」
　私は彼と握手しながら言いました。
「で、どう思う？　みんな旅に出る用意ができたのかな」
「おれたちはそのことを話しに来たんだ」
　ラルフは言いました。
「ウィリアムとも話していたんだが、おれたちの意見では、みんな旅に備えてもっと基礎を学んでおいた方がいいと思う。君もこれがどんな旅だか分かっているだろう。彼らはさまざまな困難や苦難に遭って、そのたびに元の生活に戻りたくなってしまうかもしれない。よほど強い信念がなければ、またわなに捕らわれてしまうだけだからな」
　ウィリアムが口を開きました。
「実はラルフにはもう、二、三日ここに残って基本的なことをもっと教えてくれないかと頼んである。みんな意欲的だし、こんなチャンスはまたとないかもしれないからな」
「相棒！」
　ラルフは言いました。
「君はもう自分の旅に戻った方がいい。神様はおれに、しばらくこの人たちと一緒に居るよう言われている。君は立派に役目を果たしてくれた。ランデブーで会おう」
　彼の言っていることは正しかったのですが、新しい友達や家族に別れを告げることを考えただけでも悲しくなりました。私は黙ってうなずき、彼らと握手してから荷物をまとめて出発の準備を始めました。ニッキーは私が一人で出発することを知り、やって来て抱きつきました。
「あなたのことアンクル・フレンド（"友達"おじさん）って呼んでいい？」
　ニッキーが大きな目で私を見上げて言うと、私は答えました。
「もちろんさ。ほかの子たちにもそうするように言っておいておくれ。またすぐ会えるさ！」
　町人たちが皆、口々に別れの言葉を叫ぶ中、私は川を渡り、向こう岸を歩き始めたのでした。

あなたがたに新しい戒めを与えましょう。あなたがたは互いに愛し合いなさい。わたしがあなたがたを愛したように、そのように、あなたがたも互いに愛し合いなさい。もしあなたがたの互いの間に愛があるなら、それによって、あなたがたがわたしの弟子であることを、すべての人が認めるのです。
　　　　　　　　　　　　　　　　　　　　　　　　　　　　　　ヨハネの福音書13章34～35節

祈り：愛するお父様、かけがえのない子どもたちに対する私の愛が、私に対するあなたの愛と同じくらい深いものとなりますように。御子イエス・キリストが私たちに教えてくださったことを、私たちもこの世に示すことができるようにしてくださり、人々が驚嘆の念をもって私たちを見るようになりますように。どうかあなたの愛で私たちのきずなを強めてください。

考えてみましょう：愛と憎しみとでは、どちらが人々を強く結びつけ、どちらに将来を託すことができるでしょうか？

5月29日
――ここに私がおります――

　出発の時間が遅かったこともあって、今日はそれほど遠くまでは歩けないだろうと思っていました。けれども、道の左右に広くてすがすがしい草地が広がっていたせいか、日が暮れるころには川を渡った地点から既に五キロメートル近くは進んだようでした。都合のいいことに、草地に一本の木がぽつんと立っていたので、今夜はそこで寝ることにしました。柔らかな風が雲を追い払っていました。私は輝く星を見上げながら、気の向くままにここ数日間の出来事を思い起こしていました。
　一人の女の子が私たちの話を聞きたいと思ったがために、あんなにも絶望的と思われた状況が一気に解決されるなど思ってもいませんでした。仮に、ほかの人々やほかの状況が、神様によって指揮され準備されていたのだとしても．．．．それにしても驚きだったのは、神様が信じがたいほどの偉業をなし遂げるために、すべての人々の中から最も"小さな者"を用いられたということでした。いやしかし、それが神様のよく用いられる手段なのでしょう。少年ダビデが巨人ゴリアテを倒したり、堕落した世界を救うためにベツレヘムというちっぽけな町が大きな役割を果たしたり．．．．そのように彼らが選ばれし者として、永遠の計画に何らかの形で用いられる、といったことはよくあることなのです。
　私は自分がほんの小さな役割を果たしたにすぎないと考えると、少し恥ずかしくなり、ラルフが神様に選ばれてあんなにも素晴らしい働きをしたことがちょっぴりうらやましくなりました。私は行くことを"許可"されましたが、彼らと行動を共にする義務はないのだと思い知らされました。
　これも訓練のうちの一つなのでしょうか。いつか自分にも使命が与えられたときに備えるため、このような機会が与えられたのでしょうか。私は自分の人生を振り返ってすぐさま、いや、そんなことに挑戦できるような自分ではない、と思ってしまいます。私は取り立てて強くも雄弁でもなく、まして勇敢ではありません。私よりもふさわしい人がたくさんいるに違いないのです。こんな私が用いられることなどあるのでしょうか。恐らくは、いつも傍観者の役が与えられるのではないでしょうか。
　でもその時、あらためて聖書を振り返ってみようと思いました。神様に選ばれるのは、取り立てて強くもなく、勇敢でも賢明でもない人たちです。それはむしろ、これといった取りえのない、私のような人たちです。だからこそ、何かがなし遂げられても、誰も堂々と立ち上がって、「どんなもんだ」とは言えないのです。なぜなら、彼らは心の奥底から、ただ神様に従っただけだと分かっているからです。
　私は、夢の中で天の神様からある大きな仕事について告げられ、「誰をか遣わさん」と言われた時のイザヤの気持ちが分かるような気がするのです。
　主よ、ここに私がおります。

私たちはキリストのために愚かな者ですが、あなたがたはキリストにあって賢い者です。私たちは弱いが、あなたがたは強いのです。あなたがたは栄誉を持っているが、私たちは卑しめられています。

コリント人への手紙第一 4章10節

祈り：主よ、私は決してあなたの選びに値する者ではありません。しかし主よ、どうか喜んで仕える心をお与えください。御国の誉れのために私を用いてください。どうかこの私が、あなたの聖なる御名に栄光をもたらすことができますように。

考えてみましょう：劇の役柄や、チーム内の役職、仕事の担当者などに選ばれたいと思ったことがありますか？　そんなときあなたはどうしましたか？

5月30日
──靴に入り込んだ砂──

　今日も地形にほとんど変化はなく、ポプラと松の木々によって隔てられた起伏のある丘陵と広い草地が続いていました。けれども、道そのものの様子は微妙に変わってきているのに気が付きました。このごろでは当たり前のように感じていた硬い岩のような地表が、軟らかくなってきたのです。特に、低くなった部分には細かい白砂がたまり、美しい光景ではあっても、決して歩くには理想的とはいえない状態でした。そればかりか、砂は目や口や、そして最悪なことには、靴にまで入り込んできます。

　最初はそれほど気にならなかったのですが、距離を増すにつれてこの小さな存在に気持ちを奪われていきました。それはゆっくりとしかし着実に靴の底の方にまで入り込み、歩くたびに指と指の間でかすかな摩擦を起こしていました。何度か立ち止まっては靴と靴下を脱いで砂を払い落とそうとするのですが、それを完全に取り除くことは到底不可能でした。

　初めは少し気が散る程度でしかなかった砂の問題はすぐに、著しく前進を妨げるものとなりました。こすれた部分が水膨れになり、そしてそれがつぶれ、今や歩くたびに足が悲鳴を上げています。

　足を"拷問部屋"から解放してあげたくてどうしようもなかったので、結局、予定よりも早く歩くのをやめて今夜の寝床をつくりました。

　こうしてたき火のそばで足の痛みに耐えながら座っていると、条件さえ整えば砂粒でさえ大きな威力を持つという事実について考えさせられました。肉眼で見るのに苦労するほどの大きさでありながら、かえってその小ささと表面の鋭さとが相まって、砂はどんな場所にも入り込んでそれを破壊することができるのです。

（罪というものに似ていなくもないな．．．）

　私はそう思いました。時として、非常にささいな物事でさえ、自由を与えられると、非常に大きな威力を持つようになります。意地悪な言葉、頭から離れない何げない視線．．．．心の中に入り込むすきを与えられたものは、どんなものでも力を秘めているといえます。私はいま一度、自分の足をさすりながら、「それが正しいたぐいの力だといいのだが」と考えていました。

欲がはらむと罪を生み、罪が熟すると死を生みます。

ヤコブの手紙1章15節

祈り：主よ、あなたは私の弱さを知っておられます。私がいくら否定しようとしてもそれは事実です。どうか、私の生活を支配してしまいかねないどんな小さな罪からもお守りください。そのような罪について注意を促してくださるあなたの声に耳を傾けさせてください。

考えてみましょう："小さな罪"というものが存在すると思いますか？

5月31日
──海──

　夜明け前の静けさの中、私はその音を感じ取りました。それは音というよりむしろ振動のようであり、一定の間隔で響いていました。最初はどこか遠い所で木が倒れたのだろうと思ったのですが、その音は数秒ごとに繰り返し聞こえてくるので、何か違うものだと分かりました。明け方になると、その音はもう聞こえませんでしたが、潮の香りがはっきり分かるほど辺りに漂っていたので、近くに海があるはずだと思いました。

　午前中は海のにおいが強くなっていく一方でした。風が西向きに変わり、真正面から吹いてきます。足元の砂も深さを増し、カモメが飛んでいくのが見えたかと思うと、その白い羽が青空にくっきりと際立って見えました。

　ポプラの木が次第に少なくなり、丈の低い松の木に取って代わられ、その曲がりくねった枝が情け容赦のない風の強さを物語っていました。そのうちに、地面が高くなって幾つもの砂丘になっている場所に出ました。そこではススキが自然に対して勝ち目のない戦いを挑んでいました。これまで歩いてきた道は消えてなくなりましたが、どう考えても特に大きな二つの丘の間を進んでいくのが正しいように思われました。丘の間の一番高くなった場所にたどり着くと、急に視界が開け、期待していた通り、見渡す限りの海が目の前に広がっていました。右側には岩ばった断がいがあり、浜辺に沿った部分から波打ち際まで大きな丸石が転がっています。道はそちらの方へ続いているのだろうかと考えながら左側を見ると、その疑問はすぐに解けました。海岸線沿いの満潮線と思われる位置に、高さ三メートルくらいの木の"くい"が五百メートルほどの間隔で何本も立っています。あれはきっと、道がどこに続いているのか示す役割を果たしているに違いありません。

　私はバックパックを下ろしてその場に座り、この雄大な景色を眺めました。波が岸に打ち寄せるたびに地響きが起こる中、早朝に聞いた"振動"のような音を思い出し、「なるほど、これだったのか」と思いました。はるか遠くの方では、雲が水平線に向かって突進しながら、私とは縁のない天気を運んでいました。水際ではカニと鳥が、食うか食われるかの運命を懸けた鬼ごっこをしていました。ここ二日間私を悩ませ続けた砂は今、極上のベッドを与えてくれています。私はすぐに、今日はここで一泊しようと心に決めたのでした。

　主よ、川は、声をあげました。川は、叫び声をあげました。川は、とどろく声をあげています。大水のとどろきにまさり、海の力強い波にもまさって、いと高き所にいます主は、力強くあられます。

詩篇93篇3〜4節

祈り：ああ神様、海を見ていると、あなたの御力を思い知らされます。こんなにも雄大な景色の中にそれを示してくださってありがとうございます。どうか日ごとにあなたのみわざの一部を見せてくださり、畏敬（いけい）の念に包まれながらあなたを賛美することができますように。

考えてみましょう：海のどんなところに感銘を受けますか？

6月1日
――海を押しとどめて――

　結局私は、昨日休憩のために立ち止まった場所から一歩も動かず、そこで夜を明かしたのでした。二つの大きな砂丘に囲まれた幾分安全そうな場所で、しかも海を見渡す絶景を眺めることもできました。私は砕ける波と沖合の風の音を夜通し子守歌代わりに聞き、朝は海岸線を飛び交うカモメの声で目覚めたのでした。
　起き上がって砂浜まで歩いていき、水が非常に冷たいと知りながら、激しく波打つ海にひざまで漬かりました。絶え間なく寄せては返す波の激しさに耐えながらそこに立っていると、生まれて初めて海を見たスーダン人のクリスチャンの言葉を思い出しました。
「海は怒っているようです」
　彼は言うのでした。
「海はいつも陸に上がってこようとします。でもそれができません。海を押しとどめる役目に砂を選ぶなんて、神様は何と素晴らしいのでしょう」
　私はかがんで、片手いっぱいに砂をすくって指の間からサラサラとこぼしました。これは実に驚くべきことです。あのスーダン人のクリスチャンは砂漠で育ったため水についてはほとんど知識がなかったにもかかわらず、砂については知っていたのです。寄り集まって固まったり、水のように流れるといった独特な性質を持つ砂という物質は、海との境界線を形成するのに最適な材料なのです。私は広い砂浜の近くや遠くを見ながら、笑いが込み上げてきて仕方がありませんでした。時々私は、自分が砂粒であるかのように感じてしまうのです。風が吹けばたちまちのうちに吹き飛ばされてしまうという点で、私も砂のような存在なのですから。
　にもかかわらず、万物を創造された神様は、無数の私のような存在とともに、私をここに遣わされたのです。そして神様は私たちに命じられます。
「立ち上がってそこにとどまっていなさい！」
　私たちはただそれに従います。既に境界線が引かれているので、海は陸を侵すことができません。その境界線は、一致団結して任務を遂行する"小さなしもべ"たちの軍隊によって強化されているのです。
　私は、神様が言葉で命じられるだけで、それどころかご自身の意志だけで、どんなことでもなし遂げられるお方だと信じて疑うことはありません。それなのに神様は、あえて私に使命をお与えになったのです。神様は、私が一人では何もできないことをご存じだからこそ、開こうとする地獄の門に力を合わせて対抗する信者の仲間たちの中に私を送られたのでしょう。それは本当に素晴らしいことだと思います。

「ここまでは来てもよい。しかし、これ以上はいけない。あなたの高ぶる波はここでとどまれ。」
ヨブ記38章11節

祈り：神様、私に頼りがいのある仲間を与えてくださってありがとうございます。一人ではなし得ない仕事を与えてくださったことに感謝いたします。私自身あなたに創造された者として、この力にあずかることができますことを感謝いたします。

考えてみましょう：砂粒のエピソードについてどのように感じますか？　あなた自身を特別な存在のように思わせますか、それとも"群衆の中の一人"と感じさせますか？

6月2日
——砕け散る波——

今日は、近くの小川で洗濯をしたり、荷物を詰め替えたり、日光浴をしたりして過ごしました。砂浜はちょっとした楽園のようであり、南太平洋の高級リゾートホテルに滞在しているような錯覚にさえ陥るのでした。午前を一生懸命働いて過ごし、近くの岩場で採ってきたムール貝をゆでて昼食にした後、今や砂丘の所有者気取りで砂の上にあおむけになり、目の前いっぱいに広がる雄大な海を再び一望しようとそちらに目をやりました。

私はすぐに、波には一定のパターンがあることを発見しました。十〜十五回ほど中ぐらいの波が続いた後、大きな波が来てから、また十一〜十五回、普通の波に戻ることを繰り返すのです。私は海洋学者ではないので、その理由を説明することは到底できませんが、見ていると興味をそそられます。私はまた、一つ一つの波の形や動きについても驚嘆せざるを得ませんでした。これについては上級サーファーなら説明が可能なのではないでしょうか。波は海のどこでも同じ強さで移動するけれども、砂浜に近づくと底が浅いために波の高さが増すのだとどこかで読んだことがあります。海水の力が浅くなった海底にぶつかり、波として表面に現れるまで水が押し上げられます。ある一定の高さになると重力が働いて波が崩れ、白い泡や渦巻く流れを生むのです。

そこには幾つか学ぶべきことがあるような気がします。人生においては常にさまざまな力が渦巻いていますが、私たちの信仰や感情に十分な深みがあるときはそれらは過ぎ去っていき、その存在にすら気付かないこともあります。けれども、内面的な深みが欠けてきたら要注意です。絶え間ない力は表面に向かって押し続け、それはどんどん高くなって最後には砕けてしまうのです。夫婦の互いへの信用と愛が十分に深く頼れるものであれば、日常の不実な誘惑が入り込むすきはありません。一方、不信と傷ついた心は関係を浅くしていき、外からの力によってあっという間にすべてが崩壊してしまう恐れがあります。

破壊するものに捕らわれてしまった人は哀れなものです。

しかし、神の人よ。あなたは、これらのことを避け、正しさ、敬虔、信仰、愛、忍耐、柔和を熱心に求めなさい。信仰の戦いを勇敢に戦い、永遠のいのちを獲得しなさい。あなたはこのために召され、また、多くの証人たちの前でりっぱな告白をしました。

テモテへの手紙第一6章11〜12節

祈り：主よ、私には人生の困難な時期を乗り越えていくための深い信仰が必要です。あなたの御手を強く握れるようにしてください。そして決して私を放さないでください。

考えてみましょう：どうすればより深い信仰が持てるようになるでしょうか？

6月3日

――果てしなき砂浜――

　今朝はきれいになった荷物一式をまとめ、痛む足も新鮮な空気と海水で良くなってきたので、軟らかい砂に足を取られながらも軽快な足取りで出発しました。波の音が私を先へ先へ、もっともっとと駆り立てるかのようでした。しかし何時間も歩いていると、何かこの単調さを打ち破る物はないものかと考え始めました。けれども見渡す限り、果てしない海岸と砂以外何もありません。ただ道しるべだけが、正しい方向に進んでいることを示すだけでした。

　他に何も見る物がないので、私は道しるべそのものを期待して待つようになりました。（あと五百メートル．．．四百．．．三百．．．二百．．．百．．．やっぱりあった。さっきと大体同じだったな。さて、次の道しるべまでまた五百メートルだ）

　人生がいつも変化や挑戦に満ちているとは限りません。この広い砂浜のように変化に乏しい時期もあるのです。だからといって、それが不快だということではありません。私は海や空を楽しんでいます。しかし実際のところ、人は挑戦を生きがいにするものです。山を越えるたびに私たちは強くなっていきます。予期せぬ出来事が私たちを賢くします。人生のタペストリーを織り成す明暗がまったくないというのは、考えられる筋書きの中でも最悪の部類でしょう。そのような時期、つまりこのどこまでも変化に乏しい砂浜のような時期には、何もないこと自体に集中してそれを目下の目標としなければなりません。生け花の世界では、花と花の間の空間は花そのものと同じくらい大切なのだといいます。それは空間によって美しさの背景が作り出されるからです。"無い"部分があるからこそ、"有る"部分が引き立つのです。

　人生がいつも今日のようではないことを、私は知っています。けれども今日は明日を決定づける要素の一つなのです。そしてそのことに私は感謝します。なだらかで平坦な旅においては、一キロメートル進むたびに、次に来るべきものの下地が作られているのです。この先、何が起こるのか楽しみでなりません。

初めに、神が天と地を創造した。地は形がなく、何もなかった。やみが大いなる水の上にあり、神の霊は水の上を動いていた。

創世記1章1～2節

祈り：天のお父様、一見何もないように見える時期に感謝します。それはあなたが何もない空間からすべてのものを創造されたということを思い起こさせてくれます。私は、目の前に何もないように思えるときでも、あなたがおられることを知っています。そこにいてくださるあなたをたたえます。

考えてみましょう：最近退屈だと感じたのはいつのことでしたか？　その時のことを思い出してみましょう。退屈だったのはその状況そのものですか、それともあなた自身の感じ方の問題でしたか？

6月4日
——退屈さの中で——

　この旅で最も決断が難しかったことの一つが、夕べどこで眠るかということでした。いつもならば、たき火をたいて寝床をこしらえる間、その日やり遂げたことを振り返ったりして過ごしていましたが、ここでは何もやり遂げたことがなかったのです。結局私は、道しるべの根元近くに寝袋を広げました。この砂浜ではそれが、単調な景色に変化をつけている唯一の存在だったからです。

　それから寝床の左側に位置していた砂丘に戻り、しばらく探すうちにたき火と調理に十分な量の流木を見つけました。長い一日を歩き通して疲れてはいましたが、達成感がないため、眠りは思ったほど簡単に訪れてはくれませんでした。行く手に目に見えるゴールがないせいで、やはり今朝も出だしからきびきびと行動できませんでした。

　午前中は、道しるべを数えたり、次の波までの時間を計ったりしながら歩き続けました。今日こそここの景色に変化が訪れることを期待せずにはいられませんでした。それが現れたのは午後も遅くになってからでした。最初は、砂浜の遠くの方に何か黒っぽい物体あるのが見えただけでした。それから一時間ほどは、それが何であるかただ推測することしかできませんでした。その形と大きさを見極めることが不可能だったからです。その物体に近づくにつれ、私の歩みは速度を増していきました。私は普段午後に休憩するのですが、それも返上して進むことにしました。

　ついに私はずっと見えていた物が何であるか分かりました。それはとても大きな木で、しかも一本丸ごとそこに横たわっているようでした。ただの木だということに変わりはありません。それでも、その物体が何であるかを考えることは午後の時間をつぶすには十分でした。私は何かとてつもなくすごい物がこの砂浜に打ち上げられていた、という筋書きさえも頭の中で思い描いていたのです。ようやくそこに到着すると、それがセコイヤであるという結論に達しました。何日か前に見かけたものとそっくりでした。小枝がほとんど失われていることを除いては、根っこも含め完全な状態だったので、切り倒されたものではないようでした。恐らく洪水で倒され、川から海へと流されてきたのでしょう。ここに来るまでに何年も漂流していたのかもしれません。

　今日の私はそれより先へ進むなど考えも及びませんでした。ここで一泊するとしましょう。早速風をしのげる木の近くの場所を選び、落ち着きました。面白いものです。こんな状況でもなければ、あの物体についてじっくり考えるなど数分だって続かないでしょうに。しかし、この砂浜にはまったく何もなかったので、この流木について考えるだけで午後をやり過ごせた上、それは今こうして夜の楽しみの中心となっているのです。

あなたの目は前方を見つめ、あなたのまぶたはあなたの前をまっすぐに見よ。あなたの足の道筋に心を配り、あなたのすべての道を堅く定めよ。

箴言4章25～26節

折り：主よ、私の目に注目するものをお与えくださりありがとうございます。いつも注目に値する何かを見続けることができますように。

考えてみましょう：あなたは退屈に感じたとき何をしますか？

6月5日
——新たな水平線——

　昨日の朝は出発しようにもなかなか重い腰を上げることができませんでした。何せ興味を引くようなことが何もないのです。今日の場合、最初のうちはとにかく同じ場所を離れたくありませんでした。なぜなら唯一の興味の対象が流木で、それは私が寝ていた場所のすぐそばにあったからです。考え事をしながらのんびりと朝食を済ませた後、かつてはそびえ立っていたであろうセコイヤの大木の陰に身を寄せ、ゆっくりと荷造りをしてから、いま一度、今回の発見物をじっくりと観察しました。干潮時だったので、足をぬらすことなく木の周りをぐるりと歩き回ることができました。

　根っこから木の幹によじ登ることができました。それは横に倒れた状態でも、私の背丈を越える高さがありました。幹の上は地面から二メートルほどの高さでしたが、それだけでも風が強くなり、空も近づいたように感じられました。それからゆっくりと体の向きを変え、海や遠くの雲を眺めました。今まで歩いてきた方向を振り返ってみると、所々に私の足跡が残された砂浜が続いているだけでした。左手にある砂丘は、その向こう側が見えないほどの高さがありました。今日進む方向を見ようとそちらへ目を向けるや否や、昨日歩いた道と大して変わらないことが分かり、がっかりしてしまいました。真っすぐな海岸線、白い砂、青い海原。

　その時、水平線の隅っこにかすかに何かの形が見えたような気がして無性に心が騒ぎました。何とかそれを見極めようとして、まぶしい太陽の光を真正面に受けたまま目を細めました。やっぱりです。確かに何かの形です。何となく陸地のようにも見えます。そういえば、何もない平らな地面を進む人は五キロメートルほど先までしか見えないということを、科学のクラスで習った覚えがあります。この流木の上のような高い場所からならもう少し遠くまで見えても不思議はありませんが、それでも大した差ではないでしょう。今凝視しているあの場所に昼までには着くようにがんばろう、と心に決めました。それが何かは定かではありませんでしたが一つだけ確かにいえることは、それが今立っている場所とは違うということでした。木の幹から飛び降りるや否や、急いでバックパックを背負ってストラップを締め上げ、しっかりと目標を定めて歩きだしました。海岸からは、遠くにあるその塊のような物体は見ることはできないものの、それがそこにあるという事実だけで歩幅は大きくなりました。目標を持って歩くのは久しぶりのことでした。

私たちは、見えるものにではなく、見えないものにこそ目を留めます。見えるものは一時的であり、見えないものはいつまでも続くからです。
コリント人への手紙第二4章18節

祈り：天のお父様、私たちが探し求めているゴールは、いつも目に見えるとは限りません。けれども時にあなたは、私たちを小高い場所に立たせ、行く手に何があるのかを垣間見させてくださいます。そのような景色とそれによってもたらされる喜びに感謝いたします。

考えてみましょう：あなたには人生における到達点がありますか？　それが見えていますか？

6月6日
——溶岩流——

　正午近くになって、遠くの物体が再び水平線から姿を現し、次第に形がはっきりとしてきました。それは間違いなく土の塊で、砂浜の真ん中を横切っており、植物の存在はまったく認められませんでした。全体が茶色っぽい色をしていることから、どう見ても硬い岩のようでした。
　さらに近づいていくと山が私の左手に現れ、それによってある事が分かりました。それは明らかに火山の形をしていて、その円すい形の頂上がはるか昔に起きた噴火の事実を物語っていたのです。その時ようやく目の前の茶色い塊が大昔の溶岩流であり、火山の噴火口から海まで流れてきたものだと分かりました。よく見てみると、既に固まった溶岩の上を流れてできた新しい層もあるようでした。目の前にそびえ立つのはすべすべした巨大な岩の尾根であり、砂浜を横切って海中へと五百メートル以上も伸びていました。それは波打ち際にまで達すると、より低い進路を求めて四方へ流れていき、ついには海水の冷却効果で溶岩が固まるに至ったのでしょう。
　私はバックパックを地面に置き、つるつるした岩を眺めて何とか登っていけそうな場所を探しました。泡状に固まった部分を足場にし、固まる直前の溶岩が風に吹き上げられてできたかみそりのように鋭い部分を避けて通りながら、どうにかてっぺんに登ることができました。私はそこに立ち、数キロメートル先の火山の頂上を見上げました。燃え盛る岩の壁が押し寄せ、岸から蒸気がもうもうと立ち上る光景は、想像を絶するものだったに違いありません。溶岩の流れを止めることができたのは海だけだったのです。
　四日前、私は海を押しとどめる砂の力に感動しました。そして今、それと同じくらいに、溶岩を押しとどめる海の力に驚嘆しているのです。動くことのできない存在が、とどまることを知らないエネルギーの塊と真っ向から対決——。タイタンの戦いが事実だとしたらこんなふうだったのかもしれません。すべては神様の発せられるみことばによって秩序が保たれ、人間は「私の創造物を治めよ」という課題によって前進し、生きていくのです。

神はまた、彼らを祝福し、このように神は彼らに仰せられた。「生めよ。ふえよ。地を満たせ。地を従えよ。海の魚、空の鳥、地をはうすべての生き物を支配せよ。」

創世記1章28節

祈り：天のお父様、私は今日あなたのご命令の意味が分かったような気がします。それはあなたの創造物を治めるということです。あなたは私の弱さを知っておられます。しかし私の強さも知っておられます。そしてあなたも私もそれがあなたから授かったものであることを知っています。あなたの聖なる呼びかけに忠実でいられますよう私をお助けください。

考えてみましょう：地球を"支配する"とはどういう意味だと思いますか？

6月7日
――潮だまり――

　昨日は日中ずっと、火山岩をよじ登っては裂け目を観察したり、溶岩の層の連続模様に驚嘆したりして過ごしました。夕方には、溶岩の壁のそばでキャンプすることに決め、溶岩の泡がはじけてできたくぼみで火をたきました。赤々と燃える熾火（おきび）がすべすべした内部の表面に反射するのを見つめながら、火口から海へと溶岩が流れていく様子を想像しました。眠りの中でも、火と蒸気のでてくる夢をたくさん見ました。

　今朝起きてみると潮が引いていて、溶岩がより広い面積にわたって見えていました。行ける限り遠くまで歩いていくと、溶岩のくぼみに水たまりができているのを発見しました。近づいて見ると、魚やカニがその中に取り残されていて、再び潮が満ちるまで海に戻れない様子でした。

　早速バックパックから鍋を取り出すと、今日はどんな朝食にありつけるのか楽しみになりました。それはまさにごちそうでした。目移りするようなたくさんの食材から、結局、立派なスズキとエビを何匹か選び、炭焼きにして食べました。今思い出しても素晴らしい食事でした。

　私は自分が持っている道具でこんなにおいしい物がとれるとは思ってもいませんでしたから、潮だまりに心から感謝しました。水たまりに取り残された生き物にとってはとんだ不運でも、私にとっては思いがけない収穫でした。こうした生き物はどの時点で、逃げられないと悟るのでしょうか。これらの生き物は最初のうち、餌を求めて敵の存在に注意を払いながら岩の周りやすき間を泳ぎ回っています。それから徐々に思い通りに泳ぎ回れなくなっていき、最終的には小さな水たまり以外、動き回れる場所がないと気が付きます。水たまりが干上がってしまうと、中に残された生き物はきっと死んでしまうでしょう。運良く潮が満ちるまで生き延びることができても、再び海へ戻る通路が出来上がるまで長い間待っていなければなりません。その間にも、狩りの下手な私のような存在にさえ捕まってしまうかもしれないのです。

　私たちの人生にも潮だまりはあるのでしょうか。生活そのものに気を奪われてしまい、選択が狭まっていくのに気が付かないということはないでしょうか。状況に捕らわれてしまったと感じることは誰しも経験することです。手遅れになる前に、わなの存在に気が付くことのできる知恵が与えられるよう祈るばかりです。

私たちは仕掛けられたわなから鳥のように助け出された。わなは破られ、私たちは助け出された。私たちの助けは、天地を造られた主の御名にある。

詩篇124篇7～8節

祈り：親愛なる主よ、わなを見破る目と、後退すべき時を知る知恵とをお与えください。

考えてみましょう：あなたは今、どんなものに取り囲まれていますか？

6月8日
——遠くの鯨——

今日は、旅を続けなければならないと分かってはいても、なかなか出発の準備をする気になれませんでした。目を凝らして溶岩のてっぺんから眺めてみても、真っすぐに続く砂浜以外何も見えないのです。何か記念になるような物はないかと見回すと、溶岩石のかけらが目に留まりました。無数の穴が開いたいわゆる"軽石"だったので、持ち歩いてもそれほど重荷にはならないでしょう。

溶岩流を形成した驚くべき力について考えながら歩き始めると、午前中はあっという間に時間が過ぎました。何よりも、海の偉大さをあらためて思い知らされたことはかけがえのない経験です。今日の海はというと、不思議なくらいに穏やかで優しい表情をたたえ、高さ一メートルもない波が静かに寄せては返すだけでした。

海がこんなにも穏やかでなかったら、向かって右側の沖合約五百メートルの海上で垂直に噴き上げる水の存在に、私は気が付かなかったかもしれません。最初、視界の隅でそれをとらえた時には、波が風に吹かれて飛び散っているのだと思いましたが、風もなく、波も立っていないので、いよいよ私の注意を引いたのです。立ち止まって待つこと数秒。さっきよりも少し前の方にある物体が見え、その正体が分かりました。それは潮吹きに上がってきた鯨だったのです。

これだけ距離が離れていても、その光景には感動を覚えずにはいられませんでした。鯨は少なくとも体長六メートルはあり、まるで原子力潜水艦のように泳いでいました。一度など、それは水面に現れたかと思うと、その巨大な尾びれを海面にたたきつけました。距離があったせいで、その音は数秒遅れて私の耳に届きましたが、その瞬間、足元の砂を通して地響きのような衝撃を感じたのには驚きました。

私はヨナが巨大な魚と遭遇した時のことを考えました。ヨナをのみ込んで、しばらく胃袋の中に閉じ込めておくよう命じられたあの魚です。この巨大な鯨の泳ぎ回る様子を見るにつけ、嵐に揺られる舟での夜のことを想像して身震いしました。おびえる船乗りたち、くじ引き、ヨナの告白、海草の揺れる海、ヨナの運命に忍び寄る暗い影．．．。

ヨナと同じような目に遭わずとも、常に神様に従順でいられればいいのですが。

こうして、彼らはヨナをかかえて海に投げ込んだ。すると、海は激しい怒りをやめて静かになった。人々は非常に主を恐れ、主にいけにえをささげ、誓願を立てた。主は大きな魚を備えて、ヨナをのみこませた。ヨナは三日三晩、魚の腹の中にいた。

ヨナ書1章15〜17節

祈り：天のお父様、私はどんなときもあなたに従いたいのですが、あなたは私の弱さもご存知です。あなたのご意志に従ってどのように歩むべきか学ぶためなら、どんな試練でもお与えください。たとえヨナが体験したようなことでも構いません。でもどうか哀れみもお忘れにならないでください。

考えてみましょう：神様との関係についてより深く知るためなら、どんなことにも耐えられると思いますか？

6月9日
────鯨との距離────

　昨日は砂浜で野宿したのですが、夜の静けさの中で、鯨が沖合を行ったり来たりしては浮かび上がり、海面をピシャリとたたく音が聞こえていました。鯨は一頭だけなのでしょうか。そしてそれはどこに行くつもりなのでしょう。オスの鯨は群れをいったん離れ、とてつもなく広い範囲にわたって餌を求めて一頭きりで泳ぎ回ることがある、と聞いたことがあります。しかし、この鯨についても同じことがいえるのだとしたら、今ごろはどこかに移動していてもおかしくありません。恐らくこの辺りは餌が豊富で、急ぐ必要もないのでしょう。

　それでもどういうわけか、あの鯨は私の存在を知っていて、あえて近くにとどまっているのではないかという気がしていました。しかし、それも根拠のない考えとしてすぐに却下されました。私は鯨がほしがるような物を何か持っているわけでもなく、近づいていって親しくなるつもりもありません。海の生物に対して、それが自分たちの有史以前の先祖であるかのような特別な親近感を持つ人がいるのは知っています。しかし私にとっては、それらは思わず見とれてしまう物であったり、恐ろしい物であったり、食べられる物であったりするだけです。この鯨の場合は、"見とれてしまう"物のたぐいに入るでしょう。そして今のところそれで満足でした。

　次の朝、もう鯨は見あたりませんでした。そしてそのことを少し寂しく感じている自分に驚きました。しかし昼ごろになると、海面をたたくあの音がまた聞こえました。沖の方を見ると、ちょうど鯨が潜っていくところでした。鯨は昨日よりも少し海岸の近くを泳いでいました。きっと魚の群れを追いかけてきたのでしょう。腹の部分に付着したフジツボが、まるで竜のうろこのようにはっきりと見えました。その呼吸音にはスリルを感じると同時に、少しうろたえてしまいました。

　誰でも、尋常ならぬ強い存在にあこがれることはあっても、安全な距離を保っていたいと思うのが普通なのではないでしょうか。キングコングはスクリーン上ではよくても、映画館の外にはいてほしくありません。多くの人々が、神様を遠い存在、楽しみを与えてくれる存在と考えたがるのも、そのせいかもしれません。彼らは、神様について真剣に語ることはあっても、決して心の中に神様を受け入れようとはしないのです。考えてみれば、私もこの旅を通して神様のことをよく知るようにならなければ、恐らく彼らと同じように感じていたに違いありません。C・S・ルイスの有名な少年少女向けキリスト教ファンタジーの中で、ナルニア人はアスランについてこう語っています。

「安全かって？　安全なわけがないだろう。彼はライオンなのだから。だが彼こそが王者なのだ」

　そんなこともあってか、私は沖合の鯨にこれ以上近づくのを想像するだけで身震いしてしまうのです。その反面、私は心のどこかで鯨に触れてみたいと思っています。果たしてそれは安全なことなのでしょうか。

あなたは釣り針でレビヤタンを釣り上げることができるか。輪縄でその舌を押えつけることができるか。あなたは葦をその鼻に通すことができるか。鉤をそのあごに突き通すことができるか。

ヨブ記41章1〜2節

祈り：主よ、あなたを恐れるとはどういうことなのか教えてください。あなたの哀れみ深い腕の中に私を抱き、あなたの大いなる力を見せてください。私の心にある恐れを取り除いてください。私の魂から不安を取り除いてください。

考えてみましょう：人は神を恐れるべきでしょうか？

6月10日
――浅瀬での出来事――

　昨夜も鯨は近くにとどまっていました。長い間何も音が聞こえない時は、鯨も眠っていたのかもしれません（それにしても鯨はいつ眠るのでしょうか）。それとも私が眠っていたのでしょうか。そんなことを考えていると、突然また鯨が海面に現れて、巨大な水柱を噴き上げる低い音が聞こえてきました。時折、水面をたたいたりしていましたが、もしかすると近くにいるほかの鯨を呼んでいたのかもしれません。
　私はピノキオとジェペットじいさんが巨大な鯨のおなかの中で縮こまっている夢を見ました。波音や近くで鯨が水面をたたく音のせいもあってか、妙に臨場感のある夢でした。目が覚めたのは日の出の少し前でした。鯨の音が以前よりも近づいてきて、大きくなったようでした。星の明かりでは、沖合に波の白い部分が見えるだけでした。潮は引いていて、私の寝袋は少なくとも水際から五十メートルは離れていました。
　ところが、ちょうど海と砂浜との境目の部分に、巨大な黒い物体が大きな波しぶきを上げてもがいているのが見えました。すぐに立ち上がって目を凝らしてみると、それは鯨でした。少なくとも体の三分の二が水の上に出ています。鯨は岸に近づき過ぎ、そのうちに潮が引いたせいで動けなくなっているようでした。恐る恐る近づいていき、鯨まであとほんの三メートルほどの所まで行くと、まるで大型トラックの横に立っているようでした。いや、それよりも悪いでしょう。なぜなら、この怪物には私の姿が見えているのです。鯨は巨大な尾びれを動かして反応しようとするのですが、大きな水しぶきが上がるだけでした。
　私に何ができるでしょうか。いかにも六時のニュースで報道されそうな事件ではありませんか。そしてたいていは、グリーンピースのボランティアグループが特別な救助設備を持参して動物を助けにやって来るのです。でも私はシャベルさえ持っていません。
　私はどんな生き物でも苦しんでいるのを見るのは耐えられません。鯨がもがいているのを見るのは、この身が引き裂かれるような思いでした。私は何とか役に立てないかと考えた末、今の私にできることは鯨を慰めることだと判断し、少しずつ鯨との距離を縮めていきました。鯨がどの程度動けるのか、故意であってもなくてもそれによって私がどの程度のけがを負うことになるのか、まだ分かりません。にもかかわらず私は、こちらをじっと見つめている目に近づいて手を差し出しました。
「やあ、そこのでっかいの」
　私は柔らかい口調で言いました。
「困ったことになってるようだなあ」
　鯨は私の声を聞いて落ち着いたのか、もがくのをやめました。鯨の腹にそっと手を置くと、びくっと体を震わせて反応しました。皮膚はもう乾いていました。つまりすぐに命取りになりかねない状況だったのです。私は両手で鯨の体に水をかけ、そして手を休めてはまた優しく話しかけるのでした。
「さて、どうしたらいいだろうね」

　あなたは釣り針でレビヤタンを釣り上げることができるか。輪縄でその舌を押さえつけることができるか。あなたは葦をその鼻に通すことができるか。鉤をそのあごに突き通すことができるか。これがあなたに、しきりに哀願し、優しいことばで、あなたに語りかけるだろうか。これがあなたと契約を結び、あなたはこれを捕えていつまでも奴隷とすることができようか。

　　　　　　　　　　　　　　　　　　　　　　　　ヨブ記41章1〜4節

祈り：天のお父様、私は今、あなたが創造された巨大な海の生き物を前にして、畏敬（いけい）の念を抱くと同時に、私自身も彼らに対して責任を負うべきであるということを知っています。私より大きな物をどう扱えばいいのか、どうか教えてください。

考えてみましょう：生き物に与えられた権限や創造主の命令は、その体の大きさに比例すると思いますか？

6月11日
――意外な助け手――

　空が明るくなってくると、この状況がいかに不毛なものであるかがはっきりしました。鯨は約一メートルほどの深さの水の中で身動きできなくなっていて、私に鯨を動かすことなどできるわけがなかったのです。私は少しでも役に立ちたいと思い、手で鯨に水をかけてやりました。そして、太陽が昇って暖かくなってくると、バックパックの所に戻り、鍋を取り出しました。それをひしゃく代わりに使って水をかけてやりつつ、必死になって何かいい方法はないかと考えながら、鯨の周りをぐるぐる歩き回っていました。

　昼ごろになると、鯨はあまりもがかなくなり、もう死んでしまうのではないかと思ってしまいました。私は狂ったように水をかけたり、鯨の下の砂をけったりしながら、安心できるような状況ではないことを百も承知の上で、安心させるような言葉を掛け続けました。ついに私は波打ち際まで戻り、疲労困憊（こんぱい）して鍋を砂の上に落としたまま座り込んでしまいました。

「すまない、大きいの」

　私は鯨に対してというより自分に対して言いました。

「これ以上できることはないみたいだ」

　そこに座って、その立派な動物を見ていると、私はのどにこみ上げるものを感じ、涙を必死にこらえようとしている自分に気が付きました。なぜ私はこんなにも動物のことで、しかも何の個性もない鯨のことで、取り乱しているのでしょう。この義務感にも似た感情は、「地球上の動物を支配せよ」という神様からのもともとの命令の一部なのでしょうか。理由はともかく、私は臣下が苦しみながら死んでいくのをただ見ていることしかできない、無力な支配者のように感じたのです。私はうつむいて地面に両ひざをつき、絶望に暮れながら叫びました。

「これ以上私に何ができるっていうんだ！」

　私は目を閉じ、理性的に考えられずに長い間そこに座っていました。目を開けると鯨がもがいているのが見え、絶望感に襲われました。正午の太陽が、私にも鯨にもじりじりと焼けつくように降り注いでいました。

　突然、私は背中の温度がわずかに下がったように感じ、太陽が雲に隠れたのかと思いました。けれども不思議なことに、その陰は私だけを覆っていました。誰かが私の背後に立って肩に手を置いたのです。振り返ると、太陽を背にして立つ男の影がありました。まぶしかったので目を細めてよく見ようとした瞬間、男が放った言葉を聞いて目が皿のようになりました。

「やっぱり、父さんでしょう？」

正しい者の父は大いに楽しみ、知恵のある子を生んだ者はその子を喜ぶ。あなたの父と母を喜ばせ、あなたを産んだ母を楽しませよ。
　　　　　　　　　　　　　　　　　　　　　　　　　　箴言23章24～25節

祈り：主よ、私たちの子どもたちを祝福してください。彼らがどこにいる時でも、何歳になっても、どうか見守っていてください。安全に過ごしつつ、あなたが創造された通りの人になれますよう彼らに正しい道を歩ませてください。

考えてみましょう：親に相談せずに初めて下した重大な決断の内容を覚えていますか？

6月12日
──救助──

　私は言葉を発するのも忘れ、さっと立ち上がって息子を抱き締めました。そして、あふれる涙を抑えることができませんでしたが、何とかこう言うことができました。
「どんなに会いたかったことか。元気そうだな！　どうしてた？」
　息子は、平静を装っていましたが、やはり私との再会を喜んでいるようでした。
「会いたかったよ、父さん。この通り元気だよ。ここで会えるとは思ってなかったけどね」
「一体ここで何をしているんだ？」
　私は自分の予想が当たっていることを祈りつつ、息子の答えを待ちました。
「ただ、何ていうか、父さんが言ってたことをいろいろ考えてみて、自分で確かめてみることにしたんだ。やっぱり父さんは正しかったよ．．．いろんな意味でね。とにかく、二、三日前に出発して浜にたどり着いたら、あのザトウクジラが見えて、そしたら父さんがここにいたんだ」
「ザトウクジラってあの鯨のことかい？」
「そうだよ」
　息子は答えました。
「あの鯨、大変なことになってるよ。いつからあんな状態なの？」
　息子はそう言い終わらないうちに、鯨の方へ歩いていきます。ゆっくりと近づいていくと、鯨の周りを歩き回り、時々優しくその体をなでながら静かに話しかけるのでした。
「もう日焼けが始まってるよ」
　しばらくしてから息子は言いました。
「日中の暑い間は、ずっと水分を補給し続けてやらなくちゃ。タオルでも寝袋でもシャツでも、水を吸い込むものなら何でもいいから使うんだ。今すぐ取りかかれば何とか間に合うかもしれない。潮も満ちてきたし、まだチャンスはあるよ」
　私は息子を今までとは違った目で見ていました。こんなにもリーダーらしく有能で自信にあふれた姿は見たことがなかったからです。
「こんなことどこで習ったんだい？」
　私は、鯨の体をぬらすための布製の物を探そうとバックパックに手を突っ込みながら聞きました。
「父さんは、僕がただ女の子を眺めるためだけにビーチに通っているとでも思ってたの？」
　息子は照れくさそうにしながら歩き出しました。
「鯨の体をできるだけ広い範囲にわたって覆ってやらなくちゃ。特に太陽が強く当たっている方の側をね。だけど、噴気孔を覆ったり、中に水を入れたり駄目だよ。そんなことしたら息ができなくなるからね。それと、ひれもそのままにしておこう。象の耳と同じで、体の熱を放出する役目があるんだ」
　息子と私は、この哀れな鯨に、ピノキオ物語の鯨と同じ"モンストロ"というニックネームを付け、その体が乾かないよう覆ってやるため暗くなるまで作業を続けました。夕方になると、息子は言いました。
「鯨の背中から、持ち物をはがしておこうよ。"土産"に持っていかれたくないからね」
　最後の一枚のシャツを取り除いたその時、鯨は大きく身震いし、片側に転がって動きだしました。二人でその巨体を押していると、大きな波がやって来てモンストロの体が浮きました。最初モンストロは方向感覚を失っていたようで、私たちは叫んだり、手を振ったりして、岸の方に戻ってこないようにしなければなりませんでしたが、ついに鯨は沖に向かって進み始めました。そのころにはもう暗くなっていて、ぼんやりとその輪郭が見えるだけでしたが、鯨が水しぶきを上げたり水面をたたいたりする音で、私たちはもう大丈夫だと確信したのでした。

ハレルヤ。幸いなことよ。主を恐れ、その仰せを大いに喜ぶ人は。その人の子孫は地上で力ある者となり、直ぐな人たちの世代は祝福されよう。

詩篇112篇1〜2節

祈り：主よ、息子や、息子を持つ者たちを祝福してください。どうか彼らが、仕事や他の行いにおいて神様に対する気持ちを共有できますように。御子イエス・キリストを通して示してくださった模範に従わせてください。

考えてみましょう：なぜ神様は父、イエス様は息子として表されるのだと思いますか？

6月13日
──積もる話──

　昨夜は眠れないどころの話ではありませんでした。一つには寝袋を含むすべての布類がびしょぬれだったことがあります。しかし何よりも、話題に事欠かなかったということが一番の理由でした。息子がこの旅に出ることを決心するに至った経緯についてや、既にどんなことを経験したのかを聞き出しました。そしてついに、ずっと気になっていたことを尋ねました。
「おまえの母さんと妹は？」
　私は聞きました。
「おまえが出ていくと知って、どんな反応をした？」
「妹は母さんの判断に従うだろうと思うけどね。母さんは、何ていうか．．．戸惑っていた。母さんはすべてを信じたいと思っているんだけど、あまりに急な変化だったからね。とにかく母さんは家族が一緒でいることを望んでるよ。父さんの決断や、今回の僕の決断は、母さんをすごく不安にさせてると思う」
　私は妻の苦悩を思うと心が痛みました。私は何よりも、妻や娘が私の人生観を理解してくれることを望んでいました。この決断だけは、たとえこれまで大切にしてきたことをすべて失うことになっても、取り消すことのできないものだと分かってほしかったのです。息子は今それを少しずつ理解し始め、それによって私は正気を保っていました。息子と私は一緒に、家族みんなのために祈りました。妻も娘も真実を知り、私たちの仲間に加わってくれるようにと。
「でも分かるだろう？」
　私はぼんやり火を眺めながら静かに言いました。
「これは自分自身で決断しなければならないことなんだ。私はおまえの代わりに決めてやることはできなかった。どれだけそうしたくてもね。だから、私たちも、おまえの母さんや妹の代わりに決めてあげることはできないんだ。私たちにできることは、今示されていることに忠実でいること、そして母さんや妹のために毎日祈ることだけだよ」
「うん、分かってる」
　息子は下を向いたままそう答えました。
「だけど、父さんの祈りが僕をここまで導いたんだ。それは父親が子どものためにできる最高のことだよ。ありがとう」

また、主にかなった歩みをして、あらゆる点で主に喜ばれ、あらゆる善行のうちに実を結び、神を知る知識を増し加えられますように。
コロサイ人への手紙1章10節

祈り：私たちには、家族のために祈ることしかできないことがあります。天のお父様、今私は彼らのために祈ります。どうか彼らを祝福してください。お守りください。お救いください。あなたの愛によって私たちが一つになることができますように。

考えてみましょう：あなたは家族に対して忠実ですか？　それは神様への忠実さと比較になると思いますか？

6月 14 日
——真の強さ——

「祈ってくれてありがとう」と息子から感謝された時ほど、うれしかったことはありません。息子や妻や娘のことを思い、この旅でどれだけ長い間ひざまずいて祈ってきたか、息子は知ることはないでしょう。
「だけど分かるだろう？」
　二人で朝の新鮮な空気に当たって乾いていく寝袋を見ながら、私は言いました。
「おまえがまだ小さかったころには、父さんは祈ることを知らなかった。おまえやおまえの妹には、ひどいことをしてしまった。そう考えると、胸が張り裂けそうになるよ。どうかゆるしてほしい」
　息子は笑みを浮かべ、海のかなたを見つめたまま口を開きました。
「神様はあのころ既に父さんを用いてくださっていたよ。父さんはまだ神様を知らなかったのにね。父さんは自分で教えを学ぶ前から、僕に神様のことを教えてくれていたよ。この旅に出てすぐにあることに気が付いたんだ。そして本当の強さはどこから来るのかあらためて分かった。僕は子どものころでさえ、その強さを父さんの中に見ていたんだよ。でもそれは"勇気と栄光"みたいな強さじゃないんだよね。それはすぐに分かった。そりゃあ一時は父さんのこと、"超人ハルク"みたいな人だと思ったこともあったさ。誰でもいいジャッキを持っていれば、父さんのように車を持ち上げられるって気が付くまではね。でも僕が言いたいのはそういうことじゃないんだ。母さんがひどい病気で入院したことがあったよね。どれくらい悪い病気なのか聞かされていなかったけれど、僕も妹も父さんを見てるだけで良くない病気なんだって分かったよ。でも僕が感心したのは、あの時の父さんの強さなんだ。どれだけ母さんのことが心配でも、僕たちの面倒を見てくれたよね。庭の草を刈ったり、請求書を整理して支払いを済ませたり、僕たちを学校に送り出したり、母さんにも必要な時に必要な愛情を注いであげたり。父さんがいなかったら家庭はめちゃくちゃになっていたよ。子どもながらに僕は思ってた。『自分も大人になったら父さんみたいな父親になりたい』ってね。だから、父さんがこの決断について話してくれて、みんなを仰天させた時、誰もそれを理解することができなかったけど、心の奥底では分かっていたよ。
『父さんを信じるんだ。僕の父さんじゃないか。おかしなことをするわけがない』ってね」

父たちよ。私があなたがたに書き送るのは、あなたがたが、初めからおられる方を、知ったからです。若い者たちよ。私があなたがたに書き送るのは、あなたがたが悪い者に打ち勝ったからです。小さい者たちよ。私があなたがたに書いて来たのは、あなたがたが御父を知ったからです。父たちよ。私があなたがたに書いて来たのは、あなたがたが、初めからおられる方を、知ったからです。若い者たちよ。私があなたがたに書いて来たのは、あなたがたが強い者であり、神のみことばが、あなたがたのうちにとどまり、そして、あなたがたが悪い者に打ち勝ったからです。
ヨハネの手紙第一 2 章 13～14 節

祈り：主よ、あなたが私に対して誠実な父でいてくださるように、私も、私を見上げる者に対して誠実でいられますように。彼らを導く役割を私にお与えください。たとえ私自身が教えを理解していなくても、彼らのために私を強くしてください。

考えてみましょう：あなたは、今まで気付かないうちに子どもに模範を示していたことがありますか？

6月15日
——意図的な模範——

　持ち物が乾いたので、一度何もかも地面に並べてから荷造りに取りかかりました。私がバックパックに荷物を詰めるという高等技術を伝授し始めると、息子は熱心に聞き入っていました。私の必要最低限の持ち物を見ていた息子の目が、地獄の悪魔から戦利品として勝ち取った剣にくぎ付けになりました。
「ちょっと待ってよ、父さん」
　息子はあこがれと不安の入り混じった声で言いました。
「その『コナン・ザ・グレート』の剣についてもっと聞かせてよ。どこで手に入れたの？」
「うん、おまえにも話しておかなければならないな」
　大きく息を吸い込んでから私は言いました。
「私たちの旅はいつも安全とは限らない。だからおまえもかなり恐ろしい状況に立ち向かわなければならないかもしれない。父さんは、これが使えるようになるには訓練が必要だった。そして今度は、おまえにそれを教えなければならない」
　息子はショックを受けたような顔で剣を見つめていましたが、その視線が次に私をとらえました。
「どういうこと？」
　息子は言いました。
「それで実際に人を殺すってことなの？」
「いや、人じゃない」
　私は反射的に答えました。
「実はこの辺りには、この旅行を途中であきらめさせようと、あらゆる手段で攻撃を仕掛けてくるやつらがいるんだ。この剣で父さんを襲ってきたのは、悪魔の戦士のようなやつらだった。二度目に殺したやつはもう少し人間に近かったけれど、血と肉からして絶対に人間ではなかった」
「怖いこと言わないでよ、父さん」
　息子は無意識に後ずさりしながら言いました。
「それを使って殺したのは事実なんでしょう？　しかも二度もだって？　僕もそれと同じことをしなければならないって言うの？」
「そうならないことを心から願うよ」
　私は息子に近づいていき、心なしか震えているその肩に腕を回しながら言いました。
「でももしそうなったときのために、おまえもできる限りの準備をしておかないとな。簡単な受け身の練習から始めよう。あとのことはそれから考えればいい」
　私は砂浜を見渡し、ようやく剣の代わりになりそうな棒切れを見つけました。そして、剣の握り方など基礎的な事柄を説明してから、最も一般的な真正面からの攻撃をかわす方法を教えました。それから私たちはいったん砂の上に座って休憩しました。荷造りも途中で何も片付いていません。出発を明日に延ばすこともできます。今やっていることの方がずっと大事です。
「おまえはなかなかいい目をしているよ」
　私は息子を褒めてやりました。
「すぐに父さんの周りを踊るように攻め回れるようになるさ」
　息子は黙っていましたが、それは新しく得たばかりの知識を必死に消化しようとしているからでした。
「こういうことはいつも身の回りにあったことなんだ」
　私は静かに言いました。
「今まで問題にならなかったのは、私たちが脅威ではなかったからだ。しかしおまえの決断によって、やつらの悪夢が現実となった。それをよく覚えておくこと。だが恐れるな」

若者をその行く道にふさわしく教育せよ。そうすれば、年老いても、それから離れない。

箴言22章6節

祈り：主よ、愛する者たちが、私たちの教えに基づいて決断をするということは、何と素晴らしいことでしょう。彼らは祝福されるかもしれませんし、傷つくかもしれません。いずれにしても、それは私たちの肩にかかっています。どうかこの私を良き親、良き友、良き先輩としてください。

考えてみましょう：あなたの性格のどんな部分が子どもに受け継がれたらいいと思いますか？

6月16日
──子どもに導かれて──

　ようやく荷造りを済ませ、出発の準備が整いましたが、少しのんびりしようということになりました。息子はバックパックからフリスビーを取り出し、私に投げてよこしました。私が投げ返すと、息子はそれを上手にキャッチしたかと思うと、次は目にも留まらぬ速さで背中からそれを投げ、砂浜に向かって走っていきました。息子の顔に、自信のみなぎった笑顔が戻ってきたのはうれしいことでした。それからしばらくの間、息子といろいろな投げ方を試して遊びました。息子がある時、ものすごく高くフリスビーを放り上げたので、それは沖に向かって岸から約三十メートルも先まで飛んでいきました。私が走ってそれを取りに行こうとすると、息子が、「父さん、取りに行っちゃ駄目！」と叫んだので少しちゅうちょしました。しかし、息子はただ私にぬれてほしくないと思っているのだと思い、私はそのまま走り続けました。海に浮かぶフリスビーに手を伸ばした時には水は腰までの深さしかありませんでした。しかし、私がそれをつかんで、「やったぞ」とばかりに頭上に掲げた瞬間、肩ほどの高さもある波に体ごとさらわれてしまったのです。私はもがく間もなく、引いていく波とともに沖へ流されながら、低いゴボゴボゴボという音を聞いていました。
　私はとっさにこう祈りました。
（主よ、私をみもとに連れていかれる前に息子に会わせてくださってありがとうございます。少なくともこれで私たちは．．．えっ、冗談じゃない！）
　別の波に押し上げられて水から顔を出したその時、息子が必死にこちら目がけて泳いでくるのが遠くに見えたのです。
「戻れ、戻るんだ！」
　私がそう叫んでも、息子はペースを緩めず、私から決して目をそらすことなく近づいてきました。そしてもう少しで手の届きそうな所まで来て止まりました。
「父さん」
　息子は言いました。
「泳げるような体力は残ってる？」
「どうして来たんだ？」
　私は聞きました。
「これじゃあ共倒れになるじゃないか」
「そんなことないよ」
　息子が口を挟みました。
「こんなのただの"離岸流"だよ。何度も経験したことあるよ。真っすぐに戻れないだけさ」
　そして息子は左右を見回してからこう言いました。
「ようし、こっちに進もう。助けが必要なら後ろに回って押すからね。用意はいい？」
　私は息子の自信に満ちた振る舞いにあぜんとしながら、思わずその有無を言わさぬ指示に従っていました。息子はこういうことが得意なのです。今だって自分のしていることが正しいことだと確信しているに違いありません。ともかく息子と私はゆっくりと泳ぎ始めました。二人とも岸に対して平行に進んでいるのが分かりました。それでも少しは流されるのですが、潮流を横切って前進することができるのです。二、三分後には流れの変化を感じ、波が岸に押し戻してくれているのが分かりました。こんなこといつまで続くのだろうと時には絶望的になりながらも、ようやく私たちは砂浜に大の字になって倒れ、うめきと笑い声を同時に発しました。
「おまえがいなかったら父さん死んでたな」
　息子はただ照れくさそうに笑みを浮かべ、聞き取れないような声で口ごもりながら何か言ったかと思うと、寝そべったまま流れる雲を見ているふりをしていました。

年長者が知恵深いわけではない。老人が道理をわきまえるわけでもない。

ヨブ記32章9節

祈り：天のお父様、あなたはみことばを通し、私たちは子どもたちによって導かれるであろうとおっしゃっておられますが、実のところ、私はそれがどういうことなのかよく分かりません。けれどもあなたは時々、私たちよりも若い者たちの知恵や力を垣間見させてくださいます。私たちが先入観によって心を閉ざすことなく、あなたがよしとされる方法であればどんな手段によってでも、喜んで天国の門へと導かれるチャンスを逃すことがありませんように。

考えてみましょう：あなたよりも若い人があなたよりも権力のある地位に就くのは、不愉快ですか？ その答えの理由も考えてみましょう。

6月17日
——浜辺の果てに——

　一時間ほどたつと服も乾き、私の自尊心もだいぶ回復したので、息子と旅を続けることにしました。浜辺の様子がだんだん変化していくのが分かりました。先に進むに従って幅が狭くなり、所々に岩ばった部分が露出しています。遠くには、黒っぽい断がいのような物がそびえていました。
　夕方近くになると、私たちはがけを見上げて立っていました。そのごつごつした出っ張りは、何百年もの雨風にさらされて表面がすべすべになっていました。進むべき道はがけを迂回（うかい）しているらしく、水際に沿って続き、ついには見えなくなっていました。木でできた看板が岩に固定されてあり、それにはこう書かれていました。
「潮の干満の時間を調べた上で、水位が最低の時間帯にだけ進んでください」
　その下には、表が張り付けられていて、その月の末まで毎日の干満時刻が記されています。
「次に潮が引くのは明日の早朝四時になるらしい。今日はもうここで泊まることにして、日が昇る少し前までに出発しようか」
　息子が賛成したので、この機会を利用して荷物を詰め直したり、洗濯をしたり、近くの潮だまりから採集したあらゆる魚介類を料理したりしました。
「さっきから不思議に思っていることがあるんだ」
　息子がムール貝をこじ開けながら言いました。
「誰があの看板を立てたのか知らないけど、本当に僕らの安全を心配してるんだったら、どうして離岸流に飛び込むのは危険だって書いてないんだろう。それって岩場で波にさらわれるのと同じくらい危険なのにさ。僕らのこと本気で考えてくれてるのかあなって」
「考えてくれているとも」
　私は答えました。
「これまでの経験からいってもそれは間違いない。彼らがそのためにどんな方法を用いているのかについては、父さんもおまえと同じくらいたくさんの疑問がある。でも一つ分かりかけているのは、神様のご配慮はわれわれの想像も及ばないほど多くの形で示されているってことなんだ。それは立て看板とは限らない。天気の変化だったりもするし、虫の知らせだったり、愛する息子の『父さん、取りに行っちゃ駄目！』という叫び声だったりもする」
　息子はそれを聞いてにこりとしましたが、それからしばらくの間、私たちは黙っていました。息子も私も、知らず知らずの間に命拾いをしていたことに後で気付いたことが、一度ならずあったことを思い出していたのです。

心を尽くして主に拠り頼め。自分の悟りにたよるな。あなたの行く所どこにおいても、主を認めよ。そうすれば、主はあなたの道をまっすぐにされる。

箴言3章5〜6節

祈り：主よ、あなたは今日、私をどのように導いてくださっているのですか。誰、どんな物、どんな出来事が私の決断を方向づけ、あなたへの道に私をとどまらせているのでしょう。どうか私に、見るための目、聞くための耳、従うための心をお与えください。

考えてみましょう：最近、どんな人々や出来事があなたの人生にどのような影響を与えましたか？　今日あなたの周りでどんなことが起きていますか？

6月18日
——狭き道——

　私が目を開けて海を見渡した時、まだ月が明るく輝いていました。辺りは物音一つ聞こえず、海のそばに寝ていることを忘れてしまうほどでした。薄明かりの中、海岸線が岩場よりもかなり向こう側に遠のいたことが見て取れました。干潮です。東の空から星が消え始め、どこか遠くから一羽の鳥の鳴き声が聞こえる中、私たちはバックパックを背負って進むべき道を歩きだしました。岩ばったがけは左側に手を伸ばせば届きそうなほど近くにありました。一方、右側は開放感があります。海はかなり遠くにあるように感じられ、ほとんど過去の存在のようでさえありました。けれども辺りがもっと明るくなってくると、今でも海と隣り合わせだということにあらためて気が付きました。頭上の岩が湿っていることが、潮の干満が繰り返される場所にいることを思い出させます。足元の小さな水たまりには魚やカニが跳ねていて、潮が戻ってくることは明らかに時間の問題でした。ただ、私たちが通り過ぎた後にそうなってくれることを願うばかりです。太陽が水平線から顔を出すと、がけの端と思われる部分が見え、その向こう側にはただ海が広がっているだけのようでした。しかしそこに着いてみると、進むべき道は左側へ急カーブを描いて細長い入り江へと続いていました。がけは依然として頭上にそびえており、道はその側面に沿って続き、右側には砕けた岩や潮だまりがありました。右側のはるか遠くの方には、入り江とは反対側に断がい絶壁が見えました。しかし道の続きらしいものは見当たらず、どこへ行き着くのだろうと少し不安になりました。がけの曲がり角をもう一つ回った時、その疑問は解けました。行く手には切り立った岩の壁があり、それは空に向かって実に三百メートル以上もそびえていたのです。そしてそのがけの表面には、私たちの探していた道がはっきりと見て取ることができました。それは頂上に達するまでに五〜六回つづら折りになっていました。入り江の反対側の岩ばったがけを目の当たりにした私たちは、その場に立ってすぐに、海岸線に沿って進むことは問題外だと思いました。歩いてもボートでも、そこを通り抜けることは到底不可能に思えたからです。あとは上へ登るしかありません。登りの開始地点に着いてみると、道は広くはっきりそれと分かるように見えていて、ほっとしました。一休みして朝食を終えてから、早速がけ登りに取りかかりました。そこからは私が先を歩くことにしました。私たちはバックパックのストラップを肩に食い込ませ、余計な会話を慎みながら、注意深く方向を定めました。つづら折りになった道の最初の折り返し地点で立ち止まった時、この日初めて岩に当たって砕ける波の音が聞こえました。登ってきた方向を振り返ると、潮が満ちてきたのだと分かりました。通り道に波しぶきがかかっている所もありました。私はとっさに上を見て、こう思ってしまいました。
（こんな道、通らずに済むのなら通りたくないな）
　その道は傾斜が急で岩が多いばかりか、私はこの時でさえ高い所が怖かったのを認めざるを得ません。けれども自分たちが通ってきた道や潮の満ちてきた様子を見ていると、ひそかに小声で感謝の祈りをささげずにはいられませんでした。道ならどんな道でも同じというわけではないのだと実感する私でした。

兄弟を愛する者は、光の中にとどまり、つまずくことがありません。
ヨハネの手紙第一2章10節

祈り：主よ、私は歩まなければならない道が嫌になってしまうことがあります。今よりもいい状態や、物事がもっとましだった日々に戻りたいと思ってしまう日もあります。しかし今日という日はあなたが下さったのですから、信仰によって歩もうと思います。そしていつか、私はこの道を振り返り、あなたの愛に満ちたご配慮に心から感謝することでしょう。天のお父様、どうかその日まで私の足を導いてください。

考えてみましょう：クリスチャンには困難や危険とは無縁の生活を送る権利があると思いますか？　その理由も挙げてください。

6月19日
——旅の途中での死——

　太陽が真上に昇るころには、私たちはがけのてっぺんに着いていました。道は、眼下の入り江を見渡す草の多い急斜面を通って遠くの林へと続いていました。私たちは荷物を下ろして脚をがけの下にぶらぶらさせて座り、自分たちの体力は野生のヤギ並みだなどと冗談を言いながら頂上までたどり着くことのできた喜びを分かち合いました。この高さからだと、潮が急速に満ちていく様子がよく分かります。海からの潮の流れは細長い入り江に押し寄せたかと思うと、急に速度を増し、畏怖（いふ）の念を抱かせるような一連の波となって道沿いの岩に向かってくるのでした。その時、息子が急に立ち上がってどこか下の方を指さしながら叫びました。
「父さん、誰かいるよ！」
　目を凝らすと、ようやく私にも男の姿が見えました。男は、道が入り江に差し掛かる地点と、がけ登りのスタート地点との大体中間地点にいました。彼は最初から懸命に走っていましたが、見ているうちにバックパックを放り投げてこちらへ猛ダッシュで向かってきて、いかに死に物狂いになっているのかが分かりました。彼は一度波にさらわれ、流されそうになったものの、岩にしがみついてすぐにまた立ち上がり、自分の命が懸かってでもいるかのように再び走りだしました。実際、彼は命懸けで走っていましたが、私たちから見れば、彼に勝ち目はなさそうでした。波は入り江の入り口付近で大きなうねりとなり、がけの近くの岩に当たっては砕け、ついには岩壁に近づいてきながらいよいよたけだけしさを増していきます。男の表情は遠過ぎてはっきりと見ることはできませんでしたが、息子にも私にも、男の恐怖が手に取るように分かりました。男は、逃げ場もなく、望みもないにもかかわらず、それでも何とか助かるとでも思っているかのように走っています。私たちでさえ一瞬、彼はもしかしたら間に合うかもしれないと思ってしまいました。岩壁まで五十メートルほどの所まで来ていましたし、彼は岩場をほとんど飛ぶように走っていました。けれどもここから見ていると、岩壁にたどり着いたとしても駄目だということは明らかでした。少なくとも二階建ての高さはありそうな波があと数秒の所まで迫っていたのです。視線を真下に移すと、その男がつづら折りの道の一つ目の折り返し地点にたどり着くと同時に、巨大な波に襲われるところでした。波が泡となって砕け、かすかに足元の地面が震えたような気がしたかと思うと、一瞬遅れて水がけをたたきつける音が聞こえてきました。崩れた波は少しの間、行き場を失ったかのように同じ所を渦巻いていましたが、そのうちに沖へ戻っていき、そこで新しい波とぶつかりました。私たちは何分かの間じっと眺めていましたが、あの男を二度と見ることはありませんでした。下層流によって沖へ流されてしまったのか、それとも岩場に何度も激突したのか、ともかく彼はいなくなってしまったのです。息子の肩に腕を回すと、震えているのが分かりました。息子は必死に感情をコントロールしようとしていましたが、もうどうにもならないといった様子でした。
「ど．．．ど．．．どうして？」
　ついに息子は口を開きました。
「どうしてあの人が死ななきゃならないの？」
　私はその質問が誰にあてられたものなのか分からずにいました。その答えは私にも分かりません。私はとっさに、「あの人は．．．すればよかった」とか、「われわれは．．．しなければ」とか、自分でもあまり意味の分からないことを口走りながら、こんなことでは息子に納得させることはできそうにないと分かっていました。息子も私もどうしたらいいか分からないまま草の上に寝そべり、少しでも気持ちを落ち着かせようとしていました。

二羽の雀は一アサリオンで売っているでしょう。しかし、そんな雀の一羽でも、あなたがたの父のお許しなしには地に落ちることはありません。

マタイの福音書10章29節

祈り：天のお父様、あなたはスズメが地面に落ちたときでさえそれをご存知である方だと、みことばによって知ることができます。あなたを慕う人々が苦しみながら死んでいくのを見るのは、あなたにとってどれほどつらいことでしょう。あなたはどうやってそれに耐えるのでしょう。私はどうやってそれに耐えられるのでしょう。主よ、あなたのみこころからくる力を私に与えてください。すべてはあなたの御手の中にあり、すべては義とされるということを知ることができますよう、私を助けてください。

考えてみましょう：これまでにあなた自身や近しい人が何らかの災難に遭ったことがありますか？　それはあなたにどのような影響を及ぼしましたか？

6月20日
――"無意味さ"の意味――

　息子も私も何もしゃべらずに、恐らく一時間以上もそこに寝そべっていました。太陽は既に傾きかけていて、それは私にそろそろ夜のことを考えなければならないことを思い出させました。私は意を決して体を起こし、息子の手を取って柔らかい口調で話し始めました。
「あの男はルールを守らなかった。知っててそうしたのかどうかは分からないが、いずれにしても彼は警告を無視した。あそこでただ座って待っているべきだったのに先を急いでしまったんだ。そして結果的に、その代償を命で支払った」
「でもそれが死に値するほどの罪なの？」
　息子は体を起こして海を見つめながら言いました。
「もっと悪いことをしている人がたくさんいるのに、そういう人たちはあんな目に遭っていないよ」
「昔、おまえと同じことを言った賢い王がいた」
　私はソロモンのことを思い出してそう言いました。
「その王は、『邪悪な者たちは罰せられず、正しい者たちはいつも苦しんでいるようだ』と言った。そして、この世界が罪によって壊れているせいで、人々はその行いにかかわらず、傷ついたり死んだりするという結論に至った。その王は一方で、神様はこの世で起こる何もかもをご覧になっておられ、いつの日かすべてを正しくされることも知った。私たちもそのことを信じていよう。じゃないと、どんなことも意味のないことのように思えるからな」
　息子が私の説明をどう受け止めたのかは定かではありませんが、立ち上がってバックパックを背負い、私と一緒に歩いてくれました。私にはそれが唯一、意味あることのように思われました。

私はこのむなしい人生において、すべての事を見てきた。正しい人が正しいのに滅び、悪者が悪いのに長生きすることがある。

伝道者の書7章15節

祈り：私もソロモンのように、"この世の不公平さ"について思い悩むことがあります。あなたこそが答えだと知りながら、ほかに答えとなるものを切望してしまうのです。主よ、どうか私の目をあなたからそらさせないでください。そして心が乱れているときにも、それを乗り越えられるよう助けてください。「私が完全に知られているのと同じように、私も完全に知る」その日が早く来ますように。

考えてみましょう：何かが不公平に見えるとき心が乱されるという事実は、正義の実在を理解するのに役立ちますか？

6月21日
――暗闇の中へ――

　息子と私は延々と歩き続け、力を振り絞って遠くに見える木立に向かって進みました。今夜は海の音が聞こえない木々に囲まれた場所に泊まった方がいいだろうと思ったのですが、実際に森に入ってみて考えが変わりました。私の気持ちは森の中の道と同じくらい暗く、乱れた心に比例するように歩みもつまずきがちになりました。私はがけの下で目撃した出来事に対する答えを何とか見つけようと必死になっていましたが、それは黙って歩きながら恐怖に震えている息子のためだけではありませんでした。空き地があったので、私はそこで一休みしてたき火をしようかと言いました。息子は答える代わりに、バックパックを下ろしてぶっきらぼうに地面に座りました。私は息子に無理にキャンプの用意を手伝わせないことにしたのですが、後からそれは間違いだったと思いました。なぜなら、体を動かして仕事をしていると自分の感情から気持ちをそらすことができると分かったからです。ほどなくして、たき火が辺りを照らしていました。息子は何もしないで座っています。
「なあ、おまえ」
　ついに私は言いました。
「バックパックを開けたらどうだい？　もうすぐ夕食だから、食欲がなくても食べておけよ」
　息子は一瞬ためらってから、手を伸ばしてバックパックを開け、何も言わずにカップとスプーンを取り出しました。私は鍋を持ち上げてカップにスープを入れ、息子が食べるかどうか見ていました。カップは時々息子の口に運ばれるのですが、何ものどを通らないようです。
「これを乗り越えていかないとな」
　私は言いました。
「今日は本当に嫌なものを見てしまったな。けれども、これからもっとひどい経験をするだろう。こんなことでへこたれていたら、次に何か起きたときにはもっとつらいぞ」
「次に何か起きたら、って？」
　息子は今日初めて私を真っすぐに見つめて言いました。
「次に何か起こるなんて何で分かるの？　こんな旅はもう嫌だ。今日のような出来事にはうんざりだし、それを止められたのに止めなかった人にはもっとうんざりだ。もう家に帰りたい」
　私は下腹部にパンチを食らったような気分でした。
「自分が何を言っているのか考えてみるんだな。ここに来る前にもこんなことはあったんじゃないのかい。これは旅のせいじゃない。神様のせいでもない。それは人間がわざとおきてを破って神様の道からそれたからなんだよ。毎日誰かが苦しんだり死んだりするのはどうしてだと思う？　それは生きるのに役立つおきてがあるのに、人間がそれを守らないからだ。この世から苦痛がなくならないのは、この旅のせいじゃないだろう？」
　私は話すのをやめ、消えそうな火を見つめていましたが、ついにまた口を開きました。
「この旅は．．．おまえや私にとって、いろんなことを理解するためのたった一つの手段なんだ。今そうやって思っていることを言うのは構わない。それがおまえの正直な気持ちなんだから。だけど後で後悔するようなことはするな。今夜一晩考えてみてくれないか。明日また話そう。いいかい？」
　息子はうなずいて自分の寝袋を引っ張り出しました。私はたき火に近づいて祈りました。
（主よ、私は息子のために何ができるでしょうか）
　その時、森の奥から物音がしました。それは遠くから発せられたくぐもった音でしたが、背筋に寒いものを感じさせるほど近い音に感じられました。一体何だろうという疑問と同じくらいに、恐ろしい答えが待っているに違いないと思いました。

にわか水が突然出て人を殺すと、神は罪のない者の受ける試練をあざける。地は悪者の手にゆだねられ、神はそのさばきつかさらの顔をおおう。もし、神がそうするのでなければ、そうするのはだれか。
ヨブ記9章23～24節

祈り：主よ、どうか絶望の中にある私を助けに来てください。あなたの道について教えてくださり、あなたのご臨在で私を慰めてください。あなたの愛や恵みを疑ってしまう私をおゆるしください。どのようにしたら自分を取り囲む世界を見てもそれに揺るがされずに信仰によって歩むことができるのか教えてください。

考えてみましょう：あなたの叫び声を聞いてくださる"正義の神"の存在を心から信じているのに、"どうしようもない不公平"について思い悩んでしまうのはどうしてでしょうか。

6月22日
――暗闇からの脱出――

悪い夢にうなされていた私は雷の音で目を覚ましました。辺りを見回すと、たき火が完全に消えてしまっています。息子は薄明かりの中、体を起こし、真っ黒になったたき火の炭を見つめていました。
「だいぶ前から起きていたのかい？」
私は息子が少しでも気分が良くなったかどうか知りたくてそう聞いたのですが、息子の答えにはぞっとさせられました。
「ぜんぜん寝てないよ」
私は寝袋から出て息子のそばへ行き、両腕で息子の肩を抱きました。
「なあ、おまえ」
私は説き伏せるように言いました。
「大事な話がある。父さんは...父さんは昨日の夜、不審な物音を聞いて、ある友達のことを思い出した。その友達はある時こう言ったんだ。『この世の敵はわれわれが精神的に落ち込んでいるときに襲ってくる』 敵はわれわれとまともに戦っても勝てないのを知っていて、われわれが倒れるのを待っているんだ。やつは臆病だけど、われわれの命を奪いかねない存在なんだよ。だから父さんの言うことを聞いてくれ。さあ、荷物をまとめるぞ」
私はゆっくり手を引いて息子を立ち上がらせました。少しでも早くこの暗い森から抜け出したかったのです。ここには危険が潜んでいるのが分かっていました。前にも聞いたことのある、もう二度と聞きたくないと思っていた音。私は昨日の夜、それを聞いたのです。私は一度目にはやつを驚かせ、二度目にはそれを傷つけ、そして三度目にはそれから逃れることができました。しかし"邪悪の化身"の「やつはあきらめないぜ」という言葉が今になって、死にかけている動物のうめき声のように私を悩ませるのです。雷の音に飛び上がって顔を上げると、木の枝のすき間から、ほんの少し前には灰色だった空に真っ黒な雲が渦巻いているのが見えました。見ている間にも冷たい雨粒が降ってきて目に当たりました。
「もう行かないとな」
私は息子の腕を取って歩くようにせき立てながら言いました。間もなくして雨が本降りになり、私たちはびしょぬれになってしまいました。どこかで雨宿りしようと考える余裕すらありませんでした。しかし私が求めていたのは雨宿りする場所ではなく逃げ場所でした。この暗い場所から、未知の存在から、そして何よりもこの先に待ち構えているに違いない存在から逃げたかったのです。しばらくすると、山道に交わるように流れる小川に差し掛かりました。少し前まで道だった地面がその水とともに森のさらに奥へと押し流されていました。私はほんの一瞬ためらってから、小川の向こう側にある岩に飛び移ろうとし、足を滑らせて顔面から転んでしまいました。目に入った泥を川の水で洗い流し、振り向いて息子の方を見ると、彼は小川の向こう岸の道の上に立ってこちらを見ていました。その顔には疲れや不安、当惑、そして突然何かに気付いたような表情が浮かんでいました。私は息子が体を向けている方を見て、そこに何があるのだろうと目を凝らしました。最初は何も見えなかったのですが、しばらくすると何かがそこにいるのが分かりました。その時、雷の光でぱっと辺りが明るくなり、最も恐れていたことが現実となったことがはっきりしました。道の真ん中に、口元に悪意のこもった笑いを浮かべた"邪悪の化身"が、下草に半分隠れるようにして立ち、そしてその右側の林の中からは、クーガーのうなり声が聞こえてくるのでした。

牧者が昼間、散らされていた自分の羊の中にいて、その群れの世話をするように、わたしはわたしの羊を、雲と暗やみの日に散らされたすべての所から救い出して、世話をする。
エゼキエル書 34 章 12 節

祈り：主よ、私はなぜ暗闇の中を歩かなければならないのか分かりませんが、あなたが光を与えてくださることに感謝します。道が見えないときにも私の歩みを導いてください。私にとってすべてが冷たく思われるときには私の心を温めてください。暗がりから抜け出させて再び日の当たる場所へと連れていってください。

考えてみましょう：恐怖心は判断力にどのような悪影響を与えると思いますか？

6月23日
──剣を抜け──

　"邪悪の化身"を見た瞬間、川のはんらんによってえぐり取られていく土手のように、私の勇気は跡形もなく消えてなくなりました。私は急いで立ち上がり、息子の立っている所まで後ずさりしました。やつを目の前にして、私の五感は瞬時に現実に引き戻されました。この状況をどうにかしなくてはなりません。
「こっちだ！」
　私は下草の中へと息子の手を引っ張りながら叫びました。私たちは転びそうになりながらも必死に低木の中を突き進みました。どこへ向かっているかも分からず、またそんなことは気にもしていられませんでした。とにかくやつから離れられればそれで良かったのです。
　ある所まで来ると、一本のヒマラヤスギが行く手を阻むように立っていました。その生い茂る枝は地面まで届き、分厚い緑色の壁のようでした。枝の何本かを横によけてみると、木の根元に、ちょうどいい大きさの比較的乾いた空間がありました。私たちはバックパックを下ろし、そこに外側を向いてしゃがみました。私は自分のバックパックの中をあさって剣を取り出し、こう言いました。
「ナイフを持ってるだろう？」
　息子がうなずいたので、私は続けて言いました。
「今すぐ出すんだ」
　息子はすぐに言う通りにし、今日になってから二度目に口を開きました。
「父さん、あれ誰なの？」
「"邪悪の化身"ってやつさ」
　私は枝のすき間から外の様子をうかがいながら言いました。
「だけどな、よく聞いておけよ。やつはおまえに指一本触れることはできない。おまえは神様のものだから、やつも手出しはできないのさ。やつが何を言ってもそのことを疑うんじゃないぞ」
「じゃあどうして剣が必要なの？」
　息子は自分のナイフを手探りしながら言いました。
「どうして、やつの目の前を通ってここから抜け出すことができないの？」
　私は息を吸い込んでしばらく考えてからこう言いました。
「それはやつと一緒にクーガーがいるからだよ。クーガーはこの世の一部だし、"邪悪の化身"の言うことを聞く。けれどもクーガーは無敵というわけではない。父さんは以前、あのクーガーに傷を負わせたことがあるし、欺いたこともある。クーガーが追ってこられない場所に行くこともできた。勇気さえあれば何とかなる。あとは神様が必要なときに必要なものを与えてくださるさ」
　私は自分の言ったことが間違っていないことを心から願うのでした。

戦いのために私の手を鍛え、私の腕を青銅の弓をも引けるようにされる。

詩篇18章34節

祈り：主よ、あなたは、真の戦いは霊的な世界に対するものだと教えてくださいます、けれども、私たちは日々、私たちを滅ぼそうとする血肉の敵に向き合っています。どうか私の心があなたからそれることがなく、そしてこの手が剣から離れることがありませんように。勇気が必要なときには勇気を、強さが必要なときには力をお与えください。そして天のお父様、私をあなたの愛に満ちた御手の中にとどまらせてください。

考えてみましょう：物理的な戦いと霊的な戦いの違いは何だと思いますか？　またそれらの間にはどのようなかかわりがあるでしょうか？

6月24日
——戦いを待つ——

　こんなひどいことはほかに考えられません。私にとって、"邪悪の化身"やクーガーに遭う恐ろしさよりも、ここで寒さに震えながらあれこれと想像してしまう今の状態の方が耐え難いものがありました。
　（やつは今にも襲ってくるかもしれない。来るとしたらどっちの方から？　どうやって応戦しようか？　勝つだろうか？　勝ち目はあるだろうか？）
　息子の顔をのぞき込んでみると、こんなことを考えているのが私だけではないことが分かりました。二人にはある決定的な相違点がありましたが、それは息子がまだ一度も敵と戦ったことがないということでした。息子は勝利の喜びを味わったことも、悪魔がおじけづいて逃げていくのも見たことがないのです。私は手を伸ばして、ナイフを持ったまま震えている息子の腕に触れました。
「父さんがこの剣をどうやって手に入れたか話したかな？」
　私は言いました。
「この間、父さんは話そうとしてくれたけど、僕は聞こうとしなかった。それがもうずっと前のことみたいに思えるよ。教えてよ、父さん。どうやってその剣を手に入れたの？」
「うれしい質問だ」
　私は笑顔で言いました。息子の目は以前のように生き生きとしてきました。こんな状況に置かれていながら、いや、こうした不安と苦痛の中にあるからこそ分かったのでしょう。私たちはこんなにも強い精神力を秘めていたのか、と自分たちのことながら驚いていました。
「悪魔はな、かなりのつわものだけれども、決して賢くはない。やつらはある日、集団でわれわれを襲いに来た。気が付くと、大きな醜い生き物が父さんの方へ向かってくる。ところが、やつは三メートルも離れた所から既に自分の手の内を堂々と見せていたのさ。やつは剣を持っていた．．．そう、この剣だ。そしてこれを頭上に振りかざして父さんの方に走ってくるんだ。やつの行動からは、こんな無謀な考えしか読み取れなかったよ。『よし、そこに立ったままじっとしていろ。おまえの頭のてっぺんからこの剣を振り下ろしてやるんだからな』　父さんが、唯一の武器だった一本の釣りざおをこうやって目の前に横にして握っていると、悪魔の剣がその上に落ちてきた。これで父さんの釣りざおは二本になった。分かるかい？　左右の手に一本ずつさ。剣に切られた先の部分は結構とがっていた。ただの釣りざおよりも随分ましな武器になりそうだったから、それでやつをやっつけた」
　話しながら息子の顔を見ていると、その目には希望さえ見て取ることができました。そして私もその希望を、自分のことのように感じ始めました。私たちは神様の子どもなのです。私たちにはノウハウも力もあり、しかも神様が味方してくださっています。私たちにはある事が約束されています。つまり、この戦いが自分たちの戦いではなく、私たちを創造され、私たちをこの旅に連れ出されたお方のものだということ。勝っても負けても、生きるも死ぬも、結果は神様の御手に委ねられていて、いずれにしても勝利を得ることに変わりはないということ。
　私は息子への話の締めくくりをほんの少し脚色しておきましたが、後できちんと説明して謝ろうと心に決めていました。今の私たちにはやるべきことがあります。きっと忠実にそれをなし遂げてみせます。

主は、私のたましいを、敵の挑戦から、平和のうちに贖い出してくださる。私と争う者が多いから。

詩篇 55 篇 18 節

祈り：ああ主よ、あなたが勝利を収めた戦いについて思い出させてください。どうか私に、あなたの敬愛すべき力を前にしてこの世の敵がいかに逃げ出さざるを得ないかをあらためて教えてください。あなたに従う者にしか持つことのできない自信で私を満たしてください。どうかその自信を生かしてあなたに仕えることができますように。

考えてみましょう：これまでに何らかの戦い（戦争、スポーツ、職場など）にかかわったことがありますか？　戦い始める前はどんなふうに感じましたか？　また、戦いが進行するに従ってあなたの考え方はどのように変わりましたか？

6月25日
──計算ずくの退散──

　私たちがこうしてヒマラヤスギの陰に座ってから、恐らくは何時間もたっていたことでしょう。雨は降りやまず、時折私の首筋に雨粒が落ちてきます。"邪悪の化身"もクーガーもいまだにまったく姿を現しませんでしたが、きっとこの辺りにいるに違いありません。もしかするとやつらは私たちを見失い、あきらめてどこかへ行ってしまったのかもしれないという期待もありましたが、心のどこかではこの近くで待ち伏せしているだろうと確信していました。

　そんなことを考えているうちに、私はあることを理解し始めました。つまり、やつらは私たちがこうして身構えている限り、決して攻撃を仕掛けてはこないということです。やつらはいまだかつてそのような戦いを挑んできたことはありませんし、すぐに戦術を変えるようにも思われませんでした。敵の戦術は"欺き"や"不安を抱かせること"であって、面と向かって対決することではないのです。

　空が暗くなってきました。こちらがすきを見せるまで襲ってこようとしない敵を待ちながら、この木の下で縮こまって夜を明かすつもりはありません。その時、あることを思いつきました。私は息子に剣を渡して言いました。

「おまえのナイフを貸してみろ」

　息子はその通りにし、私は説明を始めました。

「われわれが身構えている限り、やつはやって来ない。やつはただどこかでじっとして、われわれがパニックを起こしたり眠ってしまったりするのを待ってるんだ。だったらやつをだますのも簡単だ。われわれがパニックを起こしたと思わせるのさ」

「父さんがわざと逃げてみせる。死ぬほど怖がっているふりをしながら山道をさかのぼって走っていくからな。予想通りだと、クーガーがすぐ後をついてくる。クーガーは父さんが怖がっていて武器も何も持っていないと思うに違いない。だからこそおまえのナイフを持っていくのさ。それを袖の下に隠しておくんだ。やつがまんまと父さんに襲いかかってきたら、このナイフでできるだけのことはする。あとはおまえがそれでとどめを刺してくれ」

　私は剣を指してそう言いました。息子は不満げに何か言おうとしましたが、私は有無を言わせずこう続けました。

「このまま静かにじっとしていろ。何も起こらなかったら戻ってくる」

　私はそう告げるや否や、木の陰からはい出て走りだしました。

私の主、神、わが救いの力よ。あなたは私が武器をとる日に、私の頭をおおわれました。主よ。悪者の願いをかなえさせないでください。そのたくらみを遂げさせないでください。彼らは高ぶっています。セラ

詩篇140篇7～8節

祈り：天のお父様、戦いにおいてもあなたが私たちとともにおられるという約束をお与えくださってありがとうございます。どうか私たちの直面する戦いが、敵が選んだ時ではなく、あなたがお選びになられた時にもたらされますように。敵を恐れず、あなたが勝利を収められることを確信しつつ、戦いに臨むことができますように。御名のために私を用いてください。

考えてみましょう：欺くことを得意とする敵を逆にだますことは可能だと思いますか？

6月26日
――クーガーとの対決――

　怖がってみせるのは難しいことではありませんでした。この時私は本当に怖かったのです。地面に足が着くのも感じないような走り方をしていたので、自分でも"飛んでいる"ようだと思いました。とはいえその速度は飛んでいるにしては恐ろしく遅く、木や岩や低木のそばを通り過ぎるたびに、クーガーがどこかに隠れていて今にも飛びかかろうと体勢を整えているのではないか、と気が気ではありませんでした。
　それにも増して恐ろしかったのは、クーガーが私のたくらみを見抜いて私ではなく息子を襲いに行くかもしれないということでした。息子は戦いのための十分な訓練を受けていないばかりか、こんなときに自分を置いてきぼりにする父親に不信感を抱いているでしょう。
　私はこの計画について疑問を持ち始め、無意識のうちに走る速度を落としていつでも息子の待つあの木の陰に戻れるようにしていました。その時、肩越しに後ろを見ると、クーガーが木の陰から現れて飛びかかってきたのです。その突然の攻撃に対して私は身を守ろうと腕を宙に上げる余裕しかなく、背中から地面にたたきつけられてしまいました。肺が空っぽになってしまった私は、息を吸い込もうか、のど元に向かって突進してくるクーガーの鋭い牙を撃退する方が先決なのか、判断すらつきません。そして結局、後者を選び、クーガーにひじ鉄を食らわせてから、袖に隠しておいたナイフを取り出しました。そうしている間にも呼吸を取り戻したのでしょう。気が付くと、私の口からは動物的な叫びが漏れていました。クーガーの体は腱（けん）と筋肉ばかりで、けったりナイフを突き立てたりして弱点を探しても、それはますます凶暴になるばかりです。今や私は、クーガーのつめでぼろぼろに引き裂かれんばかりの状況でした。
　そのうちに、クーガーともみ合いになり、私は地面に背中を着いた体勢になりました。クーガーの全体重が胸にのし掛かってきます。私の右手はまだクーガーを突き刺しているのですが、気が付くと手の中にナイフはありませんでした。格闘している間に、手からもぎ取られてしまったのでしょう。クーガーのつめが私をがっちりとつかみ、今にもその牙に頸（けい）静脈を引き裂かれて一巻の終わりだと思いました。
「主よ！」
　私は叫びました。
「息子を頼みます！」
　その時、私の祈りが聞き入れられたかのように、息子の姿が幻のように見えたのです。背が高くて力強く、きらりと光る剣を振り上げ、その目には戦いへの決意がみなぎっています。
（そうか、これが息子の将来。あいつも真の戦士になるのだ。天のお父様、この幻を見せてくださってありがとうございます。これで安心して死ぬことができます）
　私はクーガーののど元をつかんだ手の力を緩めました。すると息子の"幻"が地面に近づいてきて、その手に握られた剣がクーガーの耳のすぐ後ろに振り下ろされたのです。その瞬間、クーガーの全体重が私の胸にのし掛かってきて、またしても肺が空っぽになった私は、甘美な暗闇に包まれていきました。

　ほむべきかな。わが岩である主。主は、戦いのために私の手を、いくさのために私の指を、鍛えられる。

詩篇144篇1節

祈り：戦場に助けを遣わしてくださってありがとうございます。あなたの御力によって満足に戦い、勝利を勝ち取るか、あるいはあなたのご意志によって満足に死ぬことができますように。私の命はあなたの御手に委ねられています。

考えてみましょう：あなたなら、自分自身で戦う必要のない戦いで勝利を収めるのと、真の王に従順に仕える戦士として敗北するのとでは、どちらを選びますか？

6月27日
──暗闇からの帰還──

　もうろうとする意識の中で、私はたき火のはぜる音を聞いていました。そしていよいよそれを無視できなくなって目を開けると、めらめらと燃え上がる炎がすぐ目の前にありました。その熱を肌に感じながら、体をそのままの姿勢で首を持ち上げて見ると、びしょぬれになった服から湯気が上がっています。ほかに何があるのか見ようと頭を上げた瞬間、私は再び地面に張り付いてしまいました。つま先から頭のてっぺんまで電気ショックのような激痛が走ったのです。無意識のうちにうめき声を上げた瞬間、息子の顔が目の前にありました。
「父さん、動いちゃ駄目だよ。けがしているんだから。がんばって包帯をしてみたんだけど、あんまりうまくできないんだ」
「いつ．．．いつからこうして．．．」
　私はそう聞いてみるのですが、うまく口が回りません。それでも息子はその質問に答えてくれました。
「父さんがクーガーに襲われたのは昨日の夜。今は次の日の夕方だよ。だから大体二十四時間前だね」
　クーガー．．．やつの記憶がよみがえってきました。
「おまえ．．．父さんは．．．おまえの姿を見たんだ」
　息子は途端に笑顔になりました。それを見た私は体に力がみなぎるのを感じました。
「そうさ、僕のこと"勇者コナン"って呼んでほしいな。父さんがなかなかクーガーを放さないから、クーガーの頭と父さんの指を一緒に切っちゃうことになるかと思ったよ。父さんもなかなかやるね」
　その時、息子の顔から笑みが消えたので、私は重大な問題を察知し、こう言いました。
「でも残念ながら、父さんはひどいけがを負ってしまったみたいだな」
　すると息子は目に涙を浮かべながらこう言いました。
「クーガーのつめで全身をやられてるよ。それにたぶん、片方の腕にもかみつかれたようだね。たくさん血が出た。父さん、僕どうしたらいいのか分からないよ」
「おまえはよくやったよ」
　しっかりした声をつくりながら、私は言いました。
「父親としてこんなに誇らしいことはないさ」
　私ははっきりしない意識の中で、どうにか別の方法はないかと探しました。考えた末、これしかないという結論に達したのでした。
「おまえにランデブーについて話したことがあったかな？」
　息子の表情でその質問の答えが分かったので、私はこう続けました。
「そこは、旅人たちが集まる所なんだ。前回のランデブーからはもうだいぶたった。きっともうすぐ次の集まりが始まる。おまえがしなくちゃならないのは、父さんをここに置いて超特急で走ること。そしてランデブーを見つけて助けを呼んできてくれ」
　私は体を動かそうとして苦痛のあまり顔をしかめてからこう続けました。
「父さんはそれまでここで待ってるから」
「父さん、そんなことできないよ！　こんな所で父さんを一人にしてなんか行けない。父さんはけがをしているんだよ。あいつ．．．"邪悪の化身が"．．．」
「あいつなら、父さんに触れられやしない」
　そして息子が忘れてでもいるかのようにこう言いました。
「おまえはクーガーをやっつけたじゃないか。心配するな。父さんは大丈夫だから。くれぐれも気を付けて山道を行くんだぞ」

ですから、私は、キリストのために、弱さ、侮辱、苦痛、迫害、困難に甘んじています。なぜなら、私が弱いときにこそ、私は強いからです。
コリント人への手紙第二 12 章 10 節

祈り：天のお父様、私は弱い時にこそ、あなたの御力を知ることができます。愛する者の言葉や行動の中に、あなたがそのような御力を見せてくださるのは何と敬愛すべきことでしょう。どうか私も他の人にそのように振る舞うことができますように。

考えてみましょう：あなたは誰かに何もかも身の回りのことをしてもらわなければならなかったことがありますか？　その時どのように感じましたか？

6月28日
――長い夜――

　しばらくの間、たき火は赤々と燃え続け、辺りの身の回り品やにおいにはまだ、去っていった息子の気配が残っていました。それでも夜が更けるとかなり寒くなりました。薪を節約しようとしていることもあったとはいえ、この暗闇はとても耐え難いものでした。真夜中ごろには、もう火は完全に消えそうになり、夜の闇が四方から追ってくるように感じられました。私は寝袋を引き寄せて体を温めようとするのですが、寒さは天気のせいだけではありませんでした。

　近くで小枝が折れる音がしたので、一瞬、息子が戻ってきたのかもしれないと思いました。その後何も音がしなかったので、私は大声で叫びました。
「誰かそこにいるのか？　私はここだ！　どうか助けてくれ！」
　待っていても木々の間を吹き抜ける風の音しか聞こえなかったので、私は目を閉じて、膨らむ一方の恐ろしい想像を心から締め出そうと努力しました。体が熱っぽく感じられ、傷のせいか、単なる疲労のせいか、注意力が散漫になってきました。

　いつの間にか眠ってしまったようです。目を開けると、風向きが変わっており、残り火が横風に吹かれて赤い光を放っていました。私は草をむしってそれを火の上に放り投げました。それは少しくすぶってから炎を上げ、ぱっと辺りを明るく照らしたかと思うとまた暗闇に戻りました。ほんの一瞬の光でしたが、二メートルも離れていない所に"邪悪の化身"がこちらをじっと見つめながら立っているのが見えたのです。

　私は飛び上がるにも飛び上がれず、叫びたいのを必死にこらえました。そしてようやくささやき声でこう言いました。
「何がほしいんだ？」
「おやおや、おけがですか？」
　やつはまったく無愛想な笑みを浮かべて言いました。
「ひどい傷だ。おまえ、死ぬことになるな」
　やつの言う通り、私はたぶん本当に死ぬでしょう。そう思うとこんな皮肉を言う勇気さえわいてきたのです。
「あんたのペットちゃん、残念なことしたなあ。ウサギやらネズミやらで満足していればよかったのに」
　暗闇の中でさえ、やつの激しい憎しみが伝わってきました。しかし不思議なことに、やつはこちらにもっと近づきたがっているようなのに、なかなかそうしないのです。これまで言われてきたことは本当に違いありません。やつは私に触れられないのです。
「行く所はほかにもあるんだろう？　私はちょっと休みたいんだから、どっかに行ってくれ」
「よく聞け．．．」
「おまえこそよく聞くんだ！　私を創造され、あがなわれ、この旅に遣わされたお方の名前によって命じる。私から離れなさい！」
　その後、何が起きたのか分かりません。私は体力を使い果たし、そこに横たわったまま半分意識を失った状態で、うつらうつらと眠りに引き込まれていきました。しばらくしてから目覚めて辺りを見回したのですが、私以外に誰もいませんでした。あれば全部夢だったのでしょうか。体の傷が幻覚を起こさせたのでしょうか。

　いえ、そうは思いません。

　ですから、神に従いなさい。そして、悪魔に立ち向かいなさい。そうすれば、悪魔はあなたがたから逃げ去ります。

ヤコブの手紙4章7節

祈り：主よ、悪魔を拒むことについて語るのは簡単です。しかしそれが現実問題となると私はとても怖くなってしまうのです。どうか必要なときに私を強めてください。

考えてみましょう：イエス・キリストの御名によって、人が悪魔に対して権威を持つのはなぜでしょうか？

6月29日
――夢と現実のはざまで――

　人は臨死体験をすると、自分の全生涯を走馬灯のように見るといいます。それが本当だとするのなら、私は一月一日から新たにスタートを切ったこの人生の走馬灯を見るのでしょう。私は冷たくなったたき火のそばで横たわり、ひどい熱と引き裂かれた体のせいでショック状態に陥りながら、夢の世界でこの旅路を振り返っていました。初日には真新しい装具の革のきしむ音が聞こえ、今では柔らかくなったバックパックのストラップがだんだん肩になじんでいくのを感じていました。あのころは靴もまだ硬く、きちんとひもを結ぶこともできませんでした。次の日には何と足が痛くなったことでしょう。
　チャーリーが訪ねてきて、長い間、友達や過去の出来事について語り合いました。そこに横になったまま、チャーリーの話を聞くのは楽しいことでした。中には一度も聞いたことのない話もありました。途中でリジーも加わり、かの有名な彼女のシチューを勧めてくれました。
「今はちょっと食欲がなくて」
　私は笑顔で言いました。
「もうすぐ死ぬと思うんです」
「何を言ってるの！」
　リジーは笑い声で言いました。
「あなたにはもっともっと学ぶべきことがあるのよ」
　彼女は急に真剣な表情になり、私の耳元に近寄ってきました。
「この先、あなたは嫌な経験もするわ。今日のようなことばかりじゃない。でも聞いてちょうだい。あなたはきちんとやり遂げることができる。その時には武勇伝をたくさん聞かせてね」
　息子がリジーの後ろに何も言わずに立っていましたが、会話に加わろうとしないのが不思議でした。でも息子は笑顔だったので、特に困っていないのだと分かりました。息子は地面に突き刺した剣に寄り掛かっていました。あたかもその剣で大仕事をやってのけたというふうに見えました。何と立派な戦士になったのでしょう。私は息子のことを本当に誇らしく思いました。
　時々私は意識を取り戻しては辺りを見回しました。ある時には明るく、ある時には暗いこともありました。体を動かそうとするたびに激痛が走り、自分がとてもひどい状態にあることを思い出し、そしてまた夢の中へ戻っていくのです。
　それにしても、今日は人生で最も素晴らしい日でした。

平安のうちに私は身を横たえ、すぐ、眠りにつきます。主よ。あなただけが、私を安らかに住まわせてくださいます。
詩篇4篇8節

祈り：天のお父様、私がいかに遠くにいても私の所まで来てくださるあなたを賛美いたします。あなたのご臨在と慰めとが、私の人生、私の喜びです。どうかいつも私とともにいてください。

考えてみましょう：現実と錯覚してしまうような鮮明な夢を見たことがありますか？　夢の中で、あなたはどのような状況にありましたか？

6月30日
──再会──

「なあ、リジー。"ディル"っていうハーブをシチューに入れるとすごくおいしくなるんだ」
「チャーリー、おせっかいなこと言わないでちょうだい。私はあなたがランデブーに来だす前からこのシチューを作っているのよ。今までに文句を言われたことなんかないんだから」
「文句なんて言ってないさ。ただ、ちょっとした知恵を君と分かち合いたいと思っただけだよ」
「あら、知恵を分かち合いたいんだったら、そのかわいそうな青年を助けたらどう？ けがをしているのが分からないの？」
「もちろん、君の言う通りさ」
　チャーリーは身をかがめて私の耳元でささやきました。
「やっぱりディルが必要だな」
　別の声がチャーリーの声に割り込んできます。
「彼を横向きに寝かせよう。ゆっくりだぞ。よしそれでいい。私がこの包帯を外すまで彼の体をしっかり抱えていてくれ。君、かばんを開けて点滴の用意をしてくれ」
「彼、大丈夫かね」
　チャーリーが言いました。
「かなり顔色が悪いな」
「出血がひどく、細菌に感染している傷もあります。できる限りの処置をした上で様子を見ましょう」
　私は夢からゆっくりと覚め、光の筋や物音、苦痛を意識し始めました。叫ぼうとしたのですが、うめき声しか上げられませんでした。
「よう、相棒！ 聞こえるか？ 目を開けてくれ。おれの手を握り返せるか？」
　私は何を言われているのかさっぱり分からぬまま、何かをぎゅっと握りました。するとどこからか耳をつんざくような歓声が上がり、鼓膜が破れるかと思いました。そして、二度と何かを握り返すのはやめようと思いました。
　少しずつ、辺りの様子が見えてきました。ランデブーで会ったことのある男の人が見えます。彼は確か医者だったような気がします。それから看護婦さん（何ていう名前だったでしょうか）もいて、私の腕に針を突き刺していました。その後ろに立っているのは．．．チャーリー？ いえ、それは私の息子でした。それにしても息子はチャーリーによく似ていると思いました。

主は心の打ち砕かれた者をいやし彼らの傷を包む。主は星の数を数え、そのすべてに名をつける。

詩篇147篇3～4節

祈り：神様の癒しの力を目の当たりにするのは、何とうれしいことでしょう。神様の愛に包まれ、友の尊い働きを通してそのような御力にあずかることができるのは、何と素晴らしいことでしょう。私がこうして癒されたように、誰かの癒しのために私を用いてください。

考えてみましょう：あなたの助けを必死に求める友人を喜んで介抱することができますか？ もしもそれが敵だったらどうでしょうか？

7月1日
──死のふちから──

　人々の談笑する声でふと目が覚めました。最初に目に入ったのは満天の星でした。体の左側が温かく感じたので、頭を横に向けると近くにたき火が見えました。炎の上にはコーヒーポットが掛かっています。
「コーヒー？」
　私はか細い声で言いました。
「そうか、結局、君はこれが好きでたまらないんだ」
　ラルフの声がたき火の向こうから聞こえたかと思うと、彼がこちらに歩いてきたので、私は喜びが込み上げてきました。
「ラルフ！　どうやってここに来たんだ？　また会えてうれしいよ」
「おれだってうれしいさ、相棒。おれがどうやってここに来たかというとな。おまえの息子がおれを探し出して、一部始終を話してくれたのさ。彼、なかなかいい子じゃないか」
「そうだ、息子！」
　そうです。私は息子を使いにやったのでした。
「息子はどうしてるんだろ．．．」
「父さん、僕ならここだよ」
　どこか右の方から声が聞こえました。
「父さんの言った通り、ランデブーにはたった一日で着いたよ」
　暗闇の中から、わざと大げさな口調で誰かがこうつぶやくのが聞こえました。
「ふん！　私は一日以上かかりましたけどね」
　その時、ある男の人が身をかがめ、小さな懐中電灯で私の目をのぞき込みました。彼は間違いなくランデブーの医者の一人でした。
「かなりひどい傷でしたよ」
　彼は言いました。
「それに細菌感染や脱水症状も重なって予断を許さない状態でした。完全な回復はまだまだ先になりますが、すぐに立って歩けるようにはなるでしょう。看護婦と私がこれから包帯を取り替えますが、明日私たちが発つまで安静にしていてください」
　女の人が視界に入りました。白いものの交じった髪の毛に髪留めの代わりに無造作に挿した鉛筆を一目見て、それが今年二月にランデブーで会ったことのある、何か言うときには「私」や「あなた」という代わりに必ず「私たち」と言う看護婦さんだと分かりました。
　私の記憶が正しかったことは、その後すぐ彼女が言ったことで分かりました。
「"私たち"の包帯が外せるように、"私たち"は寝返りを打たないといけませんね」
　私は冗談を言いかけたのですが、思いとどまってこう言いました。
「来てくれてありがとう」

私の神、主よ。私があなたに叫び求めると、あなたは私を、いやされました。主よ。あなたは私のたましいをよみから引き上げ、私が穴に下って行かないように、私を生かしておかれました。

詩篇30篇2～3節

祈り：天のお父様、あなたは時として、私たちの死すべき運命をお示しになり、この地上での命には限りがあることを思い出させてくださいます。そればかりか、死はあなたにさらに近づかせてくれるものであると確信させてくださいます。私を癒してくださるばかりか、いつか私が御国へ入るための"完全なる癒し"をも与えてくださることに感謝いたします。

考えてみましょう：死が"完全なる癒し"と呼ばれることがあるのはなぜでしょうか？

7月2日
――寝床をたたんで――

　次の日は朝早くから、私の周りは大変にぎやかでした。お医者さんや例の（「私たち」を連発する）看護婦さんは包帯をチェックしたり点滴を調節したりしながら、安心させるような言葉を掛けてくれていますし、私の知らない男と私の息子は、棒を切って長さを整え、担架をこしらえてくれています。ラルフは私に朝食を食べさせた後、コーヒーを飲ませてくれていました。
「ランデブーからわざわざ迎えに来させてすまなかったな」
　私は言いました。
「結構忙しくしてるんだろう？　この間なんか、町の住民みんなの道先案内をしてたものな」
「おい、あの人たちすごく活躍しているぞ」
　彼は言いました。
「おれたちの世話をしてくれた男と家族のこと覚えてるか？　あの人たちなんかな、みんなの指導や訓練を任せられるまでになったよ。彼らと時々会って細かい点の調整が必要とはいえ、おれに残された仕事は戦闘訓練のクラスだけさ。おまえがおまえの息子と一緒に"邪悪の化身"やクーガーと対決したって聞いたものだから、これは連中にとっていい実地体験になると思ってな。クラスの生徒全員を連れてきたよ」
　彼はそう言ってウインクしてみせました。
「もし戦う必要がなかったら、おまえの担架を交替で運んでくれるだろう」
「ラルフ、あれは本当だったよ」
　私はささやき声で言いました。
「やつはおれたちに触れられやしない。やつは足が地面にくぎ付けになったみたいにただ突っ立っているだけだった。おれから離れるように命令したら．．．実は、その後一体何が起きたのかよく分からないんだが、後で気が付くとやつはいなくなっていた」
「そいつは良かったな、相棒」
　ラルフは言いました。
「元気になったら、この話をおれのクラスの生徒に話してやってくれないか。もちろん、その体の傷はもっと別の教訓についても語ってくれるだろうけどな。"邪悪の化身"はおれたちに触れられやしない。でもやつに操られている連中にはそれができる。そこでよく切れる剣が重宝するのさ。おまえの息子はあんまり詳しいことは話したがらない。きっともう少し気持ちを整理する必要があるんだろう。ただ、おれがここに来る途中で見つけたクーガーの死体から判断して、おまえの息子も"やる時にはやる"やつだと思って間違いなさそうだな」
「ほら、父さん」
　息子が私の寝ている所へ手製の担架を運んできました。
「父さんの体に合うかどうか大きさを測ってみないといけないんだ。気分はどう？」
「世界で一番祝福された男の気分さ」
　私はそう言ってにっこりしました。

香油と香料は心を喜ばせ、友の慰めはたましいを力づける。

箴言27章9節

祈り：私に信仰や恐れ、希望を共にする友を与えてくださりありがとうございます。彼らが私にとって大きな恵みであるように、私も大きな恵みをもたらす存在とならせてください。あなたの御名をほめたたえます。

考えてみましょう：プロに助けてもらうのと友人に助けてもらうのとでは、どのような点で違いますか？

7月3日
──重くなんかない──

　私は常々、担架に寝かされて運ばれるのはどんなに楽だろうと想像していました。しかし、"リズミカルな"揺れのせいで点滴の針がずれるわ、背中の傷に激痛が走るわで、実際にはまったく拷問のようでした。しかし、担ぎ手の人たちも、私と同じくらい大変な思いをしているのは、彼らの顔を一目見れば分かることでしたから、あえて文句を言う気にはなれませんでした。私のために駆けつけてくれた男は合わせて八人。そのほか、お医者さんと看護婦さんがいました。医療班は薬や包帯類を運ぶほかに、私の容体に常に目を光らせていなければならないという理由で、担架を運ぶ仕事を免除されることになりました。身の回り品はすべて四つのバックパックにまとめ、担架を担当中の四人はほかに何も持たなくていいようにしました。三十分ごとの交代制で、時間になると少しの間休憩して水を飲んでから、全員が担当場所を一つ移動。こうすることで、全員が担架を二時間、バックパックを二時間それぞれ担いでから、また担架に戻るというローテーションを組んだのです。
「これって何だかデビッド・リビングストンの話を思い出させるなあ」
　私は言いました。
「忠実な召し使いたちは、彼の遺体をスコットランドに埋葬するため、アフリカの田舎道をはるばる運んだんだ」
「ああ、そうだったな」
　ラルフは担架を持つ手の位置をずらしながら言いました。
「おれの記憶によると、召し使いたちは彼の心臓と肝臓を取り出して木の下に埋めたんだっけな。どうだい？　荷を軽くするためにおまえも何か捨てられるものはないのかい？」
「プライドだけだな」
　私は認めざるを得ませんでした。
「おれにとっちゃ重い荷物だけどな。それを捨てても君の仕事が楽になるとは思えないんだ」
「おいおい、そんなふうに決めつけるなよ」
　ラルフは息を切らしながら言いました。
「おれはな、おまえの使用人か何かみたいにこの仕事をやれって命令されていたら、どんなにつらく感じられるか想像できるよ。でも、もし逆の立場だったら、おまえはおれのために労を惜しまないだろうな。そう思えば、こんな仕事は軽いもんさ」
　ラルフはつまずいて転びそうになり、こう付け加えるのでした。
「おっと、めったなことを言うもんじゃないなあ！」

人の高ぶりはその人を低くし、心の低い人は誉れをつかむ。
　　　　　　　　　　　　　　　　　　　　　　　　　　　箴言29章23節

祈り：主よ、私が間違った自負心を抱くようなことがありませんように。どうか私の心や、私の生活を支配するさまざまな動機を自覚させてください。自分自身を低めてしまいかねない行いをコントロールできるよう助けてください。

考えてみましょう：助けてもらうことを期待したり要求したりしない人を助ける方が、そうでない人を助けるよりも簡単だと思いますか？　それはなぜですか？

7月4日
──プライド──

　皆がそれぞれ、たき火、食事、筋肉痛の手当などを始めても、今夜のキャンプは静かでした。「私たち」を連発する看護婦さんも、私の包帯を替えたり、私がきちんと薬を飲んでいることを確かめたりする時でさえ、あまりおしゃべりしませんでした。しばらくすると、彼女はもう寝袋に入っていました。
　ラルフがコーヒーを二人分持ってきて私のそばに座り、二人で夜のしじまに耳を澄ましていました。
「あのなあ」
　彼がついに口を開きました。
「おまえ、今朝さ。赤ん坊みたいに運んでもらうことに対してプライドを捨てなければ、って言ったよな。ところがな。おれたちみんな、今まで自分の中に存在するとも思っていなかったプライドを発見したようなんだ。あの男を見ろよ」
　ラルフは、まき割りをしている一人の青年を、コーヒーカップを持っている手で指して言いました。
「彼の剣さばきは、おれの知っている限り誰にも負けないほどの腕前だ。彼は自分でもそのことが分かっていて、人にもそれを認めさせないと気が済まないのさ。ところが今日、彼は担架を運ぶ仕事がきちんとできないでいた。自分で思っていたほど肉体的に強くなかったんだ。おれたちみんな、先生のこと慕っているけど、彼は医者だし、頭の良さではおれたち五人がかりでもかなわないのは周知の事実さ。自分では認めたがらないけど、先生は時々、おれたちに対しても知識を振りかざすことが多いと思う。でも今日は、頭脳よりも筋肉が勝負の日だった。先生が何とかおれたちみたいになろうと努力しているのを見ていると面白くてさ。おまえには感謝してるぜ、相棒。おれたちみんな、おまえのおかげで自分のプライドと向き合うことができたんだからな」
「ラルフ、自分はどうなんだい?」
　私は尋ねました。
「今日、君はどんなプライドを意識したんだい?」
　ラルフは長い間、黙ってたき火を見つめていましたが、思い切ったように話し始めました。
「クーガーを殺したのが、このおれではなく、おまえの息子だったってこと。おれはここでは戦いを教える立場にある。本来ならみんな、おれのこと尊敬するはずなのさ。だから. . . その、"ヒーロー"がおれだったら良かったのにって、な」
「それで、今日のどんな出来事が、君のそのプライドと向き合うために役立ったんだい?」
　ラルフは私の担架を片手で触りました。その手の親指と人さし指の間が水膨れになっています。
「こいつには取っ手が四本付いている」
　彼は言いました。
「重要さの点では、どれもほかの三本より勝っても劣ってもいない。一人一人が、荷のちょうど四分の一を負担することで前へ進めるのさ。どんなに賢かろうが、どんなに強かろうが、どれほどいろんな場所に行ったことがあろうが、そんなことは関係ない。一つの取っ手。四分の一。それだけさ。この旅自体が、いろんな意味でこの担架みたいだと思うんだ。おれたちは今居る場所からは全体を見ることができないし、自分はほかの誰よりも大切なことをやっているんだと思い込んでしまう。ところが神様はこう言われる。『そこで待っていなさい。全体の荷を分けて、おまえにその一部分を与えよう。それ以上でもそれ以下でもない。おまえにできるかな?』」
　ラルフは担架を軽くたたいて、こう言いました。
「これも担ぐべき"荷"があるおかげさ」

おのおの自分の行ないをよく調べてみなさい。そうすれば、誇れると思ったことも、ただ自分だけの誇りで、ほかの人に対して誇れることではないでしょう。
ガラテヤ人への手紙6章4節

祈り:主よ、私の愚かなプライドをおゆるしください。どうか自分と他人を比べるのではなく、あなたに与えられた運ぶべき荷を手に取ることができますよう助けてください。

考えてみましょう:あなたの生活の中でプライドの元となるものはどんなものですか?

7月5日
──帰郷──

　今朝は夜明け前にキャンプを撤収しました。誰しも、今夜中にランデブーに着けるかもしれないという思いにせき立てられていました。しかしそれは皆にとって、肉体的な苦痛を伴う出発でもありました。昨日みたいな日はもうごめんだ、と体中の筋肉が不満を漏らしていました。それでも午前も半ばごろになると、筋肉や節々の痛みも太陽に温められて吹き飛んでしまい、共に過ごす時間を楽しむ仲間たちの笑い声が聞こえてきました。
　一行は、小川のほとりで一休みして昼食を取ることになりました。ラルフはシャツを脱ぎ、大きな叫び声を上げながら、朝からの移動で汚れた体を洗い始めました。
「そいつはいい考えだ」
　私は言いました。
「だけどランデブーに戻って熱いシャワーをゆっくり浴びるのが一番だな」
「ちょっと待った」
　お医者さんが言いました。
「そんなに包帯を巻いてるんだからな。ぬるま湯に浸したスポンジで体を洗うくらいで我慢してもらわなきゃな。ところでさ、君のお湯の配給分をもらっていいかな。だって君、使わないだろう？」
（こんな冗談なんか言って）
　私は一人笑いしてしまいました。ドクターも処世術を身に付け始めたようです。
　話し合いの結果、ランデブーの人々に私たちがもうすぐ到着することを知らせるため、二人の男を遣わすことになりました。
「おかしなもんだ」
　私は、担架の一端を持ち上げて歩き始めたラルフに言いました。
「五カ月くらい前まで、おれはランデブーのことなんか知らなかったのに、今はふるさとみたいに感じるんだ」
「だって本当にふるさとだからな」
　彼は言いました。
「少なくとも、唯一ずっと続くふるさとさ。あそこの兄弟姉妹は永遠におれたちと一緒なんだ。だったらなおさら、彼らとどうやったらうまくやっていけるか学んでおかないとな」
　そう言って彼は笑うのでした。担架を持つ男たちは気が付いていない様子でしたが、太陽が山の向こうに隠れて涼しい風に当たるうちに、熱っぽい私の体が冷えてきました。けれども、彼らの腕から滝のように流れる汗を見ていると、そんなことさえもささいなことのように思えるのでした。ある者はもうすぐ着くと言い張り、ある者はもう一晩野宿した方がいいと言いだしました。結局、会議を開いて話し合うことになりました。みんなそれぞれの意見を主張し合い、だんだん騒々しくなってきました。突然、後ろの方に黙って立っていた看護婦さんが何か言いだしました。
「皆さん、お静かに！」
　彼女は大声で言いました。驚いたことに、それを聞いたみんなは言われた通りにし、辺りはしんと静まり返りました。でもかすかに何か聞こえてきます。
「何だろう？」
　誰かが言いました。
「歌よ」
　看護婦さんは言いました。
「暗闇でも帰り道がすぐに見つかるように、私たちのために歌ってくれているのよ」

詩と賛美と霊の歌とをもって、互いに語り、主に向かって、心から歌い、また賛美しなさい。いつでも、すべてのことについて、私たちの主イエス・キリストの名によって父なる神に感謝しなさい。
エペソ人への手紙5章19〜20節

祈り：ああ主よ、私の歌が天にまで昇りますように。あなたが受けて当然の賛美を、聖人や天使たちとともに歌うことができますように。天のお父様、私たちの歌声をお聞きになってください。そして、あなたの心が喜びに満ちあふれますように。

考えてみましょう：あなたの信仰は歌で表すに値すると思いますか？

7月6日
——仲間たちの元へ——

　ランデブーのたき火が見えるころには、とっくに夜になっていましたが、何キロメートルも先からの歌声が力づけてくれました。谷間を伝い、何百人もの老若男女の賛美が道案内のように聞こえてきます。もはや野宿しようと言う者もなく、筋肉痛や水膨れについて不平を漏らす者もいませんでした。誰もが前方の小高い場所から流れてくる美しい歌声に聞きほれていたので、無駄話をする者もいませんでした。
　ようやく森の中の空き地になった場所に着くと、私たちのために何時間も歌ってくれていた人々から歓声が上がりました。彼らは口々に「もうちょっとだ、がんばれ！」と励まし、待ち受けていた男たちが担架の運び役を買って出たかと思うと、そのまま医療テントまで連れていってくれました。中に運ばれた私は、直ちに、初対面の医者をはじめ、看護婦さんや雑務係の待機している場所に通されました。彼らは皆、完ぺきに消毒された服を着て、私の傷の手当をしようと待ち構えていました。
「ここに光が当たるようにしてくれ！」
　誰かが大きな声で言いました。
「うん、なるほど、これは縫合しないといけないな」
「血圧はどうだ？　それから点滴もチェックして。もう少し血漿（けっしょう）が必要だと思うから」
「私の声が聞こえますか？　傷口の縫合が必要なんです。その間、全身麻酔をかけた方がいいと思うんですが、いいですか？」
　私は力なくうなずき、彼らは黙々と準備を進めました。この息の詰まるようなまじめな雰囲気の中、努めて心配していないふりをしている息子の顔が現れました。
「父さん？」
　息子が呼びかけます。
「父さん、きっと良くなるよ。僕、テントの外で待っているから」
「おまえはシャワーを浴びて何か食べたら、しばらく休んでいなさい」
　私は、なぜかろれつが回らない舌でこう言いました。
「お医者さんたちに任せておけば大丈夫さ。明日の朝また会いに来てくれるかい？」
　手術用マスクを着けた看護婦さんが私の耳元で、優しい声でささやきました。
「それではいいですか。今から"私たち"で、十から一まで数えましょう」
（こんな時でもやっぱり、「私たち」って言うんだな）
「もちろんいいですよ。『私たち』の看護婦さん」
　彼女は何も言いませんでしたが、少しけげんそうな顔をしました。
「十、九...八...七......」

病人を直し、死人を生き返らせ、らい病人をきよめ、悪霊を追い出しなさい。あなたがたは、ただで受けたのだから、ただで与えなさい。

マタイの福音書10章8節

祈り：私の体は傷ついていますが、それでもあなたは私を生かしていてくださいます。私の苦痛は、このような友たちを通してあなたからもたらされる癒しの力なしに、耐えられるものではありません。このような素晴らしい恵みをお与えくださるあなたを賛美いたします。

考えてみましょう：けがをすることで友達の優しさを知る喜びが得られるなら、けがをしてもいいと思いますか？

7月7日
――回復――

　意識の中に、キャンバス地と薬のにおいが乱暴に入り込んできました。目を開けて上を見ると、白いテントの天井に太陽が照りつけているのが透けて見えました。
　（キャンバス地は分かるとして、どうして薬のにおいが？）
　ああ、そうでした。私は医療テントの中にいたのです。手を伸ばして右腕をかこうとして、点滴をされていることに気が付きました。腕から点滴フックにつるされた瓶まで、透明なチューブが伸びていました。さらに、左手でまさぐっていると、胸に分厚い包帯が巻かれていることも分かりました。左腕はギブスのような物で覆われています。脚を動かそうとしても動かせません。ベッドに縛り付けられているか、単に動かす体力がなかったのでしょう。
　腕をもっと左へ動かすと、何か金属製の物にぶつかりました。それはテーブルか何かの上から落ち、大きな音を立てたので、看護婦さんが飛んできました。
　「目が覚めたようですね。あら、駄目ですよ。きちんと腕を戻しましょうね」
　私は、何かいけないことをしているところを見つかった子どものようにしょんぼりして言いました。
　「私の体は大丈夫なんですか？」
　「そうですね」
　彼女はそう言いながら、私の腕に手を置き、さすりながら二度と動かさないようきっぱりと注意するのでした。
　「先生に今診察してもらえるかどうか見てきますね」
　看護婦さんというのはどうして、患者が自分の病状について質問しても答えてくれないのでしょう。彼女が静かに出ていって間もなくすると、私を山中で診てくれたお医者さんがにこにこしながら入ってきました。私は途端に気分が良くなりました。
　「ありがとう」
　彼は何の前置きもなしにそう言うのです。私が不思議そうな顔をしていると、彼はこう続けました。
　「あの二日間は私にとって人生最高の時でした。私は常に優れた医者でありたいと考えてばかりいましたが、今まで誰とも本当の意味で友達になる機会がなかったように思うんです。でも今回ばかりは違った。私は"アーティニアン先生"である一方で、"ロバート"というファーストネームで呼ばれるにふさわしいお付き合いもできたんですから。この私、ロバートにとって、あれは実に素晴らしい体験だったんですよ。まき割りの仕方だとか、寝袋の畳み方だとか．．．そうそう、どうやって男同士で打ち解けて会話したらいいのかも学びました。だからあなたにお礼を言わなければならないんですよ」
　「ロバート」
　「何ですか？」
　「今すぐ本当の友達になって、私の病状を教えてくれませんか？」

目の光は心を喜ばせ、良い知らせは人を健やかにする。

箴言15章30節

祈り：どうかいつも良い知らせを伝える人でいられますように。そして、あなたの御子、イエス・キリストによって私たちが救われるという、何にも勝る良い知らせを決して忘れることがありませんように。

考えてみましょう：今日あなたは、どんな良い知らせを人に伝えますか？

7月8日
──リジーの見舞い──

　朝から薬を飲んだり、包帯を替えたりと、入院生活がこんなにもあわただしいものとは知りませんでした。私がちょうどコーヒーを飲み終えようとしていた時、リジーがカーテン越しにこちらをのぞき込みました。
「面会してもいいのかしら」
　彼女は言いました。
「リジー！　よく来てくれました。この何日間か、よくあなたのことを考えていたんですよ」
　彼女は私のベッドのシーツのシワを整え、部屋の中を見回してから、こう言いました。
「どうやらきちんと面倒を見てもらっているようだわね。昨日の夜、あなたが着いてからちょっと心配だったのよ。とっても顔色が悪かったんだもの。それに迎えに行った"男の子"たちも、あなたはひどいけがをしているって言ってたし」
「それは本当のことだったと思います。でもリジー、聞いてくれますか。ある時私は、半分意識を失った状態であなたやチャーリーが出てくる夢を見たんです。本当に素晴らしい体験でした。チャーリーは、私が初めて聞く話をしてくれて．．．」
「ちょっと待って」
　リジーは、私の腕に優しく手を置いて言いました。
「最初から何もかも話してくれないかしら。私は、いろんな話をして聞かせるのが当たり前みたいになっているでしょう。みんないつも細かいところまで知りたがるのよ」
「分かりました」
　そう言って私は語り始めました。
「息子と私は、ある男が死ぬところを見てしまったのです。それは．．．」
「もっと"引き込まれる"ように話してちょうだい」
　彼女は私の話を遮って言いました。
「上手に話そうと思ったら、事実だけを言うのでは駄目なの。話に引き込ませるようじゃないとね。その日がどんな日だったか詳しく教えてちょうだい」
「えーと、その日は確か．．．」
　私は目を閉じて、その日の朝の様子を思い出しながら話しました。
「辺りはまだ暗く、海は静かでした。遠くまで潮が引いていて、私たちが寝泊まりした場所にまで海草の香りが漂っていました。私たちは黙々と荷物をまとめながら、その日どんな出来事が待ち構えているのか知りたくてうずうずしていました．．．」
　私は午前中のほとんどの時間、話し続けました。細かいことまではっきり思い出せたことに自分でも驚いたほどです。看護婦さんが昼食を持ってきた時、私はリジーの方を見てこう言いました。
「すみません。いつの間にかこんな時間になってしまいました。あなたにはもっとほかにする仕事があるのでしょう？」
「いいのよ」
　彼女は言いました。
「今じゃ、これが私の仕事みたいなものなのよ。人から話を聞いて、それをほかの人に伝えるの。生きがいを与えてくれるあなたにお礼を言わなければならないわ」

人々がほめ歌った神のみわざを覚えて賛美せよ。
　　　　　　　　　　　　　　　　　　　　　　　　ヨブ記36章24節

祈り：天のお父様、長年の間に聞かされたお話を今日、思い出しています。それはあなたやあなたの素晴らしいみわざについての物語です。ああ主よ、これらの物語を私の心に留めさせてくださるあなたを賛美いたします。私が次の世代に伝えることで、彼らも"思い出すことの喜び"を知ることができますように。

考えてみましょう：子どものころ、どんな話を聞かされましたか？　今でもその内容や教訓を覚えていますか？

7月9日
——息子の愛——

　ランデブーの医療テントでの二日目、私はベッドで体を起こすことができました。こんなに長い間、寝たきりだった私にとって、これはちょっとした進歩でした。しかし、こうしているだけでも目まいがして、果たして完全に良くなる日が来るのだろうかと不安な気持ちになりました。
　なまった体を動かそうと自己流の体操をしていると、息子がカーテンのすぐ内側まで入ってきました。息子は直前まで訓練でもしていたらしく、腰に私の剣を下げていました。
「やあ、父さん」
　息子は、まるで眠っている私を起こすまいとしているかのように、小さな声で言いました。
「何してるの？」
「こっちへおいで」
　私は叫ぶような声で言いました。
「おまえに会いたかったよ。でも、いろいろやることがあって良かったな」
「そうなんだよ、父さん。ここはいい所だね。昨日、お見舞いに来ようとしたんだけど、リジーが来てたでしょう？　邪魔しちゃ悪いかと思ってさ。父さんもリジーの話を聞くといいよ。すごい話をたくさん知ってるんだから」
「ところで、それの使い方はうまくなったかい？」
　私は、剣を指してそう言いました。
「ラルフがクラスに参加させてくれているんだ。この剣、もうしばらくの間、使っていいかどうか父さんに聞こうと思って。ラルフはいろんなことを教えてくれるよ。でもね、父さんはやっぱり正しかったってこと。それを父さんに言いたかった。前に言ってたよね。父さんは、場合によっては敵を殺すって。僕はあの時、それが理解できなくて、自分はそんなこと絶対にしないって思った。でも父さんが言っていたように、殺さなければならない敵もいるってことが分かったんだ」
「前にも言ったように、その剣は父さんが戦いによって勝ち取ったものだ。おまえにも同じ特権が与えられて当然なんだよ。おまえは私の命を救ってくれた。そのことは疑う余地もない。その剣はおまえにやる。練習を積んで上手に使えるようになるんだぞ」
　気のせいでしょうか。その時、息子の目が少しうるんでいたように思うのです。息子は少しの間、恥ずかしそうに視線をそらしていましたが、それから私の方を見てこう言いました。
「愛してるよ、父さん」
　私は息子の分も合わせたような大粒の涙を流していました。

見よ。子どもたちは主の賜物、胎の実は報酬である。若い時の子らはまさに勇士の手にある矢のようだ。幸いなことよ。矢筒をその矢で満たしている人は。彼らは、門で敵と語る時にも、恥を見ることがない。

詩篇127篇3〜5節

祈り：私たちは、何かにつけて語り、贈り物をし、自分の生き様を見せることで、次の世代を育てます。主よ、どうか私が、あなたに与えられたこの義務を忠実に果たすことができますよう助けてください。

考えてみましょう：あなたが大人の人からもらった贈り物の中で、最も大切な物は何ですか？

7月10日
――よちよち歩き――

　今日はクーガーに襲われて以来、初めて歩くことができました。自分の足を使ったのは、あの日、命懸けで走ったのが最後でしたから（今思えばあの時、百メートル走の自己記録を更新していたかもしれません）、これは快挙ともいえる出来事でした。とはいえ、今日の段階では、走ることなど考えも及びませんでした。目下のところ、最大の課題は、真っすぐに立つことであって、それができたら今度は、足を交互に前に出さなくてはなりません。
　それでも私は看護婦さんの助けを借りてテントの入り口まで歩いていき、外を見て楽しむことができました。ランデブーは活動の真っ最中で、あちらこちらで授業が行われていました。聖書研究会、祈り会、裁縫グループ、子ども向けのプレイ・グループなど、誰でも何かしら興味のある活動を見つけることができるでしょう。丘の上では、息子がラルフと剣の練習をしているのが見え、その下の炊事用たき火のそばでは、リジーが二十人くらいの子どもたちに囲まれています。見たところ、子どもたちは熱心にリジーの話に聞き入っているようでした。
　私はそれを見て、心から子どもたちに交じってリジーの話を聞きたいと思いました。けれども私は、両手を看護婦さんに握ってもらって、目まいを覚えながら、やっとここに立っていられる状態なのです。キャンプ地の向こうの木々の上をぼんやり見つめていると、ワシと思われる大きな鳥が風に乗って旋回しながら、明らかに餌となる無防備な動物を探して地面をにらみつけていました。
　イザヤの語った「舞い上がること」や「走ること」、そして「歩くこと」についての言葉が思い出されました。この聖句について私はずっと不思議に思っていました。なぜかというと、行為の順番が逆ではないかと思ったからです。私にしてみれば、「歩くこと」が先に来るべきで、その後に「走ること」が続き、十分な速度に達したときにだけ、もしかすると「舞い上がる」ことができるのではないかと思っていたのです。しかし私は今日、ここに立ち、体を真っすぐに起こしていようと満身の力を振り絞っています。こんな私にとって、あの聖句はぴったりだと思いました。ある日なし遂げられたことも、次の日にさらに向上するとは限りません。日々の力は、その日その日に十分であればそれだけでいいと思うのです。明日私は歩けるようになるかもしれないし、あさってには走れるようにもなるかもしれません。けれども今日の私には、ここに立ってテントの外の美しい世界を見るだけの力があります。今日はそれで十分です。

しかし、主を待ち望む者は新しく力を得、鷲のように翼をかって上ることができる。走ってもたゆまず、歩いても疲れない。

イザヤ書40章31節

祈り：主よ、私は何でも今持っているものでは足りないと思ってしまいがちです。歩くことができるのに走りたいと願い、走ることができるのに空を飛びたいと思ってしまうのです。今日持っているものさえも見えなくしてしまい、それに対して感謝することも忘れさせてしまう私の野心をおゆるしください。今日与えられた恵みに感謝いたします。

考えてみましょう：あなたは野心についてどう思いますか？　向上をもたらすので、いいことだと思いますか？　それとも今日持っているものを見えなくしてしまうので、悪いことだと思いますか？

7月11日
──突然の訪問者──

　今日は朝から好調でした。傷は着実に良くなってきていて、体力も回復しつつありました。午後になって、ベッドに戻り、一休みしようかと思っていると、かすかに誰かがせきをするのが聞こえました。見回すと、入り口のすぐ内側の所に男が立っているのが見えました。男はまるで見つかるのを恐れているかのように、テントの外を何度もちらちら見ているのです。
「こんにちは」
　私は声を掛けてみました。
「何か助けてあげられることはありますか？」
「何でそんなことを言う？」
　男は部屋の中に一歩踏み込んできてそう言いました。
「えっ？　そんなことって、私が『助けてあげましょうか』と言ったことですか？」
「そうだ。何でおれを助けたいなんて思うんだ？」
「なぜって、それは．．．私たちみんな、このランデブーの一員ですよね」
　私は少しためらってからこう尋ねました。
「あなたも旅人ですよね？」
「そうだ」
　彼は私の質問をろくに聞かずに即答しました。私は、何だかおかしい、と内心思いました。
「だからよ．．．おれは、自分のことを後回しにしてまで、人のことを助けたり、手伝ったりするやつらに慣れていないだけなんだ！」
「ランデブーがほかの集まりとこんなにも違うのは、人々がそうやって助け合うということも一つにはあるんじゃないですか」
　私は言いました。
「私たちは愛で結ばれているんですよ。ここの人たちがわざわざ助けに来てくれなかったら、私は今ここにいないでしょう。あなたみたいな人もいたなんてちょっと意外．．．」
　私は、彼の目に涙があふれるのを見て、それ以上言うのをやめました。彼はついに、床にひざまずいてオイオイ泣きだしました。
「おれが悪かった。おれが悪かった。おれが悪かった」
　彼は何度も何度もそう言うのです。
「どうかゆるしてくれ」
「ゆるすって、何をですか？　何のことを言ってるのですか？」
「お、おれは．．．あそこにいたんだ。たき火のそばで横たわっているあんたを見たんだ。あんたは助けを求めて叫んでいた。けどおれは怖くなって逃げだしたんだ」

私はつまずき倒れそうであり、私の痛みはいつも私の前にあります。私は自分の咎を言い表わし、私の罪で私は不安になっています。

詩篇38篇17〜18節

祈り：天のお父様、あなたが私に罪を自覚させられるのは、つらいことでもあります。けれども、それによってのみ私がゆるしの喜びを知ることができるのなら、これからも自覚させてください。本当の自分がどんな人間なのか教えてください。そしてあなたの癒しの御手で私を完全な者にしてください。

考えてみましょう：あなたはこれまでに、恥ずかしいことを告白しなければならなかったことがありますか？　告白する前と後とでは、どのような気持ちの変化がありましたか？

7月12日
──告白──

「あなた．．．あなたがあそこにいたっていうんですか？」
　私は信じられないというふうに聞き返しました。
　まだ若いと思われるその男はひざまずいたまま、むせび泣きながら言いました。
「あんたは一人きりでいた。たき火は消えていた。おれは気付かれないようにして通り過ぎようとしたが、小枝か何かを踏みつけた。あんたは叫び声を上げた。助けを求めていた」
　私はその時のことを覚えていました。傷ついた体で暗闇の中独りぼっちで横たわり、物音がするたびにどんなに恐ろしかったか．．．。私は何も言えずに黙っていました。そのうちにだんだん怒りが込み上げてきました。
（この浅ましい人間が、私がひどい状態にあるのを知りながら、立ち止まって手を差し伸べることを拒んだのか）
　私は、ある質問を思いつきました。
「ところで、あなたはどうして夜なのに歩いていたんですか？」
　床にひざまずいていた男は、その質問を聞いて立ち上がり、部屋の隅に歩いていきました。
「そ、その方が安全だから。おれは人がそばにいると落ち着かなくて。それに人はおれのこと、どうでもいいと思っているようだし。おれはたいてい夜に移動して、昼間は人目に付かないように山道から離れた所で眠っている」
　私は自分の旅、そしてそのゴールについて思い巡らしました。
「それにしても君はどこへ行こうとしているんだい？」
　私は尋ねました。
「人に会いたくないのなら、どうしてこの旅を続けるんだい？」
　彼は肩をすくめて言いました。
「分からない。ほかにすることがないからだと思う。住んでいた環境も良くなかったし、そこにいたくなかったんだ。おれは常々、どこかに向かっているらしい人たち．．．あんたのような人たちを見て、自分も同じように旅をしてみようと考えていたんだ。そうすれば、もっとましな何かを見つけられるかもしれないと思って」
「何か．．．って．．．。君はこの旅がどんなものかまるで分かっていないんだね」
　私の言ったことが聞こえていたのか、いなかったのか、彼は再び自分がいかに哀れな人間なのか訴え始めました。
「あの時、何かするべきだったって分かってる。本当に申し訳なく思ってる。信じてくれ。ここに来るなんてこと、本当は嫌でたまらなかった。誰にも会いたくないのに、ここには人がたくさんいるんだから。でも、おれはあんたに会って、自分のしたことを告げなければならないと思った。今こそあんたに聞かなきゃならない。おれのことゆるしてくれるか？」
　私はそこに長い間、横になったまま、彼の質問について考えていました。一体どう答えるべきでしょうか。私は彼をゆるすことができるのでしょうか。

そのとき、ペテロがみもとに来て言った。「主よ。兄弟が私に対して罪を犯したばあい、何度まで赦すべきでしょうか。七度まででしょうか。」イエスは言われた。「七度まで、などとはわたしは言いません。七度を七十倍するまでと言います。
マタイの福音書18章21～22節

祈り：天のお父様、あなたは、私たちに罪を犯した者をもゆるしなさいとおっしゃいます。けれども、そう簡単に人をゆるすことができないこともあります。あなたに対してこの私が犯した恐ろしい罪や、私に与えられているゆるしについて思い出させてください。そして、正しい行いができるように私を助けてください。

考えてみましょう：あなたの人生を振り返ってみて、ゆるされるに値しないと思う人が誰かいますか？

7月13日
——重大な問い——

　この男をゆるせるでしょうか。彼は、苦しんでいる私を見かけたにもかかわらず、何もせずに通り過ぎていったのです。この時、まだ介助なしに自分で立つこともできず、体中に痛みを訴えていた私は、彼を憎んで当然のように感じました。どうして彼をゆるすことなどできるでしょうか。私は彼に聞きました。
「どうして私が君をゆるすことが大切なんだい？　君は人のことなどどうでもいいと思っているんだし、わざわざ人を避けてきたんだろう？　だったら、そのままの自分でいればいいじゃないか。君が自分のしたことを告白するまでは、君が何か悪いことをしたなんて誰も想像もしていなかったのに」
　私はこれから眠ろうとしているかのように目を閉じました。でも実際のところ、自分の感情と何とか折り合いをつけるまでは、眠れるはずなどないと分かっていました。
「実は、自分でもどうしてこんなに大切なことに思えるのか分からないんだ。でも信じてほしいのは、こんなにもおれを動揺させるような出来事はこれまでに一度もなかったということだ。おれは"善良な市民"だったことなんてないんだからな」
　彼は「フン！」と鼻で笑ってから、こう言いました。
「まったくさ、おれほどのワルはいないよ。うそはつくし、物を盗んだり人をだましたりもする。罪悪感なんかないから、何だってやってきた。いや...　少なくともあんたに会うまではそうだった。それなのに今は、肩にコンクリートの塊を背負っているみたいな気分で、自分ではどうすることもできないんだ。でも心の中で"何か"がささやき続けていたよ。『あんたの所に来るのはいいことだ』って」
　男が話している間、私はずっとあることが頭から離れないでいました。私には、この男の言っていることが痛いほどよく分かりました。なぜなら、私も彼と同じ思いをしたことがあるからです。
「私には、その"何か"の正体が分かるような気がするよ」
　ついに私は言いました。
「それは"何か"じゃない、それは"誰か"なんだ。もしそれが君に当てはまるとすれば、ほかに道はない。つまり好むと好まざるとにかかわらず、私は君をゆるさなければならないということだ」
　彼は、よく分からないという表情をしてから、顔をほころばせ、そしてまたみけんにしわを寄せるのでした。
「それじゃあ...　おれをゆるしてくれるってことかい？」
「そうだよ。君をゆるす。"彼"が私をゆるしてくれたようにね。人間なんてそう違うものじゃない。私も君も似たようなものさ。君の過去の生活についてはよく知らないが、われわれには同じような心の問題があるんだ。それは時として...」
　私はこの時ようやく表情を緩めて、こう続けました。
「苦難を通して思い知らされることもある」
　私は包帯が巻かれた手を彼の前に差し出しました。最初はぎこちない空気が漂っていましたが、すぐに二人は肩の力を抜いて、この居心地の悪さを笑い飛ばしました。
　ゆるしというのは不思議なものです。それは敵を友に変え、友を兄弟に変えてしまうのですから。

もし人の罪を赦すなら、あなたがたの天の父もあなたがたを赦してくださいます。しかし、人を赦さないなら、あなたがたの父もあなたがたの罪をお赦しになりません。
マタイの福音書6章14〜15節

折り：誰もがゆるしを必要としていて、私も決して例外ではないことを思うにつけ、謙虚にならざるを得ません。けれども、自分がゆるされるかどうかは、他人をゆるせるかどうかに懸かっているという事実は、私にとって恐ろしいことでもあります。天のお父様、どうか私が人をゆるすことができますように。

考えてみましょう：あなたに神様のゆるしが必要だと分かっていれば、ほかの人をゆるすことは簡単ですか？

7月14日
——新たな旅人——

　この青年の名前はハンクだそうです。私はハンクと話せば話すほど、彼が好きになりました。彼には少し粗野なところがあるのですが、学びたいという意欲があるのは確かで、私の下手な教え方にもかかわらず、一つ一つの言葉をスポンジのように吸収していきます。
　彼が旅の途中で、"邪悪の化身"にも、クーガーにも化け物にも会ったことがないと聞いても、私は驚きませんでした。
「君はやつらにとって脅威ではなかったんだ」
　私は説明しました。
「むしろ君は、知らず知らずのうちに、敵を応援したり、あおったりしていたんだよ。罪というのは、"してはいけないことをしない"ということだけじゃなくて、"するべきことをしない"ということでもあるんだ。例えば、私を見捨てて行ってしまうということもそうなんだよ」
　彼が恥ずかしそうに下を向いてしまったので、私はこう付け加えました。
「おいおい、この問題については解決済みだし、君はもうゆるされているんだからね。君にはもう誰にも——そうさ私にだって——そのことで責められる必要なんかないのさ」
「やれやれ」
　彼はにっこり笑いながら言いました。
「おれにはまだまだ学ぶべきことがあるんだな。もう少しここで話を聞かせてもらってもいいかな」
「構わないよ」
　私は言いました。
「それどころか、君にできるだけのことをしてあげるのは名誉なことだよ。ただ問題なのは、私自身、この旅を始めてから日が浅いということさ。私よりも経験の豊富な人と話して、本当の意味で成長できるように方向づけてもらう必要があるね。いいかい、ここに来る途中でたき火を見ただろう？」
　彼がうなずいたので、私は続けてこう言いました。
「そこに行けば、リジーという年配の女性がいるはずだ。彼女はシチュー作りの名人で、聞くところによると、ためになる話をしてくれることでも有名らしい。君もぜひ彼女に会って、私に話してくれたことを全部話してほしい。それから彼女の指示に従うといい」
　ハンクはそれを聞いて不安そうな顔をしましたが、思いきったように深呼吸してからこう言いました。
「仕方ない。おれが今日からまったく新しい旅を始めるんだったら、新しい友達との付き合いも必要だってことなんだな。分かったよ」
　ハンクが部屋を出ていった後、私は彼のために小さな声で祈りました。彼が過去を乗り越えるのはそう簡単なことではないでしょう。この先、彼の旅路はこれまでよりも過酷になるかもしれません。敵は必死になって彼を打ち負かそうとすることでしょう。
「主よ、どうか彼を力づけてください」
　私は祈りました。
「彼に友を与え、共に戦う仲間を与え、彼らの助けによって苦難の時を乗り越えることができますように」

　あなたがたに言いますが、それと同じように、ひとりの罪人が悔い改めるなら、悔い改める必要のない九十九人の正しい人にまさる喜びが天にあるのです。
ルカの福音書15章7節

祈り：主よ、誰かが新しく信者となる時、その場に立ち会うことのできる喜びを知ることができますように。天使たちと声を合わせて歌い、そしてその信者の旅立ちを応援することができますように。

考えてみましょう：誰かが悟りの喜びに目を輝かせ、キリストを受け入れる祈りをささげるのを見たことがありますか？　その時どのように感じましたか？

7月15日
――外出――

　今朝早くに、お医者さんのアーティニアン先生が来ました。
「じゃあ、どうでしょう？」
　先生はそう言ってからこう続けました。
「今日はちょっと外出してみませんか。あなたにその気があればの話ですが」
「あります、あります」
　私は、シーツをはねのけて言いました。
「どこまで行くんですか？」
「よかったら、みんなの集まるあのたき火の所まで行こうかと考えているんですが」
「たったそれだけですか？」
　私は言いました。
「あそこまではせいぜい三十歩くらいしかないじゃないですか。私は丘の上まで行って戻ってくるような、もっとこう散歩らしい散歩がしたいのですが」
　彼は顔をほころばせて、眼鏡越しに上目遣いにこちらを見ながら言いました。
「では様子を見て決めましょうか」
　今日は体調も良く、この調子だと、たき火よりももっと遠くまで行けると思いました。丘の上まで行く途中でみんなに手を振ってあいさつし、戻ってくる途中で立ち止まって世間話でもできれば、と考えたのです。しかし立ち上がってみると、ぐるぐると目まいがし、ひざは彫刻用の粘土でできているかのような不自由な感覚。と、その時、激痛が私を襲いました。クーガーにやられた傷の部分が「頼むからそっとしておいてくれ！」と悲鳴を上げているようです。テントの入り口にたどり着くころには、もうあきらめてベッドに戻ろうかと半分考えていたのですが、アーティニアン先生がテントの入り口の布をめくり上げると、体中をアドレナリンが一気に駆け巡るような感じがしました。そこにはキャンプ中の人たちがこの一大イベントを見に集まっていたのです。皆、石や木の枝などをきれいによけ、真っすぐな通路を空けて二列に並び、子どもたちはよく見えるように前の列に立つか、大人に肩車をしてもらっていました。たき火のそばでは、ハンク、ラルフ、リジー、そして私の息子がにこにこしながら待っているのが見えます。私が一歩外に踏み出した瞬間、歓声が上がりました。もう片方の足を前に出すと、今度はこんな叫び声が聞こえるのでした。
「いいぞ、相棒！　やればできる！　がんばれ！」
　オリンピックのマラソン選手でさえ、こんなに盛大な応援を受けることはないに違いありません。私はよろめきながらも一歩一歩、たき火までの距離を自分にとっては記録的なタイムで進みました。ようやくたき火の所にたどり着くと、誰かが医療テントから持ち出したいすとリジーの特製シチューを持ってきてくれました。しばらくすると、たき火の周りに座った子どもたちとハンクと私の息子を除き、皆それぞれの活動に戻っていきました。私たちの輪の隅の方に立っていたリジーが、どこかの部族の首長のような力強い声でこう言いました。
「みんな、今日ここに集まってくれたことに感謝する」
　リジーは続けてこう言いました。
「これから、この包帯を巻いた兄弟に体験談を語ってもらおうと思う。しかしその前に、私の口から聞いてもらいたい話がある」
　誰もが身じろぎもせずじっとリジーに注目する中、彼女は遠くを見つめながら語りだしました。
「彼らが目覚めた時、辺りはまだ暗かった。潮が引いていたので、海草の香りがことさらはっきりと感じられた．．．」

　一つのからだには多くの器官があって、すべての器官が同じ働きはしないのと同じように、大ぜいいる私たちも、キリストにあって一つのからだであり、ひとりひとり互いに器官なのです。
　　　　　　　　　　　　　　　　　　　　　　　　　　ローマ人への手紙12章4～5節

祈り：キリストとともにあって兄弟姉妹と仲良く過ごす時間は何と素晴らしいのでしょう。主よ、聖なる教会を通して、素晴らしい家族を与えてくださるあなたのみわざをほめたたえます。

考えてみましょう：物語は家族にとってどんな意味がありますか？

7月16日
──新たな友──

　子どもたちが全員遊びに出かけ、リジーはたき火にくべた薪を並べ直していました。ハンクと息子は、周りの片付けを終え、私の近くに座りました。
「かなり面白い話でしたね、リジー」
　私は言いました。
「息子と私が主人公だってことを、忘れてしまいそうになりました。何かを経験している最中には、その大切さに気が付きにくいのかもしれませんね」
「人生なんてそんなものよ」
　リジーは言いました。
「後で振り返って物事を整理してみて初めて、どんな模様の織物を織っているのか分かるものよ。私が上手に物語を語れるようになりたいと思っているのもそのためなの。みんなが自分の経験したことの大切さを知ることができるようにね」
「父さん、今日ハンクと一緒に"基礎クラス"に出ていい？　すごくためになるって聞いたんだ」
　息子がそう言うと、ハンクが口を挟みました。
「だまされちゃ駄目だよ。あなたの息子は、そのクラスにかわいい女の子がたくさんいるってうわさを聞いただけなんだよ！」
「ぜひ参加してみるといい。動機なんてどうだっていいのさ。あのクラスでは私もいろんなことを教わったし、ほとんど毎日その知識が役に立ったよ」
　ハンクと息子が立ち上がると、私はこう付け加えました。
「ところで、二人とも靴ひもは結んだかい？」
　彼らはそれぞれ自分の足元を見たかと思うと、互いの顔をのぞき込んで「なんだそういうことか」というふうにくすりと笑い、そして授業に向かっていきました。
「私が冗談を言っていると思っているんですよ」
　彼らを見送りながら私はリジーに言いました。
「不思議なものですね。あの二人が先週、山道で出会っていたとしても、ろくに会話もしなかったでしょうに。ああしていると、何年も付き合ってきた親友同士みたいに見えますよね」
「こんな歌があったわね」
　リジーは言いました。
「『主が友の主なれば、友は永遠の友なり．．．』　私がさっきした織物の話みたいだわね。経験や人間関係というものは、少し後ろに下がって見てみることで、その本当の意味が分かるものなのだと思うわ。そして、友情が永遠に続くものだと分かっていれば、それだけ仲良くなるのも早いのよ」
　私はそれを聞きながら、チャーリーのことを思い出していました。彼とはほんの数週間の間とはいえ、素晴らしい友情を築くことができました。そして私はリジーにも出会いました。鍋のシチューをかき混ぜているリジーと目が合ったので、私はこう言いました。
「永遠の友なんですね」
　彼女はにっこりしてみせました。

滅びに至らせる友人たちもあれば、兄弟よりも親密な者もいる。

　　　　　　　　　　　　　　　　　　　　　　　　　　　箴言18章24節

祈り：主よ、私は今日、キリストとともにある友人たちとは、御国で永遠に一緒なのだとあらためて知りました。"生涯の友"という言葉にまったく新しい次元の意味を与えてくださり、ありがとうございます。

考えてみましょう：あなたには、永遠の友情によって結ばれた友達がいますか？

7月17日
──傷あと──

　お医者さんは今日、私の包帯を外し、よく考えた上で、そのほとんどを取ってしまって大丈夫と判断しました。
「そっちの腕はまだかなりひどいですね」
　先生は言いました。
「引っかかれた所はだいぶ良くなってきているので、空気に触れさせてあげましょう」
　自分の上半身に残された溝のような傷あとに沿ってそっと手で触れる私を見ていた先生が、こう言いました。
「もちろんその傷あとは残ります。けれどもそればかりは、私にもどうすることもできないんですよ」
「いえ、今後どんなことがあっても、美男美女コンクールに出るようなことはないと思いますから構いませんよ。でも先生、実は私自身、この傷あとがちょっと気に入っているんです」
　先生がまゆを上げるのを尻目に、私はこう続けました。
「ある人がこう言っていたんです。傷あとは入れ墨のようでありながら、入れ墨よりももっと面白い物語が詰まっている、って。それなら、私はこの傷あとのおかげで一生、話題には事欠かないだろうって思うんです」
　先生は少しの間、私の言ったことについて考えてから、こう言いました。
「その通りかもしれませんね。ところで、この傷に気が付きましたか？」
　先生は自分の左手に残された十センチくらいの傷あとを指しました。
「外科的処置をしていた時にできた傷なんです。そんなことめったにないんですが。患者さんの男性は、その．．．まあ専門的には難しい言葉で呼ばれる症状なんですが、ともかく、その中でも非常にまれな症例でした。私がメスを入れた時、彼がちょうどけいれんを起こしまして、彼の肩が私の手に当たったんです。とにかくそれはもう．．．」
　私は、先生がその後三十分ほどその傷あとについて語るのを聞きながら、これが彼の織物の材料なのだと考えていました。私たちは生きている間にいろいろな経験をし、場合によっては傷を負うことも少なくありません。過去について生き生きと語りたいならば、傷あとを見せながら話すよりもいい方法がほかにあるでしょうか。
　私はヤコブが天使と格闘した時の物語を思い出しました。ヤコブにとってそれは、決して忘れることのできない出来事だったことでしょう。
　ヤコブは、うそをついているのではないと分かってもらうために、「この傷が証拠だ」と言い張ったに違いありません。
　人生の旅をまったくの無傷で終え、取り立てて話すような出来事が何もなかったとしたら、それは悲しいことかもしれません。
「いい話ですね、先生」
　話が終わると私は言うのでした。
「もっとそういう話はありますか？」

そこでヤコブは、その所の名をペヌエルと呼んだ。「私は顔と顔とを合わせて神を見たのに、私のいのちは救われた。」という意味である。彼がペヌエルを通り過ぎたころ、太陽は彼の上に上ったが、彼はそのもののためにびっこをひいていた。
　　　　　　　　　　　　　　　　　　　　　　　　　　　　　　　創世記32章30〜31節

祈り：私は自分の体の傷あとを見るたびに、その背景にある出来事について思い出します。このような思い出や、その時の経験を通して学んだ事柄に対し、あなたに感謝いたします。私の傷あとがほかの人たちにとって、あなたの愛と配慮を理解するための手がかりとなりますように。

考えてみましょう：あなたにはどんな傷あとがありますか？　どんなふうにしてその傷を負ったのか、人に話したことがありますか？

7月18日
――同室者――

　今朝は早くに、隣の部屋から聞こえてきた誰かの泣き声で目が覚めました。どうやらその声からして子どもであるらしく、明らかに苦しんでいるようでした。何かしてあげられることはないものかと起き上がった時、お医者さんと看護婦さんが子どもをなだめている声が聞こえました。ようやく子どもは静かになり、少したってから、「私たち」を連発する看護婦さんが朝食を持って私の病室に入ってきました。
「すみません。今日はちょっと遅くなってしまいました」
　彼女は言いました。
「忙しくしているもので」
「子どもの泣き声が聞こえたような気がするんですが、大丈夫なんですか？」
　私は言いました。
「ええ、"私たち"は、木登りをして遊んでいて落ちただけですから。鎖骨が折れてしまったようなんですけど、きっと大したこともなく治りますわ。相部屋になってしまいますけれど、構いませんよね」
　もちろん、この看護婦さんの言う"私たち"というのは、隣の部屋で泣いていた男の子のことです。男の子は、きちんとギブスをしてもらってから、車いすで押されて病室に入ってきて、私の隣のベッドに寝かされました。男の子はまだシクシク泣いていました。見ると、今すぐにでもここから逃げ出したそうな顔をしていました。
「おはよう」
　看護婦さんが出ていった後、私は子どもにあいさつしました。
「すごく痛いかい？」
「うん」
　男の子は言いました。我慢してもしきれないという顔をしています。
「おじさんは鎖骨を折ったことがないんだ」
　私は言いました。
「よかったら、どんなふうなのか教えてくれないかい？」
「最低さ」
　彼は怒りのこもった声で言いました。
「今日は午後からパパと釣りに出かけることになってたんだ。こんなんじゃ、どこにも行けないよ」
「君のお父さんはどこにいるんだい？」
　私は聞きました。どうして自分の息子のそばにいてやらないのだろうと不思議に思ったからです。
「ほかの人たちと一緒に薪を集めに行ってるよ。僕がけがをしたこともまだ知らない」
「お母さんは？」
　私は少しちゅうちょしながら聞きました。
「僕が小さい時に死んだ」
　一時間以上も話していたでしょうか。彼はそろそろ、先刻飲んだ薬のせいで眠くなってきたようでした。彼がうとうとし始めると、私はこの新しい友達を思い、こんなにも共通点の少ない私たち二人ではあっても、既に"苦しみの兄弟"だという事実に喜びを覚えるのでした。この言葉はその後数カ月間、この時はまだ決して予想すらできなかった状況の中で、何度も思い出すことになるのでした。

　そればかりではなく、患難さえも喜んでいます。それは、患難が忍耐を生み出し、忍耐が練られた品性を生み出し、練られた品性が希望を生み出すと知っているからです。
ローマ人への手紙5章3〜4節

祈り：主よ、私がどんなことをしてでも苦しみを避けようとすることは、あなたもご存知です。けれども私は、一番の親友と呼べる人たちとは苦しみを分かち合うことで親しくなったことに気付かされます。私が傷を負わずに済むようお祈りする一方で、耐えるべき苦しみを用いて人生を豊かにしてくださいますように。

考えてみましょう：友達との関係は今まで、痛みや苦しみによってどのように強められてきましたか？

7月19日
――父の苦しみ――

　男の子の父親が見舞いにやって来たのは、昼食時間の少し前になってからでした。男の子と私は、舌圧子とテープで釣りざおを二本作り、ベッドから想像上の釣り糸を垂れて遊んでいました。けれども、男の子は鎖骨を骨折し、私は腕に重傷を負っていたせいで、それもなかなかうまくいきませんでした。
「ジェイソン！」
　男の子の父親がほとんど駆け足で病室に入ってきて、息子の名を呼びました。
「おまえがけがをしたって、たった今聞いたんだ。で、気分はどうなんだ？」
「ましになったよ」
　少年は言いました。
「今、友達と一緒にワニを釣っているところさ」
「そうか、おまえの友達はもう、一匹捕まえたようだね」
　彼は私の体の傷を見て言いました。そして思い出したように、こう付け加えました。
「あっ、そうか、あなたがクーガーを倒したっていう人ですね。私は息子と一緒に昨日キャンプに着いたばかりなんですが、みんなあなたの話をしていますよ」
　私はそれに答えようとしたのですが、彼はすぐに自分の息子の方を向いてこう言うのでした。
「大丈夫か、ジェイソン？　一緒にいてやれなくてすまなかった」
　彼はベッドの端に座って息子の手を取りながら、そう言いました。彼のもう片方の手は、時々、無意識に自分の肩に触れていました。あたかも彼自身、息子の痛みを感じているかのようでした。彼はこの日の午後、看護婦さんが「患者さんが疲れますのでお引き取りください」と強い口調で注意するまで、ずっと病室にいました。彼が出ていく時、戸の所でジェイソンに投げキッスをしたのを見て、この父親は息子の痛みを自分のことのように感じているに違いないと思いました。彼の目に浮かんだ苦痛が、そのことをはっきりと物語っていました。
　親が子どもにこれほど同情し、その苦しみを手に取るように感じることができるということは、何と素晴らしいことでしょう。神様が、御子イエス・キリストの人生を通して、こうした親子の関係の模範を示してくださったのは、何と素晴らしいことでしょう。

そして自分から十字架の上で、私たちの罪をその身に負われました。それは、私たちが罪を離れ、義のために生きるためです。キリストの打ち傷のゆえに、あなたがたは、いやされたのです。
　　　　　　　　　　　　　　　　　　　　　　　　　　　　ペテロの手紙第一 2 章 24 節

祈り：親が子のために苦しんでくれるように、天のお父様であるあなたは、私のために苦しんでくださいました。親として、そして子として、自分の経験を通して、この愛の本質を垣間見ることができるのは、何という素晴らしい恵みでしょう。主よ、あなたをほめたたえます。

考えてみましょう：苦しんでいる子どもを見て、実際に自分も肉体的な痛みを覚えたことのある人があなたの身近にいますか？

7月20日
──「私たちは」の看護婦さん──

　ジェイソンは今日、父親のたくましい腕に抱きかかえられて退院していきました。親子は、また見舞いに来ると約束して去っていきました。彼らが出ていった後、私はちょっぴり自分が哀れになりました。自分も愛する人に付き添われて退院できたらどんなにいいだろうか、と考えてしまったのです。しばらくたって、私がひそかに"「私たちは」の看護婦さん"と呼んでいる例の彼女が、ジェイソンのベッドのシーツを替えにやって来ました。彼女がてきぱきと一つ一つの仕事をこなしていくのを見ていると、日々苦痛にあえぐ人々の世話をするその能力に感心せざるを得ませんでした。
「ちょっと質問したいことがあるんですが」
　私は思い切ってそう言いました。
「ええ、何ですか？」
「あなたの本当の名前は何ですか？」
　彼女はきまり悪そうにベッドメーキングの仕事に戻り、そしてこう言いました。
「皆さん、私のこと、ただ"看護婦さん"って呼びます。私はそれでいいと思ってますけど」
「いえ、実はそうでもないんですよ」
　私は白状しました。
「われわれの中には、あなたのことを"『私たちは』の看護婦さん"と呼んでいる人もいるんです」
　彼女はそれを聞いて、体を真っすぐにし、私をいぶかしげに見ました。
「それについて、"私たち"でちょっと考えてみませんか？」
　私は笑みを浮かべながらそう言いました。彼女は少しの間、ぽかんとしていましたが、そのうちに私の言っている意味が分かったようです。
　彼女は枕の形を整えながら言いました。
「自分の名前がそれほど大事だなんて考えたことありませんわ。私は仕事がすべてだと思ってますし、私は人のお世話をするのが仕事ですから、名前なんか関係ないと思います」
「でも、突然、看護婦の仕事が続けられなくなったらどうします？　あなたという存在がなくなってしまうわけではないでしょう？」
「そんなことが起こるなんて想像もできませんけど」
　彼女はそう言いましたが、そういうこともあり得ると内心考えていたことは私にも分かりました。
「ここでは毎日のように、予想もしなかった出来事に巻き込まれた人々を見ますよね。例えばジェイソンだって、父親と釣りに行くと思っていたけれど、ここで一日入院することになってしまった。こんなこと言うと余計なお世話だと思われるかもしれませんが、ここではみんな家族なんだって最近、つくづく思うんです。私たちの本質は、必ずしも私たちの行いと一致しないんだって分かってきたんです。私たちの行いはさまざまだけれども、それは時とともに変化し得る。絶対に変わらないのは、私たちがどんな存在であるかということです。そしてこの場合、私たちは愛情深い神様の子どもだということです。空の星と同じように、神様は私たち一人一人をご存知で、職業名ではなく名前で呼んでくださるんです。本当に、こんなこと言いだして迷惑だったらすみません。ちょっと、聞いてみただけですから」
　彼女は何も言わずに黙々と仕事を続けていたので、本当に怒らせてしまったのかと思いました。けれども、彼女は出ていく途中、戸口の所で立ち止まり、こちらを向いて言ったのです。
「ジェニファーよ」

門番は彼のために開き、羊はその声を聞き分けます。彼は自分の羊をその名で呼んで連れ出します。
ヨハネの福音書10章3節

祈り：天のお父様、あなたが私の名前を知っていてくださることを覚え、あなたをほめたたえます。今私に呼びかけてくださり、あなたの声を聞き、それに従うことができますよう助けてください。

考えてみましょう：名前を持つということは、なぜそれほど大事なことなのでしょうか？

7月21日
――成長――

　今日はハンクと私の息子が、にこにこしながら見舞いに来てくれました。二人は示し合わせたように、ベッドの脇に近寄り、私に見てもらおうと片足をシーツの上に乗せました。どちらの靴も手入れが行き届いていて、ひもの結び方も完ぺきでした。
「おめでとう！」
　私は言いました。
「二人とも、基礎クラスを良い成績で卒業できたようで良かった。お世辞抜きで、こんなにきちんとした靴は見たことがないよ」
「父さん、あのクラスは本当にためになるクラスだったよ。荷物の詰め方から、野宿する場所の選び方、たき火のおこし方まで、いろんなことを教わったよ．．．」
「それだけじゃない」
　今度はハンクが言いました。
「磁気北位と実際の北との違いも分かるようになったぜ！」
「それは知っておくと役に立つよ」
　私は言いました。
「進む方向を少しでも間違えると、まったく行き先が変わってしまいかねない．．．」
　しかしそれを最後まで言う必要はありませんでした。ハンクも息子も、私に合わせて暗唱できたからです。
「行き先といえばさあ．．．」
　息子が言いました。
「クラスで近くの湖に行って、教わったことを実践してみようかという話があるんだ」
　それを聞いていたハンクがゲラゲラ笑いだしたので、息子は白状しました。
「いや、それが．．．クラス全員じゃなくて。パトリシアとヘザーだけなんだけど。ピクニックにでも行けたら楽しいかなって。釣りでもしながらさ」
「ああ、行ったらいい」
　私は言いました。
「暗くなる前に帰ってくるんだぞ。それから、紳士的に振る舞うようにな」
　二人は出ていく途中、互いに背中をたたき合って楽しそうに"ピクニック"の話をしていました。それを見ていた私は、事の成り行きの不思議さを考えてしまうのでした。彼らは十分な訓練も受けないまま、苦労を強いられる世界を目の当たりにし、そして二人とも、実際に苦難に直面しました。そして彼らがようやく訓練を受けるようになった今、私はそんな知識や技術が必要になる時が来ないように祈ってしまうのです。私たちが子どものままでいられたらいいのにと思います。にもかかわらず、この世界は壊れた世界なので、危険はなくならず、それには年齢など関係ありません。それならば、できる限り成熟し、力を身に付けた状態でそれに立ち向かう方がいいのではないかと思うのです。

私はあなたがたには乳を与えて、堅い食物を与えませんでした。あなたがたには、まだ無理だったからです。実は、今でもまだ無理なのです。
コリント人への手紙第一3章2節

祈り：親愛なる神様、私はこの世ではまだ子どものままです。多くのことを学び、多くのことをわきまえて準備を整えておくべきだと分かっています。今日私を、あなたが用意してくださった道、私に教訓を学ばせ、知恵へと導いてくれる道へと連れていってください。あなたの御名のために、この祈りを聞き入れてくださいますように。

考えてみましょう：自分が未熟だと感じたのは最近ではどんなときでしたか？

7月22日
——退院——

　今日、アーティニアン先生がいい知らせを告げに来てくれました。経過が良好なので、もう退院してもいいというのです。
「しばらくは、二日おきに傷を見せに来てくださいよ」
　彼はこう忠告するのを忘れませんでした。
「感染症はもうすっかり治ったようですが、再発する可能性があります。それに、左腕の靭帯（じんたい）の損傷がひどいですし、物理療法をきちんと続けなければなりませんからね」
　今の私には空き地を横切って就寝用テントまで歩くだけでも、大変なことでした。荷物はまとめて運んでもらってありました。私は一方の手に薬、もう片方の手につえを持っていました。
（一週間で．．．）
　私は思いました。
（一週間で、薬もつえも要らなくなる）
　看護婦のジェニファーが助けてくれようとしたのですが、私はどうしても自分だけの力で歩いてみたかったのです。
「ありがとう、ジェニファー」
　私は言いました。
「世の男にとって、君は最高の看護婦さんだよ」
　彼女は白髪交じりの髪の毛に無造作に挿した鉛筆をいじりながら言いました。
「ありがとう"相棒"さん。あなたに言われたことは忘れないわ」
　空き地を横切っての移動は、キャンプ中の人たちが応援に駆けつけてくれた時と比べるとさほどニュースになりませんでした。あれ以来、私は何度か医療テントの外に出たことがあったので、みんなも私が足を引きずりながら行き来するのを見慣れていたからです。それでも私にとっては、久しぶりに興奮を覚える出来事でした。就寝用テントの戸口にまでたどり着くころには、ひどく息切れしていたので、テントの支柱に寄り掛かって中をのぞき込みました。みんな出払っていて誰もいません。それぞれの活動に出かけたのでしょう。けれども、私のベッドの場所を見つけるのは簡単でした。入り口の近くで出入りがしやすいばかりでなく、そこにはたくさんの花が飾られていたのです。私を温かく迎えてくれようとしている人たちの心遣いが感じられました。
　私は体を気遣いながら、きれいに広げられた自分の寝袋の上にゆっくりと腰を下ろしました。誰がわざわざこんなことをしてくれたのでしょう。その疑問は、戸口から小さな顔がのぞき込んだ瞬間に解けました。
「気に入った？」
　少年が言いました。
「ジェイソン！　ああ、このベッドのことだね。素晴らしいよ！　君一人でやってくれたのかい？」
　ジェイソンは中に入ってきました。片腕を三角きんでつっています。
「いや、パパが手伝ってくれたよ。あ、そうだ。今日ウチに招待したいんだけど、来てくれるかどうか聞いてこいって言われたんだ。今日の夕食は魚だってさ」

　わがたましいよ。主をほめたたえよ。私のうちにあるすべてのものよ。聖なる御名をほめたたえよ。わがたましいよ。主をほめたたえよ。主の良くしてくださったことを何一つ忘れるな。主は、あなたのすべての咎を救し、あなたのすべての病をいやし、あなたのいのちを穴から贖い、あなたに、恵みとあわれみとの冠をかぶらせ、あなたの一生を良いもので満たされる。あなたの若さは、わしのように、新しくなる。

　　　　　　　　　　　　　　　　　　　　　　　　　　詩篇103篇1～5節

祈り：主よ、私は病んでいるとき、再び元気になることができないように思ってしまうことがあります。けれども私は、あなたの恵みと力を覚え、あなたをほめたたえます。あなたは悪い部分をお取りになって癒してくださいます。けがをした部分をお取りになって完全な体にしてくださいます。ああ神様、あなたの御名をほめたたえます。

考えてみましょう：病気やけがが跡形もなく消えてしまった経験をしたことがありますか？

7月23日
──魚の夕食──

　ジェイソンは後で迎えに来て、父親とキャンプしている場所に案内してくれました。それは川の近くで、たどり着くまでにかなり歩かなければなりませんでしたが、ジェイソンが体を支えてくれたので助かりました。ジェイソンは片方の鎖骨を骨折していましたが、時々、反対側の肩を貸してくれたのです。ジェイソンの父親が待つキャンプ地に近づくにつれて、魚の焼けるにおいが漂ってきて、それだけでも足元に力がみなぎってくるのが分かりました。ジェイソンの父親は火にくべた薪を並べ直していましたが、私の姿を見ると、立ち上がってあいさつしました。
「私たちの"第二のわが家"へようこそ」
　彼は笑顔で言いました。
「病院でお会いした時にはきちんと自己紹介もせずに失礼しました。あの時はただもうジェイソンのことが心配で仕方がなかったものですから。私はスチュアートといいます」
「そんな、あやまらなくても結構ですよ」
　私は言いました。
「私にも子どもがいますから、あの時のあなたのつらさが分かるような気がするんです。おーい、ジェイソン！」
　私は大きな声で言いました。
「この魚みんな君が釣ったのかい？」
「そうだよ」
　川で手や顔を洗って戻ってきたジェイソンはそう答えてから、こう言い直しました。
「いや、全部じゃないよ。パパが釣ったのもあるから」
　それから餌や釣り具やこの辺りで一番よく釣れる場所について語り合いました。そして待ちに待った魚料理が出来上がりました。
　コーヒーを飲みながら談笑しているうちに、辺りが暗くなってきました。私は言いました。
「ジェイソンが小さかったころに奥さんを亡くされたそうですね」
「ええ、去年のことです」
　スチュワートは静かに言いました。
「ジェイソンと私がこの旅を始めたのもそのせいだと思います。彼女はずっと私に聖書を読むように言っていたんです。でも私はずっとそうすることを避けていた。その後、彼女が病気になって。ある日、彼女は死ぬ直前に私に言ったんです。『スチュアート、またあなたに会いたいの。お願いだから読んでちょうだい』と。私はその夜から聖書を読み始めました。それによって私の人生がどんなに変わったか、彼女に告げることはできませんでした。でも、いつかそうできるチャンスが来ると信じていますよ」
　私は身を乗り出して彼の肩に手を置きました。
「そうですよ、スチュアート。いつか本当にその時が来ますよ」

　ヤベツはイスラエルの神に呼ばわって言った。「私を大いに祝福し、私の地境を広げてくださいますように。御手が私とともにあり、わざわいから遠ざけて私が苦しむことのないようにしてくださいますように。」そこで神は彼の願ったことをかなえられた。

歴代誌第一4章10節

祈り：私は、先立った人々を思い、悲しみます。どうか私を哀れんでくださり、あなたのみそばで彼らと再会することができますように。身近な人々の中で、まだあなたの救いにあずかっていない人たちのために祈ります。どうか手遅れになる前に彼らをお救いください。

考えてみましょう：愛する人たちと神様の御国で再会できるように、どんなことをしていますか？

7月24日
―――生きている家族―――

　神様の御国で奥さんに再会できますよ、とスチュアートを励ますと、彼は本当に安心した様子でした。
「それを楽しみに生きているようなものですから」
　彼は言いました。
「それと、毎朝、ジェイソンの顔を見ることくらいでしょうかね」
　私たちは二人とも、しばらくの間何も話さずにいました。沈黙を破ったのはスチュアートでした。
「あなたの息子さんには会いましたが、奥様は見かけませんね。ご一緒じゃないんですか？」
　その質問を聞いた私は、心の傷に触れられたような気持ちでした。
「まだ家に居るんです」
　私はそう答えました。
「娘も妻と一緒です。二人は、私の決心が理解できないでいるんです。二人のために毎日祈っています。何週間か前に息子が追いかけてきてくれましたから、妻と娘に対しても望みは捨てていません。でも、この旅で多くを学び、大きな喜びを感じる一方で、妻と娘に理解してもらえずにいることを考えると、いたたまれなくなるんです。いつか二人にも、私が見ているように物事を見てもらえるようになるといいのですが。きっと分かってもらえると思います。二人とも"いい人"なんですが、ただ真実を知らないだけなんです」
　スチュアートは少しの間、考えてからこう言いました。
「神様は、ただ"知らない"というだけで、人を罰したりすることはないと思います。これまで私が学んできたことから判断しても、神様は公平で愛情に満ちたお方です。神様は、ご自身が創造された人類の一人一人が救いを理解できるように、初めから人々を罰することなく、さまざまな方法で働きかけてくださるのだと思います。それを拒む人は、神様など必要ないと本気で思っているのでしょう。あなたのお話から察するに、奥さんや娘さんは神様がどんなお方なのか分かりさえすれば、きっと神様を信じるようになりますよ。それまでお二人のために祈りましょう」
　そしてスチュアートと私は、私の妻と娘のために祈りました。

神の、目に見えない本性、すなわち神の永遠の力と神性は、世界の創造された時からこのかた、被造物によって知られ、はっきりと認められるのであって、彼らに弁解の余地はないのです。
　　　　　　　　　　　　　　　　　　　　　　　　ローマ人への手紙1章20節

祈り：主よ、私たちは言い訳などできません。あなたは私たちに、あなたの栄光と愛をご自身の創造物を通して見せてくださいました。その事実が今日、私の家族の心に焼き付けられますように。どうか彼らが、あなたとともにある平安を見いだすまでは、平安を得ることがありませんように。

考えてみましょう：世界中のどんな文化にも、何らかの宗教があるのはどうしてだと思いますか？

7月25日
――運動――

　腕に巻いていた残りの包帯が外され、これから大変な仕事が待っていることを自覚しました。一カ月も使わなかった筋肉が、もともとの太さの半分くらいにまで縮んでしまっていたのです。これまであまりウェイトリフティングなどしたことがなかったので、筋肉がこんなふうになってしまうとは知らなかったのですが、何週間か前の腕力がもう過去のものになってしまったことは私にもすぐに分かりました。なおも困ったことには、靭帯（じんたい）の損傷で腕を動かせる範囲が狭くなってしまい、剣を頭上にかざしたり、背中をかいたりといった、以前は当たり前と思っていた動作ができなくなってしまったのです。それでも、お医者さんは励ましてくれました。
「がんばって物理療法を続けてください」
　不満を漏らした私に彼はそう言いました。
「筋力をつけるのに、遅過ぎることはないんですよ」
「そうなんですか？」
　私は言いました。
「それじゃあ、八十歳のボディービルダーがいないのはどうしてなんですか？」
「実はいるんですよ。数は少ないですけれどもね」
　彼はそう言ってから、こう続けました。
「今のあなたなら、彼らとベンチプレスで戦っても勝てないでしょう。でも多くの場合、筋力とは関係のない病気やけがで、お年寄りは肉体的な力を失ってしまうものなんです。いずれにしても、筋肉のせいにはできませんよ」
　私はストレッチ体操のような比較的楽な動きから始めることにしました。その後、川で角張っていない石を拾ってきて一定の動作パターンで繰り返し持ち上げるという方法を試してみました。最初は、川に戻ってもっと小さな石に取り替えなければなりませんでしたが、時間がたつとともに、重さを増していくことができるようになりました。
　夜になって寝床にもぐり込むと、たたき起こされた筋肉が、もうかんべんしてくれ、と悲鳴を上げていました。そしてお医者さんの「筋力をつけるのに、遅過ぎることはない」という言葉を思い出しました。運動さえすればいいのです。この旅で学んだことの一つは、この世には"真実のヒント"があふれているということです。一輪の花の奇跡、貝殻の神秘、たった一つの原子に秘められた言語に絶する力――どこを見てもその中に、霊的真実を見て取ることができます。今日私が学んだ真理はこうです。
　使われなくなってしまったものは、それが良いものであれ悪いものであれ、重要さが失われてしまう。
　このことはもっと突き詰めて考えてみる価値がありそうです。

また競技をする者は、あらゆることについて自制します。彼らは朽ちる冠を受けるためにそうするのですが、私たちは朽ちない冠を受けるためにそうするのです。
コリント人への手紙第一9章25節

祈り：主よ、今日私が何を"向上させ"、何を"あきらめる"べきなのか教えてください。強化が必要なものについては訓練できるよう、私に害を及ぼしているものについては拒絶することができるよう助けてください。

考えてみましょう：あなたの人生において、さらに強める必要があるのはどのようなことですか？　また、どのようなことをあきらめる必要がありますか？

7月26日
――神の人――

　今朝、物理療法の日課に取り組んでいると、一人きりで山道を歩いて谷に入ってくる人影が見えました。その男が近づいてきて私が最初に気が付いたことは、その荷物の少なさでした。男は小さなバックパックしか持っておらず、その中にも大した物は入っていなさそうでした。遠くからでも、その男が何か目的を持ってこちらに向かってきていることは明らかでした。顔を上げて毅然（きぜん）とし、大またで歩いていたからです。彼は自分の行き先が分かっているようでしたし、そうした印象からも、私は彼に話しかけてみたくなりました。私の心を読んだかのように、彼は近づいてきながら、私の方を見ていました。その顔に笑みがこぼれ、彼は遠くから大声で言いました。
「おはようございます！　あなたはこのキャンプの人ですか？」
「まあ、そう言っていいと思いますが」
　私は答えました。
「みんなからは"相棒"と呼ばれています」
「じゃあ、私も"相棒"と呼ばせてもらいましょう。でも、あなたの体を見て、誰もが相棒と呼びたがるようには思えませんね」
　私は運動をする間、シャツを脱いでいました。私が脱ぎ捨ててあったシャツに手を伸ばすと、彼は言いました。
「いやいや、その傷を恥じる必要なんてありませんよ、相棒。クーガーにやられた傷のようですが、おととい私が見かけたクーガーの死体と何か関係があるのでしょうか？」
「私の息子が殺したんです」
　私は説明しました。
「クーガーはその時、味方と一緒でした．．．えーと、"邪悪の化身"の存在についてはご存知ですか？」
　彼は笑みを浮かべながら私の肩に手を乗せました。彼の腕から、ある種の力が伝わってくるようでした。
「"邪悪の化身"と私はもう何年もの間、敵同士です。やつの不正に立ち向かうあなたのような旅人を助けるために、私は人生をささげてきました。相棒、ここランデブーにしばらく滞在したいので、責任者と話をさせてもらえないでしょうか？」

　遣わされなくては、どうして宣べ伝えることができるでしょう。次のように書かれているとおりです。「良いことの知らせを伝える人々の足は、なんとりっぱでしょう。」
ローマ人への手紙10章15節

祈り：世の男性や女性に聖職者としての使命をお与えくださりありがとうございます。彼らがなすべき仕事を前にして、力を授かることができますように。邪悪な存在から彼らを守ってください。そして彼らの努力をあなたの栄光のために用いてください。

考えてみましょう：牧師に何か助けてもらったことがありますか？

7月27日
——聖なる使命——

　私は新しく来た男の人をリジーに会わせるため、メインのたき火の所まで連れていきました。彼女はシチューの鍋から顔を上げ、こちらを見ると、大声でこう言いました。
「マッカラン牧師！　よくおいでくださいました！」
「紹介の必要はなさそうですね」
　久しぶりに会った親せき同士のようにあいさつを交わす二人を見て、私は言いました。
「あら、紹介だなんてもちろん必要ないわよ」
　リジーは言いました。
「マッカラン牧師にはずっと前から、みんなお世話になってきたのよ。もっとしょっちゅう会えたらいいのにと思っているわ。これまでどこにいたんですか？」
「ほとんど山を離れませんでしたよ」
　彼はそう言ってから、声の調子を落としてこう続けました。
「リジー、山には傷ついた人たちがたくさんいました。本当に悲しいことです。私はこれでも、できるだけ長く山にいたんですよ。でも、もうそろそろここに下りてきて少しみんなと過ごした方が良さそうだと思ったものだから」
　彼はリジーのシチュー鍋をのぞき込みながら、両手をこすり合わせて言いました。
「おやおや、それはまさか、かの有名な"ランデブーシチュー"ですか？」
「そこに座ってくださいな」
　リジーは空のシチュー皿に手を伸ばしながら言いました。
「一息ついたらゆっくりなさってね」
「荷物が少ないんですね」
　私は言いました。
「途中でなくしてしまったんですか？」
「それには私が答えてあげるわ」
　彼がシチューを食べる傍らで、リジーが言いました。
「マッカラン牧師は神様に仕える人なのよ。この道を行き来しながら、旅人を助けたり、道に迷ってしまった人たちを救助したりすることに人生をささげているの。その代わりに、私たちは先生が生活に困らないようにしてあげているのよ。食べ物だとか寝具だとか、何でもおすそ分けするの。先生が果たそうとしている使命は本当に大変な仕事なのよ。私たちには、そうやって少しでも先生の生活が楽になるようにお手伝いすることくらいしかできないのよね」
　マッカラン牧師は、足元に置かれた小さなバックパックの中に手を突っ込みました。
「私が担ぐ重荷はこれだけだよ、相棒」
　彼が大きな本を引っ張り出すと、すぐにそれが使い込まれた聖書だと分かりました。
「これがまた、驚くほど軽いんだよ」

聖書に「穀物をこなしている牛に、くつこを掛けてはいけない。」また、「働き手が報酬を受けることは当然である。」と言われているからです。
　　　　　　　　　　　　　　　　　　　テモテへの手紙第一5章18節

祈り：今日私は、自分の知っている牧師の名前を高く掲げます。天のお父様、どうか彼らを祝福してください。この日を通し、彼らを励ましてくださり、また彼らがあなたにずっと守られてきたことを知ることができますように。彼らに必要なもの、またそれ以上のものをお与えください。

考えてみましょう：上の「穀物をこなしている牛に、くつこを掛けてはいけない」という聖句はどういう意味だと思いますか？

7月28日
――山について聞く――

　マッカラン牧師が食事をしている間、私は彼がリジーに話していた"山"のことを考えていました。この旅の二日目に私が見たあの山と同じ山のことを言っているのでしょうか。
「牧師先生」
　私は質問してみることにしました。
「さきほど山について話されていましたよね。私も途中である山に差し掛かりました。私は道伝いにその山を越えられるのだろうと思っていたのですが、ある人が言うには、ごく限られた一部の人だけが．．．」
「ジェイコブのことかな？」
　彼は聞きました。彼は私のうれしそうな表情を見て取り、こう続けました。
「ジェイクとは二度ほど会ったよ。ちょうど彼を必要としていた時だった。彼に会ったことがあるなんて、君も祝福されている証拠だよ」
「でも、山についてはよく分からないんです」
　私は言いました。
「道は山の上まで続いているのに、誰でもそこを通るわけではないというのはどういうことなんでしょうか」
「招かれた人だけが通る道だからだよ。誰でもが招かれるわけではない。その後の人生ががらりと変わってしまうこともある。命懸けといってもいい」
「山の上まで行ったことはありますか？」
　私は聞きました。
「一度だけ、若い時にね。これまでの人生の中で、最も素晴らしく、最もつらい経験だったよ。頂上に立った時、私はこうして神様に仕える使命を与えられたのさ。もっと話してあげたいんだが、その前にお互いをもっとよく知っておいた方がいい。お互いを知るといえば、リジー、キャンプについて教えてくださいよ。私の知らない人でどんな人たちがいますか？」
　こうして山の話は終わってしまい、私はそれについてもっと知りたいと思うと同時に、少し不安な気持ちになりました。「最もつらい経験」とはどういう意味なのか、気になって仕方がありませんでした。

　しかし、イエスは言われた。「そのことばは、だれでも受け入れることができるわけではありません。ただ、それが許されている者だけができるのです。
　　　　　　　　　　　　　　　　　　　　　　　　　　　マタイの福音書19章11節

祈り：主よ、私たちには皆、目の前に用意された道があります。どうかあなたが与えてくださった道を忠実に歩むことができますように。ほかの人が進む道を批判的な目で見たり、うらやましく思ったりすることがありませんように。かえって、自分の旅路に喜びを見いだすことができますように。

考えてみましょう：クリスチャンの生活は、困難で苦労が尽きないものでなければ本物でないと思いますか？

7月29日
――臨時の集会――

　マッカラン牧師がキャンプ入りしたといううわさはすぐに広まりました。人々は、最初は二人ずつ、それが三人ずつになり、しまいには集団で会いに来て、牧師先生が一人一人に声を掛けるまで立ち去ろうとしません。私は牧師先生がみんなの名前と顔をきちんと覚えていることに驚いてしまいました。
「やあ、デビッド！　ひざの調子はどうだい？　君の妹さんの顔も見られてうれしいよ、彼女はうまくやっているのかい？　ラルフ！　すごいじゃないか。戦闘クラスを指導しているんだってな。ああ、ジョナサンのことは聞いたよ。寂しいのは私も同じさ」
　彼は人込みの中を、旧友とあいさつを交わし、初対面の人には自己紹介しながら歩いていきます。私の息子とハンクが立っている場所に近くなると、彼は立ち止まり、皆が沈黙しました。
「君の名前は．．．」
「ハンクさ」
　青年は答えました。
「君のことは覚えているよ。ある晩、私の寝袋のそばを通りかかっただろう。話しかけようとしたんだが、君はさっさと行ってしまったね」
「そして次の朝あなたが起きてみると、食べ物がなくなっていただろう。すみません。あんなことするなんて本当にばかだった。その償いはきっといつか．．．」
「君とここで会えただけで十分だよ。その表情から察すると、ここで何かとても大切なことを発見したんじゃないのかい？」
「ああ、本当に"新しい者"となったよ。あなたに紹介したい友達がいるんだ、牧師先生。こいつが、クーガーを殺した本人だぜ！」
　それから彼らの会話は思わぬ方向に展開したものの、この人が真に神様に仕える人だということはこの時既によく分かっていました。私も彼のようになりたいと思いました。

あなたがたは、世界の光です。山の上にある町は隠れる事ができません。
　　　　　　　　　　　　　　　　　　　　　　　　　　マタイの福音書5章14節

祈り：人々が、私がどんな人に見えるのかに基づいて、人生にかかわる決断をするのだと考えると恐ろしくなります。主よ、どうか私が常に、あなたの御子を思わせる者でいられますように。私を見る人たちが、私の弱さに目を向けるのではなく、あなたの御力だけを見ることができますように。

考えてみましょう：この一週間のうちに、どんな人があなたを見ていたでしょうか？　その人たちは、あなたがどんな人かを知って何らかの決断をすると思いますか？

7月30日
——幕屋に集合——

　マッカラン牧師はようやく人込みを離れて休むことができたようですが、それも長くは続かないらしいことが分かりました。倉庫テントから幾つもの箱に入った供給品を運び出す人たちがいる一方で、いすを持ってきて並べている人たちがいます。間もなく、その場で結成された聖歌隊が練習を始めるとともに、テントからかすかに音楽が聞こえてきました。私はリジーに何かできることはないかと聞くや否や、照明をこしらえる仕事を任されました。彼女は目下のところ、持ち寄りの夕食会が予定されていることをキャンプ中に知らせて歩いています。今夜はみんなが、メインのたき火近くの中央テーブルに何か食べ物を持ってくることになっているのです。夕方近くになると、ハムやチキン、野菜、サラダ、パイなどの重みでテーブルがたわむほどでした。
　太陽が沈むころなり、人が集まってきました。子どもたちはよそ行きの服を着、女性たちも変身を遂げていました。一体どうやってこんなにきれいな格好をすることができたのでしょう。男たちさえもこの時のために髪をとかしています。集まった人たちのちょうど真ん中辺りからマッカラン牧師が現れました。何かの上に立っているようです。
「兄弟姉妹の皆さん！」
　彼は大きな声で言いました。
「今夜皆さんとここでお会いできて本当にうれしく思います。誰もが神様のご臨在に触れずにこの場を去ることのないよう祈ります」
　何人かが「アーメン」というのが聞こえ、牧師先生は感謝の祈りへと皆を導き、思いは食べ物と交わりの時に向けられました。みんなが食べ、語り合い、互いに家族のように振る舞っています。そのうちに、人々は少しずつテントの中へ入っていきました。手近な場所に席を見つけて座った人もいますが、後ろに並んで立っている人もいます。音楽隊が突然歌い始めると、すぐにみんな立ち上がって一緒に歌いだしました。ティーンエージャーの子どもたちの何人かは、壇の上がよく見えるように前に進み出て、その前で踊っていました。彼らの顔は真の喜びに輝いて見えました。
　長年の間、こんな素晴らしいことが存在したことさえ知らなかったなんて。こんな無条件の愛と純粋な喜びを見いだせる場所がほかのどこにあるというのでしょう。これが天国の予告編なのなら、もっと見させてください、と願わずにはいられませんでした。

また私は、天と地と、地の下と、海の上のあらゆる造られたもの、およびその中にある生き物がこう言うのを聞いた。「御座にすわる方と、小羊とに、賛美と誉れと栄光と力が永遠にあるように。

ヨハネの黙示録5章13節

祈り：主よ、共に礼拝する私たちを導いてください。私たちに良いもの、正しいもの、あなたに喜ばれるものが何であるのか見させてください。私たちの音楽、私たちの交わり、そしてあなたの御名の下での私たちのすべての行いが、あなたに栄光をもたらしますように。イエス様の御名によって祈ります。

考えてみましょう：礼拝の一番の目的は何だと思いますか？

7月31日
──あかしの時間──

　私たちが歌い始めてからかなりの時間がたっていたはずですが、誰もそれを気に留める様子はありませんでした。賛美の喜びに満たされていたのは明らかでしたし、文句を言う人など一人もいませんでした。そのうちに、にぎやかだった音楽が静かで瞑想（めいそう）的な曲に変わっていきました。それに合わせて、賛美に胸を高鳴らせていた私も静かで優しい気持ちになり、しばらくの間、私は心の中で神様に感謝をささげていました。その時、ある若い女性が壇にのぼって話し始めましたが、誰も驚きませんでした。
「この旅を始めるまで、私の人生がどこに向かっているのか分かりませんでした。毎日がただ漠然と過ぎていき、友達との関係も長続きしませんでした。ある時私はついに、自分の人生を振り返ってこう自分に問いただしたのです。『あなたは一体どこから来て、どこに向かっているの？』」
　彼女は席に戻り、今度はハンクが進み出ました。
「おれの場合、自分がどこに向かっているか分かっていた」
　彼は静かな口調で言いました。
「そしておれは、そこが自分の行きたい場所だと思っていた。友達もみんなそこに向かっていたし、それが正しいことのように思えたから。ところがある夜のこと、おれは本当の自分がどんな人間なのか知ってしまった。つまりおれは自分のことしか考えられない、冷酷な泥棒だった。おれは何週間か前、ある人を助けられる状況にいながら、助けなかった。その夜、イエス様がおれの心に入ってこられ、すぐに、こんな自分でいたくない、もうこんなのは嫌だ、と気が付いたんだ。でもどうしたらいいのか分からなくて。それで結局その．．．」
　ハンクはそれを最後まで言おうとしたのですが、感極まって泣きやむことができないでいました。私は静かに前へ出ていき、壇にのぼって彼を片腕で抱き寄せました。
「彼がやらなければならなかったこと．．．」
　私は言いました。
「それは、ここにいる私たち一人一人が、やらなければならなかったこと。つまり、自分の周りにため込んでいたものをはぎ取って、神様にすべてを打ち明ける。ハンクはそれをやってのけたのです。私たちはもう彼のことを堂々と兄弟と呼べるのです」
　彼がこちらを見て笑ってみせたので抱擁を交わすと、拍手喝采（かっさい）が沸き起こりました。その歓声が歌へと変わる中、ハンクと私は壇からおりて私の息子の待つ場所へと歩いていきました。ハンクは息子と私の顔を見て言いました。
「二人ともありがとう」
　息子はハンクの背中を軽くたたいて言いました。
「いいんだ。さあ、それをすべて可能にしてくださったお方に感謝しよう」
　私たちは再び前を向いてみんなの歌声に加わりました。神様、感謝します。

むしろ、心の中でキリストを主としてあがめなさい。そして、あなたがたのうちにある希望について説明を求める人には、だれにでもいつでも弁明できる用意をしていなさい。
ペテロの手紙第一3章15節

祈り：天のお父様、私は、あなたのゆるしによってのみ、真のクリスチャンの家族に属することが一体どのようなことを意味するのかを知ることができます。私をゆるしてくださってありがとうございます。私は自分に対して罪を犯した人をゆるすことができます。感謝です。私たちは兄弟姉妹として共にあなたを礼拝することができます。ありがとうございます。

考えてみましょう：あなたのゆるしを必要としている人が誰かいますか？

8月1日
──牧師は語る──

　賛美の声がやんで再び静かになると、マッカラン牧師が前に進み出ました。彼は集まった人々の期待に満ちた顔を見回し、そしてこんなふうに語り始めました。
「このような場所に居合わせ、そして自分が傍観者にすぎないことを実感するたびに、私は魂を揺さぶられる思いがします。神様は今夜、私たちの中で働いておられます。神様はあなたの心の中で働いておられ、また、私の心の中でも働いておられます。そしてちょうど今、ある若者にゆるしを与えようとしておられる神様の御顔が見えます。そして神様は、ある人の心の中で冷えてしまった愛に働きかけて、それを再び燃え上がらせてくださいます。また、長い間苦しんできた人に御手を差し伸べてお癒しになります。こうして神様が次々となさることを見ていると、神様の視線が私の視線と交わり、神様の瞳が輝いているのが見えるのです。それは神様が喜ばれていることの表れです。なぜ喜ばれているかというと、神様は今夜お触れになる一人一人の心の中をよくご存知で、そして一人一人を愛しておられるからです。そして神様は私にこう言われるのです。『さあ今から私のすることを見ていなさい』　今夜、この場所には力があります」
　牧師は続けて言いました。その声は畏敬（いけい）の念に満ちています。
「敵はこのような力について何も知りません。先ほど敵の手下たちがこのキャンプに侵入しようとしたらしいのですが、その時、敵はこのような力に圧倒されたに違いありません」
　牧師がそう言うと、何人かの心のこもった「アーメン」という声とともに、二、三人のクスクス笑いが聞こえました。牧師は言いました。
「兄弟姉妹の皆さん、その力はまだここにあります。この教会は神様の教会です。聖書には、地獄の門は地獄それ自体に敵対することはないと書かれています。この意味がお分かりでしょうか。皆さんは、敵が地獄の門を取り壊し、それ自体を武器にしてここに入り込もうとすると思いましたか？　いいえ違います！　聖書には、教会こそが地獄の門を破るのだと書かれています。私たちは前進し続け、敵が自分の所有下にあると主張する土地へと真っすぐに入り、そして神様のためにそれを取り戻そうとしています。そうすれば、悪魔は引き下がるでしょう。なぜでしょうか。それは、敵は既にカルバリで敗北を味わい、自分でもそのことを知っているからにほかなりません」
　説教はまだ続いていましたが、私は既に霊的なメッセージを感じ取っていました。励ましと力強さに満ちた牧師の言葉は、私の心の奥深くにまで届きました。私は以前にも増して、神様が私に使命を与えようとしてくださっていることを確信しました。その使命が何であるのかはまだ分かりませんでしたが、この時点ではそれは問題ではありませんでした。私はただ立ち上がって、イザヤのようにこう言いたい気持ちでした。
「ここに、私がおります。私を遣わしてください」

　私は、「だれを遣わそう。だれが、われわれのために行くだろう。」と言っておられる主の声を聞いたので、言った。「ここに、私がおります。私を遣わしてください。」

イザヤ書6章8節

祈り：天のお父様、今日私はあなたが"不在の主"ではないことをあらためて思い知らされました。あなたはこの世をお造りになった後、身をお引きになってただ眺めておられるのではありません。あなたは今ここにおられ、私の周りの皆の人生の中で働いておられます。私の人生においてもどうかお働きください。どうかあなたのみもとへと私を招いてください。あなたの栄光のために私を用いてください。

考えてみましょう：神様はあなたにどのような使命をお与えになると思いますか。

8月2日
──確信──

　礼拝は夜まで続きました。マッカラン牧師が話し終えた後、私たちはさらに何曲か歌い、それから人々が前に出て具体的な事柄について祈る時間になりました。ある人は家族のために、ある人は癒しを求めて、またある人は勇気を求めて祈りました。私はといえば、そのすべてについて祈りました。息子と私が今夜この礼拝でどんなに祝福されているのか知らない妻と娘のことを考えると、心の底から残念に思いました。ひざまずくと体に痛みが走り、私は徐々に治りつつある自分のけがのことを意識しました。私は神様に、「どうか私の傷に触れてください。そして再び完全な肉体にしてください」とお願いしました。しかし何よりも、「私に勇気を下さい」と祈りました。以前にも増して、神様の名において献身するよう招かれているという確信が、自分の中で強くなってきていたからです。これまでの自分の旅路を振り返ってみると、一番充実していると感じ、満足感が得られた時期は、私が自分の信仰についてほかの旅人に話した時でした。これは献身する理由として十分といえるのでしょうか。私にはまだ分かりませんでしたが、その答えを見つけるつもりでいました。

　マッカラン牧師は近くにいた若い女性とともに祈っていました。私は祈りが終わるのを待ってから、牧師に近づいていきました。

「牧師先生」

　私は言いました。

「私は献身して神様にお仕えするよう招かれているような気がしているのですが。それが本当に神様のご意志で、私自身の欲求ではないと、どうしたら確信できるのでしょうか」

　彼は私の目をじっと見つめてから、こう言いました。

「君が今しているように、旅仲間たちに思うことを話してみるのも一つの方法だよ。神様が本当に君をお招きになっているのなら、神様は君の周りの人たちにそれを確信させてくださるはずだ。私たちは今夜ここにいる人たちのことをキリストの体の一部として語っている。これはつまり、誰も独りぼっちではないということだ。私たちはお互いに助け合い、お互いの痛みも喜びも分かち合う。そして決断の時には、お互いの確信を深め合うのだよ」

　彼はしばらく沈黙してから、私の肩に腕を回して、テントの中でも人けのない場所に連れていきました。

「今朝、君を初めて見た時、神様は私に話しかけられたんだ。神様が何を言われているのかよくは分からなかったが、君のことについてだったのは間違いない。実際、神様が何を言われていたのか今でもよくは分からない。しかし、このことは君に約束しよう。今夜私はそのことについて祈る。そして神様からさらにみことばが与えられたら、すぐにそれを君に話すよ」

　牧師と一緒に祈ってから、私は床に就いて朝まで寝ることにしました。しかしまったく眠れそうにありません。神様は私に何を語りかけておられるのでしょうか。マッカラン牧師のように、神様にお仕えするべきなのでしょうか。眠れるかどうか不安ながらも、私の気持ちは喜びに満ちていました。

「わたしは、あなたを胎内に形造る前から、あなたを知り、あなたが腹から出る前から、あなたを聖別し、あなたを国々への預言者と定めていた。」

エレミヤ書1章5節

祈り：ああ主よ、あなたの教会に連なる人々で私を取り囲んでください。彼らが私を励まし、必要なときには私をしかってくれますように。そして私も、彼らにとって同様の存在でいさせてください。

考えてみましょう：重大な決断をしなければならないとき、あなたはどこへ行きますか？

8月3日
――決意を公に――

　今朝はベッドから起き上がるのに苦労するだろうと想像していましたが、いまだ冷めやらぬ興奮に居ても立ってもいられず、明け方には外に出ていました。昨夜の集会で祝福されたと感じていたのは、どうやら私だけではないようでした。リジー、ハンク、そして私の息子が既にたき火の周りに座り、コーヒーを片手に小声で話しています。
「みんなもよく眠れなかったのかい？」
　私はコーヒーカップの置いてある所まで歩いていきながら、そう言いました。
「父さん」
　息子が口を開きました。
「昨日の夜はほんとにすごかったよ！　あんなに楽しいと思ったことはなかった。みんなで歌っている時、僕は感じた、いや確信したんだ。神様があの場所におられた、って。これまで疑問に思っていたことが、何もかも吹き飛んでしまったみたいな感じさ」
　息子の話が途切れたところで、ハンクがこう続けました。
「一月前なら、おれも大勢の人々の目の前で赤ん坊のように泣くだろうと言われても、このうそつきめ、と言ってあなたにナイフでも突きつけていただろうな。でも何だか知らないけど、昨日の夜は大丈夫だった。あんなに素直な気持ちになったのは生まれて初めてといってもいいくらいさ。とにかく、おれを救ってくれたことに礼を言うよ！」
「そんなこと気にしなくていいんだ」
　私はコーヒーカップ越しにほほ笑みました。
「実は、君たちに聞いてもらいたいことがある。それはマッカラン牧師以外には、まだ誰にも話していないことなんだ」
　三人とも、期待のあまり無意識に私の方に体を傾けています。
「実は、自分は献身するよう神様に招かれているような気がしているんだ」
　すると「いいね！」「やったね！」という声が一斉に上がり、キャンプの静けさを破りました。それからリジーがはっきりとした口調で話し始めました。
「私は初めてあなたに会った時から、それを疑ったことはなかったわ」
　彼女は言いました。
「あなたに牧師の素質があることは確かだと思うの。だからこそ、チャーリーもあなたに関心を寄せていたんだわ。あの人は知っていたのよ。神様はあなたのために、何かとても特別なものをご用意してくださっているってことを。このようなことは人間から発せられるのではなくて、神様がもたらしてくださるのを待つべきだと思って、今まで何も言わなかったの。でもあなたがこうして打ち明けてくれたんだから、私はとてもうれしいのよ。神様があなたを素晴らしい方法で用いてくださるよう祈っているわ」
　私たちはそれから一時間ほどたき火の周りに座っていましたが、そのうちにキャンプのほかの人々も活動し始めました。こうして私が望んでいた通りの反応が得られたのです。息子とその友達、そして私の先輩もが一同に、神様は特別な任務に就きなさいと私をお招きになっているという意見で一致したのです。あとはそれがどんな仕事なのか知ることができたらいいのですが。

　しかし、あなたは、どのようなばあいにも慎み、困難に耐え、伝道者として働き、自分の務めを十分に果たしなさい。
　　　　　　　　　　　　　　　　　　　　　　　　テモテへの手紙第二4章5節

祈り：私たちをあなたの御国のみわざのためにお選びくださるという、素晴らしくも不思議な出来事を与えてくださり感謝いたします。

考えてみましょう：神様の御国に栄光をもたらすものとして、どのような"神に仕える仕事"を思いつきますか。

8月4日
――神様からのメッセージ――

　朝食を終え、皆それぞれ今日一日の仕事に出かけていきました。私は自分の物理療法に取り組もうと心に決めていました。気のせいでしょうか。腕の傷が昨夜のうちに急に良くなったような気がしました。
「やあ、おはよう」
　マッカラン牧師がたき火の方に歩いてきて、私にあいさつしました。
「牧師先生！　また会えてうれしいです。昨日の夜は素晴らしい体験をさせていただいてありがとうございました。あらためてお礼を言います」
　マッカラン牧師は自分でコーヒーを入れながら、こう言いました。
「ところで、私は昨日の夜、君について神様から何か示されたときには君に教えると約束したね」
　私は自分のやっていたことをやめて、体を起こしました。
「君に時間があれば、ちょっと散歩に出かけたいんだが」
　私たちは荷物をたき火の周りに残し、それぞれコーヒーカップを片手に、キャンプを離れて近くの草地へと歩いていきました。この日の朝は実にさわやかでのどかでしたが、私は期待のあまり心臓がドキドキしていました。
「さあ牧師先生、教えてください。献身するという私の決心についてどう思いますか？」
　マッカラン牧師はやけに長い一口でコーヒーをすすってから、私の方を向いてこう言いました。
「君の決断は正しい。それは疑う余地もない。神様は君を素晴らしい方法で用いてくださることだろう」
　彼はそこで言葉を切って、草地の遠くを見渡しました。
「分かっていると思うが、神様に用いられるということは男女を問わず誰にとってもこれほど名誉なことはない。それはこの世のほかのどんな使命とも違う。だが、君に正直に打ち明けなければならないことがある。それはこのような仕事が常に楽しい仕事とは限らないということだ。われわれには、困難を避けて苦痛とは無縁の人生を送れるという保証はない。それどころか、公然と神様に仕える人ほど、戦いとなると真っ先に倒れてしまうことが多いのだよ」
「昨日の夜、神様は私について何か別のことを示されたということでしょうか？」
「いやそれとはちょっと違うんだよ。私は未来を予知できる預言者ではない。私が言いたいのは、君のために祈っている時、さらなる苦難に立ち向かうため、君に準備をさせるよう神様に命じられたような気がするということなんだ」
　私はこわばった笑い声を上げながらこう言いました。
「クーガーに襲われるよりももっとひどいことなんてあるのでしょうか？」
　マッカラン牧師は何も言わずに少しの間そこに立っていましたが、ついにこう言いました。
「一緒に祈ろうか」

あなたがたは、キリストのために、キリストを信じる信仰だけでなく、キリストのための苦しみをも賜わったのです。あなたがたは、私について先に見たこと、また、私についていま聞いているのと同じ戦いを経験しているのです。
ピリピ人への手紙1章29～30節

祈り：天のお父様、私は教会の歴史を振り返るとき、信仰のために苦難に遭い、死ななければならなかった実に多くの人々がいることを思い知らされます。正直なところ、彼らのようになりたいとは思いません。しかし、私が耐えるべきものがあるのでしたら、あなたの御国の栄光のために、それに耐えるための力をお与えください。

考えてみましょう：命を懸けるに値するものがあると思いますか？

8月5日
――献身――

マッカラン牧師と草地の真ん中で祈る間、私の心は二つの気持ちの間で葛藤（かっとう）していました。献身したいという自分の思いが認められたことに大きな喜びを感じる一方で、さらなる苦難に備えなければならない、と牧師に言われたことが気になっていたのです。それは果たして、この先私の身の上に何かが起ころうとしているという、決定的な予告なのでしょうか。それとも、新しい問題を避けて通れるよう、さらに守りを固めるための一つの方法にすぎないのでしょうか。牧師が話していた苦難というのは、献身するという決心の結果として、どうしても避けられないものなのでしょうか。もしそうであれば、その決心を取り消すことは許されるのでしょうか。そのような選択肢が残されているのなら、神様からのお招きを無視することで、苦難を避けて通ることもできるはずです。

私は最悪のケースについて考えてみました。仮に、新たな地獄の使者が、私に剣を振り上げたとしましょう。今回ばかりは、私は無防備です。神様の栄光のためとはいえ、私はその場に足を据えて、自分の身に降りかかる苦難に甘んじることができるでしょうか。実際、それは大変な苦しみになりそうです。それから私は、こんなふうにも想像し始めました。怪物が襲いかかってきて、私はこう言います。

「おい、おれはおまえが探している男じゃないぞ。おれは今、自分のことで忙しいんだ」

怪物は攻撃をやめ、どこかへ行ってしまいます。私は無傷でいられますが、神様のご意志を拒んだという後悔の念が一生付きまといます。果たして、どちらの苦しみの方が大きいでしょうか。

結局それは、悩むほどの問題ではありませんでした。私には分かっていたのです。神様のご意志だと知りながら、それを拒んで後戻りすることはできないし、またそうしたいとも思っていないということが。神様が私に、武器として"つまようじ"だけを携えて戦いに行けとおっしゃるのなら、それも受け入れるしかありません。私は神様のしもべなのですから。

マッカラン牧師と私は祈りを終え、キャンプに向かって歩き始めました。私は、「ああ、何ていい朝なんだろう」と思いました。私が自分の決断について確信を深め、周りからもそれが支持された今、何があっても最後まで耐え抜こうと覚悟を決めました。それは感動的な瞬間でした。

それもつかの間、草地を歩いていた私たちに向かってハンクが走ってきました。彼は何か恐ろしい物でも見たときのような顔をして、息を切らしています。彼は私たちを目の前にして少しの間、何も言えずに立ち尽くしていましたが、ついにこう言いました。

「あなたの息子が大変なことに」

あなたが受けようとしている苦しみを恐れてはいけない。見よ。悪魔はあなたがたをためすために、あなたがたのうちのある人たちを牢に投げ入れようとしている。あなたがたは十日の間苦しみを受ける。死に至るまで忠実でありなさい。そうすれば、わたしはあなたにいのちの冠を与えよう。

ヨハネの黙示録2章10節

祈り：主よ、私は一体、どれくらいあなたを愛しているのでしょうか。私は時々、そのような疑問を抱いてしまうのです。そんな時、私は、自分には愛が足りないのではないかと思ってしまいます。しかし私は、あなたが愛にあふれたお方であることに平安を感じます。あなたの完全な愛をたたえて、あなたを賛美いたします。

考えてみましょう：自分が苦しむのと、愛する人が苦しむのを見るのとでは、どちらの方が苦しいですか？

8月6日
――真の恐怖――

　マッカラン牧師と私は走ってキャンプに戻り、息子を探しました。医療テントの周りに大勢の人が集まっていたので、息子の居場所を見つけるのは簡単でした。人込みをかき分けて中に入ろうとすると、看護婦がそこにいました。
「今、先生が息子さんを診ています。息子さんは倒れたんです。ここで待っていてください。何か分かったらすぐに知らせに来ますので」
　牧師先生は私の横に座り、肩を抱いて慰めてくれました。
「しっかりするんだ。神様が息子さんとともにおられる。そして、君のことも見守っておられる」
　どれぐらい待たされたのでしょうか。恐らく一時間もたっていなかったと思うのですが、それは永遠と思えるほど長い時間に感じられました。ついに、アーティニアン先生がテントから出てきました。私が何も言えずにいると、彼が口を開きました。
「軽いけいれん発作です。もう大丈夫です。中に入って本人と話していいですよ。しかし、原因はまだ分かりません。さらに幾つか検査をする必要があります」
　それ以上の言葉を待たずに、私は医者の脇をすり抜けて、息子が寝かされている部屋に入っていきました。私も最近まで、このベッドに寝かされていたのです。私は息子の額に手を当てて、「気分はどうだい？」と聞きました。
「まるでトラックにひかれたような気分さ。何がどうなったの？　ハンクと聖句の暗唱ゲームをしていたところまでは覚えてるんだけど。それから、気が付いたらここにいたんだ。何かにぶつかったの？」
「お医者さんはけいれん発作だって言ってた。今いろんな検査をしてるそうだ。でももう大丈夫だよ」
　私はそう言いながらも、たった今、息子にうそをついてしまったのかもしれないと考えると、身の縮む思いでした。息子は少し気持ちが落ち着いたようでした。
　息子は目を閉じて、「分かった」と言いました。
「今すごく疲れてるんだ。少し眠ろうかなあ」
「それがいい。そうしなさい」
　私は息子の頭をもう少しなでてから、再び医者の話を聞きに行きました。医者は扉の外で待っていました。彼はこれまでにも、子どものことを心配する親たちを相手にしたことがあるのでしょう。どうやって聞いたらいいのか分からないでいた私の質問に、既に答えを用意していました。
「このようなけいれん発作には、実にさまざまな理由が考えられます。今、血液検査をしているところです。詳しいことが分かるまで、結論を出すべきではないと思います。息子さんはこちらできちんと面倒を見ます。とにかく今は、あなたもできるだけ静養していてください」
　私は礼を言い、テントの外に出ましたが、彼が最後に言った言葉がどうも引っ掛かります。なぜ、何でもないこの私が静養していた方がいいというのでしょうか。

しかし、キリスト者として苦しみを受けるのなら、恥じることはありません。かえって、この名のゆえに神をあがめなさい。なぜなら、さばきが神の家から始まる時が来ているからです。さばきが、まず私たちから始まるのだとしたら、神の福音に従わない人たちの終わりは、どうなることでしょう。

ペテロの手紙第一4章16～17節

祈り：お父様、苦難はさまざまな形でやって来ますが、あなたはそのすべてをご存知です。あなたは"苦難のしもべ"ですから、私の苦しみを分かってくださいます。私に触れてこの体を癒してください。しかしそれよりもまず、私の愛する者たちを癒してください。

考えてみましょう：愛する人のことで悲しんでいる人のために何ができるでしょうか？

8月7日
―――ショック状態―――

　心に深い傷を負った人は"ショック状態"、つまり何をしでかすか分からない上、場合によっては自己を顧みない危険な状態に陥ることが多いといわれています。医療テントの外に出た時の私がその典型的な例でした。私は本当に何をどうしたらいいのか分からずにいました。その時とっさに、たき火のそばに置いてきた自分の物理療法用具のことを思い出しました。私は誰にともなく「荷物をまとめて持ってこなければ」とつぶやきました。
　「今朝は腕の調子がとてもいいみたいだ。運動しなければ。たくさん運動しなければ。誰か私の荷物を見かけなかったかい？」
　マッカラン牧師は医療テントを出てから、ずっと私の肩に手を置いたままでした。彼はその手で私をぎゅっと抱き締め、静かにこう言いました。
　「少しの間ここに座ろうか。これについて今のうちに話しておいた方がいい」
　「話すって何をですか？」
　私は聞きました。
　「息子は病気です。でも良くなります。お医者さんがそう言ってました。私がしなければならないのは、ただ、その。ああ、一体何をしたらいいんでしょうか」
　「まず、君の息子さんに今、何が必要か考えてみよう。息子さんのテントから少し物を取ってこようか。息子さんは少し寝て起きたら、体をきれいにしたいだろうし、着替えも要るだろう。もうしばらく入院が必要だろうから、息子さんの荷物をまとめてどこかにしまっておいたらいいかもしれないね。次に、今の君に何が必要か考えなければならない。しばらくの間、リジーが君の食事の世話をしてくれる。だからそのことは心配しなくていい。息子さんのためにも、君は今、自分の健康を維持することが一番大事だ。だから今私が言ったことをし終えたら、さっき君も言ったように、また物理療法を再開するといい。君の言う通り、今朝は腕もかなり良くなっているようだね」
　私の体は良くなってきた。息子の体は悪くなった。いいこと。悪いこと。この状況をどう受け止めるべきなのでしょうか。

　主であるわたしは変わることがない。ヤコブの子らよ、あなたがたは、滅ぼし尽くされない。

　　　　　　　　　　　　　　　　　　　　　　　　　　マラキ書3章6節

祈り：主よ、私には、物事の成り行きを冷静に受け止めることが困難な日々があります。私は今、気持ちを振り回され、何も手につかない状態に陥っています。ショックな出来事があったときにも、私とともにいてくださるようお祈りいたします。私が気付かないときでさえも、そのいつも変わらぬ愛と御力で、私を包んでくださいますように。

考えてみましょう：あなたは今までに、自分に代わって誰かに物事を決めてもらわなければならなかったことがありますか？

8月8日
──怒り──

　精神的にまひしていたため、自分が何をしているのかもよく分からない状態のまま、私はマッカラン牧師の後をついて歩きました。私は、息子の服をかき分けて着るものを選んでやり、息子の荷物をまとめながら、罪の意識で胸が痛みました。私は何の権利があって、息子の持ち物をあさっているのでしょう。これは間違ったことをしていると思いました。
　私たちは息子のテントを出て、たき火の所に戻りました。リジーが昼食について何か言っていましたが、私はそれを理解できず、返事もしませんでした。牧師は私の運動用具を持って、私を再び草地へと連れ出しました。
「君の日課を見せてもらわなくては」
　彼は言いました。
「そっちの肩の方まで腕を動かすことができるように手伝おうか。考えてみれば、私もこういう道具を使えばいいんだな。年を取ると、体が言うことを聞かなくなるものでね」
　私は重りを持ち上げて、医者が教えてくれた通りにウェートリフティングを始めました。しかし程なくして、腕がけいれんしだしました。筋肉を襲うその激しい感覚が、私をわれに返らせました。私は振り返って、牧師に目をやりました。
「どうして私はこんなことをしているんですか?」
　私は唐突に聞きました。
「あなたと私がここに立って、私の献身について話していたところまでは覚えています。それから息子は、原因不明で倒れて医療テントのベッドに担ぎ込まれましたね。これには何か関係があるのですか? あなたはこのことを知っていたんじゃないですか? こうなるのを知っていたんでしょう。あなたが望めば、それを防ぐこともできたに違いないんだ。私がこうなることを知ったら、耐えられないだろうとでも思ったんですか? あんなに無力な子どもをもてあそぶとは、一体どんな神なのですか?」
　私はマッカラン牧師について、それまでとはまったく違う印象を抱きながら、彼をにらみつけました。
「見殺しにするとは、あなたは何という人ですか。一体何様のつもりですか。私に言わせれば、あなたなんて．．．」
　取りあえず非難できそうな存在に不満をぶつけていた私は、それでもまだ言い足りない気持ちでした。マッカラン牧師はそこに立ったまま、立ち去ろうともしません。私は彼をじっと見つめました。その顔に少しでも"共犯者"の表情が見て取れたら、すかさず攻撃するつもりでした。しかし、そこに私が見たものは、同情と悲しみだけだったのです。今回の事件を楽しんでいる様子はまったくありませんでした。私は肩で息をしながらそこに立ちすくみ、言葉を探しましたが、何も出てきませんでした。とうとう私は、地面にひざをついて泣きだしました。彼が私の傍らでひざまずいているのが何となく分かりました。そして彼もまた泣いている様子なのでした。

しかし今は、あなたがたも、すべてこれらのこと、すなわち、怒り、憤り、悪意、そしり、あなたがたの口から出る恥ずべきことばを、捨ててしまいなさい。
コロサイ人への手紙3章8節

祈り:あなたの御子が私たちとともに苦しまれたように、私たちも一番近しい人たちとともに苦しまなければなりません。主よ、私に苦しみに耐える強さをお与えください。苦しむ者のそばに立ち、彼らの痛みを分かち合える強さを下さい。痛みを分かち合う中で、私たちのどちらもが、あなたの慰めを知ることができますように。

考えてみましょう:悲しみを打ち明けられる人がそばにいてくれると、どのような点で助けになると思いますか?

8月9日
――拒絶――

　私は正午をすぎるころまで、もう涙が出なくなるまで泣きました。マッカラン牧師には、私に構わずに仕事を続けてください、と言っておいたので、しばらくしてから彼はキャンプのほかの人たちの所へ出かけていきました。一つには今は誰とも話したくないという理由から、そして一つには今回の出来事をじっくり考える必要があるという理由で、私は草地を離れませんでした。結局のところ、一体何が起こったのでしょう。私の息子はけいれん発作を起こし、今は医療テントで安静にしています。数ある発作の原因のうち、ほとんどは深刻なものではありません。私はどうしてこんなに心配しているのでしょう。
　それについて考えれば考えるほど、自分が愚かに思えて仕方ありません。私は、事実に目を向けるよう自分に言い聞かせました。私のけがは順調に治ってきていて、あと何回か物理療法に基づいた運動をすれば、本調子を取り戻せそうでした。というのも、前の晩に肉体的な癒しのために祈って以来、私の腕は劇的なまでに回復しつつあったのです。これは偶然でしょうか。私はそうは思いませんでした。神様が私を癒してくださるのなら――事実、そう信じているのですが――私の息子をもきっと癒してくださることでしょう。きっとすぐに、大したことではなかったことが分かるのです。まったく大したことではなかったと。アーティニアン先生はこう言うに違いありません。
　「本当に申し訳ありません。私たちの診断ミスだったようです。結局のところ、発作ではなかったようです。ただの立ちくらみか何かでしょう。息子さんは大丈夫です」
　そして私はこう言うでしょう。
　「いいんですよ。間違いというのはあるものです。気にしないでください。それより私たちと一緒に夕食でもどうですか」
　昼食の時間はとっくにすぎていました。私は運動用具を拾い上げて、キャンプに戻りました。リジーが何か私に用意してくれているはずです。しばらくはリジーが私の食事の世話をしてくれる、と誰かが言っていた覚えがあります。何ていい話なんだ、と私はほくそ笑みました。悪いことなど一つもない上、食事まであてがわれるのですから！
　たき火に近づいていくと、リジーがシチューの入った皿を差し出しました。彼女は聞きたいことが山ほどあるという目で、私を見つめました。
　「もう大丈夫です」
　私は彼女を安心させるように言いました。
　「何もかも大丈夫。僕たちのことはもう心配しないでください」

訓戒を聞いて知恵を得よ。これを無視してはならない。幸いなことよ。日々わたしの戸口のかたわらで見張り、わたしの戸口の柱のわきで見守って、わたしの言うことを聞く人は。

箴言8章33〜34節

祈り：天のお父様、罪深い思い煩いと前向きな懸念の違いを私に教えてください。私が直面している問題をきちんと認識し、しかるべき姿勢でそれらに対処できるよう助けてください。拒絶したいがために現状から目を背けるのではなく、ありのままを受け入れることができますように。

考えてみましょう："思い煩い"と"懸念"の違いは何だと思いますか？

8月10日
——再び待つこと——

　昨夜はあまりよく眠れず、目が覚めた時には床に就く前よりも疲れがひどくなったように感じました。おかしいな、と思いました。特に何もしていないのに健康を損ねているのです。しかし、こんなことも一日か二日もすればすべて終わるでしょう。これまでの失言についてみんなにおわびしなければならないし、物理療法プログラムが終わると、山ほどやることが待っています。そんな考えが脳裏をよぎる中、私はシャツに手を伸ばそうとして、その姿勢のまま腕の動きを止めました。その腕は完全に伸びていました。クーガーに襲われて以来、ずっとできなかったことです。しかも、どこにも痛みを感じません。負傷個所を調べた私は、まだ傷あとが残っているのをすぐに見て取り、事実、少しほっとしました。私はその傷のことを、ちょっぴり誇らしく思っていたのです。しかし、傷あと以外のすべての面で、私は癒されていました。まさに完全な健康体でした。

　私はベッドから立ち上がりました。少しも目まいがしませんでしたが、驚きはしませんでした。キャンプの周りをジョギングしてみなければ何ともいえませんが、以前のような体力を取り戻したような感じがしました。私はテントから飛び出して、たき火の所に行きました。リジーのほおに軽くキスをし、彼女が作ってくれた朝食をごちそうになりました。私は、「リジー、もう食事を作ってくれなくても大丈夫です」と言い、発見したばかりの驚くべき癒しについて話しました。
「まあ、それは良かったこと」
　彼女は言いました。
「じゃあ、息子さんも同じように癒されるよう祈りましょう」
　私はそれに同意したものの、彼女の言葉にまごついてしまいました。この時にはもう、息子は病気なんかじゃないと自分を納得させていたのです。息子には癒しは必要ないと確信していました。アーティニアン先生は、明日には検査の結果が出ると言っていました。そしてその時には、この悪夢のような出来事から解放されるのです。私たちが今日しなければならないのは、待つことです。
　このことは私に、まだ記憶に新しい時分のことを思い起こさせました。私は山道を行く途中、自分の方に迫ってくる山火事をただそこに立って見ていました。私は心の底から反対方向へ走って逃げたいと思いましたが、神様は私にそこで待っているように言われたのです。これは私の人生の中で、最も実行の困難なことでした。でもそれは報われました。私は助かったのです。ですからこの時も、待つことを恐れる必要はないのだと分かっていました。

彼らはあきれて、もう答えない。彼らの言うことばもなくなった。彼らが語らず、そのままじっと答えないからといって、私は待っていなければならないだろうか。
ヨブ記 32 章 15〜16 節

祈り：主よ、あなたのご意志とは分かっていても、実行するのがとても難しいことの一つが、"待つ"ということです。どうすれば待つことができるのか、教えてくださるようお祈りいたします。私に忍耐力と信仰をお与えください。あなたのみこころならば、その時を早めてください。

考えてみましょう：あなたが何かを待っていなければならなかった一番最近の出来事を挙げてみましょう。待っている間どのように感じましたか？

8月11日
──結果──

　今朝は無関心を装っているつもりでしたが、医療テントに向かう私の足取りには切迫したものがありました。アーティニアン先生は、血液検査の結果が届いたので、私と会って話がしたいとのことでした。先生はどうして、すべて異常なしと言付けてくれなかったのでしょう。彼の医者としての職業意識について、苦情を言わせてもらわなければ気が済みません。
　テントに入ると、看護婦が診察室になっている奥の小部屋へ通してくれました。先生は机に向かって、何かの書類に目を通していました。
「まあ、掛けてください」
　先生は言いました。
「あなたにお見せしたい報告書があります」
　私はすぐに耐えきれなくなって、こう口走ってしまいました。
「先生、座りたくありません。ただ息子は大丈夫だと言ってください。そして私たちをここから出してください」
「それはできません」
　それまで見たことがないような重苦しい表情を浮かべて、彼は言いました。
「実をいうと、息子さんは大変重い病気にかかっています。極めてまれなケースなのですが、診断に間違いはありません。病名をお教えしてもいいのですが、それがあなたの理解を助けるとも思えません」
「どういうことですか？　この旅を中止して、彼に治療を受けさせる必要があるということですか？　必要ならどんなことでもします。紹介状を書いていただければ．．．」
「そうすることはもちろん父親としてのあなたの権利です。別の医師に診てもらうこともお勧めします。しかし、私の診断は百パーセント正しいと断言できます。それは、今後の見通しについても同様です」
　私は、あたかもバケツで頭から氷水を浴びせられ、それが体の隅々に染み込んでいくかのように感じながら、そこに座っていました。
「〝見通し〟とはどういう意味ですか？」
「残念ながら、この病気にかかると必ず死に至るということです。今のところ有効な治療法すらないのです。私にできることは、せめて息子さんが快適に過ごせるように、痛みを和らげてあげることくらいです。幸いにも、この病気は大概の場合、進行がとても早く、時々発作を起こすことと、体を動かせなくなることを除いては、これといった不快感はないでしょう」
　私はやっとの思いでこう言いました。
「息子には何て言えば．．．」
「息子さんにはもう話してあります」
　彼は言いました。
「もう何でも理解できる年ですし、本当のことを知る権利がありますから」

　主よ。お知らせください。私の終わり、私の齢が、どれだけなのか。私が、どんなに、はかないかを知ることができるように。

詩篇39篇4節

祈り：天のお父様、私たちが堕落した世界に生きていることは否定できません。そして、痛みや苦しみや死というものが、私たちの宿命であることを知っています。それでも、私は祈ります。あなたが約束してくださった、この世が与える平安とは異なる平安を求めて祈ります。その平安によって私が生活し、働き、クリスチャンとしての義務を果たすことができますように。

考えてみましょう：もし未来を予知することができるとしたら、予知したいですか？

8月12日
——息子の反応——

　私は息子が寝かされている部屋に行きました。彼は目を見開いて、じっと天井を見つめていました。ほおには涙の跡があります。息子は私を見て、「やあ、父さん」と言い、私は彼を抱き締めました。
「なあ、おまえ」
　私は口を開きました。
「こんなこと信じなくていいんだ。一瞬たりともな。父さんの腕を見てごらん」
　私は、自由に動かせるようになった腕を見せました。
「神様が完全に癒してくださったんだよ。これは神様がおまえのことも癒してくださるという印に違いない。今、大切なのは．．．」
「その意味はそうじゃないよ」
　息子が私の言葉を遮って言いました。
「父さん、僕、昨日の夜、夢を見たんだ。あれは夢だったと少なくとも自分では思うんだけど、すごく現実っぽかった。とにかく、この部屋に男の人がいたんだ。それは老人で、口元に笑みを浮かべていたんだけど、その顔を見ていると何もかもうまくいくような気がしたんだ。彼の本当の名前はジェイコブだけど、ジェイクって呼んでくれって言うんだ」
　私はまたしても、あの氷水を浴びせられたかのような感覚に襲われ、床にへたり込んでしまいそうになりながらも、一番近くにあったいすに座ってこう言いました。
「ジェイクのことはよく知っているよ。彼は普通の人間とは違う。彼はおまえに何て言ったんだい」
「まずね、怖がらなくていいんだ、って。彼は神様から遣わされて僕の所に来たんだ、って。そして神様は、僕が自分の頭で理解できるよりもっともっとそれ以上に、僕を愛してくださっているんだ、って。父さん、うまく説明できないんだけど、僕はジェイクの言ってることが信じられたんだ。そして今も信じているよ」
「彼はほかに何か言ってたかい？」
　私は聞きました。
「ジェイクはね、神様が父さんの腕を治して、また元気にしてくださるって言ってたよ。しかも、父さんは前よりもさらに強くなるだろう、って。父さんは特に今、強くならなきゃいけないんだってさ」
「どうしてだい？」
　私の声は感情を抑えきれずに上ずっていましたが、どうにか言葉を発することができました。
「ジェイクはね、えーっと、何て言ってたっけ．．．そうだ、『お父さんにこう言うんじゃ。"あの山のことを覚えておるか？　おまえさんは招かれておるんじゃ"』って」

神は仰せられた。「あなたの子、あなたの愛しているひとり子イサクを連れて、モリヤの地に行きなさい。そしてわたしがあなたに示す一つの山の上で、全焼のいけにえとしてイサクをわたしにささげなさい。」

創世記22章2節

祈り：主よ、私は、自分にできることならたとえどんな形でも、あなたにお仕えしたいと思います。たとえそれが、世界一高い山や世界一深い海に行くことを意味していようとも、私の気持ちは変わりません。でも今は、それをやり遂げられるほどの強さを持ち合わせていないように思います。私の祈りを聞き入れてくださり、私に「行きなさい」と言われるのならば、私に必要な力を必要な時にお与えください。天のお父様、ありがとうございます。

考えてみましょう：今までに、何かとても困難なことをやり遂げて、後からどうしてそのような力を持ち合わせていたのかと不思議に思ったことはありませんか？

8月13日
——重荷を分かち合って——

　私はそれから一時間ほど、息子のそばにいました。その間私は、この旅で息子と一緒に経験したことや、息子が今このランデブーで学んでいるさまざまな事柄について語りました。また、妻や娘のこと、そしてこれらの出来事について彼女たちにどうやって知らせようかということについても考えている事を話しました。ほかに何も話すことがなくなったので、あの山について話すことにしました。この旅を始めてすぐのころあの山を見たこと、そしてその頂上に立ってみたいと願ったことなどを息子に話して聞かせました。それから、ジェイクとの出会いや、「あの山の頂上までの道は誰もが通る道ではない」というジェイクの言葉にまで話が及びました。
「でも、父さん、それってどういう意味なの？」
　息子は聞きました。
「そこへ行く人は、癒しを求めて行くのかな？」
「実は父さんにも分からないんだ」
　私は言いました。
「でもその可能性は十分あると思う」
　そう言いながらも、私はそれが事実ではないと知っていました。しかし、そう言う以外に私に何ができたというのでしょう。息子に向かって、おまえの死に場所を探してあの山に登るんだ、とでも言えばいいのでしょうか。いいえ、少しでも希望がある限り、私は最善を望んでやみません。息子に"最善"をプレゼントしてあげたい。生きるにせよ、死ぬにせよ、希望を抱かせてあげたいのです。
　外に出ると、何人かの人たちがたき火の周りに立っていました。彼らは明らかに、私を待っているようでした。そちらの方へ近づいていくと、すぐさま彼らは私の方に集まってきました。抱き締めてくれたり、励ましの言葉を掛けてくれたり、気遣うような表情をしてみせたり．．．。彼らにできる精いっぱいの心遣いが感じられました。それから皆で一緒に座り、そして私はこう宣言したのです。
「息子と私は明日ここを発って、あの山に登るつもりです」
　たき火の周りから、二、三人のゴクリとのどを鳴らす音やヒソヒソ話す声が聞こえ、それからハンクがグループを代表するように口を開きました。
「それなら、おれたち全員が一緒に行くよ。荷物を運ぶのを手伝えるし、そばにいてあげることもできる」
　何人かの同意のつぶやきが聞こえましたが、ほとんどの人はこの状況が何を意味しているのか理解していたらしく、黙ったままでした。
「君が一緒に来てくれるなら、どんなにいいかと思うよ、ハンク」
　私はさらに、全員を見回しながらこう言いました。
「みんなが一緒に来てくれたらどんなにいいか。でもあの山は、誰もが登れる山ではないんだ。神様に招かれた者だけが、あそこに足を踏み入れることができるらしい。だから恐らく、息子と私の二人だけで行くことになるだろう」
「それでも、私たちはいつもあなたたちと一緒よ」
　それはリジーの声でした。
「毎日、あなたたち二人のために、みんなでお祈りしているわ。神様は、聖霊の働きによってあなたたちと私たちを一つにしてくださる。だから、私たちもあなたたちと一つでいられるんだわ」

どうか、忍耐と励ましの神が、あなたがたを、キリスト・イエスにふさわしく、互いに同じ思いを持つようにしてくださいますように。それは、あなたがたが、心を一つにし、声を合わせて、私たちの主イエス・キリストの父なる神をほめたたえるためです。

ローマ人への手紙15章5〜6節

祈り：世界のどこにいようとも家族や親友のために祈ることのできる恵みに感謝いたします。あなたが今、私とともにいてくださるように、彼らとともにいてくださると確信できる恵みに感謝いたします。これからも聖霊によって私たちを一つにしてください。

考えてみましょう：神様が二人の者の心の中に宿っておられるとすれば、お互いから離れてしまうことはあり得るでしょうか？

8月14日
──新たな旅立ち──

　辺りはまだ暗かったのですが、既に翌日の朝だと分かりました。というのも、静かなキャンプ地のあちらこちらから、人々が起きて活動を始める音や小声で話す音、火をたく音などに交じって、時折カチャカチャという食器の音が聞こえていたからです。今朝なら誰も朝寝する人はいないでしょう。私は自分の意志に反して起き上がり、持ち物の荷造りを済ませました。もし今までに朝日が昇るのを見たくない日があったとしたら、今日がその日でした。この平安と喜びの地を離れ、わが子が死ぬのを傍観するために山の頂上を目指すなど、どうしてできるというのでしょう。服を着ながら、私は祈りました。
「主よ、今すぐ私を家に帰らせてください。私たち二人とも、帰らせてください。どうか私をこのような目に遭わせないでください」
　しかし、私の祈りは聞き入れられませんでした。テントから出ていくと、たき火のそばで息子が既に待っていました。リジーが息子に何か食べさせてくれていて、ハンクが息子に静かな口調で話しかけていました。私は彼らの輪に加わり、そして言いました。
「今日は早くに出発できそうだね」
　それに対して誰も何も言いませんでした。
　息子が口を開いた時には、空が濃い青色に変わろうとしていました。
「そろそろ出発した方がいいんじゃない？」
「ああ、そうだな。気分はどうだい？」
「最高だよ」
　息子は言いました。
「病気だなんて信じられないくらいさ」
　それを聞いた私は、のどが締めつけられて息が止まるかと思いました。何と言ったらいいのか分からず、私は息子を励ますようにその背中を軽くたたきました。そのころにはキャンプ中の人々が目覚めていて、私たちの出発を無言で見守っているかのようでした。マッカラン牧師が息子に近づいてきて励ましの言葉を掛けてから、私の方を向いて言いました。
「神様のみこころならば、どこかでまた会おう」
　マッカラン牧師は言いました。
「その時まで、神様が君たち二人をどれだけ愛しておられるのか忘れないでほしい。そのことだけは、神様の愛を疑ってしまうようなときでも覚えていること。何があっても道からそれることのないように、そしてできるだけ早くに、私たちの所に戻ってくるように。私たちは毎日、君たちのことを祈っているよ」
　私は牧師に礼を言い、息子の方を見てうなずいて合図しました。いよいよ出発です。私たちが林の陰に差し掛かろうという時、後ろの草地から歌声が聞こえてきました。
「また会う日まで、また会う日まで、神のめぐみ、たえせず共にあれ」

私は、私を強くしてくださる方によって、どんなことでもできるのです。
ピリピ人への手紙4章13節

祈り：主よ、私には、なぜこのような道を歩まなければならないのか分からない、と思うことがあります。それでも、あなたは私とともに歩んでくださいますから、あなたに感謝し、あなたを賛美いたします。信仰の友からの励ましと、聖霊の御手による導きに感謝いたします。

考えてみましょう：やむを得ず何かをしなければならなかったときのことを思い出してみましょう。あなたにそれをなし遂げる力を与えてくれたのは何でしたか？

8月15日
——後戻り——

今朝、実際に歩き始めるまで、どれくらい後戻りしなければならないのかよく分かっていませんでした。しかもそれは、私の感覚からすると"間違った"方向に進むことでもありました。暗い林や海、そしてラルフと私の冒険の舞台となったあの村へ続く迂回（うかい）路を抜けてセコイアの森まで進み、ようやくあの山へと続く分かれ道の所まで行き着くのです。それは実に何週間もかかる道のりでした。医者のアーティニアン先生の言うことが正しければ、私たちに残された時間はあまり長くありません。

けれども、私たちには力がみなぎっていて、かなり速いペースで距離を稼いでいました。特に、われながらこんなにも持久力があったのかと驚く私でしたが、それは腕の傷の癒しとともに、ジェイクが約束してくれたことだと思い出しました。あのような奇跡的な癒しを経験した私が、どうして神様の素晴らしさを疑うことができましょうか。ついこの間この道を通った時、私は四人の男が運ぶ担架の上にいました。そして今回、息子と私は、かつてあんなにも肉体的な苦痛を伴った尾根や谷間の道をいともたやすく進んでいるのです。

日が暮れるころには、クーガーが攻撃を仕掛けてきたあの場所にたどり着き、そこで一夜を明かすことにしました。クーガーの死体は、何本かの骨と毛皮の切れ端以外ほとんど残っていませんでした。私は頭がい骨を発見し、苦心の末どうにか一番大きな四本の歯を引き抜きました。腕の傷が完全に癒されたとはいえ、これらの歯が自分の体に突き刺さるところを想像するだけで、いまだに全身がうずくような感覚に襲われました。

「これはおまえの物だ」

私はクーガーの歯を息子に手渡しながら言いました。

「後でそれを見て思い出すんだ。お前は敵に会った。そして今、やつはおまえの支配下にある。あの時できたんだから、次もできるはずだ」

息子は笑みを浮かべながらも、何も言うことがないようでした。そして、何か言う代わりに、ポケットナイフに付いている小さな"きり"で歯に穴を開け始めました。

私は今や注ぎの供え物となります。私が世を去る時はすでに来ました。私は勇敢に戦い、走るべき道のりを走り終え、信仰を守り通しました。

テモテへの手紙第二４章６～７節

祈り：天のお父様、記憶を与えてくださったことに感謝します。私と戦った敵が逃げていった日々を思い出せることに感謝いたします。過去の敗北だけでなく、過去の勝利の思い出が、今日の戦いに挑む私を強めてくれますように。

考えてみましょう：過去の経験を思い起こさせる物を何か持っていますか？　それを見るとどんな気持ちになりますか？

8月16日
——新たな道——

　翌朝、太陽が地平線から顔を出すころには、私たちは起床してコーヒーを飲み終えようとしていました。出発の準備はできていましたが、私たちはもう少しだけここにいたいと思っていました。この場所の思い出はそれほどまでに強烈だったのです。

　息子は思い出すように言いました。
「あの夜、ここに立っている時、とっても怖かった。クーガー...向こう側の世界からやって来るあの存在...一番怖かったのは、何もかも未知の存在だったってことだと思う。どんなことが待ち受けているのか分からないし、自分がどうなってしまうのかもさっぱり分からなかったから。次にここに戻ってきた時も怖かったけど、最初とは違う怖さだった。父さんはけがをしていたし、何よりも先のことが不安だった。今回でここに来るのは三回目だけど、やっぱり怖いよ。これはまた別の怖さなんだけど、先が見えないということに関係があるんだと思う。これからどうなってしまうんだろう」
「そうだな、父さんもそれが分かればいいのにと思うよ」
　私は飲み残したコーヒーをたき火の中に捨て、立ち上がりました。
「でも、もしこの言葉が役に立つなら覚えておきなさい。神様は何もかもすべてご存知だし、私たちをここに遣わしてくださったのも神様なのだ。今は、私たちの知っている場所やこれまでの出来事を振り返って、そこから何か学ぶのもいいだろう」
　私はそう言うと、最後にもう一度、思い出をかみしめながら何か希望を見いだせるものを探すかのように、野宿した場所の周りを見回しました。クーガーの骨の散らばった地面の向こう側の、ある一点に目をやった時、何かつやつやした物に光が反射しました。よく見てみようと思い、茂みをかき分けて近づくと、それまで気が付かなかった標識がそこにありました。それは青銅でできているらしく、地面にしっかりとはめ込まれています。文字は何も書かれていませんでしたが、その意味は明らかでした。表面には山の絵が、そしてその横には矢印が彫られていたのです。矢印の指す方向を注意して見ると、うっすらとですが山道が続いているのが分かりました。
　息子が近づいてきて私の横に立ち、標識に気付いてこう言いました。
「僕たち、これから未知の世界に入ろうとしているんだね」

順境の日には喜び、逆境の日には反省せよ。これもあれも神のなさること。それは後の事を人にわからせないためである。

伝道者の書7章14節

祈り：主よ、私は本当に先の事を知りたくありません。むしろ、あなたがそばにいてくださり、恵みによって準備が整えられた状態で、日々を過ごすことができれば幸いです。あなたは決して私からお離れになったり、見捨てたりされないのだと、確信させてください。

考えてみましょう：明日何が起こるか知りたいと思いますか？

8月17日
──未知の世界へ──

　私は歩きながら一日中、息子の言ったことについて考えていました。息子はどうやら、何か未知のものに恐怖を覚えているようでした。そしてそれは、私自身にも当てはまることを認めざるを得ません。私は子どものころ、お医者さんから注射をされる時によく怖がっていました。
「痛くしない？」
　私は泣きながら母に聞いたものです。賢明な母は、「痛くないわよ」と言う代わりに、「あなたが思っているほど痛くないわよ」と言うのでした。そして母の言うことは本当でした。その後の人生において何度も何度も注射をされ、私は今、少しの恐怖も感じずに袖をまくり上げることができます。それは注射がどんなものなのか経験的に知っているからです。
　でも今はどうでしょうか。私はかつてこのような状況に立たされたことがありません。息子に下された診断という世にも恐ろしい現実に加え、私たちには、いまだ未経験の山道を歩いていくという恐怖もあるのです。どういうわけか、それは今までのどんな経験とも違うものになるだろう、という予感がありました。マッカラン牧師が話してくれた山頂までの旅の話は、思い出すだけでも身震いしました。それは彼が今までになし遂げた中で最も素晴らしいことであると同時に、最も恐ろしいことでもあるといいます。
　道自体にはこれといった特徴は見受けられませんでした。木々に囲まれ、時折小川を渡り、鳥たちの鳴き声が聞こえる中、私は進んでいきました。この日はずっと、高度が上がっていく一方でした。道は起伏に富んでいましたが、下り坂よりも上り坂の方が多いのです。山地特有の気候を期待しているせいもあってか、既に涼しくなってきたように感じられました。
　未知なる世界の中にあって、私は慣れ親しんだものに執着しようとしました。初めから旅の一部だったこのバックパック。そして傍らに立つこのたくましい青年──赤ん坊から育て上げた、血と肉を分けた私の息子。
　どういうわけか、これらの存在が私を安心させるのでした。

私のたましいは、ちりに打ち伏しています。あなたのみことばのとおりに私を生かしてください。私は私の道を申し上げました。すると、あなたは、私に答えてくださいました。どうか、あなたのおきてを私に教えてください。

詩篇119篇25～26節

祈り：主よ、私が見知らぬ土地を旅しなくてはならず、恐怖を感じ始めたときには、慣れ親しんだもので私を安心させてください。私が神様の子どもであることを思い出させてください。そして、あなたが歩ませてくださる道から、外れずに歩んでいるという印を見させてください。私の歩みを守り、行く道を照らしてください。

考えてみましょう：未知なる物事に直面したとき、どんなことがあなたの恐怖を取り除いてくれますか？

8月18日
——初めて見る光景——

　ジグザグ状の道が続き、急速に高度を増しているのが分かりました。私は自分の持久力に驚いていましたが、後ろを振り向くと、息子の体力が限界に近づいてきているのがはっきりと分かりました。
「次の尾根に着いたら今日はそこに泊まろう」
　私がそう言うと、息子は無言のままうなずきました。一時間ほどたち、次のカーブを抜けると、山道は尾根の頂上に差し掛かりました。地面は幾分平らになり、テントを張るのに十分な広さの空き地が何カ所かありました。ですが、何といっても目を引かれたのはその山の姿です。
　私たちが立っている尾根は、はるか頂上まで続く大きな"山の背"の一つでした。あと一日も歩けば、森林限界線に達し、そこまで行けばゴールと私たちとの間にあるのは山そのものだけになるでしょう。沈む太陽が辺りをまばゆい金色に染める中、私たちはその先の道を詳しく見ようと目を凝らしました。そして、さらなるジグザグ状の道以外に、もしかすると岩をよじ登って進まなければならないかもしれない部分が見て取れました。頂上は幾重にも雲がかかっていて、まったく見えない状態でした。
　私が、「大したことはなさそうだな」と言って振り返ると、息子は丸太に腰掛け、自分のバックパックの中に手を突っ込んで何やら探していました。そして、たくさんの薬の入った袋を引っ張り出して中から錠剤を取り出すと、水筒の水でそれを飲み込みました。
「その薬は何に効くんだい？」
　私は静かな口調で言いました。
「お医者さんは痛み止めだって言ってた」
　息子は私の暗い表情を見てこう付け加えました。
「そんなにひどいわけじゃないんだ。ただ元気でいたいから飲むだけさ」
　その薬が今の私の苦しみにも効けばいいのに、と思いました。

　たとい「不平を忘れ、憂うつな顔を捨てて、明るくなりたい。」と私が言いましても、私の受けたすべての苦痛を思うと、私はおびえます。私は知っています。あなたは、私を罪のない者としてくださいません。

ヨブ記9章27～28節

祈り：主よ、私は時々、人々に非難され罪人とされたヨブの気持ちが分かるような気がします。あなたのみことばは、私がゆるされていることを教えてくださいますが、日々の道のりを見るにつけ、私にはまだ耐えなくてはならない試練があることが分かります。私を慰めてくださるようお祈りいたします。

考えてみましょう：苦難に直面したとき、クリスチャンはどのように振る舞うべきだと思いますか？

8月19日
——難しい問題——

　私たちは今日も山道を黙々と進みました。ある時は小さな峡谷を下り、またある時は雄大な景色が突然目の前に姿を現し、そのたびに畏怖（いふ）の念を感じずにはいられませんでした。私たちがやはり上に向かって進んでいることは、周りの木々の様子からもはっきりしていました。それらは低地のものよりも背が低く、幹や枝がよじれていたからです。これら森林限界線付近の木々は、非常に過酷な環境の中でも生き残ろうとする、生命の決意の無言の表れであるように思えました。
　私たちは枯れ木の幹に座りました。その向こうにある山の頂上を眺めるにつけ、私の思いは複雑でした。そして私の恐怖は、この後の会話によってはっきりとした形となって現れたのです。
「父さん、アブラハムとイサクの話を知ってるよね」
　私はそれを知っていましたが、今はそのことを考えたくないと思いました。
「もちろん知ってるよ」
　私は取りあえずそう言ってから、こう言いました。
「でもどうしてそんなこと聞くんだい？」
「ほら、アブラハムは自分の息子を山の上に連れていって神様にささげようとするでしょ。途中で子どもが言うんだよね。『火をおこす薪はあるけど、ささげものの子羊はどこにいるの？』って。アブラハムは振り向いて、息子にこう答えるんだ。『神様が用意してくださるだろう』ってね。僕が知りたいのはさ、アブラハムが息子にそう言った時、ただ安心させるためにそう言ったのか、それとも最後の最後になって神様が助けてくださるって本当に信じていたんだろうか、ってことなんだ」
　私は、はらわたがよじれるような何ともいえない気持ちになり、視線をそらしました。何もかもうまくいくという確信があった私でしたが、この時、息子が私の感じていた絶望感に気付いていたのかどうかは分かりません。私は正直にこう答えました。
「父さんにも分からない。だけど、アブラハムは山へたどり着くまでの間、ずっと何かが起こってほしいと願っていたんじゃないかと思いたいよ」
　そして息子はこう言いました。
「僕もそう思うよ」
　私たちは長い間、黙り込んでいましたが、ついに息子が振り向いて私に言いました。
「父さん、僕たちも望みを捨てちゃ駄目だよ」

雄々しくあれ。心を強くせよ。すべて主を待ち望む者よ。

詩篇31章24節

祈り：愛する主よ、"盲目的な希望"と"確固たる信仰"の違いを私に教えてください。どうかこの私が、あなたとあなたの約束を信頼し、平安を得ることができますように。

考えてみましょう：信仰と希望の違いは何でしょうか？

8月20日
──信仰と希望──

　昨夜は、息子との会話について考えながら眠りに就きました。私は、息子と、最善を期待し続けることを約束し合いました。けれどもそれは、ある結果に対して信仰を持つということと、果たして何が違うのでしょうか。あの時の話題は、アブラハムという並ならぬ信仰の持ち主として知られる人物についてでした。彼は信仰によって家を出て天幕に住み、「土地と子孫を授ける」という神様の約束を信じていました。彼はまた信仰によって自分の息子をいけにえにすることもいとわないという意思表示をしました。それが「子孫を授ける」という約束と矛盾するものであったとしてもです。しかもアブラハムは、どんな場合でも神様が約束を守って何とかしてくださる、と"願っていた"だけではありません。彼は神様がそうしてくださると"知っていた"のです。それゆえ、あのように極端な行動を取ることができたといえるでしょう。
　今、私はそれと同じ約束について確信することができます。つまり、神様は私の生を終わりまで導き、また私を神様の御国へと導いてくださるでしょう。そのことを考えると、信仰によって私はこの旅をやり遂げ、この山の頂上にも登れるように思うのです。しかし、具体的な事となると話は違ってきます。クーガーは私に攻撃を仕掛けてくるのだろうか、私は道に迷ってしまわないのだろうか、息子は最後の最後に救われるのだろうか、といった問題を目の前にし、信仰は一般的な疑問に答えてくれるにすぎません。それから先は"希望"が支えてくれるものです。私の行く手がいばらの道にならないよう願うばかりです。もしそのような道になったとしても、いばらのとげを避けて通れますように。もしそれを避けられずに傷ついたとしても、早く回復できますように。私はもしかするとこの先、希望を失ってしまうかもしれません。しかしそれでも、最終的に神様にすべてをお委ねするのが正しいと信じ、なおも安心していられるのです。そしてそれが信仰なのです。

これらの人々はみな、信仰の人々として死にました。約束のものを手に入れることはありませんでしたが、はるかにそれを見て喜び迎え、地上では旅人であり寄留者であることを告白していたのです。彼らはこのように言うことによって、自分の故郷を求めていることを示しています。
　　　　　　　　　　　　　　　　　　　　　　　　　ヘブル人への手紙11章13〜14節

祈り：主よ、どうすれば信仰によって歩み、ゴールを見失わずにいられるのか教えてください。私の願いを顧み、あなたの完全たるご意志をもって私の心からの願いをかなえてください。もしそれがかなわないときには、耐えなくてはならない物事を受け入れる信仰をお与えください。

考えてみましょう：神様にお願いした物事が与えられないとき、それはあなたの信仰に影響しますか？

8月21日
――森林限界線――

　昼下がりまでには、私たちは木々が途切れる辺りまで来ていました。木々は背が低く硬質で、風に吹きつけられて斜めに曲がっていました。高度が増すにつれ、息が上がり、呼吸しづらくなってきました。息子の方をちらっと見ただけで、今日はこれ以上歩かずに一泊すべきだと思いました。その顔は青白く、苦痛でゆがんでいます。息をするたびにあえぎ、必死に倒れないように足を踏ん張っているようです。私はその肩からバックパックを下ろし、息子が楽になるようにできる限りのことをしてやりました。すぐに火をたき、鍋でリジーのシチューを温めました。私は目を閉じてランデブーに戻ったところを想像していましたが、息子が現実に引き戻しました。
「明日の夜はもうたき火はできないね。だって木が生えている所はなくなるもの」
「ばかだな」
　私は少し大げさなくらい自信ありげに言いました。
「ここから先は父さんが薪を持って歩くさ。必要最小限の物以外、全部ここに残していこう。必要なのは寝袋と食べ物だけだ。ここに置いていった物は帰りに取りに来ればいい」
　息子は私の顔をじっと見つめ、何かを言いかけてから、また視線をたき火に戻しました。私はそれを見てほっとしました。そして話題を変えようと躍起になってまた口を開きました。
「この薪の素晴らしいのは、とてもゆっくり成長する木だから密度が高くて堅いところだ。枝一本で一晩中燃えている。下の峡谷にあったあの軟らかいポプラの木ではこうはいかない。ポプラは一年で五センチも成長するけど、紙みたいにすぐに燃え尽きてしまう。ぱっと炎が上がったかと思うと、次の瞬間にはもうなくなっている」
「で、父さん、この話の教訓は？」
　息子の言葉に私は笑い、そして続けました。
「えー、つまりその、この硬い森林境界線の木々がたくましいのは、さまざまな苦しい時期をくぐり抜けてきたからだ。風や水不足に負けるどころか、それがかえってこの木を強くしている。まさにサバイバルの天才といえよう。一方、ポプラはというと楽なものだ。十分な表土があり、水にも事欠くことなく、嵐からも守られている。ポプラは外見は良いのだが、実際、中身は何もない。果たして自分はどうであろう？　私はこの老木のようになりたいものだ、と思っているのだが」
　私はそう言いながら、私たちの頭の上で腰を曲げている木を指しました。
「父さんはそうだよ」
　息子はにこにこしながら言いました。
「父さんはこの木みたいだよ」

木が良ければ、その実も良いとし、木が悪ければその実も悪いとしなさい。木のよしあしはその実によって知られるからです。

マタイの福音書12章33節

祈り：天のお父様、私が力を求めて祈るときにも、それを得るには代償が必要です。私が強く、御国にふさわしい者となるために必要なことがあれば、喜んでそれをなすことができますように。弱くなってしまってでも楽な道を選びたいという誘惑から私をお守りください。

考えてみましょう：あなたは苦労してでも強くなりたいと思いますか？

8月22日
――怒りの子羊――

　昨夜は息子も私も眠れませんでした。痛み、不安、そして寒さや風が重なり、私たちは見るも哀れな状態でした。空が明るくなってきて初めて、私はたき火の横でもだえ苦しんでいる息子の姿を見ることができました。私はその様子をしばらく見ていましたが、そのうちに耐えられなくなって目をそむけてしまいました。そしてついに、今日という日と向き合うために起き上がりました。一夜にして心の中に憤りを募らせた私は、そのはけ口を探していました。なぜ私はここにいなければならないのでしょう。なぜ息子は苦しまなければならないのでしょう。息子はこの旅に出発するのもやっとの体でした。ここにいることは、息子が一生を終える前にもっと人生を経験する機会を持つべきだという点においてのみ、正しいことであるように感じました。私は薪を集めようと、乾いた木の枝をぐいぐい引っ張りながら、それが折れるまでの一瞬の間、並ならぬ興奮を覚えている自分に気が付きました。それは薪を集めるためというよりは、何かを傷つける時の感覚を楽しむためでした。

　私は小さな枯れ木に近づいていき、今度はその枝を折る代わりに、木そのものを――まるでその木が私にとって責めるべき何か、あるいは誰かであるように――足でけり始めました。木に裂け目が入ってからも、何度も何度もそれをけりました。木をつかんで全身の力を込めて引っ張ると、それは突然地面からすっぽ抜け、尻もちをついてしまいました。肩の痛みを我慢し、涙をこらえながら、私はぎゅっと目を固く閉じてそこに寝転がっていました。

　すると背後から声がしました。
「痛いだろう？」
　私ははっとして自分の後ろを見ました。すると一メートルも離れていない所に一匹の子羊がいました。私に話しかけたのはその子羊だったのです。

怒っても、罪を犯してはなりません。日が暮れるまで憤ったままでいてはいけません。悪魔に機会を与えないようにしなさい。
エペソ人への手紙４章26～27節

祈り：天のお父様、どうか怒っているときの私をおゆるしください。自分や周りの人々を傷つけてしまうこのような感情をコントロールするすべを教えてください。どんな場合にでも、あなたの御名に栄光をもたらすに十分な忍耐力と思慮深い心をお与えください。

考えてみましょう：怒りに任せて見境のない行動を取ってしまったことがありますか？どのようなことをしてしまったのですか？

8月23日
――子羊との会話――

　動物が言葉を話していることへの驚きも長くは続きませんでした。この旅では何もかも、初めて経験することばかりだったからです。特にこの山には計り知れない謎が隠されているようでした。私はこの生き物が何者で、なぜ私に話しかけているのか知りたいと思いました。
「あなたは神様の使者ですか？」
　私は質問しました。それが納得のいく唯一の可能性だと思ったからです。
「どうしてそんなこと聞くんだい？　慰めの言葉でも掛けてほしいのかい？」
「いやその、この山に来れば救いが見いだせるかもしれないと期待していたんですが」
「神様はあんたを助けるつもりなんかないんだよ」
　子羊は食いしばった歯のすき間から言いました。
「神様はただ、あんたがばかをみるのが見たいだけなのさ。あんたが身もだえして苦しむのが好きなんだ。あんたの息子が傷つくのが楽しいの。神様は、天の王座にいる自分のことを、あんたなんかには触れられない存在だと思ってるけど、それは間違いさ。あんたは神様に"触れる"ことができる。あんたの怒りがはるか天上にまで届くんだ。この宇宙で、腹を立てた人間の怒りを感じ取ることができない場所なんてないんだから」
　私は言葉を失いました。一つには動物が話すのを聞いたということがありましたが、神様に対するこんなにも悪意に満ちた言葉を発するのを聞くに至っては、それに反応しようと思う気力までもなくしてしまいました。私は背を向けてその場から立ち去ろうとしました。そうすることで、神様への冒涜（ぼうとく）に対して非難の気持ちを表すことができます。けれども、子羊が吐き捨てた言葉には、耳に残る部分があったのです。
（私は神様に触れることができる）
　子羊はそう言いました。私は心の中で、その点については真実だと思いました。神様は信徒との結びつきを求めておられます。私には、神様とのそのような結びつきを生じさせるかさせないかを自分で選ぶ自由が与えられています。その意味において私は、神様ご自身の欲求に対してある種の影響力を持っているといえなくもありません。神様は全能のお方です。私にはそれが分かっています。神様は私などいなくても困ることはありません。しかし私は、神様に求められていると信じています。
（そうだ、私は神様に"触れる"ことができる）
　そう思いました。とはいっても、今の私は神様に怒りを覚えています。そのことに対してもっと正直になってもいいのかもしれません。
　子羊は私の心を読んだようでした。
「そうだよ！　その怒りを正直に表してごらん。心の中にためておいちゃダメダメ。神様のこと本当はどう思っているのか、本人に向かって叫びなよ。『何て情けない支配者なんだ』って言ってやれ。何かを傷つけたいんだろう？　だったら、僕を傷つけなよ」

恐れおののけ。そして罪を犯すな。床の上で自分の心に語り、静まれ。セラ
義のいけにえをささげ、主に拠り頼め。

詩篇4篇4～5節

祈り：天のお父様、あらわにするにふさわしい感情とそうでない感情があることを私は知っています。問題は、その場にふさわしい感情表現ができないときがあるということです。どうか私に自制心と知恵をお与えください。そしてすべてにおいて、あなたをほめたたえるよう導びかれますように。

考えてみましょう：怒りに任せて誰かを傷つけることは正しいことでしょうか？

8月24日
――八つ当たり――

　私は子羊の言ったことを聞き、自分が怒っていることも忘れてぼかんとしていました。
（この子羊を傷つける？）
　私の怒りは神様に対するものであって、子羊に対するものではありません。神様以外の存在に八つ当たりしても、何の役に立つというのでしょう。神様のおられる天に向けてこぶしを振り上げることこそが、今私が一番望んでいることのように思えました。しかし、実際にそこに立ち、空に向かってこぶしを上げてみると、自分でも何とばかげた光景なのだろうと思いました。
（やっぱり、こぶしは振り上げるためにあるんじゃない。殴るためにあるんだ！）
　私はさっと後ろを見ました。そこにはあの子羊が、邪悪な笑みを浮かべてたたずんでいました。さっきよりもこちらに近づいたような気がします。私は固く握った自分のこぶしを見てから、今や、挫折感や、無力さ、恐れなど、私が憎むものすべての象徴と化した子羊を見やり、そしてそれに殴りかかりました。子羊はひるむことなく、あごを打たれる瞬間もじっと立っていました。しかし、その一撃によって後ろへ二、三歩よろめきました。しばらくの間、白目をむいていたので気絶したのだと思いました。しかし、それから体勢を整え、真っすぐに私の目を見据えました。その口には血がにじんでいます。
「そうだよ」
　子羊は言いました。
「神様に見せてやらなくちゃ。もう一回やってごらん！」
　私は抑えていた悲鳴がのど元に上がってくるのを感じながら、目を閉じました。そしてもう一度、子羊を殴るために体を後ろに引いたその時、心の中から声が聞こえてきたのです。
「やめなさい。あなたは自分を傷つけているのですよ」

あなたがすわるのも、出て行くのも、はいるのも、わたしは知っている。あなたがわたしに向かっていきりたつのも。あなたがわたしに向かっていきりたち、あなたの高ぶりが、わたしの耳に届いたので、あなたの鼻には鉤輪を、あなたの口にはくつわをはめ、あなたを、もと来た道に引き戻そう。
　　　　　　　　　　　　　　　　　　　　　　　　　　列王紀第二19章27〜28節

祈り：主よ、私は、自らの行動で自分自身を傷つけることが多過ぎます。どうか、このような愚かさを克服する方法を教えてください。そして、あなたのみこころに従って生きることができますように。

考えてみましょう：正気を失って自分自身を傷つけたのは、一番最近ではいつのことでしたか？

8月25日
——怒りの果てに——

　心の中の声が攻撃をためらわせました。それは聞き慣れた声だったのですが、まさかこんな時に聞こえてくるとは思いませんでした。怒りがそれをかき消そうとしたのですが、私はそれをはっきりと聞いてしまったのです。私は体の動きを止め、右手は後ろに引かれたまま固まっています。子羊は、私がちゅうちょしているのを感じ取り、近寄ってきました。
「今さらやめてどうするの！」
　そして金切り声を上げました。
「おまえは今ようやく何かを勝ち取ろうとしているんだよ。"あいつ"がおまえを憎んでるのが分からないの？　"あいつ"はおまえを憎んでいて、おまえにも憎まれたいと思っているんだ！」
　最後のせりふがあまりにも陳腐だったので、私は攻撃する気がうせてしまいました。そしてこの時、何となくですが体のどこかに痛みがあるのを感じていました。振り上げていたこぶしを下ろしてみると、指の関節に細長くて深い傷がありました。手のひらがぬれているのに気付いて手を開いてみると、血と一緒に小さな毛の塊が付いていました。子羊に視線を戻すと、その生き物は本当に恐怖を感じているようでした。
「何してるの？」
　子羊は叫びました。
「やめちゃ駄目だ！　やめちゃ駄目っ！」
　子羊の口元をよく見ると、血が滴っていた所が乾き始めています。それは子羊の血ではなく、私の血だったのです。私のこぶしは子羊の歯に当たっただけだったのです。この時私は、子羊は何をされても傷つかないのだと悟りました。それを殴れば殴るほど、私の傷がひどくなるだけなのです。
「父さん？」
　振り返ると、そこに息子が立っていました。その顔には困惑の表情が浮かんでいます。私は息子のそばに駆け寄り、その体を両腕で抱いて泣きました。
「もう大丈夫だよ」
　私はやっとの思いでそれだけ言いました。
「ただ怒っていただけなんだ。すんでのところで、あいつに後で後悔するようなまねをさせられるところだった。でももうそんなことはない。父さんは大丈夫だから」
「父さん？　"あいつ"って誰のこと？」
　私も息子も振り返って後ろを見てみましたが、そこにはもう何もいませんでした。私は気が変になったのかと思いましたが、ふと手が痛むことに気が付き、関節の傷を見ました。怒りの子羊が本当にいたかどうかは別として、その傷は間違いなく存在するのでした。

　国々は立ち騒ぎ、諸方の王国は揺らいだ。神が御声を発せられると、地は溶けた。

詩篇 46 篇 6 節

祈り：ああ神様、人間の怒りはあなたの聖なる怒りには程遠いものです。今度、私が正気を失った時には、「復讐（ふくしゅう）するは神にあり」という言葉を思い出させてください。

考えてみましょう：最終的にすべての間違いが正されると悟ることは、あなたの怒りをコントロールするのに役に立ちますか？

8月26日
──否定の子羊──

　木々や小川といった美しいものほとんどすべてを後にして、今日も山道を歩きました。山腹にはたくさんの岩が、あえてそこに近づこうとするものなら人であれ何であれ、そのすべてを破壊するために投げ落とされたかのように転がっています。私たちはそれを避けて通りながら、無言でさらに上へと登り続けました。ある大きな岩の横を通り過ぎた時、二人とも、誰かの声に立ち止まりました。
「どこ行くの？」
　それは、岩の陰から好奇心むき出しのずる賢そうな顔つきでこちらを見ている、昨日とは別の子羊でした。また同じ質問をされたので、私は思いつくままに答えました。
「頂上までさ」
「どうして？」
「私は、いや、私たちは、そうするように言われたからだ。何が何でも頂上まで行き、そしてそこで．．．」
「そこで何をするの？　この子が死ぬところを見ているの？」
　子羊は息子をあごで指して言いました。
　私はそれに答えることができませんでした。息子もじっと私を見ています。私はどうすることもできずに、ただ地面を見つめるばかりです。
「そんなひどいこと本当にしたいの？」
　子羊は言いました。どうしてそんな分かりきったことを聞くのでしょう。
「したくないさ！　したいわけがないだろう。私はここにいることも、そこに行くことも、本当は嫌なんだ！　戻れるものなら戻りたい。私に必要なのは．．．」
「子羊？」
「ああそうだ」
「僕は子羊だよ。僕を使えばいいじゃないか」
「いいのか？」
「ああ、今そう言っただろう？　そもそも、あんたたちがここに来なければならない理由なんかないんだ。よくぞここまで来たもんだよ」

　アブラハムは答えた。「イサク。神ご自身が全焼のいけにえの羊を備えてくださるのだ。」こうしてふたりはいっしょに歩き続けた。
　　　　　　　　　　　　　　　　　　　　　　　　　　　　　　　　　　創世記22章8節

祈り：主よ、私は困難な状況に直面するたびに、もうこれ以上の試練は要らないと思いたくなります。どうか、"あなたの救い"と"敵の妥協案"を見分けられるよう助けてください。

考えてみましょう：敵はあなたに、神様から与えられた目的の達成をあきらめさせたいのだと思いますか？

8月27日
——身代わり——

　私は期待のあまり、興奮して手が震えていました。これこそが、この山の奇跡なのでしょうか。アブラハムとイサクの時のように、この子羊が息子の身代わりになってくれるのでしょうか。私は、すぐ手の届く所に何気ないそぶりで立っている子羊に目をやりました。
「でも、やっぱり私たちが頂上まで行くべきなのじゃないのかな？」
　私は聞きました。
「そのつもりで来たのだし、それに．．．」
「何でそんなことするの？」
　子羊は、私と息子の顔を代わるがわるに見ながらそう言いました。
「それは神様がそう言われたから。そうする義務があるから。そういうものじゃないのか？」
　私は、怒りをむき出しにしている子羊が、今にも走り去ってしまうのではないかと心配でした。
「『神様がそう言われた』って言うけど、何でそうやっていつも"あいつ"の命令に従うのさ？」
「しかしそれは．．．」
「もういいよ！」
　子羊はこう続けました。
「事実はこうだ。あんたはここにいたくない。頂上にも行きたくない。身代わりがほしいんだろ？　僕がいるんだから、もう帰りなよ」
　私はまだよく理解できないでいました。
「でも、このまま帰るなんてできないだろう？　やっぱり私たちも一緒に頂上まで行った方がいいんじゃないのか？」
「僕が頂上まで行くなんて誰が言ったのさ」
「でもたった今、言っただろう？　息子の身代わりになってもいいって。ということは．．．」
「ということは、こういうことさ。最後にもう一度だけ言うよ。僕に後を任せたいんだったら、とっとと帰りな」
「でも、君が行かないのなら、身代わりとしての意味がない。そしたら神様はきっと．．．」
「ほらまた、"あいつ"のことなんか話してる。あんたがそれを拒否したからって、どうなるっていうのさ？」
　そのような質問は、考えるにも値しないと分かっていながら、その答えを思索している自分に気が付きました。すると子羊は、せせら笑うようにこう言うのです。
「あんたのような人はこれだから困るね。ほかに方法がないだろうか、とは考えないんだ。考えてもみなよ。"あいつ"はあんたに何をすべきかを告げた。でも、"あいつ"は他の選択肢については何も言わなかっただろう？　だったら、ほかに方法がないなんてどうして分かるのさ？もしかしたら、もっといい方法があるかもしれないじゃないか」

　ただ、次のことを彼らに命じて言った。『わたしの声に聞き従え。そうすれば、わたしは、あなたがたの神となり、あなたがたは、わたしの民となる。あなたがたをしあわせにするために、わたしが命じるすべての道を歩め。』
エレミヤ書7章23節

祈り：主よ、私には、愚かな疑問を抱き、そのために真の従順さを放棄してしまうことがあまりにも多過ぎます。私を迷わせる者たちから守ってくださり、誘惑に打ち勝つことができるよう強くしてください。

考えてみましょう：神様は"みこころ以外の選択肢"をお与えになると思いますか？

8月28日
──決断の時──

「もう一度だけ言うよ」
　子羊は繰り返しました。その間も私は息子の傍らに立ち、子羊の"提案"した内容について考えていました。
「こんなこともうやめちまいなよ。とっとと山を下りな。だまされたと思ってやってみな。意外と簡単なことだって分かるから」
　私たちに下された「頂上まで進みなさい」という命令に代わるものとして、今、目の前には"いけにえの子羊"が立っています。それは、"うま過ぎる"話のように思え、実際、額面通りに受け取るべきではないのかもしれません。子羊は私たちの目的地である山の頂上に行くとは約束せず、「後のことは任せておけ」と言っただけでした。私は今すぐにでもこの山を下りられたらどんなにいいかと思いました。しかし、そうすることで、息子はどうなってしまうのでしょうか。
　どうすればいいのか分からずに黙っていると、息子が見かねたように口を開きました。
「どんなもんだろうねえ、父さん」
　息子は子羊を値踏みするようににらみつけながら言いました。
「こいつは、僕の足元にも及ばない外見だね。僕の代わりになってなんかほしくないや。いっそ夕食のおかずにしちゃったらどうかな」
　息子は自分のベルトにぶら下げてあった剣を引き抜いて前へ進み出ました。すると子羊は、自信に満ちあふれた非難めいた態度から一転し、恐怖のあまり飛びのきました。
「おい、ばかなまねはやめろ！」
　子羊は後ずさりして転び、岩をよじ登ってから、さらに後退しました。そして「後悔するぞ」と言い放って逃げていきました。
　息子は言いました。
「もう後悔してるさ」
　私が息子の顔を見ると、息子は続けて言いました。
「やつを逃がして残念だってことさ。父さん、やつの言うことを信じたりしなかったよね」
「あ、あたりまえじゃないか」
　私は慌てて答えました。
「それにしても、夕食のおかずにするというのはいい考えだったな」
　山道に沿ってさらに登っていく途中、低い所にある谷間から雷の音が聞こえていました。

私は真実の道を選び取り、あなたのさばきを私の前に置きました。私は、あなたのさとしを堅く守ります。主よ。どうか私をはずかしめないでください。
　　　　　　　　　　　　　　　　　　　　　　　　詩篇 119 篇 30〜31 節

祈り：天のお父様、私は時々、あなたへの従順さを公言することをためらってしまいます。私の熱意を取り戻させるために人々を遣わしてくださってありがとうございます。

考えてみましょう：あなたが信じるものに対して明確な態度を打ち出さなければならなかったのは、一番最近ではいつのことでしたか？

8月29日
——スケープゴート——

　雷の音が近くなるにつれ、低い所にある谷間に雲が発生しているのが分かりました。私は、吹きさらしの山の中で嵐をしのがなければならないのかと心配でしたが、それと同時に、自分はもう長い間、生死を分かつ事柄に対して希望を抱くことすらなくなっていたことを思い出すのでした。それどころか、このような生き地獄で苦しむくらいなら、楽な方法で一瞬にして死んでしまった方がましだと思っていたくらいです。
　いよいよ雲が追いついてきて霧雨が降りだしました。山道は滑りやすくなり、歩くのも難しくなってきました。私たちは日中、一度ならず、よろけて転んでは、一休みのチャンスとばかり、そのままじっと横たわっていました。しかし、そうすることで、何かが待ち受けるに違いないこの山の頂上にたどり着くのを遅らせられると思っていたのは事実です。
　私たちは地面から突き出した岩を縫うようにして苦労して歩き、その先は比較的平らな地面を進むつもりで、そこでもう一度休憩しました。石にもたれて背中を伸ばしながら、私たちは山道に沿って行く先をじっと見つめていました。すると、そこから五十歩も離れていない所に、ヤギが立っていました。それはやせこけていて体の毛はもつれ、今にも死にそうな状態でしたが、ヤギには間違いないようでした。息子を連れて、そのみすぼらしい動物の所まで歩いていくと、その頭に小さな角が生えているのが分かりました。その角は頭から外側に向かってぐるりと円を描き、目に触れる寸前の所まで伸びていました。ヤギは震えているらしく、私たちが近づいていくと、絶望と死を思わせるような目つきで私たちを見ました。それでもなお、その目は私を捕らえ、私の魂に何かを訴えかけていました。私は目をそらそうとしましたが、そらせませんでした。
　その目を見た感じからも、これまでの経験からも、私はこのヤギもまた口が利けるということを信じて疑いませんでした。私は自分の意に反して、なぜかこう言うのでした。
「何が君をこんな惨めな所へ追い込んだんだい？」
　私はそう聞いておきながら、自分でもその質問が山のことなのか、ヤギ自身のことなのかよく分かっていませんでした。そんな私を尻目に、ヤギはこう答えました。
「僕がここにいるのは、何かに来させられたからでもない。あんたたちが何かに来させられたのでもないのと同じさ。僕らは犠牲者なのさ。あんたたちも僕もね。空頼みの犠牲者だよ。実は何の価値もない"何か"に希望を抱いていたのさ」
　ヤギは少しためらってから息子に目をやり、こう付け加えました。
「犠牲者なのさ、僕ら三人ともね」

　私の最も恐れたものが、私を襲い、私のおびえたものが、私の身にふりかかったからだ。私には安らぎもなく、休みもなく、いこいもなく、心はかき乱されている。

ヨブ記3章25〜26節

祈り：主よ、自分が犠牲者のように感じるときも、私のそばにいてください。あなたがヨブにそうしてくださったように、あなたは私の神様であることを思い出させてください。あなたに向かって叫ぶこの私を慰めてください。

考えてみましょう：自分は犠牲者だと感じたことがありますか？

8月30日
――偶然の犠牲者？――

　目の前で震える哀れな動物の言葉は、たわ言にしか聞こえませんでした。それにしても、このヤギが私の苦難について分かったような口を利いたことには腹が立ちました。
「私を"犠牲者"と呼ぶなんて、どういうことだ？」
　私は問い詰めました。
「私たちは目的があってここに来させてもらっているんだ。確かに、その目的をいとわしく思ってはいる。でもそれに従わなくてはならないんだ。私たちの試練を"何の価値もないもの"と呼ぶなんて、どういうつもりだ！」
「そんなもの、あんたの好きなように呼んだらいいさ」
　ヤギは耳障りな声で言いました。
「でも結局のところ、誰もが偶然の産物である一連の数字の総体的な結果にすぎないのさ。偶然の結果として僕はここに来た。そして同じように、偶然の結果としてあんたたちもここに来たのさ。何らかの法則性だとか根拠を見つけようっていうんなら、あんたはやっぱり思った通りの大ばか者だよ」
　私は極度の疲労を感じながらも、どうにか体を少し真っすぐに立て直しました。
「偶然について語るおまえは何者なんだ？」
　私は聞きました。
「じゃあ、おまえがここにこうして立っているのも、偶然が定めたことなんだろう？　それとも、おまえはある朝目覚めて気が付いてみると、腐りかけた骨と皮みたいになってここにいた、とでも言うのかい？　おまえは自分の身の上に起こったことに対して、何の発言権もないって言いたいのかい？」
「そんなことないよ、僕には十分発言権があったさ」
　この時初めてヤギが頭をもたげたので、私は寒けがして服のえりをつかんでしまいました。
「僕は、あの羊飼いが僕と僕の隣にいたヤギの首根っこをつかんだ時、もう明日などないみたいにメーメー鳴いたさ。そして僕らの見たところでは、本当にもう明日などなさそうだった。その後分かったことには、もう一匹のヤギの恐怖には根拠があったんだ。まさにその場所で、しかも僕の目の前で、人間たちはそのヤギを祭壇に乗せてのどを切り裂いたのさ。そのヤギは息絶えるまで叫んでいたけど、それもすぐに聞こえなくなったね」
　目の前のヤギは私に向かって悪意に満ちた笑いを浮かべ、気が付くと私は自分の手をのどに当てていました。私はその手を脇に下ろして抗議し始めたのですが、ヤギはなおも続けてこう言いました。
「偶然が最初から支配していたのさ。もし僕が飼い葉おけの反対側にいたとしたら。もし、羊飼いが通りかかった時、僕の頭がもう少し低い位置にあったとしたら。恐らく僕は、こんな運命のいたずらに苦しめられずに済んだんだ」

これが悪者の、神からの分け前、神によって定められた彼の相続財産である。

ヨブ記20章29節

祈り：天の父なる神様、あなたの御足の前には永遠という道が敷かれています。あなたは未来について、何ら不思議にも疑問にも思われないに違いありません。私は、どのような形であなたのご計画の一部となっているのでしょう。あなたは私の行く先に、決して脇へそれずに済むような道を敷いてくださっているのでしょうか。それとも、私のために複数の選択肢と、そのそれぞれにふさわしい結果とをご用意されているのですか。どうか私に知恵を与えてください。

考えてみましょう：人の運命は変えられないと思いますか？

8月31日
——運命のいたずら？——

　私は、今にもひざが抜けてしまいそうでした。息が浅くなり、呼吸もままならない状態でした。心の中では、「目の前に立ちはだかるこの浅ましい生き物の言葉を否定したい。やつに毅然（きぜん）と立ち向かって反論したい」と思っていました。けれども、足場を探っているうちによろけてしまい、とっさに息子が伸ばしてくれた手を取りました。私たちをここまで来させるに至った出来事すべてが価値のないものであるかのように非難するヤギ——。私たちは立ち上がって、その動物に向き合いました。仮に私が——このヤギがそうであったように——羊飼いの所有物なのだとしたら、飼い主の都合だけで私の息子が殺されても仕方がないのでしょうか。羊飼いは私たちを荒野に追いやり、絶望のうちに死なせるのでしょうか。

　再びヤギに目をやると、最初に感じたあのどうしようもないほど哀れな印象はどこかへ消え、今では激しい怒りをどうにか抑えているように見えました。それまではただそこにあった小さな角と暗い目は、今や、あえて近づこうとする者がいれば、誰それ構わず威嚇しようとしているようでした。その目は明らかに、単なる偶然の犠牲になったと感じている生き物のものではありませんでした。そこには憎しみが見て取れ、またその憎しみが何らかの対象に向けられているのは間違いありません。ヤギが語った"意味のない一生"とは裏腹に、その目には誰かを攻撃してたたきのめしたいという激しい感情が表れていました。そしてそれは、私にも身に覚えのある感情でした。私はこのヤギ同様、さげすむ対象となる具体的な何かを必要としていました。

　私は理性を失ってヤギに襲いかかり、片方の角をつかんで地面にねじ伏せました。そして、手を後ろに伸ばして息子が持っていた剣を取り、それをヤギの頭（けい）静脈のすぐ上に突きつけて、こう耳打ちしました。

　「運命を変えられる見込みがないって言うんなら、おまえを頂上まで連れていっても文句はないはずだな？　息子には身代わりが必要なんだ。そしておまえがその身代わりだ！　本当は文字通り生きたままの"いけにえ"を祭壇にささげたいところだが、どうやらおまえのむくろを持っていくしかなさそうだな」

　それまでうつろだったヤギの目は一瞬、憎悪をたたえたかと思うと、恐怖で満たされていきました。

　「やめろ！」

　ヤギは叫びました。

　「違う！　こんなの違うんだ！　やめてくれ！」

アロンは、主のくじに当たったやぎをささげて、それを罪のためのいけにえとする。アザゼルのためのくじが当たったやぎは、主の前に生きたままで立たせておかなければならない。これは、それによって贖いをするために、アザゼルとして荒野に放つためである。

レビ記16章9〜10節

祈り：天と地を治める主よ、あなたこそが私の神様です。私の身の上に起こる出来事は、すべてあなたの御手のうちにあります。どうか、あなたが私を愛しておられ、完全無欠な父親として私を見守っていてくださるという確信を与えてください。いつもあなたの従順な子どもでいられますように。

考えてみましょう：運命を信じていれば、間違った決断をしてしまったときの言い訳になると思いますか？

9月1日
——スケープゴートの告白——

　私はヤギをねじ伏せました。そののど元には剣が押し当てられています。
「『こんなの違う』ってどういう意味だ？　え？」
　私は問い詰めました。
「われわれの苦しみにもやっぱり何か目的があるって言いたいのか！」
　ヤギはおろおろするばかりでしたが、私が剣を握る手にぐいと力を込めるとこう叫びました。
「これは僕が考えてやってることじゃないんだ！　あんたに会うよう命令されたんだ。そうすればあんたはこの旅をあきらめるだろう、って言われてさ。少しあんたを絶望させてやればいいだけだ、って。僕のせいじゃないんだったら」
　ヤギは泣き声で言いました。
「頼むから放してくれ！」
　哀れなヤギは今にも力尽きそうでした。私は手にほんの少しの力を加えるだけで、この情けない動物を殺せる状況にありました。けれども恐怖のあまり白目をむいたヤギは、とんでもない"欠陥品"であり、身代わりとしては不完全だと思いました。私は立ち上がり、ヤギをけりとばしたい気持ちを抑えながら背を向けて言いました。
「どっかへ行っちまいな。そして、『しくじりました』ってご主人様に言うんだな。ついでにおまえの"運命"も決めてもらったらいい」
　ヤギは黙っていたので、もういなくなったのかと思いました。しかし振り向いてみると、まだそこに立っていて、それまで私に向けられていた視線を辺りの暗闇へとそらしました。どうやら残された選択肢について考えているようでしたが、ため息をつくと、何歩か後ずさりしました。その足取りはいまだにどこへ行けばいいのか分からないというふうに初めのうちはゆっくりで慎重そのものでしたが、私が一歩足を前に踏み出した瞬間、飛び上がって山を駆け下りていきました。あんなにも弱々しく思えたヤギが、身をひるがえしてものすごいスピードで走りだしたことには驚きました。次の瞬間にはその姿はもう見えなくなっていました。
　私は興奮が治まるのを感じ、地面に倒れ込んでしまいました。もう少しでだまされるところでした。落ちたら最後、羊飼いも助けに来てはくれそうにない、恐ろしい落とし穴のふちに立たされていたのです。
　しばらくたってから、息子が私の肩に手を置いて言いました。
「さあ行こう、父さん。少なくとも僕らには行く所があるんだから」

信仰の創始者であり、完成者であるイエスから目を離さないでいなさい。イエスは、ご自分の前に置かれた喜びのゆえに、はずかしめをものともせずに十字架を忍び、神の御座の右に着座されました。

ヘブル人への手紙12章2節

祈り：主よ、このような目的も方向性もないように思える世界に、御子を与えてくださったことに感謝いたします。イエス様が共にいてくだされはこそ、私には生きる目的と、自分の成長を測る基準とがあるのです。どうか日々、イエス様から目を離すことがありませんよう私を導いてください。

考えてみましょう：目的のない人生は、一体どのような人生になると思いますか？

9月2日
――取引の子羊――

　その鳴き声はだいぶ離れた所から聞こえていました。最初それは、市場から聞こえてくるざわめきのようでしたが、さらに近づくに従って、だんだん言葉として聞き取れるようになりました。そしてついに、歌うような調子で朗々と語る声が、ざわめきの中から聞こえました。
「さあさあ、買ってくださるのはどなたかな？　家に持ち帰って試してごらんなさい。値段はそんなに高くない、いや、かえって安いくらいだよ。お財布の中をのぞいてごらんなさい、それくらいはきっと入ってるはず」
　そこには一匹の子羊が立っている以外、誰もいませんでした。子羊は何か"売り物"について語っていましたが、そのような物はどこにも見当たりません。好奇心に駆られた私は子羊に近づきました。けれども私に気が付くふうでもなく、子羊はまた語り始めました。
「買ってくださるのはどなたかな？　掘り出し物だよ。お財布に手を伸ばしたら、それはもう売れたも同然」
「何を売っているんですか？」
　私は子羊が息継ぎをする間を見計らって尋ねました。子羊はこちらを向いたかと思うと、私の後ろに立っている息子の方を見ました。
「知らないのかい？」
　子羊は私の後ろを見たまま、言いました。
「その答えは、誰よりもあんたが知っているはずじゃないのかい？」
　その顔には深く悲しんでいるような表情が浮かんでいました。しかしそれもすぐに変わりました。子羊は私の目を見つめ、「おまえの秘密は知っている」とでも言いたげな笑みを浮かべるのです。私はとっさに目をそらし、せき払いをしました。
「いやまあ、そうですね。私はあなたが何を売っているのか分かっています。そればかりか、それを手に入れたいと思っていますよ。本当です。値段なんて気にしません。それがほしくて仕方がないのですから」
「そうだろうね」
　子羊はにやりとしました。
「分かってるさ。それは別におかしなことじゃない。人にとって自分の血と肉よりも大切な物がほかにあるのか、ってね。どんな代償も払って当然だよねえ」

　あなたはツロに言え。海の出入口に住み、多くの島々の民と取り引きをする者よ。神である主はこう仰せられる。ツロよ。『私は全く美しい。』とおまえは言った。
　　　　　　　　　　　　　　　　　　　　　　　　　　　　　　エゼキエル書27章3節

祈り：主よ、自分自身の事を心配することと、愛する者の事を考えることは、まったくの別物です。彼らが危険にさらされているとき、どうして何もせずにいられるでしょうか。天のお父様、どうか自分の生活ばかりでなく、最も近しい人たちの生活も、あなたにお委ねするすべを教えてください。

考えてみましょう：映画や小説などに登場するヒーローについて考えてみてください。罪なき人が危険にさらされたとき、いつも正義の味方が悪者に屈服するのは強さだと思いますか？　それとも弱さだと思いますか？

9月3日
――取引――

「さっきも言った通り、どんな代償も払う覚悟ができています」
　私は子羊に言いました。
「それが何なのか教えてください。何としてでもそれを手に入れますから」
「賢者よ」
　子羊は辺りに転がっている岩に向かって語りました。
「賢者は、自分が何を求めているのか知っている。それを手に入れるためにはどんなことでもするものだ。真の賢者よ。さあ見せてごらん。何を用意してきた？」
「自分だけです。それと、バックパックの中に所持品が少し。それから息子もいますが．．．しかし．．．」
「いやいや、その"商品"は論外だろ？　何といっても、それは取引の対象物だからね」
　子羊はしばらくの間、黙ったまま私の"品定め"をしていましたが、その表情は曇っていました。それは明らかに、がっかりしている顔でした。
「もっと必要ならば、場合によっては．．．」
「ああ、それは言えてるね。もっと必要だってことは間違いないな。あんたの"商品価値"がこんなに低いなんて知らなかった。でも気にしなくていい。それを手に入れるためにはいろいろ方法があるからね」
「そうです、もちろんですよ。あらかじめ、取引の条件を確認しておきたいのですが。何か間違いがあっても困りますし」
「ああ、そんなの単純だ」
　子羊は軽薄な口調で言いました。
「あんたの息子の命と引き換えに、僕の命をささげるんだ。簡単だろう？　とにかく、不足分のうち、こっちで"かぶる"べきところは"かぶる"から、そっちでも負担すべきところは負担するって約束してもらわないとね」
「でも値段も何もまだ聞いていませんよ。内容も分からない取引条件に同意できるわけがないでしょう？」
「だって、あんた、さっき、どんな代償でも払うって言ったじゃないか」
　子羊の責めるような口調が、私を一歩引き下がらせました。
「それに、この取引をあきらめてくれと言ってるわけじゃない。ただ、あんたが持っているものよりも少しばかり多くもらわないと"釣り合わない"ってことさ。もうそろそろこの話をまとめないとね。それとも、あんたが本当に"あいつ"と会いたいっていうのなら、話は別だけどね」
「望むところだ」
　息子がそばにやって来て言いました。
「父さんとの取引は白紙に戻してくれ。おれはあんたと直接、交渉がしたい」
　そう言うと、息子は子羊の足元に何かを投げつけました。見るとそれは、クーガーの歯をひもに通した首飾りでした。

私の心を悪いことに向けさせず、不法を行なう者どもとともに、悪い行ないに携わらないようにしてください。私が彼らのうまい物を食べないようにしてください。

詩篇141篇4節

祈り：この世が差し出すあらゆるものは時として、それがどこから来たものなのか忘れてしまうほど魅力的で耳寄りな話に思えてしまうことがあります。主よ、敵と取引をしたい誘惑に駆られてしまう私を、どうかおゆるしください。私はあなたにのみ忠実でいるべき者であることを思い出させてください。

考えてみましょう：それを売っていた人を不審に思いつつも、路上で何か買ってしまったことはありませんか？

9月4日
——取り下げられた提案——

　子羊は、クーガーの歯に落とした視線を息子の顔に向けては、またクーガーの歯に視線を戻すことを繰り返しているうちに、その意味をやっと理解したようでした。子羊は後ずさりしながら静かな声で言いました。
「取りあえずここでの営業は終わりということで」
　子羊はじりじりと後ずさりし続け、ついに向き直って走っていきました。時々、肩越しにこちらを振り返るその顔には驚きと恐怖の入り混じった表情が浮かんでいました。
「おい、どうしてあんなことしたんだい？」
　私はがっかりして言いました。
「あいつが何を売ろうとしていたのか分からないのかい？」
「父さんこそ分からないの？　やつは僕のために何かするつもりなんてなかったんだ。やつは僕の命をどうにかすることなんてできないし、やつもそれが分かってた。やつは父さんを狙ってたんだ。何だかよく分からない取引に父さんを引き込もうとしてたじゃないか。あの様子だと、後から難くせをつけてどんな要求をされたか分かったもんじゃないよ」
　私はクーガーの歯を拾いながら、のどが締めつけられるような感覚と戦っていました。
「おまえの言う通りかも知れないな。ただ父さんはおまえのためなら何だってするさ。少しでも希望があるのなら、父親としておまえのために何かしなければならないと思ったんだよ」
「それは違うよ。父さんは父親として僕をこの世に送り出してくれた。僕がまだ自分で何もできないころには、いろいろ面倒を見てくれた。それだけじゃなくて、善悪を見分けられるようにもしてくれた。でも僕らは二人とも、"本当の"お父様が誰なのか知っている。お父様との関係をないがしろにするものは、何だって間違っているんだ。たとえそれがお互いのためを思ってすることであってもね。そうでしょ？」
　私はひもに通されたクーガーの歯を手に取り、それを一つ一つ親指でこすってきれいにしてから息子に手渡しました。
「なあおまえ、どうやって自分の父親よりも賢くなったんだ？」
　息子は笑みを浮かべ、私の肩に腕を回しながら答えました。
「さあね。たぶん遺伝じゃないかな」

わたしはあなたがたの間を歩もう。わたしはあなたがたの神となり、あなたがたはわたしの民となる。

レビ記26章12節

祈り：天のお父様、私は完全にあなたのものであると今日あらためて宣言させてください。欲も恐れも野心も、あなたと私を引き裂くことがありませんように。どうか私が、自分の家族さえもあなたからの贈り物なのであって、私がいくら彼らを愛していても、あなたが私の人生の中で一番大切な位置を占めているお方だということを理解できますように。

考えてみましょう：神様ご自身とあなたの愛する人のどちらを選ぶかという選択を迫られたとしたら、どちらを選びますか？

9月5日
――魔術師の子羊――

　山道に暗闇が降りてくる時間になっても、息子と私は歩き続けました。今は眠ることなど論外でしたし、それよりも高度を増すにつれて寒さが深刻な問題になってきました。私はえりを立て直してみるのですが、それでも身を切るような冷たさが体のしんまで届くことに変わりありません。私たちはしばらく立ち止まり、手に息を吹きかけたり、血行を良くしようと腕をたたいたりしました。辺りを見回してみると、山は暗く、死んだように静かです。それにしても、暗闇と死とを切り離して考えることができないのはどうしてなのでしょうか。亡くなった人は普通、目を閉じているものだと考えられているのも、そのためなのでしょうか。亡くなった人が目を開けていたら何か不自然ですし、恐ろしくさえあります。暗闇の中、そこに立ったまま、寒さのみならぬ理由で震えながら、私は自分が、死という存在そのものに化してしまったかのように感じていました。この時、私たちを待ち受ける何かを予感していたのでしょうか。それとも、死が既に私たちを取り囲み、息をするだけでも大変な思いをしている私たちの首を、その氷のように冷たい手で締めつけようとしていたのでしょうか。

　ほんの少しでも体を温めようと、動き回ったり足踏みしたりしていた私は、辺りの空気の微妙な変化に気が付きました。気のせいでしょうか。ある種の温かさ。いや、それは実際に感知できるほどの温かさではなく、かといって冷たくもないのです。ともかく私は、その方向に体を向けました。全神経を集中させ、耳や皮膚に感じられる一切の情報を逃すまいとしました。その時、またさっきと同じものを感じたのです。勘違いなどではなく、本当にそこに存在している何か。周りよりも温かい何か。それが風に乗って流れてきて、私を包み込むのです。道の脇には大きな丸岩が転がっており、ただでも暗くてよく見えない視界を遮っていました。私は道を離れ、その岩の周りを少し歩き回ってみました。

　するとそこに、子羊がいました。それは、向こう側を向いて足元の何かをじっと見つめているようでした。私はそれをもっとよく見ようと近づいていきました。その物体は石炭か何かのような外見をしていました。それは黒い色をしており、大きさは大きめのグレープフルーツくらい。赤くなっているわけでもないのに、ある種の熱を発しているようでした。子羊は頭を下げたままの姿勢で、鼻先がその不思議な物体に触れていました。

　（私がすぐ後ろに立っているのを知っているのだろうか）

　その時、子羊が口を開きました。

　「この場所には力がある。死を免れぬ人間はその幅や奥行きを知ることはできない。しかしきちんとした指導を受ければ、その深さは学ぶことができるかもしれない」

> *あなたのうちに自分の息子、娘に火の中を通らせる者があってはならない。占いをする者、卜者、まじない師、呪術者、呪文を唱える者、霊媒をする者、口寄せ、死人に伺いを立てる者があってはならない。*
>
> 申命記18章10～11節

祈り：主よ、あなたこそが、すべての力の源です。けれども、「私には力がある」と、偽りの主張をする者がいます。どうか、彼らのたくらみから私を守ってください。そしてそのようなたくらみに直面したときには、私に知恵をお与えください。

考えてみましょう：あなたは"魔術"にかかわったことがありますか？

9月6日
── "しるし" ──

　子羊の言葉は無意味なものに思われましたが、それも意図的なものだったような気がします。それはあたかも、発せられる言葉の内容よりも、それを言うこと自体の方が重要であるかのようでした。それはともかくとして、私は子羊が見つめている黒い物体をもっとよく見たくて仕方がありませんでした。
「それは何ですか？」
　私は、急に近づいたりすればそれが消えてなくなってしまうとでもいうように、ささやくような声で尋ねました。
「大昔からの質問さね」
　子羊は恍惚（こうこつ）とした声で言いました。
「知識の戸口に立ちながら、人間はその扉の向こうに何があるのだろうと不思議に思うことしかできない。果たして人間はその謎の答えを知ることになるのであろうか」
　子羊はその時初めて顔を上げて私を見ました。
「おまえはどうなんだい？」
「知りたいです」
　私はさまざまな望みを抱きながらそう答えました。その黒い物体に手を伸ばしてそれに触れ、その温かさを感じたりその重さを調べたりしたくて仕方がありません。心の中では、それに近づかない方がいい、と何かが私に警告していましたが、私の好奇心はあまりにも強くて我慢できなかったのです。私は警戒心を脇へ押しのけて子羊にこう言いました。
「知りたいです。もし力が存在するのなら、私もそれを手に入れたい。そのために手を貸してくれますか？」
　子羊は何か深く考え込んでいるようでした。じっと真っ暗な空間を見つめています。子羊には何かが見えるのでしょうか。私も目を凝らしてみましたが、何も見えませんでした。子羊はついにこちらに向き直って言いました。
「いいとも、おまえに手を貸そう。おまえには禁じられたものを探し求める心があるらしい。おまえは戦士だ。そして、おまえが当然の権利としてそれを手に入れるのを邪魔することはできない。さあ、その"しるし"を取るがいい」
　"しるし"とはその黒い物体のことだとすぐに分かりました。それは見つめているうちに、さらに温かくなっていくようでした。それでもやはり、赤くなってもいなければ、ほんの少しの光も出していません。それでも熱はそこにありました。そして、熱がある所には力がある。私はそう考えたのです。それは体を温める力。状況をコントロールする力。そして、癒す力である、と。
　私はゆっくりと両手を伸ばしました。その時、視界の隅に子羊の姿がありました。子羊は、私の目がくぎ付けになっているその物体ではなく、私を見ているのです。私は戸惑いました。私がそれに触れようとしている今、子羊は一体何が起こると期待しているのでしょう。

　幸いなことよ。悪者のはかりごとに歩まず、罪人の道に立たず、あざける者の座に着かなかった、その人。

詩篇1篇1節

祈り：天のお父様、あなたは何度となく私たちに、あなたの力をまねる者に従うことがいかに危険なことであるか、ご忠告なさっています。けれども、彼らが素晴らしい夢をかなえてくれると約束するとき、その誘惑に負けてしまいそうになることがあります。どうか彼らの誘惑から私を守ってください。あなたによってのみ、力を得ることができますように。

考えてみましょう：まじないの呪文（じゅもん）や"しるし"にはどのような意味があるのでしょうか？　それ自体に力があると思いますか？

9月7日
——"しるし"の正体——

「何をもたもたしている。死を免れぬ者よ」
　私がその黒い物体から視線をそらし、自分が見つめられていることに気が付いた子羊は、言いました。
「おまえは探し求めているものの手がかりを手に入れようとしているんだ。ほら、それはおまえのものなのだ。早くその手に取るがいい」
　私は一歩前へ踏み出しました。私は、そうすることで足場を整えるつもりだったようなのですが、結果として、考える一瞬の余裕を得たのでした。
　（これは本当に私の探しているものなのだろうか。それとも、これもまた"わな"なのだろうか。この黒い物体の代わりに子羊を捕まえた方がいいのかもしれないな。本当の力の源はこの子羊かもしれない）
　私は自分の意志に逆らってその物体から目をそらし、もう一度子羊を見ました。子羊は私がためらっていることに気が付き、その表情が変わりました。それまで"古今の英知"の持ち主のようであった子羊の目は、本当におびえているように見えました。
「何をしてるんだ？」
　子羊は言いました。その声は上ずっています。
「気でも狂ったのか？　"しるし"を取れ！　今すぐ取るんだ！」
「この"しるし"ってのは一体何なんだ？　これを手に入れるにはどんな代償を支払わなければならないんだ？」
「それは愚か者の質問さ」
　子羊はあざ笑うように言いました。
「こんなチャンス、誰にでも巡ってくると思うのか？　一生に一度あれば幸せだ。おまえはそのチャンスを握っている。"あいつ"がおまえの息子にどんな仕打ちをするか考えてみろよ」
　同じことを聞いたことがありました。私たちの背後には、またもや神様を見下した発言をする子羊がいます。子羊たちは何をそんなに躍起になっているのでしょう。本当に私たちを助けたいのでしょうか。それとも単に神様に逆らいたいだけなのでしょうか。
　子羊は、私の気持ちが離れてしまったことを悟り、怒りをあらわにしました。
「この人間めが」
　子羊は叫びました。
「おまえには、おまえの息子同様、"真の"力を得る権利なんかこれっぽっちもない。おまえたちは二人とも、死ぬまでこの過ちを後悔するだろう。そして苦々しい恐怖を味わうがいい。それはあんたが息を詰まらせて死ぬまで、おまえののどに残るだろう」
　突然、子羊が私に突進してきて、私はバランスを崩しました。本能的に受け身の体勢を取った私は、とっさに投げ出した左手を黒い物体の上について倒れました。赤々と熱せられた千本もの針が刺さったような感覚が手のひらを襲ったかと思うと、腕全体に激痛が走りました。
「ああ神様！　痛いです！」
　私の祈りは"聞かれ"ました。

また、わたしの名のために、あなたがたはすべての人々に憎まれます。しかし、*最後まで耐え忍ぶ者は救われます。*
マタイの福音書10章22節

祈り：主よ、私はこの世の敵に憎まれているかもしれません。そう思うと、彼らはまずあなたを憎んだのだということを、あらためて考えさせられます。私は、あなたの最も尊い創造物の代表であるからこそ、敵の脅しに遭うのです。あなたに選ばれた代表として、敵の攻撃に耐え、あなたを、そして救いを待ち望むことができますように。

考えてみましょう：ある人があなたの好きではない人と関係があるというだけの理由で、その人に対して意地悪な感情を抱いたことがありますか？

9月8日
―― 主張する者 ――

　私が思わず上げた叫び声は、特に誰に向けられたものでもなかったのですが、それを聞いた者がいたのです。つまり、憎悪に満ちた目で私を見下ろしていた子羊のつくり笑顔が、突然、凍りついたのです。永遠にも感じられるほど長い間――恐らくはものの二、三秒にすぎなかっただろうと思うのですが――私の周りの世界は静まり返っていました。すると突然、私たちの背後にあった大きな丸岩の向こうから、耳をつんざくようなうなり声がしました。それが動物だったのか、人間だったのか、それとも何か別の物だったのか、私には分かりませんでした。子羊は顔を上げ、私の後ろのどこか高い場所を見上げました。そして恐怖のあまり顔を引きつらせながら、後ずさりしたのです。
「違うんです」
　子羊は叫びました。
「私は何も悪くありません！　"あいつ"のせいです！　"あいつ"です、"あいつ"なんです！　どうか見逃してください！」
　私はどうにか、片方のひじをついて体を起こし、丸岩の方に顔を向けました。そこに何が見えるのだろうと考えると、えも言われぬ恐怖を感じました。けれども、そこにはまったく何もありませんでした。少なくとも私に見える物は何もなかったのです。子羊に視線を戻すと、それはまだ丸岩の真上の空間を見つめながら、自分の無罪を大声で主張していました。しかし子羊はついに、向き直って走りだしたかと思うと、がけを跳び越え、ものの数秒で姿が見えなくなりました。
　私は立ち上がり、再び後ろを振り返ったのですが、やはり何も見えませんでした。けがをした手をこすってみると、痛みがなくなっていることに驚きました。見ると息子が、最初に子羊を見つけた場所にひざをついてかがんでいました。そして私の方を見てこう言いました。
「ただの灰だよ」
　あの神秘的な黒い物体のあった場所には、灰がありました。それはまったく熱を発していませんでした。息子がそれに息を吹きかけると、空中に舞い上がって暗闇の中に消えてなくなりました。それ以上その場にとどまる理由もなかったので、私たちは山道に戻ってさらに上へと登っていきました。

さあ、若い時からの使い古しの呪文や、多くの呪術を使って、立ち上がれ。あるいは役立つかもしれない。おびえさせることができるかもしれない。

イザヤ書47章12節

祈り：主よ、自分の持っていないものを求めて暗闇の中をさまよう私をおゆるしください。あなたの尊い愛の中に私を連れ戻し、あなたのうちにあって必要なものはすべて持ち合わせていることをあらためて理解できるよう助けてください。

考えてみましょう：今日のこの世では、どのような"英知のしるし"に心を奪われる可能性がありますか？

9月9日
——暗闇の中のたき火——

　魔術師の子羊に誘惑された場所からできるだけ遠ざかりたかった私たちは、最初のうちは速いペースで進んでいましたが、寒さと空腹のため、ついに歩けなくなりました。私は、自分が担いできた最後の薪で火をおこそうかと提案しました。ほどなくして私たちは、はぜる炎のそばで身を寄せ合い、シチューの入った鍋が温まるのをじっと待っていました。
「これが本当の温かさだね」
　息子は両手をこすり合わせたり火にかざしたりしながら言いました。
「僕はね、さっきあそこで僕らが経験したことは、"相対的な温かさ"だったんじゃないかって思うんだ」
「どういう意味だい？」
　私はシチューをかき混ぜながら聞きました。
「だからさ。例えば海のことを考えてみてよ。僕が年中サーフィンに夢中になってたことは父さんも知ってるよね」
「ああもちろんだよ」
　私は考えながら言いました。
「冬の寒い中でだってよくサーフィンしてたな」
「でもね、父さん。冬でも水は温かく感じるんだ。本当に温かいわけじゃないんだけど、外の空気と比べたら温かく感じるんだよ。子羊が持ってたあの黒い丸いやつも、ほんの少しの熱を出すことしかできないのに、少し"冷たさを和らげる"だけで、僕らには温かく感じたんだよね」
「分かったよ。おまえはこう言いたいんだろう？　学校でいじめっ子に弁当を盗まれたけど、靴は盗られなかったとき、いじめっ子に感謝するよな。それでもやっぱり弁当を盗まれたことに変わりはない」
「ああそうさ。僕が考えているのは"邪悪の化身"だとか、その手下として働くやつらのことなんだ。考えてみれば、やつらには僕らに何一つ与えてくれる力なんかないんだよ。すべては神様から来る。そうだよね」
　私が黙ってうなずくと、息子はこう続けました。
「だから、やつらにできるのは、せいぜい僕らの苦しみをほんの少し和らげるように見せかけることだけさ。そうやって、僕らのために何かすごいことをしてるんだって思わせる。それが手口なんだよ」
　息子は自分のカップを手に取ってシチューを入れました。私は鍋から上がる湯気を見ながら、これはすごい発見だと思いました。敵は物まねの名人で、私たちはもう少しで詐欺の被害に遭うところだったのです。私は自分の食べるシチューをすくってその温かさを楽しみながら言いました。
「本物を与えてくださる主に感謝だな」

　あなたがたは、あなたがたの父である悪魔から出た者であって、あなたがたの父の欲望を成し遂げたいと願っているのです。悪魔は初めから人殺しであり、真理に立ってはいません。彼のうちには真理がないからです。彼が偽りを言うときは、自分にふさわしい話し方をしているのです。なぜなら彼は偽り者であり、また偽りの父であるからです。
　　　　　　　　　　　　　　　　　　　　　　　　　　　ヨハネの福音書8章44節

祈り：ああ神様、私に何が本物なのか示してください。どうかこの私が、敵の欺きを見破ることができますように。進むべきでない道に連れていかれそうになるときにも、それに気が付くことができますように。私を豊かに祝福してくださってありがとうございます。私には乏しいことがありません。

考えてみましょう：敵が欺こうとたくらんでいることを示す具体例として、どのようなものが挙げられますか？

9月10日
——悪霊——

　山の頂上が近づいてきました。暗闇の中でさえ、私たちがかなりの高さにいるということは感覚で分かります。私は、道を踏み外して、断がい絶壁から落ちていく自分を想像してしまいました。もうすぐ見えてくるであろうその絶壁。まだ目にしてはいませんが、それがそこに存在しているのは間違いありません。もちろん、わざと落ちようなどとは思いません。けれども、頂上ではなくその谷底にいる自分の姿が想像にすぎないとはいえ、ものすごい迫力で迫ってきては私を誘惑しようとするのでした。
　次第に息をするのも困難になってきましたが、それは高度のせいではありませんでしたし、疲労のせいでもありませんでした。私たちに死が迫ってきていて、事実、私の一部が死にかけていたのです。怒りも、すべてを否定したいという気持ちも、もはや消えてしまっていたのです。ここまで来る間に、「魔法のような解決策や"いけにえ"を手に入れられるかもしれない」「都合のいい"取引"に成功するかもしれない」という希望はとうに失っていました。私はもぬけの殻のようになり、この時残っていたのは、絶え絶えの息によって生かされている絶望した心の残骸と、一度始めたことを最後までやり遂げようというおぼろげな決意だけでした。私はもう子羊を探していませんでした。前回を最後に、子羊はもういないと分かっていましたから。あと残すは、その"行為"だけでした。それはあまりにひどい行為なので、それについて考えたくもないし、まして息子とそれについて語ることなど絶対にできませんでした。息子と私は、肩を並べて歩いてはいても、それぞれ誰にも入り込めない自分の世界に閉じこもっていました。
　既に十分暗いというのに、これでもかといわんばかりに、下の方に漂っていた雲が水分を含んだ分厚い毛布のように辺りに立ち込め、ほんのわずかに残っていた光を奪ってしまったばかりか、周りの音まで遮断してしまいました。唯一聞こえてくる息子と私の呼吸音は、浅く短い周期で繰り返され、不思議にもテンポが合っていました。その音はなぜかしらある種の心地良さを感じさせました。それを聞いていれば絶望が希望に変わるというわけでは決してありませんでしたが、その音は無言のメッセージを発しているようでした。あえて言葉にするならば、「大丈夫、大丈夫、大丈夫」とでも聞こえていたに違いありません。
　突然、何かがズレてしまったかのように、そのリズムが崩れました。私は自分の呼吸を息子のペースに合わせてみましたが、それでもまだ何か違うのです。それはまだ聞こえています。その調子外れの音が、私が発していた音でも、息子が発していた音でもないと分かった時、私は強い吐き気に襲われました。それを発している何か別のものが存在していたのです。

その偶像に仕えた。それが彼らに、わなであった。彼らは自分たちの息子、娘を悪霊のいけにえとしてささげ、罪のない血を流した。カナンの偶像のいけにえにした彼らの息子、娘の血。こうしてその国土は血で汚された。

詩篇106篇36〜38節

祈り：天のお父様、あなたはみことばを通して教えてくださいます。この世には私たちだけでなく、闇の軍勢もがはびこっています。彼らのすることを見ずに済むよう、霊的な盲目をお与えくださってありがとうございます。あなたのご判断により、私が見るべきものは見ることができますように。どうか私を導きつつ、闇の軍勢に立ち向かう勇気や、それから逃れるための勇気をお与えください。

考えてみましょう：私たちを取り囲む、目に見えない霊の世界があると信じられますか？

9月11日
──悪霊は語る──

　息子も私も立ち止まりました。息子にも、すぐ近くのどこかからか聞こえてくるその音が聞こえたのでしょう。恐らく一分以上もの間、私たちは息を殺して全感覚を集中し、そして音が聞こえてくる場所を突き止めました。左脇の方から聞こえてくる音。それは生き物が呼吸する時のような音でしたが、規則正しくはなく、ちょうど私たちがそうしていたように、息を殺していてもどうしても漏れてしまうというふうでした。目を凝らしてみましたが、暗闇のため、その不規則な呼吸音以外の手がかりはまったくつかめない状況でした。
「誰だ？」
　私はついに震え声で言いました。するとその呼吸音は止まり、長い沈黙の後、また聞こえてきました。私は無きに等しい自信をかき集め、今度は強い口調で言いました。
「私をここにお遣わしになったお方の名前により、おまえに命じる。今すぐはっきり物を言え！」
　すると、猫のような二つの目が暗闇の中にぱっと浮かび上がりました。それまで閉じていたに違いないその目の持ち主は、二メートルも離れていない所に存在していて、その目の大きさからして、私よりもわずかに身の丈が高そうでした。
「はっきり物を言えだって？　おれに命令しようっていうのか。いいだろう。おれの言うことを聞いて、おまえが喜ぶとは思えないが」
「それは私が自分で決めることだ」
　私は無意識にその目から後ずさりしながら言いました。
「おまえは何者だ！　ここで何をしている！」
「おれが誰かって？　おまえはみんなにおれのことを『あいつには気を付けろ』って警告してきたじゃないか。おれがその"あいつ"だよ。そして、おれがここにいるのは、"殺し"を見物するためさ」
　その目が閉じ、その瞬間、冷たい風のように恐怖が私を襲いました。
（やつはどこだ？　どこかに動いたのだろうか？）
　そのすぐ後に、再びその目が開いた時、私はパニックを起こして走りださんばかりの状態でした。どうやらその目の持ち主は、同じ場所にとどまっているようでした。
「"警告"だって？　おまえのことを知りもしない私が、どうやってみんなに、おまえのことを警告できるというのだ？」
「ああ、おまえはおれのことを知っているとも。おれは今まで、遠過ぎる存在だったことはない。それどころか、おまえ自ら、おれが近づきやすいようにしてくれたことが何度かあったよ。とはいえ大概は、お互い軽べつし合う間柄を楽しんでいた。おまえが"禁断の領域"に首を突っ込んで、大声で話し始めた時まではな。しかも、おまえはそのことについて何も分かっちゃいない。だがそれも過去の話。もうおまえには邪魔させない」

　しかし、御霊が明らかに言われるように、後の時代になると、ある人たちは惑わす霊と悪霊の教えとに心を奪われ、信仰から離れるようになります。

テモテへの手紙第一４章１節

祈り：主よ、私は、自らの言動によって、敵が近寄るすきを与えてしまったことがあることを知り、心が痛む思いです。どうかおゆるしください。自らの罪により苦難を被る前に、自分の行動の愚かさに気が付くことができますように。暗闇の世界で生きるすべを教えてください。

考えてみましょう：クリスチャンはどのような言動によって、悪魔を自分に近づけてしまう恐れがあると思いますか？

9月12日
────言いがかり────

「なぜ、私がもう邪魔をしないなどと言えるのだ?」
　私はその生き物を目の前にしてそう言いました。声の調子で自信のないことが分かってしまわないかと心配でした。私はおびえつつも、足で地面を探りながら、武器になりそうな大きさの石を探しました。
「この麗しき山をおまえが登ってきたのは、何のためだと思う?　それはおれのためなのさ!」
　やつががなり立てました。そして急に気でも変わったのか、かすれたささやき声でこう言いました。
「おまえをここまで来させたのはおれさ。だが悪いのはおまえだ。おれの領域に入り込んできたんだからな。おまえの息子の命で償ってもらうしかあるまい」
「それは違う!」
　私はそう叫んだものの、声の調子は確信のなさを表していました。
「いや、本当のことさ」
　やつはまた、ささやき声で言いました。
「おまえのせいなんだ。この山をおまえ"一人"で下りる時、思い出すんだ。おれは、好きな時に好きな場所を攻撃できるってことをな。そしてもう近づいてくるな。じゃないとまた、おれとここで会うことになるぜ」
　空気が冷たかったにもかかわらず、私は顔が火照るのを感じ、額には玉のような汗が浮かんできました。
(これが、私の探している子羊なのだろうか?　息子の身代わりとして祭壇に供えるための無垢(むく)な動物ではなく、こんなふうに権力を振りかざし、私と渡り合う能力を持ち合わせたこの生き物が?)
　頂上まであとほんの少しの所まで来ていましたから、もしも何らかの救いがあるとすれば、今ここで以外に考えられません。
(やつを取り押さえて殺し、その無残な死体を頂上まで持っていくことができたら?　それによって神様から何らかの哀れみを受けることができるだろうか?)
　私は自分の勝算について考え始めました。やつが私よりも体が大きいことは間違いなさそうです。暗闇の中で物が見えているようでもありました。それに、やつがこんなにも私のことを知っているという事実からも、私をはるかに上回る能力の持ち主であることは確かでした。とはいえ、やつには目も口もあり、呼吸もしています。"ただの生き物"であることに変わりありません。
　そして私自身この時既に、夢も希望も、命への執着すらも失った"ただの生き物"に成り果てていました。息子に死んでほしくない。ただそれだけでした。そのために努力しながら自分が死んでしまうのなら、それが本望でした。目の前には、"この世の悪の化身"が立っています。やつの言うことは本当でした──。確かに私は、やつに気を付けるよう人々に注意を呼びかけていました。今私は、やつをこの世から消し去ろうとしています。そしてやつの死骸(しがい)を神様の足元に放り投げてこう言うのです。
「さあ、息子をのろいから解放してください!」

からだを殺しても、たましいを殺せない人たちなどを恐れてはなりません。そんなものより、たましいもからだも、ともにゲヘナで滅ぼすことのできる方を恐れなさい。
マタイの福音書10章28節

祈り：天のお父様、どうかこの私が、あなたを憎む者たちがどんなに憎くても、自分がどんな人間であるのかを見失うことがありませんように。私は御子イエス・キリストの血によってゆるされた罪人です。敵が私に向かってきたならば、あなたのみこころに従って、戦ったり逃れたりできますようお導きください。

考えてみましょう：クリスチャンには、この世の悪魔的な力と戦う使命が与えられていると思いますか?

9月13日
────対決────

　暗闇の中で、私の右足が石に当たりました。それはオレンジほどの大きさしかなさそうでしたが、それで間に合わせるほかはありません。私はさっと身をかがめて片手でその石をつかみ、私をにらみ据えている目に向かって飛びかかりました。しかし、やつの体はそこにはなく、私は岩壁のような物にぶつかってあおむけに倒れ、手の中の"武器"もどこかに飛んでいきました。頭から血が噴き出し、目が回りました。見上げると、あの目が一層大きく見開かれ、勝ち誇ったような声が響きました。

「おれに逆らおうとするのが、いかに愚かな考えであるか分かっただろう？　人間よ！　おまえは弱い。その弱さゆえにおれはおまえをのろう。おれには、もうとっくの昔に、おまえの見すぼらしい肉体などひねりつぶしてしまうこともできたんだがな。だが、"あいつ"はおまえを滅ぼさないことに決めてしまった。あの愚かな神めが！　"あいつ"には、おまえが無価値な粘土の塊にすぎないのが分からないのか！　さあ人間よ、おれの力を見せてやろう！　これでおれは天国を追放されたのさ。おれは、"あいつ"が救おうとするやつらを、こうやって始末するのさ」

　私は目を閉じ、ついに鋭いつめに心臓をえぐり取られる時が来たと思いました。しかし、このような極限状態に置かれ、夢も希望も失っていたにもかかわらず、私の中に"生きたい"という気持ちが残っていることに気が付いたのです。

「神様！」

　私は叫びました。

「助けてください！」

　私はまだ目を閉じたままでしたが、突然、世界が明るくなったようでした。四方から降り注ぐその光は、どんなに分厚いカーテンでも遮ることができないほどまばゆいものでした。目を開けてみると、一瞬のうちに夜から昼間のようになっていたのです。真上には、太陽よりも明るい物体がありました。まぶし過ぎて見つめることはできないのですが、その神秘的な美しさは目を背けていられないほどでした。下の方には、これまで登ってきた道や、途中で私が立ち止まった各地点がはっきりと見えていました。私が出会った子羊たちも皆そこにいましたが、私同様、その光に圧倒されていました。

　目の前には、切り立った岩の壁がありました。その表面はガラスのようにすべすべしていましたが、地面から二メートルほどの所に小さな出っ張りがあり、その上では、私が恐れていた生き物がぶるぶると震えていました。その体は小型のウサギくらいで、猫のような目が妙に大きく見えました。それは頭上の光を見上げると、小さな前足で頭を抱え込みました。

あなたは、神はおひとりだと信じています。りっぱなことです。ですが、悪霊どももそう信じて、身震いしています。

ヤコブの手紙 2 章 19 節

祈り：私の敵は、あなたの光の下で、その正体が明らかにされます。日々、私の心の中をくまなく照らし、私がつまずくことがないようにしてください。あなただけがこの世の光です。

考えてみましょう：ホラー映画の中でも、最後まで怪物が姿を現さない作品の方が恐ろしいのはなぜだと思いますか？

9月14日
——神様からのメッセージ——

　ついさっきまであんなにも自分を怖がらせていたこのちっぽけな生き物を目の前にし、ほっとする気持ちと激しい怒りの両方が込み上げてきました。辺りを見回すと、私の手から落ちてしまった石がありました。私はさっとそれをつかんで、その生き物に近づいていきました。
「そうかい。これが"夜の恐るべき力"ってやつかい」
　私は、冷ややかな笑みを浮かべながら言いました。
「息子を殺そうとしていたのが君だったなんてなあ。さあこの世界をよく見ておくがいい。もう二度と見られなくしてやろう！」
　しかし、目の前にあるその見すぼらしい生き物を攻撃しようと手を振り上げた瞬間、どういうわけか全身の力が抜けてしまい、私は握っていた石を落としてしまったのです。腕は体の横にだらりとぶら下がっています。私はパニックに陥りながらも、その岩の張り出した部分に再び目をやりました。その生き物はぶるぶると体を震わせるばかりで、私のことなどまったく気にも留めていない様子でした。
　すると頭上の光から声が響いてきて、私の心の中に真っすぐに入ってきました。
「私の造ったものを壊してはならない。その運命は私の手の内にある。私がおまえに対してふさわしい扱いをするように、それにもふさわしい扱いをしよう」
　そして、世界は沈黙しました。それ以外の言葉は必要ありませんでした。その途方もなく明るい光は小さくなり、山の頂上へと飛んでいきました。悪魔の使いは、がけを離れてどこかに行ってしまったのでしょうか——。分かりません。もうそんなことはどうでもよかったのです。再び山道を歩きだした時、息子はそばにいたかもしれませんし、一人で先に行ってしまっていたかもしれません。ただ分かっていたことは、あの光が頂上で待っていてくれるということだけでした。
（あそこに行きたい）
　この時私はそう思いました。

　初めに、ことばがあった。ことばは神とともにあった。ことばは神であった。この方は、初めに神とともにおられた。すべてのものは、この方によって造られた。造られたもので、この方によらずにできたものは一つもない。この方にいのちがあった。このいのちは人の光であった。光はやみの中に輝いている。やみはこれに打ち勝たなかった。
ヨハネの福音書1章1～5節

祈り：ああ神様、あなたの尊き光によって、私を取り囲む世界を照らし、その本質が見えるようにしてください。暗闇に隠れた罪が明るみに出され、また、時として暗闇を求めてしまう私の人生が決してあなたの御前を離れることがありませんように。

考えてみましょう：あなたの人生において、どのような暗闇的な物事が喜びを妨げていますか？どうすればそれを光の下にさらし出すことができるでしょうか？

9月15日
────山頂────

　山頂までの旅は、精神的にも肉体的にも極度の疲労を伴うものでした。私は苦し紛れに、息子を待ち受ける運命を避けて通ろうと身代わりの子羊を探しながら歩いていました。すべてを否定したいという気持ちと怒りを道連れにしていた私でしたが、そのような感情を慰めとすることは実に惨めなことでした。"取引の子羊"は、息子の命を救うために必要な代償を払うことはできませんでしたし、それは"いけにえの子羊"にしても同じでした。"魔術師の子羊"やその仲間である悪霊の記憶は、衰弱しきった状態でようやく頂上に着くまで、私を苦しめました。

　ついに私は立っていられなくなり、ひざをついてしまいました。地面に顔面から大の字に倒れてしまわないよう、とっさに体の前で両手を合わせました。ここまで私が追ってきたあの光は消え、果たしてそれを見たのが現実だったのかどうかさえも分からなくなってしまいました。今や私は、暗がりの中に浮かび上がる物影に囲まれて歩いていました。このような心理状態でもなければ、身の危険を感じていたことでしょう。実際、私は何の恐怖も感じなくなっていました。死．．．苦しい非業の死さえも歓迎したいと思っていたくらいです。

　そこから少し離れた場所に、平たい石の台がありました。どういうわけか、私はその上に息子の体が横たわっているのを見ても驚きませんでした。その台の縁は粗削りで、あえて近づこうとする者を威嚇しているように見えました。

　（息子に近づきたい──。生きている間に一度もしてあげられなかったくらいに強く息子を抱き締めたい。チャンスがあった時でさえ一度も言ったことがなかったくらいに優しい言葉を掛けてあげたい．．．）

　しかし、その冷たい灰色の石には近づき難い雰囲気があったので、私は気を失いそうになりながらも、その場にひざまずきました。

　その石の後ろに目をやると、一段高くなった別の石がありました。そして、その向こうにさらにもう一つ──。石の台だと思っていたのは、実は上へと続く階段の一段目だったのです。明るくなりつつあった暗闇に目を凝らしてみると、最上段には祭壇がありました。

　そこには既に何かが供えてありました。

巻き物を開くのにも、見るのにも、ふさわしい者がだれも見つからなかったので、私は激しく泣いていた。．．．．．．さらに私は、御座──そこには、四つの生き物がいる。──と、長老たちとの間に、ほふられたと見える小羊が立っているのを見た。これに七つの角と七つの目があった。その目は、全世界に遣わされた神の七つの御霊である。

ヨハネの黙示録5章4、6節

祈り：天のお父様、御名をほめたたえます。あなたは、ヨハネに子羊を見せてくださいました。御名をほめたたえます。あなたは御子イエス・キリストをお遣わしになり、その血によって私の罪を洗い流し、あなたの御座に近づくことができるようにしてくださいました。

考えてみましょう：イエス・キリストはなぜ死ななければならなかったのでしょうか？

9月16日
──子羊の中の子羊──

"子羊の中の子羊"は、階段の一番上の段に立っていました。それは明らかに、ここに来る途中で出会ったどの子羊とも違っていました。
（あんな子羊たちにだまされていたなんて．．．）
　実際、どの子羊も、目の前に立っている子羊とは似ても似つかないものでした。
　私は完全降伏して両手を挙げました。何か言おうと思ったのですが、子羊が血を流しているのを見て、言葉がのどにつかえてしまいました。その血が石の階段を伝い、息子が横たわっている場所へと流れていくのを、ぞっとする思いで見ていました。それは一番下の段に届いたかと思うと、いったん息子の周りに集まってから、無数の細い筋となって地面を伝い、息子の冷たくなった体と周囲とのすき間を埋めていきました。息子の体は瞬く間に血に覆われていき、ついには完全に見えなくなりました。
　この時には、私は目の前の現実から心理的に完全に切り離されていたので、自分はそれに対して何もできない傍観者なのだと思っていました。その時、息子が目を開け、しかも立ち上がったのですが、私はただ黙ってそれを見ていました。息子は少しためらってから、階段を上り始めました。そして一番上の段の直前で、振り向いて私の方を見ました。それは間違いなく私の息子でした。しかし、もう子どもの顔をしていませんでした。そこに立っていたのは、神様がお造りになった通りの完全な者となった、顔立ちの整った大人の男でした。一瞬、私と視線が合った息子の目は、それまで見たことのない深い愛をたたえていました。それは、どんな"見せかけ""自分勝手な動機""恐れ"とも無縁の愛でした。そのような輝いた瞳は、息子がまだ小さかったころに、ほんの何度か見せたことがあるだけでした。
　私はそこに立っている息子を見ながら、息子に対する喜びや、誇りに思う気持ちを何とか言葉にして伝えたいと思いました。しかし、私が口を開く前に、息子は再び階段の最上段に向かって歩き始めました。そして、息子が子羊の立っている所に差し掛かった瞬間、私はまぶしい光に目がくらんでその場にひれ伏してしまいました。その光の筋の威力で、私は身動きができませんでした。ようやく顔を上げることができた時には、息子の姿はありませんでした。

主の聖徒たちの死は主の目に尊い。ああ、主よ。私はまことにあなたのしもべです。私は、あなたのしもべ、あなたのはしための子です。あなたは私のかせを解かれました。
詩篇116篇15〜16節

祈り：天のお父様、あなたは私に教えてくださいました。神様の子である私たちにとって、死とは、御国であなたに会うための"帰郷"にすぎないのだということを。このような確信を持つことができることに感謝いたします。"神秘"の向こうであなたが待っていてくださるという知識に感謝いたします。どうか私を帰郷の時に備えさせてください。あなたの愛と恵みのあかしとして、良い死に方ができますように。

考えてみましょう：赤ちゃんは生まれてくることについて、どのように感じていると思いますか？　それに対して、クリスチャンの死についてはどのようなことが言えますか？

9月17日
――子羊は語る――

　息子の姿はもうどこにも見えなくなっていましたが、子羊は私の方をじっと見つめながら身じろぎもせずに立っていました。その視線に耐えられないと思ったちょうどその時、子羊が口を開きました。
「落胆する必要はない」
　子羊は言いました。
「あなたの息子は私とともにいる。そして御父の時が来たならば、あなたもこの階段を上ってくるであろう。私はあなたが探している子羊――命の道である」
　私は目をそらすことができませんでした。私がこの時見ていたもの、見ていたいと思っていたもの――。それは目の前の輝かしい"ご存在"だけでした。ほかの事は一切考えることができませんでした。昼間だったのか夜だったのか、暑かったのか寒かったのか、空腹だったのかのどが渇いていたのか。そんなことはまったく意識に上らなかったのです。仮に意識し始めたとしても、すぐにそれを払いのけていたことでしょう。私が分かっていたことは、自分がこの時、神様の御前にいたということだけでした。それ以外のことはどうでもよく、この瞬間が永遠に続けばいいのにと思うばかりでした。
　ところが――これも恵みに違いないのですが――雲が立ち込めてきて山頂を覆いました。子羊の姿はかすんでいき、そして完全に見えなくなりました。私はすすり泣きました。その姿を再び見ようと、そちらの方へ歩いていこうとするのですが、どういうわけか体が動かないのです。そして睡魔も襲ってきます。必死になって眠気と戦いましたが、どうしてもそれには勝てませんでした。私は何が起こっているのか分からないまま、うつぶせに倒れて暗闇に吸い込まれていきました。

　どうか、御顔を私に隠さないでください。あなたのしもべを、怒って、押しのけないでください。あなたは私の助けです。私を見放さないでください。見捨てないでください。私の救いの神。
詩篇27篇9節

祈り：愛する主よ、私はあなたと顔と顔を合わせてお会いしたいと願う一方で、そんなことをすればこの世で生きていられなくなってしまうだろうと分かっています。哀れみ深きあなたは、私からご自身の存在をお隠しになり、いつかみもとに帰ることをおゆるしくださるその時まで、あなたに従うよう私にお命じになります。どうかその日まで忠実なしもべでいさせてください。

考えてみましょう：神様が今日あなたにご自身を現されたとしたら、どうなると思いますか？

9月18日
────独り────

どれくらいの間眠っていたのか、見当も付きませんでした。太陽が頭上高く照っていましたが、最後に意識があったのは夜だったのか昼だったのかも分かりません。あの時あそこで見たものは．．．ああ、そうです！　子羊の姿。そして私の息子。私は立ち上がって辺りを見回しました。私が立っている場所は山の頂上らしかったのですが、それは思い出せるどの山頂とも様子が違っていました。そこいら中に岩が転がっていて、日陰になった場所には雪がありました。山のもっと下の方を見てみると、四方に見渡す限りの景色が広がっていましたが、何一つ見覚えのあるものはありませんでした。

（石があったはずだ。平たい石の台が．．．そして息子の体もそこに．．．）

それから辺りをくまなく探しましたが、岩と雪以外何もありませんでした。すべては夢だったのでしょうか。私は何か妄想のようなものにとりつかれているのでしょうか。そうだとしたら、私はどうやってこの荒涼とした山頂まで登ってきたのでしょうか。それに息子は一体どこにいるのでしょう。息子はまだどこかで生きているのかもしれません。もしかすると、長い長い悪夢が、今ようやく終わったばかりなのかもしれません。

その時、視界の左端で、何か金属でできているらしい物に光が反射しました。歩いてそこまで行ってみると、それは剣だと分かりました。私の剣──息子にプレゼントしたあの剣に間違いありません。それを拾い上げようとした時、すぐそばに何か別の物が落ちているのに気が付きました。クーガーの歯の首飾り．．．。何が起こったのかは分かりませんでしたが、息子がどこかへ行ってしまったことだけは確かでした。一人で一体どうやってこの山を下りようか、この時私はそんなことしか考えられずにいました。

王は顔をおおい、大声で、「わが子アブシャロム。アブシャロムよ。わが子よ。わが子よ。」と叫んでいた。

サムエル記第二 19 章 4 節

祈り：天のお父様、あなたは私を山の頂上や谷間に連れていかれます。私が山頂から谷間へ、谷間から山頂へと移動できるのは、あなたの恵みのおかげです。けれども、苦難や悲しみの中にあるときには、あなたが私とともにおられることを忘れてしまうことがあります。主よ、そのようなときには、どうか私をその腕にしっかりと抱いてください。どうか私に語りかけてください。

考えてみましょう：人生において、なぜ悲しみはこんなにも大きな威力があるのだと思いますか？

9月19日
──まひした心──

　悲しみのさなかにある人は、理性的に考えたり行動したりできなくなるものです。それにしても私は何を悲しんでいたのでしょう。私は神の子羊のご臨在にあずかることができたのです！息子はもう神様とともにいて、しかも私自身もいつか神様のみもとに行ける日が来ると約束されたのです。このような啓示は私を喜びで満たして当然の出来事です。けれども、眠りから覚めてみると、そこには寂しい山の頂上と、自分の子どもが死んだという現実があるだけでした。今や自分のものとなった素晴らしい祝福とは裏腹に、私は否定しようにも否定できない心の中の悲しみに打ちひしがれそうになっていました。
　私は剣とクーガーの歯の首飾りのそばに座りました。私は息子や自分に対して、そしてこの数カ月間、自分の生活そのものとなった旅に対して深い悲しみを感じました。人生がこんなにも惨めなものとなった今、この先どうやって生きていけばいいのでしょう。生きていても、今すぐここで死んだとしても、何の違いもないように思えるのです。そんなことを考えながら、足元にある剣を見つめていると、ふいにおかしくもないのに笑い声を上げてしまいました。
　(たとえ私が、地獄にすむ何千もの悪魔の使いや、襲いかかってくる何万ものクーガーを殺したとしても、結局、最後に勝つのは死ではないか。私はそれに抵抗することができない。もう限界だ。友情も、夕焼けも、リジーのシチューも一体何の役に立つというのだ。人生に意味を見いだせなくなってしまったのなら、命に執着すべき理由がどこにあるというのだ)
　私はそのようなむなしい思考に苦しめられる時以外、ほとんど何も考えずにじっとしていました。そのうちに無意識に自衛本能が働いたのか、私はすべての思考を心から締め出し、ついには心臓の鼓動と呼吸の不随意運動だけが残りました。できることならば、それさえも止めてしまっていたことでしょう。しかし、そうするにも自分には十分な覚悟ができていないので、ただ座っているしかなかったのです。太陽は空を横切り、ついには地平線に沈んでいきました。風が雲をどこかへ追いやり、空は星であふれていましたが、それを眺めたという記憶はありません。すべてはむなしいばかりでした。

私の生きる日はいくばくもないのですか。それではやめてください。私にかまわないでください。私はわずかでも明るくなりたいのです。私が、再び帰らぬところ、やみと死の陰の地に行く前に。そこは暗やみのように真暗な地、死の陰があり、秩序がなく、光も暗やみのようです。

ヨブ記10章20〜22節

祈り：天のお父様、私のこれまでの人生において、悲しみのせいで喜びや希望、さらには生きたいと思う気持ちまでなくしてしまった時のことを覚えています。そのような時が長くは続かなかったことを喜びつつ、あなたをたたえます。暗闇の時から抜け出るまで、私とともにいてくださりありがとうございます。そのような時がまた来たならば、あなたは決して私から離れたり私を見捨てたりされないのだと思い出させてください。

考えてみましょう：悲しんでいる人を助けるために、どんなことができるでしょうか？

9月20日
——朝——

悲嘆に暮れているときでさえ、自分の体の面倒を見なければならない時が来ます。空腹、寒さ、具合の悪さなどは一定の時間、意識に上らないことがありますが、その間にも体は生きるための必要を満たそうとします。そして、その必要が満たせなくなった時に、はっとそれに気が付くことが多いのです。

そんな時がやって来たのは、間もなく夜が明けようとしていたころでした。気温が氷点下にまで下がっても、私は前日の朝から同じ場所にいました。血行が悪くなっている上にひどい寒さが重なって、体の筋肉はけいれんし、震えていました。栄養状態の悪さと食べ物の必要性は、腹痛となって自己主張をしています。このような症状をあと少しでも長く無視していられたら、私の体は生命活動をあきらめ、ショック状態を経てついには死が私を苦痛から解放してくれたはずです。けれども実際には、どこかにわずかな生気が残っていて死ぬことを許してくれませんでした。私は突然目まいに襲われ、肌に刺すような感覚を感じました。この時初めて、凍えるような寒さに気が付いたのです。立ち上がろうとしても、脚が言うことを聞いてくれません。血の巡りを良くしようと体をたたきながら、自分の手が加える痛みに、心なしか安心を覚えました。その痛みだけは、その時の私にも理解できたからです。

バックパックの中をまさぐってセーターを探していると、ドライフルーツに手が当たりました。その量は決して多くはありませんでしたが、私をわれに返らせるに十分でした。ずっとここにとどまることはできないのは分かっていました。どこに行こうか、どうやってそこまでたどり着こうか。そんなことは分からないし、どうでもいいとさえ思っていました。「とにかくどこか別の場所に行くんだ」と、私は自分に言い聞かせました。

そしてついに、自分の脚で体を支えて立つことができました。私は夢の中にでもいるように、剣と首飾りをバックパックに入れ、その口を閉じ、肩に背負いました。どちらの方角に向かうべきでしょうか。辺りはまだ暗かったとはいえ、すぐに日が昇るでしょう。結局、私はそこから一番近い斜面を通って山を下りることにしました。道があるかどうかは分かりませんでしたが、気にもしていませんでした。どこかに向かっている。ただそれだけでよかったのです。

あなたの死人は生き返り、私のなきがらはよみがえります。さめよ、喜び歌え。ちりに住む者よ。あなたの露は光の露。地は死者の霊を生き返らせます。

イザヤ書26章19節

祈り：主よ、私の本能の中に、生きようとする意志を組み込んでくださり、ありがとうございます。自分の感情が、肉体の基本的な必要を満たすことを拒否しようとするときでさえ、私の中には生きようとする力が働いています。そして危機が過ぎ去った時には、そのような意志のおかげで回復することができます。私に素晴らしい肉体を与えてくださったことを覚え、あなたの御名をほめたたえます。

考えてみましょう：何よりも精神的なケアが必要な状況にもかかわらず、肉体的な必要を満たさなければならなかったことがありますか？

9月21日
――谷間へ――

　日が昇るころには、森林限界線にたどり着きました。山の斜面を真っすぐに下りていったのですが、その歩みは平坦で、木にも岩にも邪魔されず、道らしきものも見当たりませんでした。そこまでは単に一番歩きやすいルートを通って下りてくれば良かったのですが、木々の茂った場所に差し掛かった今、次の木の左へ進もうか、それとも右へ行こうか、いちいち考えながら歩かなければならなくなりました。大まかな方向すら決めていなかったので、何か障害物があれば、一番簡単な方法でそれを越えて進むということにしました。

　歩き続ける動機を強いて挙げるとすれば、その山からできるだけ遠くに離れたいという思いでした。あの時あの山の頂上で、神様ご自身がそこにおられたという証拠を目の当たりにしたにもかかわらず、私の心は悲しい現実に押しつぶされそうでした。息子は死んでしまったのです。私は人生の目的も喜びも失い、立ち直れる見込みもありませんでした。この山で次々に遭遇した生き物たちは、どれも私や息子を傷つけようとしました。しかし、最後の子羊を除いては、どれも皆そのたくらみに失敗したのでした。この時、私の頭で理解できたことは――それが道理に合わないことだとは分かっていましたが――人の命を取り上げ、私を"もぬけの殻"にすることのできる唯一の子羊は、山頂にいたあの子羊だという事実でした。

　私はこの時、かつてC・S・ルイスが悲しみのあまり書いた言葉を思い出していました。「自分が神を信じなくなったというよりはむしろ、神には"ひどい"一面があるということが分かってきたということだ」

　あの山の上で、神様が私たちに会いに来られたということは、疑う余地はありません。神様が絶対的な力と権威を持っておられることも確かでした。にもかかわらず、歴然としていたのは、息子は死に、そして神様は息子を助けることができたにもかかわらず、あえてそうされなかったということです。

　私は、この暗闇と苦しみの場所を離れようと固く決心したものの、自分がどこに向かっているのか分からないまま、何度も転びそうになりながら山の斜面を下りていきました。たぶん明日になれば、今日の痛切な思いを言葉で言い表すことができるでしょう。けれども今は、必死に歩くだけで精いっぱいなのです。

私のはらわた、私のはらわた。私は痛み苦しむ。私の心臓の壁よ。私の心は高鳴り、私はもう、黙っていられない。私のたましいよ。おまえが角笛の音と、戦いの雄たけびを聞くからだ。

エレミア書4章19節

祈り：天のお父様、あなたは私の心の隅々までご存知ですから、あなたに隠し立てしようなどとは思いません。私が言葉にしなくても、悲しみに暮れる私の恐れや疑念、そして怒りまでも、あなたはご存知のことでしょう。このような思いを、つい、罪深き反抗に発展させてしまう私をどうかおゆるしください。私がそのような思いを率直にあなたにお話しするとき、あなたのご用意された道について理解を深めさせてください。あるいは、その道を信仰によって受け入れることができるようにしてください。

考えてみましょう：神様に対して怒りを感じるのは罪だと思いますか？

9月22日
——神様を責める——

　森の中を進むにつれて、私の足取りは頼りなく、遅々としたものとなっていきました。森が徐々に深くなっていき、動き回るのを困難にしていたのです。ついに私は剣を取り出し、それを"なた"のように振り回しながら下生えの中を進むことにしました。疲労は怒りに変わり、下生えをたたき切るたびに悪態が口をついて出ました。
（自分は一体何をしているんだ？　神様はなぜ私をこんな所にまで来させて、こんなにも惨めな状態におとしめるのだろう？　こんな旅をさせてくれと頼んだ覚えも、息子を呼んだ覚えもない。なぜ息子は死ななければならなかったんだ？　神様にはそれを防ぐことができたはずだ。神様ならいとも簡単に．．．）
　その直後に剣を振り回した時、それは枝にかすりもせずに私の反対の腕に当たりました。とっさに剣を放り投げ、また悪態をつきながら右手で傷をつかみました。よく見てみると、大事には至らず、軽い傷で済んだことが分かりました。私はシャツの一部を引きちぎり、しっかりと左腕に当てました。血が止まったようなので、それを包帯のように巻き付け、自分の行動を振り返ってみました。傷そのものよりも重大に思えたのは、その直接の原因が自分の怒りであるということでした。山頂で子羊たちに出会った時のことをいとも簡単に忘れてしまうとは。八つ当たりしても自分が傷つくだけなのに。
　ならば、私はどうするべきなのでしょうか。怒りをあらわにすることで苦悩がなくならないのなら、自分自身を怒りの原因から切り離すしかありません。どうやら神様を"手放す"しかなさそうです。

彼は心の中で言う。「神は忘れている。顔を隠している。彼は決して見はしないのだ。」主よ。立ち上がってください。神よ。御手を上げてください。どうか、貧しい者を、忘れないでください。

詩篇10章11〜12節

祈り：主よ、私たちは、愚かにもあなたを拒む決心をすることによって、どれほどあなたを悲しませていることでしょう。私たちは、苦しまなければならない理由が分からずに、それをあなたのせいにしようとします。どうか私たちの無知をゆるして哀れんでください。私たちの信仰の"物差し"となるものを教えてください。そして、あなたのみそばに近づくために、それを用いることができるよう助けてください。

考えてみましょう：愛する人に八つ当たりして、後で後悔したことは何回くらいありますか？

9月23日
──空っぽな心──

　神様と二度とかかわらないようにするのは、思ったより難しいことでした。私という存在そのものから、既に欠くことのできない部分となったものをどうして取り除いて捨てることができましょうか。神様を信じるようになった日以来、神様は私の生活の一部となり、私は以前とはまったく違う者に変えられました。知り合って何年もたつ友達との付き合いが楽しくなくなり、私の話し方や、態度、倫理観も変わっていきました。そればかりか、自宅に居る時でさえ、家族から"よそ者"を見るような目で見られるようになりました。悪者扱いされることはなかったとはいえ、「価値観の違う人になってしまった」と思われていたようです。私は、このような変化はすべて、神様が自分の生活の一部となってくださった結果だと信じていました。

　しかし今、私はそのような神様の存在など捨ててしまいたいと思っていました。私がつらい思いをしているのも、神様のせいだったのですから。息子が死んだ直接の原因が神様であれ、何かほかのものであれ、息子を癒されなかった神様を非難したい気持ちがあったのです。私はそのような感情を神様にぶつけるようになっていました。

「あなたのなさったことに納得がいきません！」
　私は叫ぶのでした。
「こんな旅はもうこりごりです。元の自分に戻りたいです」

　しかし、そんなふうに大声で"宣言"する時でさえ、神様との距離が遠くなったと感じることはありませんでした。神様を自分から切り離すことは、親指からささくれを取るようには簡単にいきませんでした。神様は、かつて約束された通り私の心の中に宿られ、何が何でも出ていくつもりはないようでした。

　神様を切り離すことができないのなら、神様のことを無視してみようと思いました。
（神様が心を"すみか"とするのなら、もう二度と自分の心をのぞき込むことはやめよう。神様がそこに住み着くつもりなら、それでもいい。私は"心のない者"として生きていく。喜びを感じるために心が必要なのであれば、これからは喜びを求めないようにしよう。思いやり、ゆるし、情熱、希望．．．．神様を切り離すためなら、すべてを拒絶したっていいんだ）

　私は腰を下ろして、この新しい"生き方"についてじっくり考えてみました。そして、そのような信条を貫き通すのは労力を要することだと気が付きました。しかしその時既に、私の絶望感は小さくなりつつありました。悲しみは、それを感じるための心がなければ存在しないも同然です。心がなければ悲しみもないことになり、これからも私は生きていくことができるでしょう。

　主ご自身がこう言われるのです。「わたしは決してあなたを離れず、また、あなたを捨てない。
　　　　　　　　　　　　　　　　　　　　　　　　　ヘブル人への手紙13章5節

祈り：私たちの心があなたから離れてしまうときでさえ、あなたは私たちを見捨てずにいてくださいます。どうか横道にそれてしまう私をおゆるしくださり、あなたのみそばへ連れ戻してください。

考えてみましょう：愛するための心を持たずに人は生きていけるでしょうか？

9月24日
――最初の試練――

　これからはどんな感情も殺して生きていこうと決めた私は、早速それを実践し始めました。そして、悲しみや後悔の念に駆られそうになるたびに、こう叫ぶのでした。
「駄目だ、駄目だ！　こんな愚か者の感情に負けてたまるものか！」
　そして下生えをかき分けながら、それがあたかも憎らしい敵でもあるかのようにたたき切って進むのでした。夜になると、薪を積み上げて火をおこし、立ち上る炎を見ながら声を上げて笑っていました。私はその時、薪を自分の心に見立てて、それまでの自分が焼き尽くされていくところを想像していたのです。
「もう私のことを"友達"だなんて呼ばないでくれよ」
　私は火柱に向かって言いました。
「私は誰の友達でもない。私の人生は私だけのもの。誰とも分かち合いたくなんかない。そんなことをしたって、また大事なものをなくすだけなんだから」
　夜が明けるころには、薪も心の中の炎も燃え尽きていました。私は疲れた体を横たえて、ずっと眠れずにいました。安らぎがなければ平穏な気持ちでいられず、平穏な気持ちでいられなければ眠ることができないのです。ついに私は起き上がって歩きだしました。いまだ目的も方向性もありませんでしたから、ただ自分の足に引っ張られるように、山から離れて下り坂をどんどん進むだけでした。日中を歩き通し、夕方近くになると、私は眼下に大きな谷を見下ろす丘の中腹に立っていました。草地の至る所からたき火の煙が上がり、人々の歌う声が聞こえてきます。それはランデブーでした。
　たき火の傍らで身をかがめてシチューをかき混ぜながら、子どもたちに話をして聞かせているリジーの姿が目に浮かびます。金属同士がぶつかり合う音も聞こえてきました。誰かが剣の練習をしているのでしょう。ラルフが新参者を教えているに違いありません。私は空腹を感じ、無意識にランデブーに体を傾けると、とっさに自分の決心について思い出しました。彼らは絶対に私を理解してはくれないでしょう。それどころか、私の心の中の消えてしまった炎を再び燃え上がらせようとするでしょう。ならば同じような苦悩に逆戻りしてしまいます。
　私は草地に背を向け、ランデブーを避けて山の斜面を進み続けました。ランデブーから響いてくる音は、すぐに夜の闇に吸い込まれて聞こえなくなりました。私は本当に独りぼっちでした。

　ある人々のように、いっしょに集まることをやめたりしないで、かえって励まし合い、かの日が近づいているのを見て、ますますそうしようではありませんか。
ヘブル人への手紙10章25節

祈り：天のお父様、喜びと苦悩は、なぜ心の中の同じ場所に存在するのでしょうか。こんなにも移ろいやすく、コントロールすることが不可能な感情を抱えながら、生きていくのは容易ではありません。愛する天のお父様、私には自分の心をあなたにささげることしかできません。あなたの愛と恵みによって、私の心から不必要なものを取り除き、必要なものだけを残してください。

考えてみましょう：怒りと喜びは、互いに密接につながった感情であるという考えについてどう思いますか？

9月25日
——沼地——

　暗闇の中、四苦八苦しながら何時間も歩き続けました。ランデブーを避けて通らなければならなかった私は、薪を集めに来た誰かに見つからないよう、そこからできるだけ遠くに離れる必要がありました。山道はどこか左側の方にあるらしかったのですが、あえて右側を向き、草地からさらに離れて森の中に続く下り坂を進みました。星の光は、前方の木々の形がかろうじて分かる程度の明るさにすぎず、歩くのが容易になるほど足元を照らしてはくれません。何度もつまずいて転びましたが、それでも歩き続けました。誰かに見つかるかもしれないという恐れがそうさせていたのかもしれませんし、むなしい心がそうさせていたのかもしれません。いずれにせよ、私はこの時、自分に襲いかかってくる苦痛と疲労を拒絶しなければならなかったのです。

　もうこれ以上歩けないと思った時、夜中の十二時ごろではなかったかと思います。地面がだんだん軟らかくなり、何度か水たまりを踏んでしまったせいで足がびしょぬれでした。私は何度も顔面から転び、最後に転んだ時そのまま起き上がらず、セーターを頭にかぶって目を閉じました。

　次に気が付いてみると、もう昼になっていて、私は泥んこの水たまりに足を突っ込んだまま地面に横たわっていました。背負ったままのバックパックが、夜の寒さをしのぐのに多少役に立ったようでした。手や腕は虫刺されのあとだらけで、音から判断して"順番待ち"の蚊がまだまだいるようでした。

　私はバックパックを放り投げ、辺りを見回しました。森はやはり暗くうっそうとしていましたが、私はこの時、山道に沿った部分でよく見かけた常緑樹ではなく、イトスギの木々に囲まれていました。その根は、つま先立ちするように水の上に出ています。私が眠っていた場所は、辺りを見た限りでは一番広い乾いた地面でした。それ以外はすべて沼地だったのです。

畑に種を蒔き、ぶどう畑を作り、豊かな実りを得る。主が祝福されると、彼らは大いにふえ、主はその家畜を減らされない。彼らが、しいたげとわざわいと悲しみによって、数が減り、またうなだれるとき、主は君主たちをさげすみ、道なき荒れ地に彼らをさまよわせる。しかし、貧しい者を悩みから高く上げ、その一族を羊の群れのようにされる。

詩篇107篇37〜41節

祈り：主よ、私は、自分で道を選んだ結果、谷間を歩かざるを得ないことがあまりに多過ぎます。どうか、私が反抗的になって、あなたが私のために用意してくださった道を離れてしまうときもおゆるしください。そして、自分よりも高いあの平地に戻ることができるよう導いてください。私を再びあなたの愛に満ちたご臨在へと連れ戻してください。

考えてみましょう：あなたの人生における困難な時期を振り返ってみてください。あなた自身の選択によって防げることができたのは、それらのうちどれくらいあったと思いますか？

9月26日
——定住——

「ここなら誰にも見つからないだろう」
　私は四方を見回し、イトスギの茂る沼地のほかは何もないことを確かめながら、独り言を言いました。独りでいたい私にとって、ここは完ぺきな場所でした。誰かが通りかかって私の名前や目的地を尋ねたりするなど、まずあり得ないでしょう。私がこの寂しい場所に住み着いたからといって、誰に迷惑がかかるでしょうか。誰がどこで何をしていようと、そんなことは知る必要も気にする必要もなく、ここで心を空っぽにして生きていけそうな気がしました。
（これが私の"世界"となるのだ）
　ここでの生活はいつまで続くのでしょう。いつかこの場所を離れようと決心する時が来るのでしょうか。分かりません。ともかく、それは私自身が決めることです。これからは自分の進む道は自分で決めます。私は自分の運命の決定者であり、この"世界"の支配者なのですから。
　いずれにせよ、何か雨風をしのぐものが必要だったので、私は枯れた木の枝やつるを集めて差し掛け小屋を作りました。大したものではありませんでしたが、私には大したものなど必要ないのです。もはや快適さも喜びも求めてはいませんでしたから。私はただ、他人の期待に沿うよう努力することを放棄し、神様であろうと誰であろうと自分以外の存在に一切の義務を負わされることなく、独りで生きたかったのです。
　小屋を作る作業で疲れたので、中で少し横になることにしました。屋根のすき間からは青空が見え、太陽がどこかで照っていることを意味していました。すぐに継ぎを当てなければなりません。沼地の外の"普通の生活"を思い出させるものはすべて、ここにとどまる決心を揺るがしかねない存在でした。私は今も、そしてこれからもずっと、"生ける者の土地"に戻りたくありません。生きることは、苦痛や恐れ、落胆、傷心を意味しています。私の惨めな人生の残りは、むなしさを求めることにささげましょう。そうすることでしか生きられない。私はこの時そう思っていたのです。

　エルサレムでの王、ダビデの子、伝道者のことば。空の空。伝道者は言う。空の空。すべては空。
伝道者の書1章1〜2節

祈り：主よ、伝道者の書の教師でさえも、むなしい絶望感を味わいました。あなたは、彼を知恵と理解へと導かれました。どうかこの私を平安の場所——あなたのご目的とご計画に身を任せることができる場所——へと導いてください。

考えてみましょう：人生に目的があることは、どれほど大切なことだと思いますか？

9月27日
——食べ物——

　私は眠ったり、暗い沼地をぼんやりと見つめたりしながら過ごしました。ついに起き上がった時、何時ごろだったのか見当も付かないのですが、目まいがしてその場にうずくまってしまいました。翌朝には、何が問題なのか分かりました。体が食べ物を必要としていたのです。それに気が付いた時、私は嫌悪感に襲われました。私はこれから、"普通"の生活を意味するものすべてを拒絶しながら生きていくのです。喜びや友情、快適さなどを求めてはいけないのです。私は、この粗末な小屋にも、横になった時に背中に当たる木の根っこにも、ある種の誇りを感じていました。
　しかし私は、そんなふうに誇りに思う気持ちにさえ怒りを感じたのでした。何かを作り上げ、それを何かの目的に利用する。それもやはり喜びの元ではないのか、と考えたのです。そして、生きていくためには常に何かしらしなければならないことがあるという結論に至った私は、それを最小限にとどめようと努めていました。そこに突然やって来たのが、空腹の自覚でした。山の頂上でドライフルーツを少し食べたのを最後に、少なくとも二日間は何も食べていなかったので体が不平を漏らしていたのです。
　バックパックの中を探してみても、油や小麦粉、塩などの調味料しか残っていませんでした。ここからは自給自足しなければなりません。この日見かけた生き物といえば、何匹かの蛇と、ウサギほどの大きさの沼ネズミだけでした。嫌悪感を感じつつも、私は惨めな生活がしたいのだと自分に言い聞かせました。ならば、こんないい話はありません。ネズミは数が多く、人に追いかけられることにも慣れていません。実際、水の中まで追いかけていけば、いとも簡単に捕まえることができました。たき火の上で三匹のネズミの死骸（しがい）を焼くまでに、さほど時間はかかりませんでした。
　努めてリジーのシチューと比べないようにしながら、ネズミの肉を裂き、黙ってそれを食べました。「完ぺきだ」と思いました。私のやせ細った体が食べ物を要求するなら、食べさせてやろうではありませんか。
　「ネズミは気に入ったかい？」
　私は大声でそう言い、自分の冗談に笑いました。
　「不平を言い続けるがいいさ。今度は蛇を食わせてやるからな！」

私はいのちをいといます。私はいつまでも生きたくありません。私にかまわないでください。私の日々はむなしいものです。
ヨブ記 7 章 16 節

祈り：あなたが私に与えようとしておられるのは、苦しみではなく喜びであるということは分かっています。絶望するのではなく、あなたがもっと良いものをご用意してくださっていると信じつつ、苦難に立ち向かうすべを教えてください。今日どのように生きるべきなのか教えてください。

考えてみましょう：神様は、私たちが苦しむのを見て喜んでいると思いますか？　喜んでいないのならば、なぜ助けてくださらないのでしょうか？

9月28日
——通りすがりの捕食者——

　今朝は、近くで水の跳ねる音がして目が覚めました。片ひじをついて体を起こし、小屋の外をのぞいてみると、ほんの何歩か離れた水際にワニが横たわっていました。ワニは、前の晩に私が捨てたネズミの内臓を見つけ、それを朝食にしていたのでした。
（どんなものでも誰かにとっては役に立つんだな）
　私は食べ物の選択において落ちるところまで落ちたつもりでいましたが、そんな私が食べ残したものでさえ、ワニはむしろ喜んで食べていたのです。
　私は小屋から出て立ち上がりました。ワニは、そうすれば自分の姿を消すことができるとでも思っているのか、凍りついたように体の動きを止めました。その目がほんのわずかに動きました。私の"品定め"をしているのでしょう。しかしすぐに、「駄目だ、大き過ぎる」とでも思ったのか、沼地の中に戻っていきました。
　食うか食われるか——。それは単に、大きさと力によって決まります。他の指と向かい合わせにできる親指（霊長類の特徴の一つ）と、物をつかむためにそれを上手に使うための脳の働き以外、人間には何ら特別な点などないのです。ワニがあとほんの少しでも近づいてきたら、私のものになっていたかもしれません。それと同じくらいの確率で、足の踏み場を間違えた私がワニの餌になっていたかもしれません。
　人間はほかの生き物とは違う特別な存在だと考えるべきでしょうか。理科の教科書にも書いてありました。人間の祖先はネズミほどの大きさで、何百万年もの間、恐竜から隠れて生活していました。幸運と偶然が重なって、私は今ここに、自然界の頂点に立つ存在、宇宙の支配者として立っています。そして私のこのような地位は、宇宙が"反撃"に出て、私を元の粘液に戻してしまうまで安泰なのです。
（ほら、そんなに難しいことじゃない）
　私はそんなふうに思いながら、火をおこしてもう一度ネズミを焼きました。神様を抜きにして考えると、すべてがまったく正しく思われるのでした。すべては偶然の産物にすぎません。それ以上の説明を求める必要はないのです。

神は、その種類にしたがって野の獣、その種類にしたがって家畜、その種類にしたがって地のすべてのはうものを造られた。神は見て、それをよしとされた。

創世記1章25節

祈り：主よ、今日、私が窓の外を見る時、あなたがお造りになった世界の素晴らしさを見させてください。そこにあなたの御手のみわざを見て取ることができるよう助けてください。あなたがどのようにしてこの世をお造りになったのか、あらためて教えてください。私は今日も驚きに目を見開き、あなたをほめたたえます。

考えてみましょう：すべての生き物は創造主によって造られたのではなく、偶然の産物であると結論づけることが、ある人にとっては慰めになるのはどうしてだと思いますか？　その方が創造主に向き合わなければならない可能性が低いからでしょうか？

9月29日
―熱―

　昨夜は眠った覚えがありません。横目で私をにらみつけながらネズミに食らいついているワニ...。蛇が足に絡みついて歩くことも動くこともできずにいる自分...。つかみどころのない幻から逃れようとする私の上で、星がぐるぐると回っていました。
　ついに目を開いた時、まだ空は回っていました。額から玉のような汗が噴き出し、体の震えが止まりませんでした。小屋から足がはみ出た状態で横たわり、降りしきる雨にひざから下がびしょぬれになっていました。沼地の水を飲む前に沸かすべきだったのです。
（何とかしなければ）
　錯乱状態に陥りながらも私はそう思っていました。けれども私に一体何ができるというのでしょう。私はとりあえず、小屋の中に全身を押し込もうと試みました。しかし、うっかり寝袋をけってしまい、余計に足がむき出しになりました。この時に体を動かしたせいで疲れてしまい、いつの間にか眠ってしまいました。次に外を見た時には暗くなっていました。
（ついさっきまで朝だと思ったのに）
　相変わらず雨が降っていました。もう汗はかいていませんでしたが、体は熱っぽく、のどもからからに渇いていました。その時、水がしたたり落ちる音に気が付きました。左の方に目をやると、顔のすぐ横にポタポタと雨水が落ちてくるのが見えました。屋根に継ぎ当てをしようと思いながら、ついつい先延ばしにしていたのが良かったのです。私は苦心の末、水が頭に落ちてくる位置まで体をずらし、それから頭を持ち上げて滴を口に入れました。少し気分が良くなりました。ポケットの中に手を突っ込んでハンカチを取り出し、それを雨水でぬらして額に乗せてから、滴の当たらない位置に体を戻しました。
　不幸を求めていた私にとって、この時の状態はまさに理想的でした。熱で関節が痛み、体が食べ物を求めて悲鳴を上げ、外側からは雨で、内側からは汗で、びしょぬれになった寝袋が"死骸（しがい）"のように体に張り付いていました。
（おめでとう！）
　私は心の中で自分に言いました。
（もうすぐ死ねそうだね！）

もし、私が罪ある者とされるのなら、ああ、悲しいことです。私は、正しくても、私の頭をもたげることはできません。自分の恥に飽き飽きし、私の悩みを見ていますから。
ヨブ記10章15節

祈り：天のお父様、私は病気になった時、いかに体力や健康を維持するために、あなたを必要としているか気付かされます。健やかな時にあなたをほめたたえます。病める時にあなたをほめたたえます。苦難を通して、私はもっともっとあなたを信頼するようになるでしょう。

考えてみましょう：自分ではどうすることもできないほど具合が悪くなったことがありますか？その時どうしましたか？

9月30日
──たき火──

　早くも次の日の夜になろうとしていました。私はといえば、何度か高熱がやって来ては去り、この時は寒けがしていました。雨はやんでいましたが、小屋の屋根をはじめ至る所から水がしたたり落ちていました。低温症になってしまう恐れがあったので、火をたく必要がありました。すぐそばに薪が積んであったのですが、ぬれていたので火をつけるのに苦労しそうでした。
　私は、はうようにして薪を集めて回り、いつもたき火をしている場所にそれを並べました。それから、数本のマッチを取り出したのはいいのですが、薪に火をつけるにはその下に何か乾いた物を差し込む必要がありました。何か使える物はないかとバックパックの中をまさぐっていると、紙切れが見つかりました。それを取り出してちぎり始めてから、初めてそれが何であるか気が付きました。それは私の旅行日記でした。
　少しためらいましたが、最初のページを破って薪の下に差し込むことにしました。そこに書かれた言葉が目に留まったので、手を止めて薄明かりの中でそれを読み始めました。
　「．．．いよいよ旅が始まりました。防水布のにおいが心地良く感じられ．．．」
　私は読み進みました。ページをめくると、第一日目の日記の最後の部分が目に入りました。
　「．．．今、自分の周りには新しいにおいと音があふれています。バックパックのストラップに体を前へ前へと押し付けながら進む私に、もう後ろを振り返る必要はないのです．．．」
　けれども私は今まさに後ろを振り返っていました。新たな希望や発見に胸躍らせていたころのことを思い出し、過去の挑戦に思いを巡らしています。あのころは楽なことばかりではありませんでしたが、何とか一日をやり過ごし、後になってそれを振り返るのが楽しみでもありました。それなのに今の私は何をやっているのでしょう。寒さに震え、ずぶぬれになった体を横たえ、熱にうなされ、この沼地で独り寂しく死んでいこうとしています。でもどうしてこんなことになってしまったのでしょう。それは、私がこの瞬間もまだ、自分の世界が崩れ去った時のことを振り返っていたからです。
　過去を振り返るのか、それとも忘れ去るのか。昨日の喜びや悲しみに、今日の行き先を委ねてしまうのか。私はその問いの答えが分からずにいました。ひょっとすると、この旅行日記とともに過去を葬り去る必要があるのかもしれません。手に握っていたページを薪の下に差し込み、マッチを擦ってその紙に近づけると、それまで見えていなかった言葉が照らし出されました。
　「．．．去年のことは去年のこと。過去．．．ゆるし．．．忘れ去られ．．．」
　これら三つの言葉には、私をためらわせる何かがありました。私はマッチを吹き消し、それについて考えてみました。

昔の日々を思い出し、代々の年を思え。あなたの父に問え。彼はあなたに告げ知らせよう。長老たちに問え。彼らはあなたに話してくれよう。

申命記32章7節

祈り：天のお父様、過去を振り返ることのないよう私を守ってください。過去の過ちや悲しみを思い出してしまうときは、あなたの御国での私の未来のことを考えさせてください。過去から学びつつも、それにとらわれてしまうことのないよう、どうか助けてください。

考えてみましょう：あなたの生活において伝統を守るのは大切なことですか？　それは良いことだと思いますか？

10月1日
──火に照らされて──

　雨降りの寒い夜に、ぬれた寝袋の中に横たわり、高熱で思考もはっきりしない今、赤々と燃えるたき火ほどありがたいものはありませんでした。その熱によって私の体は、しんまで温められ、だんだん乾いてきました。この時まだ具合が悪かったのですが、調理用油をたっぷり使って火をおこすことができました。それでお湯を沸かし、油と塩と、残り物の肉とで質素なスープを作りました。こんなにまずい物は食べたことがないと思うような代物でしたが、その温かさと栄養によって私の体は徐々に回復し始めたようでした。
　たき火の明かりの中、自分の旅行日記のページをめくりました。読んでいくうちに、あらためて自分が捨ててしまった道について考えさせられました。危険、喜び、旅には付き物のハプニング。そしてチャーリーの知恵、ジョナサンの勇気、ラルフのユーモア．．．。私は本当に、すべてを捨て、二度と同じような経験をしたくないのでしょうか。
　楽しい思い出だけを残して、クーガーや"邪悪の化身"、砂漠、息子の死といった、つらい思い出を過去に封じ込めることができたらどんなにいいでしょう．．．。しかし実際には、息子について私が味わった苦悩を拒絶することで、息子との楽しい思い出も否定してしまうことになるのは分かっています。果たしてそんなことができるでしょうか。なぜ、すべての経験は、いい面と悪い面が表裏一体なのでしょうか。笑いと涙、渇きと充足、恐れと勝利．．．。すべては"対"になっていて、どちらか片方だけでは成り立たないような気がするのです。私はすべてを否定し拒絶することで、私を悩ませる感情をすべて心から締め出してしまうことが一番の解決法だと思っていました。しかしその結果、私はこんな場所で、一体何をしているのでしょう。何も感じないようにしながら生きていこうとすると、必然的にこんなふうになってしまうのでしょうか。
　私は本当にそうしたければ、すべてを拒絶することもできたはずです。しかし実際には、私は体調を崩し、空腹を抱え、寒さと孤独に震えていました。この時また熱が上がってきたように感じたので、横になって目を閉じました。そして眠りに吸い込まれそうになりながら、一言こうつぶやいたのでした。
「主よ．．．」

天の下では、何事にも定まった時期があり、すべての営みには時がある。生まれるのに時があり、死ぬのに時がある。植えるのに時があり、植えた物を引き抜くのに時がある。殺すのに時があり、いやすのに時がある。くずすのに時があり、建てるのに時がある。
伝道者の書3章1～3節

祈り：天のお父様、どうか私に、楽しい事だけでなくつらい事も受け入れるすべを教えてください。私は、これらすべての事柄を通して、あなたがお造りになった本来の私になることができます。苦しみの中にある私を慰め、試みに遭わせず、あなたの恵みによって癒してください。

考えてみましょう：今までに一日も苦しい日がなかったら、あなたの人生は一体どんなふうになっていると思いますか？

10月2日
――聞き入れられた祈り――

　熱っぽい体が要求するままに眠りに吸い込まれる瞬間、私は「主よ」とつぶやきながら、ある一つの真実を心に刻み込んだのでした。それはつまり、そのような"最も単純な祈り"は得てして最も奥深いものであるということです。私は暗闇に包まれたかと思うと、次の瞬間にはあの山の頂上に立っていました。夢の中とはいえ、あの場所や、あの場所に置き去りにしてきた苦悩にかかわりたくなかったので、私は思いきり抵抗しました。
「嫌だ！　嫌なんだ！」
　私は暗闇に向かって叫びました。
「行きたくない！」
　一筋の光が山頂を照らし、その焼けるような熱さが真っすぐ私の心に伝わりました。光の中から、聞き慣れた声が聞こえてきました。
「私を"主"と呼ぶのか」
「は、はい、私はあなたを主と呼ぶべきです」
「なぜだ」
「そ、それは、私は"自分自身の弟子"ではなく、あなたの弟子だからです」
「なぜそう思うのだ」
「それは．．．あなたが私の罪を、御子の血によってあがなってくださったからです」
「では、なぜおまえは"自分自身の弟子"であるかのごとく生きようとするのだ」
　その言葉はあまりにも核心をついていたので、私は何も答えることができませんでした。私が黙って地面にひれ伏していると、その声はこう言いました。
「おまえは、私よりも良い主人になれると思っていたのか」
「いいえ！　いやその、はい、思っていました。でもそれは間違っていました。ゆるしてください．．．どうかゆるしてください．．．」
　気が付くと私は小屋で寝ていました。昼間でした。そして、太陽がまぶしかった．．．はずなのですが．．．。そこに見たものは、日の光を遮るようにして小屋の入り口に立つ男の姿でした。
「あなたは．．．あ、あなたは．．．キリストですか？」
「いや、そうじゃない。でもその様子じゃあ、君も"彼"に会ったようだな」

　なぜ、わたしを『主よ、主よ。』と呼びながら、わたしの言うことを行なわないのですか。わたしのもとに来て、わたしのことばを聞き、それを行なう人たちがどんな人に似ているか、あなたがたに示しましょう。

ルカの福音書6章46〜47節

祈り：主よ、弟子でいることに伴う犠牲について教えてください。成熟に至る道は、苦労なしに進むことはできないのだと悟ることができますように。私がつまずいてしまったときには、どうか哀れんでください。

考えてみましょう：神様に"属する"とはどういう意味だと思いますか？

10月3日
――遣わされた男――

　マッカラン牧師は、立てひざをして座り、私の額に手を当てました。
「どこかでばい菌に感染してしまったようだな。たき火にもう少し薪をくべてから、私のかばんの中に何か役に立つ物がないか見てみよう」
「牧師先生」
　私は口を開きました。それがマッカラン牧師ではなく本当にキリストだったら、私は驚いて腰を抜かしていたでしょう。
「どうしてここが分かったのですか?」
「もうそろそろ下りてくるころだろうと思って様子を見に山へ向かった。ところが途中で神様の声が聞こえて、こっちの方向に来るように言われたんだ」
　彼は声を上げて笑い、こう続けました。
「やれやれ、君の"信仰の歩み"といったら! 私はずっと考えていた。こっちの方向に来たって、厄介事以外何も見つからないだろう、ってね」
　彼がクンクンと鼻を鳴らしました。私は自分の体が放つ悪臭に身の縮む思いでした。
「それにしても．．．」
　彼は言いました。
「薪を集めておくとは、君も用意がいいじゃないか。もっと燃やしてもいいかな」
「牧師先生」
　私は言葉を探しながら言いました。
「戻りたくなかったんです。実は今でも、戻りたいかどうか自分でもよく分からないんです。ただもう、何ていうか．．．」
　私は突然すすり泣き、ぬれた寝袋で顔を隠そうとしました。マッカラン牧師は、私の後頭部に手を当てて、黙って座っていました。少したってから、私は何とか声を振り絞ってこう言いました。
「つらくてどうしようもないんです!」
「分かるよ」
　彼は言いました。
「焦らずに一つ一つ乗り越えていけばいい。君はまず、体をきれいにして乾かさないとな。その後、私が何か食事を作るよ。材料は私のを使わせてもらうけどね」
　彼は、たき火の近くに山積みになった動物の骨を見ながら、顔をしかめて言いました。
「それからゆっくり話でもしよう」
　そのうちに私はまた眠ってしまいました。この日はずっと、暖かい霧の中に居るような感じでした。小屋の外ではマッカラン牧師が何やら作業をしていましたが、彼の立てる音が聞こえなかったら、寝たきりの私はもっと不安だったに違いありません。彼は口笛を吹いていました。賛美歌だったと思います。それは私にとって何よりも素晴らしい音楽でした。

主がその民の傷を包み、その打たれた傷をいやされる日に、月の光は日の光のようになり、日の光は七倍になって、七つの日の光のようになる。

イザヤ書30章26節

祈り:神様、あなたの御名をほめたたえます。あなたは傷ついている私の元に、忠実なしもべを遣わしてくださいます。私を祝福してくださる間にも、彼らを祝福してください。

考えてみましょう:もしも神様が、あなたをひどい場所に遣わして、そこで誰もやりたがらないような仕事を与えられたら、どんなふうに感じますか?

10月4日
——回復——

　太陽の光がまぶしくて目が覚めました。マッカラン牧師が光を遮っていなかったからです。見ると彼は、たき火のそばにしゃがんで、鍋の中身をかき混ぜていました。
「どうやら、うたた寝してしまったようです」
　私は弱々しい声で言いました。
「そのようだな！」
　彼は笑い声で言いました。
「最後に君と話したのは昨日の朝だよ！」
　私は起き上がろうとしたのですが、ひどい目まいがして再び横になりました。
「き、昨日？　ついさっきまで、牧師先生はたき火に薪をくべていて．．．それから．．．」
「それから、スープを作って、君が完全に意識を失ってしまう前に二さじほど口に入れさせてもらったよ。乾いた服に着替えさせて、君の寝袋が乾くまでの間、私の寝袋に入っていてもらったんだ。昨晩はよく眠れなかったようだが、熱は引いたみたいだ。どうだい、もう少しスープを飲まないか？」
　私はあっけにとられてしまいました。そんなにもたくさんのことがあったと聞かされても、私には何一つ覚えがなかったのです。
「牧師先生、そ、その．．．何と言ったらいいのか．．．」
「今はただ、"はい"と言ってスープを飲めばいいんだ。味についての感想は後で聞かせてくれ。それから語り合おう。君が話したい内容を、話したいだけ話してくれればいい。でも、君に健康を取り戻してもらうのが先だよ」
　おいしいスープでした。材料に何を使ったのか聞いてみると、彼はこう答えました。
「ナマズだよ。この沼地にたくさんいるんだ。捕まえるのにはそれなりの道具が必要なんだ。君がどうやってネズミを捕まえていたのかは、聞こうとも思わないがね」
　夕方近くには、私の体は立って歩けるほど回復していました。私たちの"キャンプ"の手入れは完ぺきでした。私の小屋は添え木で補強され、屋根には防水シートが掛けられました。たき火の傍らには薪が積み上げられ、地面には新しい炊事用の"くぼみ"が掘られ、そこに敷き詰めた炭の上では大きなナマズの切り身が焼かれていました。そのにおいの良さには驚きました。私はマッカラン牧師の隣に腰を下ろすと、突然、罪悪感が込み上げてきました。
「私なんかのために来てもらわなくて良かったんです」
　私は言いました。
「私はランデブーのそばを通ったのに、わざとみんなのことを避けてここに来たんです。誰とも会いたくなかったんです。牧師先生とも会いたくないと思っていた。私なんか放っておけば良かったんです」

　息子は言った。『おとうさん。私は天に対して罪を犯し、またあなたの前に罪を犯しました。もう私は、あなたの子と呼ばれる資格はありません。』ところが父親は、しもべたちに言った。『急いで一番良い着物を持って来て、この子に着せなさい。それから、手に指輪をはめさせ、足にくつをはかせなさい。そして肥えた子牛を引いて来てほふりなさい。食べて祝おうではないか。
ルカの福音書15章21〜23節

祈り：主よ、あなたは、ゆるしを得るにはまず罪を告白することが必要だと教えてくださいます。どうか私に、自分の罪を自覚させ、そして誰にどのようにそれを告白するべきなのか示してください。

考えてみましょう：悪い事をしてしまった時のことを告白するのは、どうして大切なのでしょうか？

10月5日
——牧師の過去——

「信じてもらえないかもしれないが．．．私もかつて、今の君と同じような思いを抱いていたことがある」
　マッカラン牧師は、ポットでコーヒーを作りながら言いました。
「誰とも会いたくなかった。特に友人や家族にはね。彼らには、絶対に捜しにきてほしくなかった」
「それは牧師先生が山頂に行かれた時のことですか？」
　私がそう聞くと、彼は黙ってうなずき、二つのカップにコーヒーを注ぎながら、こう続けました。
「私は未熟な青年牧師だった。自分自身にも、"信仰の歩み"にも自信があった。私は旅人を集めてグループを作り、旅の終点まで導いていく役を買って出た。私はもともと、人の上に立ちたがる性格だったわけではない。自分が霊的に成熟した人間だと感じていたから、彼らのためにリーダーシップを発揮できるだろうと考えたんだ」
　彼はもう一度コーヒーをすすってから、しばらくの間、たき火の炎を見つめていました。
「彼らは私を認めてくれたよ」
　彼はこう続けました。
「私の自信ありげな態度を見て信頼してくれた。ランデブーに滞在する時だって、われわれはほかの旅人たちと交わりを持たなかった。彼らが知るべきことは、何もかも私一人で教えられると思っていた。ある日の午後、二人の旅人が興奮した様子でキャンプに走ってきた。聞けば、悪魔の戦士の一団が一キロメートル半ほど離れた尾根を歩いているのを目撃したらしい。やつらがこっちに向かっているのかどうか聞いてみると、ゆっくりと反対方向に移動していたという。私にとって、霊的なリーダーとして名を上げるチャンスだった。私は部下たちにこう言った。『さあ行こう！　神様の軍勢の実力をやつらに見せつけてやろうじゃないか。そうすれば、われわれに近づいてくることもなくなるだろう』　ランデブーのリーダーの一人は、われわれを引き止めようとした。もちろん、私は彼を臆病者と呼び、われわれは自分たちの信仰の強さを証明しようと出かけていった。私は、悪魔の戦士たちの二倍以上、つまり二十人の男たちを引き連れていた。簡単に勝てるに違いない、後々まで自慢の種になるだろう、と考えていたんだ」
　マッカラン牧師は顔を上げて私を見、コーヒーをすすりながら言いました。
「心の奥底から聞こえてくる"小さな声"のメッセージを知っているかい？　私にはその時、『行ってはいけない』という声がはっきりと聞こえたんだ」

高ぶりは破滅に先立ち、心の高慢は倒れに先立つ。
　　　　　　　　　　　　　　　　　　　　　　　　　　　　箴言16章18節

祈り：主よ、私を知り尽くされているあなたにとって、私の高慢さはあまりにも明らかでしょう。自分のことばかり考えて、あなたのことをおろそかにしてしまうこの私を、どうかおゆるしください。

考えてみましょう：尊敬していた人が、罪を告白するのを聞いて、あなたは勇気づけられますか、それとも幻滅しますか？

10月6日
――牧師の失敗――

　私は、マッカラン牧師が若いころの未熟さや、霊的なリーダーとしての情熱について語る間、身じろぎもせず、黙ってそれを聞いていました。彼がそんなにも自信にあふれ身勝手であったとは、今の牧師からは想像できず、それ以上話を聞きたくないというのが私の本心でした。
「われわれはゆっくり走ってキャンプを出発した」
　彼は話し続けます。
「私は、"部下"たちに戦いのためのエネルギーを蓄えておくよう言い聞かせていた。しかし、彼らは意欲の面で私に劣らなかったから、走らずにはいられなかったんだ。ようやく悪魔の戦士らが目撃された尾根に着いた時、われわれは皆、息を切らし、興奮しながらあれこれ言い合った。『やつらはどこへ行ったんだ？』　誰かが言った。『向こうの林を調べてみようぜ』　ほかの誰かが提案した。『キャンプするのに良さそうな場所だな』　それを聞いた私は、そっちの方には行かない方がいいと注意したかったのだが、自分はまだ肩で息をしている状態だった。そんな私を尻目に、男たちは林に入っていく。私は呼吸が整うや否や剣を抜き、走って男たちを追いかけた。だが、十歩も進まないうちに、血も凍るような叫び声に続いて、絶対に人間のものではないうなり声が聞こえた。私はその場に立ち尽くした。男たちは待ち伏せされていたのだろうか？　敵の方が数の上で勝っていたのだろうか？　その答えは今も分からない。私は死に物狂いでランデブーに走っていった。そしてテントにもぐり込んで、食糧などの入った木箱の中に隠れた。この時にはもう剣を持っていなかった。いつどこでそれを失ったのか分からない。キャンプの者たちがグループを編成して、何が起こったのか見にいった。数時間後、彼らが戻ってきた。報告の内容は最悪だった。私の部下たちは殺されていた。それも一人残らず．．．。悪魔の戦士らはもうそこにはいなかったという。やつらは持てる限りの所持品を、私の部下たちから奪っていったらしい。私は二日間、物資用テントから出なかった。親切な人たちが食べ物や水を持ってきてくれたが、私は恐ろしくて、恥ずかしくて仕方がなかった。そして、キャンプの男三人がテントに来てこう言った。『神様からあなたの使命が示されました。あなたには山の頂上に登ってもらいましょう』」

　へりくだって貧しい者とともにいるのは、高ぶる者とともにいて、分捕り物を分けるのにまさる。みことばに心を留める者は幸いを見つける。主に拠り頼む者は幸いである。
　　　　　　　　　　　　　　　　　　　　　　　　　　　箴言16章19〜20節

祈り：天のお父様、どうか私のおごり高ぶりに対して、ひどい罰をお与えにならないでください。心に深い傷を負っているときにも、立ち直るすべを教えてください。

考えてみましょう：自分のごう慢さが人に知られてしまうと、引きこもりがちになってしまうのはなぜだと思いますか？

10月7日
――登り続ける牧師――

　夜は更けてきましたが、私たちはまったく眠るつもりはありませんでした。マッカラン牧師の話はまだ続いています。私はそれを聞かなければなりませんでした。
「キャンプの男たちは、私は山に登らなければならないと言った。それは神様から直接示された命令だという。彼らが正しいのは分かっていた。というのも、その前日に、私自身、そのような神様のご意志を感じていたのだが、気のせいだということにして、それを無視していたのだった。もちろん、私が山へ行くのは罰を受けるためだと思っていた。私は自分の虚栄心のせいで、二十人もの忠実な部下たちを死なせてしまったのだから。じわじわと苦しみながら死んで当然だ。山頂に何が待ち構えているのか知る由もなかった。だが、自分はもう山から下りて来ないだろうと何となく思ったんだ。頂上に行く途中で、君も知っている、あの"生き物"に遭遇した。後でほかの人たちと話していて、あることに気が付いた。それは毎回、同じやつらなんだ。その姿形はまちまちで、名前ややり方も常に異なってはいる。しかし、やつらの目的は皆、同じ。旅人をおじけづかせて、神様からの命令に背かせることだ。そうなればあとはやつらの思うつぼ。やつらはこの第一段階を利用して、われわれの心にくさびを打ち込み、そのすき間を徐々に広げ、ついにはそこに宿る神様の霊から、われわれを切り離そうとする」
　私はそれを聞いていて胸が痛みました。なぜなら、あの子羊たちの目的は私を滅ぼすことであったという事実や、その魔の手を逃れた後も、私はわざわざ自分で自分を滅ぼそうとしていたことがようやく分かったからです。マッカラン牧師の話は続いていましたが、私は自分の思考を必死に払いのけて、ようやく彼の声が聞こえている状態でした。
「一匹の生き物が頂上まで私についてきた。それは私を臆病者、愚か者と呼んだ。私はそれを追い払おうともしなかった。それは本当のことだと思ったからね。時折、もう一匹の生き物がやって来ては一緒になって、私が山に登るのは"ばかの上塗り"だとしつこくなじるんだ。『どうしてあんたは、頂上まで行くことが神様の望まれていることだと思うのさ？』　やつは私に大声で言ったよ。『"あいつ"はあんたを笑いものにするよ。そしてあんたが殺したやつらの前であんたに屈辱を与える。そして"あいつ"は、あんたが死ぬのをただ見ているのさ。それでもいいのかい？　それが嫌なら、さっさとふもとに向かって歩きな。生まれて初めて利口なことをするいいチャンスだぜ、このマヌケが』　私はもう少しで、やつの言う通り、山を下りるところだった」
　マッカラン牧師は言いました。
「でもそうしなかったのは、私がある意味、やつの言うことを信じていたからだ。やつの言う、私を待ち受ける苦しみとやらを、この身に受けたいと本気で思っていたんだよ」

　ですから、信仰によって義と認められた私たちは、私たちの主イエス・キリストによって、神との平和を持っています。またキリストによって、いま私たちの立っているこの恵みに信仰によって導き入れられた私たちは、神の栄光を望んで大いに喜んでいます。そればかりではなく、患難さえも喜んでいます。それは、患難が忍耐を生み出し、忍耐が練られた品性を生み出し、練られた品性が希望を生み出すと知っているからです。
　　　　　　　　　　　　　　　　　　　　　　　　　ローマ人への手紙5章1～4節

祈り：主よ、あなたは既に私の罪のためにその代償を払ってくださったことを、今日あらためて思い出させてください。聖書に書かれている通り、私の苦難は、忍耐力を養う機会となりますが、その目的は、あなたが既に支払ってくださった負債の返済ではありません。

考えてみましょう：自分の罪が既にゆるされていると分かっていながら、その代償を払いたいと思ったことはありますか？　それはどうしてですか？

10月8日
——牧師が遭遇したもの——

「君があの山について最初に質問した時、私は言っただろう。私の人生において、あの山ほど悲惨で、あの山ほど素晴らしいものはこれまでなかった、とね」
　マッカラン牧師は、たき火に薪をくべながら言いました。
「ここまでの話は最も悲惨な部分。これから話すのは最も素晴らしい部分さ。私が頂上に着いた時、辺りは雲に包まれていた。何も見えない状態だったが、想像の中ではいろんな声が聞こえていた。私を告発する者たち、判事、死刑執行人．．．。私は地面にうつぶせになって、"最悪の結末"をただ待つよりほかなかった。気が付くと、私のすぐ隣に誰かが立っていた。顔を上げてみると、それは老人のようだった。彼は体をかがめて私の手を取った。私が立ち上がると、彼はこう言った。『わしの名前はジェイコブじゃが、ジェイクと呼んどくれ』」
　その名前を聞いた瞬間、私ははっとして顔を上げ、質問をしようと口を開いたのですが、すぐにマッカラン牧師がこう答えました。
「そう。君が尾根で会ったあのジェイクだ。私は、彼が何者で、そこで何をしているのか尋ねてみた。彼はこう言った。『人は時に、共に立ってくれる誰かを必要とする』　彼がそう言い終わると、雲が一瞬にして消えてなくなり、私は明るい光を目の前にして立っていた。それを直視できなかったので、ジェイクの方を見てみると、彼は真っすぐ上に顔を向けたまま大きな笑みを浮かべている。その時聞こえてきた声は、自分の中から響いてくるようでありながら、その光から発せられていることは間違いなさそうだった。『恐れるな』　その声は言った。『あなたは今、神の子羊の御前にいる』　私は恐れつつも、それが本当のことだと分かっていた。ジェイクは、私が倒れてしまわないよう腕をつかんでくれていた。その声はそれまで聞いたことがないほど美しいものだった。私は言葉を発しようとしたが、それは不可能だった。その時またその声が言った。『私はあなたの心を知っている。そしてあなたの苦しみも知っている。しかし私は既にあなたをゆるしている。誰もあなたを非難することはできない。さあ戻って、私の子どもたちを指導する者となりなさい』　光はだんだん弱くなっていき、ついには消えてしまった。ジェイクがそこにいてくれなかったら、私は絶望のあまり死んでしまっていたことだろう。『神様はいつもおまえさんの心の中におる』　ジェイクが優しい言葉を掛けてくれた。『それにわしもそばにおるからな。神様に言われたことをしっかりやるんじゃ』　そしてジェイクも消えてしまった。しかし私には、ゆるされたという感覚とともに、それまで決して味わったことのない平安が与えられた。ランデブーに戻ると、人々は私の表情にそれを見て取ったらしく、以前にも増して優しくしてくれた。あれから四十年がたつが、あの時の出来事は昨日のことのように感じる。私はあの時、新しい人生、新しい希望、そして新しい使命を与えられたんだ」

　「キリスト・イエスは、罪人を救うためにこの世に来られた。」ということばは、まことであり、そのまま受け入れるに値するものです。私はその罪人のかしらです。しかし、そのような私があわれみを受けたのは、イエス・キリストが、今後彼を信じて永遠のいのちを得ようとしている人々の見本にしようと、まず私に対してこの上ない寛容を示してくださったからです。
テモテへの手紙第一1章15〜16節

祈り：ああ、ゆるしの持つ癒しの力よ！　天のお父様、あなたは日々、私の罪深さとあなたの愛の力の両方を、私に示してくださいます。ありがとうございます。どうか今日私が、過去にどれほど堕落したことがあるのか思い出し、その記憶とともに、あなたが私を高く引き上げてくださったということを理解できますように。

考えてみましょう：あなたは、あなた自身のゆるしの事実について完全に受け入れていますか？

10月9日
――次なるステップ――

　マッカラン牧師の話が終わり、私たちは床に就きました。私は横になってからも長い間たき火の炎を見つめながら、いろいろなことを考えていました。彼の話が事実であることは間違いないでしょう。山の上での彼の実に多くの経験と、私自身の経験との間には共通点がありました。
　けれども、一つ決定的な相違点があるのも事実でした。私は、どうやってそれを彼に話せばいいのか分かりませんでした。マッカラン牧師は、彼自身のどうしようもない過ちに対して"ゆるし"が必要だったということです。そして、彼はゆるしを受け、その後の人生が変えられたといいます。しかし私の場合、被害者は私自身であって、ひどい話ではありますが、ゆるしが必要なのは神様のように思われたのです。息子を殺したのは神様です。仮に、あれが単なる不治の病だったということにしても、神様はなぜ息子を助けてくれなかったのでしょうか。助けることができるのに助けないのは、殺すことと同じくらい悪いことだという考えは間違っているでしょうか。"有責性"という法律用語があるくらいです。息子は死にました。神様は過失致死の罪に問われるべきなのです。このことについて決着をつけるまでは、皆の待つランデブーに戻るわけにはいきません。
　明日、マッカラン牧師に聞いてみようと思います。もし彼が、私にとって納得のいく説明をすることができなければ、彼のこれまでの親切に礼を言い、ここに残る意志を伝えなければなりません。この問題を未解決のまま放っておけるような人々の集まりに加わることはできないし、加わりたいとも思いません。もし神様が本当に、私が既にこの目で見たことがおできになるほど大きな存在であるならば、この問題に対処できるほど大きな存在でもあるはずです。
　「こんな質問をするだけでも神様の怒りに触れるかもしれない」と考えもしましたが、一生こんな疑問を抱えたまま生きていきたくはありません。神様の力か、その愛に満ちたご性質のいずれかに問題があるように感じていた私は、一体そのどちらが欠けているのか、どうしても知る必要があったのです。
　明日は一体どんな日になるのでしょう。その答えを知りたくてたまらないという気持ちと裏腹に、知るのが恐ろしいと思う気持ちもありました。祈ろうとするのですが、やはりまだ神様との間に壁がありました。それは私が自分で積み上げた壁でした。

主よ。あなたが私を惑わしたので、私はあなたに惑わされました。あなたは私をつかみ、私を思いのままにしました。
　　　　　　　　　　　　　　　　　　　　　　　　　　　　　　　　　　エレミヤ書20章7節

祈り：天のお父様、私は心の中では分かっています。あなたはすべてにおいて完ぺきなお方です。けれども、あなたのなさる事に疑問を感じ、また、その結果としてなぜ私が苦しまなければならないことがあるのか、正直なところ分かりかねています。あなたが何も間違ったことをされていないことは、みことばによって明らかであるにもかかわらず、私の中の愚かな心は、苦しいときにはあなたを"ゆるす"べきだとささやくのです。どうかこのような間違った考え方を改めることができますよう私を助けてください。

考えてみましょう：神様を"ゆるす"など考えられないことだと思いますか？　とにかく神様をゆるしてしまえばいいのだ、と思ったことはありませんか？

10月10日
——朝とともに訪れた答え——

　昨晩はよく眠れました。熱もすっかり下がったようで、昨日よりも確実に体力が回復しているのが分かりました。けれども目が覚めた時から、私の心は平穏ではありませんでした。そして、すぐにその理由を思い出しました。マッカラン牧師はもう起きて火をおこしていました。彼は私が目を覚ましたことに気が付き、こう言いました。
「おはよう！　今日にでもこの沼地を出発しないかい？」
「いいえ」
　私は小声でそう言い、彼が仕事の手を止めてこちらを見ると、こう続けました。
「私にはまだ、疑問に思っていることがあるんです、牧師先生。それは、もともと私がここに来るきっかけとなった疑問と同じ疑問なんですが。自分なりのきちんとした答えが見つかるまで、ランデブーに行くわけにはいきません」
「そのことなら心配要らないよ。ランデブーの人々はもうとっくに荷物をまとめて引き払っているはずさ。今度彼らに会えるのは、また数カ月先のことだ」
「しかし、私の疑問は．．．」
　私は言い張りました。
「どうすればその答えが．．．」
「君は独りこの"泥沼"で、どんな方法で答えを見つけられるというのかね。空から稲妻のような光が差し込んできて、神様のお声が響いてくるとでも思ってるのかい？　ここでネズミを食べ、沼地の水を飲みながら、ぼーっと座っていれば、いつか神様が、『良し、この男も少しは懲りただろう。そろそろ彼の疑問に答えるとするか』とでも言われるだろう。そんなふうに君は思ってるのかい？」
　私は、それを否定しようと何か言いかけたのですが、すぐにマッカラン牧師の言う通り、私はまったくそんなふうに考えていたことを自覚しました。私にとって、神様はある意味で"魔術師"のような存在。時折、弟子たちを"宝探しの旅"に送り出すような存在でした。私は、そのような旅人の中で一番良い成績を収めた者、または一番苦しい思いをした者が"昇進"できると考えていたようなのです。マッカラン牧師は、私の困惑した表情を見て取り、こう言いました。
「しばらく私と歩かないか？　一緒に話したり、祈ったりしながらね。もしそれでも君が求めているものを見いだせなければ、君自身で何とか解決することにしたらいい。そのときは私は一人で旅を続けるよ。どうだい？　私に一度だけチャンスをくれないだろうか？」
　私はうなずき、荷物をまとめました。実のところ、こんな沼地はもうまっぴらだと思っていました。

　しかし神は、知恵ある者をはずかしめるために、この世の愚かな者を選び、強い者をはずかしめるために、この世の弱い者を選ばれたのです。また、この世の取るに足りない者や見下されている者を、神は選ばれました。すなわち、有るものをない者のようにするため、無に等しいものを選ばれたのです。これは、神の御前でだれをも誇らせないためです。
コリント人への手紙第一1章27〜29節

祈り：主よ、すべては努力によって勝ち取らなければならないと信じ込んでいる点において、私もこの世の考え方に染まっていることを自覚します。あなたの恵みとゆるしの不思議な力について、あらためて教えてください。私の苦しみや戦いは、あなたの恵みを見いだすためではなく、それが将来の糧となるよう、あなたはあえてそれが起こるがままにされるのだと理解できますように。

考えてみましょう：もしも神様の恵みが、努力によって勝ち取らなければならないものだとしたら、あなたのこれまでの努力の成果はどれぐらいだと思いますか？

10月11日
――沼地を離れて――

　私たちの歩みは遅々としていました。その理由の一つには私が高熱を出してからいまだ完全に回復していなかったこと、もう一つには私たちが道なき森の中、上り坂を進んでいたことがありました。一時間ほどたつと、私たちは枯れた木の幹に腰を下ろして一休みしました。
　マッカラン牧師は、木をコツコツとたたきながら言いました。
「この木がどうして枯れてしまったか、考えたことがあるかい？」
「いいえ、もちろん考えたこともないです」
　私は言いました。
「今初めてこの木を見るんですから、そんなこと考えたことなどあるわけがないでしょう」
「もし誰かが何年か前に、『この木はもうすぐ枯れる』と言っていたら、君はそれについてまじめに考えていただろうか？」
「考えていないでしょうね」
　私はフンと鼻で笑いました。
「こんなに広い場所ですよ。森の中の一本一本の木がどこにあるかなんて、覚えていられるわけがないですよ」
「そうか」
　彼は考え深く言いました。
「それじゃあ、世の中には、われわれにとって"まったくどうでもいいこと"もあるということだね」
「ちょっと待ってください！」
　私は大声で言いました。
「この枯れ木を私の息子と比べようとしているのですか？　だったら、その違いはこうです。私は息子を愛していた。だけど、これはただの木だ！」
「神様が君の息子を愛するよりも、君は自分の息子を愛していたと思うのかい？　君の息子の髪の毛が全部で何本あったか知ってるかい？　君の息子が母親の胎内で育っていくところを見ていたかい？　君の息子の毎日の生活や、彼が生まれる前に味わっていた喜びや悲しみのすべてを知っていたかい？　君の息子が永遠の命を得られるように、苦しめられ、辱めを受けながら君は死んだかい？　友よ、神様は愛についての本を書かれた。君の息子の死に何か理由があるのだとしても、それは神様の愛が足りないからじゃない。とにかくそこばかり見ていても答えは見つからないよ」

　私はこう確信しています。死も、いのちも、御使いも、権威ある者も、今あるものも、後に来るものも、力ある者も、高さも、深さも、そのほかのどんな被造物も、私たちの主キリスト・イエスにある神の愛から、私たちを引き離すことはできません。
　　　　　　　　　　　　　　　　　　　　　　　　　　　ローマ人への手紙8章38～39節

祈り：私には、愛することや愛されることについて、学ばなければならないことがたくさんあります。この世で、あなたの愛を手本に、人を愛そうと努める機会をお与えくださりありがとうございます。愛することに失敗してしまうときも、どうか私をおゆるしください。失敗を通して"さらに愛する"ことを教えてください。

考えてみましょう：愛する人があなたにしてくれた一番素晴らしいことは何ですか？

10月12日
――次なる課題――

　二人で、倒れた木などをまたぎ、その下をくぐり、時にはそれをよけながら丘を登っていく間も、マッカラン牧師はそんな苦労をものともしない様子で、コーヒーカップ片手に談笑でもするかのように、私に話しかけるのでした。
「君の息子さんの話をしてくれないかな。二、三歳のころは元気な子どもだったかい？」
「ええ、それはもう」
　私はそう答えながら、小さかったころの息子を思い出していました。
「あの子には二つの"変速ギア"しかありませんでしたよ。つまり、全速力で走り回っているか、ぐっすり眠っているかのどちらかでした」
「幼稚園には通わせていたのかい？」
「ええ、自宅前の道路を挟んですぐの所にとてもいい幼稚園がありましたから。喜んで通っていました。毎日、友達と離れたくないと言って、家に連れ戻すのが大変でしたよ」
「君は息子さんを幼稚園に泊まらせてあげることはしなかったのかい？」
「もちろんしませんでしたけど．．．」
　私はマッカラン牧師が何を言おうとしているのか、不思議に思い始めました。
「泊まらせてあげれば良かったじゃないか。幼稚園が大好きだったんだろう？　だったら、『分かった。じゃあここにお泊まり』って言えば良かったのに」
「まあその、一つには、幼稚園には閉園時間がありましたから．．．」
　私は言いました。
「それに息子の友達だって、みんな家に帰りますよ。帰る時間が決まってましたからね」
「息子さんにはそれを説明したのかい？」
「ええ、もちろん。いや、しかし、息子はまだ三歳でしたから、説明も何も理解していたとは思えませんが」
「時間だからという理由で、息子さんが泣こうと構わず、家に連れて帰ることにしたんだね」
　この時ようやく、話が見えてきました。私は立ち止まり、牧師の方を向いて言いました。
「牧師先生はこんなふうに言いたいのでしょう？　この世は巨大な幼稚園のようなもので、神様は、時間になったら私たちを家に連れ戻される、と」
「うん、想像するしかないから、断言はできないがね。ともかく考えてみたまえ。幼稚園というのは、子どもが成長し、遊び、大人になる準備をするための場所だ。一方、私の聖書の理解が正しければ、この世というのは、われわれが天国という本当の家に帰るための準備をする場所なんだ。われわれはその過程において働き、楽しみ、愛し、笑い、泣き、最終的に御国の子になりたいと願っている。いつ家に帰るべきなのか、ご存知なのは天のお父様だけなんだよ」

　それは、私たちがもはや、子どもではなくて、人の悪巧みや、人を欺く悪賢い策略により、教えの風に吹き回されたり、波にもてあそばれたりすることがなく、むしろ、愛をもって真理を語り、あらゆる点において成長し、かしらなるキリストに達することができるためなのです。
エペソ人への手紙4章14～15節

祈り：天のお父様、あなたが教えてくださる通り、この世は私の家ではなく、私はここであなたと永遠に過ごすための準備をしているにすぎません。けれども私は、ほしいものが手に入らないときや、自分の意志に反してほかの場所へ行かなければならなかったり同じ場所にとどまらなければならないときには、子どものように泣いてしまいます。いつも私を優しく、辛抱強く見守っていてくださりありがとうございます。進むべき道にふさわしく私を鍛え上げてください。

考えてみましょう：子ども自身のためになることを危険であるという理由でやめさせるとき、残酷なことをしていると感じますか？

10月13日
――人生の目的――

　世界を巨大な幼稚園に例え、神様を家に連れて帰ってくれる父親のような存在に例えたマッカラン牧師の話を、私は最初とてもくだらないと思っていました。けれども後になって考えれば考えるほど、その意味が分かってくるのでした。
「それにしても、白髪の老人になるまでこの世にとどまる人々がいる一方で、人生をさほど経験することなく"お迎えが来てしまう"人々がいるのはどうしてなんですか？」
「君はある前提を基に物事を考えているようだが、そのことについては一度じっくり考えてみるといい。君に言わせれば、この世での人生というものは、天国に行く前に必ず経験すべきものなのだろう。私はかねてから、死によって隔てられた人生のこちら側と向こう側の両方を見たことのある人に話を聞いてみたいと思っているんだ。取りあえず参考になるのは、向こう側の世界を垣間見た使徒パウロの体験だよ。彼は後にこう書いている。『私にとっては、生きることはキリスト、死ぬこともまた益です』　彼にとってそれは、ほかのどんな体験とも比較にならないものであり、早くそこに行きたくて仕方がなかったらしい。自分のために神様が用意された仕事を、まず片付けなければならないという事実。それが、彼をこの世にとどまらせる唯一の理由だったのだよ」
「ならば、どんな人にもやるべき仕事があって、それが終わったら本当の家に帰ることができるというのですか？」
「いや、物事がそれほど単純だとは思わないよ。しかし、それが少なくとも、われわれの共通の疑問に対する、答えの一部ではないかと思う。君の息子について考えてみるといい。彼は死ぬ直前にどんな仕事をしたのかな？」
「息子は私の命を二度も救ってくれました。一度目は、私が潮流に流されそうになった時。二度目は、私がクーガーに今にもかみ殺されそうな時でした」
「友よ、私がこの旅で何か一つでも学んだことがあるとすれば、それは"神様を固定概念で理解することは不可能であり、神様はもっともっと大きな存在である"という事実だ。しかし、もしも君が息子さんの死と向き合うのに少しでも助けとなるのなら、こんなふうに考えてみてはどうだろうか。神様の完ぺきなご計画の下で、息子さんは救われ、その短い生涯において、君に喜びをもたらし、君の命を救い、君の想像をはるかに上回る数のランデブー参加者に影響を与えたのだ、と。それがなし遂げられた時、神様はこう言ったのかもしれない。『さあ、息子よ、家に帰ろうか』」
「もしそうだとしたら．．．」
　私は思わず独り言を言いました。
「どうして私はまだ息をしているんだ？　私にはまだ何かするべきことがあるのか？」

私にとっては、生きることはキリスト、死ぬこともまた益です。しかし、もしこの肉体のいのちが続くとしたら、私の働きが豊かな実を結ぶことになるので、どちらを選んだらよいのか、私にはわかりません。

ピリピ人への手紙1章21節

祈り：天のお父様、あなたは私の心をご存知です。自分には、目に見えるこの世界しか理解できないのだと思ってしまっていること。また、それゆえに、自分はこの世をこんなにも大切に思ってしまっていることを。どうか私に、本当の"わが家"について教えてください。そして、この世であなたが私のために用意してくださった仕事をやり遂げられますよう、また、それによって次の世での生活に備えることができますよう助けてください。

考えてみましょう：神様は、ご自身や御国のために何一つすべきことを与えずに、あなたをこの世に生かしておかれると思いますか？

10月14日
——山道に戻る——

　午前も半ばになるころには、ランデブーのキャンプ地からさほど遠くない地点で、私たちは再びあの道を踏み締めていました。キャンプ地まで行ってみると、マッカラン牧師の予想していた通り、そこには誰もいませんでした。たき火の跡があったので、そばに積んであった薪を使って普通よりも大きな火をおこし、小川からくんできた水で洗濯した服を干しました。

　さて、次は昼食の準備です。ほどなくして二匹のおいしそうなカワマスを捕まえ、ランデブーの菜園で見つけたジャガイモとともに、ごちそうの料理に取りかかりました。ジャガイモをゆでている間、マッカラン牧師が私の顔をじっと見ているのが分かりました。

「やっぱり違うだろう？」
　彼は言いました。
「何がですか？」
「人けのないランデブーだよ。こんなときにこそ、共に語り合い、笑い、泣ける家族のありがたみを実感するものさ。次のランデブーにはきっと参加したまえ。そしてみんなには、くれぐれもよろしく伝えてくれよ」
「どうしてそんなことを言うのですか？」
　私は聞きました。
「牧師先生は参加しないのですか？」
「私の"担当"は、山道のこの辺りと決まっているんでね」
　彼は言いました。
「この辺りで問題に出くわす旅人が実に多いんだよ。後戻りするには遅過ぎる。でもここからの道は永遠に続くように思える。山までは遠くないし、嫌になったらいつでも下りてくることができる」
「そして、そこにあるのはあの沼地」
　私はにこりとしながら言いました。
「ありがとう」
　マッカラン牧師は私の顔を見ながら言いました。
「ありがとうですって？　私は礼を言われるようなことは何も．．．」
「君に私の過去について話すチャンスを与えてくれてありがとう。私がこの辺りで出会う人々のほとんどは、こんな話は聞いてくれない。やはりその域に達した人じゃないと駄目なんだ。友よ、神様の御手が君とともにある。私にはそれがはっきりと分かる。神様は、君を救うために御子をお遣わしになった。そして君に磨きをかけるために、君の息子をお遣わしになった。君は御国のために素晴らしい働きをしようとしている。その謙虚な気持ちを忘れずにね」

　あなたがたはキリストのからだであって、ひとりひとりは各器官なのです。そして、神は教会の中で人々を次のように任命されました。すなわち、第一に使徒、次に預言者、次に教師、それから奇蹟を行なう者、それからいやしの賜物を持つ者、助ける者、治める者、異言を語る者などです。

コリント人への手紙第一 12章27～28節

折り：主よ、私たちに教会を与えてくださり、また、その一員としての交わりや責任をお与えくださり、ありがとうございます。あなたに仕えることができるよう、あなたに属する人々に仕えるすべを教えてください。

考えてみましょう：一人では不可能でも、他の信者の協力を得て実現できる活動には、どのようなものがありますか？

10月15日
——それぞれの道——

　今朝、私はマッカラン牧師に別れを告げました。彼は山の方に向かい、これまで歩いてきた道を逆戻りしていきました。私はこの時もまだ、ランデブーに戻りたいとはあまり思っていませんでした。あの時のことを考えると、つらい思い出ばかりでした。それでも私は、道に沿って進み続けることを牧師に約束したのです。もしかすると、私が必死に求めている答えが見つかるかもしれません。

　マッカラン牧師と別れてキャンプ地を離れる時、私はあることに気が付きました。つまり、"心のない人間"になろうとしていたことの愚かさを自覚したのです。私のためにあれほど良くしてくれた、そして明らかに私のことを心配してくれていた牧師先生と別れなければならないことは本当に残念でした。私が、すべての感情を遮断することによって自分の悲しみを乗り越えたいと思っても、この時には既に、それが不可能であると分かっていました。希望、恐れ、怒り、喜びはすべて私という存在の一部なのです。自分を破壊することなしに、それらを破壊することは絶対にできません。

　とはいえ、これから生きていく上で、日常の活動をある部分に入れ、私を傷つける物事をもう一つの部分に入れておくといった、心の"区切りづけ"は可能かもしれません。昼食のために一休みした時に、その必要性を実感させる出来事がありました。私は、ランデブーの菜園で手に入れた野菜をバックパックから取り出すつもりで、横に付いているポケットの中をまさぐっていると、手が何かに触れたのでそれを引っ張り出しました。それは息子が死ぬ少し前に、クーガーの歯にひもを通して作った首飾りでした。私はそれを見ただけで、急に悲しい気持ちになり、あの恐ろしい日のことを思い出しました。私はクーガーの歯を握り締め、はいつくばるようにして川まで行き、苦痛のあまり叫び声を上げながら、それを永遠に捨ててしまうつもりでした。けれどもそれを投げようと体を引きながらも、自分にはそんなことはできないと分かっていました。どんなにつらかろうが、それは息子の、そして息子とともに過ごした日々の一部なのです。それを捨ててしまうことは、その部分をもう一度殺してしまうのと同じでした。

　私は涙をぬぐいながら、バックパックを投げ出した場所に戻り、今後うっかりクーガーの歯を見つけてしまわないよう、めったに使わないポケットの奥にそれをしまっておくことにしました。たぶんいつの日か、それを手に取っても涙を流さずに過去を思い出すことができるようになるでしょう。でも今日の私にはできません。

　私は、あなたがたのことを思うごとに私の神に感謝し、あなたがたすべてのために祈るごとに、いつも喜びをもって祈り、あなたがたが、最初の日から今日まで、福音を広めることにあずかって来たことを感謝しています。あなたがたのうちに良い働きを始められた方は、キリスト・イエスの日が来るまでにそれを完成させてくださることを私は堅く信じているのです。

ピリピ人への手紙1章3～6節

祈り：大切な思い出は、何という恵みなのでしょう。しかし、それが過去のつらい経験を思い出させるものであるとき、何と大きな苦しみとなり得るのでしょう。あなたが私に思い出してほしいと願っておられる物事を、あなたとともに思い出せるよう私を助けてください。それらの思い出が御国のためにならないときには、どうか私に"聖なる忘却"をお与えください。

考えてみましょう：神様は、思い出すことが害になる物事を"忘れる"ことができるよう、助けてくださると思いますか？

10月16日
——喜びと罪悪感——

今日の道は川に沿って続き、私は着々としかしゆったりとしたペースで、幅のある峡谷を登っていきました。左手には広大な草地が、そして遠くには青々とした大地で草をはむシカの群れが見えました。

そろそろ一夜を過ごす場所を探し始めていた私は、ビーバーが川の至る所をせき止めて、それがどれも小さな池のようになっている場所に来ました。その一つ一つは土手状に土が盛られ、真ん中には枝が積まれています。水の中からしか入ることができないこのような巣は、ビーバーの家族にとって安全で暖かい理想的な場所なのです。

そろそろ日が沈む時間帯になり、川岸に腰を下ろして見ていると、ビーバーの一家が巣から出てきて向こう岸まで泳いでいきました。母親ビーバーと父親ビーバーが、餌にしたり巣作りに使ったりする小枝を集める仕事に取りかかる一方で、二匹の子ビーバーが無邪気に遊び始めました。二匹は短いずんぐりした足で、全速力でぐるぐると円を描きながら追いかけ合っています。それから草の中を転げ回っているうちに、池に近づき過ぎて二匹とも水の中に落ちてしまいました。二匹は一瞬驚いた様子でしたが、すぐにまた楽しそうに遊び始めるのでした。

二匹はそれからしばらくの間、取っ組み合いを続けていましたが、片方が有利になったかと思うと、次の瞬間にはもう一匹の方が優勢になるのを見ながら、私は思わず声を出して笑ってしまいました。これには自分でも驚きました。"悲しみのふちにある父親"の私が、こんなことを見て笑っているなんて...。私は、あんなにもつらい経験をしたばかりなのに、まるで何事もなかったかのように生きていくことができるほど冷たい人間なのでしょうか。途端に喜びは罪悪感に変わり、私は自分のことが分からなくなって頭を抱え込みました。息子は、私がこんな楽しい時間を持つことをよしとしてくれるでしょうか。それとも、息子との思い出を大切にしていない証拠だと言って私を責めるでしょうか。いつか私も、笑い声を上げながら、そんな自分のことを不愉快に思わなくなるのでしょうか。

私は寝袋に入ってからも、罪悪感の元になっている感情を押し殺そうと必死になっていました。なのにこの夜私は、水の中で遊ぶ赤ちゃんビーバーの夢を見たのでした。

いま飢えている者は幸いです。あなたがたは、やがて飽くことができますから。いま泣いている者は幸いです。あなたがたは、いまに笑うようになりますから。

ルカの福音書6章21節

祈り:天のお父様、私には分かっています。泣くに時があるように、笑うにも時があるはずです。それぞれにふさわしい時を知り、笑うのが正しいときには笑うことができますよう、私を助けてください。

考えてみましょう:ある国の文化では、喪に服す期間が決まっていてそれがすぎるとすべてが普通に戻ることになっています。それは良いこと、あるいは可能なことだと思いますか?

10月17日
——癒しへの道——

　どこかで読んだことがあるのですが、自分が本当に悲しみの中にあるのかどうか知りたければ、朝目覚めて最初に感じる感情が悲しみであるかどうか観察してみるといいそうです。今朝の私はというと、よく眠れたという思いと、いい夢を見たという感覚とともに目が覚めました。けれどもすぐに、「こんなことを考えている場合ではない」と気が付き、自分の悲しみについて思い出すのでした。
　私は火をおこして朝食をこしらえ、荷物をまとめる間、ずっと不機嫌でむっつりしたまま、ただ機械的に手を動かしていました。自分の心を探っているうちに、昨日のように、悲しい気持ちになってしまう発見をしてしまうのが分かっていた私は、できるだけ意識的な思いを持たないように努めていました。
　これもどこかで読んだことなのですが、悲しみのプロセスを乗り越えるには、長ければ七年かかるそうです。ふとそんなことを考えているうちに、私は安どのため息をつきながらこんなことをつぶやくのでした。
　「それでもいつかは終わるプロセスなんだ。神様に感謝しないといけないな」
　私はこの時、いつの日か私も朝起きて罪悪感を感じることなく一日を始められるのだと確信し、勇気づけられる思いがしたのです。私は二杯目のコーヒーを片手に、池まで下りていきました。ビーバー一家の姿はどこにも見当たりませんでしたが、その巣を眺めているうちに、昨夜のほほ笑ましい光景が思い出されました。惨めな気持ちにならずに楽しいことを思い出すことができる自分が誇らしくさえ感じました。
　これからの人生において、このような能力が必要になることは間違いありません。確かに、今回の悲しみのサイクルは実際に七年ほどで終結するかもしれません。けれども、二度と悲しみが繰り返されないという保証はどこにもありません。来年か、再来年かに、また悲しみに打ちのめされるような事件が起こったら、どうなってしまうのでしょう。私はこんなふうに言うのでしょうか。
　「よし、悲しみのプロセス第一号は完了まであと五年で、プロセス第二号は始まったばかり、と。第一号と第二号はしばらく同時進行しないといけないな。第二号の完了は第一号が終わってからだ」
　そんなことを考えている自分がおかしくて、声を出して笑ってしまいそうになったのですが、その時ある現実に気が付きました。つまり、生きている限り、悲しみは生活の一部であり続けるということです。悲しみに対処する方法を学ばなければ、それによって死んでしまうかもしれません。

　ダビデは言った。「子どもがまだ生きている時に私が断食をして泣いたのは、もしかすると、主が私をあわれみ、子どもが生きるかもしれない、と思ったからだ。しかし今、子どもは死んでしまった。私はなぜ、断食をしなければならないのか。あの子をもう一度、呼び戻せるであろうか。私はあの子のところに行くだろうが、あの子は私のところに戻っては来ない。」
サムエル記第二12章22〜23節

祈り：愛する天のお父様、悲しみの中にある私をどうか慰めてください。そして、心の中に悲しみをしまっておく場所を見つけることができるよう助けてください。過去の苦しみに負けずに、すべての涙がぬぐい去られる時を心待ちにしながら、生きていくすべを教えてください。

考えてみましょう：人は大きな悲しみを経験した後でも、本当の喜びを知ることができるものでしょうか？

10月18日
――外に向かい始めた心――

　今日、道を歩いていると、ちょうど食べごろの実のなったブラックベリーの茂みに差し掛かりました。前回見つけたこれと同じような場所では、食事に忙しいクマが私の存在にぎりぎりまで気が付かなかったことを思い出し、今回は一度大声を上げてから茂みに入っていきました。甘くみずみずしいベリーの味は格別で、それを取って食べていたのはどうやら私だけではないようでした。というのも、辺りには至る所に足跡が残っていたからです。最近、ランデブーの誰かがここを通りかかったのかもしれません。近くでは一羽の鳥がベリーの実を食べていました。その鳥は、私がほんの少し近づいた瞬間に空中に舞い上がったものの、近くにあった別の茂みに衝突し、そのとげだらけの枝に絡まってしまいました。激しく鳴き声を上げながら、茂みから逃れようとするその鳥の周りには羽が飛び散っています。
「ちょっとそこで待ってろよ」
　私は小声で言いました。
「そんなもがき方じゃあ、けがをしてしまうぞ」
　私はゆっくりと手を伸ばし、傷つけないように細心の注意を払いながら鳥の体をつかんで、その羽に絡みついた"つる"を取り除く作業に取りかかりました。鳥の心臓は恐怖で高鳴っていたので、私はささやき声でなだめようとするのでした。
「ほうら、この枝をこうやって動かして。今度はこっちの枝をこっちに回して、と」
　ようやく鳥の体は自由になりました。羽が折れたりしていないかざっと調べてみましたが、特に異常なさそうだったので、空中にふわっと放り上げるように鳥を放しました。鳥が飛び立ち、その姿が見えなくなってからも、しばらくの間は鳴き声が聞こえていました。
　私はベリー摘みの作業に戻りながら、「今日は良い事をした」と感じている自分に気が付きました。そして、あらためてこのことについて考えてみました。
　(うん、実に気持ちのいい出来事だったな。鳥を苦痛から救ってあげようと一生懸命になっている間、私は自分の精神的な苦痛について考えてもいなかった)
　これも癒しの過程の一部なのでしょうか。私の思いやエネルギーが、ほかの人を助けることに向けられる場所に身を置くことができれば、この内なる苦しみを癒すチャンスとなるのかもしれません。マッカラン牧師が私のような旅人を助けることに人生をささげているのも、恐らくそのためなのでしょう。つまり、他人に良い事をすることによって、彼は自分にも良い事をしているのです。このことは掘り下げて考えてみる価値がありそうです。

　善を行なうのに飽いてはいけません。失望せずにいれば、時期が来て、刈り取ることになります。ですから、私たちは、機会のあるたびに、すべての人に対して、特に信仰の家族の人たちに善を行ないましょう。

ガラテヤ人への手紙6章9～10節

祈り：主よ、あなたは教えてください。この世は、私たちが互いに示し合う愛によって、私たちを知ることになるであろう、と。そのような愛によって、あなたや、あなたが私たちに与えてくださった使命のために仕えることができますように。そしてそのような愛によって、傷ついた人々に癒しをもたらす存在となることができますように。

考えてみましょう：誰かを助けることは自分を助けることにもなるというのは、どういう意味だと思いますか？

10月19日
――チャンス――

　ブラックベリーが大量に採れたので、しばらくここにとどまることにしました。ベリーは、持ち運び用に容器に詰めたり、煮詰めてソースにしたり、そのまま食べたりします。私は地面の平らな場所で野宿することにし、薪を集めてきて今日の作業に取りかかりました。
　一時間ほどベリーを摘んでいると、誰かが山道をこちらに向かって歩いてくるのに気が付きました。普通の人と反対方向に歩いている人を見たのは、"邪悪の化身"に出会った時以来初めてだったので、私は自分のバックパックの置いてあった場所に戻って剣を取り出しました。けれども、その人が近づいてくるにつれて、それが私の息子と同じくらいの年の青年であることが分かりました。彼の髪の毛は長くぼさぼさで、顔の半分が隠れていたので、あれでどうやって前が見えるのだろうかと不思議に思いました。彼のバックパックはそれほど重くはなさそうなのに、体を片側に引っ張られるようにして歩いているのは、荷物の詰め方が悪いせいでしょう。こちらへ近づいてくる間も、道端に立っている私の存在には気が付いていません。やはり、経験の浅い旅人であることは間違いなさそうです。私がこう叫ぶと、彼はぎょっとした顔をしました。
「やあ、おはよう」
　彼は明らかに驚いた様子だったにもかかわらず、それを隠そうとしています。
「ああ、どうも」
　彼は小声でそう言うと、私の横を通り過ぎていこうとしました。
「そっちの方向に行く人はあまり見かけないんだが、ひょっとして道に迷ってはいないよね」
「いや、道に迷ってなんかいない。ただ帰ろうとしているだけだ」
　彼はそう言いながらも、私の顔を見ようとはしません。
「そいつは大胆な決断をしたものだな。本当にそれでいいのかい？」
「ああ、ここにはおれの居場所なんかないし、家に帰ればやることもあるから。じゃあ、もう行くよ」
　彼は先を急いでいる様子でしたが、私はどうしても彼の力になってあげたかったので、こう言いました。
「ねえ君、ブラックベリーの茂みの"親玉"のような場所を見つけたんだ。しばらくここでベリーを摘んだり容器に詰めたりするのを手伝ってくれたら、君にも少し分けてあげられるんだが．．．」
　彼は少しの間迷ってから、歩きだし、そしてまた考えてこう言いました。
「じゃあ、いいよ。でも長くはいられないからね」
（でも、私のために長くいてほしい）
　私は、今日、自分以外のことに目を向ける機会を与えてくださった神様に、心の中で感謝の祈りをささげながら、そんなことを考えていました。

また、人の益を計り、良い行ないに富み、惜しまずに施し、喜んで分け与えるように。また、まことのいのちを得るために、未来に備えて良い基礎を自分自身のために築き上げるように。
テモテへの手紙第一6章18～19節

祈り：天のお父様、あなたご自身へとすべての者を呼び集めるご計画にかかわる機会を私にお与えくださり、ありがとうございます。あなたは私の助けを必要とするまでもなく、どのようなことでもおできになるお方です。けれどもあなたは愛と恵みによって、私をそのご計画にかかわらせてくださいます。御名を賛美いたします！

考えてみましょう：神様はご自身でおできになる事のために、なぜ神の子らを用いられるのでしょうか？

10月20日
――動機――

　やがて青年の名はゲリーといい、私の息子と同い年であることが分かりました。旅を始めて一週間しかたっていないのに、もうそれが自分には向いていないのだと決め付けていました。
　私たちは、肩を並べてベリーを摘んでは二人の間に置いた袋にそれを放り込んでいきました。
「ゲリー、君はもともとどうしてこの旅を始めようと思ったんだい？」
　私は尋ねました。
「女の子さ」
　ゲリーは口元をほころばせながら答えました。
「彼女の言葉を使えば"巡礼"、つまりこの旅に出ようと決めた彼女は、おれも一緒に来るように誘ったのさ。で、おれは思った。森の中で何日も一人で過ごせて、夜は星の下で眠れるんだ。いい話じゃないか、ってね」
　今度は私がほほ笑みながら、彼に言いました。
「でも実際にはそんな旅ではなかった．．．だろう？」
「ああ、全然違ってたさ！　最初から変だったよ。彼女ときたら、わけの分からない人たちのグループに入って、まるで家族か何かみたいにつきあってる。そして気が付いたらおれも、おせっかいな"兄弟姉妹"に囲まれていた。おれは彼女に説明しようとした。こんなのはおれの思っていたのとは違う、ってね。彼女は泣きながら言ったよ。『ゲリー、この旅はあなたが思っているほど単純なものじゃないの』ってね。その言葉は本当だったよ。おれはすぐにチャンスを見計らってバックパックをつかみ、みんなと別れたのさ」
　不満をあらわにし、いかに何も分かっていないかをうかがわせる彼の話ぶりを見て、私は心が痛みました。主よ、彼を助けるにはどうすればいいのでしょうか。
「ゲリー、家に帰ったらどんな生活が待っているんだい？」
　しばらく考えた末、私はそう聞いてみました。
「ああ、いろんなことさ。友達がいるし、女の子たちもいるからな。一緒にぶらぶらして過ごす」
「それじゃあ、彼らといる限り、どこかに旅に出ようなんていう話にはならないわけか」
「そんな話にはなんないな。おれたちはずっとあの町にいるだろうよ」
「それで何年かたったら、君は中年の友達を持つ中年になり、ある朝目覚めてみて、自分の人生は一体何だったんだ、って思うんだよな」
「勘弁してくれよ！　あなたはおれのオヤジでもないのに何でそんなこと言うのさ？」
「ごめんごめん、ちょっと君に、数年先のことを考えてみてほしかっただけなんだよ」
　私はブラックベリーの入った袋をキャンプ地まで運び、その中身を鍋に空けました。後をついてきたゲリーは私の剣を見て言いました。
「かっこいい剣じゃないか。どこで手に入れたんだ？」
「なあ、ゲリー」
　私は、剣を取って彼に手渡しました。
「今夜ここに泊まる気があるなら、震え上がるような恐ろしい話をしてやるぞ」

　私の兄弟たち。あなたがたのうちに、真理から迷い出た者がいて、だれかがその人を連れ戻すようなことがあれば、罪人を迷いの道から引き戻す者は、罪人のたましいを死から救い出し、また、多くの罪をおおうのだということを、あなたがたは知っていなさい。
ヤコブの手紙5章19～20節

祈り：ああ神様、どうか今日、あなたの力強いみわざについて語る機会をお与えください。私が何を語るべきか示すとともに、聞く者の心の準備を整えてください。御国の仲間がまた一人増えるとともに、今夜、天国で天使たちの歌声が響きますように。

考えてみましょう：今日、あなたは誰のために祈りますか？　あなたが神様の愛と力について語るとき、聞いてくれるのは誰ですか？

10月21日
――道の呼び声――

　そろそろ寝る時間になっても、私は、クーガーとの戦いや、"邪悪の化身"とその手下との格闘など、さまざまな体験についてゲリーに話していました。もちろん、冷たい川で過ごした夜や、焼けつくような太陽の下で過ごした日々についてもです。私の話を聞きながら、彼は大いに想像力をかき立てられたようではありましたが、実際にそのような経験をする覚悟ができていないのは明らかでした。
「それにしても、どうしてこんなことをするんだ？」
　ゲリーは寝袋に入りながら、そんなふうに聞いてきました。
「刃物で切りつけられたり、川でおぼれそうになったり、砂漠で干からびそうになったり。そんなことが楽しいのかな？」
　彼が私の体験をそんなふうに単純化して表現したことがおかしくて、私は声に出して笑ってしまいました。
「そりゃあ、私だって、不快なことや危険なことを楽しむためにこんなことをしているんじゃないさ。でも君の彼女が言っていたように、"もっとそれ以上の何かがある"ってことだよ。自分の心の中をのぞいてごらん。きっと君にも分かるだろうと思う。君は一生路上でたむろして過ごすために生まれてきたんじゃない。君は心のどこかで、物事の間違いが正されるのを望んでいるはずだ。この世のあり方は本来のものではない。君自身だって、君をお造りになったお方の意図を完全に反映していない。そうだろう？　けれども君がそんなふうに考えだすと、決まって何かや誰かがやって来て、別のことに意識を向けさせようとする。ゲリー、それがこの世の敵というやつなんだよ。そいつはいろんな手段を講じて、決して自分の心に目を向けさせないように、そして以前どんなふうに感じていたか思い出させないように、君をコントロールしようとする。君がもしそんなことをすれば、本来人生とはどうあるべきなのか分かってしまうことになるからね」
　ゲリーがまだ私の話を聞いてくれていたのか、もう眠ってしまっていたのか分かりませんでした。けれども、私が今にも眠りに吸い込まれようとしていた時、彼はこう言ったのです。
「ねえ」
「何だい？」
「どうしておれは、あなたが話してくれたようなひどい出来事に遭ったことがないのかな？」
「それは君が"脅威"ではないからさ。敵にとって君は、おとなしく自分の墓場に向かうような、哀れで疑うことを知らない犠牲者なんだ。それこそ敵の思うつぼ。君はそんなふうに生きているんだよ」
「ふうん、おやすみ」
「おやすみ、ゲリー」

身を慎み、目をさましていなさい。あなたがたの敵である悪魔が、ほえたけるししのように、食い尽くすべきものを捜し求めながら、歩き回っています。堅く信仰に立って、この悪魔に立ち向かいなさい。ご承知のように、世にあるあなたがたの兄弟である人々は同じ苦しみを通って来たのです。
ペテロの手紙第一 5章8〜9節

祈り：主よ、私は自分が敵に攻撃されているのが分かることがあります。そんな時、私に力を与えてくださりありがとうございます。その一方で私は、何者にも邪魔されていないと感じることがあります。それは私が、神様の御国のために何もしていないからなのでしょうか？

考えてみましょう：悪魔にとってあなたが何の脅威でもないのなら、悪魔はどうしてあなたを攻撃する必要があるでしょうか？

10月22日
――朝の光――

　今朝目覚めた時、辺りは静かでした。鳥たちは活動を始めたばかりで、昨夜から吹き始めた風はまだそれほど強くなっていませんでした。私はゲリーの寝袋の方に目をやりました。彼はあおむけに寝ていて、その長い髪の毛はひどくもつれていました。彼はまだ眠っているようでしたが、私が活動を始めるとすぐに起きだして昨夜の会話の続きを始めました。
「じゃあ、おれが道を逆戻りしたら、その夜にでも気味の悪い物が見えるってことかな？」
「どんな事を体験するかは人によってまちまちだよ。最も恐ろしい物が、必ずしも怒り狂った悪魔であるとは限らない」
　私はそう言いながら、山の上での出来事について思い出していましたが、ゲリーにはまだ話すべきではないだろうと判断しました。
「でも一つ確かなのは、敵は君が旅を再開することを歓迎しないだろうということだ」
「おれと一緒に行ってくれる？」
　彼は言いました。
「そう言ってくれることを期待していたよ。でもこれだけは聞いておきたいんだ。どうして旅を続けたいんだい？　刺激を求めているだけなのかい？」
「いや、刺激的なことなら町に戻ればいっぱいある。昨夜は黙ってたけど、実はおれは友達とただ道端にたむろしているだけじゃないんだ。おれたちはいろんなことをやる。そりゃあ危ないことばっかりさ。問題なのは、自分でもそれが良くないことだと分かっていることだ。そういうことをやっている自分は間違っているって分かってる。でもどうしてそう思うのかって聞かれても．．．」
「聞く必要なんかないさ。昨日も言ったように、この世の敵は君に違った方向に進み続けてほしいんだよ。一方、この世の創造主である神様は、君に正しい道を進んでもらいたいと願っておられ、そのための手段の一つとして、君の心を葛藤（かっとう）させてくださるんだ。何かが間違っていると感じるのは、神様が君の心の中でみざを行ってくださっている証拠だ。次のステップは、君が学んだことについて何か行動を起こすことさ」
　私たちは朝食の間もずっと語り合いました。半分ずつに分けたブラックベリーと一緒に荷物を片付けながら、私は言いました。
「さあ、ゲリー、どうだい？　君に何かを伝えようとしている自分の心を見つめて、それを神様にささげ、今日、私と一緒に旅を再開する覚悟はできているかい？」
「ああ、できてるよ。一緒にやろうぜ」
　私は彼と並んで道端にひざまずき、彼を簡単な祈りへと導きました。彼は素直で飾らない言葉で、イエス様に一生をささげる決心を告白しました。祈りが終わると、彼は顔を上げてこう言うのでした。
「さあ、もたもたしてないで行こう。今ならまだ彼女に追いつけるかもしれない！」

　しかし、わたしは真実を言います。わたしが去って行くことは、あなたがたにとって益なのです。それは、もしわたしが去って行かなければ、助け主があなたがたのところに来ないからです。しかし、もし行けば、わたしは助け主をあなたがたのところに遣わします。その方が来ると、罪について、義について、さばきについて、世にその誤りを認めさせます。

　　　　　　　　　　　　　　　　　　　　　ヨハネの福音書16章7～8節

祈り：主よ、この世を裁くのは私の仕事ではないことを、あなたに感謝いたします。あなたは聖霊により、人々の罪を自覚させてくださいます。私にできることは、あなたが決めてくださった基準に従って生きようと努め、そうすることであなたの大いなる愛を人々に示すことだけです。それをなし遂げられるよう、今日、私を助けてください。

考えてみましょう：クリスチャンは人を裁いてばかりいると批判する人に、あなたなら何と言いますか？

10月23日
――新しい仲間――

　ゲリーは一緒に旅をするにはとても楽しい男でした。私たちが通り過ぎていく景色について、彼は私の想像も及ばないような面白いことを言うのです。峡谷の向こう側にある滝を見て、彼はこんなことを聞いてきました。
「あの水が全部どこから来るか知ってるかい？」
「もちろんさ。地下の帯水層では浸透した水が集められ、それが穴の多い岩を通って地下の川に流れ込み、それから．．．」
「だから、そうじゃなくって！」
　彼は笑いながら言いました。
「固定概念に縛られちゃ駄目だよ。あの山の中に小さな老人がいて、大きなバルブを握っているところとか、想像したことないのかい？　誰かが通りかかるたびに、老人はバルブを開ける。それを見た人は『おお！』って感心する。それから誰もいなくなったら、老人は水を節約するためにバルブをまた閉める」
「いや、そんなふうには考えたことはないなあ」
　私はにやりと作り笑いしながら言いました。
　私たちは、滝が見えなくなる所まであと二、三分ほど歩き、そこで立ち止まって耳を傾けました。すると水音はまったく聞こえなくなっています。彼はこうつぶやきました。
「やっぱ、そうかもしれないぞ」
　峡谷の端まで行くと、道は狭くなり、深い山峡を下へ下へと続いていました。道に沿って流れていた川は急に勢いを増し、岩や丸太の上を伝ってものすごい速さで谷底へと流れています。道は、一番傾斜の急な部分を過ぎると、右側へ切り返し、狭い谷間へと続いていました。
「ここを通った時のことを覚えているかい？」
　私はゲリーに聞いてみました。
「うん、何となくだけど」
　彼は少し考えてから言いました。
「でも、こんなに暗くはなかったような気がする」
　その時背筋に寒けを感じた私は、無意識に剣に手を伸ばしていました。
「そばを離れるんじゃないぞ」
　私はゲリーに言いました。彼は私の警戒心を察知したらしく、そばに寄ってきました。
「あとどれくらいこんな地形が続くんだ？」
「分からないな」
　彼は答えました。
「行くところまで行くと、湖があって、おれはそこに一晩泊まったんだ。その次の夜はあなたと一緒だったから．．．ここからそんなに遠くはないはずだ」

　ふたりはひとりよりもまさっている。ふたりが労苦すれば、良い報いがあるからだ。どちらかが倒れるとき、ひとりがその仲間を起こす。倒れても起こす者のいないひとりぼっちの人はかわいそうだ。

伝道者の書4章9～10節

祈り：愛する主よ、今日、私の旅仲間を祝福してください。彼らの存在が私を楽しませてくれるのと同じぐらい、私も彼らにとって良い旅仲間でいられますように。どうか私たちが、今日も、互いに危険から守り合い、互いに励まし合うことができますように。

考えてみましょう：共通の信仰を持つ人と旅をするのと、そうでない人と旅をするのとでは、どのような点で異なりますか？

10月24日
──障害物──

　道が狭まるにつれて、私たちの歩く速度は増していきました。私たちが通れるぐらいのぎりぎりのところまで生い茂った下生えは飛ぶように通り過ぎていきます。太陽は見えていませんでしたが、何となく夕方になろうとしているのが分かりました。この辺りは暗くてじめじめしている上に、野宿するのに十分な広さの空き地がなかったので、私は早く湖に着けたらいいのにと願っていました。
　しかし、次の道の曲がり角に差し掛かった時、そのような願いは吹き飛んでしまいました。そこに倒れている巨木のせいで、行く手がふさがれていたのです。下生えが茂っていて、その木の端はどちらも見えませんでした。幹は枝で覆われ、その高さは少なくとも地上三メートルはありそうでした。この辺りは丘の斜面になっていて、ゲリーは木を避けて通るため坂を登っていこうとしました。
「ゲリー、駄目だ」
　私は言いました。
「極力、道から離れないようにしなさい。幹を越えられるかどうかやってみよう」
　私は、剣で細い枝を次々にたたき切り、幹によじ登れそうな位置にまで木に近づくことができました。
「ほら」
　私は言いました。
「下から押してやるよ」
　苦労の末、ゲリーは高い所の枝をつかんで、てっぺんまで登ることができました。
「すごいや」
　彼は言いました。
「こいつはどっちの方向にもずっと続いているみたいだよ。真っすぐ前もあんまりよく見えないな。ちょっと待ってて」
　彼が視界から消え、枝の折れる音がしたかと思うと、辺りは静まり返りました。
「おい、ゲリー！」
　私は叫びました。
「私には手を貸してくれないのか？」
　返事はありませんでした。何分かの後、私は何とか自力で木によじ登ってみることにしました。苦労の末、ついにてっぺんまで登ることができました。ゲリーがどこに行ってしまったのか見ると、枝のすき間から下をのぞいてみました。大声で叫ぼうとしたのですが、明らかにゲリーのものではない声が聞こえたので、ちゅうちょしました。それが何を言っているのかは分かりませんでしたが、声の調子からして、どうやら友好的なあいさつではないようでした。私は、バックパックが枝に絡みついて身動きが取れない状態を抜け出し、ようやく幹の反対側の面を下っていき、最後は二メートル近くの高さから一気に地面に飛び降りました。気が付くと私はゲリーの隣に立っていました。彼は身じろぎもせずに、青い顔をして道の先をじっと見つめています。
　見ると三メートルも離れていない所に、口元には怒りを、そして目には憎しみを浮かべた"邪悪の化身"が立っていました。

神は私を小僧っ子に渡し、悪者の手に投げ込まれる。

ヨブ記16章11節

祈り：愛する天のお父様、私は、仲間の旅人が敵の攻撃に遭う時、その場に居合わせることがあります。そのようなときには、私が何をすべきなのか、あなたの御国のためにどのような働きをなし得るのか示してください。

考えてみましょう：あなたは友達のためならば、喜んで戦いに臨むことができますか？

10月25日
――身をもって守る――

　"邪悪の化身"は、私がゲリーの傍らに飛び降りても、まばたき一つしませんでした。"邪悪の化身"は、ゲリーの目をじっと見つめ、おびえさせているようでした。
「おまえにこの道を歩く権利があるなんて、どうして思うんだ？」
　"邪悪の化身"はゲリーにそう聞いておきながら、その答えを待たずにこう続けました。
「教えてやろう。おまえにその権利はない。ここでおまえの目に入る物はすべておれの物。それが誰だろうと何だろうとな」
　"邪悪の化身"は一瞬、私の方を見ただけで、それからもずっと私の存在を無視し続けていました。"邪悪の化身"の標的はゲリーであり、その攻撃はまだ始まったばかりでした。
「今すぐしっぽを巻いて帰りな。おれの言うことを聞いていれば、おまえのちっぽけな命は奪わないことにしてやってもいい。だが、おれに従わないっていうのなら．．．」
　"邪悪の化身"がゲリーに一歩近づくと、場面は急展開しました。ゲリーは後ずさりし、その拍子に尻もちをつきました。私は剣を手に、前に進み出て、二人の間に入りました。"邪悪の化身"は、その時初めて私を真っすぐに見据えました。そして、表情をまったく変えずに、黙ってその場に立っていました。
「これ以上近づくな」
　私は言いました。
「おまえはこの子に何も要求する権利はない。これ以上われわれの邪魔をするな」
「いや、おれにはこのガキを好きなように扱う権利があるのさ」
　"邪悪の化身"は言いました。
「このガキは自分で認めたぜ。ここまで来たのは、ただ"彼女"に会いたいからだとよ」
　その言い方に込められた何かが、その言葉の下品さをより一層強調していました。
「このガキはおれの領地にいる。従っておれのモノだ」
「おまえの主張に異議がある」
　私は身じろぎもせずに言いました。
「今朝、この子は、イエス・キリストの血を、自分がゆるされ、神の御国に受け入れられたことの印として告白したんだ」
　その言葉は、"邪悪の化身"に衝撃を与えたようでした。私は"邪悪の化身"に近づきながら、こう言いました。
「だから、おまえのそういう主張は、神の子に直接聞いてもらうことだな。だがその前に、この子がほしかったら、まず私を倒してからにしろ」
　"邪悪の化身"はしばらく戸惑ってから、後ずさりし、そしてこう叫びながら立ち去り、ついには姿が見えなくなりました。
「このガキめ、覚悟しておけよ。いつも子守役がついているわけじゃないんだからな」

　わたしがこの国を滅ぼさないように、わたしは、この国のために、わたしの前で石垣を築き、破れ口を修理する者を彼らの間に捜し求めたが、見つからなかった。
エゼキエル書22章30節

祈り：天のお父様、どんなときに敵から逃げるべきなのか、どんなときに抵抗し、攻撃するべきなのか、知ることができるよう助けてください。どうかあなたの御名のために私を用いてください。

考えてみましょう：他の人を"身をもって守る"ことの例として、どのような行為が挙げられますか？

299

10月26日
――決心――

　私は長い間、"邪悪の化身"やその手下が戻ってこないことを確かめるために、その場に立っていました。背後にはゲリーの気配を感じていました。立ち上がってこちらに近づいてくる彼は、ひどく息を切らしていました。何分かたってから、彼は言いました。
「これよりもひどい事ってあるのかな？」
「ああ、あり得るよ。それでも旅を続けたいかい？」
　ゲリーは長い間黙っていましたが、息が落ち着いてきたらしく、ようやく口を開きました。
「うん、やっぱり続けたい。どうしてだか分かる？」
「いや、どうしてだい？」
　私は聞きました。
「あなたが"キリスト""血""ゆるし"という言葉を使った時の、やつの顔を見たからだよ。あんな化け物と対決できる秘密なんて、町に戻ったって見つけられやしない。もっと知りたいんだ」
「"レッスンその一"」
　私は言いました。
「やつは、どんなに威勢のいいことを言っても、われわれに指一本触れることができない。君は今朝の祈りをささげた時点で、神の御子、イエス・キリストの守りの下に入ったんだ。"邪悪の化身"はそのことを知っているし、その線を絶対に越えることはできない。"レッスンその二"はこうだ。やつは必ずしもわれわれに直接手を下す必要はない。つまり、やつは"手下"に自分の仕事を代理させる場合があるということだ。われわれは罪によって壊れた世界に生きていて、罪にも実にさまざまな形や大きさがある。だからこそ、われわれは準備を万全にしておかなければならないし、だからこそ、互いに助け合わなければならないんだ」
「あなたはたった今おれを助けてくれた。助け合うというのはそういう意味なのか？」
「まあそういうこともある。私は"レッスンその一"を知っていたが、君は知らなかった。中には、それを忘れてしまったがために、助けが必要な人もいるだろう」
「もう一つお願いがあるんだけど」
　ゲリーは言いました。
「"レッスンその二"に取り組みたいんだけど、手伝ってもらえるかな？」

神は、私たちを暗やみの圧制から救い出して、愛する御子のご支配の中に移してくださいました。この御子のうちにあって、私たちは、贖い、すなわち罪の赦しを得ています。
コロサイ人への手紙1章13～14節

祈り：天のお父様、御子イエス・キリストの血によってサタンを打ち負かしたあなたを賛美いたします。サタンが既に敗北した敵であることを忘れ、その権威の下にあるかのように振る舞ってしまう私をおゆるしください。どうか私に、御名のためにサタンに抵抗することを教えてください。

考えてみましょう：あなたはサタンの国に属する者であると信じ込まされそうになったことがありますか？　その時あなたはどうしましたか？

10月27日
──基礎訓練キャンプ──

"邪悪の化身"に出会ってからというもの、ゲリーはますます旺盛な学習意欲を見せました。彼はこの旅についてならどんなことでも知りたいようでした。どんなことが予想されるのか、どんな人に出会うかもしれないのか、どこが終点なのか。彼のすべての質問に答えることはできませんでしたが、取りあえず基礎的な事柄から始めることにしました。私は彼の履いている靴をよく見てからこう言いました。
「そのスニーカーは良くないな。君の住んでいる町でははやっているのかもしれないが、山道の過酷な環境には向いていないよ。ランデブーで何かいい靴が手に入るかもしれないが、それもしばらく先のことになる」
「ランデブーって何？」
「ああ、そのことは後で話そう。今は君の持っている物を最大限に生かすことを考えよう。ここにたっぷり余ったひもをこっちに回して、足の甲のこの部分を補強するんだ」
　昼間はずっと、基礎的な事柄や健康な足の大切さについて話して過ごしました。ゲリーは冷やかすようなコメントを付け加えたい様子でしたが、私が大まじめなのを見ておとなしくしていました。夕方近くになるころには、私は、彼が大体の基礎を習得したことに満足していました。彼は靴のひもを結び、ほどいてはまた結んでみせ、靴を指さしながらたき火の周りをインディアンのように踊りました。
「これでおれも大体、旅の準備が整ったんだよね？」
　彼はたき火の周りを二、三度回ってから言いました。
「ああ、今朝と比べたらかなり整ってるよ」
　私は言いました。
「ついでに言うと、君はそのバックパックを調節しないと、大きな円を描いて"堂々巡り"することになるよ」
「どういう意味？　何も問題ないように思うけど」
「それは君の体が、重さの片寄ったバックパックに慣れてしまったからだ。君が最初に近づいてきた時、まず気が付いたことの一つが、体を左に傾けながら歩いていることだった。その理由は、君のバックパックを一目見て分かったよ」
　それから二人で彼の荷物を広げて、バックパックにきちんと詰め直す作業に取りかかりました。私は言いました。
「ゲリー、このバックパックはいろんな面で人生によく似ているんだ。われわれは、大切だと思い込んでいる物事のせいでバランスを崩してしまう。すぐにはそれに気が付かないばかりか、無意識にすべてをそれに合わせて調節しているのさ。そうなってしまうと、われわれはもう真っすぐに歩いてはいない。それが問題なんだよ。このことについての有名な説教があるんだが．．．」
　私は彼にほほ笑みかけながら言いました。
「あとは自分で考えて、答えを出してごらん」

狭い門からはいりなさい。滅びに至る門は大きく、その道は広いからです。そして、そこからはいって行く者が多いのです。いのちに至る門は小さく、その道は狭く、それを見いだす者はまれです。

マタイの福音書7章13〜14節

祈り：主よ、私はこうして旅を続ける中、小さな間違いがいかに重大な出来事につながり得るかということに気付かされます。あなたが私のために用意してくださった道を、真っすぐに進むすべを教えてください。どうしたらいいのか分からなくなってしまったときには、正しい道に導いてください。

考えてみましょう：ほんの小さな判断ミスが後に深刻な事態を招く例として、どんなものが挙げられますか？

10月28日
――再出発――

　きちんと靴ひもを結び、バックパックに片寄りなく荷物を詰めた状態で、ゲリーと私は今日から共に道を進んでいくのです。二人で歩きながらこの旅について話していると、私は自分がとてもいい気分でいることに気が付いて驚きました。私はまだ息子のことを悲しんでいましたが、この青年の旅立ちの手助けをする責任を負った今、くよくよしている暇などほとんどありませんでした。
「どうしてみんな、あなたのことを"友達"って呼ぶの？」
　道端で一休みしている時、彼が聞いてきました。
「本当の名前はないの？」
　私は笑ってしまいました。
「ああ、本当の名前があるとも。たぶん君にも、いつかその名前を教える時が来るかもしれないな。でも、私はこの旅を始めてから、一度もその名前を名乗ったことがないんだ。歩き始めるや否や、新しい自分になったみたいな感じがした。その後、出会った人々が、新しい私にふさわしい名前を付けてくれたってわけさ。"友達"の方が、出生証明書の名前よりも、今の自分がどんな人間なのかをよく表していると思いたいね」
　彼はしばらく考えていたようでしたが、ふとこんなことを言いました。
「おれも新しい名前がほしい。町に帰れば、おれは"不良のゲリー""ずる賢いゲリー""一生このままのゲリー"だ。あなたと一緒に祈った時から、実は、おれも新しい自分になったような気がしてる。もう前の自分に戻りたくないよ」
　彼は石を拾って、道端に投げました。
「どう？　おれに新しい名前を付けてくれない？」
「君には本当に驚かされるよ」
　私は言いました。
「たった今、君の言ったことは、聖書に書かれている事だ。ところが、君はこれまでに一度も聖書を読むチャンスがなかった。聖書にはこう書かれている。人はクリスチャンになると、それまでの古い人生が"死んだ状態"になる。そればかりか、当時、多くの人々は、新しい人生にふさわしい、新しい名前を名乗るようになったらしい。君に新しい名前を付けてあげるのは、私にとってもうれしいことだが．．．。祈りながら、じっくり考えてみないとね」
「当面の間．．．」
　私は立ち上がってバックパックを担ぎながら言いました。
「おしゃべりのし過ぎで年寄りについて来られない"おしゃべり君"っていう名前はどうだい？」
「面白いことを言うね」
　彼は自分の荷物を担ぎながら言いました。
「どっちがどっちについて来られないのか、やってみようじゃないの」

　彼はまず自分の兄弟シモンを見つけて、「私たちはメシヤ（訳して言えば、キリスト）に会った。」と言った。彼はシモンをイエスのもとに連れて来た。イエスはシモンに目を留めて言われた。「あなたはヨハネの子シモンです。あなたをケパ（訳すとペテロ）と呼ぶことにします。」
　　　　　　　　　　　　　　　　　　　　　　　ヨハネの福音書1章41～42節

祈り：あなたはすべての星をご存知で、その一つ一つを名前で呼ばれます。あなたは私が生まれる前から私をご存知です。天のお父様、私があなたの声を聞いてそれに従うよう、私の名前を呼んでください。私の名前が、あなたの栄光の生きたあかしとなりますように。

考えてみましょう：あなたの名前にはどんな意味がありますか？　それはあなたの人生をよく表していますか？

10月29日
――湖――

夕方ごろには、ゲリーの話していた湖に着きました。その水は見るからに美しく、幅にして一キロメートル半以上はあるかと思われ、そのほとりは何種類かの常緑樹に縁取られていました。向こう岸には、湖に落ちる滝が見えましたが、これから夜になろうとしている静かな時間帯にもかかわらず、かすかなとどろきしか聞こえませんでした。

ブラックバスの跳ねる音も聞こえたので、釣り道具を引っ張り出し、夕食用に二、三匹捕まえてみることにしました。
「一番大きな魚に賞を出すっていうのはどう？」
ゲリーは、釣り糸を垂らしながら大声で私に言いました。
「どんな賞だい？」
「おれが泳いでいる間に、あなたが料理をして洗い物もする」
「一つ大事なことを忘れてないかい？　その賞をもらうには、君はまず一番大きな魚を捕まえなければならないってことだよ」
しばらくは二人とも何も釣れずにいたのですが、突然、ゲリーが叫び声を上げました。彼の餌に何かが食いついたようです。彼がリールを巻き始めると、釣りざおは曲がって今にも真っ二つに折れそうになりました。一度だけ水の上に跳ねたその魚はブラックバスのようでした。魚は突然、右へ突進し、あっという間に私の釣り糸に絡みついてきました。二人の釣りざおは、魚の重みでしなっていましたが、ゲリーの糸がぷつりと切れると同時に、彼は後ろ向きに水に落ちてしまいました。私は笑いたかったのですが、激しく抵抗するブラックバスと格闘していたのでそれどころではありませんでした。

魚は釣り糸に絡まっているだけで、簡単に逃げてしまう可能性があります。ですからリールを巻く時も十分に気を付けなければなりませんでした。その時、何かがさっと目の前を通り過ぎたような気がしたのですが、それは魚目がけて突進するゲリーでした。頭から真っ逆さまに飛び込んだ彼は、一瞬、完全に姿が見えなくなったかと思うと、ぴちぴちと跳ねるブラックバスをつかんで戻ってきました。彼は一度、手を滑らせてブラックバスを落としたものの、すぐにまた捕まえ、ついにえらの部分をつかみました。それを誇らしげに掲げる彼を見て、私は歓喜し、そしてこう言いました。
「最終的に私の釣り糸に掛かったんだから、厳密に言うと、この魚は私が釣ったことになるんだろうなあ。それに君はもう一泳ぎしたんだから、あとは洗い物だけになるね」
私は、"戦利品"を持って水から上がってくるゲリーを見ながら言いました。
「こうしていると、イエス様がなぜ最初の弟子に漁師を選んだのか分かるような気がするよ」
「どうして？」
「ほしいものを手に入れるためなら、足をぬらすことも嫌がらないからさ」

夜が明けそめたとき、イエスは岸辺に立たれた。けれども弟子たちには、それがイエスであることがわからなかった。イエスは彼らに言われた。「子どもたちよ。食べる物がありませんね。」彼らは答えた。「はい。ありません。」イエスは彼らに言われた。「舟の右側に網をおろしなさい。そうすれば、とれます。」そこで、彼らは網をおろした。すると、おびただしい魚のために、網を引き上げることができなかった。

ヨハネの福音書21章4〜6節

祈り：イエス様、平凡な日常生活を通して、あなたは私に多くのことを教えてくださいます。今日、あなたの目を通してこの世を見、また、あなたが見させてくださるものすべてを見ることができますように。そして、今まで学んだ事柄を用いて、あなたにより近い者となることができますように。

考えてみましょう：身の回りの物事を観察してみましょう。霊的理解を深めるための教訓として用いることのできそうな物や場面が何かありますか？

10月30日
――新しい名前――

「炭火で焼いたブラックバスは最高だろう？」
　夕食の後くつろぎながら私はゲリーに言いました。湖の上には月も出ていて、穏やかで静かな夜でした。
「自分で釣ったときにはなおさらだね」
　彼はにやりと笑いました。
「そうだな」
　私はうなずきながら言いました。
「まあ心配するな。次は君が釣る番かもしれないんだから」
　彼は、捕まえたのは自分だとばかりに文句を言い始めましたが、私が「分かった、分かった」というふうに手を上げると、口を閉じました。
「冗談だよ」
　私は笑いました。
「実際、君の腕前には感心したよ。あまりに感心したものだから、君の新しい名前もそこから取ってみた」
　ゲリーは背筋を伸ばして期待に満ちた顔をこちらに向け、私はこう続けました。
「イエス様がシモンとアンデレに弟子になるよう言われた時、彼らは漁に出ていた。彼らにとって、漁師というもうかる仕事を捨てることは一大決心だったに違いない。だがイエス様は言われた。『私について来なさい。あなたがたを、人間をとる漁師にしてあげよう』　そして彼らはその通りにした。シモンは"ペテロ"（岩の意）となり、その後の教会の土台たる岩となった。アンデレは最後まで忠実な兄弟として、人々をイエス様へと導いた。ゲリー、私は君もそれと似たような力を持っているような気がするんだ。君は世の中を見て『何でこうなるんだ』と言い、むちゃをしてでも何とか現状を変えようとするだろう？　今日、世界で最も有名かつ尊敬に値する人々の中にもフィッシャー（漁師の意）という名前の人はいるけれど、残念なことに、彼らのほとんどは"漁師兼弟子"たちの重要性を理解していない。現状を打破するにはちょうどいい機会かもな．．．フィッシャー？」
　彼は少しの間考えてから、二、三度その名前を言ってみると、今夜の獲物を釣るのに使った釣り針を、バックパックの奥から取り出した野球帽に刺しました。
「フィッシャーか！」
　彼はにやりと笑いながら言いました。
「せいぜい先輩漁師たちの評判に恥じないように、がんばらないといけないな」

イエスがガリラヤ湖のほとりを歩いておられたとき、ふたりの兄弟、ペテロと呼ばれるシモンとその兄弟アンデレをご覧になった。彼らは湖で網を打っていた。漁師だったからである。イエスは彼らに言われた。「わたしについて来なさい。あなたがたを、人間をとる漁師にしてあげよう。」彼らはすぐに網を捨てて従った。
マタイの福音書４章18〜20節

祈り：主よ、私は、あなたが弟子たちに捕るよう命じた"魚"の一人として、あなたの御前に立っています。私についてくる人々のために、私も同じようにすることができますよう助けてください。どうすれば"漁師"になることができるのか教えてください。

考えてみましょう：福音伝道と漁師の仕事には、どのような共通点があるでしょうか？

10月31日
――漁の心得――

今朝は早起きし、太陽がこずえの上に差し掛かるころには、湖のほとりに続く道に沿ってかなりの距離を歩いていました。"フィッシャー"という新しい名前をもらったばかりのゲリーは、道の幅が十分広いときには、必ず横にぴったりとついて歩きながら、私を質問攻めにしていました。彼は意気揚々と言いました。
「あ、そうだ、これも聞かなくちゃ」
　私は笑みを浮かべながら、それに答えて言いました。
「おや、この世にまだ私が答えていない質問があったのかい？」
「おれはまじめに言ってるんだよ」
　彼は言いました。
「ペテロとアンデレは、イエス様に"人間を捕る漁師"になるよう言われたんだよね。でもそれってどういう意味なんだろう。だって魚なんて疑うことを知らない、ただの哀れな生き物じゃないか。足をばたばたさせて嫌がる人たちを、無理やり御国に引きずっていくのがおれの仕事なのかい？」
「いい質問だ、フィッシャー」
　私は言いました。
「君だけじゃなくて多くの人たちが、同じことを考えていると思うんだ。つまり、福音を伝え広めることは、そういう意識のない世の中の人たちの権利を侵害するんじゃないかっていう考え方さ。けれども聖書を読んでいると分かるんだが、旧約聖書には、今にも神様に捕らえられて裁かれそうになっている邪悪な人間を、魚に例えている部分が多くある。エレミヤ、エゼキエル、アモス、イザヤは皆、そのような例えを用いているし、イエス様の弟子たちもそれをよく知っていたはずだ。だがイエス様は言われた。『来るべき裁きからこれらの人々を救わなければならない。さあ、行って彼らを見つけ出し、手遅れになる前に連れてきなさい』　この話、分かるかい？」
「ああ、何となくだけど」
　彼は言いました。
「あと一つだけ質問していい？　餌は生き餌がいいかな？　それともルアーにしようかな？」
「それは初めての説教の題材にするといいかもな」
　私は笑いました。
「今からその日が楽しみだよ！」

見よ。わたしは多くの漁夫をやって、――主の御告げ。――彼らをすなどらせる。その後、わたしは多くの狩人をやって、すべての山、すべての丘、岩の割れ目から彼らをかり出させる。
エレミヤ書16章16節

祈り：天のお父様、どうか私を、「さまよう人々を一刻も早く救わなければならない」という気持ちにさせてください。こうしている間にも、あなたに人生をささげることなく死んでいく人々がいるということを、あらためて思い出させてください。主よ、いま一度、私に"漁"の仕方を教えてください。

考えてみましょう：未信者の人たちは、「クリスチャンは"自分たちの宗教を押し付ける"」とよく言います。あなたはそのことについてどう思いますか？

11月1日
――目の前の道――

　フィッシャーと私にとって、今日は湖畔に沿って歩いたすがすがしい一日でした。道は平坦で、二、三カ所、小川を歩いて渡らなければならなかった以外は、特に苦労もなく進むことができました。つまり、おしゃべりをする余裕もあったわけで、フィッシャーがこのチャンスを利用しないはずがありませんでした。彼は、旅を続けるという新たな決意や、町での暮らしについて語る一方で、私の家族についてや、この旅の私自身の印象について聞いてきました。

　靴を脱いで小川を歩いて渡ってから、彼はこう言いました。
「上流に行けば、いつかは石の上を軽く跳ぶだけで体をぬらさないで渡ることができるかもしれないのに、あえてここを渡るんだね。いや、文句を言ってるわけじゃない。冷たい渓流にこうやって足を浸すのは、毎回楽しみでもあるからね。でも、これには、おれたちが"邪悪の化身"に出会う直前にあなたが言っていたことと何か関係があるんだろうか？　おれがあの倒れた木を避けて通ろうとすると、あなたは、『よほどのことがない限り、道を離れるな』と言っておれを止めたよね。横道にそれてはいけないという決まりでもあるのかな？」

　私は笑いながら言いました。
「いや、フィッシャー、そうじゃないんだ。ただ、私も、常に道から離れずにいるのがどんな場合でもベストなのだと分かってきたところなんだ。私はこの旅で困ったことがあると、近道を探したり、何か恐ろしいものから逃げたりしていたんだが、そうやって道を外れるたびに、必ず悲しい目に遭ったよ。もちろん、薪を集めたりだとか、夕日を眺めたりだとか、少しの間、道を離れることはあるさ。私が言いたいのは、そういうときのことじゃなくて、『道はあっちに続いているけど、何だか気に食わないからこっちに進もう』って思うときのことさ。そういうのが反抗っていうんだよ、フィッシャー。そういう反抗については、後で神様に『これはどういうことなんだ？』と言われても仕方がない。実際、倒れた木を避けて通っても、旅には何の影響もなかったかもしれない。それでも私は、いつでも道から離れないようにしていたいんだよ」

　フィッシャーはしばらく考えてから、こう言いました。
「あなたは正しいと思う。考えてみれば、"邪悪の化身"はあの倒れた木のちょうど反対側でおれを待ち構えていた。おれが気の向くままに丘の斜面を登って、そこでやつに出会っていたら、もっとひどいことになっていたかもしれない」

　あなたがたは、あなたがたの神、主が命じられたとおりに守り行ないなさい。右にも左にもそれてはならない。あなたがたの神、主が命じられたすべての道を歩まなければならない。あなたがたが生き、しあわせになり、あなたがたが所有する地で、長く生きるためである。

　　　　　　　　　　　　　　　　　　　　　　申命記5章32～33節

祈り：天のお父様、私は何という羊でしょう。目の前に道が用意されているというのに、私はいとも簡単に誘惑に負けて横道にそれてしまいます。主よ、どうかこんな私をおゆるしください。そしていつも私を捜しに来てください。

考えてみましょう：これまでの人生で、明らかに神様が用意してくださった道を離れてしまった時のことを思い出してみましょう。

11月2日
——出口なし——

　今日、私たちは湖を離れ、西へ続く低い峠を登り始めました。傾斜はかなり緩やかで、昼ごろには頂上に着いていました。一帯は大部分が平らな湿地になっていて、所々に低木が生えていました。フィッシャーが昼食の材料をバックパックから取り出している間に、私は火をおこしました。彼は、コーヒーを作るための水を手に入れようと、ほんの数歩離れた所に水たまりを見つけ、早速その水をくみ始めました。
「私ならその水は飲まないな」
「どうして？」
「病気になるかもしれないぞ」
「大丈夫そうだけど」
「その水たまりはよどんでいるからだよ。地面から染み出た水はたまる一方で、出ていくことがない。流れのない水の中には、バクテリアがうようよしているんだ。最近、沼地の水を飲んで病気になったことのある私の忠告だ。聞いておいた方がいい。ああいう経験は決していいもんじゃない」
「そういうことなら、やめとこう。ここから少し道を戻った所に小川があったよね。そこまで行ってくるよ」
　フィッシャーが水をくみに行っている間、私はよどんだ水たまりを見ながら考え事をしていました。
（水はなぜ、はけ口があると飲めるようになるのだろうか）
　私はガリラヤ湖と死海について考えました。どちらも大きな湖ですが、一方には魚があふれ、一方は塩以外に何もなく、まったく生物がすんでいません。その違いは何でしょうか。水の入り口は両方にありますが、出口はガリラヤ湖にしかありません。
　フィッシャーが水をくんで戻ってくると、私は言いました。
「よし、君に次の課題を与えよう。"出口"が大切な理由を挙げてごらん。まず、蒸気機関の場合はどうだろう」
「簡単だよ。蒸気の出口がないと爆発する。よくあることさ」
「よろしい。人間の体の場合はどうだい？」
　彼は鼻筋にしわを寄せながら言いました。
「ちょっと想像したくないなあ」
「オーケー。じゃあ、感情はどうかな。出口が必要だろうか？」
「怒りみたいな感情だったら、ため込んでいると頭がおかしくなってしまうだろうな」
「ご名答！」
　私はこの即席のレッスンに機嫌を良くして言いました。
「でも、不安、恐れ、幸せ、愛などはどうだろうか。人はそういった感情を表さずに心の中にしまっておけるものだろうか」

私は、「主のことばを宣べ伝えまい。もう主の名で語るまい。」と思いましたが、主のみことばは私の心のうちで、骨の中に閉じ込められて燃えさかる火のようになり、私はうちにしまっておくのに疲れて耐えられません。
エレミヤ書20章9節

祈り：主よ、私の心に働きかけ、みことばを燃え上がらせ、ためておくことができないようにしてください。どうか私を、語らずにはいられない気持ちにさせてください。私の語る言葉が、あなたやあなたの御国に栄光をもたらしますように。

考えてみましょう：何かについて、誰かに話さずにはいられないような気持ちになったことがありますか？　そんなときの"ニュース"と福音との間には、どのような共通点があるでしょうか？

11月3日
──もう一つのはけ口──

　フィッシャーと私は昼食を食べる間中、熱心に、感情のはけ口の必要性について語り合いました。心配のような受け身的な感情でさえ、心の中にうっせきさせてそれを表さないでいると、事態が悪化することがあります。
「感情をため込まないようにするといっても、具体的にはどうすればいいんだろう？」
　フィッシャーは言いました。
「超人ハルクにでもなって、怒りに任せて何でも手当たり次第に破壊するってのはどう？」
「明らかにそれは違うな」
　私は考え込んだ表情で言いました。
「感情を表すにも、いいやり方と良くないやり方があるんだと思う。ある時、私は神様に対して怒りを感じていた．．．」
「ええっ？」
　フィッシャーが口を挟んできました。
「そんなこと許されるの？　それがいけないことだって、おれにも分かるよ」
「私の場合、自分に起こった出来事がどうしても理解できなくて、それを神様のせいにしていたのが間違いだった。いまだに完全に納得したわけではないんだが、だんだん、『そのうちに分かる日が来る』と思えるようになってきたんだ。一方では、怒りが自分を傷つけるばかりでなく、近くに誰かがいたらその人まで傷つけてしまいかねないという事実と向き合わなければならなかった」
「それで結局どうしたの？」
　フィッシャーは聞いてきました。
「神様に自分の気持ちを伝えたよ。心の中のことは神様から隠すことはできないと分かっていたけれども、とにかくはっきりさせておいたほうがいいと思ったんだ。私は神様に対して、なぜこんなことをするのですか、という不満ばかりでなく、どうして何もしてくださらないのですか、という責める気持ちまであらわにした。自分にはまだ理解できていないことがあって、このようなつらい出来事にも、きっと何かきちんとした理由があるのだろうと分かってはいたのに、その時は神様に包み隠さず正直に怒りを伝えることしかできなかったんだ」
「神様はそれを受け入れてくれたと思う？」
「そう思うよ。神様はこのことについて、私を平安な気持ちにしてくださっているのが分かるんだ。神様への怒りを抑えて神様との対話を拒否していたら、いまでもあの沼地にいただろうと思う」

　主は彼に仰せられた。「だれが人に口をつけたのか。だれがおしにしたり、耳しいにしたり、あるいは、目をあけたり、盲目にしたりするのか。それはこのわたし、主ではないか。さあ行け。わたしがあなたの口とともにあって、あなたの言うべきことを教えよう。」すると申し上げた。「ああ主よ。どうかほかの人を遣わしてください。」
　　　　　　　　　　　　　　　　　　　　　　　　出エジプト記4章11～13節

祈り：聖書には、「こんなことは我慢できない、理解できない」とあなたに不平を言った人々のことが書かれています。そのようなことを言うなど、考えるだけでも恐ろしいことです。しかし、あなたは私の心の隅々までご覧になり、私が抱いている感情をすべてご存知です。主よ、反抗的になったり罪深くなったりすることなく、あなたの私への愛や、私のあなたへの愛のあかしとなるような方法で、自分の感情をあなたに伝えることができるよう助けてください。

考えてみましょう：「神様、私はあなたに対して怒りを感じています」と言うのは、いけないことだと思いますか？

11月4日
――はけ口としての福音伝道――

「もう一つ例を挙げてみようか」
　峠を下り、次の谷に向かって進みながら、私は言いました。
「すべてを自分の中にしまい込んでおくことは、本人にとっていいことじゃない。そればかりか、祝福がほかの人に行き渡るのを妨げてしまうんだ。例えば、そこを流れる水について考えてごらん」
　私は、丘の斜面を流れる川を指して言いました。
「もしこの川が、ただの水たまりだったら、川下の植物はみんな枯れてしまうだろう」
「高い土地からあふれ出た水が、洪水となって押し寄せる時のことは、言わずと知れてるけどね」
　フィッシャーは言いました。
「そうだ！　それにこんな例もある。この二、三日で、あなたはおれの知らなかった神様の真実で、おれを満たしてくれた。素晴らしい知識が得られてうれしいよ。でも今度はそれを誰かに教えてあげる機会がないと、そのうちに、あなたにぶちまけてしまうかもしれない！」
　私は笑って言いました。
「フィッシャー、君はもう新しい名前の通りに振る舞っているな。神様はきっと、君のために素晴らしい計画をご用意されていることだろう。それがどんな計画なのか、詳しいことは私にも分からない。けれども、"人間を捕る漁師"といわれる福音伝道士の仕事が与えられるのは、ほぼ間違いなさそうだ」
「そう思う？」
　彼は、期待のこもった声で言いました。
「うん、おれは話をするのが好きだ。それは事実だね。それに、あなたがもっともっといろんなことを教えてくれたら、話題にも事欠かなくなるかもしれない！」
「それなら、ちょっと練習してみようか。イエス様は、『私について来なさい。あなたがたを、人間をとる漁師にしてあげよう』と言われたけれども、それは一体どういう意味だったのか、自分の言葉で説明してごらん」
　フィッシャーはすぐにやる気を見せ、その課題に取りかかりました。
「えーと．．．」
　彼は語り始めました。
「まずちょっと想像してみてよ。海には魚がいっぱいいる。それはちょうど、罪人でいっぱいのこの世と同じで。あなたもおれも罪人で、それで．．．」
「ちょっと待った！」
　私は少し意地悪をして言いました。
「私が罪人だって？　自分ではかなり善良な人間だと思っているんだがね」
「それはごもっともだけど、良い行いと罪とは別の問題なんだ」
　彼は答えました。
「肝心なのは、すべてをお造りになった創造主と人間との関係なんだ．．．」
　私は、新米説教者の話に耳を傾けながら、時間の過ぎるのも忘れて何キロメートルも歩きました。

鉄は鉄によってとがれ、人はその友によってとがれる。
　　　　　　　　　　　　　　　　　　　　　　　　　　　箴言27章17節

祈り：天のお父様、より良い"仕え人"となれるよう、私を"といで"くれる人々を遣わしてください。そして私も、あなたに従って歩む人々の助けとなることができますように。

考えてみましょう：あなたは最近、誰を"とぎ"ましたか？

11月5日
――再会に向けて――

　私たちは、谷間の青々とした草地に着きました。そこには、最近、誰かがキャンプした跡があったので、迷わず今夜はそこに泊まることにしました。ありがたいことに、たくさんの薪や、石を積んだ"かまど"や、器用に木を削って作った台所用具まであリました。
「ここでキャンプした人は、一人や二人だけではなさそうだな」
　私は言いました。
「残された物から判断して、ずいぶん働き者のグループのようだ」
「これを作ったのはおれのガールフレンドだな」
　フィッシャーは、松の枝で精巧に作られた"へら"を手に取りながら言いました。
「彼女はこういう物を作るのが得意なんだ。これもきっと彼女の作品だよ」
　彼は黙ってしばらくそこに座っていました。私が沈黙を破りました。
「彼女に会うのが楽しみかい？」
「うん、まあね」
　彼は考え込んだような顔で言いました。
「っていうか、もちろん楽しみだよ。会ってこれまでのことを話したくて仕方がないさ。でも、彼女に嫌われたくない。おれは見ての通り、こんなに変わった。きっともう、彼女の知っているおれじゃないし、彼女の好きだったおれでもない」
「だが私の記憶が正しければ．．．」
　私は言いました。
「君たちの間には一つ大きな問題があったんだろう？　彼女は神様に人生をささげていたけれども、君はそうではなかった。君が同じ信仰を持つようになったと彼女が知ったら、喜ぶと思うけどなあ」
「ああ、喜ぶだろうね。でも、あらためて彼女と一から知り合う必要があるだろうな。その過程で、お互いにとってふさわしい相手ではないということになるかもしれない」
「その可能性がないとはいえないな」
　私は言いました。
「でも、こんなふうに考えてみたらどうだい？　君たちは、この旅を最後までやり遂げるという、以前は持っていなかった共通の目的を持つようになった。君たち二人は、既に神様に人生をささげているし、神様のためならどこへでも行く覚悟ができている。私には、君たちの将来性は格段に向上したように思えるんだが。でもそうならなくても、それは神様が君のためにそれに勝る良い物をご用意してくださっているということだから心配しなくていい」
　私は柔らかい草に寝そべって言いました。
「だから今のうちに、向こうの川でちょっと"あか"でも落としておいたらどうかな」
　そのわずか何秒か後には、彼はバシャリという大きな音を立て、歓声を上げながら冷たい水に飛び込んでいました。

不信者と、つり合わぬくびきをいっしょにつけてはいけません。正義と不法とに、どんなつながりがあるでしょう。光と暗やみとに、どんな交わりがあるでしょう。キリストとベリアルとに、何の調和があるでしょう。信者と不信者とに、何のかかわりがあるでしょう。
コリント人への手紙第二6章14～15節

祈り：主よ、人々との関係において私を正しい道に導いてください。あなたへの愛や信仰が、人々と私の関係において共通のものとなりますように。これから関係を持とうとしている人々についてよく考えることができますよう、彼らと深くかかわり合う前に知恵をお与えください。

考えてみましょう：片方が未信者の男女関係においては、どのような問題が生じやすいでしょうか？

11月6日
──再会──

　今朝は、早く寝袋から出るようフィッシャーをせき立てる必要はありませんでした。彼は辺りが明るくなる前に起きて、炭火に息を吹きかけていたようです。私が目を覚ますころには、コーヒーが入り、出発の支度も整っていました。
「今日みたいな日は、たくさん歩けそうだなあ」
　彼は明るく言いました。
「出発の用意は万端だよ。あなたは？」
「私は、まだ幾つかやることがあるよ。例えば、このコーヒーを飲んだり、朝食を食べたりね。何をそんなに急いでるんだい？」
　私は、"お見通しだよ"というふうに笑みを浮かべて、そう言いました。
「えっ、だからその、早く歩きたいなって。麗しき朝よ！　旅人を手招きする道よ！　そして．．．というか、もうバレてるのかな？」
「ああ、とっくにね。でも君の気持ちも分かる。君の友達のグループとわれわれの距離の差はたった一日だ。もしかすると今夜にでも追いつけるかもしれないものな。私も彼らに会うのが楽しみだよ」
　私は寝袋から出て立ち上がり、たき火に寄って体を温めました。
「でもやっぱり何か食べてからじゃないと．．．」
　フィッシャーが何かを突きつけてきたので、私はそれを手に取りました。
「残り物の魚でサンドイッチを作ったんだ。歩きながら食べてよ。コーヒーを持っていてあげようか？」
　荷物をまとめて出発した時、まだ鳥のさえずりも聞こえていませんでした。道は下り坂が続いたので、順調に進むことができました。立ち止まったのは、サンドイッチをもう一つ食べるのに少しの間、休憩した時だけでした。残り物の魚のサンドイッチを我慢して食べることにしたのは、夜には何か温かい物が食べられるだろうとフィッシャーが言い張ったからでした。
「サンディーは料理がとても上手なんだ。ありきたりの材料でごちそうが作れるんだよ」
「ああ信じるよ。君もいわば彼女の"作品"のようなものだものな」
　彼は、私がからかい半分に言ったその言葉の意味を一瞬、理解できないでいました。
「言っておくけど、彼女は"オヤジ"連中の扱いも慣れてるからね」
　フィッシャーがすねた口調で言い返しました。
　私たちは歩き続け、太陽が山の向こうに沈む時間になりました。そして私がもう今日中には彼らに追いつけないだろうとあきらめかけたその時、フィッシャーが立ち止まって言いました。
「何かにおわない？」
　私は立ち止まり、鼻をひくひくさせてからこう答えました。
「ああ、煙だな」
　それから間もなくして、たき火が見えてきたので、私たちは大声で叫んでみました。遠くからでも、私はサンディーがどの人か分かりました。彼女は私たちの姿を見るまで、鍋をかき混ぜていました。彼女は最初、戸惑ったような表情をしていましたが、フィッシャーに気が付いた途端、スプーンを火の中に放り投げ、歓喜しながらこちらに走ってきました。

愛する方の声。ご覧、あの方が来られます。山々をとび越え、丘々の上をはねて。
雅歌2章8節

祈り：男と女とに造られ、その特別な関係を楽しむことができるのは、何と素晴らしい祝福でしょう。異性にかかわる決断をする時、私に知恵をお与えになり、あなたのみこころにかなう男女関係を祝福してください。

考えてみましょう：神様はなぜ、人を男と女に造ったのでしょうか？

11月7日
──新しい自分──

「ゲリー！」
　私たちを出迎えに走ってきたサンディーは叫びました。
「ゲリー！　会いたかったわ！」
　一瞬、照れくさくてどうしたらいいのか分からない様子の二人でしたが、すぐに声を上げて笑い、そして抱き合いました。
「サンディー、友達を紹介するよ。彼、実は"友達"っていう名前なんだ」
　私は彼女の手を取ってこう言いました。
「ほう、君はフィッシャーが話してくれた通りの素晴らしい人のようですね」
　彼女が、"よく分からない"というふうにまゆを上げたので、私はこう付け加えました。
「あ、ごめんごめん、"ゲリー"だったね」
「サンディー、ほかの人たちと会う前に言っておきたいんだけど。おれはもう、この旅を投げ出した時の自分とは違うんだ。あの時は本当にばかなことをした。でもこの人に出会って、いろいろと助けてもらった。おかげで、君がどうしてこの旅を始めたのか分かるようになった。おれも一緒に行かせてほしい。おれは、新しい人生を一から始めたようなものさ。新しい名前をもらったのもそのためなんだ。ゲリーは昔のおれ。これからはフィッシャーと呼んでくれ」
　それを聞いたサンディーは最初、当惑した様子でしたが、すぐにうれしそうな表情に戻りました。
「分かったわ。ゲリー．．．じゃなくて、フィッシャー．．．もっともっと話すことがありそうね。さあ、ほかの人たちにもあいさつしないと」
「ほかの人たち」というのは、九人の旅人たちでした。見たところ夫婦と思われる二組の男女と、三人の子ども、そしてサンディーくらいの年齢の二人の若い女性です。彼らは、私たち、特にフィッシャーの姿を見て大喜びし、たき火の周りに座る場所を空けてくれました。夕食は、焼きウズラとジャガイモ、青野菜のサラダでした。素晴らしい食事だったと私が褒めると、サンディーがこう言いました。
「狩りの名人がいますからね。捕ってきてもらったものは何でも私が料理する約束なんです。でも決して、いつもこんなに豪勢ではないんですよ」
　夕食の後、サンディーとフィッシャーはキャンプ地から少し離れた所で語り合っていました。アーロンという二人の男性のうちの一人が、私の旅の経験について聞いてきました。
「まだまだ新米ですよ」
　私は言いました。
「今年の一月に始めたばかりですから」
　アーロンはにっこりして言いました。
「それじゃあ、あなたはベテランですよ！　われわれなんて、ついこの間始めたばかりです。われわれにいろいろ教えてください。よろしくお願いします」

　岩の裂け目、がけの隠れ場にいる私の鳩よ。私に、顔を見せておくれ。あなたの声を聞かせておくれ。あなたの声は愛らしく、あなたの顔は美しい。

雅歌2章14節

祈り：主よ、夫婦が信仰を共にし、堂々とあなたに仕えることのできるクリスチャンホームの喜びを私に教えてください。もしくは、そのような祝福を、私の子どもや、友人、愛する者にお与えください。そして私が、彼らの幸せを喜ぶことができますように。

考えてみましょう：クリスチャン同士の結婚が、一番長続きするのはどうしてだと思いますか？

11月8日
―――新しい仲間―――

　夜は、周りでほかの人たちが小声で話す声や、子どもたちの立てる音が心地良く、のんびりと快適に過ごすことができました。ほとんどランデブーにいるような気分でしたが、違っていたのは、ここには人生のほとんどを旅人として生きてきた"長老"がいないことでした。ここでは私が先輩であり、ほかの人に質問される立場にありました。最初のうち私は、彼らの役に立つほどの経験を積んでいないと思っていたので、質問に答えることに積極的ではありませんでした。けれども話しているうちに、この数カ月の間に私もかなり多くの事を学んだことに気が付き、ならば喜んで教えてあげようと思うようになりました。
「一緒に旅をしようと思ったのは、何がきっかけだったんですか？」
　みんなでたき火の周りに座って話していた時、私はアーロンに尋ねました。
「向こうに座っているリーズとエイミーも夫婦なんですが、彼らがまず、結婚して初めて、持っていた聖書を読み始めたんです。妻のパティーも私も彼らの親友でしたから、仲間に加わったんです。気が付いてみると、私たちは皆、喜びに満ちあふれ、もっともっと勉強したいと思うようになっていました。サンディーはわが家のベビーシッターだったんですが、ある時からわれわれと一緒に聖書を読み始め、そのうちに友達まで連れてくるようになったんです。聖書の書簡を一つ読み終えるころには、みんなの結束も固まり、このような旅に出ることもごく当たり前のように感じるようになっていました」
　アーロンは背中を反らせ、ブーツでたき火をけってから、こう続けました。
「そこに現れたのがゲリーです。おかしな男でした。彼は確かに私たちと一緒に祈ったりもしたけれど、その目的がサンディーに近づくことなのは明らかでした。けれども、"帰れ"などと言うことは誰もしたくなかった。何日かたつと、彼はわれわれのやっていることが理解できなくなってきたようでした。彼のことが嫌いだったわけではありませんが、彼が私たちから離れて帰っていった時、正直なところ少しほっとしました。それにしても、一体、彼、どうしちゃったんですか？　何だか別人のようですけど」
「ええ、すっかり別人ですよ」
　私はきっぱりと言いました。
「神様は"やる気"になった人のために、どんなに素晴らしいことをなさるのか、彼は身をもってあかししています。彼が語るのを聞いたら、きっとみんなびっくりすると思いますよ」
　暗闇の中、寄り添って楽しそうに語り合うフィッシャーとサンディーの笑い声が、キャンプ地にまで聞こえてきました。

だれでもキリストのうちにあるなら、その人は新しく造られた者です。古いものは過ぎ去って、見よ、すべてが新しくなりました。
コリント人への手紙第二5章17節

祈り：天のお父様、万物をお造りになったあなたに感謝いたします。創造のあかしは、歴史の中にも、そして生まれ変わった人々の生活の中にも見ることができます。

考えてみましょう：あなた、またはあなたの知り合いは、人が神様に人生をささげた時、それまでの生活がいかに変化するのか、証言することができますか？

11月9日
―――子どもは呼ばれているか―――

　五歳にもならない三人の子どもが走り回っていたこともあって、朝からかなりにぎやかでした。エリサとジェシカは特に仲が良く、グレッグ（アーロンとパティーの末っ子でジェシカの弟）はそれが気に入らないらしいのです。グレッグは時々、両親のそばで一休みする時以外は、ずっと女の子たちを追いかけ回していました。
　「私には一つ、気がかりな事がありました」
　駆け回る子どもたちを見ながら、パティーが私に言いました。
　「この旅を始めることについて、アーロンと私は自分たちの決断が百パーセント正しいと信じていました。けれども、この旅には危険が付き物だということを考えだすと、子どもたちを連れていくことに後ろめたさを感じるようになりました。神様が私たち二人をお呼びになっているのは分かるのですが、子どもたちはどうなのでしょうか？」
　自分の子どものことを話すこと。それは私が殊更に避けてきたことです。話してしまえば、治りかけた心の傷が開いてしまうのが分かっていたからでした。私は今、目の前の夫婦に一体何を話せばいいのでしょう。私の娘は妻と留守番をしていて、私はその子のことも息子のことも悲しんでいる、などと言えるでしょうか。息子は自ら決心して旅に出てきたけれども、もう死んでしまった、などと言えるでしょうか。私が何か言うのを、期待のこもった面持ちで待っているパティーを見ていると、いつかこの人たちにもすべてを話す時が来るだろうと思いました。けれども今は、今の彼らにとって一番ためになることを話すだけにとどめておきましょう。
　「神様は、子どもたちのために特別な配慮をなさるお方です。聖書には、子どもたちの進むべき道に従って、彼らを育てることの大切さが記されています。この旅を続ける大人として、私たちはこれが一番良いことであって、唯一の道であることを知っていますよね。子どもたちが自らそのような確信を持つようになるには、彼らが大きくなるまで待たなければならないでしょう。しかし今この時、子どもたちの歩むべき人生の道を知っていながら、それを彼らに見せないのなら、私たちは良い親であるとはいえません。それは、『子どもたちには、健康にいい物を食べるよう強制はしない。大きくなったら自分で決めさせればいいから』と言う父親のようなものです。もちろん、子どもたちが旅の途中で、決して苦しみに遭わないと言っているわけではありません．．．」
　私はそこまで言うと、もう少しで泣き崩れてしまいそうになりました。しかし、何とかこう続けることができました。
　「けれども、子どもたちが"道"から離れた所で苦しむのを見たら、私たちはどんなふうに感じるでしょうか。神様は、ここにいる私たち一人一人を、素晴らしい冒険旅行に招待してくださったのですよ。私は、神様が子どもたちに注いでくださる愛が、私たちが子どもたちに注ぎ得る愛よりも偉大であると分かっているので、子どもたちもまた、神様に招かれていると信じています。こんなふうに考えたことはありませんか？　もしかすると、招かれたのは子どもたちであって、私たちはただの"同伴者"にすぎないのかもしれませんよ」

　そこで、イエスは小さい子どもを呼び寄せ、彼らの真中に立たせて、言われた。「まことに、あなたがたに告げます。あなたがたも悔い改めて子どもたちのようにならない限り、決して天の御国には、はいれません。だから、この子どものように、自分を低くする者が、天の御国で一番偉い人です。
　　　　　　　　　　　　　　　　　　　　　マタイの福音書18章2～4節

祈り：天のお父様、あなたは私たちに、幼子のようになりなさいと教えられます。あなたが子どもたちを、私たちが彼らを愛するのと同じくらい、また、それ以上に愛しておられることは明らかです。ですから、あなたが私を呼んでくださるときには、子どもたちも一緒に呼ばれていると確信することができます。どうか子どもたちを見守っていてください。そして彼らもまた、あなたの道を忠実に歩むことができますように。

考えてみましょう：私たちは、子どもたちのどんなところを見習うべきでしょうか？

11月10日
―――若者たち―――

　キャンプを撤収した後、皆は夕方に会う約束をして、用意ができた者から順に間隔を置いて出発しました。子ども連れの二組の夫婦は、準備に一番長くかかり、歩くのも一番遅いのは明らかだったので、ほかの人たちが身支度をしている間も焦らずにマイペースでいたようです。フィッシャーとサンディーの話し声は、夜明けからずっと聞こえていました。恐らく徹夜で話していたのでしょう。彼らは皆の承諾を得て一番に出発し、会話を続けながら速いペースで歩いていきました。私の身支度が整うころには、サンディーの友達二人も、バックパックを背負っていました。
「しばらくの間、一緒に歩かせてもらっていいですか？」
　彼女たちが聞いてきました。
「もちろん。私の方こそ付き合ってくれたらうれしいよ。私のような"オヤジ"に付き合うのは大変かもしれないけどね」
　二人の名前はヘザーとブレンダでした。二人とも、サンディーとは幼な友達で、最初は彼女にほとんど無理やり聖書研究会に連れてこられていたそうです。ヘザーが言いました。
「最初、サンディーがいろいろ説明してくれた時、私たちはそれが何のことだかさっぱり分かりませんでした。でも、彼女の読んでいた聖書を読み始めると、すぐに分かるようになって。ブレンダも私も、これが自分の求めていたものだと思ったし、しかもサンディーが一緒なら、こんなにいいことはないと感じました」
「いつもみんなで聖書を勉強するのかい？」
「そうするのがいいのは分かってるんですけど．．．」
　ブレンダが言いました。
「でも、一緒にいて退屈なこともありますよ。パティーもエイミーもすごくいい人たちだし、だんなさんたちもとてもすてきな人たちなんだけど。子どものトイレットトレーニングだとか、生命保険だとかの話になると、私なんかはどうもついていけなくて」
「そうか、分かるような気がしないでもないな」
　私はゆっくりとした口調で言いました。
「彼らの知りたがっていることは、君たちの関心があることではない。そうだろう？」
　二人がうなずいたので、私はこんなふうに提案しました。
「たまに、君たち女の子三人とフィッシャーとで"青年会"という個別グループとして集まるのはどうかな。聖書には、君たちくらいの年の若者に向けて書かれた部分もあることだし」
「ほかの人たちはどう思うかしらね」
　ヘザーが言いました。
「私から話してあげてもいいよ。いずれにしても、ランデブーの青年部には参加した方がいい。"トレイル・トレッカー（山の小道を旅する者）"というグループ名で活動しているはずだ」
　ほかの若者と出会える場所があると聞いた二人は大喜びでした。この日はそれから、特に若者にとっての課題について話して過ごしました。しばらくの間、私は自分のような"年寄り"にとっての課題についてはすっかり忘れていました。

『神は言われる。終わりの日に、わたしの霊をすべての人に注ぐ。すると、あなたがたの息子や娘は預言し、青年は幻を見、老人は夢を見る。
　　　　　　　　　　　　　　　　　　　　　　　　　使徒の働き2章17節

祈り：主よ、若者の活力、理想主義、希望に感謝いたします。彼らを祝福し、あなたの御国のために、彼らが正しい道からそれることのないようにしてください。彼らが年配者から学ぶ一方で、子どもたちに教えることができますように。

考えてみましょう：中年以降の世代にも子どもにも見られない、若者だけの物の見方や考え方にはどのようなものがあるでしょうか？

11月11日
──青年リーダー──

　何時間か緩やかな上り坂を歩いた後、私たちは高台に着きました。眼下には見渡す限りの森が広がっています。そこで、岩の上に座って景色を楽しんでいるフィッシャーとサンディーに会いました。
「お疲れですかな?」
　私は冗談を言いました。
「とんでもない」
　フィッシャーがにこにこしながら言いました。
「座って話をしていたら、いつの間にかこんなに時間がたってしまって」
「フィッシャーは、あなたのこの旅での経験について話してくれるんですよ」
　サンディーが私に言いました。
「いろいろ教えていただきたいんです。私たちには、あとどんな準備が必要なんでしょうか?」
「それにはまず、昼食でも食べたらいいんじゃないかな」
　私は提案しました。
「君たちが火をおこしてくれたら、私の得意な料理を披露しよう。"びっくりビスケット"というんだ」
「いいですね」
　サンディーが言いました。
「中に何が入っているんですか?」
「それは食べてのお楽しみだよ。私がビスケットを作るから、君たちは中に入れる物を何か見つけてきてくれないかな」
　私がバックパックから材料を取り出して料理に取りかかると、女の子たちは森の中に食材を探しに行きました。フィッシャーは残って火をおこしています。彼は言いました。
「気持ちのいい朝だ。サンディーとおれは本当によく似てるんだ。同じゴールを目指すようになったんだから、なおさらだよね」
「ああ、私はヘザーやブレンダと親しくなれてよかったよ」
　私は言いました。
「けれどもあの二人には、同年代のリーダーが必要なようだ。どうだい、やってみないか?」
　フィッシャーは作業の手を止めて私の方を見ました。
「おれにできるのかな? あの子たちよりも新米のおれが、何を教えられるのかな?」
「教えるというのは、教師が生徒よりも物知りでなければならないわけではないんだよ。一緒に学ぶためのきっかけを作ってやるだけでいいこともある。それにかかわるみんなが成長するんだ。フィッシャー、君は、人を大切に思う心を神様からいただいているようだ。その心を役に立てるためなら、神様は君に何でも必要なものを与えてくださるに違いない。既に、若き意欲的な三人の生徒がいて、必要なときには"オヤジ"から助言を求めることができるんだよ。どうだい?」
　フィッシャーはにこりとして言いました。
「じゃあ、正しい方向におれを導いてよ!」

　年が若いからといって、だれにも軽く見られないようにしなさい。かえって、ことばにも、態度にも、愛にも、信仰にも、純潔にも信者の模範になりなさい。
　　　　　　　　　　　　　　　　　　　テモテへの手紙第一4章12節

祈り:若者や男性、女性の中から、同世代の仲間を新たな人生や理解へと導く人材を選び出し、用いてください。どうか新しいリーダーたちが、この時代の過酷な要求に耐え得るしっかりとした基盤を築き上げることができますように。彼らが後継者たちを祝福するように、あなたが彼らを祝福してください。

考えてみましょう:きちんとした訓練や助言が与えられれば、素晴らしいリーダーになれそうな若者を知っていますか?

11月12日
──最初のレッスン──

　昼食は豪勢でした。女の子たちはキノコを採ってきてくれ、フィッシャーは自分のバックパックから干し牛肉を提供。私は粉ミルクと油を使ってソースを作りました。オリジナル料理、"びっくりビスケット──ア・ラ・ビーフ＆きのこソース"は、ほどなく完成。早速みんなで食べました。
「こんな"びっくり料理"ならしょっちゅう作ってもいいなあ」
　私は、皿に残ったソースをパンできれいにぬぐい取りながら言いました。
「びっくりなことといえばさあ．．．」
　フィッシャーがみんなに向かって言いました。
「この旅で今までに一番驚いたことを、それぞれ発表し合おうよ」
（彼にはやはりリーダーの資質があるな）
　私は、自然にリーダー的な振る舞いをするフィッシャーを見てそんなふうに思いました。女の子たちはすぐに会話に加わり、それぞれの発見について語り始めました。
「ほかにも私たちと同年代の旅人がいるって聞いて驚いたわ」
　ブレンダが言いました。
「早く会ってみたい！」
「私が一番驚いたこと。みんなもう分かってるんじゃないかしら」
　サンディーがフィッシャーの方を見ながら言いました。
「私はあるボーイフレンドと旅を始めたの。そして今は別の彼氏がいる。でもその二人は同一人物なの！」
　それを聞いてみんな笑いました。ヘザーが私の方を向いて言いました。
「あなたが一番驚いた出来事について聞かせてもらえませんか？」
「いろんなことが頭に浮かぶね。もう死ぬかと思ったこともあったなあ」
　私がそう言うと、こわばった笑い声が上がりました。
「それから、自分のしていることに自信があったのに、後でいかに無知だったのか知って驚いたこともある。でも一番驚いたことといえば、この旅では自分が決して独りぼっちではないと気が付いたことだろう。君たちのような素晴らしい仲間と一緒じゃないときでもね」
　私は一人一人に順番にほほ笑みかけながら、こう続けました。
「神様はどんなときも遠い存在ではない。恥ずかしい話だが、私はそのことを忘れていたことがあった。ここまで言ったからには白状するが、神様がどうにかして自分から離れてくれないものだろうかと願ったこともある」
　皆の間から驚きの声が上がりました。
「そのことについてはまたの機会に話すよ。ともかく結局のところ、『主よ、おやすみなさい』と言い、心の奥底から『おやすみ』と返ってくる声を聞くときに勝る幸せはないんだよ。神様は、私が歩いているときでも、眠っているときでも、それに気が付いていてもいなくても、いつも私と一緒にいてくださる。神様のことを知らない人にしてみれば、それはとても怖いことのように聞こえるかもしれない。しかし、神様を知っている人にとってみれば、この世で一番素晴らしい"驚き"といってもいいくらいさ」

　『地を造られた主、それを形造って確立させた主、その名は主である方がこう仰せられる。わたしを呼べ。そうすれば、わたしは、あなたに答え、あなたの知らない、理解を越えた大いなる事を、あなたに告げよう。』
エレミヤ書33章2節

祈り：ああ主よ、あなたは真に"驚きの神様"です。日々は、それまで知らなかった物事を発見する機会にあふれています。どうかそれを見逃さないよう見る目を与え、また、あなたが私に教えてくださることをすべて聞き逃さないよう聞く耳をお与えください。

考えてみましょう：あなたが何か新しい事を学んだのは、一番最近ではいつのことですか？

11月13日
――全員集合――

　昼食は、活発なディスカッションの場となり、それは午後になっても続いていました。そのうちに、遅くに出発した家族連れが追いついてきました。彼らが近づいてきたことは、彼らの姿が見えるだいぶ前から子どもの声が聞こえてきたので分かりました。最初、甲高い叫び声を聞いた時、私はクーガーに遭遇した時のことを思い出し首筋の毛が逆立つほどどきっとしましたが、すぐにそれがエリサやジェシカ、そしてまた仲間外れにされているグレッグの声だと分かったのでした。
　両親に連れられて子どもたちが、私たちの座っていた見晴らしのいい場所に着くと、あらためて皆でその素晴らしい景色を眺め、ここまでの道のりについて二、三、会話を交わしました。誰かが、今夜はここに泊まったらどうだろうかと提案し、すぐにそうすることに決まりました。子どもたちの体力もそろそろ限界のようでしたし、アーロンとリーズが捕まえたウサギも料理されるのを待つばかりでした。
　ほどなくして、たき火の周りに座っていると、ウサギ肉のローストとキノコのいため物のおいしそうなにおいが漂ってきて、私は、今日もごちそうが食べられると思うとうれしくなりました。
「ところで．．．」
　私は、向かい側に座っていた男性二人に言いました。
「女の子たちが言ってましたけど、あなたたちの狩りの腕前は相当なものだそうじゃないですか。食卓に肉を調達するという男らしい技術について、一つご指導願いたいものですなあ」
　すると、リーズは少しはにかみながら言いました。
「いや、私は農家育ちなんで、ウチの家族にとってはどんな動物も仕事のためか食べるためかのどちらかなんですよ。そのどちらでもない動物はたいてい害獣ですからね」
「エイミーのご実家も農家なんですか？」
　私は聞きました。
「いえいえ」
　彼は含み笑いしながら言いました。
「彼女とは学校で出会ったんです。私が"食材"を持ち帰るようになって最初のうちは、彼女は困った顔をしていましたよ。今でもできることなら菜食主義者でいたいんじゃないでしょうか。ところがある晩、聖書研究会で創世記を勉強していたんです。ほら、神様が人間に食べ物として動物をお与えになる部分があるでしょう？」
　私がうなずくと彼はこう続けました。
「私なんかは、神様が与えてくださるものは何でも感謝して受け取った方がいいんじゃないかと思うんですがね」
　ちょうどその時、肉の焼き加減を調べていたエイミーが背筋を伸ばしました。
「それはそうかもしれないわ」
　彼女は言いました。
「でも、好きにならなければならないなんて、どこにも書いてないわよ」

野の獣、空の鳥、――地の上を動くすべてのもの――それに海の魚、これらすべてはあなたがたを恐れておののこう。わたしはこれらをあなたがたにゆだねている。生きて動いているものはみな、あなたがたの食物である。緑の草と同じように、すべてのものをあなたがたに与えた。
　　　　　　　　　　　　　　　　　　　　　　　　　　　　　創世記9章2～3節

祈り：主よ、あなたは私たちに、地上のすべての動物を管理するという重大な仕事をお与えになりました。あなたの造られた生き物の世話をきちんとすることで、その務めを果たすことができるよう助けてください。この世があなたの意図された通りの世界となりますよう、私たちにそのすべを教えてください。

考えてみましょう：クリスチャンはかねてから、環境保護主義者に最も近い思想を持っているといわれてきました。それはどうしてだと思いますか？

11月14日
——肉について——

　それまで食べたことのないようなおいしいウサギ肉の夕食を楽しんでいた私は、"肉食の神学"について客観的に考えることが難しい状況にありました。けれどもほかの人たちは、食べながら熱心に議論を続け、さまざまな疑問を持ち出すのでした。
　エイミーが言いました。
「私は、どんな場合でも動物を殺すのは間違っていると思うわ。何の罪もない生き物を殺すなんてひどい。聖書にも、人間は動物を大切に管理すべきだと書いてあるでしょう」
　今度はリーズが口を開きました。
「動物を大事にするということは、虐待せずに、神様が意図された目的に使うということなんだよ。それには食べることも含まれる。イエス様だって魚を食べたじゃないか」
　パティーがエイミーをかばうように言いました。
「でも魚は別よ！」
「そうだよなあ。魚はウサちゃんみたいにかわいくないもんなあ！」
　フィッシャーが笑いながら言いました。
「ちょっと待ってください」
　私が口を挟みました。
「ここにいるみんなはクリスチャンとして、われわれには神様が下さった世界を大事に管理する責任があるということに異論はないでしょう？　世界には動物や環境が含まれていますよね。何かを殺すことなく管理なんてできるんでしょうか。庭の除草や森林伐採．．．場合によっては、生態系全体の維持のために特定の動物の数を減らすことだって、その管理には必要なことだと思いますよ」
「その通りよ」
　ヘザーが言いました。
「手を洗うことはどうなの？　それだって雑菌を殺しているわよね」
「ところが．．．」
　私はヘザーに言いました。
「そういうことを真剣に考えている宗教団体があるんだよ。最終的な答えがどこにあるのかは分からない。けれども、私の考えでは、生と死はいやが上にも人生の一部なんだと思う。この世は罪によって壊れた状態にある。神様は、動物を食べてよいと言われたけれども、もしこの世が完ぺきな世界だったとしたら、神様はそうおっしゃらなかったかもしれない。とはいっても、必ず肉を食べなければならないというわけではないと思うんだ。大豆バーガーやもやしを主食とするベジタリアン主義を貫いても、神様との間に問題が生じるとは思わない。しかし、われわれの住むこの世界を考えると、人間が生きるために何かが死ぬということも罪によって壊れたこの世界の宿命の一部だと思うんだ。そう考えると、"十字架"の意味も一層かけがえのないものに感じられるよね」

あなたは、顔に汗を流して糧を得、ついに、あなたは土に帰る。あなたはそこから取られたのだから。あなたはちりだから、ちりに帰らなければならない。」

創世記3章19節

祈り：あなたがアダムとイブの体を覆うために動物の毛皮をお与えになった時から、私たちはあなたが造られた生き物の死に責任を負うようになりました。天のお父様、罪によって壊れた世界に生きる苦しみに耐えることができるよう、私たちを助けてください。既に代償は支払われ、いつか新しい世界が創造されることを、あらためて思い出させてください。主よ、どうかその時を早めてください。

考えてみましょう：何かの死によってあなたの生活が良くなった例を挙げることができますか？

319

11月15日
——犠牲——

　菜食主義からキリストの十字架上の死へ——。かなりの飛躍に感じられるかもしれませんが、この時はまったく自然の成り行きで、そこまで話が発展したのでした。私は続けて言いました。
「アダムとイブが罪を犯した後、最初に起こったことは何でしたか？」
　アーロンが言いました。
「自分たちが裸であることに気が付いた」
　ジェシカが学校で先生に質問された時のように手を挙げました。
「アダムとイブはイチジクの葉をつなぎ合わせて服を作ったのよ！」
「君のクラスに五点あげよう」
　私はにこにこしながら言いました。
「それから神様は彼らのために何をされましたか？」
「動物の毛皮で服を作ってくださったわ」
　エリサが言いました。
「ということは？」
　私は質問しました。
「その動物は死んだ」
　皆が口々に小声で言いました。
「つまり、最初の罪によって、動物界に苦しみがもたらされた。その後、ノアとその家族は、食べる物にも事欠くような荒れ果てた洪水後の世界に降り立った。神様は言われた。『さあ、あなたがたが世話をしてきた動物たちを食べるがよい』　かくして食肉の歴史が始まり、骨付きのリブロースやダブルチーズバーガーの食文化が誕生するに至った。それが本来のあり方かというと、そうではないかもしれない。けれどもそれが実情なんだと思う」
「それと十字架との間にどんな関係があるんですか？」
　サンディーが質問しました。
「人間には、自分たちの罪がもたらす結末について、繰り返し思い出すきっかけが必要だった。そこで神様は、罪のない子羊を皆の前で殺し、罪を犯すとこうなるのだ、と思い知らせるように言われた。こうして、罪をゆるされるために動物のいけにえをささげることは、ユダヤ教の礼拝では欠かせない部分となった。そこにイエス様がやって来られた。イエス様は一度も罪を犯したことがなかったが、皆の前で殺された。神様は言われた。『これで良し。もうこれ以上の犠牲は必要ない。このいけにえは、時間を越えてすべての人々のためにささげられた、完全なる犠牲である』　死は、アダムというたった一人の男によってこの世にもたらされた。永遠の命は神のひとり子、イエス・キリストによってもたらされた。死は罪の結果であるけれども、われわれは死によって生かされてもいる。だから、手を洗ってたくさんのばい菌を殺しても、ウサギを食べても、心配することはないんです。それよりも、私たちが御子によってゆるされていることを、神様に感謝しようではありませんか」

　または、彼が犯した罪が自分に知らされたなら、彼は犯した罪のために、そのささげ物として、傷のない雌やぎを連れて来て、その罪のためのいけにえの頭の上に手を置き、全焼のいけにえの場所で罪のためのいけにえをほふりなさい。

レビ記4章28〜29節

祈り：天のお父様、イエス様が私の罪のために犠牲を払ってくださったおかげで、いけにえとして動物を殺す必要がないことに感謝いたします。しかし、それでも私は、罪によって壊れた世界で生きていかなければなりません。どうかあらためて私をきよめてくださり、あなたの御国が地上を治めるその日を早めてください。

考えてみましょう：世界には、なぜ儀式の一部として動物のいけにえをささげる宗教が多いのだと思いますか？

11月16日
——二人は一体となる——

　翌朝、フィッシャーと三人の女の子たちは早く歩きたい様子だったので、私は彼らに、みんなよりも先に出発して、クリスチャンの環境に対する責任についてディスカッションを続けたらどうかと提案しました。彼らは皆、このトピックに強い関心を持っていましたから、日中の話題には事欠かないことでしょう。一方、アーロンとリーズが、少しここに残ってから、しばらく一緒に歩かないかと誘ってきました。私は喜んで同意しました。私たちは、子どもたちと母親たちに先に出発してもらい、夕べ寝泊まりした場所の後片付けをしました。仕事をしながらリーズが言いました。
「お気付きのことと思いますが、エイミーと私は時々意見が合わないことがあるんです」
　彼は言いました。
「実のところ、しょっちゅうけんかしてるんですよ。これって間違ってますか？」
「エイミーは若くてとても強い女性のようですね」
　私がそう言うと、リーズもアーロンもうなずきました。
「そのこと自体は悪いことじゃないですよね。必要なときにはあなたや子どもたちの面倒を見ることができる強い人だってことですし、あなただって彼女の気持ちがちゃんと分かっているようです。それって、男にとって喜ぶべきことだと思いますよ！　私が質問したいのはこういうことです。あなたたち二人は、"指揮系統"の点で奥さんと意見が一致していますか？」
　二人ともよく分からないという顔をしていたので、私は続けて説明しました。
「何か意見が食い違っていることがあるとします。でも何らかの決断を下さなければならない。そんなとき、どちらかが引き下がって、相手に主導権を譲ることができますか？　自然界のすべてのものには、従わせる側と従う側があるんです。人間の脳でさえ二つの部分に分かれていて、片方がもう一方に対して優位にある。もしも脳の両側が対抗し合ったら、精神分裂症だとか両極性うつ病だとかになってしまう。言い換えると、同意に基づいた指揮系統がなければ、困ったことが起こるということです」
「それって私とパティーみたいですよ」
　アーロンは言いました。
「私たちなんか、ケチャップを冷蔵庫にしまうべきか、戸棚にしまうべきかということでも意見が合わないんです。しばらくは本当に大変でしたよ。ところがついにパティーはある日こう言ったんです。『あなたの方が間違っていると思うけど、あなたは私の夫だから冷蔵庫に入れることにするわ』」
「素晴らしい例ですね」
　私は言いました。
「でもそれがもっと重大な問題、例えば子どものことなどについての場合はどうなんでしょうね？」

　それゆえ、男はその父母を離れ、妻と結び合い、ふたりは一体となるのである。
創世記2章24節

祈り：結婚とは何と素晴らしい制度なのでしょう。けれども、一体でいるための奥義を学ぶことは何と大変な課題なのでしょう。どのようにすれば、無条件に愛し、そしてみことばに従って互いに尊敬し合うことができるのか、教えてください。

考えてみましょう：配偶者を愛することで社会のより良い一員になれるとしたら、それはどのような点においてだと思いますか？

11月17日
——難しい決断——

ケチャップをどこに置くかという問題はともかく、子どもたちに関する重大な問題となると、事態はもっと深刻です。リーズはこの問題についてかなり明確な意見を持っていました。

「わが家の場合．．．家長である父親が何でも決めていました。父と母が何かについて言い争いを始めたら、父はしばらく様子を見てから、『分かった、こうしよう』と言い、それで話し合いは終わりでしたね」

「お父さんが間違った決断を下したことは？」

「ええ、あったと思いますよ。でも父も言っていたように、それが正しくても間違っていても、誰かが責任を負わなければならない。それは男であるべきだと思うんです」

今度は、少し考え込んでいたアーロンが言いました。

「それはいいね、リーズ。うちの場合、明らかにパティーの方が得意な分野があって、彼女に決定権を与えなければ、ひどいけんかになりかねないんだよ」

「ちょっと冷静に考えてみましょうよ」

私は言いました。

「聖書には、結婚した男女の役割について何と書かれていますか？　確かに、女性は従順であるべきだと書かれていますが、だからといって何の意見を持つことも許されないのでしょうか。私はそうは思いません。アメリカの大統領のことを考えてみてください。本人は、特に頭の切れる人ではないかもしれない。けれども良い大統領ならば、優秀な人材で周りを固めることができるでしょう。彼らは大統領に助言することはあっても、最終的な決断は下しません。そうした助言を基に大統領は決断を下し、正しくても間違っていても彼らを頼りにしながら政治を行うのです。私にとって、良い妻とは良い助言者、つまり家族の益となるよう自分の得意分野を喜んで生かそうとする女性です。賢い夫は、妻の言うことをよく聞いた上で、二人が入手できる最も信頼できる情報を基に決断を下します。こうしたパートナーシップのような関係においては、夫も妻も家族全体の幸せの鍵を握っているのであって、意見がどうしても食い違う場合には、どちらかが最終決定を下してその結果に対して責任を負わなければならないのです」

「最終決定を下すのが女性でもいいんでしょうか？」

リーズが聞いてきました。

「それでうまくいっている家庭もあるようですね」

私は言いました。

「けれども、それは何らかの理由で単に男性が家族を引っ張っていくことができない家庭でしたよ。双方の合意の上で、女性が主導権を取っていましたね。もしかすると、それは神様の意図された夫婦のあり方ではないのかもしれませんが、この世で、神様のご意志に沿った物事なんて多くはないですからね」

妻たちよ。あなたがたは、主に従うように、自分の夫に従いなさい。なぜなら、キリストは教会のかしらであって、ご自身がそのからだの救い主であられるように、夫は妻のかしらであるからです。教会がキリストに従うように、妻も、すべてのことにおいて、夫に従うべきです。

エペソ人への手紙5章22〜24節

祈り：天のお父様、あなたは多くの例をもって、私たちがあなたの子どもとしてどのように生きるべきなのか示してくださいました。夫婦の美しいイメージを通して、どのように従い、愛し、尊敬し、いつくしむべきなのか、今あらためて教えてください。

考えてみましょう：夫に従うべきであるという教えに妻が反対するのは、どうしてだと思いますか？

11月18日
——だらしなくなった男——

　この世での男の権限についての問題のおかげで、この日は話題に事欠きませんでした。道を歩きながら、アーロンがこんな意見を言いました。
「私の場合、聖書のこういう個所にこだわってしまうんです。"男が取り仕切らなければならない""決定権を握らなければならない""教会の指導者とならなければならない"．．．」
「そして、"家族を養い""平和を守り""戦争で戦わなければならない"．．．ですよね」
　私は言いました。
「しかし、夫に捨てられた女性はどうなりますか？　仕事を得て、請求書を支払い、誰かが子どもたちをおびやかそうとすれば戦わなければならない。それが理想的なことだと言ってるわけじゃないんです。でも悲しいことに、われわれ男性は、責任という点においてだらしなくなってしまったという事実があります。ですからそういう状態になってしまったときには、男性の分までがんばってくれる女性が与えられていることを、神様に感謝するしかないと思います」
「おっしゃることは分かります」
　リーズは言いました。
「それは、男がひどいやつで責任を果たせないから、女が男の仕事をしなければならない場合ですよね。でも、男の仕事がしたい女、それができるがために男を尻に敷く女もいますよ」
「それは私の理解を超えていますね」
　私は笑いながら言いました。
「私だって、海兵隊の女軍曹に、台所に戻れと命令などしたくありませんよ。ただ物事には、神様と人との間で解決しなければならないこともあると思うんです。私の場合、いつもたどり着くのはこういうことです——。神様がアダムとイブをお造りになった時、神様はこう言われました。『大きくて毛深い方が責任者で、柔らかくて美しい方が補助役となること』　これがきちんと機能すると、充実した生活が送れますよね。悲しいことに、私たちはこの体制とその中にあるものすべてを、わがままな欲に任せて勝手にねじ曲げてしまった。もしかすると、私たちも奥さんたちと一緒に神様の導きに従う決心をすれば、本来の理想的な夫婦に戻れるかもしれませんね。それまでは皆、愛し、ゆるし、最善を目指して努力し続けなければなりません」
「それともう一つ」
　アーロンが言いました。
「あなたは最初に、大事なのは"指揮系統"だとおっしゃいましたね。もし男が神様に従って生活していれば、女も男に従いやすいはずです。女は夫とすべての面では意見が一致しないかもしれませんが、夫が神様のご計画に従って歩んでいると確信していれば、夫に従い、夫を通して神様に従う覚悟も決めやすいのではないかと思うんです」

　夫たちよ。キリストが教会を愛し、教会のためにご自身をささげられたように、あなたがたも、自分の妻を愛しなさい。キリストがそうされたのは、みことばにより、水の洗いをもって、教会をきよめて聖なるものとするためであり、ご自身で、しみや、しわや、そのようなものの何一つない、聖く傷のないものとなった栄光の教会を、ご自分の前に立たせるためです。そのように、夫も自分の妻を自分のからだのように愛さなければなりません。自分の妻を愛する者は自分を愛しているのです。

　　　　　　　　　　　　　　　　　　　エペソ人への手紙5章25〜28節

祈り：主よ、エペソ人への手紙のこの個所を通して分かることは、夫は妻にとって"かしら"であるだけでなく、恋人となり、保護者となるべきであるということです。天のお父様、世の夫たちに、この重大な事実について教えてください。彼らが良き夫として日々生活できるよう助けてください。

考えてみましょう：夫は、どうすれば「自分自身を愛するように妻を愛せよ」という教えに従うことができると思いますか？

11月19日
――結論――

　日が暮れないうちに、フィッシャーたちが待っていてくれた美しい空き地で全員集合となりました。キャンプ地として申し分のない場所だったので、私たちは荷物を下ろしてそこに落ち着きました。
　今日は一日中、それぞれが有意義な議論をしていたらしく、夕食後、たき火を囲んで座っている間も、皆その続きがしたくて仕方がない様子でした。フィッシャーが口火を切って、若者グループが開催したという"環境セミナー"について話し始めました。
「基本的に．．．」
　彼は言いました。
「おれたちの結論は、アダムに与えられた管理者としての義務が、今のクリスチャンにも共通の義務だということだ。つまり、資源を守り、動植物を保護し、きちんと責任を果たす農場主になるという義務。その具体的な方法、特に、肉を取ったり個体数を調節するために動物を殺すことなどについてはまだ話し合いが続いている。現状を考えれば、神様は人間に選択の自由をお与えになっているようだけど、それでも人間は、自らが選んだ道の結末に対して責任を問われることになる。従ってわれわれは毎日、二十四時間、聖霊の導きに波長を合わせていなければならないんだ」
「いい結論だね」
　私はそう言ってから、リーズとアーロンの方を向いてこう続けました。
「私たちの結論って何ですかね」
　アーロンが言いました。
「ああ、まずおれたちは、妻の言うことをもっとよく聞くべきだということさ．．．」
「うれしいわね」
　パティーがクスッと笑いました。アーロンは彼女にほほ笑みかけてからこう言いました。
「それになあ、神様が妻に与えてくれた資質を生かしてやらなければならないんだ――。賢い相談役．．．頼もしい助手．．．素晴らしい恋人」
「最後の部分は覚えがないなあ」
　リーズが言いました。
「でも気に入ったよ！」
「そうだろう？」
　アーロンは言いました。
「ちょっと付け足してみたのさ」
「少し補足させてもらっていいですか？」
　私が言いました。
「われわれはこんなことも告白したんですよ――。われわれは神様に命じられたことをすべてきちんとやってはこなかった。そして今あらためて、足りない部分を補うために、われわれがおざなりにしてきたことを代わりにやってくれる妻たちに、どれほど感謝しているか伝えたい。今後、女性とのコミュニケーションを深めていき、その過程で、自分たちの義務や境界線がどこにあるのか分かるようになれたらいいですね。われわれには、神様がわれわれを一つにしてくださった時にどんなご計画をされていたのか、お互いに対し、子どもたちに対し、そして世界に対し、それを示すことが可能なのです。われわれがいつかその最大限の可能性に到達できるよう祈っています」

　この奥義は偉大です。私は、キリストと教会とをさして言っているのです。それはそうとして、あなたがたも、おのおの自分の妻を自分と同様に愛しなさい。妻もまた自分の夫を敬いなさい。
　　　　　　　　　　　　　　　　　　　　　　　エペソ人への手紙5章32〜33節

祈り：天のお父様、今日の私のすべての行いの中で、私が自分の配偶者を愛したりペットの世話をしたりする時、何をするにもあなたをたたえながら行うすべを教えてください。

考えてみましょう：ペットの世話は、どのような点でクリスチャンの従順さを思わせますか？

11月20日
——それぞれの道へ——

　私は夜明け前に目覚め、こんなにも短い間にこんなにも親しくなった人たちのことを考えていました。見る見るうちに人生が新しくされていったフィッシャーは、今後がとても楽しみな青年です。彼はきっとこれからも成長を続け、活発なクリスチャン・リーダーとなるに違いありません。ガールフレンドのサンディーがいれば、彼が正しい道から外れないように導いてくれるでしょうし、一緒に旅をしていた年下の女の子たちにとっても、彼女は良い相談相手のようでした。リーズやアーロンとも素晴らしいひとときを過ごすことができましたし、彼らが、お互いや、奥さんたちや、子どもたちとかかわり合う姿を見ていると、本当に勇気づけられる思いがしました。

　これらすべてのことを考えても、そろそろ私は自分自身の道を進むべきだと思いました。新しい友達との付き合いが楽しく、彼らと信仰や旅について語り合う機会が大切に思える一方で、私には自分の悲しみと真剣に向き合ってこの旅の意味を確認し直し、自分の限界に挑戦しなければならないということが分かっていました。それは少なくとも目下の時点では、自分一人でやらなければならないことだったのです。

　私は寝袋から出て、できるだけ物音を立てないように静かに身支度をしてから、アーロンが眠っている所に行きました。彼の肩をそっと揺すりながら、私は小声で言いました。
「アーロン、これから出発しますから。ランデブーでまた会いましょう」
　アーロンは最初ブツブツ言っていましたが、私の言葉を理解し、体を起こして話し始めました。そして私の気持ちを察してくれ、手を差し出して握手してきました。
「寂しくなりますよ」
　彼は言いました。
「いろいろお世話になりました。多くの事を経験して、今度会った時にはまた語り合いましょうね」
「そうですね、そうしましょう」
　私は言いました。
「くれぐれも道を離れないようにしてくださいね。そして誰かに惑わされて立ち止まってもいけませんよ。神様がついておられることを忘れないでください」
　私は月がまだ明るく輝いている時分に、バックパックを背負って道を歩きだしました。この人たちと離ればなれになるのは寂しいことです。でもきっとまたすぐに会えるでしょう。そのころには皆もっとたくましくなっているに違いありません。

　そういうわけですから、愛する人たち、いつも従順であったように、私がいるときだけでなく、私のいない今はなおさら、恐れおののいて自分の救いを達成してください。神は、みこころのままに、あなたがたのうちに働いて志を立てさせ、事を行なわせてくださるのです。
ピリピ人への手紙2章12〜13節

祈り：天のお父様、私にとって、信仰の兄弟姉妹たちとの交わりと同じくらい、あなたが与えてくださる"私だけの一人の時間"——つまり、信仰の問題についてじっくり考えて、あなたのことをもっとよく知るための時間——は大切です。どうか今日、一人になる時間を与えてください。

考えてみましょう：霊的な成長のために行う活動のうち、人と一緒よりも一人での方が容易なものには、どのようなものがありますか？

11月21日
────一人に戻って────

　何日もの間、にぎやかに語り合いながら旅をしてきたのですから、黙って一人で歩くのに慣れるまで少し時間がかかりました。仲間がいなくなって寂しく思う一方で、しばらく聞こえていなかった森の音が耳に入ってくるようになりました。鳥たちが活動を始める様子や、朝の散歩に出かけるリスたちが時々立てる鳴き声など、こうして早朝の音に耳を傾けるのは楽しいことです。正面から太陽が山の上に昇ってくると、夜明け前の冷たい空気に取って代わり、温められた地表がかすかな音を立てていました。

　私の心も温まってくるのが分かりました────。何日かの間、私自身の悲しみについて忘れさせてくださった神様の優しさについて考えていたのです。あの若き旅人たちの人生を考えながら、私はこれまでの長い道のりについてや、その途中で学んだ教訓について、あらためて思い出していました。私は、自覚していたかどうかは別として、既に"後輩"たちのお手本的な存在になりつつありました。これまで自分の目で見てきたものに関し、私は"情報源"であり、まだそれを経験していない人たちにとって、"やる気"の元となり得るのです。人生において、ほかの人たちの旅の手助けをすることができれば、それだけでも有意義なことだと思うのです。

　しかし私は、自分の旅すらまだ終わっていないという現実に引き戻されるのでした。確かに、私はこれまでに多少なり学んだことがあります。けれども、学ばなければならないことはもっとあるはずです。私は、旅を始めたばかりのころに出会ったチャーリーのようではありません。彼はあらゆる経験を積んでいたからこそ、人々に教えることができたのです。彼と同じ視点から世界を見ることができるようになるには、さらに長い道のりを旅しなくてはならないでしょう。いや、この私にそんなことができるのでしょうか。彼が入っていった場所に入っていき、そこから出てこられるのでしょうか。未経験者に教訓を教えるためとはいえ、さらなる苦痛や悲しみを味わうことなどできるのでしょうか。

　私は、道に落ちていた石につまずいて、もう少しで転ぶところでした。
　（ああ、危なかった！）
　私は、フィッシャーやサンディーたちが思っているほど、"賢い年寄り"ではないのです。いろいろな面で、私は世間知らずで、これから実にさまざまなことを学ばなければならないのです。

　主よ、あなたの道を私に知らせ、あなたの小道を私に教えてください。あなたの真理のうちに私を導き、私を教えてください。あなたこそ、私の救いの神、私は、あなたを一日中待ち望んでいるのです。

詩篇25篇4～5節

祈り：天のお父様、私が生きている限り、あなたについてや、あなたの御前での私という存在について、知るべき事をすべて知るのは絶対に不可能です。どうか今日、時間を取り戻して、あなたがお造りになられた通りの私にさらに近づくことができるよう助けてください。

考えてみましょう：あなた自身について、先週には知らなかった事で、今週になって分かった事がありますか？

11 月 22 日
――何通りかの渡り方――

　道は今日、川に差し掛かりました。それは私の立っている場所から向こう岸まで十五メートルもなく、これまで私が見てきた川と比べても特に大きな川ではありませんでしたが、狭い急な谷の間を流れていました。私はまず、そこにロープでできた橋があることに気が付きました。三本のロープは両側にしっかりと固定されていて、旅人は二本のロープを左右の手で一本ずつつかみながら、残りの一本のロープの上を歩くことができるようになっていました。このような橋は、写真では見たことがありましたが、実際に渡ったことは一度もありませんでした。私は真ん中のロープに片足を掛けてみて、やはり今日も初体験の機会は見送ることにしました。私の体重でたわんだロープはねじれ上がり、谷底へと真っ逆さまに落ちてしまうかと思ったからです。橋から下りてふと右の方を見ると、そこに、谷を渡るもう一つの方法があることに気が付きました。谷の縁には一本の巨大な木が立っていて、その高い所の枝に長いロープがしっかりと結んであったのです。ロープに付いた少し細めの綱は、木の幹に縛り付けてあり、その端のおよそ二十メートルが根元にぐるぐる巻きにしてありました。ロープから谷の反対側に視線を移した時、その意味が分かりました。つまり、ロープにしがみついて"振り子"のようにして向こう側まで移動し、後の順番の人が細い綱を引いてロープを戻せるようになっていたのです。
　私には、そのどちらも良い方法だとは思えませんでした。私は、ロープにぶら下がって向こう側まで行けるほど力が強くないし、ロープの橋を渡るための特別な技術もありません。さらに周りをよく見ていると、もう一つ谷を渡る方法があることに気が付きました。ジグザグを描きながら続く道に沿って谷底まで行き、岩から岩へと飛び移って川を渡り、向こう側の土手を登るというルートです。これら三つの選択肢――。一つは技術が必要で、一つは運動神経を要し、一つは多くの時間と忍耐力を必要とします。もっと若ければ、ロープで向こう側に渡ってから、わざわざ戻ってきて綱渡りを楽しんでいたに違いありません。結局私は、あきらめにも似た暗い気持ちで細道を下っていきました。近ごろの私は、安全なもの、無理をしなくてもできるもの、そして肉体的な要求度の最も低いものを選ぶようになっていました。
　ようやく谷の反対側の土手に立ち、私は考えました。
　(近道をしなくたって結局はここまで来ることができたじゃないか。不必要な危険を避けて、無理をせずにできる方法を選ぶことは悪いことだろうか。いや、何だかんだいっても、私は若いころには思いもよらなかった方法を選んで、自分の体をかばっている。年には勝てないと自分でも分かってきたのかもしれない)

　あなたの若い日に、あなたの創造者を覚えよ。わざわいの日が来ないうちに、また「何の喜びもない。」と言う年月が近づく前に。
　　　　　　　　　　　　　　　　　　　　　　　　　　伝道者の書12章1節

祈り：人類が最初に堕落して以来、あなたは人々が年老いて死んでいくのを見てこられました。私も老いには勝てないと分かっていますが、御国で永遠の若さを与えられることを信じて平安でいられます。どうかそれまでの間、老いと上手に付き合い、自分の老齢さえも用いてあなたに栄光をもたらすことができるよう助けてください。

考えてみましょう：年を取ることを考えると、嫌な気持ちになりますか、それとも期待に満ちあふれた気持ちになりますか？

11月23日
——老い——

　今朝目覚めると脚が痛かったのですが、それは昨日の谷越えのせいでした。もう一年近くも毎日歩いてきたというのに、どうしてこんなことになったのでしょう。ちょっと体を酷使したからといって、筋肉痛などになるものでしょうか。たき火の周りをゆっくりと動きながらコーヒーを作る間、私が初めて車を買おうとしていた時にアドバイスしてくれた父の言葉を思い出していました。父はこんなことを言ったのです。
　「中古車を買う時に大事なのは、コンディションじゃない、走行距離なんだ。どんな車でもぴかぴかに見せることはできる。でも"道を走った証拠"は、必ず車のどこかに残っているものだよ」
　今朝、私の脚にも"道を歩いた証拠"が残っていて、思っていたよりも調子が良くなかったことは認めざるを得ません。問題は、運動したことではなく、年のせいで体が弱くなってきたことでした。
　近くの川岸を見回していると、水際に生えている柳の木が目に留まりました。私はすぐに、その樹皮をはがし、それを煎（せん）じて飲みました。おかしなものです。昔なら、柳の木を見ても、パチンコを作るのに最適な材料が取れる、と喜んでいたところです。その比較的軟らかい木を削っては、クラスメートもうらやむ立派な武器を作ったものです。しかし今なら、同じ柳の木でも、年老いた筋肉の痛みを和らげる鎮痛剤の代用として見るようになっているのです。
　私は子どものころ、おじいちゃんがいすから立ち上がる時に、必ず「よいしょ」と言うのを聞いて笑っていました。いすから立ち上がっても、今度は真っすぐ立つのが一苦労で、何度目かでやっと成功することもありました。おじいちゃんが足をひきずりながら歩く姿は、からかっていたわけではないのですが、少なくとも彼のまねをする時の材料となる特徴でした。
　（おじいちゃん、私のこんな姿を見たら笑うでしょうね。おじいちゃんのこと、ばかにしようと思ってたわけじゃないんです。私もあのころのおじいちゃんのような体になってきましたね。それにしてもつらかったでしょう？　毎日毎日、肉体的な苦痛を抱えながら、自分の弱さを嫌というほど思い知らされていたんですものね）
　私ならそんなこと耐えられないと思ってしまうのですが、こればかりはどうすることもできません。老いの事実を否定し続けることも可能でしょうが、それにも限界があります。人は一体どのようにして、年の取り方を学ぶものなのでしょう。

貧しくても知恵のある若者は、もう忠言を受けつけない年とった愚かな王にまさる。
伝道者の書4章13節

折り：天のお父様、聖書には、"年老いて天寿を全う"して死んだ人々のことが書かれています。私の人生が大いに祝福されますように。ただ年を取るのではなく、年とともにさらに充実した日々を送ることができますように。私に知恵をお授けになり、それを若者たちと分かち合うことができますように。年を取ってからも、若いころと同様、ますますあなたの役に立つことができますように。

考えてみましょう：最近、お年寄りの話をゆっくり聞いたことがありますか？　どんなことを話してくれましたか？

11月24日
――格好よく老いる――

　今日、ゆっくりと慎重に道を歩きながら、ある"矛盾"について考えていました。"老いる"という言葉と"格好よく"という言葉は、いかにして両立し得るのでしょう。老いるということは、つまずきやすくなり、走る回数が減り、"無難な"道を選ぶということです。一方、格好良さとは、体裁や力にものをいわせて、無難な道をできるだけ避けることです。私は自分が年を取ってもなお、体裁を保っていられるとは、とうてい思えないのです。

　しかしその時、この旅で出会い、友となり、そして主のみもとへ旅立っていった老人、チャーリーのことを思い出しました。私は一緒に歩いた時の、彼のたどたどしい苦しそうな歩き方を覚えています。ある時には、私たちは後ろ向きに進んでいるのかと思うほどゆっくり歩き、またある時には、「私に付き合ってのろのろと歩く必要はない、先に行け」と言われたこともありました。これらのことは、今こうして思い起こすことができるとはいえ、あのころはほとんど意識さえしていなかったことでした。なぜかといえば、チャーリーの肉体の弱さは、彼の人格的な強さと比べると取るに足らないことだったからです。彼は、試練と過ちばかりの生涯で学ぶよりも、もっと多くのことをたったの数日間で教えてくれました。チャーリーのことを考える時、真っ先に思い出すのは、彼のそんな人格的な強さであって、衰えた体ではないのです。

　しかし私は、まだ肉体的に衰えてなどいられませんし、チャーリーのような人格になれるのはまだまだ先のことです。実際、人格というものは、年とともに自然に形成されるものなのでしょうか。それとも、それを獲得するために何かしなければならないのでしょうか。
（よし、取りあえず基本から始めよう）
　私の体は昔ほど若くはありませんが、神様の恵みにより、もっと長生きできるのではないかと思います。今持っている体を、持っていられるうちに大事にすることが一番です。私は、自分の中の"若者"がもっと進むようせき立てようとも、一定の間隔で休憩することにしました。座っている間に、腕や脚を伸ばすストレッチ体操をし、また特にのどが渇いたような気がしない時でも水筒を取り出し、無理にでも水を飲みました。これらのことについては、肉体が衰えてきた兆候とは考えないようにし、むしろ若さを保つための常識的な行為だと自分に言い聞かせていました。

　私の体は、決して世界一の肉体ではないかもしれませんが、この世で生きている間に与えられるたった一つの体であり、神様からのかけがえのない贈り物なのです。この贈り物をできる限り大切にしようと思います。

それゆえ、私たちに自分の日を正しく数えることを教えてください。そうして私たちに知恵の心を得させてください。

詩篇90篇12節

祈り：天のお父様、この世で役に立つことは、肉体的な力だけではないということを今日、思い出させてください。今日あなたが私に下さったものをどのように用いるべきなのか、また、既に持っているものをどのように大切にすべきなのか教えてください。今日の私の生活が、あなたの"用いる力"を証明するものとなりますように。

考えてみましょう：肉体的な力やスピードに頼らずに達成された、人類の偉業を幾つか挙げてみましょう。

11月25日
──知恵の習得──

　自分の体を大事にしようと決めてから、すぐにその効果が表れ始めました。以前よりも気分よく過ごせるようになったのです。実際に筋肉痛が少なくなったかどうかは別として、痛みに対する考え方が変わってきました。結局のところ、この筋肉痛は努力のたまものだったのです。私は腕や脚をさすったり、この旅でできた傷あとを触ったりしながら、自分の心境の変化に気が付きました。これらの経験は、教科書で学んだだけでは決して得ることのできない、しかも得るのに時間のかかるものです。老いて体が衰えていくことはうれしいことでありませんが、年とともに深まっていく知恵を自分の中で受け入れ、感謝することを学ばなければなりません。
　とはいえ、知恵というものは何の努力もなしに得られるものではないようです。高齢にもかかわらず、長い人生からあまり多くを学んでこなかったと思われる人々がいます。若さの幸せを失うだけで、老いの幸せを感じることができないということは、実に悲惨なことです。そうなってしまうと、人々は内向的になり、喜ぶべきことも見失ってしまう傾向にあるようです。若者が学び、成長する際に大いに役立つ、知恵の宝庫として社会に貢献する代わりに、彼らは実に孤独な存在になってしまうのです。
　でも、私は決して独りぼっちではありません。神様は私を何と呼ばれるでしょうか。「神様の子ども」です。その事実を思い出すと、私は老いていく自分の体を新たな視点から見ることができるのです。今は"災いの世界"に住んでいるために、この世のものはすべて、生まれると同時に死に向かっています。私は以前と比べれば、力も弱くなり、素早く動くこともできません。この死に向かっている世界ではそれが普通なのです。けれども神様は、私を"神の子"と呼んでくださり、御国に私の家を用意してくださっています。そこに着いたら、今の滅びゆく肉体は、もはや私の体ではなくなります。しかし私は、肉体の"重荷"から解放されつつ、今の自分と同じ存在でいられるのです。つまり、神様の子どもです。
　ですからある意味で、私は"永遠の若さ"という、人間が常に追い求めてきたものに着々と近づいていることになります。年を取るに従って、役に立たなくなることもあるこの体は、一時的なものでしかありません。いつか私は、この体を脱ぎ捨て、神様が造られた本来の自分になるのです。それが分かっているからこそ、今日の筋肉痛も耐えられるような気がします。またそれによって、同じように老いの現実に向き合わなければならない人たちの役に立ちたいと思っています。

また、天上のからだもあり、地上のからだもあり、天上のからだの栄光と地上のからだの栄光とは異なっており．．．

コリント人への手紙第一15章40節

祈り：ああ主よ、いつの日か、私たちがこの死すべき体を捨て去り、新しい"天国の体"が与えられるという約束は、何と素晴らしいのでしょう。私はその日を心待ちにしています。その日まで、今持っているものを大切にできるよう助けてください。

考えてみましょう：私たちの"天国の体"とは、どんな体だと思いますか？

11月26日
——秩序と老い——

　谷を越えた後は、地面もかなり平らで、歩きやすい道が松林の中を縫って続いていました。木々の間から差す日の光は、こずえから地面に至るまで、万華鏡のような彩りの光を織り成しています。今日は夕方まで、歩きながらずっとこの"老いと若さ"の問題について考えていました。一つどうしても気になっていたのは、"秩序"の問題でした。人は誰でも初めは若く、そして年を取り、御国に召されて永遠の命を得ます。

　少なくともそれが理想的だろうと思います。子どもが若いのは当たり前のことです。私たちは赤ちゃんがよちよち歩きするのを見て笑いますが、それはばかにしているからではなく、一歩ごとに歩き方を学んでいる様子を見て喜んでいるからです。子どもが実際の年よりも早く成長すると、"ませている"といわれ、（しばらくの間は）かわいいと思われるのです。一方、子どもが病気になって老化が早められると、私たちはぞっとして後ずさりしてしまいます。どうしてでしょうか。それにはまず、その子どもの命が縮められたことが挙げられますが、問題の核心は、"子どもは年寄りではないし、年寄りのようであるべきではない"ということにあります。秩序が狂ってしまっています。

　同じ理由で、お年寄りが退行し始め、子どものように振る舞いだしても、かわいいとはいいません。むしろそれはとても悲しいことだとされます。どうしてでしょうか。なぜなら、お年寄りが子どものようなのはおかしいからです。この場合も、やはり秩序が狂ってしまっています。

　私は自分がどんな結論に向かっているのか分かったので、思考の方向を変えようとしたのですが、無駄な努力に終わりました。人の人生における秩序の問題は、子どもが死んだときに最も深刻になります。子どもよりも親の方が先に死ぬべきであって、その逆であるべきではありません。天寿を全うして亡くなったばかりの人の子どもたちにとって、それは悲しみの時ではあっても、いつかこの日がやって来ると分かっていたという事実によってその悲しみは和らげられているといえます。世代は移り変わり、人生は続くのです。しかし、自分の子どもが死んでしまった今、私はどうして人生を続けられるというのでしょう。息子が天のお父様の所にいて、いつかまた会えるのは分かっていますが、それまでの間、この"秩序の狂ってしまった"世界で生きていかなければならないのです。

　そんなことを考えていると、それまで思い出さないようにしていた記憶とともに悲しみがよみがえってしまい、私は立ち止まって泣きました。

　主はシオンからあなたを祝福される。あなたは、いのちの日の限り、エルサレムの繁栄を見よ。あなたの子らの子たちを見よ。イスラエルの上に平和があるように。

詩篇128篇5～6節

祈り：ああ神様、今日、私は感謝しつつ自分の周りを見回して、あなたの創造された世界の秩序を見ることができます。周りの人々の人生を通して、私の過去や将来を垣間見させてくださりありがとうございます。そのような祝福が得られずに、早くに召された者の死を悲しまなければならないときには、私たちを慰めてください。あなたの御手で、私たちの涙を優しくぬぐい去ってください。

考えてみましょう：子どもを失った人を慰めるために、どのようなことができると思いますか？

11月27日
――陰の内と外――

　私は立ち止まって泣いた場所で眠ってしまい、またあのむなしい気持ちとともに目が覚めました。山頂で経験した誘惑がまた戻ってきたのです。
　（こんなことに耐えている必要なんかないんだ。神様の恵みを否定したり怒りにまかせて暴れたりすれば、苦痛が和らぐかもしれない）
　しかし、この時の誘惑には以前の激しさはなく、私はそのことに驚きつつも、少しうれしさを感じました。木々の間から差し込む日の光の温かさを感じながら、この試練をどうにか乗り越えられそうな気がしました。ほんのささいなきっかけで、深い悲しみに逆戻りしてしまうことは分かっていましたが、それでもしばらくの間は、何とかやっていけそうでした。
　道は昨日とほとんど変わらず、松林の中を平らな地面が続き、明るい場所の後には必ず、陰になった場所がありました。日の当たる場所は暖かくて快適でしたが、日陰になると途端にひんやりとして、じめじめしていました。気が付いてみると私は、暗い所では速く、日の当たる部分ではゆっくりと歩いていました。
　歩いているうちに、あるイメージが心に浮かびました。それは、私の人生はこの森の地面のようである、というものでした。日の当たる場所は私の人生が良かった時期です――。私は日なたの暖かさを満喫し、できるだけ長くそれを楽しんでいられるように、ゆっくりと歩いてさえいました。陰になった場所は、私が自分を見失っていたり、何が起こっているのか分からなくなったりしてしまった時期です。息子のことを考えていると、たちまちのうちに陰に投げ込まれてしまいます。ですから、つまずいて転んでしまわぬよう、一歩一歩足元を確認しながら歩かなければなりません。しかし日の当たる場所に戻ると、人生も無駄ではないように再び見えてくるのです。
　このイメージに関して唯一驚くに値することは、私の悲しみが、自分で越えなければならないただ一つの谷ではないということです。たとえ光の中に入っても、暗闇がもう二度と戻ってこないというわけではありません。日陰の部分は確かに少なくなって、その間隔も広がるかもしれませんが、それがなくなってしまうことはなく、気が付いたらまた暗闇の中にいた、ということがあり得るのです。しかし、ある歌にこんな一節があります。
「陰があり、光がある。その光景を見て勇気を出そう」
　暗い場所があるのは、光がそこに届いていないからなのです。もし光が存在していなかったら、もし希望がなかったら、陰自体が存在していません。すべてが暗闇になっているはずです。
　だからこそ、私は、暗闇の時を喜んで受け入れようではありませんか。少なくとも暗闇は、私が目指して進んでいる偉大なる光のことを思い出させてくれるからです。

主はいつくしみ深く、苦難の日のとりでである。主に身を避ける者たちを主は知っておられる。
ナホム書1章7節

祈り：人生には喜びがあるように、悲しみの時があるのを私はよく知っています。このことを隠さずに、ありのまま教えてくださったあなたを賛美いたします。どうかこの私を、そのような時に備えさせてください。あなたが私とともにおられるのですから、日陰の日々が、苦難の日々と同じくらいに喜びの時となりますように。

考えてみましょう：あなたは自分が悲しい時にも、神様のご臨在を喜ぶことができますか？

11月28日
――予期せぬ友――

　今朝、森を歩いていると、悲しげな声が聞こえてきました。最初は子どもが泣いているのかと思いましたが、何かもっと動物の鳴き声のように思われました。どうやらそれはどこか道を右の方へ入った所から聞こえてくるようだったので、私はそちらへ向きを変え、何歩か歩いては聞き耳を立てました。

　百メートルほど行くと、谷がありました。私が立っていた岩は断がいの頂上で、その下は樹木の生い茂る谷になっていました。声はそちらの方から聞こえていたので、谷の縁にもっと近づいてみると、それは自分の真下から発せられていることが分かりました。三メートルくらい下に岩が細長く突き出た場所があり、そこに犬が座っていたのです。

　それはまだ子犬のようでした。恐らく生後四、五カ月だと思います。とはいえ、それはラブラドールレトリーバーと思われ、足の大きさからして、まだまだ大きくなりそうでした。子犬は谷の方を向いて座り、低い声で悲しげな遠ぼえを繰り返していました。あんな所に落ちてしまったら、絶対に自力で上がってくることはできません。

「おーい、そこのワンちゃん」

　私は言いました。子犬はびっくりして飛び上がりましたが、私を見上げると、狂ったように歓喜しました。子犬が興奮のあまり谷底へ落ちてしまわないかと心配になったので、何とか助ける方法を考えながら、子犬を落ち着かせようとしました。

「ちょっと待ってろ」

　私は小声で言いました。

「じっとしてなさい。助けてやるから。でもちょっと我慢してないと駄目だぞ、いいかい？」

　子犬に私の言葉が分かるはずもありませんでしたが、私の声を聞いて少し落ち着いた様子で、じっと座っていました。けれども子犬ですから、それも長くは続きませんでした。すぐにまた飛び上がり、私にきちんとあいさつをしたいとでもいうように、前足を岩に置いてこちらに登ってこようとするのです。私は後ろに下がって、子犬から姿が見えない場所へ行き（これでまた子犬は悲しそうに何度も鳴いたのですが）、救出作戦を立てることにしました。ロープは持っていたのですが、一体どうやってそれを子犬の体に巻くことができるでしょうか。

　まずは一番簡単な方法から試してみようと思い、ロープの端を輪にして谷に垂らしました。子犬が輪に足を入れたら、そのまま引っ張り上げればいいのです。しかし最初の試みは失敗しました。子犬はロープをおもちゃにして遊ぼうとしたからです。子犬はそれを前足で押さえ込み、かじって振り回し始めました。そのかじり方があまりにひどかったので、私はロープを駄目にされてはいけないと思い、それを引き戻しました。それから何度かやってみて、やはりこの方法では駄目だということが分かりました。ということは、子犬を助けるには、私が下まで行かなければならないということです。

弱い者とみなしごとのためにさばき、悩む者と乏しい者の権利を認めよ。弱い者と貧しい者とを助け出し、悪者どもの手から救い出せ。

詩篇82篇3～4節

祈り：主よ、私は今までに何度、あの哀れな子犬のように、身動きがとれなくなり、自分の無力さに絶望したことでしょう。あなたはそのたびに、私の所まで来てくださり、安全な場所へと連れ戻してくださいました。そのような恵みと愛に満ちあふれたあなたを賛美いたします。あなたが私を愛してくださったように、私もほかの人たちを愛することができますように。

考えてみましょう：人はなぜ、無力な存在を助けたいと自然に感じるのだと思いますか？

11月29日
——がけの下へ——

　問題は三つありました。一つ目は、自分の体をがけの途中にある出っ張りまでどうやって安全に下ろすか。二つ目は、どうやって犬を上まで運ぶか。この問題は一方で、三つ目の問題の存在を示唆していました。つまり、自分がどうやってこのがけの上に戻ってくるのか。片手で落ち着きのないエネルギーの塊のような子犬を持って、もう一方の手だけでロープを上ることなどできるでしょうか。可能性はゼロです。どうにかして犬だけを先に運ばなければなりません。

　バックパックの中をあさっているうちに、つり布として使えそうなシャツを見つけたので、それをロープの端に結びました。それを、がけの出っ張りの上でうれしそうに飛び跳ねている子犬の所まで下ろし、余ったロープを真上に伸びている木に回しました。そして、もう一方の端も、がけの下に垂らしました。

　それからもう一本のロープを取り出し、一方の端を木にくくりつけ、握りやすいように何カ所かに結び目を作ってからがけに下ろしました。何度か深呼吸してからがけを下りていきました。子犬は、喜びのあまり私の脚の周りを跳ね回って大変な騒ぎでした。あいさつもそこそこに、私はその小さな体をロープの先に結んだシャツに固定しました。子犬は、私がロープのもう一方の端を引き始めるまで嫌がる様子は見せず、体がゆっくりとつり上げられると少しもがきましたが、すぐにおじけづいたのかおとなしくなりました。がけの上に着いた子犬は、地面に足が着くことがうれしくてたまらない様子で、すぐに視界から消え、そして時々戻ってきては困ったような、うれしいような顔をして私を見下ろすのでした。

　さてここからが大変です——。結び目を作っておいたロープをしっかりつかみ、それをぐいぐい引っ張って自分の体を持ち上げなければなりません。これで本当に上まで上れるのでしょうか。ここ何日間か、老いについて考えていたせいで、私は自分の肉体の能力にかなり自信を失っていました。しかし、がけの途中にできたこの小さな出っ張りに取り残されたくないという思いが、一層アドレナリンの分泌量を増やしました。実際のところ、がけの上に戻るのは、犬一匹の"応援団"の声援も手伝って、思ったよりも大変ではありませんでした。がけの上に着くと、うれしくて仕方がない子犬が、期待を裏切らないお決まりのあいさつで出迎えてくれました。

　早速シャツをほどいてやり、しばらく走り回るままにさせておいてから、近くの小川に連れていくと、子犬は水をゴクゴク飲んだり、泳いで遊んだりしていました。さらにもう少し草地を走り回ってから、ようやく私の足元に近づいてきてそこに座るのでした。

　ことばは人となって、私たちの間に住まわれた。私たちはこの方の栄光を見た。父のみもとから来られたひとり子としての栄光である。この方は恵みとまことに満ちておられた。
ヨハネの福音書1章14節

祈り：主よ、あなたは、私たちが自分たちを救うことができないとご存知だったため、人間の形をとって来られました。あなたは私たちの中に宿られ、救いへの道を教えてくださいました。言語に絶する贈り物を下さったあなたをほめたたえます。

考えてみましょう：宣教師が、単に飛行機から聖書を投げて配るよりも、特定の地域の人々とともに生活する方が望ましいのはなぜだと思いますか？

11月30日
——がけに落ちた子犬のように——

　水を飲み、一泳ぎし、私の座っている場所の周りを全速力で何度も走り回った子犬は、今度は食べ物のことを考え始めたようでした。子犬はもう何日も何も食べていないようでしたし、がけの途中の出っ張りにどれくらいの間、取り残されていたのか、想像することはできても、実際のところはまったく分かりませんでした。あの哀れな鳴き声が聞こえなかったら、私はもちろんのこと、ほかの誰もが、この子犬を見つけることができなかったに違いありません。がけの出っ張りから落ちたらきっと死んでいたでしょうし、誰の助けも借りずに上まで上ってくるなど考えられないことでした。

「おまえさん、運がいいな」

　私はバックパックの中をまさぐって、何か食べる物はないか探しながら言いました。今あらためて思うのは、この旅で学びつつある教訓の一つに、"すべてはある目的に向かって動いている"という事実が挙げられるということです。子犬は、がけから落ちる運命にあって、私が見つけてやることになっていたのでしょうか。それともこれは単に、この動物が自らの不注意で招いた災いから救ってあげるために、神様がその仕事をいとわない者（この場合は私自身）を用いられたという一例にすぎないのでしょうか。いずれにせよ、私にとっても、子犬にとっても、これは良い経験だったと思います。良い事をしたという充実感を味わうことができた上、衰えつつある自分の体にまだ少し力が残っていたことが分かったのもうれしいことでした。

　子犬が乾パンを懸命にかじっている間、私はこの動物の苦難が象徴するものについて、そしてそこから何を学ぶことができるかについて考えてみました。多くの点で、子犬の置かれた状況は、人間の姿を表しています。この犬の場合は不注意によって、アダムの場合は罪を犯したことによって、どちらも窮地に立たされ、助けが来なければ死んでしまう運命にあります。私は子犬を見つけることができましたが、子犬をロープで持ち上げようとして、子犬の協力を得ることに失敗しました。そのことについて、子犬は何も理解できず、ロープに自分の体をくくりつける器用さも持ち合わせてはいませんでした。アダムも、アダムの後に生まれた私たちも、同じように身動きが取れない状態に陥り、命綱を垂らされたとしても、既に落ちてしまった場所から自力で上がってくることはできなかったのです。ちょうど私が哀れな子犬の所まで下りていかなければならなかったように、イエス様は私たちの窮境を解消するために自ら来られ、救いへの道を示さなければならなかったのです。

　私の場合、がけの途中の出っ張りにまで下りたことで、ある程度の危険を冒していました。自分自身がそこに取り残されてしまう可能性がありましたし、足を滑らせて転落死してしまうことだってあったかもしれません。さて両者の類似性はここまでで終わりです。なぜなら、イエス様の場合は、ただ"危険"ではなかったからです。死を免れることはできなかったのです。

　私もこの子犬のように歓喜して、感謝の気持ちを表現できたらいいのですが。

わたしは、あなたがたを捨てて孤児にはしません。わたしは、あなたがたのところに戻って来るのです。

ヨハネの福音書14章18節

祈り：主よ、世界には、あの子犬のように、窮地に陥り孤独な人生を送っている人たちが大勢います。彼らにどのようにして手を差し伸べたらいいのでしょう。必要ならば、彼らをあなたという安全な場所に導くため、彼らのいる場所まで出向かせてください。どうか御名のために彼らをお救いください。

考えてみましょう：今日、あなたの知り合いのうちで誰が窮地に陥って道に迷っていますか？　その人を助けるために何ができますか？

12月1日
——命名——

　ようやくおなかがいっぱいになった新しい友達は、満足げに私の足元に横になっていました。けれども、片時もそばを離れたくないらしく、私が立って歩き回ると、必ずさっと立ち上がってついてきました。私には、この子犬がどこから来たのか想像もつきませんでしたが、どうやら子犬自身は、今後の"身の振り方"は一つしかないと考えていたようです。
「私についてきたいのかい？」
　私は子犬の耳をかいてやりながら言いました。
「それじゃあ名前を付けてやらないとな」
　子犬は期待のこもった顔で私を見上げました。子犬は私の言葉を理解できませんが、それでも私が何か言うとじっと聞き耳を立てていました。まだ子犬なので何の予告もなく突然ふざけだすことはあっても、本能の部分では私を"リーダー格の犬"と見なしているようです。
　人間に飼われる動物は、ほかの動物とどこが違うのでしょう。この旅で遭遇した野生の生き物たちは、私のことを"捕食者"または"侵入者"と見なしていたはずです。いずれにせよ、私は彼らにとって、何が何でも避けたい存在でした。ライオンなどは、人間のことを天敵とでも思っているのか、両者が遭遇すると必ず死闘が繰り広げられます。しかし、一部の動物には人間とともに生活したり働いたりする特権が与えられています。これらの動物にはそれぞれ得意分野があり、それを利用しなければ特定の仕事が不可能、とまではいかなくても非常に困難になるほど、かけがえのない存在となっています。馬．．．狩りをするタカ．．．トリュフを掘り当てる豚．．．忠実な犬——。これらの動物は人間のために何かする代わりに、食べ物や安全、ペットとしてかわいがられる特権を手に入れるのです。
　この旅もここまできたら、そろそろペットがいても悪くないと思いました。けれども、どんなペットにも名前が必要です。このラブラドールの子犬にはどんな名前がいいでしょう。この子犬のひたむきな性格を見ていて思い出したのは、逃亡し、パウロに愛され、最終的に主人の元へ送り返された奴隷のオネシモでした。この犬はどこからか逃げてきたのでしょうか。それとも迷子になっただけなのでしょうか。どこかに主人がいて、この子を捜し回っているのでしょうか。それとも野生で生まれ、人間に一度も飼われたことがないのでしょうか。事実がどうあれ、私の足元には忠実な"しもべ"がいました。オネシモという名前の通り、これから何かと役に立ちそうでした。
「オネシモ」
　私が呼ぶと、子犬はうれしそうに鳴きました。
「こんな小さな子犬には大げさ過ぎる名前だなあ。短くして"オネシー"にしようか？」
　それに応えるように、オネシーはさっと立ち上がってその場をぐるぐる走り回ったかと思うと、元気よくほえました。名前があるというのはいいものです。

獄中で生んだわが子オネシモのことを、あなたにお願いしたいのです。彼は、前にはあなたにとって役に立たない者でしたが、今は、あなたにとっても私にとっても、役に立つ者となっています。

ピレモンへの手紙1章10〜11節

祈り：私たちは救われています。つまり、既に罪の代価によってあがなわれている私たちには、天のお父様であるあなたに忠義を尽くす必要があります。どうか私たちが、御国の役に立つ行いをし、あなたの御名に栄光をもたらすことができますように。

考えてみましょう：神様に忠義を尽くす必要があるという考え方は、あなたを不安にさせますか、それとも安心させますか？

12月2日
――規律訓練――

　名付け親としての責任を感じた私は、新しい主人として少しオネシーをしつけることにしました。最初は「来い」だとか「待て」といった基本的な言葉から始めました。「来い」を教えるのは簡単でした。オネシーは、私が行く所どこにでもついてきたからです。難しかったのは「待て」です。なぜならそれは、オネシーの欲求のすべてに相反していたからです。
　そこで考えたのが、ビーフジャーキーを小さくちぎったものを褒美として使うことでした。オネシーがきちんと言うことを聞いたときには、うんと褒めてやってから、それを一切れ与えました。それでも、オネシーが一つの場所にとどまることは、私が動き回っている限りは不可能だったので、ついには、ロープを取り出してオネシーの体に結び、それを向こう側に立っている木の幹の後ろ側に回し、もう一方の端を握っていることにしました。こうすると、ロープを引っ張るだけで、オネシーを私の立っている場所から遠ざけることができました。しかも、ロープを握っている限り、オネシーが突進してくるのを防ぐこともできます。もちろん、木の後ろを回っていつでもこちらに来られることがバレてしまえば、その時点でこのレッスンは終了となるのですが、オネシーはまったくそれに気が付いていませんでした。
　夕方には、訓練の成果が見られ始めたので、ひとまずレッスンを終わることにしました。その夜、私は夕食を作ってオネシーの分を地面に置き、宝探し競走に出された犬のようにそれをじっと見つめるオネシーの体を引き止めました。
「待て」
　私は小声で言いました。オネシーはどうするべきか分かっているのですが、どうしても命令に従う気になれないようでした。私はオネシーの体を引き止めながら、こんなふうに言うのでした。
「オネシー、待て．．．待て．．．よし！」
　体をつかんでいた力を一瞬緩めると、オネシーは鉄砲玉のように手の間をすり抜けていきました。オネシーは自分のご飯を食べ終わると、私が何か食べ残さないかどうか見にきました。私は肉を少し地面に置いてやり、オネシーが私と視線を合わせるのを待ってからこう言いました。
「オネシー、待て．．．よし！」
　夕食を終え、後片付けをしてから、寝る用意をしました。オネシーの寝場所は決まっています。オネシーは私の寝袋の上に乗り、私の足の上で丸くなって眠るのです。オネシーは、「今日も立派にやった」と自負しているかのように、とても満足した顔をしていました。オネシーには学ばなければならないことがまだまだありますが、その前途は明るく、オネシー自身もそれを知っていたのでしょう。
（私にそっくりだな）
　私は寝袋を首まできちんと閉めながら、そんなふうに思っていました。

わたしは心優しく、へりくだっているから、あなたがたもわたしのくびきを負って、わたしから学びなさい。そうすればたましいに安らぎが来ます。わたしのくびきは負いやすく、わたしの荷は軽いからです。」

マタイの福音書11章29～30節

祈り：主よ、私は知っています。問題なのは、私に主人がいるかどうかではなく、誰が私の主人であるかです。あなたが私を所有し、愛し、そして私が知っておくべきことを何でも教えてくださるという事実に、私は大きな喜びを感じます。

考えてみましょう：神様は最近、あなたにどんなことを教えてくださいましたか？　それを学ぶ過程は楽なものでしたか？

12月3日
——働くことを学ぶ——

翌朝、オネシーに餌をやり、自分も朝食を食べた後、しばし前日のレッスンを復習したりしているうちに、そろそろ出発する時間になりました。オネシーが実に意欲的に学ぼうとしているのを見た私は、少し仕事を分けてやるのもいいかもしれないと思いました。私は、前の日につり布として使ったシャツを取り出し、針と糸で多少改造して"犬用バックパック"を作りました。オネシーに背負わせてみるとぴったり肩にフィットしました。両側に一つずつポケットがあって、小さいとはいえ調理器具やロープといった荷物も入れることができました。それらはそれほど重い物ではありませんでしたが、私のバックパックが軽くなったのは確かでした。

オネシーはといえば、あとは骨でももらえれば気分は最高といったところでした。とはいえ、ストラップに慣れるには少し時間がかかり、途中で何度か長さを調節しなければなりませんでした。それでも昼ごろには、オネシーはしっぽを振り、（たぶん）にこにこしながら、私の前を行進していました。オネシーは仕事をするのが大好きでした。私に一生懸命な姿を見せることで、私を喜ばせることができると知っているようでした。

夕方には、キャンプにちょうどいい場所で歩くのをやめ、オネシーのバックパックを外してやりました。オネシーはしばらくの間、同じ場所をぐるぐると走り回ってから、地面に転げ回っては気持ち良さそうに背中をかいていました。それから私の方へやって来て、褒めてほしそうな顔をしました。

「偉いぞ、よくやった」

私はオネシーを褒めてやりました。

「今夜はいつもよりたくさんご飯をやるからな」

（働くことは悪いことじゃない）

私は、仕事を与えられて心の底から喜んでいる子犬の姿を見て、そう思いました。人間が堕落する以前のエデンの園でさえ、労働は生活の一部でした。何かの発展具合を測るためであれ、筋肉の調子を整えるためであれ、あるいは単に主人に仕える ためであれ、私たちには仕事が必要です。労働はもともと、人間が住んでいた"良い"世界の一部として始まったにもかかわらず、概して"罰"を連想させてしまうようです。神様は、"のろわれた"世界をこんなふうに言い表しています。つまり、労働には、仕事をやり遂げたという達成感のほかに、いばら、汗、苦痛、失敗といったものが伴うようになった、と。

「なあ、オネシー」

私は寝袋に入りながら言いました。

「お互い、よく働き、よく休んで、仕事を楽しもうな」

オネシーはしっぽを振って、私のひざの上に頭を乗せました。オネシーは明らかに疲れているようでした。ぐっすり眠らせてあげようと思いました。

神である主が、土からあらゆる野の獣と、あらゆる空の鳥を形造られたとき、それにどんな名を彼がつけるかを見るために、人のところに連れて来られた。人が、生き物につける名は、みな、それが、その名となった。こうして人は、すべての家畜、空の鳥、野のあらゆる獣に名をつけたが、人にはふさわしい助け手が、見あたらなかった。

創世記2章19〜20節

祈り：ああ神様、人間に労働をお与えくださったあなたをほめたたえます。今日、私に"役に立つ"ためにすべきことをお与えくださりありがとうございます。一日の終わりに、あなたにほほ笑んでもらえるよう、その仕事を精いっぱいの力と気持ちをこめてなし遂げられるよう助けてください。

考えてみましょう：労働のどんな面が私たちを幸せにするのだと思いますか？　また、どんな面に対して私たちは不満を抱くのでしょうか？

12月4日
――身を守る手助け――

　私はそれを、音としてよりも先に、振動として体で感じました。足の上で寝ていたオネシーが低いうなり声を上げたのです。私は片手を下へやり、オネシーをなだめようとして、その頭が上を向いたままじっとしていることに気が付きました。オネシーは暗闇を凝視したまま、うなり声をどんどん大きくしていきます。
「どうしたんだ、オネシー？」
　私は耳を澄ましながら言いました。私には何も見えも聞こえもしませんでしたが、犬の感覚能力の方が優れていることは言うまでもありません。私は寝袋から出て、バックパックの中にあった剣に手を伸ばしました。私が立ち上がると、オネシーも立ってさらに攻撃的になりました。オネシーの首の後ろの毛は逆立ち、今やそのうなり声は辺りに響き渡るほどの大音量になっていました。
「誰かいるのか？」
　私は暗闇に向かって大声で言いました。
「犬をけしかけられる前に何か答えたらどうだ？」
　草を踏み分ける音に続いて小枝がへし折られる音がしたかと思うと、たき火の残り火のかすかな光に、二人の男の姿が浮かび上がりました。私は言いました。
「誰だ？　こんな夜中にここで何をしている？」
　二人はこん棒を持っていましたが、犬を連れ、剣を持った男は危険過ぎると思ったのか、すぐに襲いかかってくる様子はありませんでした。一人が口を開きました。
「それはこっちが聞きたいところだ。この土地は王のもの。おまえは不法侵入者だ！」
「それはどんな王なんだ？」
　私は問いました。
「私はただ一人の王に仕える者。その王こそ、目に見える物すべてをお造りになったお方だ！」
　もう一人の男が低い声で「フンッ！」と言いました。
「思った通りだな。こいつもやつらの仲間だぜ！」
　男は私の方を見ながら、さらにこう言いました。
「おれたちはな、そんなのとは違う王に仕えてるのさ。目に見える王なんだよ。おまえはその王の土地に入ってきてしまった。悪いことは言わない。とっととどっかへ行きな！」
　彼らは今にも攻撃してくるようには見えなかったので、私は勇気を振り絞って言いました。
「私は、私の王の命令に従って自分の行き場所を決める。それまではここを動かない。おまえたちの王がそれに不満なら、直接ここに来てもらってくれ。じゃあな。もう遅いから、おやすみ」
　彼らは一瞬面食らった様子でしたが、互いに視線を交わしてから、こう言いました。
「おまえさん、おれたちにまた会うことになるぜ。期待して待ってな」
　彼らが暗闇の中へ戻っていくと、ほっとしました。オネシーも落ち着いていたので、彼らはもう近くにはいないのだと分かりました。
　私はオネシーの背中を軽くたたきながら、「ありがとよ」と言いました。
「おまえは、荷物を運ぶ以外にも役に立つんだな」

　もしひとりなら、打ち負かされても、ふたりなら立ち向かえる。三つ撚りの糸は簡単には切れない。

伝道者の書4章12節

祈り：御国に向かって旅を続ける間、私は時として自分を守らなければなりません。天のお父様、私を助けてくれる仲間の存在に感謝いたします。どうか彼らを祝福し、お守りください。

考えてみましょう：神様はなぜ、直接守ってくださる代わりに、あなたが自分で身を守るのを助けてくれる友をお与えになるのだと思いますか？

12月5日
──自ら進んで飼われること──

　私は、安全な場所を求めてすぐに逃げようとは思っていませんでしたが、かといって必要以上に同じ場所にとどまるつもりもありませんでした。夜中にあの男たちが話していた"王"が誰なのか分かりませんが、私がこの道を通る当然の権利に、また難癖を付けに戻ってくるかもしれません。やはり先へ進んだ方が良さそうです。
　でもその前に、ちょっとした"セレモニー"をしようと思い立ちました。バックパックの中に予備のベルトがあったので、それをオネシーの首のサイズに合わせてカットし、名前を刻み込み、仕上げに、持っていたクーガーの歯を一本取り付けました。
「主人に仕える勇気と忠誠と意欲のために」
　私は、オネシーに新しい首輪を付けてやりながら言いました。
「この歯が、おまえの勇気の象徴となるように。この首輪が、飼い主の印となるように。おまえはその献身的な態度で、"オネシモ"、別名"オネシー"と呼ばれるに至った。おまえは私の犬であり、かつ忠実な友である」
　オネシーはその間、座っていましたが、やはり子犬なのでそわそわして落ち着かず、そうやって注目されていることがうれしいのか、今にも小躍りしそうでした。しかし、今はじっとしていなければならない時だと、私の声の調子などから分かっていたようでした。私が頭をなでながら「いい子だ」と言うや否や、オネシーはキャンプの周りを走り回り、大声でほえながら、自分の新しい"地位"を辺りの森一帯に知らせ回るのでした。
　人は皆、なすべき仕事を欲しているように、心の奥底では"主人"を欲しています。私たちは自由について語りますが、本当に求めているのは、制限付きの自由です。私は、どこまで行くことができて、どこで止まらなければならないか分かっているときに、平安を覚え、本当の喜びを知ることができます。私は自分自身のものではないという事実、私は罪の代価によってあがなわれたという事実、私のご主人様は愛情にあふれた優しいお方だという事実は、何という喜びでしょう。
　オネシーは、そのような境遇を喜んでみせる方法を知っています。私は、オネシーのそんなところを見習うべきなのかもしれません。

　しかし、もし、その奴隷が、『私は、私の主人と、私の妻と、私の子どもたちを愛しています。自由の身となって去りたくありません。』と、はっきり言うなら、その主人は、彼を神のもとに連れて行き、戸または戸口の柱のところに連れて行き、彼の耳をきりで刺し通さなければならない。彼はいつまでも主人に仕えることができる。

出エジプト記21章5〜6節

祈り：天のお父様、私は時々、自分の考える"自由"を求めてしまうことがあります。けれども、心の奥底では、あなたの権威の下でこそ自由になれることを知っています。どうか私に、御国のために生涯にわたって仕える仕事を与えてください。そして、永遠にあなたとともにいられるよう、私を受け入れてください。決して私を放さないでください。

考えてみましょう：生まれたばかりの子牛が柵の中にいるのは、どのような点で自由だといえるでしょうか？

12月6日
―――霧―――

　道は、右側の峡谷に沿って続き、左側には山並みが走っていました。歩きながら、あの男たちの話していた"王"の存在を示すものが何かないか探しましたが、人が住んでいる形跡すら見当たりませんでした。高原の方に行けば何かあるのかもしれませんが、とにかくこの時は何も見えませんでした。一度、立ち止まって休憩している時に、風に乗って太鼓の音が聞こえたような気がするのですが、それがどれくらい離れた所から、どの方向から聞こえてくるのか判断できませんでした。
（それならそれでいいさ）
　私は、自分のバックパックの止め具を締め上げ、オネシーのストラップを調節しながら、そんなふうに思いました。私には、ここに住み着いた人たちに会いたいという欲求はまったくありませんでした。それに、昨夜の男の一人が、私を"やつらの仲間"と呼んだことには、何となく恐怖感を覚えました。やはり、この近くに誰かが住んでいるのでしょう。そして彼らは、"王"と呼ばれるリーダーを中心に生活し、私のような旅人のことなどどうでもいいと思っているのでしょう。彼らに会わなくても、私は少しも構いません。
　道は長く緩やかな上り坂になり、遠くに見える低い峠に向かって続いているようでした。それから数時間歩き続け、夕方近くにはコル（尾根のくぼんでいる所）にたどり着きました。野宿するには、何とかもっと低い所まで下りたいところです。空気はひんやりとしていて、少しじめじめしていました。たき火をするのが待ち遠しく思えました。
　けれども、峠の向こう側が見渡せる位置にまで来た時、私は、前方の谷に濃い霧が立ち込めているのを見てがぜんとしました。尾根の背は、私が立っている峠の頂上へとせり上がっていて、だんだん前が見えづらくなっていきました。峠の地盤は硬い泥板岩で、私やオネシーが歩いた跡は残りません。最初の一キロメートル半ほどは、道と道以外の場所の境目を示す標識が見えていたのですが、霧が濃くなるとそれも見えなくなってしまいました。私は足元に目を凝らして道の位置を確認していましたが、そのうちに暗くなってきてそれも不可能になりました。
　選択肢は二つありました。一つは、翌朝には霧が晴れ、道が見えるようになることを期待してその場で待機すること。二つ目は、道をそれていないことを期待しつつ、そのまま下り坂を進むことでした。たき火をするための薪もなく、寝袋を広げる場所もない所で夜を明かすことなど、考えただけでも、道を離れてしまうのと同じくらい恐ろしいことのように思いました。結局、私はゆっくり歩き続けることにしたのでした。

主よ。私を悪者の手から守り、暴虐の者から、私を守ってください。彼らは私の足を押し倒そうとたくらんでいます。

詩篇140篇4節

祈り：主よ、前がよく見えない日々には、私に知恵を与えてください。進むべきでしょうか。立ち止まって待つべきでしょうか。私がたどるべき道を聖霊で導いてください。

考えてみましょう：まったくの暗闇の時期に、どんなことを学ぶことができるでしょうか？

12月7日
――導き手――

　私は、道の目印が見えないかと霧の中、目を凝らしながら、一キロメートル半かそれ以上の距離をゆっくり歩きました。しかし時間がたち、辺りに暗闇が降りてくるにつれて、私は既に道をそれてしまっていて、ますますそこから遠ざかっているように思えて仕方がありませんでした。そう考えると恐ろしくなり、立ち止まって朝までそこにとどまって、視界が良くなるのを待つべきだろうかと思ったほどでした。
　オネシーは耳を立て、鼻をクンクンさせながら、私の横にぴったりとついて歩いています。
「どう思う？」
　私はオネシーの頭に手を置いて言いました。
「朝までここで待機していようか？」
　私の言葉に反応してしっぽを振ったオネシーでしたが、遠くのある地点が気になるらしく、そこからずっと目を離しませんでした。じっと立っていたのもつかの間、オネシーは突然覚悟を決めたかのように、大きな声でほえてから走りだしたのです。
「待て、オネシー！」
　私は叫びました。
「止まれ！　戻ってこい！」
　オネシーは、もう一度ほえて私に答えました。さらにもう一度オネシーがほえた時、その鳴き声はずっと遠くから聞こえました。私はとっさにオネシーの声が聞こえてきた方に向かって歩きだしたのですが、すぐに心が葛藤（かっとう）しだしました。ここでオネシーについていったら、私もオネシーも道に迷って取り返しがつかなくなってしまうかもしれません。けれども、今オネシーを追わなければ、もう私の元に戻ってこないかもしれません。そう考えると、とても悲しくなりました。そのうちに私は、オネシーが何かを聞きつけたりかぎつけたりして、それに向かって突進していった可能性を考え始めました。私は前の晩に会った男たちのことを思い出し、彼らのキャンプに誤って足を踏み入れることはしたくないと思いました。
（まあ仕方がない）
　私の結論はこうでした。人には、導くべき時と、導かれるべき時があります。霧の中、興奮しきった一匹の犬だけを導き手として、私はそれについていくことを決めたのです。私は、オネシーの声のする方向に身を翻し、硬い泥板岩の上を懸命に進みました。しょっちゅう立ち止まっては聞き耳を立て、オネシーの走っていった方向にきちんと向かっていることを確かめました。
　ある時、立ち止まると、前の方から明らかにオネシーの声ではない音が聞こえました。それは、鍋やフライパンの物同士がこすれ合う金属的な音に交じって、途切れ途切れに聞こえてくる人の話し声でした。オネシーはもう、ほえていませんでしたが、私にはその理由が分かりませんでした。用心のため剣を抜こうと、バックパックを下ろしてその口を開けようとした時、霧の中から懐かしいにおいが漂ってきました。私は期待のあまり立ち上がりながらも、自分の臭覚が信じられませんでした。いえ、やっぱりそうです。リジーのシチューのにおいに間違いありません。

　彼は、自分の羊をみな引き出すと、その先頭に立って行きます。すると羊は、彼の声を知っているので、彼について行きます。しかし、ほかの人には決してついて行きません。かえって、その人から逃げ出します。その人たちの声を知らないからです。」

ヨハネの福音書10章4～5節

祈り：主よ、導くべき時と、導かれるべき時を教えてください。リーダーたる者を私に示し、私があなたに導かれながらも、人々を導くことができますように。

考えてみましょう：良きリーダーの資質を表すものとして何が挙げられるでしょうか？また、ついていく者としての心得とはどのようなものでしょうか？

12月8日
——ランデブーの移動——

　私は霧の中、リジーのシチューのにおいと、人々の活動する音を頼りに、急ぎ足で進んでいきました。最初に燃え盛る炎が現れ、それからキャンプ地を歩き回る男女の姿が見えました。オネシーはたき火の近くで、数人の女の子たちにかわいがってもらっています。私が人々の方に近づいていくと、オネシーはこちらを向いてしっぽを振りました。その歯は大きな骨にがっちりと食い込んでいます。最初に私に気が付いたのはリジーでした。
「まあ、これで"旅犬"の謎が解けたわね。火の近くで温まるといいわ。もうすぐ夕食よ」
　皆に会えたのはうれしいことでした。ほんのさっきまでは、火の気もなしに、霧に包まれた山腹で夜を明かさなければならないと思っていたのですから、なおさらです。見回すと、何人かの顔なじみの人たちと、数人の会ったことのない人たちがいました。誰もがテントを立てたり、薪を集めたり、木箱から物を取り出したり、テーブルを並べたりと、忙しそうでした。
「私は今回、いつもより早めに着いたんでしょうかね」
　私は、辺りの落ち着かない様子を見て言いました。
「今まで設営中に到着したことがなかったものですから」
　その時、人だかりの中からラルフが現れて、私の手を取って握手したかと思うと、抱きついてきました。彼は剣を携え、暗い顔をしています。
「よく来てくれた、相棒！　君が発ってからというもの、毎日祈っていたよ。落ち着いたら話してくれよ。みんな何が起こったのか知りたがっているから」
　ラルフの背後からハンクが顔をのぞかせました。彼はいら立った様子で言いました。
「まだ荷物をほどき終わっていないのは、キャンプを移動させられたからなんだ。ここから十五キロメートルぐらいの所で、いったん設営を始めた。そこに妙なやつらがやって来て、おれたちに移動しろと言うんだ。おれは、そこを動く必要なんかない、やつらと納得するまで話し合うべきだと主張したんだけど、結局はこうやって移動することになってしまった」
「私も会ったよ。たぶん同じやつらだと思う」
　私は言いました。
「もしそうだとしたら、移動して正解だったと思う。あの辺りには何となく嫌な雰囲気が漂っていたし、なるべくあそこから離れていた方がいいんじゃないかな」
「それがねえ、それで話が終わりならいいのだけど」
　リジーが鍋をかき混ぜながら言いました。
「あなた、キャンプの設営責任者のスティーブとは面識があったかしら？」
　私は、彼とは一、二度会ったことがあるだけで、よくは知らないと答えました。
「彼は、その最初にキャンプを設営しようとした場所に戻っていったのよ」
　リジーは言いました。
「二日前、あの人たちの責任者に会いにいくと言って出ていったきり、誰も彼の姿を見ていないの」

　しもべはその主人にまさるものではない、とわたしがあなたがたに言ったことばを覚えておきなさい。もし人々がわたしを迫害したなら、あなたがたをも迫害します。もし彼らがわたしのことばを守ったなら、あなたがたのことばをも守ります。しかし彼らは、わたしの名のゆえに、あなたがたに対してそれらのことをみな行ないます。それは彼らがわたしを遣わした方を知らないからです。

ヨハネの福音書15章20〜21節

祈り：主よ、あなたはかつて、教会は迫害を受けるだろうと言われました。今日、私はその証拠を見、あなたのしもべたちを思い、嘆き悲しんでいます。どうか教会をあなたの聖なるご臨在で取り囲み、あなたの強力な武器で守ってください。御名のために、あなたのしもべたちに忠誠心と勇気をお与えください。

考えてみましょう：教会をことごとく嫌う人たちがいるのは、どうしてだと思いますか？

12月9日
――迫害――

　スティーブがあの辺り一帯を治める"王"と話をつけに行ったという話を聞き、霧の立ち込める寒い天気のせいばかりではなく、悪い予感がして背筋に寒けが走りました。前の晩に私が野宿している所を通りかかったあの男たちの正体が何であれ、近くに権力の拠点があるのは確かなようでした。その上、彼らは、私たちのような旅人の存在を知っていて、われわれに良い感情はみじんも抱いていないようでした。
「ここに来る途中でスティーブには会わなかったよ」
　私は言いました。
「ということは、彼はあの男たちの住んでいる場所を突き止めに、脇道に入ったに違いない」
「やつらは、おれたちが選んだキャンプ地を使うなと言っただけじゃないんだ！」
　ハンクは言いました。
「おれたちが、あそこの川の水を飲んだり、あの土地で食べ物を集めたりしているところを見つかったら、申し開きをしなければならないと言ってきた。何であいつらにそんなことが言えるんだよ。この土地の所有権が、おれたちよりもやつらの方にあるなんて、そんなばかな話があるものか。おれたちに何ができて何ができないか、どうしてやつらに指図する権利があるんだよ！」
「やつらにそんな権利はないよ」
　私はハンクに言いました。
「でも人は時々、自分のものでもない土地の所有権を主張するだろう？　いつでもそうやって、力ずくでそれを自分のものにし、そこに住む人々を、勝手に外から持ち込んだ法律で裁いてきたんだよ」
「だったら、みんなでまたあそこに行って、やつらにそう言ってやろうぜ！」
　ハンクは言いました。彼の怒りはますます激しくなっていきます。
「おれたちには武器がある。訓練も積んでいるし、何せおれたちは正しいんだから！」
　私は一分ほど、ハンクの言ったことに誰かが反応するかどうか様子をうかがっていましたが、皆、私が何か言うだろうと期待しているようでした。
「われわれが行かない理由は．．．」
　私は言いました。
「それは、この旅で出くわす間違った物事を何もかも正すのが、われわれの仕事ではないからだ。確かにわれわれの周囲では、多くの反逆行為が起こっている。けれども、彼らはわれわれに反抗しているのではない。神様に反抗しているんだ。神様は時々、われわれを遣わして悪事を働く者たちと戦わせることがある。ラルフと私はある時、敵のうそを信じ込まされていた住民を助けに、ある町に遣わされたことがある。しかし、今回のことについては、神様から具体的に何か示されるまでは、やつらのことは構わず、われわれはわれわれで、自分たちの道を離れないようにしていることが大切だと思う」
　何人かが私の言ったことに賛成してうなずいてみせ、あたかもこれでランデブー全体としての決断が下されたとでもいうように、人々が安心した表情になるのが分かりました。もしかすると、私はリーダーになることを期待されているのでしょうか。

これらのことをあなたがたに話したのは、あなたがたがつまずくことのないためです。人々はあなたがたを会堂から追放するでしょう。事実、あなたがたを殺す者がみな、そうすることで自分は神に奉仕しているのだと思う時が来ます。彼らがこういうことを行なうのは、父をもわたしをも知らないからです。

ヨハネの福音書16章1～3節

祈り：天のお父様、私が立ち上がってあなたの教会を迫害する者らと戦うべき時と、彼らから遠ざかるべき時とを教えてください。私が何をする時でも、それがあなたの御霊によってのみなされますように。戦うときも、戦うことを避けるときも、そのための勇気を与えてください。

考えてみましょう：教会は、その所在地の法律の適用を免れるべきだと思いますか？

12月10日
——新生リーダー——

　リジーが私に、シチューを盛った器を手渡してくれました。その時点で、"臨時会議"は暗黙のうちに終了となったようでした。皆はそれぞれの持ち場に戻り、たき火の傍らにはリジーと私だけが残りました。オネシーは居心地のいい場所を見つけて骨をかじっていました。
「リジー？」
　私は落ち着いた声で尋ねました。
「ここでは今、何がどうなっているんですか？」
「さあ座って」
　彼女は言いました。
「食べて。その間に詳しく話すわ」
　それから一時間ほど、リジーは私がそれまで見る機会のなかったランデブーの"舞台裏"、つまり、どうやってさまざまな問題が話し合われ、全体にかかわる決定が下されるのかを話してくれました。
「スティーブは素晴らしいキャンプ設営責任者よ」
　彼女は言いました。
「働き者で、みんなに好かれているし。でも、彼が得意なのは、実務的な仕事なの。彼は、私が荷をほどいて鍋を取り出すよりも早く、キャンプ地の条件を見定めて、どこに何を置けばいいのか指示してくれるわ。だけど、人間関係のような複雑な問題となるとお手上げね。マッカラン牧師がキャンプにいてくれる時は、みんなうまくやってるのよ。私たちには牧師先生のようなリーダーが必要なのね。あなたはさっき、少しの間だったけれども素晴らしいリーダーシップを発揮してくれた。あなたが発言すると、みんなが安心しているのが分かったわ。私たちは、ああいうリーダーシップを必要としているのよ。あなたが必要なの！」
「何を言いだすんですか、リジー？」
　私はあっけに取られて言いました。
「私がランデブーを離れてから、どんなにひどい状態にあったか知らないからそんなことが言えるんですよ。私は心の中で、旅人にあるまじき神様への悪感情と戦ってきたんです。山から下りてきた時も、わざわざあなたがたを避けて沼地で生活していたんですよ。リーダーたる人は、信仰が強くなければ。そして自分に自信があって、そして．．．」
「そして、正直な人じゃないとね」
　リジーは言いました。
「神様の御前で心を開く勇気があって、自分に示されたものに従って行動できる人。つまり、あなたみたいな人じゃないといけないの」
　彼女はほほ笑んでから、オネシーの方を見ました。
「無条件の愛を与えることができて、"友なき者の友"となれる人じゃないとね」
　オネシーは顔を上げてしっぽを振ってから、また骨をかじりだしました。

　あなたがたのうちにいる、神の羊の群れを、牧しなさい。強制されてするのではなく、神に従って、自分から進んでそれをなし、卑しい利得を求める心からではなく、心を込めてそれをしなさい。あなたがたは、その割り当てられている人たちを支配するのではなく、むしろ群れの模範となりなさい。

ペテロの手紙第一5章2〜3節

祈り：ああ、天の父なる神様、私は今日、指導者たちをあなたに向かって高く掲げます。あなたの教会に対して責任を負う人々を祝してください。彼らを守り、あなたの全きご意志のうちにとどめてください。どうか彼らを、御国の今後のために用い、そして正しい道に導いてください。

考えてみましょう：あなたには今日、教会の指導者のために何ができますか？

12月11日
――仕事――

　朝にはキャンプ地の霧も晴れ、そこが高い松の木に囲まれ、近くに小川のある美しい空き地であることが分かりました。しかし、前の晩に聞かされたことについて考えていた私の心は、この時もまだ沈んでいました。私はリジーに、ランデブーを率いるリーダーになることについて、祈りながら答えを待つよう言われたのですが、自分ではそんな仕事に就く資格などないと思っていたのです。
　スティーブは、キャンプの移動を強制した男たちと話をつけに出かけて以来、まだ戻ってきませんでした。今朝の時点でもまだテントを設置する作業が続いていて、人々はテントからテントへと物を運んでいました。リジーとお手伝いの女性たちが、皆に朝食を出してくれました。私は食後の皿洗いを手伝いました。
「リジー」
　私は、台所用品をふいて決まった場所にしまいながら言いました。
「私がランデブーの"舞台裏"について今まで質問したことがなかったのは、正直な話、そんなこと考えたこともなかったからなんです。どうやら私は、ランデブーはある日、何もないところから自然発生したとでも思っていたみたいなんです。みんながこんなにも一生懸命働いているのを見ていると、感謝が足りなかった自分のことが恥ずかしくなります」
　リジーが笑いながら言いました。
「それは私たちにとって最高の褒め言葉だわ。私たちがきちんと仕事をしていれば、旅人は細かいことを心配しなくていいのよ。ただここでの滞在を楽しみ、学びを深め、神様に祝福されてここを去っていけばそれでいいの。ここの"舞台裏"は忙しいわ。それに、ここで仕事をするには"招かれた"人じゃないと駄目。あなたがもともと、この旅に招かれたようにね」
「どうやら私の最初の疑問は解けたようです」
　私は言いました。
「私がこの旅に出たのは神様に招かれたからであって、道をそれてゴールを見失ったときに自分がどうなってしまうのか、つらい経験を通して学びました。ランデブーの仕事を引き受けることで、その招きを"中断"してしまうことになるのなら、それなりに納得の上じゃないと駄目だと思うんです」
「それに関してあなたは大丈夫よ」
　リジーはほほ笑んで言いました。
「この仕事に就くよう神様に招かれている。そんなふうに感じられる人にしか、私たちは頼まないのよ。これまでスタッフのみんなが祈ってきたし、そして誰もがあなたは招かれていると感じているわ。あなた自身がどう感じているかは、実は、最後の最後に考慮すべきことなのよ。神様はまずある人をお招きになり、それは信者たちの意見の一致によって決定的なものと見なされるというのが、私たちの考え方なの。もし途中で誰かが少しでも疑問を持ったら、また全員で考え直さないといけないのよ」

　そこで、兄弟たち。あなたがたの中から、御霊と知恵とに満ちた、評判の良い人たち七人を選びなさい。私たちはその人たちをこの仕事に当たらせることにします。そして、私たちは、もっぱら祈りとみことばの奉仕に励むことにします。」

信徒の働き6章3～4節

祈り：天の父なる神様、私は今日、教会の指導者を選ぶ人々を高く引き上げます。あなたの体の一部として、彼らをありとあらゆる知恵や理解において導いてください。どうか彼らがそのような導きの下で、指導者を選ぶことができますように。どうか聖霊によって彼らの心を一つにしてください。彼らの決定のすべてがあなたに栄光をもたらしますように。

考えてみましょう：教会はどのようにして指導者を選ぶべきでしょうか？

12月12日
──時間と空間──

「リジー、一つどうしても分からないことがあるんですが」
 私は、キャンプ内を歩き回りながら言いました。
「私は毎回、あなたやほかの人たちがまだ後片付けをしている最中に、ランデブーを出発してきましたよね。なのに、みんな私よりも先を歩いているかのように、私が着く時にはもうキャンプの設営も落ち着くころなんです。あなたがたは近道でも知ってるんですか?」
 するとリジーは笑いながら言いました。
「もしそうだったら、教えがいのある秘密よねえ」
 彼女は一分ほど考えてから言いました。
「今年、あなたがランデブーに参加した時のことを考えてみましょうよ。初めての時はチャーリーと一緒だったわね。ランデブーが終わると、あなたは私たちより先に出発して、それから峡谷で道を離れてしまった。あなたが戻るべき地点にたどり着くころには、私たちは次のキャンプ地の設営を済ませていたわ。そのランデブーが終わってあなたが出発した時は、ラルフがあなたに追いついて、あなたたちはまた道を離れた。そして、だまされて"落ち着いて"しまっていた気の毒な人たちを救出したのよね。あの時も、私たちは次のランデブー設営地まで真っすぐ行って、あなたが着くころには準備ができていたわ。最後にあなたがランデブーを出発したのは、息子さんと一緒だった...」
 彼女はそこで言葉を切って、私の顔を見ながら言いました。
「あの山の頂上への旅もまた、私たちの次の設営地までのルートから、あなたを遠ざけてしまった。あなたは昨日、『ランデブーを避けて沼地に行った』とか言ってたわよね?」
「ああリジー、そうなんです」
 私は言いました。
「私は、ランデブーを出発するたびに、自分の間違いによってか、あるいは神様に遣わされてか、いずれにしてもしばらくの間、道を離れていました。その間もランデブーは横道にそれることなく、必要とされる場所に向かって着々と進み続けていたんですね」
「それが目的ですもの」
 彼女は私の手を取って言いました。
「私たちは、休息や、励ましや、支援が必要な旅人のために、これを続けていきたいのよ。でも、それが難しいときだってあるの。だからこそ、あなたのようなリーダーが必要なんだわ」

よく指導の任に当たっている長老は、二重に尊敬を受けるにふさわしいとしなさい。みことばと教えのためにほねおっている長老は特にそうです。
テモテへの手紙第一5章17節

祈り:天の父なる神様、それを受けるにふさわしい人々に、あなたの教会を率いるという栄誉ある仕事を与えてくださり、ありがとうございます。私の行いのすべてにおいて、彼らに敬意を表すことができますように。彼らを励まし、支援しつつ、すべてにおいて彼らのための祈りを怠ることがありませんように。どうか彼らの働きを、あなたの栄光のために用いてください。

考えてみましょう:教会のために働く人たちに謝礼を払うのは正しいことだと思いますか? あくまで無料奉仕にすべきでしょうか?

12月13日
――スタッフとの顔合わせ――

　朝食を済ませ、皆が今日一日のそれぞれの持ち場での仕事に取りかかると、ランデブーのスタッフ全員のミーティングが招集されました。彼らが大きなテントに集まってくる中、私はあらためて、ランデブーを成功させるためのありとあらゆる責任や、それに積極的にかかわる人々の姿に感動を覚えました。ラルフはハンクに授業を任せ、自衛クラスの講師代表として来ていました。アーティニアン先生は医師団の、ジェニファーは看護スタッフの代表です。リジーが料理人たちを従えてやって来ました。その後から、さらに数十人が列を成して入ってきます。服装から判断して、彼らは薪集め班、機材移動班、キャンプ設営班のようでした。唯一姿が見えなかったスタッフは、設営責任者のスティーブでした。彼のことについては誰もが心配していました。するとリジーが前に出て、静粛にするよう皆に呼びかけました。
「今回は、一番年長の私が議長を務めさせていただくということで、よろしいでしょうか。実は、私がここに立っているのも、スティーブが戻ってこないからなのです。神様が彼を守ってくださるよう、みんなで祈り続けましょう」
　リジーは、皆がそのことを考えている間、言葉を切り、そして再び口を開きました。
「目下のところ、かねてから私たちの思いと祈りのうちにある検討事項について考えていただきたいのです」
　彼女は私の方を見てこう続けました。
「つまり、この兄弟を"全体取りまとめ役"兼"信仰リーダー"として、ランデブーの幹部組織に招き入れるべきかどうかという議題です。スティーブにはこれまで、設営責任者としての素晴らしい働きと併せて、この役割を担当してもらってきました。けれども、これは適任者が見つかるまでの一時的なものだということは、彼も承知しています。私たちは皆、今年になって、この"友"と知り合い、彼を愛し、また、彼が悲痛かつ困難極まりない境遇に直面する中、その痛みを分かち合ってきました。彼自身、この仕事にまったく向いていないと感じていると言うでしょうが、そのような謙虚さは第一番目の条件であり、それが満たされなければ話になりません」
　皆それを聞いて小声で笑いました。そしてリジーは言いました。
「これで決まったようね。みんなは、あなたが私たちのリーダーとして神様に招かれていると信じているわ。あなたさえ同意してくれたら。どう？　やってくれるかしら」
　私は長い間、黙っていましたが、ついに立ち上がり、皆に向かって言いました。
「今朝目が覚めてからずっと、どうやってこの話を断ろうか、そればかり考えていました」
　驚いたように何人かが顔を上げました。
「けれども、こうしてみんなの顔を見、リジーの話を聞き、そして何よりも、自分自身の思いを確認してみて、今の私に言えること。それは、私のような者をお招きになるなんて、神様もよほどチャレンジ精神が旺盛なお方なのでしょう、ということです」

　いったい自分の費用で兵士になる者がいるでしょうか。自分でぶどう園を造りながら、その実を食べない者がいるでしょうか。羊の群れを飼いながら、その乳を飲まない者がいるでしょうか。私がこんなことを言うのは、人間の考えによって言っているのでしょうか。律法も同じことを言っているではありませんか。モーセの律法には、「穀物をこなしている牛に、くつこを掛けてはいけない。」と書いてあります。いったい神は、牛のことを気にかけておられるのでしょうか。
　　　　　　　　　　　　　　　　　　　　　　　　コリント人への手紙第一9章7～9節

祈り：聖霊の喜びのうちにあって、あなたの教会とそこで奉仕する人々のことを思いつつ、あなたを賛美いたします。また、あなたに仕えることには、日々の決定を下すこと以外に、物資の調達も含まれることを覚えます。私たちが日々の課題に取り組む際、どうすれば聖霊のうちにとどまることができるのか教えてください。信仰面だけでなく、物質的な面でも、リーダーたちを祝福してください。

考えてみましょう：教会の仕事をする際、どんな場合に無料奉仕とし、どんな場合に必要経費の払い戻しを期待すべきでしょうか？

12月14日
──任に当たる──

　私のリーダーとしての第一日目の仕事は、メンバー全員の役割を把握するため、彼らの仕事場を訪ねて回ることでした。オネシーは、私が夜明け前に起きるのを見て喜び、テントから出る時には私の後ろについてきていました。薪集め班は既に作業を始め、朝の調理用のたき火の準備として、火のついた炭を吹いていました。彼らはそれから、三人ずつに分かれ、前日に使った分を補充するため、薪になりそうな木を集めに出かけました。私は、最初の薪を調達するまで彼らと行動を共にし、それからたき火の所に残って料理人たちの輪に加わりました。リジーは年老いて弱々しく見えても、これこそ彼女の才能が発揮される場所です。食事がすべてタイミングよく出来上がるよう、まるでオーケストラを指揮するように助手たちに指示を与えていました。朝食の後片付けが終わると、私はリジーが大鍋でシチューを作り始めるタイミングを見計らってその場を離れ、今度は医療テントに向かいました。医師や看護婦さんたちは、忙しく駆け回りながら患者の世話をしたり、医療機器を消毒したり、その日の医療処置の予定を組んだりしていました。テントに入るや否や、アーティニアン先生が話しかけてきて、私の腕の傷を診させてほしいと言いました。先生は、「傷は驚くほど良くなった」と言い、口笛を吹いてみせました。次に立ち寄ったのは、ラルフの自衛訓練の授業でした。彼は受講生たちに、剣であれ、石であれ、ロープであれ、手元にある物を利用した自己防衛の基礎知識を教えていました。彼は私にも聞こえるほど大きな声で言いました。
「それからもちろん、忘れてはならないのが、古典的な"釣りざお"作戦だ」
　一部の受講生たちからその意味を尋ねられた彼は、こう言いました。
「今夜、リジーの"語り"が始まったら、質問してみるといい。きっと詳しく話してくれるだろう」
　それから、物資調達班、テント設置班、洗濯・洗い物班の仕事を見にいった後、私はようやく、たき火に戻ってリジーのコーヒーを飲むことができました。私は腰を下ろしながら言いました。
「どの班の働きも素晴らしいですね。基礎クラスは見かけなかったんですが」
「今はやってないわ」
　リジーは言いました。
「ラルフが自衛クラスにかかりっきりになってしまって、初心者を教える教師がいなくなってしまったのよ。でもね、薪集め班の中に、一人かなりのすご腕を知ってるの。シビルっていう若い女の子よ。彼女に頼んでみるつもりなら、今夜どの子か教えてあげるわ」
「リジー、ありがとうございます。気が付いたことがあれば、これからも教えてもらえると助かります。そうすれば私は. . .」
　その時、誰かの叫び声が聞こえ、私たちの会話は中断されました。
「旅人が到着したぞ！」
　見ると、こちらに向かって道を歩いてくる、九人の大人と三人の子どもの姿がありました。さらに近づいてくると、先頭を歩いているのは子どもの一人を抱えたフィッシャーだと分かりました。彼らは皆、疲れ果て、おびえているように見えました。

　こうして、キリストご自身が、ある人を使徒、ある人を預言者、ある人を伝道者、ある人を牧師また教師として、お立てになったのです。それは、聖徒たちを整えて奉仕の働きをさせ、キリストのからだを建て上げるためであり、ついに、私たちがみな、信仰の一致と神の御子に関する知識の一致とに達し、完全におとなになって、キリストの満ち満ちた身たけにまで達するためです。
エペソ人への手紙4章11～13節

祈り：主よ、私は今日、あなたの教会を満足に運営するには、多くの奉仕者が必要とされることをあらためて覚えます。どうか今日、あなたの忠実なしもべである彼らのことを覚え、彼ら全員のために祈らせてください。

考えてみましょう：教会で、注目されないことが多い仕事は何でしょうか？

12月15日
——フィッシャーは語る——

　一行がキャンプ地に入ってくると、彼らの身に何かが起こったことは明らかでした。彼の服は破れ、体には切り傷や擦り傷を負っています。子どもたちは眠っているか、疲労のあまりぼうっとしながら歩いているかのどちらかでした。アーロンは、足を引きずりながら歩いている奥さんの体を支えています。それから見知らぬ男が一人いて、女の子の一人に腕を貸して彼女が歩くのを助けていました。私は叫びました。

「フィッシャー！　こっちだ、その子どもは私に預けなさい。そっちの通り道を通ってたき火のそばまで来るといい。皆さん、いいですか？　こっちに医療テントがあるので、すぐに中に入ってください。ジェニファーという看護婦さんがいるはずです。お医者さんに診てもらったら、ここに戻ってきてください。それまでに何か食事を用意しておきます」

　フィッシャーは、ほかの人たちと同じくらい医者に診てもらう必要がありそうでしたが、それでもたき火のそばに残りました。私は彼を座らせ、温かいコーヒーを勧めました。リジーの下で働く料理人の一人が、私の抱いていた子どもを医療テントに連れていってくれました。フィッシャーはコーヒーを二、三口飲んでから、ようやく口を開きました。

「あなたが発った後．．．」

　彼は言いました。

「おれたちはゆっくり歩き続けた。ある所でキャンプの場所を決めて早めに落ち着こうとしていたら、男たちの集団がやって来たんだ。やつらは、おれたちを不法侵入者呼ばわりし、逮捕すると脅してきた。アーロンが、おれたちはただの通りすがりの者で、道を離れるつもりはないと説明しようとしたんだけど、やつらの一人に後ろからこん棒で殴られて、ばったりと倒れてしまった。リーズとおれが反撃しようとしたんだけど、あまりにも敵の数は多過ぎた。結局やつらの言う通りにするしかなかった。やつらに連れていかれたおれたちは、道を離れて山の斜面を登らされた。おれは、道を離れることについてあなたが言っていたことを忘れてはいなかったから、やつらになんかついて行きたくなかった。でも．．．」

「君は正しいことをしたんだ」

　私は言いました。

「反撃に出ていたら、女性や子どもが危険にさらされていただろう。それから何が起こったんだい？」

「長い間歩かされた末、人が住んでいるらしい場所に着いた。彼らは丸太で要塞（ようさい）のような物を建て、その周りにはこん棒や剣で武装した男たちが立っていた。やつらの顔には憎しみしか見て取れなかった。少しでもやつらの理解を得られるかもしれないという希望は、要塞（ようさい）の中に入った時に消えうせた。門の内側は広場になっていて、真ん中には絞首台があった。そこには死体が．．．男の死体がぶら下がっていたんだ」

　私の後ろに座っていたリジーが、息を詰まらせながら、ささやき声で言いました。

「スティーブ！」

　しかし、聖霊に満たされていたステパノは、天を見つめ、神の栄光と、神の右に立っておられるイエスとを見て、こう言った。「見なさい。天が開けて、人の子が神の右に立っておられるのが見えます。」

使徒の働き7章55～56節

祈り：ああ、天の父なる神様、今日でさえ、子どもを含む男女のクリスチャンがあなたの教会のために命をささげていることを思うと、私の心は悲しみで満たされます。きっと、あなたも悲しんでおられることでしょう。どうか慰めを与えてください。そしてみこころならば守ってください。

考えてみましょう：今日の殉教者の数は、過去と比べて増えていると思いますか、減っていると思いますか？（米国の『クリスチャン・アルマナック』などで調べてみましょう）

12月16日
――投獄――

　フィッシャーが語りだすと、一人、また一人と、診察を終えたアーロンたちがたき火のそばに戻ってきました。けがはどれも大したものではなく、「切り傷や打撲傷が空腹や疲労によって悪化しただけ」とのことでした。リジーが全員にシチューを振る舞う一方で、フィッシャーは話を続けました。
　「アーロンを殴り倒した男は、こん棒で絞首台を指して、『おまえらみたいなのは、ああしてやるのさ』と言った。おれが『"おれたちみたいなの"ってどういう意味だ？』と問い詰めても、やつは何も答えなかった。そして、やつらはこの辺り一帯の占有権を握っていて、それを保持する権利があり、やつらの"王"が、仕えるに値するただ一人の王だと、延々と主張した。リーズは黙っていられなくなって、おれたちは"ただ一人の真実なる王"の弟子だと言ったんだ。でもその後は長くは続かなかった。数人の男たちが彼に飛びかかって、めった打ちにし始めたからだ。女の子たちは『やめて！』と叫び、子どもたちは泣きわめき、アーロンとおれはほかの男たちにねじ伏せられた。それからおれたちは、要塞（ようさい）の内側の隅にある建物に押し込められた。扉が閉められ、鍵が掛けられた時、それが刑務所だと分かった。窓が一つあったけど、絞首台に面していたから、シャツを掛けて外が見えないようにした。ほかに何をすればいいのか分からなかったおれたちは、ひたすら祈った。みんなで輪になって立ち、暗くなるまで祈り続けた。それからサンディーが賛美歌を歌い始め、みんなもそれに加わった。一時間かそれ以上、歌っていたと思う。外で看守が『やめろ！』と叫んだけど、おれたちは歌うのをやめなかった。すると扉が開き、一人の男が入ってきてそれを後ろ手に閉め、大声でこう叫んだんだ。『歌うのをやめろというのが聞こえなかったのか！』　それから彼は小さな声でこう付け加えた。『あんたたちを助けてやりたい。よく聞いてくれ』　その男は、ロドリゲスと名乗り、絞首台で男が殺された事件にうんざりしていて、もうこの要塞（ようさい）にはいたくないのだと言った。彼はさらに、後で脱走するからそのつもりで待っているよう指示してから、もう一度怒鳴り声でこう言った。『静かにしていないと、あいつと同じような目に遭わせるぞ！』　おれたちは歌うのはやめたけど、一層真剣に祈ったんだ」

　また、ほかの人たちは、あざけられ、むちで打たれ、さらに鎖につながれ、牢に入れられるめに会い、また、石で打たれ、試みを受け、のこぎりで引かれ、剣で切り殺され、羊ややぎの皮を着て歩き回り、乏しくなり、悩まされ、苦しめられ、――この世は彼らにふさわしい所ではありませんでした。――荒野と山とほら穴と地の穴とをさまよいました。
ヘブル人への手紙11章36～38節

祈り：天の父なる神様、迫害に遭わなければならないのなら、どうか私に揺るぎない信仰を与えてください。あなたの御名のために耐え抜くべきことがあるならばそれに耐え、あなたの愛と力のあかし人となるための、あらゆる機会を与えてください。

考えてみましょう：迫害がひどい地域では、なおさら教会が力強く成長するのはなぜだと思いますか？

12月17日
——脱獄——

　フィッシャーの話は続きました。
「ロドリゲスという名前の看守が去った後、おれたちは夜明けまで祈っていた。すると扉が開き、また彼が入ってきた。『みんな眠っている』　彼はささやき声で言った。『今、私が見張りに立つ番なんだ。あんたたちをここから出してやるから。静かについてきてくれ』　子どもたちは眠っていたので、女の人たちが抱きかかえて出ることになった。バックパックは没収されていたから、何も持ち物はなかった。刑務所の外に出ると、絞首台のそばのたき火がかすかな光を発しているだけで、中とほとんど変わらない暗さだった。ロドリゲスは刑務所の建物の後ろを通って、要塞（ようさい）の壁の内側の"ある個所"におれたちを連れていった。『いつか使えるだろうと思って、何週間も前から細工してきたんだ』　彼がそう言って、丸太の一本をつかんでそれを持ち上げ、内側に引っぱると、そこに人がやっと通れるくらいのすき間ができた。アーロンが最初に出ていった。彼はすぐに、『さあ早く！』と次の人にささやき声で合図してきた。そして女の人たち、それからリーズが出ていった。ところが、おれが今しも抜け出そうというその時、壁の上で見張りをしていた男が、おれたちが脱走しようとしていることを大声で叫んだ。男が一人、こん棒を振り回しながら走ってきた。ロドリゲスが自分のこん棒でそいつに一撃を加えた。ほかにも二人の男が攻撃してきた。おれは最初の男が落としたこん棒を拾って、あなたが教えてくれた通りにそれを使ったんだ」
　彼はほほ笑みながら私を見ました。
「その三人はやっつけられたんだけど、さらに人がこっちに向かってきていて、要塞（ようさい）の至る所から叫び声が上がっていた。とにかく、ロドリゲスと私は壁のすき間から抜け出して、みんなと一緒に死に物狂いで森の中へ走って逃げた。おれはてっきり、坂を下って道に戻るものだと思ってたんだけど、実際には細い谷を登り始めたんだ。『こんな所に来ても駄目に決まってる！』　おれがそう言っても、ロドリゲスは『いいから信用しろ』と言う。すぐにおれたちは、谷の突き当たり――いや、その時は"突き当たり"にしか見えない所に来た。おれが『だから言ったじゃないか』と言いそうになった時、ロドリゲスが茂みをかき分けると、そこは洞窟（どうくつ）の入り口になっていたんだ。おれたちが中に入っていくと、ロドリゲスは入り口の茂みを元通りに戻していた。奥へ進むに従って、通路が広くなっているようだった。マッチを擦る音がしたので振り向くと、ロドリゲスがろうそくに火をつけていた。彼について歩いていくと、全員が真っすぐ立って歩き回れるほど広い部分に出た。奥の壁からは水がわき出ていて、右側には箱が積み重ねてあった」
　フィッシャーは深呼吸をしてから、コーヒーをすすり、それから彼らと一緒に到着した見知らぬ男の方を向いて、こう言いました。
「ロドリゲス、ここから先は君から話してくれないかな」

看守はあかりを取り、駆け込んで来て、パウロとシラスとの前に震えながらひれ伏した。そして、ふたりを外に連れ出して「先生がた。救われるためには、何をしなければなりませんか。」と言った。

使徒の働き16章29～30節

祈り：主よ、私は今日、あなたの教会を迫害する者たちを引き上げます。どうか彼らの目を開いて、自らの過ちや、あなたの光の美しさに気が付くことができるようにしてください。われわれ迫害される側が、常にキリストの愛のあかし人となることができるよう助けてください。また、私たちの生き方を通して、彼らが救いへの道を見いだすことができますように。

考えてみましょう：自分を滅ぼそうとする敵のために祈ることができますか？

12月18日
──ロドリゲス──

見知らぬ男は、フィッシャーが話している間に食事を終え、感謝の言葉とともにリジーに使い終わった器を渡し、たき火のそばに立ったまま、皆に向かって話し始めました。彼には強い外国語なまりがありましたが、特に理解しづらいというわけではありませんでした。
「私の名前はロドリゲス・オルテガといいます。半年ほど前に妻に逃げられたことがきっかけで、この旅を始めました。妻には『あなたは冷酷で愛情のない人になった』と言われたんですが、あのころの自分を振り返ってみると、彼女の言っていることは正しかったようです。私は常に、何にでも誰にでも怒りを感じていました。どんなことが起こっても、人のせいにしていました。妻が出ていった時でさえ、彼女の方に問題があるのだと自分に言い聞かせていました。それから家の中の物を幾つも壊し、あとはもうすべてを放棄したんです。それから数週間、私は一人で暮らしていました。短期の仕事がある時には働きもしましたけど、大抵は何かに腹を立て、誰かを殴って首になりました。そしてある日、自分と同じぐらい世の中に腹を立てている男たちに出会ったんです。それからは、彼らと行動を共にするようになりました。不平不満をぶちまけたり、すきを見て盗みを働く以外は、これといって何もしないで過ごす毎日でした。私はある日、山で生活するある集団の存在を耳にしました。うわさによると、彼らはその地域をまるで小国のように支配し、何でもやりたい放題とのことでした。いい話だと思いました。それで私は彼らを探して山に入っていったんです。彼らの方から私を見つけ、何戦か交えた後、仲間に入れてくれました。彼らとの生活はまるで盗賊のようでした。通りがかりの旅人を狙った追いはぎを繰り返すのです。私にとっては理想的な世界でした。誰でも怒りたいだけ怒っていられました。けれどもしばらくたつと、怒っていることにも飽き飽きしてきたのです。私は妻のことを思い出し、出会ったばかりのころは本当に自分を愛してくれていたことに気が付いて、あのころに戻りたいと思うようになりました。でもその時既に、盗賊グループを抜けることは不可能でした。勝手に抜けようとすれば殺されるでしょう。そこで、私は何週間にもわたって、脱走計画を練ったんです。普通の道は、男たちが見回りをしているので、ただ走って逃げただけではすぐに捕まってしまいます。結局、近場で探してやっと見つけた隠れ場所が、あの入り口の隠れた洞窟（どうくつ）でした。私は食べ物やろうそくを持ち込み、一方では、要塞（ようさい）を抜け出せるよう壁を細工しておきました。計画では、夜に抜け出し、やつらが捜すのをあきらめるまで洞窟（どうくつ）の中で待ってから、どこかへ移動するつもりでした。あと二週間ぐらいたったら脱走しようと思っていたところに、あなたたちが"スティーブ"と呼んでいる男が連れてこられました。やつらは彼を縛り上げて静かにさせようとしていました。けれども彼は、神様はどれだけやつらのことを愛しておられるかだとか、一緒に素晴らしい信仰の旅に出たくなったらいつでも歓迎だとか、しきりにそんなことを叫んでいました。しかし、彼がしゃべればしゃべるほど、男たちはますます怒りをあらわにし、そしてついに、彼の体を抱えて絞首台に連れていったんです。ところが、首にロープを回されながらも、彼は何度も何度もこう言っていました。『こんなことをする必要はないんです。神様はあなたがたを愛しておられる。神様はあなたがたを愛しておられます』彼は小さな声で最期の言葉をつぶやきましたが、私にはそれがはっきりと聞こえました。彼はこう言ったのです。『主よ、彼らをおゆるしください』」

信仰によって、彼は、王の怒りを恐れないで、エジプトを立ち去りました。目に見えない方を見るようにして、忍び通したからです。
ヘブル人への手紙11章27節

祈り：主よ、自分のことを憎んでいる人たちの前に立つときでも、あなたから目を離さずにいられるよう助けてください。どうか私の言葉や行いが常にあなたの御座を指し示しますように。私の人生や死が、御国の役に立ちますように。

考えてみましょう：イエス様が、自分を十字架に架けた人々のためにささげたとりなしの祈りは、聞き入れられたと思いますか？

12月19日
――新たな人生――

　ロドリゲスは涙をこらえながら話してくれました。誰かが「こっちに来て座ったらいい」と勧めたのですが、彼はたき火のそばに立ったままでした。そして何度か深呼吸をしてから、話を続けました。
「あの罪のない男が死んでいくのを見て、私はもうあそこにはいたくないと思ったんです。私はまだ心に怒りを抱えていましたが、この時は違っていました。あの男が、運悪く通りかかったただの旅人だったら、別に何とも思わなかったかもしれません。けれども、彼の言葉がどうしても頭から離れないんです。『神様はあなたがたを愛しています。どうか彼らをおゆるしください』私はかつてないぐらいに、そのような愛や、そのようなゆるしについて知りたいと思うようになりました。私は生まれてから一度も祈ったことがありませんでしたし、ののしるときを除いては"神様"という言葉を口にしたこともありませんでした。けれども、何とかして神様に話しかけなければと思ったのです。私は要塞（ようさい）を抜け出し、あの洞窟（どうくつ）に行きました。私は暗闇の中、長い間座っていましたが、何をどのように言ったらいいのか分かりませんでした。そしてついに、こうつぶやいたのです。『神様、聞こえますか？』　その時、何かが起こりました。それをきちんと説明することは不可能です。ドラマチックな光も音もありませんでしたが、何かが心の中で動いたのです。私は独りぼっちじゃない。生まれて初めてそう感じたのです。それは心地良い体験でした。私の人生の大部分を占めていた怒りという感情が、一瞬にしてなくなったのです。うれしくて涙が出ました。声を出して笑いました。同じことを何度も何度も言いました。『神様、聞こえますか？　神様、聞こえますか？』　ほかに言うべきことがあるに違いないと分かっていても、それしか思い浮かばなかったんです。夜が近づいてきました。要塞（ようさい）の門が閉められる前に戻らなければ、やつらは私を捜しに来るでしょう。私は、神様についてもっと知る努力をしようと心に決め、脱走計画を実行する決意を新たにしました。ところが、戻ってみると、新しい人たちが連れてこられていました」
　ロドリゲスはフィッシャーたちの方を見て言いました。
「それがこの人たちだったんです。何をすべきかは分かっていました。彼らが死んでいくのをただ見ていることはできません。その日はもう遅い時間だったので、彼らはわれわれが建てた獄舎に入れられました。私は、彼らに例の脱走作戦について知らせるため、深夜の看守当番を買って出ました。もちろん、私が獄舎に入っていったのは、彼らを痛い目に遭わせるためだと思われていました。中に入ると、彼らは輪になり、手をつないで立っていました」
　ロドリゲスはフィッシャーに向かって言いました。
「君たちは、私が聞いたこともないような歌を歌っていた。その歌詞は今でも覚えているよ。『また会う日まで、また会う日まで、神のめぐみ、たえせず共にあれ』　私はその時、どんなことがあっても、あの輪に加わりたいと思ったんだよ」

　そして、自分の回りにすわっている人たちを見回して言われた。「ご覧なさい。わたしの母、わたしの兄弟たちです。神のみこころを行なう人はだれでも、わたしの兄弟姉妹、また母なのです。」

マルコの福音書3章34～35節

祈り：天の父なる神様、あなたは苦難の中にある私たちに、慰めるべき家族や、慰めてくれる家族を与えてくださいます。

考えてみましょう：自分に悪い影響を与える集団を抜けなければならなかったことがありますか？

12月20日
——新たな旅人——

　最後に医療テントから出てきたのはリーズでした。彼の頭には包帯が巻かれ、奥さんのエイミーに支えられて歩いてきました。彼ら夫婦がたき火のそばに座って私たちの輪に加わると、ロドリゲスが話を続けました。
　「一番ひどいけがをしていたのは、めった打ちにされたリーズでした。洞窟（どうくつ）の中に入ると、私たちは彼をできるだけ安静にして寝かせました。そして私は、やつらが捜索をあきらめるまで少なくとも二日間は外に出られないだろうと言いました。すると、あなたがたがフィッシャーと呼んでいる青年がこんなふうに言ったので、私は驚きました。『それは良かった。二日もあれば、何とかあなたに素晴らしい話を聞かせてあげられそうだ』」
　ロドリゲスは、「フィッシャー．．．そして、ほかのみんなも．．．」と言いながら、リーズ、エイミー、アーロン、パティー、それから三人の女の子たちに順々に視線を移しました。
　「君たちのおかげで、人生で一番素晴らしい二日間を過ごすことができたよ」
　ロドリゲスは私に視線を戻して、こう続けました。
　「ともかくその二日間に、さまざまな素晴らしい話を聞くことができました。私を愛し、私の面倒を見てくださる神様の存在について学びました。私が怒ってばかりいるということは、神様の愛を心に受け入れていない証拠だということも分かりました。あの時、あの場所でなかったら、そんな話を信じることができなかったかもしれません。けれども、外界から完全に遮断されたあの洞窟（どうくつ）の中にいると、ごく自然に、まじめに話を聞く気になったのです。そんなふうに"聞く耳"を持っていると、やがて神様の声が聞こえました。生まれて初めての経験でした。フィッシャーが一緒に祈ってくれました。その言葉は、スティーブが死ぬ前に言った言葉とよく似ていました。フィッシャーは言いました——。神様は私を愛しておられ、既に私をおゆるしになり、私の人生から怒りを完全に取り除かれた、と。私は自分でも祈り、私の人生を支配してくださいと神様にお願いしました。すると神様は、実に、私の想像も及ばない方法で支配してくださいました。一度、捜索隊が洞窟（どうくつ）の入り口近くまでやって来たんです。やつらは声が聞こえるほど至近距離にいたので、私は恐ろしくなりました。その時、サンディーがささやき声で祈るのが聞こえました。彼女は言いました。『神様、彼らの目を見えなくして、私たちを見つけることができないようにしてください』　やつらがどこかへ行ってしまうまで、かなり長い時間、話し声が聞こえていました。しばらくして私は、様子を見に洞窟（どうくつ）の外に出てみて驚きました。入り口を隠すのに使っていた茂みがすっかり脇へよけられていて、中への通路が丸見えになっていたのです。やつらに見えなかったはずがありません。見えなかったとすれば、その時、目が見えなくなっていたのでしょう。やつらの目は見えなくされ、私の目は開かれた——。そのどちらも同じ神様がなさったことでした」

そこで、イエスは言われた。「わたしはさばきのためにこの世に来ました。それは、目の見えない者が見えるようになり、見える者が盲目となるためです。」
ヨハネの福音書9章39節

祈り：愛する天のお父様、あなたはその不思議な力によって、私が真実を見えるようにしてくださる一方で、ほかの人の目隠しをしてくださいます。見事なまでの方法で、私たちを守ってくださり、ありがとうございます。どうか、あなたがよしとされる時に、今はまだあなたの御霊による物事を見ることができない人々にも、それを見るための目や、信じるための心をお与えください。

考えてみましょう：誰かに知られた場合、あなた自身や、神様を信じる他の人々を脅かしかねない事柄について、気が付かれずに済んだ例を挙げることができますか？

12月21日
――新たなスタート――

ロドリゲスの話を聞き終わった後、皆でたき火の周りで祈り、その中で、ロドリゲスをわれわれ家族の一員として招いてくださったことや、私たちの仲間を助けるために彼を用いてくださったことを神様に感謝しました。また、スティーブの死を悼むとともに、彼の勇気や信仰を思いつつ、神様をたたえ、彼亡き後のランデブーに力と慰めが与えられるよう祈りました。それから、フィッシャーたち全員分の寝場所を確保し、朝までゆっくり休むよう言いました。

翌朝、彼らは起きて朝食を食べに出てきました。皆少しやつれていましたが、夜の間に体を休めたのは良いことでした。彼らが食べている間、私は今日のスケジュールを伝えました。
「まずは、君たちを正式にランデブーに歓迎しよう。君たちの好きなようにこの場所を使って構わない。私たちは、君たちの今年の旅が神様の望まれる最高のものとなるよう、できる限りの手伝いをしよう」
私はリーズの方を真っすぐに見ながら言いました。
「今日も医療テントで、アーティニアン先生にちょっとだけでも診てもらった方がいい人がいるでしょう。彼は良いお医者さんです。きちんと回復しているかどうか確かめてくれますよ。子どもたちは託児係に預けて遊ばせるといいでしょう。あそこの木の近くが集合場所です。お母さんたちが一緒に行って子どもたちを紹介してあげてください。きっと楽しい一日が過ごせて大喜びしますよ。次に、向こうの物資テントに行ってください」
私は肩越しに指さしながら言いました。
「服やバックパックなど、いろいろありますので、必要な物は自由に持っていってください。お金は掛かりません。最後に、身支度が整ったらここに戻ってきてください。"基礎コース"という必修クラスに参加してもらいます」
すると、たき火で煮炊きをしていたリジーが顔を上げて言いました。
「誰が教えるのよ？」
「昨日の夜、シビルにお願いしたんです。補佐役をつけるという条件で、喜んで教えてくれるそうです。ここにいるフィッシャーは、私と一対一のトレーニングを経験済みです。彼なら補佐役を立派に務めてくれそうですし、すぐにオーケーしてくれますよ。そうだろう、フィッシャー？」
彼は最初、驚いた顔をしていましたが、すぐに満面の笑みを浮かべて言いました。
「ああ、喜んで！」
皆がそれぞれの場所へ向かう中、サンディーは居残ってリジーの料理の腕に見とれていました。二人はまさに理想的なペアだと思いました。私は言いました。
「リジー、チャーリーの遺言の一つは、あなたの秘密のレシピを託せる料理人を見つけてあなたの後継者にしてほしいということでしたよね。サンディーは、どんな材料からでもおいしい料理を作れる女の子です。あとは、あなたのような達人から少し知恵を分けてもらえばいいだけです」
「サンディー」
私はほほ笑みながら言いました。
「リジーはどんな物でも作れるすごい女性だよ。けれども、それにも増して価値のあるものを、食事と食事の合間に教えてくれるはずさ。彼女の言うことを注意して聞いていてごらん」

みなが使徒でしょうか。みなが預言者でしょうか。みなが教師でしょうか。みなが奇蹟を行なう者でしょうか。みながいやしの賜物を持っているでしょうか。みなが異言を語るでしょうか。みなが解き明かしをするでしょうか。あなたがたは、よりすぐれた賜物を熱心に求めなさい。
コリント人への手紙第一 12章29～31節

祈り：天の父なる神様、あなたの教会にさまざまな才能を持つ人々を集めてくださり、ありがとうございます。私が新しいことを学び、それを自分に与えられた仕事に用いる一方で、彼らの能力の価値を認めることができますように。

考えてみましょう：あなたに与えられた霊的なたまものは何だと思いますか？

12月22日
──復讐（ふくしゅう）するはわれにあり──

　ランデブーでは、子どもたちがオネシーの遊び相手でした。今日も"プレイ・グループ"に連れていくと、オネシーは私の傍らで子どもたちの様子をじっと見ていました。オネシーが遊びたがっているのは明らかでした。私はオネシーの耳をかいてやりながら言いました。
「どうだい？　この子たちと一緒にいい子にしていられるかい？」
　オネシーは私の言っていることが分かるらしく、うれしそうに飛び跳ねました。広場を指して「行っておいで」と言うと、オネシーは大喜びで、一番近くにいた男の子たちのグループに走っていき、その子たちに次々と飛びつくのでした。男の子たちは歓声を上げながら、ボールを投げてオネシーに取ってこさせる遊びを始め、女の子たちもその仲間に入りました。
　子どもたちやオネシーの遊んでいる姿を見ていると、ラルフが近づいてきました。
「自衛クラスの調子はどうだい？」
　私は尋ねました。
「ハンクは補佐役としてうまくやってるみたいだ。いや、うまくやり過ぎかもな」
　ラルフがそう言ったので、どういう意味か聞いてみると、こんな答えが返ってきました。
「ハンクたちはスティーブのことで憤慨している。グループを組織してやつらの所へ復讐（ふくしゅう）に行くべきだと考えている。聞いた限りでは、われわれの勝算は高そうだな。やつらには大した武器もなく、特別な訓練もせずに、怒りだけを原動力としているようだ」
「それについて君はどう思う？」
　私は聞きました。
「ランデブーの責任者は君だからな」
　ラルフは言いました。
「最終的な決定を下すのは君だ。君が『行け』というのなら、おれたちには行く覚悟ができているさ」
「ラルフ、そうじゃなくて、私が聞きたかったのは、君自身の意見さ」
　ラルフは何も言わずに立っていましたが、しばらくしてからこう答えました。
「前とは状況が違うよな。おれたちがあの村に行った時は、彼らに旅を再開するよう説得するのが目的だった。スティーブを殺したやつらはもともと旅人じゃない。やつらの所へ行って説教の一つでもしてやりたいが、どうもそれはわれわれの仕事じゃないような気がするんだ」
「私も同じ気持ちさ」
　私は言いました。
「もちろん、やつらに復讐（ふくしゅう）したくて仕方がないよ。それに、心のどこかでは、次にあそこを通る旅人のためにも、そうする責任があるとさえ思っている。しかしどう考えても、それによって平和がもたらされるとは思えないんだ。平和的な解決ができないのなら、やつらに近づかない方がいいと思う。どうだい、賛成してくれるかい？」
「賛成するよ」
　彼は言いました。
「その考えが好きかどうかは別としてな」

復讐と報いとは、わたしのもの、それは、彼らの足がよろめくときのため。彼らのわざわいの日は近く、来るべきことが、すみやかに来るからだ。」

申命記32章35節

祈り：ああ主よ、あなたはご存知です。私は正義を追い求めるあまりに、復讐（ふくしゅう）したいと思ってしまうことがあります。それがあなたの領域であるにもかかわらず、自分の領域にしたいと思ってしまう私をおゆるしください。自分の感情を絶えず観察し、自分の意志にではなく、聖霊の導きに従うことができるよう助けてください。

考えてみましょう："自分が法律"であるかのように振る舞いたいという誘惑に駆られたのは、一番最近ではいつでしたか？

12月23日
──ロドリゲスの決意──

　基礎クラスはうまく行っているようでした。シビルはもともと教師の資質があるようで、皆から好かれていました。フィッシャーも補佐役の仕事に慣れてきて、自らの体験を引き合いに出しながら、基礎知識の大切さを教えていました。彼は受講生たちに言いました。
「みんな、靴ひもの結び方は、幼稚園で習ったと思う。一、二回立ち止まって結び直すだけで、普通の日を乗り切れるぐらいの結び方はできるはずだ。だがよく聞いてほしい。暗闇の中、化け物に追いかけられて、下生えをかき分けながら必死に逃げている時、ほどけた靴ひもほど厄介な物はない」
　すると何人かがクスクス笑い、彼はこう続けました。
「だがもちろん、問題は靴ひもだけではない。このクラスが"基礎"クラスと呼ばれるには訳がある。おれが旅を始めた時には、間違った動機しかなかった。人里離れた所までやって来て、どうにか旅を続けてはいたものの、それが何のため、誰のためなのか、まったく分かっていなかった。だからちょっと気に食わないことがあっただけで、間違った方向へ進んでしまった」
　そこでフィッシャーは私の方を見ながら、こう言いました。
「あの時、親身になってくれる"友達"がいてくれなかったら．．．自分はどうなってしまっていたか分からない。さてもう一度、靴ひもを結ぶ練習をしながら、基礎となる重要事項について語り合おう」
　靴ひもを調節しながらロドリゲスが発言しました。
「私ほど愚かな男はいませんよ。私はささいな事ばかり気にし、怒ってばかりいて、正当な理由もなく人を傷つけていました。友達を失い、妻にも逃げられ、生きる目的も分からなくなり、あなたがたに出会わなければ、本当に何もかも無くしてしまうところでした」
　ロドリゲスは立ち上がり、自分の靴ひもを見て満足したようにうなずいてから、こう言いました。
「だから私は行かなければなりません。私はあそこでは本当に悪いことをしていたのに、神様がそれをゆるしてくださったのは素晴らしいことです。でも"けじめ"はつけたいんです。あの要塞（ようさい）に戻って彼らに話をしようと思います。彼らの中には私と同じ気持ちの人もいるのですが、怖くてそれを口に出せないでいます。神様が私のためになさったことを話せば、彼らは聞いてくれるかもしれません」
「やつらに殺されるぞ、ロド」
　フィッシャーが言いました。
「有無を言わさず、絞首台に連れていかれるぜ。そして殺されちまうんだ。まったくの無駄死にだよ」
「本当に殺されるかもしれませんね。でもそれが無駄なことだとは思いません。たとえ一人でもいい。私の死が、人生について考えるきっかけとなれば、事態は好転するかもしれません。とにかく私は行きます。私のために祈ってくれてありがとうございます」
　ロドリゲスは少し間を置いてから言いました。
「神様の祝福がありますように」
　そして、たき火の所へ戻っていきました。そこには既に、彼の荷物がまとめてありました。

　私たちはこれを聞いて、土地の人たちといっしょになって、パウロに、エルサレムには上らないよう頼んだ。するとパウロは、「あなたがたは、泣いたり、私の心をくじいたりして、いったい何をしているのですか。私は、主イエスの御名のためなら、エルサレムで縛られることばかりでなく、死ぬことさえも覚悟しています。」と答えた。彼が聞き入れようとしないので、私たちは、「主のみこころのままに。」と言って、黙ってしまった。

　　　　　　　　　　　　　　　　　　　　　　　　　　使徒の働き21章12～14節

祈り：天の父なる神様、私たちにはよく分かっています。あなたに従順でい続けることが、時として苦難や死を意味することを。あなたは勇気とともに、死に至るまであなたに従う恵みを与えてくださいます。私たちの犠牲が、あなたのご意志に沿うものでありますように。

考えてみましょう：あなたは、どんな人や、思想や、物事のためなら死んでもいいと思いますか？

12月24日
――恵みのイブ――

　今日はキャンプにいつもとは違うにおいが漂っていました。それは、たき火の煙やリジーのシチューのにおいとは明らかに違いました。忘れかけていた飢えを呼び覚まされた私は、そのにおいの元を探すうちに、ひじまで小麦粉にまみれたリジーとサンディーの二人にたどり着いたのでした。二人は、大きなテーブルの上で山のような生地をこねながら、談笑していました。
「何をしてるんですか？　軍隊の食事でも用意してるんですか？」
　私は尋ねました。
「軍隊じゃないわ」
　リジーは答えました。
「ちょっとした"戦士"たちの集まりよ。人に頼んで、パイに使うベリーを採りに行ってもらっているの。アーロンとリーズは今朝、野豚を捕まえて持ってきてくれたのよ」
　彼女はくすぶっている炭の山を指しました。
「土の中できれいにローストされてるわ。それからもう一つ有志のグループが、物資テントで缶詰を見繕ってくれているのよ」
「でもどうしてわざわざこんなことを？」
　私は言いました。
「何もそんなに一生懸命働かなくても．．．」
「いいえ、楽しいのよ」
　彼女は、鼻に付いた小麦粉を払いながら言いました。
「あなたが紹介してくれた、この素晴らしい女の子もいてくれるしね」
　サンディーはにっこり笑いながら、生地をこね続けています。
「それにあなた、今日が何の日か忘れているのよね。そうでしょう？」
　私は考えてみました。
「実をいうと、この旅を始めてから、日付について考えたことはあまりありませんでしたね。十二月だというのは間違いなさそうですから．．．。あっ、ひょっとして、クリスマスですか？」
「クリスマス・イブよ。盛大にお祝いしないとね。サンディーと私は食事を担当するわ。あなたには、キャンプ全体をクリスマスらしい雰囲気にしてもらえるかしら」
　辺りを見回すとクラレンスの姿が目に留まりました。彼は伐採係の一人です。私はこう叫びました。
「おーい、クランシー！　クリスマスツリーがほしいんだ。大きいやつを頼む！」
　彼は一瞬、驚いた顔をしてから、ほかの二人に手を貸してくれるよう大声で叫びました。それから私は、基礎クラスが行われている場所まで走っていき、シビルにこう言いました。
「今日の授業はこれでおしまいだ。みんなで飾りつけをしてほしい。ハンク！　"プレイ・グループ"に行って、子どもたちにツリーにつるす物を作ってもらうように言ってくれないか」
　それから、一番大きなテントに行くと、設営班が張り綱の点検をしていました。私は大声で言いました。
「今夜ここで大集会だ。準備の方、よろしく頼んだよ！」

　ヨセフもガリラヤの町ナザレから、ユダヤのベツレヘムというダビデの町へ上って行った。彼は、ダビデの家系であり血筋でもあったので、身重になっているいいなずけの妻マリヤもいっしょに登録するためであった。ところが、彼らがそこにいる間に、マリヤは月が満ちて、男子の初子を産んだ。それで、布にくるんで、飼葉おけに寝かせた。宿屋には彼らのいる場所がなかったからである。

ルカの福音書2章4～7節

祈り：今宵、私たちは、御子イエス・キリストの誕生をお祝いします。ああ、天の父なる神様、私たちは、あなたが私たちを救うために地上に降りて来てくださった、この最も大切な夜を、あなたとともにお祝いします。

考えてみましょう：イエス様はなぜ、大人としてではなく、赤ちゃんとして来られたのでしょうか？

12月25日
――御子は生まれたまいぬ――

　それは忘れられない夜となりました。クランシーが集会テントの前の方に美しいモミの木を立ててくれ、基礎クラスの面々がその飾りつけの"指導"を担当。子どもたちが、糸を通した木の実や花で飾りを作り、誰かが細長く切った明るい色のアルミホイルと一緒に、つららのように木につるしました。

　夕食のかなり前からクリスマスの音楽が辺りに響いていたので、皆が集まってくるころには、今日が何の日か気が付かない人はいなかったはずです。リジーとサンディーは調理チームを見事に指揮して、豪勢な付け合わせが添えられた焼きハムのほか、たくさんのパイを焼いてテーブルに所狭しと並べました。

　皆は夜遅くまでクリスマスキャロルを歌い、その後グループに分かれて祈りました。御子イエス・キリストという素晴らしい贈り物を下さったことや、クリスマスの神秘について、神様に感謝しました。それから、互いのためや、友達のため、離ればなれになった家族のためにも祈りました。私は特に妻と娘のことを祈っていましたが、そのうちに二人に会いたくて仕方がなくなり、みぞおちが痛くなるほどでした。二人が一緒だったらどんなに良かったでしょう。

　クリスマス当日の今朝、皆は集会テントに再び集まり、キャロルを歌ったりしてクリスマスならではの雰囲気を楽しみました。私はランデブーの代表者としてスピーチを頼まれたので、立ち上がると、会場は水を打ったように静かになりました。

　「私のことをよくご存知の方なら誰もが、私がいかに口下手かお分かりでしょう」
　私は言いました。
　「今日のような日には、マッカラン牧師に説教をしてもらうのが一番ふさわしいのだと思いますが、皆さんもご存知の通り、牧師先生は今も神様に示された場所で素晴らしい働きをされています。牧師先生がどこで何をされているのかは分かりませんが、私たちは常に牧師先生のために祈ろうではありませんか。さて、クリスマスといえばプレゼントです。お子さんのいる皆さんはきっと、前々からプレゼントの準備をされていたことでしょう。そのことは、私が今朝、子どもたちの喜ぶ声で目が覚めたことからも分かります。そして起きてみると、私の枕元には素晴らしい励ましの言葉が寄せられていました。ありがとうございます。このような"家族"からの愛情のこもった声援に勝る贈り物はありません。けれども、私たちが贈り物をするのはどうしてなのでしょう。なぜなら、私たちは神様から、最初のクリスマスの日に素晴らしい贈り物をいただいたからです。神様は、あえて己を低くされ、御子というこの上なく尊い贈り物を下さったのです。そのことを記念するために、私たちはこうして集まって賛美し、祈り、そして心からの『メリークリスマス！』という言葉とともに、プレゼントを交換します。旅の途中の私たちには、あまりぜいたくな贈り物はできませんが、どのプレゼントにも、神様が最初のクリスマスの日に示してくださった愛や、喜びや、善意が表れているのではないかと思います。皆さん、メリークリスマス！」

　その時、ふとテントの後ろの方に目をやると、戸口にロドリゲスが立っていました。彼は両手に、キャンディーやおもちゃ、工具、衣服などを抱えていました。

その星を見て、彼らはこの上もなく喜んだ。そしてその家にはいって、母マリヤとともにおられる幼子を見、ひれ伏して拝んだ。そして、宝の箱をあけて、黄金、乳香、没薬を贈り物としてささげた。

マタイの福音書2章10～11節

祈り：ああ、天の父なる神様、東方の三博士がお生まれになったばかりのイエス様にささげ物をしたように、私たちもあなたに贈り物をささげます。私たちのささげ物をどうかお受け取りください。それがあなたの心に喜びをもたらしますように。

考えてみましょう：クリスマスにプレゼントを交換するのはなぜなのでしょうか？

12月26日
──思いがけない贈り物──

　集会テントの入り口に立っているロドリゲスを見て皆は立ち上がり、彼の帰りを喜んで歓声を上げました。彼が前まで歩いてこられるよう、人々の間に通路が空けられました。彼は抱えていた物をすべて下ろすと、私に近づいてきて握手をしました。
「メリークリスマス！　ロドリゲス」
　私は言いました。
「もう会えないかもしれないと不安でしたよ。この二日間にどんなことがあったんですか？」
　ロドリゲスは私にほほ笑んでから、テントの中のみんなの方を向いて手を振りました。人々から大声援が起こり、彼が話ができるぐらい静かになるまで何分もかかりました。
「やあ、皆さん」
　ようやく彼は言いました。
「ただ今、帰りました」
　ロドリゲスがそう言うと再び場内が歓声で沸きましたが、しばらくすると彼は「お静かに」というふうに手を上げ、そしてこう続けました。
「皆さんもご存知の通り、私は例の男たちの所へ自ら進んで行きました。私が見いだしたものを、彼らにも教えてあげたい、そしてわれわれの仲間に入るチャンスを与えてあげたい、と思ったのです。あそこに向かう途中、知恵や勇気を求めて祈りました。今だから言えることですが、内心とても怖かったです。私が皆さんの仲間を助けたことを、彼らが快く思っているはずがありませんでしたから。けれども私は、洞窟（どうくつ）に隠れていた二日間にフィッシャーが教えてくれたことを思い出しました。彼によると、聖書のある個所には、『あなたがたのうちにおられる方が、この世のうちにいる、あの者よりも力がある』と書かれてあるそうです」
　彼は会場を見回してフィッシャーの姿を探しながら叫びました。
「おーい、フィッシャー！　後であの聖書の個所を教えてくれよな！」
　それから彼は、「それはそうと．．．」と言ってから、こう続けました。
「要塞（ようさい）に近づいていく途中、私はいつ彼らに見つかるかと不安でしたが、そこに着いてみると、誰もいませんでした。本当に、誰もどこにもいなかったのです。門が開けっ放しになっていて、こん棒や剣が地面のそこら中に転がっていましたが、誰一人いませんでした。結局、私はそこで一夜を過ごし、彼らが戻ってくるのを待ってみましたが、誰も来ませんでした。倉庫に入ってみると、子どもたちが喜びそうな物がありました」
　ロドリゲスは、自分の足元に山積みになった物を指して言いました。
「これは旅人から取り上げられた品物の一部です。倉庫にまだまだありますので、よかったら一緒に取りに行きましょう」
　私は、ロドリゲスが無事に帰ってこられたことや、どうやら危機的な状況が終わりを告げたらしいことについて、感謝の祈りをささげるよう皆を導きました。そして、「あの間違っている人たちを哀れんでください。そして今後この道を通る旅人の安全をお守りください」と祈りました。今年のクリスマスは本当に祝福された一日でした。

　子どもたちよ。あなたがたは神から出た者です。そして彼らに勝ったのです。あなたがたのうちにおられる方が、この世のうちにいる、あの者よりも力があるからです。
ヨハネの手紙第一４章４節

祈り：天のお父様、今日、私が四方を敵に囲まれたとしても、あなたが私のうちにおられることを思い出させてください。あなたの力に勝るものはなく、これほど良い居場所は私にはありません。私の恐れを取り除いてください。あなたの力を見させてください。

考えてみましょう：この世の敵は、なぜ神様の力に勝てると思っているのでしょうか？

361

12月27日
――再び要塞（ようさい）へ――

　ラルフと話し合った結果、万が一に備えて自衛チームの一部をランデブーに残すことにし、そのほかの者は、ロドリゲスの話してくれたことを確かめるため、要塞（ようさい）までの約十五キロメートルの道のりを歩いていくことになりました。果たして、それはまったくロドリゲスの言っていた通りでした。個人の持ち物が地面の至る所に投げ出されていることからも、その持ち主らに何かが起こり、手にしていた物をその場で落としたことが分かります。それにしても、彼らはどこへ行ってしまったのでしょう。争った形跡もなければ、血痕もなく、どう見ても要塞（ようさい）から瞬く間のうちに、しかも一人残らずいなくなったとしか思えないのです。
　私たちが可能性として考えたのは、彼らが悪魔の戦士の一軍に急襲されて殺されたのではないかということでした。実際、私が旅の初めごろに発見したあの城はそのような戦争によって廃虚と化し、またランデブーも一度、同じような危機に立たされたことがあったからです。けれども、そのような考えは、二つの理由によって却下されました。第一に、悪魔の戦士の仕業ならば、辺りに身の毛もよだつような惨状が残されているはずであること。二つ目に、彼らならば、旅人を襲って殺していたくらいですから、悪魔の戦士と同盟を結ぶことを考えたはずだからです。考えられる可能性の中で納得のいくものはただ一つ。それは、神様が直接介入されたということでした。私たちは最初のうち、怒りに燃え、復讐（ふくしゅう）の必要性を叫び、誰もが個人的にここに戻ってきたいと思っていました。けれども、考えた末、この戦いは私たちが介入すべきものではないと確信するに至ったのでした。それに神様は以前にも、超自然的な手段を用いて私たちを守ってくださったことがありましたから、あの盗賊たちに手を下すことなど、いとも簡単におできになるだろうと信じられたのです。
　ともかく、彼らが姿を消した今、旅人の安全が脅かされることもなくなったわけです。私たちは絞首台（ちなみに、スティーブの遺体はそこにはありませんでした）の周りに集まり、神様の御手の力を思いつつ、感謝の祈りをささげました。
　実に、倉庫には、ありとあらゆる種類の食べ物や、道具などの品物があふれていました。結局、倉庫の物は、持ち帰れるだけ持ち帰ることにし、要塞（ようさい）は二度と使えないように燃やすことになりました。
　（ランデブーに残った人々もこれを見て、暴君は過去のものとなったと分かるだろう）
　廃虚から立ち上る煙を見ながら、私はそんなふうに思いました。神様はなおも、ただ一人の真実なる王であり、その御国は人間が築き得るどんな物とも違って永遠なのです。

　こうして、彼らはアラムの陣営に行こうと、夕暮れになって立ち上がり、アラムの陣営の端まで来た。見ると、なんと、そこにはだれもいなかった。主がアラムの陣営に、戦車の響き、馬のいななき、大軍勢の騒ぎを聞かせられたので、彼らは口々に、「あれ。イスラエルの王が、ヘテ人の王たち、エジプトの王たちを雇って、われわれを襲うのだ。」と言って、夕暮れになると、彼らは立って逃げ、彼らの天幕や馬やろば、すなわち、陣営をそのまま置き去りにして、いのちからがら逃げ去ったのであった。

　　　　　　　　　　　　　　　　　　　　　　　　　　　列王記第二7章5～7節

祈り：ああ神様、戦いは今も昔も、常にあなたのものであるという事実は、何と素晴らしいのでしょう。時折、あなたは、私たちが戦いを目の当たりにしたり、場合によってはそれに参加したりすることをよしとされます。どんなときにも、勝利者はあなたであることを忘れることがありませんように。

考えてみましょう：列王記第二の7章を最後まで読んで、男たちが報告のために町に戻ったことについて考えてみましょう。それはどのような点で、福音の伝道に似ていますか？

12月28日
――ロドリゲスの聖書――

　要塞（ようさい）から持ち帰った品物の仕分けは、思いのほか大変な作業でした。あらゆる種類とサイズの衣料品のほか、ありとあらゆる仕事に使えそうな道具や、ランデブーの何週間分もの食事をまかなうに十分な食べ物がありました。私たちはまず、品物を大まかに分類してから、さらに細かく分けるという方法をとりました。サンディーの友達のヘザーとブレンダは、山のような衣服を手際よく、男物、女物、子ども用とに分けていきます。食料は、サンディーと調理スタッフが担当しました。誰かが子どもたちのおやつとして持ち帰ったお菓子もありました。アーロンとリーズは、道具のことなら誰よりも詳しかったので、要る物と要らない物とに仕分けるには適役でした。私は、これらのどれにも当てはまらない物の分類を任されました。

　物以外にお金もありましたが、それはすべてランデブーの慈善基金に預けられ、お金が必要な旅人の支援に利用されることになりました。腕時計や宝飾品などは、いつか持ち主やその家族が分かるかもしれないということで、目録に記した上で、保管されることになりました。そのほかに、分類すべき本が残っていたので、私はその作業に取りかかりました。そのほとんどは日記でした。結局、それを蔵書に"ランデブー文庫"を設立することにしました。他の旅人の手記を読むことは、誰にとっても励みになるはずです。ですから、できるだけ多くの人に読んでもらいたいと思ったのです。

　ふと、一冊の大きめの黒い本が目に留まりました。それを開いてみると、私には理解できない言葉が印刷されています。それが何語か大体見当は付いたのですが、ロドリゲスを呼んで確かめてみました。

「おーい、ロド」
　私は言いました。
「これ読めるかい？」
　ロドリゲスは一瞬、私の顔を見てから、本に視線を移しました。彼がそれを開くところをじっと見ていると、彼の目から大粒の涙がこぼれました。彼はそこに書かれていることを、声に出して読みました。
「Jehovah es mi pastor; nada me Faltará.」
　彼は顔を上げて言いました。
「『主は私の羊飼い。私は、乏しいことがありません』　これは聖書です。私の母国語で書かれています」
「だったら、それは君のものだ。大切にしていつも読むといいよ」
　ロドリゲスはその聖書をしっかりと握ったまま、黙ってうなずきました。彼はテントの外に出ていき、木の下に座ってそれを読み始めました。

　さて、エルサレムには、敬虔なユダヤ人たちが、天下のあらゆる国から来て住んでいたが、この物音が起こると、大ぜいの人々が集まって来た。彼らは、それぞれ自分の国のことばで弟子たちが話すのを聞いて、驚きあきれてしまった。彼らは驚き怪しんで言った。「どうでしょう。いま話しているこの人たちは、みなガリラヤの人ではありませんか。それなのに、私たちめいめいの国の国語で話すのを聞くとは、いったいどうしたことでしょう。

使徒の働き2章5～8節

祈り：私の短い祈りや、ためらいがちな祈りが、あなたの御座の前で"心の叫び"となるところを想像するだけで、私は感動を覚えます。ああ、どうか神様、言葉では言い尽くせない私の祈りを聞いてください。

考えてみましょう：言語はどのようにして生まれたのでしょうか？　神様はすべての言語を理解することができると思いますか？

12月29日
──それぞれの道──

　今朝、フィッシャーが会いに来ました。彼は、基礎クラスの補助教師の仕事が気に入っているらしく、その仕事を与えた私に礼を言いに来たのでした。
「本当にすごいクラスだよ」
　彼は言いました。
「シビルは本当にいい先生だし、おれにもどんどん新しい教え方に挑戦させてくれるんだ。使える方法もあれば、まったく使えない方法もあるけど、その過程を通してみんな多くを学んでいるから、悪いことばかりじゃないよ。それから、サンディーをリジーに紹介してくれてありがとう。あの優しいおばあちゃんと働くことができて、サンディーは本当に幸せそうだ。料理はサンディーの得意分野だし、何より、リジーから多くの知恵を学んでいるよ」
「実はね、フィッシャー」
　私はフィッシャーに言いました。
「あの二人の友情関係で、祝福されているのはサンディーだけじゃない。彼女と同じぐらいリジーも祝福されているよ。リジーはもうあまり若くないから、自分の後継者が与えられるよう祈ってきたんだが、今までふさわしい人材がいなかった。まさに祈りによって与えられたのが、サンディーだったってわけさ」
「もう一つ聞いておきたいことがあるんだけど」
　フィッシャーは言いました。
「知っての通り、おれたちのグループは、サンディーや彼女の友達が、アーロンやリーズや彼らの奥さんたちと合流したのが始まりだった。それはそれで素晴らしいことだし、みんなで一緒に学んだことは一生忘れられないことばかりさ。ただ、こういうことはあなたの方が詳しいと思うんだけど。つまり、子どものいる夫婦には、おれたち若者とは違うニーズがあるよね。いろんな面で、彼らをおれたちに付き合わせるのは良くないと思うんだ」
「そのことなら心配は要らないよ」
　私は言いました。
「君についての苦情は一度も聞いたことがないからね」
「分かってる。彼らは文句なんか言う人たちじゃない。だからこそ、あなたから彼らに話してもらいたいんだ。彼らがおれたちより先に出発したいなら、遠慮なくそうするように勧めてもらえないかな。おれはここに残って次の基礎クラスを教えたいんだ。それにサンディーは、リジーと離れたがらないに決まってる。残るはヘザーとブレンダだ。あの二人にできそうなことは何だろうなあ」
「あの二人なら子どもが好きだし、プレイ・グループにぴったりだと思うよ。私から話してみよう」
　授業に戻っていくフィッシャーの後ろ姿を見ながら、私はふと、あることに気が付きました。ここでは誰もが自分の得意分野を生かした奉仕をしていて、すべての仕事が適材適所となっていたのです。これこそが、異なるたまものの存在意義なのかもしれません。さまざまな仕事があり、そのそれぞれにふさわしい能力がある。けれどもその目的は一つです。

そして毎日、心を一つにして宮に集まり、家でパンを裂き、喜びと真心をもって食事をともにし、神を賛美し、すべての民に好意を持たれた。主も毎日救われる人々を仲間に加えてくださった。
使徒の働き2章46〜47節

祈り：主よ、あなたは、私たちを霊的な交わりに招いてくださいました。あなたの教会を用いてそのような交わりを可能にしてくださり、ありがとうございます。どうか、私たち一人一人に、それぞれのたまものに合った仕事をお与えください。奉仕を通して、互いへの愛や尊敬心をはぐくむことができますように。

考えてみましょう：教会にかかわりながら、何の責任も負わずにいることは可能なのでしょうか？

12月30日
――ゴール間近――

　今日はキャンプ中が熱気に包まれていました。明日は今年最後の日。そして今年の旅の最終日です。一人で座って日記の遅れを取り戻そうと躍起になっている人たちや、小さなグループごとに集まって今年一年間の出来事について語ったり、情報交換をしたりしている人たちがいました。
　私は、キャンプを出て、しばらく歩きながら、一人で考える時間を持つことにしました。一年間の旅は、取りあえずこれで終わりになるのです。一年前の私は、家族の理解も得られずに家を飛び出し、ちょうど一年後となる明日までには、さらに真剣に旅に取り組んでいるか、または元の生活に戻ることになるかのどちらかだろうと予想していました。
　そして今、私はもう決して後戻りはできないと分かっています。数々の山あり谷あり、出会いありのこの一年間を考えると、以前と同じような人生が送れるとは到底考えられません。
　私は最初から、年末までにゴールにたどり着ける保証はまったくないと分かっていました。"早いお迎え"によって旅を終え、"神様と顔と顔を合わせる関係"へと発っていった仲間や肉親のことを考えました。チャーリー、ジョナサン．．．そして、思い出すだけで胸が締めつけられる、私の息子。けれども、想像だにしなかった火事や洪水や敵などの壮絶な出来事に直面したにもかかわらず、今年もあと一日となった今、私はここに立っています。神様は、恐らく何らかの目的のために、私の命を守ってくださり、絶望のふちからここまで導いてくださいました。
　さて次は何でしょう。私にはさらに一年間、旅を続ける覚悟ができているでしょうか。私がそうすることを期待している人たちは少なくありません。リジー、ラルフ、ハンク、フィッシャー、サンディーをはじめ、ランデブーの皆は、私があさってからまた新たな旅を始めると信じています。
　私は彼らのことを自分の家族のように愛しています。ですから、どんな決断をしようとも、彼らをがっかりさせるようなことはしたくないのです。

するとイエスは彼に言われた。「だれでも、手を鋤につけてから、うしろを見る者は、神の国にふさわしくありません。」

ルカの福音書9章62節

祈り：あなたがつくり変えてくださった新しい自分に感謝して、あなたをほめたたえる時を除いては、過去の自分を振り返ることがありませんように。しっかりと前だけを見つめながら、胸を張って歩くことができますように。

考えてみましょう：未来のことを考えるのと過去を振り返るのとでは、どちらにより大きな祝福を見いだすことができますか？　あなたはどちらのことを考えることが多いですか？

12月31日
――旅の終わり――

　日中は荷造りが主な作業でした。明日、ランデブーは、約三カ月後に到着する予定の次の目的地に向かって移動を始めます。荷物はすべて、よく考えてから、きちんとまとめなければなりません。設営責任者のスティーブ亡き今、こんな時の現場監督も私の仕事でした。とはいえ、初めてのことですから、まったくどうすればいいのか分かりません。そんな私に何かと助言を与えてくれたのはリジーでした。もちろん、長年の経験に基づいた方法ばかりでしたから、文句なしに彼女の意見に従いました。
　夕食後にもう一度、皆で大きなテントに集まって礼拝の時間を持ちました。ブレンダとヘザーに連れられて子どもたちがステージに上り、器楽演奏を披露するのを、誰もが涙を浮かべて見ていました。それから、誰かが賛美を始め、それは瞬く間に会場全体の声となりました。その後も賛美は延々と続き、一時間が二時間になってもまだ歌い足りないという雰囲気でした。
　ころ合いを見計らって、私は前に出ていき、会場が静かになるのを待ちました。自分でも何を話すべきかまったく分からなかったのですが、とにかく神様が導いてくださることを信じて口を開きました。
「兄弟姉妹の皆さん」
　自分が発したその言葉の意味をあらためて考え、少しの間、私は何も言えずに黙ってしまいました。
「皆さんのことを家族と呼ぶことができるのは、何という恵みでしょう」
　私は言いました。
「兄弟姉妹という言葉に含まれるどの意味においても、それはまさに私たちのことを表しているとはいえないでしょうか。私たちは、喜びや悲しみ、苦痛や楽しみ、大いなる恵みや計り知れない喪失感を共有してきました。その過程を通して、私たちは、どんな母の胎にもまねできないほどお互いがお互いの一部となっています。私たちはお互いに、心の底から『愛しています』と言い合うことができます。この世にとっていかに愛という言葉が無意味なものとなろうとも、私たちの愛の本質が変わることはありません。私たちの愛は、天のお父様が下さる平安と似ています。それは人間の理解を超えています。それはイエス様によってもたらされる愛であり、それによって私たちは、創造主である神様のみもとへ走っていき、『アバ、父よ！』と叫ぶことができるのです」
「パパ！」
　皆は、その声がした後ろの方を振り向きました。私は、入り口まで超満員のテントの中を見渡しましたが、人々の頭以外は何も見えませんでした。その時、ステージに向かって一直線に誰かが突進してきました。人込みを抜け出たそれは、何と、私の娘でした。娘は「パパ、パパ！」と叫びながら走ってきて、ひざをついて両手を広げた私の胸に飛び込んできました。
　あまりにも強く娘を抱き締めたので、その小さな体が壊れてしまうのではないかと思ったほどでした。私は涙でほとんど何も見えませんでした。けれども、誰かが私の肩に触れた時、顔を上げる前から、それが私の愛する妻だと分かりました。妻と娘との再会の喜びは、とても言葉で表せるものではありませんでした。
　私は、何か話すべきだと分かってはいても、しばらくは、それどころではありませんでした。見ると、そばにフィッシャーが立っていました。軽くうなずいてみせるだけで、彼はすべてを理解してくれました。彼は立ち上がり、皆に向かって言いました。
「私たちが『アバ、父よ！』と叫ぶ時、天の父なる神様は、私たちをその愛に満ちた懐に抱き寄せ、私たちを見捨てるようなことは決してありません。私たちは今夜、達成感はもちろんのこと、ある種の期待感とともにこの場を去ることでしょう。一年は終わりましたが、まだ旅は終わっていません。私たちの体が呼吸し続け、心臓が鼓動し続ける限り、"その日"に向かって進み続けるよう、私たちは招かれているのです。私たちの涙がすっかりぬぐい去られ、すべての口が『イエス様は主であり救い主である』と告白する、その日に向かって。イエス様の御名によって。アーメン」

　ふたりは、「主イエスを信じなさい。そうすれば、あなたもあなたの家族も救われます。」と言った。

使徒の働き 16 章 31 節

祈り：天の父なる神様、この一年間にあなたが私のためにしてくださったことを考えると、私は言い表しようのない喜びを感じます。苦難や勝利．．．山や谷．．．。どんな状況にあっても、あなたはいつも私を助けてくださいました。あなたの御手によって、私は今日まで無事に導かれ、そして今、明日からの日々を心待ちにしています。この先、どんなことが起ころうとも、それに立ち向かう勇気を与えてください。ああ主よ、あなたの御国のために私を用いてください。そして、あなたの御国が来る日を早めてください。主よ、あなたを愛しています。どうかもっともっとあなたを愛することができるよう助けてください。アーメン。

考えてみましょう：今日の心境を一年前に予想できていたとしたら、それはあなたの旅にどのような影響を与えていたと思いますか？　あなたは明日、どんな"新年の決意"をするつもりですか？

――エピローグ――

　新しい年が明けました。防水布のにおいが心地良く感じられ、歩くたびに下ろしたての革がきしみ、バックパックの中で荷物が動く音がします。
　肩越しに振り返ってみると、私は一人ではありません。妻がすぐ後ろを歩いています。決意も新たに、新しい旅の始まりです。妻の傍らでは、娘が、私たちの顔を順番に見てほほ笑んでから、オネシモという名のラブラドール犬と並んで、私たちにペースを合わせて歩き始めました。この先、何が起こるのかは分かりませんが、誰が待っておられるのかは分かっています。私たちは日々、そのお方を信頼して歩いていきましょう。

訳者あとがき

ハレルヤ！　主の御名を賛美します！

　わたしがトニー・ウッズ師と初めて会ったのは、二〇〇三年一月。シドニーで開催された、ウッズ師の主宰するＪＡＭＮ（ジャパニーズ・ミニストリーズ・ネットワーク）のコンファレンスに出席した時のことです。賛美リーダー兼特別講師を務めてくださったゴスペル歌手の岩淵まことさんと会えた喜びもさることながら、一人で渡り廊下にたたずんで外を眺めていたわたしに日本語で話しかけてきたウッズ師の「優しそうな人だな」という第一印象は、コンファレンスが終わってからもずっと心に残っていました。

　それから約半年後の八月。一通のメールが第三者を通してわたしのもとに舞い込みました。その内容は、ウッズ師が自著『The Road Rising』（＝高根をめざしての原題）の翻訳者を探しているというものでした。本職である実務翻訳の依頼がしばらく途絶え、"突破口"を求めていたわたしは、その仕事に飛びつきました。くしくも、「神様、キリスト教出版関係の仕事にわたしを用いてください」と祈っていた矢先の出来事でした。まさに祈りの結果、与えられたのが、この翻訳の仕事だったのです。

　わたしは特に自分が涙もろいほうだとは思いません。けれども、この本を訳す過程で、登場人物のさりげない一言や振る舞いに、何度となく泣きました。その涙は、洗礼式で信仰告白をする人々のほおを伝ってとめどもなく流れる、"神への立ち返り"の涙にも似ていました。

　翻訳を進めるに当たり、原文について不明な点があるたびに、ウッズ師にメールで質問させてもらったのですが、時にはわずか三分後、遅くとも二時間後には、詳細にわたる解説とともに彼からの返信が届くのが常でした。このようないわば"誠実さの塊"のような著者の作品に取り組むことができたという点でも、わたしは大変恵まれた翻訳者なのではないかと思います。

　目下のところわたしは、年末までの完成をめどに、同じくウッズ師の『子羊をさがして』（＝既刊版『小羊を探し求めて』を基にした新学習教本）の翻訳に鋭意取り組み中です。

二〇〇五年四月
オーストラリア・ゴールドコーストにて
上野ヨセフ

著者について

　故郷の米国テキサス州を後にし、コロラド州に移住。そこで現在の妻、マーシャと出合う。

　ザンビア、リベリア、エチオピアで派遣宣教師として過ごした日々や、日本でのバプテスト派の宣教師としての二十年に及ぶ"揺るぎない道のり"は、夫妻にとって、山頂に登った時のような胸躍る幸せな日々であった。

　だがその後、長男を白血病で亡くすという"凍えるような谷間"を経験する。当時の悲しみの日々については、処女作『小羊を探し求めて』の中で、イサクを連れて"犠牲の山"に登ったアブラハムを思わせる独特なタッチで描かれている。

　現在、二男のネイサン、娘のニッキーとともにオーストラリアに在住。トニーとマーシャはこれからも神様が用意された道を進み続ける。旅の終わりまで神様が共に歩んでくださると信じて。

　他の作品に、"アンクル・バディ"の愛称で広く知られる、アフリカ、台湾など世界各地で伝道活動に携わってきた宣教師の伝記などがある。

www.ingramcontent.com/pod-product-compliance
Lightning Source LLC
Chambersburg PA
CBHW032058090426
42743CB00007B/167